国家社会科学基金资助项目成果

经济学论丛

低碳经济与制度安排

LOW-CARBON ECONOMY AND INSTITUTIONAL ARRANGEMENT

卢现祥　张　翼　等◎著

北京大学出版社
PEKING UNIVERSITY PRESS

图书在版编目(CIP)数据

低碳经济与制度安排/卢现祥等著. —北京:北京大学出版社, 2015.4
(经济学论丛)
ISBN 978-7-301-25285-7

Ⅰ. ①低… Ⅱ. ①卢… Ⅲ. ①节能—经济发展—研究—中国 Ⅳ. ①F124

中国版本图书馆 CIP 数据核字(2015)第 001508 号

书　　名	低碳经济与制度安排
著作责任者	卢现祥　张　翼　等著
责任编辑	王　晶
标准书号	ISBN 978-7-301-25285-7
出版发行	北京大学出版社
地　　址	北京市海淀区成府路 205 号　100871
网　　址	http://www.pup.cn
电子信箱	em@pup.cn　　QQ:552063295
新浪微博	@北京大学出版社　@北京大学出版社经管图书
电　　话	邮购部 62752015　发行部 62750672　编辑部 62752926
印 刷 者	北京宏伟双华印刷有限公司
经 销 者	新华书店
	730 毫米×1020 毫米　16 开本　28 印张　518 千字
	2015 年 4 月第 1 版　2015 年 4 月第 1 次印刷
印　　数	0001—2000 册
定　　价	75.00 元

导　言

本书是在我主持完成的国家社会科学基金重点项目“发展低碳经济的制度安排和政策工具研究”（项目批准号为：10AJL007）成果的基础上修改而成。发展低碳经济是一项复杂的系统工程。人类文明历史上仅有两次大转变可与今天我们所面对的气候变化和全球低碳经济转型相比：由狩猎—采集到定居农业社会的革命性转变，以及工业革命的伟大转变。发展低碳经济的关键在于要尽力摆脱传统的以碳基能源为基础的高能耗、高排放和高污染的“三高”模式，并代之以可持续性较强的低碳模式，在人均收入水平得以提高的同时，使人们的涵盖生态环境价值的人类发展的实质权利也得到不断拓展和代际延续。要达成这一目标，最根本的就是要构建以低碳理念为核心的社会激励结构，培育市场参与主体的低碳偏好，营造经济主体决策函数与低碳发展目标的共容氛围。在这一认知层面上，低碳经济则应该被定义为一种全新的制度安排，该制度安排将打破传统社会激励结构下的高碳化路径依赖，促进能源结构、技术体系、产业体系和消费行为的全面变革，打造以低能耗、低排放和低污染为特征的经济发展引擎，并最终建成低碳、甚至是零碳社会的低碳经济。

本书采用了诺思提出的制度分析框架，即“现实”—理念—制度—组织—政策—结果—“改变了的现实”。从这个“现实”出发，我们建立了关于周围世界的理论、模型和理念体系，了解、解释和分析世界，按照我们认为的世界运转的方式建立并实施我们认为能够达到期望结果的制度框架。本书从高碳经济这个“现实”出发，目的是达到一种“改变了的现实”，即低碳经济。这其中，理念、制度、组织和政策都是从“现实”到“改变了的现实”的重要因素，是发展低碳经济要重点研究的对象。在从高碳经济（“现实”）到低碳经济（“改变了的现实”）的转变过程中，制度安排和政策工具发挥着极为重要的作用。本书的一个基本假设是，现行的制度安排和政策工具还不足以推动人类社会从高碳经济向低碳经济的转型，换言之，制度安排和政策工具的滞后成为制约低碳经济发展的重要因素。其理由如下：人们对发展低碳经济的认知还不足，低碳经济制度安排和政策工具的供给不足，在一些领域低碳经济的制度安排和政策工具还替代不了原有的制度安排和政策工具，低碳经济制度安排和政策工具的构建和实施缺乏互补性条件，发展中国家的制度执行力还比较低，等等。

本书围绕发展低碳经济与制度安排和政策工具的关系这一主线展开，对发展低碳经济中的制度安排和政策工具的建立及其绩效进行了深入系统的分析，为此，我们运用新制度经济学的理论和方法，以三大制度分析视角为切入点，探讨了低碳经济的四大制度问题，分析了发展低碳经济的五大组织形式及其绩效，提出了适合我国发展低碳经济的制度安排和政策工具的对策建议。本书主要研究发展低碳经济中的制度安排和政策工具，从广义上讲，制度安排包括了政策工具，如碳税、碳交易制度等都是政府以强制力实施的规则，所以本书主要以制度安排分析为重点。制度问题对于像发展低碳经济这种集体行动和公共政策来说是一个中心问题。我们系统地把制度分析拓展到气候变化、低碳发展及生态文明建设的分析之中，并多视角地探讨发展低碳经济的制度安排和政策工具问题。

制度分析的三大视角是指：作为面对气候变化的低碳经济，主要是要探讨发展低碳经济的国际制度是如何形成的；作为解除碳锁定的低碳经济，主要是从碳锁定的角度探讨发展低碳经济的技术创新和制度安排的关系；作为从工业文明到生态文明的低碳经济，是从历史与制度的角度探讨发展低碳经济的深层次问题。从这三大视角研究的好处在于以下三方面：从气候变化及国际制度的角度有利于处理中国国内低碳经济制度与国际低碳经济制度的关系，并有利于增加中国在发展低碳经济国际规则制定中的话语权；从解除碳锁定的视角研究发展低碳经济的制度安排是为了避免我国城镇化、工业化过程中的新的碳锁定；从工业文明到生态文明的视角研究低碳经济是为了把发展低碳经济与生态文明建设结合起来，并对这些结合点进行深入的分析。

本书对发展低碳经济的四大制度问题进行了深入系统的研究。我们对低碳制度问题的研究是从人类行为与制度的关系入手进行分析的。作为生产者和消费者，人类在不断地追求自身收益和效用的最大化，并且受传统的生产方式和生活方式的制约（路径依赖），人们还倾向于高碳经济。而作为社会公民的人，人们对环境保护、低碳社会、低碳发展又有向往和意愿，因此，从高碳行为到低碳行为中存在吉登斯悖论，即人们知道减缓排放、发展低碳经济非常重要，但是真正投身到减缓排放、改变自己消费行为的人又非常少，因此要通过提高制度能力和建立完善激励机制来改变吉登斯悖论。围绕如何建立有效的从高碳经济到低碳经济的制度体系，我们还探讨了低碳经济的制度体系构成、发展低碳经济的碳价格制度和三大低碳经济制度安排（命令—控制型、市场型和自愿协议型）及其演进等问题。不同低碳经济制度安排下企业的绩效是不一样的，我国应该逐步扩大基于市场的政策工具提高企业发展低碳经济的效果。

探讨发展低碳经济的五大组织形式（企业、政府、消费者、公众参与及环保部门等）及其绩效，从而建立多层次的发展低碳经济的组织体系是低碳经济制度及政策实施的保障。我们强调了多中心治理的发展低碳经济的思路。本书在组织层面特别强调通过调整政府行政权力的作用边界，一方面改变以政府为核心的经济增长动力机制,另一方面培育以减碳行动为核心的利益机制,从而实现经济增长与二氧化碳减排的双赢发展。另外,公众的作用也不可忽视。我们的分析表明,我国公众以信访的形式等参与环保治理对于降低我国碳排放强度和人均碳排放量起到了促进作用,但政府与公众参与的联合治理机制还不完善;此外,这项成果还对在城市化中如何提高城镇居民在减少二氧化碳排放中的作用和如何提高政府环境规制在减少二氧化碳排放中的作用进行了理论和实证分析。

为了完成以上研究目标,本书尤其强调了以下四个方面。

第一,在低碳经济制度安排和政策工具的研究范围上,不仅重视国内低碳经济制度的研究,也重视国际低碳经济制度的研究,把这两者结合起来可以大大地减少我国发展低碳经济制度安排的成本,并有利于我国发展低碳经济目标的实现。减少二氧化碳排放、发展低碳经济是全球面临的最大市场失灵。中国既是一个碳排放大国,也是一个减排大国,同时也是国际规则的重要制定者与参与者。在国际减排行动中,中国应该负起大国的责任。中国还应该在国际制度建立的博弈过程中,与发展中国家有更多的沟通与协作,这样可以使国际制度在构建中就更好地协调环境与公平的矛盾,从而为发展中国家在发展低碳经济的过程中争取到更多的发展空间。

第二,在低碳经济制度安排的研究内涵上,不仅重视低碳制度的研究,而且也重视组织形式的研究。在这个问题上,尤其要重视我国国情,要把发展低碳经济的制度安排和组织形式联系起来研究。制度、政策与组织治理的关系是发展低碳经济制度安排的一条主线。制度和组织是不相同的。制度是社会游戏的规则,是人们创造的、用以约束人们相互交流行为的框架。如果说制度是社会游戏的规则,组织就是社会游戏的角色。组织是由一定目标所组成,用以解决一定问题的人群。赫伯特·西蒙说:"'组织'一词是指群体内人们交流的复杂模式和其他关系。该模式给群体中每个人提供了决策所需的大量信息、假设、目标和态度,同时也给他提供了关于群体内其他人所作所为和别人对自己言行的反应的一系列稳定和可理解的预期"。[①] 经济组织是企业、商店等,政治组织是政党、议会和政府规制机构等。从最广泛的意义上说,所有不是由市场这只"看不见的手"指导的生产和交换活动,都是有组织的活动。所有的组织成本都是交易成本。经济学家们总是努力用不同的交易成本来解释各种组织安排的原因。我国要把发展低碳经济与发展和完善社会治理制度结合起来,要让更多的民众、非政府组织等通过低碳经济制度安排和政策工具形成发展低碳经济的合力,从而实

① 〔日〕青木昌彦.比较制度分析[M].上海:上海远东出版社,2002:97.

现从高碳经济到低碳经济的转型。

第三，在研究低碳的“技术—制度综合体”上，不仅重视低碳技术创新的研究，而且重视低碳制度创新的研究，并且对这两种相互的关系进行了深入系统的分析。在低碳的技术—制度综合体构建上，要把解除碳锁定与我国城镇化建设结合起来。我国正处于城镇化水平提高之际，可以把我国城镇分为两大部分，一是原有城镇部分如何通过制度、政策及老城区的改造来降低二氧化碳的排放，从而解除碳锁定；二是新城镇部分的建设如何通过智能城市的设计和城市规划防止出现新的碳锁定。我国城镇化建设中要避免走欧美国家的老路，要通过制度、政策等手段真正地把低碳生产和低碳生活纳入我国的城镇化建设之中。

第四，在研究发展低碳经济与制度安排和政策工具的关系上，不仅重视低碳经济制度安排及政策工具的构建，也重视制度安排、政策工具及政府环境规制绩效的研究。这个问题的研究涉及两大问题，一是低碳经济的制度安排和政策工具如何建立，其建立的障碍是什么；二是制度安排和政策工具的绩效是什么，是如何推动低碳经济发展的。制约我国低碳经济制度安排和政策工具建立的因素主要有对化石燃料的路径依赖、利益集团、集体行动的困境、发展低碳经济的风险与不确定性、发展低碳经济的低碳技术创新不足等。发展低碳经济的绩效不仅取决于正式的低碳经济制度、有效的政策工具，也取决于非正式制度、实施机制及人们的观念变化等。实证分析表明，我国发展低碳经济的市场型制度、安排及国际合作的绩效正在不断提高。因此，重视我国低碳经济的制度安排及政策工具的完善，尤其是重视制度与组织治理关系的完善，将有利于我国发展低碳经济目标的实现。

本课题组主要成员有张翼、许晶、李小平、江柯、罗小芳、李程宇、易杏花、许盈盈、郭迁、王宇和刘鹏等。因篇幅所限，本书在课题成果基础上作了取舍和删减。具体执笔人是：第一章，卢现祥。第二章，第一节，卢现祥、王宇；第二节，卢现祥、柯赞贤、张翼；第三节，卢现祥、李程宇。第三章，第一节、第二节，卢现祥、刘鹏；第三节，卢现祥、柯赞贤；第四节，卢现祥、罗小芳。第四章，卢现祥。第五章，第一节，卢现祥、李程宇；第二节，卢现祥。第六章，第一节、第四节，卢现祥、易杏花；第二节、第三节，张翼。第七章，卢现祥。第八章，卢现祥、罗小芳、许晶。第九章，江柯。第十章，第一节，张翼、卢现祥；第二节、第三节，张翼。第十一章，第一、二、三节，张翼；第四节，张翼、卢现祥。第十二章，张翼。第十三章，第一、二、三节，张翼；第四、五节，许盈盈。本书最后由卢现祥修改定稿，不当之处，敬请批评指正。

卢现祥

2014 年 8 月 22 日

目录

第一章　导论 /1
第一节　研究背景和意义 /1
第二节　国内外相关研究综述 /20
第三节　制度安排与政策工具的关系 /29
第四节　研究方法和制度分析框架 /36
第二章　作为面对气候变化的低碳经济 /42
第一节　关于气候变化的四大争议 /42
第二节　发展低碳经济中的市场失灵 /55
第三节　发展低碳经济的全球合作:矛盾与国际制度创新 /70
第三章　作为解除碳锁定的低碳经济 /83
第一节　碳锁定及其基本特征 /83
第二节　碳锁定的“技术—制度综合体” /91
第三节　发展低碳经济中的利益集团与制度安排 /99
第四节　发展低碳经济的技术创新 /110
第四章　作为从工业文明到生态文明的低碳经济 /125
第一节　从气候变化及碳排放看工业文明的特点 /125
第二节　工业文明的理论支撑 /132
第三节　工业文明的制度基础 /138
第四节　工业文明的体制基础 /149
第五章　高碳行为、低碳行为与吉登斯悖论 /157
第一节　人类行为:从高碳行为到低碳行为 /157
第二节　发展低碳经济中的吉登斯悖论 /167
第六章　发展低碳经济的制度体系 /179
第一节　低碳经济与非正式制度 /179
第二节　大气环境治理与产权 /188

第三节　多中心治理机制与组织结构　/203
第四节　低碳经济制度的实施机制　/207

第七章　发展低碳经济的碳价格制度　/212
第一节　能源分配制度、能源价格与能源使用的高碳特征　/212
第二节　碳价格及其功能　/227
第三节　碳价格的形成过程及条件:以碳排放权交易为例　/230
第四节　政策工具的选择:是碳交易还是碳税　/237

第八章　低碳经济制度与政策工具的演进　/245
第一节　命令—控制型制度　/245
第二节　市场型制度　/257
第三节　自愿协议型制度　/270
第四节　三种制度安排下政策工具的比较　/282

第九章　环境规制与技术创新　/288
第一节　环境规制变量的度量方法　/288
第二节　环境规制与技术创新　/296

第十章　两种分权与我国企业二氧化碳减排动力　/306
第一节　政府干预经济与环境绩效的关系　/306
第二节　两种分权与企业减碳约束强度　/308
第三节　两种分权与企业减碳动力关系的实证分析　/311

第十一章　二氧化碳减排中的博弈与治理模式构建　/329
第一节　二氧化碳减排中的博弈与行动困境　/329
第二节　我国二氧化碳减排治理中的“政府失灵”　/333
第三节　财政分权与政府行为　/336
第四节　二氧化碳减排治理模式的构建　/341

第十二章　清洁发展机制与我国企业承接低碳技术转移　/348
第一节　我国对清洁发展机制的利用与局限　/348
第二节　本土化战略下企业承接低碳技术转移动力的实证分析　/355
第三节　企业承接低碳技术转移的其他壁垒　/366

第十三章　公众参与治理与我国二氧化碳减排行动　/368
第一节　公众的能源消费与公众的环保行动　/368

第二节　公众参与减碳治理的法律依据　/373
第三节　公众参与促进二氧化碳减排的实证分析　/376
第四节　城镇化与居民二氧化碳排放　/389
第五节　基于中国各省份城镇居民二氧化碳排放的实证研究　/396
参考文献　/414

第一章 导 论

第一节 研究背景和意义

对于低碳经济,我们可以从不同层面去定义。比如作为一种面对气候变化的低碳经济;作为一种生产方式转换、解除碳锁定的低碳经济;作为一种生态文明建设的低碳经济等。本书是从制度安排和政策工具层面去研究发展低碳经济的问题。发展低碳经济的制度安排涉及两个层面,一个是狭义的,就低碳经济发展来进行制度安排;另一个是广义的,就影响低碳经济和制约低碳经济发展的因素进行制度安排。本书的研究主要是从狭义层面去探讨发展低碳经济中的制度安排和政策工具。

“低碳经济”这一概念出现在20世纪末、21世纪初,莱特斯·R.布朗在其著作《生态经济革命:拯救地球和经济的五大步骤》中首次提出低碳经济(low-carbon economy)一词。[①] 而英国政府在2003年发表的题为“我们能源的未来:创建低碳经济”的《能源白皮书》中对低碳经济的概念做出了详细的描述。它指出:“低碳经济是通过更少的自然资源消耗和更少的环境污染,获得更多的经济产出;低碳经济是创造更高的生活标准和更好的生活质量的途径和机会,也为发展、应用和输出先进技术创造了机会,同时也能创造新的商机和更多的就业机会。”[②]其实,这个定义是有局限性的,它没有真正地揭示低碳经济的实质。“‘低碳经济’概念,基本上可以认为是在气候变化国际制度框架遭受空前挫折的形势下由英国率先提出的,目的是为了打破国际气候谈判的僵局,着眼于国际气候制度建设。英国希望以此建立起发达国家和发展中国家相互理解的桥梁”(庄贵阳,2007)。低碳经济着眼于高能效和低排放技术的开发与合作,着眼于经济发展和保护气候及环境的双赢,所以能够为打破谈判的僵局和推动合作提供更多激励。[③] 理想的低碳经济是一种可以最大限度提高碳生产力,提高适应气候

---

① 莱斯特·R.布朗.生态经济革命:拯救地球和经济的五大步骤[M].台湾:扬智文化事业股份有限公司,1999:45.

② Secretary of State for Trade and Industry. Energy White Paper: Our Energy Future-Creating a Low Carbon Economy[R]. 2003:46.

③ 谢来辉.碳锁定、“解锁”与低碳经济之路[J].开放导报,2009(5).

变化的能力，尽可能地减缓气候变化的负面影响，提高人类发展水平，同时兼顾代际公平和代内公平，从而使社会经济沿着可持续发展的路径前进的经济形态。发展低碳经济的最终目标是提高人类发展水平和促进可持续发展。①

"低碳经济"这一概念体现了时代背景下经济增长目标和经济发展方式的"基因"重组，是对经济增长质量观的再认识。低碳经济归根到底还是要以社会财富总量和人均财富占有量的绝对增长为根本落脚点，片面追求生态价值而牺牲现代社会的生活水平有违经济主体参与生产消费活动的初衷，发展低碳经济的关键在于要尽力摆脱传统的、以碳基能源为基础的高能耗、高排放和高污染的"三高"模式，并取而代之以可持续性较强的低碳模式，使人们在人均收入水平得以提高的同时，涵盖生态环境价值的人类发展的实质权利也得到不断拓展和代际延续。要达成这一目标，最根本的就是要构建以低碳理念为核心的社会激励结构，培育市场参与主体的低碳偏好，营造经济主体决策函数与低碳发展目标的共容氛围，建立传统社会向低碳社会转型的自动演化机制。在这一认知层面上，低碳经济则应该被定义为一种全新的制度安排，该制度安排将打破传统社会激励结构下的高碳化路径依赖，触发能源结构、技术体系、产业体系和消费行为的全面变革，打造以低能耗、低排放和低污染为特征的经济发展引擎，并最终建成低碳、甚至是零碳社会。

发展低碳经济是一项复杂的系统工程。② 庄贵阳等人认为，任何一个经济体在向低碳经济转型时，必须要着力于四个基础性要素，即资源禀赋、技术进步、消费模式和发展阶段。③ 若从中长期来看，决定低碳经济最终完善程度和稳定程度的基础性建构要素，存在于微观、中观和宏观三个不同层面：

在微观层面，要注重提高低碳资源在能源市场中的比重。低碳资源主要由两大部分组成，一方面是以可再生能源为代表的清洁能源，如太阳能、风能、地热能、生物质能等，这些能源在使用过程中碳排放量较小，是发展低碳经济的重要物质基础；另一方面，以森林资源、湿地、农田为代表的自然资源还可以提供碳汇功能。例如，森林碳汇是指森林生态系统吸收大气中的二氧化碳并将其固定在植被和土壤中，从而减少大气中二氧化碳浓度的过程。技术进步是提高低碳资源在能源结构中所占比重的关键因素，对低碳经济转型具有多维度推动作用，它决定了低碳资源的可利用程度，能够有效提高能源利用效率，并且对管理效率、能源结构产生至关重要的影响，其自身发展水平也是衡量低碳经济发展程度

---

① 联合国开发计划署. 2009/10 中国人类发展报告：迈向低碳经济和社会的可持续未来[R]. 北京：中国对外翻译出版公司，2010：3.

② 卢现祥，王宇. 论国外发展低碳经济的财税政策支持体系[J]. 经济与管理评论，2012(2).

③ 庄贵阳，潘家华，朱守先. 低碳经济的内涵及综合评价指标体系构建[J]. 经济学动态，2011(1).

的重要指标。从本质上看,低碳经济就是要解决资源环境约束下经济增长的问题,在经济发展函数中,资源要素投入和技术条件原本就是决策变量,与低碳经济的关系最为密切。19 世纪以来,化石能源在全球能源动力系统中长期占据主体地位,至 2006 年,其消耗量占全球能耗的比重已高达 87.9% ,该能源结构特征具有高碳性质,而在这一历史时期,整个工业社会建立了以碳基能源为主要原料的能源动力系统,技术体系被高碳锁定。为此,节能减排的基本思路必须要分两条主线展开:一是在不对能源结构进行完全替代的前提下,将技术体系的清洁化改造作为发展重心,利用技术革新提高能源利用效率,同时对碳排放进行捕捉、封存和再吸收,由此开辟一条节能技改的过程化低碳道路;二是不断提高新能源在全球能源消耗中的比重,利用能源结构变迁倒逼技术革命和产业革命,彻底打破技术路径的高碳依赖,从源头上解决社会经济系统的碳排放问题。

在中观层面,发展低碳经济必须将产业体系的结构调整和产业链的协同减排作为战略重点。一般地说,第一、二、三产业的规模性增长都会导致二氧化碳排放量增加,但不同产业的边际碳排放存在较大差异。从各国碳排放的产业结构影响系数来看,第三产业普遍小于第二产业,而第二产业又小于第一产业。[①] 从我国碳排放的产业分布特征看,有超过七成碳排放来自传统工业部门,而居民碳排放仅占不到三成。[②] 因此,要顺利实现低碳转型,大力发展第三产业、加快产业结构优化升级和合理选择主导产业是必然要求。在注重产业体系横向调整的同时,产业链间的协同演进也能在节能减排中发挥重大作用。产业链是个纵深概念,涵盖原材料供应、产品设计及生产、包装、运输、销售的所有环节,而这些环节都是碳排放的潜在来源。如果上下游产业在节能减排上存在偏好差异,由单方面减排投入产生的环境效益将大打折扣。所以说,只有实现全产业链各环节的协同减排,大力提升全产业链的清洁化程度,才能真正降低碳排放密度,并在未来产业竞争中占据有利地位。

在宏观层面推动低碳经济发展,最关键的是要强化政府作为基本制度制定者、低碳理念宣传者、社会协调和监督者的宏观调控作用。[③] 前面我们从微观和中观层面为发展低碳经济创设了一条技术路径,然而,除了成熟的技术支持系统,低碳经济的最终建成还必须从制度层面入手,创立制度和政策工具支持系统。[④] 之所以要从制度层面推进低碳发展,是因为在当前局势下,很多节能减排技术难以在生产消费活动中被自觉采用,而其根源就在于社会缺乏有效的激励

---

① 刘再起,陈春.低碳经济与产业结构调整研究[J].国外社会科学,2010(3).
② 张春燕.低碳经济是什么[N].中国环境报,2010-10-23.
③ 赵源.低碳经济中国化进程中的政府角色分析[J].中国行政管理,2011(8).
④ 卢现祥,罗小芳.论发展低碳经济的制度安排[J].江汉论坛,2011(11).

机制。仅从技术和投资角度去发展低碳经济将面临复杂的不确定性，而政府则可以通过制度创新为市场主体在低碳转型决策中提供稳定的收益预期，更现实的原因是，有效的制度将使企业和消费者的选择符合成本收益原则。制度对发展低碳经济的作用机制从三个方面展开：一是从立法层面为发展低碳经济提供坚实的法律依据；二是培育全社会的环境意识、环境观念、环境道德、环境习俗，通过公众的环保觉悟来促成低碳自愿行动；三是构建涵盖命令—控制型制度、市场型制度及自愿协议型制度等政策工具的实施机制。

本书主要从三个层面切入到发展低碳经济的制度安排和政策工具研究。一是作为一种面对气候变化的低碳经济；二是作为解除碳锁定的低碳经济；三是作为一种从工业文明到生态文明建设的低碳经济。从这三个层面有利于我们探讨发展低碳经济与制度安排和政策工具关系的内在机理。

一、作为面对气候变化的低碳经济

当今气候变化问题已经引起国际社会的广泛关注，而减少二氧化碳排放则是缓解气候持续恶化的最核心的内容。面对气候急剧变化的严峻挑战，国际社会展开了全方位、深层次的密集行动，许多负责任而有远见的国家正试图通过共同的努力，开拓出全球协作一致以应对气候变化的行动框架。1992 年 6 月在联合国环境与发展大会上，150 多个国家共同制定了《联合国气候变化框架公约》；1997 年通过了《京都议定书》，这两份文件奠定了全球应对气候变化的国际合作的法律基础。2007 年巴厘岛联合国气候变化大会通过的“巴厘岛路线图”，为国际社会探讨 2012 年后的气候变化国际制度安排指明了方向[①]，制定了时间表。2009 年 9 月在纽约召开的联合国气候变化峰会再次将气候变化问题推向了国际舞台中心。2009 年 12 月的哥本哈根联合国世界气候大会，商讨了《京都议定书》一期承诺到期后的后续方案，即 2012 年至 2020 年的全球减排协议，经历了这次被喻为“拯救人类的最后一次机会”的会议之后，国际社会达成了多项重大协议，低碳经济才以前所未有的速度迅猛发展起来。

在过去的 30 年中，以气候变暖为主要特征，全球范围内的大气平衡正在受到破坏，这会对人类生活产生全面和长期的重大影响。一些研究者利用一些相互独立的历史数据观测到，是工业化等外力导致了气候在短期内的非正常的剧烈变化。根据 From 和 Keeling(1986)的研究，从工业革命之前到现在的这段时期中，大气中的二氧化碳浓度从 280 ppm(parts per million)上升到了 360 ppm。Conway 等人(1988)发现，从 1958 年到 1988 年，二氧化碳浓度以每年 1.3 ppm 的

---

① 张文广. 双向叶片涡轮机内部三维流场的数值模拟与实验研究[D]. 杭州. 浙江工业大学，2012.

速度上升，如果目前的趋势一直保持下去，到 2100 年，二氧化碳浓度将达到 540～790 ppm，与工业革命之前的 280 ppm 相比上升了 90～250 个百分点。二氧化碳浓度的增加在多大程度上导致了全球气温的上升这一问题也得到了广泛的研究。Hansen 等人（1981）估计从 1880 年到 1980 年，二氧化碳浓度增加带来的温度上升幅度是 0.2℃，根据 Dickinson（1986）的计算，大气中的二氧化碳浓度将会达到工业革命前的两倍，因此均衡温度的上升将会达到 2.5℃～4.5℃。这些发现都得到了最近一些研究的证实，陆续发布在联合国政府间气候变化专门委员会（Intergovernment Panel on Climate Change，IPCC）的一系列气候变化报告中（IPCC1990，1995，2001，2007）。大气中二氧化碳浓度的增加主要由两个方面引起：一是人类活动尤其是化石燃料的燃烧，二是热带雨林的减少，据估计后者起到的作用大约是前者的三分之一。① 因此，转变经济增长方式，实现从高碳经济到低碳经济的转变已经成为了人类与世界各国需要审慎面对的时代课题。

IPCC 公布的《气候变化 2007 综合报告》显示，全球气候系统变暖是毋庸置疑的，许多自然系统正在受到区域气候变化的影响，并且有中等可信度表明，区域气候变化对北半球较高纬度地区的农业和林业②、人类健康③以及对北极地区和低海拔高山地区的人类活动造成影响。对于气候变化的原因，报告指出自工业化时代（1750 年）以来，人类活动是对气候变暖形成净影响的原因之一，特别是在过去三十年，人为变暖对许多自然和生物系统产生了可辨别的影响。有充分的证据表明，若以当前的速度排放温室气体，将会引起进一步变暖并引发全球气候系统更多的变化，基于《IPCC 排放情景特别报告》预估结果显示，21 世纪极端天气和气候事件如暖期、热浪和强降水事件的发生频率会增加，受干旱影响地区会增加，强热带气旋活动会增强，由极端高海平面所引发的事件会增多，这些对农业、林业、水资源、生态系统、人类健康以及社会均会造成不同程度的灾害。④ 面对这些问题，围绕温室气体减排的行动已在世界各国不同程度地开展起来，发达的工业化国家执行约束性的减排任务，而发展中国家也通过清洁发展机制或出于改善国内环境的自愿行为加入到全球二氧化碳减排行动中。

全球暖化正在导致气候的转变，气候变化已令全球 GDP 损失翻倍，约合每年损失 1.2 万亿美元。至 2030 年，全球气温急升及碳污染会令全球 GDP 损失从 1.6% 增至 3.2%。人类也会遭受前所未有的伤害。碳排放密集的经济体及

---

① 谢怀筑．气候变化的经济学：一个文献综述[J]．山东大学学报（哲学社会科学版），2010(2)．

② 例如农作物春播提前，由于林火和虫害造成森林干扰体系变更等。

③ 例如欧洲与热浪相关的死亡率、某些地区的传染病传播媒介的变化、北半球中高纬度地区的花粉过敏等。

④ IPCC. Special Report on Emission Scenarios[R]. Cambridge: Cambridge University Press, 2000.

其引发的气候变化，导致世界每年约500万人死亡，其中90%与空气污染有关。[1] 尽管贫穷国家和发展中国家面临的经济冲击最严重，但大型发达国家亦不能独善其身。在世界各国中，当属中国蒙受的打击最大，或在20年内经济损失超过1.2万亿美元(约合7.5万亿人民币)。气候变化对孟加拉影响甚深，温度每上升1摄氏度，将导致其农业损失10%，这意味着孟加拉民众失去了400万吨、价值25亿美元的粮食，加上变化引起的物业及其他损失，孟加拉的GDP将损失3%至4%；而海平面每上升1米，国内1/5低洼地区将被淹没，3000万人流离失所。如果各国着手解决气候变化的问题，将为全球带来庞大经济利益。

发展低碳经济是一种全球性战略。一般认为，全球气候变化是指世界范围内温度的上升和风暴活动的增加等，是气候平均状态统计学意义上的巨大改变或者持续较长一段时间的气候变动趋势。气候变化的原因是复杂的，有可能是自然内部的因素，也有可能是外界强迫或者人为的因素，但有一点是可以肯定的，气候类型的长期改变是由人类排放的二氧化碳等温室气体引起的。因此，气候变化这种全球问题必须而且只能通过一种全球性的解决方案才能得到最终解决。[2] 如果我们把发展低碳经济作为一个系统工程来看，其中要探讨的问题有很多。这些重要问题有：经济增长的未来步伐如何？不同区域的气候造成的损害如何？如果全球变暖超过了2℃或者3℃，那么气候损失将会急剧上升到什么程度？零碳的支撑技术到底值多少钱？制定和维持延缓全球变暖的国际公约到底有多难？发展中国家转移农业剩余劳动力以及转移农业经济比重的速度有多快？[3]

作为面对气候变化的低碳经济，我们应该关注以下问题。

一是从全世界的范围来看，一个类似于包含不同国家立法者的议员机构的全球行动，是否能达到全球治理的民主，以促成在应对全球性灾难面前的共同理念的实现。这种理想在历史上有着不同的范围和力度的尝试，在古希腊和古罗马时期为了保持国家之间的和平，就曾讨论过建立调解机构以消除战争的问题；而到了现代，一些国际机构(如国际刑事法院、联合国和国际货币基金组织)和各种超国家的大陆联合体(如美洲国家组织、欧盟、非盟、南美洲国家联盟和东盟)则是出于为不同国家提供独立国家无法提供的协调的考量而成立。然而，功能完整的“世界政府”从来没有存在过，联合国距离这一理念最为接近，但也越来越受到来自大国权威的挑战。

---

① 人道主义研究机构DARA. 气候脆弱性监测报告[N]. 环球时报，2012-10-19.

② 王军. 气候变化经济学的文献综述[J]. 世界经济，2008(7).

③ [美]威廉·诺德豪斯. 均衡问题：全球变暖的政策选择[M]. 北京：社会科学文献出版社，2011：60.

温室气体所带来的全球气候变化问题，不可能通过国际会议和国际组织的努力而达成行动上的完全一致，尤其是现在已经发生的各种事件表明，要求所有国家都要削弱或放弃投资某些高碳行业的权利，这可能是无法实现的。由于许多发展中国家将因此而丧失实现工业化的机遇，而另外一些发达国家出于自身现实利益的考虑同样不愿意这样做。世界各国应对气候变化和发展低碳经济的态度与行动，就是一个多方的动态博弈过程，有点像囚徒困境，虽然一个在世界范围内协调有效而又公平正义的环境治理机构不能发挥“绝对”的作用，但由于人类共同伦理基础而产生的危机意识与对后代人生存环境的责任，却能使各国的政府与民众做到“相对”的减排与改进，进而达到经济发展与环境保护的动态平衡，各国间的行动也将有可能不断地接近于“合作解”。

二是面对气候变化各国的反应是不一样的。发展低碳经济不仅是为了使地球免于遭受毁灭性灾难的威胁，也已成为实现各国产业升级与经济发展的契机，例如金融危机后的欧洲与美国正有所准备地向低碳领域进军，虽不能说是低碳经济及其所带来的技术革新使得欧洲与美国摆脱了金融危机，然而其通过绿色革命促使经济获取持续增长潜力的倾向已非常明显。虽然欧洲的瑞典、德国等国是目前低碳经济发展的领跑者，但真正的全球关键因素却是美国与中国，两个大国担负着对于星球与人类的责任与希望，应当积极地参与到节能减排的各项建设当中。

对于瑞典、德国等发达国家而言，将温室气体排放的速度控制在很低的水平甚至做到零排放的目标，已经接近于完成了；而对于发展中国家来说，则还应把相对的低碳发展作为目标。不同国家对于环境治理的权责仍是有区别的，因为在全球环境治理与保护的过程中，存在着“两种不公平”：现在的环境污染和气候变暖在很大程度上是发达国家的工业化进程造成的，这些国家经过百年以上的工业化建设，也已进行了百年以上的无节制的废气排放，是当今世界环境危机的始作俑者，它们享有了工业化带来的好处，却破坏了地球整体的气候环境，造成了很强的负外部性，是对发展中国家生存与发展的第一种不公平；同时，现在以美国为代表的发达国家，又片面地强调环境问题属于公共领域，在其他所有国家一致行动之前不愿意承担自己的历史责任及率先进行减排工作，这就形成了对于发展中国家经济发展的第二种不公平。

因气候变化引起的灾难而受损最大的是发展中国家和贫穷国家。发展中国家大多位于低纬度地区，这些国家已经“太暖”，气候变化将会使其自然环境更加严峻；作为生计之一的农业在穷国中所占的比例较高，环境变化将加大这些国家农业的脆弱性；穷国在发展工业化和提振经济方面，不可能走高尖端科技道路，对于高耗能的资源消耗产业依赖度高。同时，穷国、弱国在全球环境治理战略的制定时很少拥有话语权，如果不能维护这些国家的利益，治理环境污染的全球合作就不能取得实质的效果。发达国家一方面要求世界各国采取积极的减排措施，另一方面又不愿意向穷国输出技术与资金支持，对于广大的发展中国家而言是不公平的。中国要发挥自身在低碳经济发展与环境保护领域的影响力，为大多数欠发达国家发声，推动建立更公平的全球经济政治合作。

三是面对气候变化我国的应对策略是什么。现在，在任何层面的有影响力的全球行动，都不可能忽视中国的态度与作用，特别是全球环境合作方面，只有当中国被赋予核心领导角色之一的地位时，有效率的全球合作才能真正地展开。就中国自身而言，发展低碳经济不仅有利于环境保护，而且还有利于我国能源的安全。发展低碳经济有利于树立我国在世界上负责任大国的形象，而且有利于提升我国的国际竞争力。进入 21 世纪，我国二氧化碳排放总量呈快速增长趋势，在 2009 年前后已超过美国成为世界第一大二氧化碳排放国。高碳排放和其他伴生排放导致的环境污染已经造成了严重后果。中国二氧化碳排放的快速增长引起了国际社会的广泛关注，要求中国减排的声音越来越多。此外，随着国际能源和资源产品价格大幅上涨，能源资源对我国经济制约的瓶颈效应愈加凸显①，能源安全问题严重影响经济增长的稳定性。2005 年党的十六届五中全会明确提出“建设资源节约型、环境友好型社会”，促进经济发展与人口、资源、环境相协调。国家在政府决策与制度安排上的有所作为，能加快我国低碳经济发展，有效提升我国在重大国际事务中的影响力。

四是要重视关于气候变化的理论研究。低碳经济研究是气候变化的经济学研究。气候变化经济学主要是利用温室气体影响的长期性、气候问题产生和影响范围的全球化、政策的效益和成本的不平衡的分布等特点，来理解气候变化问题的多个方面。其主要研究思路是通过模拟经济发展和温室气体排放增长的趋势，检验和分析技术选择对气候变化进程和减排成本的影响，选择控制气候变化的具体措施(如碳税和碳交易等)。② 如何应对这个挑战需要认知上的准备及相关知识的增长。气候变化不仅是一个自然科学问题，而且也是一个社会学科问题。不是科学造成了气候变化，而是科学在社会层面的误用造成了气候变化；解决气候变化问题不能单靠自然科学，社会科学的作用更加重要。科学所确定的风险的量值有多大？什么样的制度安排和政策策略能够帮助我们控制这些风险？这些需要现代公共政策经济学的精确分析手段。在这里，自然科学和社会

---

① 卢现祥，许晶. 工业企业结构差异与 CO_2 排放强度实证研究——基于省级动态面板数据[J]. 广东社会科学，2011(6).

② 吴大义. 我国绿色金融发展趋势以及二氧化碳减排成本计算[D]. 合肥：中国科学技术大学，2011.

科学是一个互动的关系，自然科学及相关知识的增长是我们从高碳经济转向低碳经济的物质基础和条件，但是能不能完成这种转换，采用什么样的路径和手段最有效，如何改变人类的行为，等等，都需要社会科学的研究。在此基础上，我们才能完成从高碳经济到低碳经济的转变。

低碳经济研究是环境保护的研究。全球气候变化引发了人们对于环境保护和控制温室气体排放的空前重视，低碳经济与环境保护有许多共同的地方，如更有效地利用能源、节能减排等既是发展低碳经济的需要，也是环境保护的内在要求。加大环境保护力度也有利于发展低碳经济。然而气候变化及低碳经济至少在两个方面与普通的环境保护有差异。一是从范围上来讲，普通环境问题很少具有全球性，而气候变化及低碳经济是以全球性为主要特征的。二是一些环境保护要求与应对气候变化的要求相悖。如环境保护论者一般反对核能的应用，而对于应对气候变化来说，核能的低排放优势十分明显[①]，它是发展低碳经济的重要手段。2011 年发生在日本福岛的核泄漏事件震惊了世界，更加深了人们的忧虑。探索能够长期持续的生产方式与生活方式，特别是在环境问题上，并且能够最大限度地减少脆弱性，以使其能够应对随时可能发生的地质灾害等不确定性的冲击，成为世界各国在采取行动之前所必须考虑的问题。

低碳经济是一种可持续发展经济学的研究。可持续发展的含义是"既满足当代人的需求，又不对后代人满足其需求的能力构成危害的发展"。未减缓的气候变化与可持续发展不相协调，甚至会危及可持续发展。经济发展是硬道理，但是如果不能实现减贫目标和增加平等机会，单纯的经济增长还不足以实现可持续发展。而未减缓的气候变化及环境的恶化将最终威胁经济和社会的发展成果，并且其负面效果对发展中国家、对穷人的影响更大。气候变化、环境退化、市场和体制失灵的共同作用可能导致贫困不断加剧的恶性环境。赫尔曼·戴利(Herman Daly)曾说："如今的经济增长与世界的发展相脱节，变得毫无意义。更可怕的是，它却成了盲目的领军者。"他在其著作中提出了可持续经济福利指数(Index of Sustainable Economic Welfare, ISEW)。这一指数能计算出实物服务的数量和质量，并考虑到环境恶化对社会富裕造成的负面影响。戴利和考勃将一段时间内的国内生产总值与计算得出的可持续经济福利指数进行了对比研究。[②] 总之，低碳经济发展是可持续发展的重要组成部分。

---

① 蒋风冰. 一种气候政治学——世界公民视野下的气候行动方案[D]. 杭州：浙江大学，2011.

② 〔德〕魏伯乐，〔澳〕查理·哈格罗夫斯. 五倍级[M]. 上海：格致出版社，2010：276.

二、作为解除碳锁定的低碳经济

我国粗放的经济增长是建立在高碳经济基础之上的。我国重化工业在产业结构中占有较大的比重,经济增长是以能源高消耗、环境高污染为基础的,我国已是世界第一大二氧化碳排放国,因此,无论是从自身实现可持续发展的要求,还是从二氧化碳减排的国际责任来看,我国都面临着转变经济发展方式的紧迫性。

发展低碳经济也是我国转变经济发展方式的需要。对于"低碳"的理解可以分为三种情况:一是温室气体排放的增长速度小于国内生产总值的增长速度,二是零排放,三是绝对排放量的减少。而三种情况下的发展低碳经济的做法都是要以经济的正增长为前提的。我国作为世界上最大的发展中国家,一方面面临着发展经济、改善民生的艰巨任务,另一方面又是一个受气候变化影响较大的国家,特别是近年来,极端气象事件造成的重大人员伤亡和经济损失问题十分突出。但事实上,我国能源粗放利用型的发展方式难以同时兼顾经济增长与环境保护。因此,2009 年年底,我国政府确立了控制温室气体排放的行动目标:"到 2020 年我国单位国内生产总值二氧化碳排放比 2005 年下降 40% ~45%,以此作为约束性指标纳入国民经济和社会发展中长期规划,并制定相应的国内统计、监测、考核办法",还规定这一减排目标主要依靠降低能源消耗来实现,而不包括利用国际碳交易和增加碳汇。[①] 碳减排目标的数字化意在有力地约束我国朝着以低碳方式发展经济的方向迈进。

发展低碳经济就要解除碳锁定。路径依赖理论为我们分析人类目前向低碳经济发展提供了一种全新的思考方式,为我们分析中国从高碳经济发展向低碳经济发展提供了理论借鉴。西班牙学者格里高利·乌恩鲁(Gregory Unruh, 2000)对低碳技术难以扩散的原因进行了深刻分析,指出现行的主导技术是基于对化石能源系统的高度依赖,政治、经济和社会与之组成了一个"技术—制度综合体",原有的技术、组织、工业、社会和制度会维护既得利益[②]。对于如何解除碳锁定,乌恩鲁 2002 年又提出在现存的能源系统中采取从局部开始的渐进连续变革的方式,保护培育低碳技术的"缝隙市场"(niche market),通过社会运动来推动有利于低碳发展的制度变迁[③]。

解除碳锁定的过程是一个调整产业结构的过程。联合国贸易和发展会议

---

① 卢现祥,张翼.政府职能转变与企业二氧化碳减排动力[J].当代财经,2011(5).

② Unruh C., Gregory. Understanding Carbon Lock-in[J]. *Energy Policy*, 2000(28):817—830.

③ Unruh C., Gregory. Escaping Carbon Lock-in[J]. *Energy Policy*, 2002(30):317—325.

(United Nations Conference on Trade and Development, UNCTAD)发布的《2009 年贸易和发展报告》指出,必须把缓解气候变化、发展低碳经济看作一个全球性的结构调整进程,减少二氧化碳排放量与发展目标之间存在着多种协同效应,存在着发展的机遇。在发展低碳经济的过程中,要把气候变化缓解政策与快速增长结合起来。要大力发展“绿色技术”和“环境商品”市场,产业发展要转向再生能源、无害气候技术、低碳设备和电器等领域,与此同时,要建立可持续的消费模式。因此必须采取具有前瞻性的产业政策,从而有利于解除碳锁定。①

从全球范围看,发电厂是最大的温室气体排放者(26%),其次为工业(19%)、交通运输(13%)、建筑(8%),此外还包括土地利用变更、农业及浪费。城市是人们的生产生活中心,消费了全球 2/3 以上的能源,排放了 70% 以上的二氧化碳。现有技术和最佳方式可以使工业部门的能耗降低 20% 至 25%,从而在不滞缓经济增长的前提下减少碳足迹。中国经济的高速增长在很大程度上要归功于高碳的能源密集型产业,依靠能源密集型产业推动的经济增长给中国的环境带来了巨大的负面效果,并且挤出了高端的人力资本,压制了科技创新。发展低碳经济需要我国实行产业结构升级,更新生产技术,使传统的工业产业向高科技、低能耗的纵深梯度转移,这也是中国跻身世界经济强国的难得契机。

解除碳锁定的过程是一个低碳技术创新的过程。当前,世界正处于第三次科技革命的非常时刻,以新的能源技术、通信技术为代表的技术突破,将让互联网技术和可再生能源结合起来,为第三次科技革命创造强大的新“基础设施”。比如,美国、日本在新能源研究领域比中国领先,这一领域被一些学者称为未来的经济增长新引擎。新能源汽车的产业化生产使用也已经逐步实施。科技进步被认为是未来中国经济增长的最主要动力,发展低碳经济可以带动多个领域的技术革新,促进产能的提升,发展低碳经济与科技进步相得益彰,发展低碳经济能够成为推动未来中国经济持续增长的动力。

从技术角度来讲,要实现低碳增长,需要做到:第一,大幅度提高能源利用效率;第二,停止砍伐森林;第三,尽快将现有的低碳技术投入使用,如风电、水电、地热发电和核电;第四,大力投资于着眼中期的新技术,如更好的电池、增强光合作用、新一代生物燃料、核聚变等。② 低碳实践和创新在一开始时可能只有很小的吸引力,但它们却有领跑潮流的潜力,政府与企业一旦能够认清这股动力,并将其当作发展方向,就能推动相关产业迅速成长为时尚的消费品制造者。例如,

---

① 谢来辉. 碳锁定、“解锁”与低碳经济之路[J]. 开放导报,2009(5).

② 〔英〕尼古拉斯 · 斯特恩. 地球安全愿景:治理气候变化,创造繁荣进步新时代[M]. 北京:社会科学文献出版社,2011:59.

在美国的加利福尼亚州,氢动力概念车(摩根 LIFECar)刚刚上市时就有一份长长的申购名单,尽管买一部这样的车子将会十分昂贵。丰田普锐斯混合动力车也有过同样的经历,如今它在全世界已经销售了近百万辆。中国比亚迪公司所开发的双模电动汽车和纯电动汽车也同样具有广阔的市场前景,该公司在锂电池蓄能以及电池快速充电等项目上的技术处于行业领先地位,美国著名投资家沃伦·巴菲特的投资旗舰伯克希尔·哈撒韦公司在2008年大幅持股比亚迪公司股票,显示出对中国发展清洁能源前景的认可。这也使得新能源汽车在中国异军突起,短期内赢得了广泛的消费者关注。只有越来越多的低碳技术进入我们的生产和生活领域时我们才能逐步地解除碳锁定。

解除碳锁定的过程是提高一个社会应对环境危害的社会能力和制度能力的过程。回应气候变化及发展低碳经济将推动和需要政府本身的创新,以及国家、市场和公民社会的关系的创新。[①] 面对气候变化及低碳发展等环境问题,我们是将这些问题纳入现存的社会经济制度的框架内,还是像许多绿色人士选择做的那样反对这些制度呢?制度具有延续性,并存在路径依赖,我们要完全废除现行制度,建立新的制度体系来应对气候变化和发展低碳经济是不可能的。但是现有制度又有不适应低碳发展的一面,我们需要改革和完善现有制度体系,调整部分规则和社会规范,建立有利于低碳发展的制度激励机制。本书的研究将有利于提高我们应对环境危害的社会能力和制度能力。有利于应对气候变化和低碳发展的规则出台后也产生了一些新的问题,如二氧化碳排放量在1997年《京都协定书》生效后,却出现明显的加速。这个事实成为摆在经济理论和经济政策面前的一个谜团。为什么会出现这种现象?是政策失灵还是制度失灵?但它们足以说明,如果仅仅以需求为导向制定政策而没有对供给加以限制,是阻止不了化石燃料的消耗步伐的。[②] 对现行低碳发展的制度安排和政策工具实施绩效的研究,有利于我们改进和完善相应的制度安排和政策工具,从而提高社会应对环境危害的社会能力和制度能力。

适用于中国的低碳经济发展路径,除了要考虑技术因素外,更应该考虑制度因素。低碳经济模式的核心是在市场机制的基础上,通过制度框架和政策措施的制定和创新,推动提高能效技术、节约能源技术、可再生能源技术和温室气体减排技术的开发和应用,促进整个社会经济朝向高能效、低能耗和低排放的模式转型。[③] 因此,低碳经济是一种正在兴起的发展模式。近些年来,中国在把制度

① 〔英〕安东尼·吉登斯.气候变化的政治[M].北京:社会科学文献出版社,2009:106.

② 曹荣湘.全球大变暖:气候经济、政治与伦理[M].北京:社会科学文献出版社,2010:183.

③ 王凯伟,毛星芝,罗鸽希.低碳经济发展的研究现状与趋势展望[J].经济学动态,2012(9).

安排与政策工具应用于发展低碳经济方面做出了不少努力,但还有很大的改进空间。将国家低碳发展的路径提升到制度层面,不仅会带来较好的实施效果,也有利于在国际上肯定与巩固“中国模式的低碳经济发展路径”,提升我国在国际相关事务中的影响力,而不是仅作为国际体制与框架的被动接受者。制度和政策工具的创新也是低碳经济的重要组成部分。

解除碳锁定的过程不仅是一个转变生产方式的过程,也是一个转变消费方式和生活方式的过程。根据统计学显示的结果,在人类不创造新消费形式的前提下,20 年后人类的能源消耗将比现在增加 30% ~40% 。城市化和现代生活方式的扩展,必将引发短期内人类对资源需求的激增。破坏环境的真正幕后黑手是“人类不加限制的消费欲望”。[①] 认识不到这一点,就会使环保政策陷入人类社会发展、国家组织的协调、个人(集体)行为的选择这三重困境。因此,只有通过消费结构改革和绿色科技创新,构建起政府、市场、社会三元合作的政策网络,才能有效应对气候变化和环境保护。科威尔就指出,气候变化危机的根本问题并不在于技术,而在于人类对自然和消费劳动成果的方式进行改造。

由于资源禀赋的客观限制,我国主要以煤炭作为能源消费的主要来源,煤炭占一次能源消耗的 75% ,由此带来了比较严重的环境问题,人民群众的生活质量受到了极大影响。中国空气污染最为严重的 10 座城市均在世界污染状况最为严重的 20 个城市之列。近年来,中国经济快速增长的同时也付出了巨大的资源与环境的代价,经济增长方式与自然生态平衡之间的矛盾也日渐加深,人民群众对于环境污染的感受明显,迫切要求改善工作环境与生活环境的环境质量。利用制度安排与政策工具的手段,能够有效消除市场失灵所引起的外部性,切实保障清洁发展机制的顺利实施,改善与提高居民的生活质量。但是仅仅做到这些还是不够的,因为低碳经济发展的内在逻辑的实现,需要通过制度的内生化和政策工具的引导使人类社会的生产与消费、需求与供给由高碳经济转向低碳经济。在一定程度上,消费者对“低碳”的偏好和对低碳产品的需求将决定生产者对低碳产品的生产与供给。需求与供给相互作用才能更好地发展低碳经济。我们既要有从供给方面发展低碳经济的制度安排和政策工具,也要有从需求方面发展低碳经济的制度安排和政策工具。一个国家如果具有合适的制度安排和政策工具,社会内在的伦理基础也将对低碳经济与节能环保产生长期的正面作用,从而调整全社会为了适应现有的气候状况和地理方位的变化而出现的极大改善。

---

① 吴晓林.抑制二氧化碳还是变革消费结构?——当前环保政策的困境与出路[J].马克思主义与现实,2012(1).

发展低碳经济就是一个解除碳锁定的过程。我国在解除碳锁定上面临着以下障碍:(1) 中国庞大的人口规模和相应的就业压力,将长期要求中国保持较高的经济增长速度和投资、消费水平;(2) 中国经济发展正处于城市化、工业化和相对较高碳密度的重化工业占主导的阶段,这对于我国解除碳锁定既是机遇,也是挑战;(3) 中国能源禀赋以高碳的煤为主;(4) 中国未来低碳战略技术储备不足,自主创新能力仍然较为薄弱;(5) 建设低碳社会要大规模淘汰吸纳众多劳动力的现有落后产能,这个过程会引致以就业为核心的一系列社会问题,带来巨大的社会成本;(6) 将发展低碳所需要的巨额资金和众多技术需求从其他领域转移过来存在巨大的困难;(7) 社会主要利益相关者的基本能力普遍不足,意识、体制和社会机制的改善任务十分繁重。①

从长期和根本上来看,人类发展和低碳目标是一致的。但从短期和特定发展阶段、特定情形下来看,快速而大规模的节能减排会给一些发展中国家如中国带来巨大的挑战。

三、作为从工业文明到生态文明建设的低碳经济

从文明层次来看,面对气候变化并发展低碳经济是一种生态文明的建设。从区域及人类文明史来看,人们对罗马帝国后期的能源和资源的需求量的最新研究表明,罗马帝国给地中海附近的地域造成太多的压力,最终导致这些地区生态崩溃。② 汤因比在其《历史研究》中指出,世界古往今来共有 26 个文明,其结果是不一样的,有的发育不全,有的已经消亡,有的明显衰弱。他在《人类与大地母亲》一书中非常重视文明形成的内在机理与发展的地理、气候、水利、交通条件等外部生态环境之间的关系的分析。汤因比发现,那些衰落的特别是那些消亡的文明,其衰落都直接或间接地与和自然关系不协调、生态文明遭遇破坏有关。与根植于自然区域和水源的生态系统文化不同,当美索不达米亚和罗马这些古老的贡赋社会占据了整个地区后,便出现了达斯曼称为“生物圈文化”的社会形态。早期的生物圈文化,如美索不达米亚、罗马和玛雅文明,通过大规模剥夺人类和自然资源保持了数百年的繁荣,但最终这些文明都衰落了,部分原因就是它们破坏了自身生存的生态条件。太平洋上的复活岛就是这方面的缩影。该岛一度有着极其完整的生态系统,能够支撑一个发达的、君主制的文明。然而,王者的身份需要用他们所能建造的建筑的大小来做标志,随着时间的流逝,这一

---

① 联合国开发计划署. 2009/10 中国人类发展报告:迈向低碳经济和社会的可持续未来[R]. 北京:中国对外翻译出版公司,2010:5—6.

② 〔英〕迈克尔·S. 诺思科特. 气候伦理[M]. 北京:社会科学文献出版社,2010:45.

规定使得建筑工程耗用了大量的自然资源，同时由于制度的刚性，那些中断砍毁森林的君主立即会受到岛上其他遵守这一秩序传统君主们的围攻，结果使得岛上森林被砍伐殆尽，环境变得越来越贫瘠和不友好，繁荣一时的复活岛文明如今只剩了一些遗迹。正如为早期苏美尔文明奠定基础的灌溉系统存在缺陷一样，为我们现代经济奠定基础的化石燃料系统也存在缺陷，它提高大气中的二氧化碳水平，从而改变地球的气候。①

与区域性人类文明史的兴衰不一样，当今世界则面临着全球气候变化及系统性生态灾难的问题。发展低碳经济，从表面看，是一个如何创新低碳技术应对的问题；从深层看，面对气候变化及发展低碳经济必须从制度层面深刻反思工业文明与气候变化（自然环境）的关系，并探讨发展低碳经济的制度基础。

人类文明历史上仅有两次大转变可与今天我们所面对的全球低碳经济转型相比：由狩猎—采集到定居农业社会的革命性转变和工业革命的伟大转变。与前两次大转变相比，发展低碳经济有三个独特之处：第一，向工业社会的转型是进化的结果，对此无预先的蓝图；而面对气候变化发展低碳经济是在时间的压力下有计划进行的，以便达到朝向气候友好与资源有效利用的社会转变，发展低碳经济将是人类历史上第一次基于政治和政策的、有意识做出的伟大转变。第二，工业革命仅始于少数国家，且经历一个多世纪才成为一个全球化的现象；而这次发展低碳经济的大转向必须在全球范围内进行，并且必须在短时间内完成，这需要一个规模空前的合作。第三，与以往两次大转变不同，发展低碳经济必须将社会重构为一个全球体系，无论选择什么样的发展道路，都必须把全球生态体系考虑在内，必须培养一种空前的全球合作文化。②

我们可以从三个层面来理解工业文明与生态文明的关系：(1) 生态文明只能从一种被工业文明统一起来的世界秩序中产生，但它将超越并彻底改变这种文明。它涉及深层设定、思维方式和终极目的、生活方式和社会组织方式的转型。③ (2) 生态文明是针对工业文明的弊端（造成人类生存环境和自然资源严重破坏）而提出的完全意义的生态文明，应该是以人和环境之间的良性循环为主导和标志，包含经济、政治、文化、社会福利等各方面文明成果在内，使发展成为新的全面协调可持续的文明形态。④ (3) 从现代化角度来看，1985 年，德国学者胡伯在传统意义“现代化”基础上，提出了生态现代化理论。胡伯把现代化分

---

① 〔美〕莱斯特·R.布朗.生态经济——有利于地球的经济构想[M].北京：东方出版社，2002：15.

② 迪克·梅思纳.低碳转向的特点与危机[N].中国社会科学报，2013-5-31.

③ 〔澳〕阿伦·盖尔，武锡申.走向生态文明：生态形成的科学、伦理与政治[J].马克思主义与现实，2010(1).

④ 陈志尚.论生态文明、全球化与人的发展[J].北京大学学报，2010(1).

为两个阶段，一是从农业社会向工业社会的转变是现代化，二是从工业社会向生态社会的转变是生态现代化。在以工业化为核心的第一次现代化完成之后，需要继续进行超工业化的、以经济与生态环境保护双赢为核心的生态现代化。1995年美国学者罗伊·莫里森在《生态民主》一书中将生态文明定义为工业文明之后的一种文明形式。加拿大学者威廉·莱斯先后出版了著作《自然的控制》(1972)和《满足的极限》(1976)，指出生态危机的根源在于资本主义制度基于"控制自然"观念的科学技术和社会异化的消费观念，要解决生态危机就必须建立"易于生存的社会"。[①] 这种"易于生存的社会"就是建立在生态文明基础上的人类社会。

如何从工业文明到生态文明？其路径是什么？在这个问题上，存在着较多的分歧，其中最主要、最重要的是生态现代化的核心性要素是什么。从深层次看，关键问题是采用强化资本主义适应环境挑战并强化自身的战略还是采用改变资本主义与环境内在矛盾的战略。在生态现代化理论看来，技术革新、市场机制、环境政策和预防性理念是生态现代化的四个核心性要素。[②] 生态现代化理论在为从工业文明转到生态文明中发挥了重要的作用。但是，在面对气候变化及低碳发展这个具有全球性问题时，其忽视了资本主义制度对这种转换的影响。环境主义学者斯蒂芬·扬(Stephen Young)对生态现代化理论能否解决生态文明的建设问题提出了质疑，他认为生态现代化理论可以理解为"20世纪后期资本主义适应环境挑战并强化自身的战略"，这一理论的问题在于在现代资本主义制度基础上，重新肯定了技术创新与市场机制在实现环保目标中的积极作用。在他看来，生态现代化理论是不利于绿色变革的。

生态现代化理论的代表人物马丁·耶内克也承认存在着这个问题。从实践来看，市场化及其技术性手段并不能解决城市扩张、土壤侵蚀、生物多样性流失、核废料的最终处置和全球气候变化等环境难题。在马丁·耶内克看来，在目前的制度框架下，环境效率的局部改善会带来"N形曲线困境"的现象，即环境效率带来的局部改善往往会被随后的增长过程所抵消。因此，我们必须考虑以下两点：一是要加大环保技术革新的力度，从渐进的技术革新转向激进的技术革新，例如，从环境友好的生产与产品转向无环境消耗的技术与产品；二是实现结构性的变革，创建新型的供需结构，进而带来生产方式和生活方式的改变，这个过程也会遇到既得利益者的顽强抗拒，从深层次看还面临着资本

① 陈洪波，潘家华.我国生态文明建设理论与实践进展[J].中国地质大学学报(社会科学版)，2012(5).

② 郇庆治，〔德〕马丁·耶内克.生态现代化理论：回顾与展望[J].马克思主义与现实，2010(1).

主义制度的制约。[①]

自工业革命以来，人类的发展模式同自然是相疏离的，人类也没有考虑自然生态的承受力，因而造成了严重的生态危机，我们要探讨工业文明产生生态危机的深层次原因。为解决这一危机，我们不仅应当大力创新环保技术，更应当改变或改善我们看待世界的方式和视角，转变生产方式和生活方式，回归到合乎生态的世界观念与实践方式上来。[②] 从工业文明到生态文明的转变是一个系统工程[③]，我们在本书中以气候变化与低碳发展为切入点，以马克思的生态制度观与制度经济学为理论基础来分析从工业文明到生态文明转变的制约因素。气候变化及发展低碳经济就是要从高碳发展向低碳发展转型。从技术及生产力层面来看，工业文明是可以避免人为的大量的二氧化碳排放的，但是全球每年排放大约500 亿吨二氧化碳。二氧化碳在大气中的含量从工业化前 280 ppm 左右的水平大约增加到现在的 380 ppm，当前含量正以每年 2 ppm 的速度增长，在排放速度保持不变的情况下，到 2050 年，我们将进入到二氧化碳含量比工业化前翻番的轨道上。[④] 为什么工业文明导致大量的二氧化碳排放？工业文明有没有能力避免高碳经济？工业文明为什么没有避免高碳经济增长？这些背后的深层次原因正是我们要探讨的问题。

在工业文明的进程中对气候变化及碳排放问题认知的滞后，加上新自由主义经济学、资本主义制度、市场经济这“三位一体”是导致工业文明高碳经济的重要根源。这“三位一体”相互联系、相互制约所构成的综合体既是工业文明发展的制度基础，同时又是导致工业文明的无限发展与地球上碳循环物质上的限制之间矛盾的根源。工业文明是建立科技发展和生产力进步基础上的，而资本主义制度则成为工业文明的制度基础。市场经济及新自由主义经济学在为经济发展带来绩效的同时放大了工业文明的负面效果。因此，从“三位一体”的视角来认识气候变化与低碳发展问题具有较大的理论价值和现实意义。从工业文明到生态文明并不是否定工业文明，而是对工业文明的一种扬弃，一种超越，也就是讲，工业文明必须建立在生态文明的基础上。

生态文明的建设必须处理好人类与环境的关系。保罗·斯特恩在分析人类

---

① 郇庆治，〔德〕马丁·耶内克．生态现代化理论：回顾与展望[J]．马克思主义与现实，2010(1)．

② 同上①。

③ 对生态文明的呼吁，最初是叶谦吉 1984 年在苏联，然后是 1987 年在中国，接着是 1999 年罗伊·莫里森在美国，正如他们呼吁的那样，在我们需要创造一种生态文明这一方面，世界应当跟随中国的领导。生态文明的理念是中国环保部副部长潘岳倡议的，并被写进入了 2007 年 10 月中共十七大的报告，被采纳成为中国共产党的政治方针（阿伦·盖尔，2010）。

④ 〔美〕埃里克·波斯纳，戴维·韦斯巴赫．气候变化的正义[M]．北京：社会科学文献出版社，2011：9．

与环境的作用关系时,无论对于环境恶化的原因,还是环境恶化的后果都十分注重对社会层面的分析,在讨论如何应对生态恶化问题时,把社会运动也带进新社会理论模式的核心,如表1.1所示。可见,应对气候变化是一个涉及经济、政治、社会多方面的问题,如何构建对环境保护以及温室气体减排行动起到积极作用的社会制度才是最为关键的,正如张岂之谈到的:“生态和谐社会的建设,需要摒弃官僚化和绝对市场体制,这就需要实现生态理性的社会化参与,这样才能保证生态理性知识和环境哲学认识顺利地转化为社会改革和建构的行动力量。”

表1.1 人类—环境互相影响表格

环境恶化的起源		环境恶化的影响		对环境恶化的应对
社会起因	驱动力	对自然环境的影响	对人类社会的影响	
社会制度 文化信念 个体人格特性	人口水准 技术实践 消费和自然资源	生物多样性损失 全球气候变化 大气、水、土壤污染	生存空间受制约 废弃物储藏泛滥 供给损耗 生态体系功能损失 自然资源耗竭	通过人类行为的反馈 政府行为、市场变革、社会运动移民、冲突

资料来源:〔英〕库拉.环境经济思想史[M].上海:上海人民出版社,2007:3.

生态文明的建设要与政治、经济、社会和文化的建设联系起来。生态文明建设必须融入政治建设、经济建设、社会建设和文化建设之中,形成一种生态文明建设的合力系统。仅仅从生态谈生态是建立不起生态文明的。全球变暖的因果关系与政治经济的现代形式深深地纠缠在一起。作为建立低碳经济的重要组成部分,政治经济学要研究在既有制度框架内建立追求低碳经济的社会。低碳经济不仅是生产方式的变革,也是生活方式的变革,它涉及生产、分配、交换及消费诸领域。现代资本主义社会可以被描述为“人类的商业社会”,因而实现低碳社会则是挑战我们对商业利润的渴望。资本主义制度对利润的追求大大地提高了生产力,但同时也带来了大量的环境问题,包括碳排放。因此,发展低碳经济必须批判资本主义制度,反思市场经济的局限性。所以,低碳经济的研究需要政治经济学。在这里,生态马克思主义经济学可以作为我们研究的理论基础。过去我们重视马克思剩余价值理论的研究,现在我们更需要重视马克思关于资本主义对生态影响的研究。若不从深层次探讨制度与生态发展的关系,那么我们发展低碳经济的制度安排就缺乏理论基础。如有的学者所说的,如何在国内外既有相关研究的基础上,发展和超越国内外对于低碳经济发展的相关研究,从政治、经济、法律、科技及文化等角度提出一套更加契合我国国情、更具有操作性和可行性的促进低碳经济发展的制度安排体系,逐渐成为低碳经济研究领域迫切需要解决的一个关键问题。[1]

为了可持续发展，我们必须创造一个低碳世界，这个低碳世界会比一切照旧更有吸引力。经济增长不仅可以得到持续，而且更清洁、更安全和更符合生物多样性要求。我们可以设计经济、政治和社会结构，以便我们实现这些目标。我们需要对发展低碳经济的行动和合作的承诺。[2] 发展低碳经济并不仅仅限于经济层面，而且还涉及政治层面。吉登斯提出了低碳发展中的政治敛合和经济敛合问题。在他看来，政治敛合是与减缓气候变化有关的政策和其他领域的公共政策积极重叠以至于彼此都可用来牵制对方。经济敛合是低碳技术、商业运作方式、生活方式与经济竞争性的重叠。[3] 发展低碳经济的制度安排和政策工具既涉及政治敛合，也涉及经济敛合。其实，从政治领域来看，我们在原有的公共政策中要加上与减缓气候变化有关的政策，这既有一个如何加入的问题，也有一个两者如何结合的问题，这是低碳经济发展中的政治敛合。从经济领域看，我们要把低碳技术、商业运作方式、生活方式与原有的经济运行方式结合起来，其中也存在大量的冲突和矛盾，如何把这两者结合起来，是我们要探讨的经济敛合。除了政治敛合和经济敛合外，我们还要考虑发展低碳经济中的社会敛合和文化敛合。

作为生态文明建设的低碳经济是对传统经济学理论的一种挑战。经济学关于人类行为的分析中，一般只重视从人的理性以及是否追求自身利益最大化来分析，而对人类在生产和交换过程中，在追求自身利益最大化时对环境、对他人、对社会的影响（尽管有外部性的分析）的分析却显得不够。比如说，人类的高碳行为与低碳行为并没有引起人们的重视，尽管我们现在有了碳足迹之类的分析，但这些分析也只是在环境经济学之类的学科研究，而并没有上升到在主流经济学的层面来分析。发展低碳经济实际上是对传统经济学所建立的激励结构的挑战。发展低碳经济不仅仅是生产方式、生活方式的转换，它实际上涉及人与自然的关系。过去经济学不在人与自然的关系如何协调的前提下研究资源最佳配置是导致高碳经济的重要原因。从现有的技术水平及经济条件来看，人类发展低碳经济的潜力是很大的，本书试图通过制度安排和政策工具挖掘人类社会发展低碳经济的潜力，把潜在的低碳经济转变成现实的低碳经济，建立基于低碳发展的生产方式和生活方式，从而实现人类社会经济可持续发展。

发展低碳经济主要涉及三大问题：一是针对风险和不确定性的经济学，发展

---

① 王凯伟，毛星芝，罗鸽希．低碳经济发展的研究现状与趋势展望[J]．经济学动态，2012(9)．

② 〔英〕尼古拉斯·斯特恩．地球安全愿景：治理气候变化，创造繁荣进步新时代[M]．北京：社会科学文献出版社，2011：12．

③ 〔英〕安东尼·吉登斯．气候变化的政治[M]．北京：社会科学文献出版社，2009：79．

低碳经济就是为了应对气候变化及其对人类经济社会的影响,经济学要研究的一个问题是如何完成从高碳发展向低碳发展的转变,包括时间、路径、成本及制度安排和激励机制等。二是经济学和伦理之间的联系(在代内和代际存在着潜在的重大政策取舍),以及与他人和环境相关的权责观念,这是一个更复杂的问题,考虑到温室气体排放及其影响之间时空的长期脱节,有关公平公正的问题就显得非常重要。这种公平原则不仅涉及国与国之间的减排的公平问题,而且也涉及一国国内减排的公平问题。气候变化问题至少引起了三个主要的道德问题——影响评估、权衡代际平等及责任与成本分配。① 三是国际制度安排和国际经济政策的作用。跨国的低碳发展的制度安排是一个全新的课题。此外,潜在的巨大影响意味着,就大部分的分析而言,我们必须对各种给世界带来截然不同的发展道路的战略进行比较。② 低碳经济研究不仅是一个跨学科的研究,它还是一种跨时空的研究,即低碳经济涉及全球(空间)和跨代(时间)的问题,这更增加了我们有效决策的难度。

第二节 国内外相关研究综述

一、气候变化和低碳经济的理论研究

目前,对低碳经济的概念的认识在理论界并未形成统一。一部分学者将低碳经济看作是一种经济模式或者经济形态,比如庄贵阳将低碳经济定义为:"发展水平和碳生产力(单位碳排放的经济产出)同时达到一定水平的经济形态,旨在实现控制温室气体排放的全球共同愿景。向低碳经济转型的过程就是低碳经济发展的过程"。③ 也有一部分学者则是将低碳经济的概念上升为规章制度。随着相关研究的深化,低碳经济概念不再是一个简单的、单一的概念,而是一个由一系列相关名词,如低碳能源、低碳技术、碳足迹、低碳生产生活方式、低碳社会等构成的体系。

低碳经济的核心是什么?庄贵阳(2005)认为,低碳经济的实质是能源效率和清洁能源结构问题,核心是能源技术创新和制度创新,目标是减缓气候变化和促进人类的可持续发展。他提出了中国发展低碳经济的六种可能途径:调整经济结构,提高能源效率,发展低碳技术,遏制奢侈浪费,加大碳汇和国际合作。在气候变化与低碳经济的研究上,有三个研究是影响最大的。

---

① 世界银行.2010 年世界发展报告:发展与气候变化[M].北京:清华大学出版社,2010.

② 曹荣湘.全球大变暖:气候经济、政治与伦理[M].北京:社会科学文献出版社,2010:74.

③ 庄贵阳.温室气体减排的南北对立与利益调整[J].世界经济与政治,2000(4):76.

一是斯特恩的研究。受英国政府的委托,2006 年 10 月,前世界银行首席经济学家尼古拉斯·斯特恩(Nicholas Stern)发表了一项影响深远的研究,这一研究旨在重新评估气候变化对英国的影响以便政府可及时采取相应政策,其成果不仅对于英国气候问题的政策研究意义重大,对世界其他国家和地区也具有普遍的借鉴价值,《斯特恩报告》(*The Stern Review on the Economics of Climate Change*)随即受到了世界各国的广泛关注。

二是联合国政府间气候变化专门委员会的研究。2007 年 2 月 IPCC 发表的第四份《气候变化评估报告》以及 2007 年 11 月联合国开发计划署(UNDP)发布的《人类发展报告》都强烈敦促世界各国紧急行动起来,采取切实有效的措施减少温室气体的排放。2007 年 12 月,联合国在巴厘岛召开的全球气候变化会议再一次呼吁发达国家和发展中国家共同携手以应对日益紧迫的全球气候变暖问题。① 那些易于开采的油气资源将在一个世纪的时间内被消耗殆尽,但这并不是说届时地球就会停止变暖,因为这段时间内的气候变化也足以毁灭地球数次,而其漫长的延迟效应,又加大了破坏程度所具有的不确定性。

三是诺德豪斯的研究。美国经济学家威廉·诺德豪斯对《斯特恩报告》所倡议的立即行动的主旨表示了怀疑,他告诫人类对于气候变化的反应必须是适当的,要能够认清问题的实质,关键是要能计算出气候变化与可选政策的成本,将未来由于气候变化所造成的损害贴现到现在,为此,他开发了"动态综合气候和经济模型"(Dynamic Integrated Climate Economy Model, DICE)。诺德豪斯在 1982 年发表了题为"How Fast Shall We Graze The Global Commons"的文章,开始应用经济学研究气候变化,从此气候变化经济学就将焦点落在分析气候变化的影响和提供积极的针对面临的气候问题的政策分析。诺德豪斯的研究方法体现了一般均衡的经济学研究思路(又称为自上而下法,top-down approach),而除此之外也有经济学家运用了不同的思路来计算气候变化的成本和减少温室气体排放的成本,即部分均衡的思路(又被称为自下而上法,bottom-up approach),部分均衡是对一个部门或一些部门建立经济模型,强调特定能源产品或流程的技术因素,特别是投资对能源效率的提高作用(Barrett & Kypreos,2004)。②

作为应对气候变化的低碳经济,它具有全球性的特点。现有的研究文献为国际环境合作及其动机提供了解释,这些文献大体可以分成以下几种:(1) 以 Hoel(1991)和 Barrett(1994)及其追随者为代表的学者分析了有关博弈方参与合作的动机,而合作的指向即是温室气体的减排。(2) 以 Carraro 和 Siniscalco

---

① 王军. 气候变化经济学的文献综述[J]. 世界经济,2008(8).

② 同上①。

(1993)为代表的学者强调在由数目较少国家参与的合作更有现实可能性的基础上,探寻如何增强合作的稳定性并在此基础上扩大参与国的数目。(3) Barrett(2008)主张通过减少照射到地球上的太阳辐射来阻止全球变暖的步伐。与当前陷入困境又牵扯众多国家合作进行减排的思路相比,这种被罗伯特·巴雷特(Robert Barrett)称为“地球工程(geo-engineering)的经济学”的最大优势就是可以由少数几个甚至单个国家来进行,避免了搭便车行为的影响,但该技术的管辖权问题即由谁决定在何种条件下如何使用这项新技术仍然需要妥善解决。①

二、经济增长、城市化与碳排放

从经济增长与碳排放的关系来看,国外在研究温室气体排放与经济增长关系方面,大多采用环境库兹涅茨曲线(environmental Kuznets curve, EKC)的研究方法。得出的研究结论主要有:

(1) 经济增长与二氧化碳排放量呈现出一种倒U形的关系。Grossman和Krueger利用42个国家的面板数据分析发现,环境与经济增长的长期关系呈倒U形,借用收入与经济增长倒U形关系的库兹涅茨曲线的名称,后来的学者将环境与经济增长的倒U形曲线关系称为环境库兹涅茨曲线。② Douglas和Thomas(1992)运用全球面板数据估算了人均收入和人均二氧化碳排放之间的关系,并预测了全球的二氧化碳排放量。Schmalensee(1998)和Galeotti(1999)的研究验证了二氧化碳排放量与人均收入呈倒U形曲线关系。Shafik(1994)和Martin Wagner(2008)的研究显示人均二氧化碳排放量与人均收入呈单调递增的关系;而Holtz-Eakin和Selden(1995), Panayotou和Sachs(1999)以及Galeotti(2006)的研究则支持人均二氧化碳排放量与人均收入之间的倒U形关系。

(2) 经济增长与二氧化碳排放量表现出N形演化特征。Friedl等(2003)通过研究奥地利在1960—1999年的二氧化碳排放情况得出二氧化碳排放量与人均收入并非呈倒U形曲线关系,而是表现出N形演化特征。Grubb(2004)则认为,随着人均收入增长到一定阶段后,人均二氧化碳排放量已经在不同水平上趋于饱和。Moomaw和Unruh(1997),Getzner(2003), Martinez-Zarzoso(2004)发现人均二氧化碳排放与人均收入之间的N形关系。

(3) 二氧化碳排放量与人均GDP不相关。Lantz和Feng(2006)研究发现二

① 王军.气候变化经济学的文献综述[J].世界经济,2008(8).

② Grossman, M., Krueger, B.. Environmental Impacts of a North American Free Trade Agreement, NBER Working Paper, No. 3914, 1991.

氧化碳排放量与人均 GDP 不相关。还没有一个研究发现随着生活水准的上升,一个主要的环境污染物二氧化碳有些改善迹象。随着平均收入上升到超过某一点,没有证据证明存在任何系统化的下降趋势,每百万美元总产出排放 572 吨二氧化碳的美国一般来说高于世界平均值。在不存在某种全球协议的情况下,主动行动的单一国家不管收入高低,都具有很小的动力来采取措施。这是因为二氧化碳在局部地区是无害的,但它作为整体集中在地球的大气中则有很大影响。因为外部性在全球水平上运行,没有理由期待任何单个国家来限制其二氧化碳排放。①

此外还有一些学者对二氧化碳排放量的拐点进行了研究,例如世界银行②和 Shafik(1994)认为,碳排放量随着收入的增加而增加,但没有证据证明碳排放量会出现拐点;Martin Wanger(2008)研究得出人均二氧化碳与人均收入正向相关,而且不存在拐点;Holtz-Eakin 和 Selden(1995)、Panayotou 和 Sachs 等(1999)虽然都认为二氧化碳排放与人均收入呈倒 U 形曲线关系,但他们得出的拐点处对应的人均收入却大相径庭。Webber 和 Allen 针对二氧化碳与人均收入的经验研究表明,二氧化碳的环境库兹涅茨曲线拐点处的人均收入相对于其他污染物来说要高得多,也就是说拐点出现得更晚,这也说明了二氧化碳减排任务更加艰巨。③ Zhang 和 Cheng 针对中国 1960—2007 年的实证研究显示,GDP 是能源消耗量的格兰杰原因,而能源消耗量又是碳排放量的格兰杰原因,但能源消耗和碳排放并不是经济增长的格兰杰原因,暗示中国的节能减排政策并不会阻碍经济增长。④

从各国经验研究来看,人均温室气体排放与人均 GDP 大致经历了这样的变化过程,即低收入阶段低温室气体排放,收入增加阶段排放也相应增加,收入达到一定阶段后温室气体排放趋于稳定甚至降低。在实证研究方面,国外学者选取的指标既包括能源方面,也包括环境污染和资源生态方面。需要指出的是:环境库兹涅茨的倒 U 形曲线只是揭示了发达国家经济增长与环境之间的一种基本转化规律。对于作为发展中国家的中国而言,二氧化碳排放与经济增长之间到底存在什么样的关系还亟待进一步研究。

从城市化与碳排放的关系来看,城市化是人类社会经济发展尤其是现代工业化的必然产物,也是社会进步、经济发展的必经阶段,一国城市化的进程必定

---

① 〔美〕本杰明·M.弗里德曼.经济增长的道德意义[M].北京:中国人民大学出版社,2008:443.

② 〔英〕库拉.环境经济思想史[M].上海:上海人民出版社,2007.

③ Webber, J. and Allen, D.. Environmental Kuznets Curves: Mess or Meaning? University of the West of England, School of Economics Discussion Papers, No. 0406, 2004.

④ Zhang Xing-Ping, Cheng Xiao-Mei. Energy Consumption, Carbon Emissions and Economic Growth in China[J]. *Ecological Economics*, 2009:2706—2712.

伴随着本国经济的增长、人均收入的提高和环境的恶化。

随着相关研究广度的扩大和深度的增加,越来越多的学者开始意识到收入水平并不是引起碳排放增加的唯一决定因素,一些学者们开始研究城市化水平对碳排放的影响。现阶段有关城市碳排放的研究主要侧重于人类活动导致的自然原料消耗、城市土地利用及覆被的变化。除此之外,目前还有研究涉及以碳排放过程为基础的碳足迹测算的研究,例如对石油能源、建筑材料的耗费、食品的消耗等方面进行的相关分析;也有的学者对城市居住环境的碳排放进行了分析;还有的研究表明,家庭能源消费与经济水平、家庭所处的社会地位、家庭人口特征、电器拥有情况、建筑物特征及地理位置等诸多因素有关。

Marilyn Brown 和 Elise Logan(2008)研究了美国最大的 100 个城市的二氧化碳排放量,认为大城市是美国二氧化碳排放的主要来源,并指出城市规模越大,人均二氧化碳排放量就越低。Siqi Zheng 等(2009)在 Glaeser 和 Kahn 的研究的基础上,利用微观数据计算出中国 74 个主要城市家庭碳排放量并对其进行了排序,他们发现,即使是中国标准家庭碳排放量最高城市的温室气体排放量也只占美国标准家庭碳排放量最低城市的 1/5,并且指出,目前中国东北地区的区域经济发展政策有导致中国温室气体排放量增加的趋势。Almond 等(2009)发现,在中国,采用集中供暖方式的地区(如北京)的碳排放量远远大于没有采用集中供暖方式的地区(如上海),这表明若政府采用更加清洁的能源来供暖,城市的碳排放量将会显著地下降。

Glaeser 和 Kahn(2010)研究发现,在保持人口和收入固定不变的情况下,人口在空间上的分布也是影响温室气体排放的关键因素之一。他们通过量化居住在美国主要大城市及郊区的标准单位家庭所产生的温室气体排放量发现,在气温更为舒适的、人口密集的地区碳排放量比其他地区要更低。Mattehew Kahn 等(2010)通过对家庭驾驶情况、公共交通利用情况和居民用电量三方面的数据研究证明了居住在中心城市的家庭的碳排放量要低于居住在郊区的家庭,研究结果证明美国经济活动的地理分布状况对碳减排有着重要的影响。

国内关于碳排放与城市发展的研究处于起步阶段。庄贵阳、张伟(2004)对我国城市化进程中基础设施建设和能源消耗之间的关系进行了研究,并提出了基础设施建设的低碳发展路径。曲建升等(2008)研究发现,2006 年我国碳排放总量的整体趋势是东部沿海地区高,而中部和西部地区相对较低,进一步地,将这种趋势同我国城市空间分布格局相对照,发现这些碳排放量高的区域正是我国城市的密集区域。徐大丰(2010)通过估算我国东、中、西部三大区域的碳排放量并对其进行分析,结果表明我国东部地区的碳排放总量要明显高于中西部地区。王群伟等利用数据包络分析(data envelopment analysis, DEA)模型构建了动态变化指数,对我国28个省市区1996—2007年的二氧化碳排放绩效进行了测度,研究结果显示我国东部地区的二氧化碳排放绩效最高,东北部和中部地区稍低,西部地区最低。[①] 叶祖达(2009)认为目前城市才是社会应对气候变化挑战的重要行动平台和载体,政府有责任推行相关政策来达到降低碳排放量的目的。宋帮英(2010)等通过利用地理加权回归的方法得出产业结构与我国省域碳排放量正向相关的结论,并指出在我国东部发达地区实施碳减排政策可能更加有效。

朱勤等(2010)运用计量经济学的方法分析了人口、消费及技术因素对碳排放量的影响,研究结果发现人口城市化率、人口规模和居民消费水平这三个因素对我国碳排放有着显著的影响。张超(2010)指出,收入、人口规模、人口增长、气温和城市化发展模式等因素对碳排放均有影响。樊杰(2010)提出了个人终端消费导向的碳足迹研究框架,即通过定量核算个人或家庭的碳排放量来研究消费能力、生活水平和碳排放量之间的关系。叶红等(2010)以厦门岛区为例,通过问卷调查的方式进行了城市家庭能耗的影响因子的研究,得出的结论是家庭社会情况是影响其能耗直接碳排放量最为重要的因子,住宅面积对家庭能耗直接碳排放的影响最为显著。林伯强、刘希颖对Kaya恒等式进行修改,在考虑中国碳排放影响因素时引入了城市化因素,提出中国可以在保证GDP增长的前提下,通过控制城市化速度,降低能源强度和改善能源结构来实现低碳转型[②]。此外,还有学者将制度因素纳入碳排放分析之中,例如冯俊新(2010)就指出,由于资源配置市场化的"制度红利"使得中国在2000年以前的碳减排措施表现出色,但随着改革完成,制度带来的作用将会逐渐消失,我国的碳减排成本面临着增加的趋势。

三、碳排放与碳排放量影响因素的分析

陈劭锋等基于IPAT模型(environmental impact(I) = population(P) * affluence(A) * technology(T))的实证分析表明,在技术进步驱动下,碳排放强度、人均碳排放量和碳排放总量随时间依次遵循倒U形曲线的演变规律[③]。许广月、宋德勇利用1990—2007年的省域面板数据,运用面板单位根和协整检验显示,

① 王群伟,周鹏,周德群.我国二氧化碳排放绩效的动态变化、区域差异及影响因素[J].中国工业经济,2010(1).

② 林伯强,刘希颖.中国城市化阶段的碳排放:影响因素和减排策略[J].经济研究,2010(8).

③ 陈劭峰,刘扬,邹秀萍,等.二氧化碳排放演变驱动力的理论与实证研究[J].科学管理研究,2010(1):7.

中国东部地区和中部地区存在人均碳排放的环境库兹涅茨曲线,但该曲线在西部地区不存在。① 林伯强,蒋竺均发现利用传统的环境库兹涅茨模型估计的中国的二氧化碳库兹涅茨曲线的拐点与基于能源需求的二氧化碳排放预测拐点有着较大差异。采用对数平均迪式分解法和随机回归影响模型(stochastic impacts by regression on population, affluence and technology, STIRPAT)模型分析了中国人均二氧化碳排放的主要影响因素,发现除了人均收入,能源强度、产业结构和能源消费结构都对二氧化碳排放产生显著影响。②

Kaya(1989)提出了 Kaya 恒等式,通过因式分解在温室气体排放与人口、经济发展水平、能源消费强度和单位能源消费碳强度之间建立了相应关系。Dietz 等(1994)构建了 STIRPAT 模型,用于检验人口、经济和技术因素对二氧化碳排放的弹性系数。Duro 和 Padilla 利用 Theil 指数分解法,发现 Kaya 因素中人均收入是引起不同国家间人均碳排放差异的最主要因素,其次是能源消费碳强度和能源强度。③

Ang 等运用对数平均 Divisia 指数分解法,对中国工业部门的二氧化碳排放进行研究发现:1985—1990 年工业部门总产出的变化对碳排放量具有较大的正向作用,工业部门能源强度的降低则对碳排放量起到较大的抑制作用。④ Liu 等对中国 1985—2005 年的研究结论依旧认为工业经济发展和工业终端能源强度是二氧化碳排放的主要组成,而工业结构的调整减少了 35.14% 的二氧化碳排放量。⑤ Ang 将环境与现代内生增长理论相结合,对中国 1953—2006 年的二氧化碳排放量的影响因素进行分析,发现研发强度、技术转移和技术吸收能力的提高有利于降低二氧化碳排放量,能源消费和贸易开放度的提高则会导致碳排放量的增加。⑥

Machado 等采用包含 14 个部门的投入产出数据对巴西 1995 年进出口贸易中商品的碳含量进行了计算,发现巴西出口的非能源产品的碳含量大于进口产

---

① 许广月,宋德勇. 我国出口贸易、经济增长与碳排放关系的实证研究[J]. 国际贸易问题,2010(1).

② 林伯强,蒋竺均. 中国二氧化碳的环境库兹涅茨曲线预测及影响因素分析[J]. 管理世界,2009(4).

③ Duro, J. and Padilla, E.. International Inequalities in Per Capita CO_2 Emissions: A Decomposition Methodology by Kaya Factor[J]. *Energy Economics*, 2006:170—187.

④ Ang, W. and Choi, K.. Decomposition of Aggregate Energy and Gas Emission Intensities for Industry: A Refined Divisia Index Method[J]. *Energy Journal*, 1997:59—73.

⑤ Liu L., Fan Y., Wu G., Wei Y.. Using LMDI Method to Analyze the Change of China's Industrial CO_2 Emissions from Final Fuel Use: An Empirical Analysis[J]. *Energy Policy*, 2007:5892—5900.

⑥ Ang, B.. CO_2 Emissions, Research and Technology Transfer in China[J]. *Ecological Economics*, 2009:2658—2665.

品的碳含量。[①] Lenzen 和 Mungsgaard 构建了一个多地区投入产出模型，用于计算丹麦最终消费产品中的能源消耗量，发现贸易自由化会对能源消费产生规模效应、技术效应和结构效应，但总效应是增加能源消费。[②] Kakali 对印度 1993—1994 年进出口商品碳含量的计算结果则显示，其出口商品的碳含量小于进口产品。[③] Peters 和 Hertwich 对挪威的研究发现，其 72% 的二氧化碳排放量是由出口贸易引起的。[④] Mongelli 等运用投入产出技术研究了意大利进出口贸易中的能源消耗问题，验证了“污染避难所”假说以及国家间的“碳泄露”效应。[⑤]

Clark 和 Deurloo(2006)、Pachauri 和 Jiang(2008)的研究揭示了人口的年龄结构、家庭规模、城市农村分布与不同能源消费模式之间的关系。Prskawetz, Jiang 和 O'Neil(2004)的研究指出家庭户应该作为影响二氧化碳排放的人口分析单位。Puliafito 等采用 Lotka-Volterra 模型对人口、GDP、能源消耗与碳排放量之间的关系进行了分析，发现发达国家人口在 2020 年前后进入老龄化阶段后，碳排放量会由于老龄化的到来而逐渐降低，这与技术变革所产生的减排效果大致相当。[⑥] Dalton 等对美国的研究发现，在一定条件下，人口老龄化对二氧化碳排放的影响比技术变动的影响更为显著。[⑦]

张友国利用投入产出结构分解方法实证分析了 1987—2007 年中国经济发展方式变化对碳排放强度的影响，结果显示，生产部门能源强度和直接能源消费率的下降，以及能源结构的变化是碳排放强度下降的主要原因，而中间投入结构的变化和出口导致的需求分配结构的变化都导致了碳排放强度的提高。[⑧] 王锋等运用对数平均 Divisia 指数分解法对 1995—2007 年中国二氧化碳排放增长率的驱动因素进行分解，发现人均 GDP、交通工具数量、人口总量、经济结构、家庭

---

① Machado, G., Schaeffer, R., and Worrell, E.. Energy and Carbon Embodied in the International Trade of Brazil: An Input-Output Approach[J]. *Ecological Economics*, 2001:409—424.

② Lenzen, M. and Munksgaard, J.. Energy and Greenhouse Gas Emissions Embodied in Trade, Paper presented at the 14th International Conference on Input-Output Techniques held at UQAM, Montreal, Canada 10—15th October.

③ Kakali M.. Impact of Liberalized Trade on Energy Use and Environment in India [J]. *J Env Ecol Manag*, 2004:75—104.

④ Peters, G. and Hertwich, G.. Energy and Pollution Embodied in Trade: The Norwegian Case[J]. *Global Environmental Change*, 2005,16(4).

⑤ Mongelli, I., Tassielli, G., and Notarnicola, B.. Global Warning Agreement, International Trade and Energy/Carbon Embodiments: An Input-Output Approach to the Italian Case[J]. *Energy Policy*, 2006:88—100.

⑥ Puliafito, S., Puliafito, J., and Grand, M.. Modeling Population Dynamics and Economic Growth as Competing Species: An Application to CO_2 Global Emissions[J]. *Ecological Economics*, 2008:602—615.

⑦ Dalton, M., Brian, C., and O'Neil, et al. Population Aging and Future Carbon Emissions in the United States[J]. *Energy Economics*, 2008:642—675.

⑧ 张友国.经济发展方式变化对中国碳排放强度的影响[J].经济研究,2010(4).

平均收入是主要正向驱动因素;而生产部门能源强度、交通工具平均运输线路长度和居民生活云南强度是负向驱动因素;其中1997—1999年,工业企业的研发经费提高所带来的技术进步以及企业所有制改革都有效地提高了工业部门的能源利用效率。[①] 朱勤等在扩展的Kaya恒等式的基础上,应用LMDI分解方法对中国1980—2007年的能源消费碳排放进行因素分解,发现经济增长、人口规模扩大以及产业结构特征依次是造成碳排放量增加的主要原因,而能源强度的下降和能源结构的调整则对碳排放量的增加产生了负效应。[②] 徐国泉等分析了在1995—2004年,中国能源结构、能源效率和经济增长对人均碳排放的影响,其中经济增长对拉动人均碳排放的作用呈指数增长,而能源效率和能源结构对抑制人均碳排放的作用呈倒U形。[③] 胡玉莹运用非期望产出的SBM模型计算了2000—2007年中国30个省区的碳环境技术效率,其中东部地区的碳环境技术效率较高,而中西部地区的较低,人均GDP以及技术进步与各地区碳环境技术效率呈正向关系,而工业化重型化、城市化和粗放型增长方式则阻碍了碳环境技术效率的提高。[④] 王群伟等运用含有非期望产出的DEA模型测度了1996—2007年中国28个省区二氧化碳的排放绩效,结果显示所观察地区的二氧化碳排放绩效的提高依赖技术进步;通过面板数据回归分析表明,除了地区经济发展水平,产业结构、能源强度和所有制结构也是影响二氧化碳排放绩效的主要因素。[⑤]

孙小羽和臧新通过建立能源—经济投入产出模型,测算了2002—2006年中国出口贸易引发的能源消耗和环境污染,发现中国在增加出口的同时承担了更多的世界能源消耗、碳排放和大气污染物排放。[⑥] 党玉婷对1993—2006年中国制造业对外贸易中的污染物含量进行了测算,发现我国为发达国家承担了高额的环境成本。[⑦] 徐慧运用投入产出模型计算了中国产业部门的完全产污系数和进出口贸易中的污染物排放量,当考虑进出口商品的不同投入产出技术时,中国

---

① 王锋,吴丽华,杨超.中国经济发展中碳排放增长的驱动因素研究[J].经济研究,2010(2).

② 朱勤,彭希哲,陆志明,等.中国能源消费碳排放变化的因素分解及实证分析[J].资源科学,2009(12).

③ 徐国泉,刘则渊,姜照华.中国碳排放的因素分解模型及实证分析:1995—2004[J].中国人口·资源与环境,2006(6).

④ 胡玉莹.中国能源消耗、二氧化碳排放与经济可持续增长[J].当代财经,2010(2).

⑤ 王群伟,周鹏,周德群.我国二氧化碳排放绩效的动态变化、区域差异及影响因素[J].中国工业经济,2010(1).

⑥ 孙小羽,臧新.中国出口贸易的能耗效应和环境效应的实证分析——基于混合单位投入产出模型[J].数量经济技术经济研究,2009(4).

⑦ 党玉婷.中国对外贸易对环境污染影响的实证研究——全球视角下投入产出技术矩阵的环境赤字测算[J].财经研究,2010(2).

作为出口方承担了更多的环境成本,作为进口方并未为全球环境带来更多污染。[①] 朱启荣基于投入产出模型的研究表明,加入世贸组织后中国出口贸易所产生的二氧化碳排放呈现迅速增长,并且高碳产品具有竞争优势,在出口总额中占有较大比重。[②] 然而,李小平、卢现祥的研究却认为国际贸易能够减少工业的二氧化碳排放总量和单位产值的碳排放量,中国并未成为发达国家的“污染避难所”。[③] 另外,陈佳瑛等将总人口环境压力模型转变为家庭户环境压力模型,利用我国1978—2007年的数据进行实证分析发现,家庭规模与总户数对碳排放有较大影响。[④]

总体来看,学者们对制度安排和政策工具如何影响二氧化碳排放分析不够。本书将重点探讨制度安排和政策工具与发展低碳经济的关系。

第三节　制度安排与政策工具的关系

从经济层面来看,目前国内外对低碳经济的许多问题进行了研究,但对发展低碳经济的制度安排和政策工具缺乏系统的研究。发展低碳经济为什么需要制度安排和政策工具?制度安排和政策工具在发展低碳经济(从高碳发展转向低碳发展)起着什么样的作用?如何建立和完善发展低碳经济的制度安排和政策工具?存在哪些障碍?目前国内对这些问题的分析尚不系统或深入。

把制度安排和政策工具结合在一起分析是本书的特色之一。在欧美国家,有不少关于环境保护的政策工具分析[⑤],而它们不重视制度安排的分析。欧美国家的学者不重视制度安排的分析是因为在这些发达国家,制度安排较完善,制度的作用也较明显,所以他们不需要去分析这些问题。而对于发展中国家和转型国家来讲,制度的缺失及制度难以发挥作用的现象较突出,因此,制度分析在发展低碳经济的过程中就非常重要。在发展中国家,实际上许多对社会有利的政策并未得到采纳或贯彻,包括低碳经济的政策。制度的洞察力可以用来审视构建并贯彻执行政策的各种力量。对低碳经济的制度分析有利于我们制定有效的低碳经济政策并提高实施的效果。

---

① 徐慧.中国进出口贸易的环境成本转移——基于投入产出模型的分析[J].世界经济研究,2010(1).

② 朱启荣.中国出口贸易中的 CO_2 排放问题研究[J].中国工业经济,2010(1).

③ 李小平,卢现祥.国际贸易、污染产业转移和中国工业 CO_2 排放[J].经济研究,2010(1).

④ 陈佳瑛,彭希哲,朱勤.家庭模式对碳排放影响的宏观实证分析[J].中国人口科学,2009(5).

⑤ 〔美〕保罗·R.伯特尼,〔美〕罗伯特·N.史蒂文斯.环境保护的公共政策(第2版)[M].上海:上海三联书店、上海人民出版社,2004.

一、发展低碳经济的制度安排和政策工具的特殊性

许多政策工具可用来减少温室气体的排放。它们包括排放税、可交易的排放许可证、减排补助、行政指令和调控、贴标签和情报要求、研究补助及低碳技术等。此外,还有政府关于适应气候变化的政策。

发展低碳经济所需要的制度安排和政策工具是有其特殊性的,这是因为:

(1) 从空间上看,它涉及全世界各国,并且各国在发展低碳经济的过程中又有异质性。各国在地理位置和气候条件等自然条件、经济发展阶段和发展水平、经济利益、经济政治体制、文化习俗及制度等都存在差异。国与国之间在发展低碳经济上既有共同利益,但又存在差异与矛盾。要想获得发展低碳经济的整体效率,必须要通过国际制度安排和政策协调来形成国际的一致行动。

(2) 从时间上看,发展低碳经济既涉及过去(历史上的碳排放),也涉及现在和未来,这更增加了制度安排和政策工具选择的难度。历史上发达国家在工业化初期排放的碳排放量(存量)如何处理?如何在各国分配现在和将来的碳排放量?如何处理好当代人和子孙后代的碳排放权利的关系?等等。这些时间的跨度更增加了发展低碳经济的难度。

(3) 不确定性。人类排放行为导致温室效应还是自然造成温室效应,是减排还是适应,低碳问题是存在还是阴谋,等等,这些认知问题都还存在较大的争议。生产率和温度敏感性系数是影响不确定性的重要变量。此外,人口增长率、脱碳率和碳循环也是影响不确定性的因素。[①] 关于气候变化的所有政策内容,都是在风险和不确定性条件下作出的。不能确定未来的100年间及其以后时期的产出增长率,不能确定几十年后未来的能源系统将会怎样发展,不能确定替代碳燃料的技术以及消除碳排放的技术的发展步伐,不能确定日益增加的温室气体排放对气候变迁的影响,也不能确定气候变迁对大多数经济和生态方面的影响。[②]

(4) 最大的市场失灵。从人类历史来看,温室效应及相关的低碳经济是人类社会面临的最大的市场失灵。如何解决这个最大的市场失灵对于我们的理论研究和政策对策都是一个重大的挑战。所有这些都增加了发展低碳经济的制度安排和政策工具选择的难度。

根据以上分析,理想的低碳经济的制度安排和政策工具要满足什么样的

---

① 〔美〕威廉·诺德豪斯. 均衡问题:全球变暖的政策选择[M]. 北京:社会科学文献出版社,2011:128.

② 同上①,第27页。

要求？

（1）从空间上讲，发展低碳经济要求“处处有效率”，就是在区域之内以及国家之间减排的边际成本应当相等。从制度和政策层面来看，唯一能够实现这一要求的现实路径就是在所有国家强制实施协调的碳价格，没有任何例外或优惠。最理想的政策应当是所有国家都参与减少温室气体排放的政策，应当是在产业之间、国家之间以及时间上都有效率的政策。从经济学来看，有效率的政策这个概念隐含的一般原则是：各个区域和国家减排二氧化碳等温室气体的边际成本应相等，并且每年减排的边际成本应当与减少未来气候变迁损失所带来的边际收益相等。

如何做到处处有效率？制定发展低碳经济政策的核心经济标准必须是：一是根据所需规模减排的有效性，即为了减缓气候变化，我们必须在一定的时间范围内控制好二氧化碳的排放数量。二是通过高效性以降低成本，无效的政策很难激励企业和个人去减少碳排放和发展低碳经济。三是公正，即能够认识到收入、技术和历史责任的差别。第三条是制定低碳经济政策最难的地方，其实确定减排的规模和提高减排的有效性并不难，最难的是根据不同收入水平及技术条件，合理地分担减排的责任。从长期来看，减排对于所有的人都是有利的，但是在短期内，减排会影响到生产和消费。还有，在发展低碳经济的过程中，减排的成本与收益是不对称的。所有这些都会影响低碳经济政策的制定和实施。

制定好政策的关键是要考虑温室气体的价格，以及技术、信息和交易成本、偏好的转变等。制定低碳经济发展的政策要考虑：① 温室气体的价格（或碳价格）及其减排的激励机制；② 低碳技术并加快其发展；③ 信息和交易成本，特别是与能源效率有关的成本；④ 应该提供一个有助于制止森林砍伐的国际框架，因为森林砍伐属于众多市场失灵的一种；⑤ 它应该有很强的国际关怀，促进合作、顾及公平，并降低全球成本。[①]

（2）从时间上讲，发展低碳经济要求“时时有效率”。做到“时时有效率”必须考虑贴现率、碳循环和气候系统的动态变化以及气候变迁所带来的经济损失等因素。从理论上讲，只有满足了发展低碳经济的这两个要求，才是低碳经济的最佳运行状态。

关于实现“时时有效率”，我们也面临着不少的难题。一是减排节奏的把握。在威廉·诺德豪斯看来，有效率的减排来自这样的一套政策组合：在短期应使温室气体的减排率适中，而在中长期则要明显提高。有效的减排政策还应当

---

① 〔英〕尼古拉斯·斯特恩. 地球安全愿景：治理气候变化，创造繁荣进步新时代［M］. 北京：社会科学文献出版社，2011：12.

是一种价格合理的、能够对长期气候变化产生实质性影响的政策。从经济学上来看，最优政策的全球收益的净现值为3万亿美元。[①] 换言之，减缓气候变化的有效或“最优”经济政策是在近期有一个温和的减排率，而接下来的中期及长期将有一个极大的减排率，这被称为“气候政策斜坡理论”。[②] 而在斯特恩等人看来，我们越早减排成本越低，越早减排效果越好。所以，如何做到“时时有效率”在减排的节奏把握上就存在争议。二是经济发展是有周期的，低碳经济制度安排和政策设计可建立在把衰退中的复苏和大规模投资于可再生能源资源结合起来的基础之上。[③] 人类调整自身以适应这些变化的成本将极其巨大，世界上的所有国家都应当从现在起就制订适应气候变化的计划。对于任何能够有效减缓全球变暖的政策，必须提高碳排放的市场价格，这将提高化石燃料及其制品的市场价格。[④]

总之，“处处有效率”和“时时有效率”是发展低碳经济的紧迫性所决定的，在一定程度上讲，这也是对人类发展的一种时空约束。

二、低碳经济中制度安排和政策工具的关系

制度与政策不同，政策是指目标和希望达到的结果；而制度是指法则，包括社会各方联系的行为准则与执行法则和行为准则以达到所希望结果的机构。政策影响着哪些制度将发生变化，不过制度也影响着要采取哪些政策。制度结构影响着行为。不过在现有制度结构内，行为也会发生变化。[⑤]

本书主要研究发展低碳经济中的制度安排和政策工具，从广义上讲，制度安排包括了政策工具，政策工具是制度安排中正式规则的重要组成部分，碳税、碳交易制度等都是政府以强制力实施的规则，所以本书主要以制度安排分析为重点。《斯特恩报告》提出全球减排政策的三个要素，即通过税收、贸易或法规进行碳定价；支持低碳技术的创造和推广应用；消除提高能源效率方面的障碍。本书关于政策工具的研究主要涉及三个方面，一是制度安排与政策工具的关系；二是分析政府在发展低碳经济中的作用，无论我们采用什么样的制度安排，政府都是重要的主体，而政府的作用主要是以政策工具体现出来的；三是对政府规制效

① 〔美〕威廉·诺德豪斯. 均衡问题：全球变暖的政策选择[M]. 北京：社会科学文献出版社，2011：15.

② 同①，第160页。

③ 〔英〕安东尼·吉登斯. 气候变化的政治[M]. 北京：社会科学文献出版社，2009：16.

④ 〔英〕尼古拉斯·斯特恩. 地球安全愿景：治理气候变化，创造繁荣进步新时代[M]. 北京：社会科学文献出版社，2011：17.

⑤ 世界银行. 2002年世界发展报告：建立市场体制[R]. 中国财政经济出版社，2002：6.

率的研究,政府环境规制绩效研究是本书的重要内容之一,通过对政府环境规制绩效研究有利于我们从经济层面分析低碳经济运行与制度安排和政策工具的关系。

制度安排与政策工具两者在某些方面是一致的,如碳税、交易许可证等既属于正式制度,又属于发展低碳经济的政策工具。但这两者又有较大的差异。制度安排的范围比政策工具更广泛。制度安排和政策工具的目标是共同的,但两者的科学属性却有所不同,而且在不同体制和制度下,政策工具是有差异的。更重要的是,政策实施取决于一国的制度质量,制度质量高的国家更有利于政策的实施。为什么许多好的政策(包括低碳经济的政策)难以实施?或者实施的效果不理想?这就与制度环境、制度质量及政府等有关。

制度问题对于研究集体行动和公共政策来说是一个中心问题。如何进行政策分析?在罗纳德·科斯(Ronald Coase)看来,经济政策的根本问题……就在于考虑替代性社会安排在实践中是如何运行的,并评估它们的执行情况。换句话说,我们应该比较替代性社会安排的综合效果。科斯的政策分析涉及四个基本要素:① 它是一个整体方法;② 它强调真实的或实际的分析;③ 它涉及比较制度分析;④ 收益—成本分析扮演重要角色。

第一,科斯政策分析方法的观点是对被提议的政策效果做整体分析,而不是局部分析。科斯认为,政府补贴政策不会像它的倡导者所宣称的那样带来一个有效率的解决方案,因为政府补贴将通过扭曲性的税收来筹措资金,从而在矫正一个市场扭曲的同时产生或者加剧另一个市场的扭曲。当由 A 产生的污染强加成本于 B 时,事实也就是减少了 A 所承担的污染成本。问题是“A 是否应该被允许损害 B 或者 B 是否应该被允许损害 A?”,他说应该是避免更严重的损害,这就要求人们从“整体而且从边际的角度”来考察这个论题。

第二,科斯呼吁经济学家离开他所谓的“黑板经济学”,对经济政策的效果进行一个更真实的评价。在科斯看来,正确的方法是从整体考察现存情况,并把它和被提议的政策改变的整体效果进行比较。在一定意义上讲,从高碳经济到低碳经济的转变是制度安排和政策工具作用的结果。

第三,科斯提出对政策分析的比较制度分析。对科斯而言,经济分析的基本任务是获得对生产的制度结构的运行的理解,特别是对企业、市场和法律(包括政府)在协调经济活动中所扮演的角色的理解。他认为,对经济学家而言,如果离开对交易赖以发生的制度背景来讨论交换过程,没有多大意义,因为制度背景影响生产和交易成本。本书对低碳经济政策和政府规制进行了比较制度分析。我们强调制度多样性的观点。制度是特定经济活动参与者之间形成的可接受的规则,因此制度演化的路径势必受到本地化因素的影响。制度多样化的两大核心问题是:如何界定制度比较分析的边界,以及如何评价不同制度的绩效。

在科斯看来,经济政策涉及替代性社会制度之间的选择。对市场失灵进行分析的新古典方法的一个主要缺陷就在于它假定一些形式的税收、补贴或管制方案是好的并且是必要的,或者政府供给公共产品是不可避免的。科斯强调解决市场失灵的多重方案,而且进一步指出"所有解决方案都是有成本的"。

科斯对公共政策分析的第四个基本特点是运用收益—成本分析。对污染的外部性,科斯认为被选择的行为方案应该考虑三个方面:① 减少既定污染水平的所得是什么,所失是什么? ② 谁会从给出的行为方案中得益,谁会从被否决的方案中受损? ③ 在促进我们希望达到的目标时,被提议的安排在实践中会导致什么样的实际结果?[①] 科斯所说的这三点也同样适用于对减排和发展低碳经济政策的分析。

政策工具即实现政策目标的手段,其实施与环保体制相适应。政策工具有几种划分方法。一般来讲,政策工具通常被简单地划分为命令—控制型制度和市场型制度的工具[②],也有学者将政策工具划分为三类,即"胡萝卜、大棒、说教"的经济激励、法律工具和信息工具(Bemelmans-Videc, Rist and Vedung,1998),而 Lundqvist(2000)则将政策工具划分为物质的、组织的、法律的、经济的和信息的五类。世界银行在 1997 年度报告中将政策工具划分为利用市场、创建市场、环境管制和公众参与四类,并将其表示为政策矩阵(见表 1.2)。[③]

表 1.2 政策工具的分类

利用市场	创建市场	环境管制	公众参与
补贴削减	产权与地方分权	标准	公众参与
环境税费	可交易许可证和权利	禁令	信息公布
使用者收费	国际补偿机制	许可证与限额	
押金—退款制度		分区	
有指标的补贴		责任	

从用于低碳经济的经济手段来看,政策工具有:可交易的排放证,对允许核准给企业的排放额度进行交易;资源分配交易,对允许给企业的资源配额进行交易;产品规制费和产品税,有害产品须缴纳固定费用,用于影响买卖该产品的行

① 〔美〕斯蒂文·G.米德玛.科斯经济学:法与经济学和新制度经济学[M].上海:上海三联书店,2007:167.

② 〔美〕保罗·R.伯特尼,〔美〕罗伯特·N.史蒂文斯.环境保护的公共政策(第2版)[M].上海:上海三联书店、上海人民出版社,2004:122.

③ 〔瑞典〕托马斯·思德纳.环境与自然资源管理的政策工具[M].上海:上海三联书店,2005:103.

为或作为回收的财政补贴；有害物质排放量和污染税，根据有害物质的排放量收费，专用于清理设备的融资；资源使用费；生态财税改革，改变国家财税策略，将课征对象从对生态有利的转到对生态无利的；押金系统，购买产品附带包装押金，在归还包装时返还；购买开发权，让国家能够从土地所有者处购买建筑开发权，用以保护该土地的自然环境；转让开发权，将人口从密集度高的社区导引到生态不敏感区，同时为生态敏感区减压；环境补贴，以津贴、低利或无担保贷款、税率减免来鼓励规则中的各类生态交易及活动；环境法定连带责任，要求肇事者赔偿所造成的环境损害；财务担保，要求当事人向管理当局提供财务担保，确保规定完成的事项兑现；环境储备金，企业必须预留足够有保证的环境储备金，作为停产后土地修复的保证。① 这些经济手段都可以分别划入到利用市场、创建市场、环境管制和公众参与四类之中。

低碳经济制度安排和政策工具追求的是“气候智能型”发展。这种发展取决于能源结构、现有和潜在的能源资源以及倾向于采取国家主导的政策还是市场主导的政策等因素。发展低碳经济就是要寻找能够实现持续发展和实现低碳发展的路径。为此，要求转变发达国家的碳密集型的增长路径和发展中国家碳密集型的增长路径。这就需要相应的制度安排和公共政策支撑。修改社会规范，鼓励低碳的生活方式是实现成功转型的重要因素。但是行为的转变需要与机构改革、资金支持以及低碳技术协同作用。在这种情况下，强有力的政策能够帮助推动经济吸纳气候影响的冲击，政策应该去“助和推”(enable and engage)——其目标应该是为个人坚持他们已有的态度提供帮助。这方面的例子包括：提供有关如何去减少碳消费的信息、鼓励社会行为、改善基础设施等，从而实现低碳经济的发展目标。我们可以通过采用创新的经济政策和工具，包括碳税、其他排放税和专项补贴，加速过渡到低碳经济，这些政策的成本往往因政策带来的关联效应而抵消，如改善空气质量效益、提高农业生产力、拓展新的经济领域和技术的发展、改善就业和减少贫困，并将获得增加就业和部门增长的机会。② 换言之，发展低碳经济的制度安排和政策工具的效应表现在两个方面，一是有利于从高碳发展向低碳发展转变，是人类经济发展方式的转变；二是有利于技术发展、减少贫困和改善就业等。

① 〔德〕魏伯乐，〔澳〕查理·哈格罗夫斯. 五倍级[M]. 上海：格致出版社，2010：198—199.

② 〔美〕爱德华·B. 巴比尔. 低碳革命：全球绿色新政[M]. 上海：上海财经大学出版社，2011：37.

第四节　研究方法和制度分析框架

一、研究方法

本项目把制度分析拓展到环境变化及低碳经济分析之中。制度分析的关键就是考虑到制度性激励体系的不完美特征，并将其纳入分析框架。[①] 我们应该建立什么样的发展低碳经济的制度性激励体系，建立这种制度性激励体系的难点是什么、障碍是什么，这正是本书要解决的问题。

(1) 制度的理论分析与历史分析相结合。本书所采纳的是道格拉斯·诺思的制度研究方法，事实上诺思是应用多种方法来研究制度问题的，包括历史分析方法、"成本—收益"分析方法、制度变迁和制度创新的分析方法等。从"成本—收益"分析来看，一项新的制度安排只有在创新的预期净收益大于预期成本时，才会发生。根据诺思的理论，社会集团对自己收入预期的改变促成"制度创新"，这正是本研究力图解决低碳经济发展中制度安排与政策工具应用的突破口，也就是如何用制度建设去解决经济增长方式转变与互助协作的问题。本课题重点研究了命令—控制型制度、市场型制度及自愿协议型制度的演变及其对发展低碳经济的影响。把制度的理论分析与历史分析相结合有利于我们分析在发展低碳经济的过程中，随着外部条件的变化，制度安排也要作出相应的调整与适应。

(2) 单个制度分析与整体制度分析相结合。约翰·加尔布雷思(John Galbraith)提出了"整体制度目标"的概念，他把整体制度目标分为经济价值目标和文化价值目标，而社会追求的公共目标就是经济价值和文化价值综合起来的"生活质量"。发展低碳经济的制度建设要回答低碳经济制度建设的目标是什么、如何把可持续发展和生活质量内生于经济增长等这些亟须探讨的重要问题。科斯在制度分析中引入边际分析方法，建立起边际交易成本概念，为制度经济学的方法研究开辟了新领域。本书首先从三个层面(作为面对气候变化的低碳经济、作为解除碳锁定的低碳经济及作为从工业文明到生态文明的低碳经济)对低碳经济的制度体系进行了较全面的分析，后面接着重点探讨了作为治理层面的制度分析，主要有命令—控制型制度、市场型制度及自愿协议型制度，对于这些制度的演进、不同制度安排下的企业节能减排的绩效进行了系统深入的分析，并且对政府的环境规制绩效进行了比较分析。把整体制度分析与单个制度分析

① 〔美〕道格拉斯·诺思. 理解经济变迁过程[M]. 北京：中国人民大学出版社，2008：62.

结合起来更有利于我们观察制度安排在发展低碳经济中的作用和效果。

(3) 制度分析与政策分析相结合。本书重视制度分析和政策分析的结合。科斯提出要对政策进行比较制度分析。我们出台了不少低碳经济发展的政策，但是这些政策的效果如何，这些政策与我们现行的制度是否吻合，需要一定的研究，本书对低碳经济政策和政府规制进行了比较制度分析。

(4) 制度建构与制度绩效分析相结合，尤其重视制度绩效的计量分析。按照丹尼尔·布罗姆利(Daniel Bromley)的理论，制度决定了个人的选择集，个人的最大化行为仅仅是界定在选择集中的一种最大化选择，效率是在一定的制度安排假定下的一种人为的东西。制度带有强制性，制度变迁更大程度上是国家对个人的强制。从逻辑上讲，对制度安排的偏好比对制度安排的结果更为重要。经济学家通常是将现存的制度以及对这些制度的偏好当为既定，由此寻找在此限制条件下的最大化行为。

二、制度分析框架

本书采用诺思提出的制度分析框架，即“现实”—信念—制度—组织—政策—结果—“改变了的现实”。从这个“现实”出发，我们建立了关于周围世界的理论、模型和理念体系，了解、解释和改造世界，按照我们认为的世界运转的方式建立并实施我们认为能够达到期望结果的制度框架。

本书从高碳经济这个“现实”出发，目的是达到一种“改变了的现实”，即低碳经济。这其中，信念、制度、组织和政策都是从“现实”到“改变了的现实”的重要因素，也是本书要重点研究的对象。在从高碳经济(“现实”)到低碳经济(“改变了的现实”)的转变过程中，制度安排和政策工具发挥着极为重要的作用。

什么是信念？信念是人们在一定的认识基础上，对某种思想理论、学说和理想所抱的坚定不移的观念和真诚信服与坚决执行的态度。低碳经济信念是人们对人类发展的现状与未来发展理性思考的结果。目前，越来越多的事例表明环境破坏的社会认知对克服碳锁定是必需的，没有对环境及低碳发展的认知是难以采取低碳行动的。但仅仅靠社会的认知并不能解除锁定，这是因为认知是采取行动的前提，除此之外，需要一个“触发器”或是“焦点”事件促使制度政策的改变。换言之，没有重大事件的“刺激”，人们就很难行动。例如，早在 1962 年，蕾切尔·卡森(Rachel Carson)出版了她的新著《寂静的春天》，呼吁公众关注杀虫剂 DDT 对生态系统的危害，但直到 10 年后，意识到作为国家象征的白头鹰的数量大幅减少，美国才禁止使用 DDT 杀虫剂。同样，尽管 1972 年《科学探索》杂志刊登了酸雨问题，但是，直到 20 世纪 80 年代，森林大片死亡之后减少酸雨的行动才在北欧和北美洲大规模展开。虽然历经十多年的研究，只有发现南极上空的"臭氧空洞"后,人们才停止使用氟氯烃。从认知上讲,现在发展低碳经济还存在不少争议,如气候变化是确定的还是不确定的,是自然造成的还是人为的,是减排还是适应,是立刻减排还是逐步减排。这种不确定性大大制约了人们的减排行为。人类经济活动对环境的破坏与认知不够和认知误区是密切相关的。随着人类对经济行动与环境关系认知的不断进步和理念的变化,经济活动与环境关系将越来越协调。制度变迁的研究需要一种意识形态理论,道格拉斯·诺思认为意识形态是一种行为方式,这种方式通过提供给人们一种"世界观"而使行为决策更为经济,使人的经济行为受一定的习惯、准则和行为规范等的协调而更加公正、合理并且符合公正的评价。

制度变迁的方式反映了人们所具有的信念。信念体系和制度框架有着密切联系。制度是人们施加给人类行为的结构,以达到人们希望的结果,信念体系是内在表现,制度是这种内在表现的外在显示。因此,经济市场的结构反映了制定游戏规则的那些人的信念。当人们的信念存在冲突时,制度会反映那些有能力实现他们的目标的人们的信念。① 在向更复杂的、相互依赖的文化演化的压力环境中,人类的意识及其意向性已经导致了不同的制度结构,这些制度结构进一步又可以解释社会不同的绩效特征。在从高碳经济向低碳经济的转变过程中,制度安排极其重要,而低碳制度的形成又与人们的信念密切相关。

制度安排和政策工具发挥作用的关键是行为变革与大众观念转变。我们不是在一个新的领域建立制度安排和政策工具,而是在一个具有成本和技术优势的高碳领域发展低碳经济。在这种情况下,任何制度安排和政策工具都有一个行为的滞后效应。要使现代经济摆脱对化石燃料的依赖并增强适应气候变化的能力,这需要消费者、企业家和决策层观念上的转变。要改变根深蒂固的行为方式就必须要采取非市场性政策工具和干预措施。从历史来看,各类灾害风险管理计划关注的焦点都是改变公众对于风险的认知。公民个人将在公共辩论和实施低碳发展方案中发挥重要作用。民意调查报告表明世界各国人民都关心气候变化和低碳发展,甚至在2009年的金融危机时也如此。但是认知要变成行动还有一个过程,尤其在存在外部性、机会主义行为、搭便车及道德风险的情况下这种转变就更艰难。这就需要采取相应的措施。美国各地的公用事业公司开始利用社会规范和社区内的压力来鼓励人们降低能源消费,改变消费习惯,如只需向各个家庭说明他们的能源消费量与其他家庭的比较结果,并对消费量降至平均线以下的家庭表示赞许,就足以鼓励大众降低能源消费。

从高碳经济到低碳经济的转变是一个经济变迁过程。诺思把经济变迁理解

① 〔美〕道格拉斯·诺思. 理解经济变迁过程[M]. 北京:中国人民大学出版社,2008:47.

为如下各种变化的结果：① 人口的数量和质量；② 人类的知识存量，特别是人类用于控制自然的知识存量；③ 界定社会激励结构的制度框架。[①] 这三者是相互联系、相互制约的。为什么需要发展低碳经济？这是人类外部环境变化（包括历史、现实及未来气候变化）以及对人类生存及发展已经或将产生影响的结果。如何实现从高碳经济向低碳经济的转型是我们要探讨的中心问题。界定社会激励结构的制度框架是关键。如何制定和实施有效力的低碳经济的发展措施以应对来自经济、生态和社会承载力方面的重要挑战，是需要政府、非政府组织、学者与科研机构共同关注与解决的问题。

如果我们不考虑人口的数量和质量与人类的知识存量，那么从高碳的“现实”到低碳的“现实”是理念、制度、组织和政策相互作用的结果。在本课题中，我们重点是探讨制度、组织和政策在发展低碳经济中的作用。如前所述，我们选择了三个切入点来研究这个问题，一是作为面对气候变化的低碳经济，二是作为解除碳锁定的低碳经济，三是作为从工业文明到生态文明的低碳经济。这三个层面尽管有交叉的地方，但是侧重点不一样，这有利于我们从深层次探讨低碳经济与制度安排和政策工具之间的关系。

发展低碳经济不仅需要技术支撑，更重要的还需要制度创新。若制度创新跟不上，发展低碳经济的技术创新也难以发挥作用。研究发展低碳经济的技术支撑和政策及制度支撑及其相互关系是制度经济学研究技术创新与制度创新关系的一种延伸。从理论上讲，设计适当并得以实施的发展低碳经济的制度安排和政策工具能以最低的可能社会成本实现任一期望水平上的污染削减。本课题通过制度、政策工具与发展低碳经济关系的分析发现，发展低碳经济的着力点（范围、对象、主体）是不一样的，所以从高碳经济到低碳经济转变的制度安排和政策工具也必然是多元的，并且形成有效的约束与激励系统，从而达到发展低碳经济的目的。从强制性制度变迁（命令—控制型制度）到诱致性制度变迁（市场型制度、自愿协议型控制）的转变是发展低碳经济的一个基本趋势。这是低碳经济可持续发展的制度基础。

目前国内还没有学者系统地运用新制度经济学来研究低碳经济问题。本书的理论价值就是采用新制度经济学的理论和方法来研究低碳经济问题。重点涉及两大问题：一是低碳经济的制度安排是怎样形成的，低碳的政策工具是如何产生的；二是低碳经济的制度绩效如何，低碳的政策绩效如何。前者涉及发展低碳经济为什么需要制度安排及政策支撑，而后者则回答如何进行有效的制度安排。低碳经济与制度安排及政策工具的关系是本书探讨的核心问题。发展低碳经济

① 〔美〕道格拉斯·诺思.理解经济变迁过程[M].北京：中国人民大学出版社，2008：1.

涉及三个方面:一是对低碳经济的知识体系或认知,包括信息系统等;二是发展低碳经济与现行经济(高碳经济)的关系,即如何从高碳经济向低碳经济转型的问题,包括实现转型的条件,我们可以假设,如果我们是在一个"空白"的地带发展低碳经济要容易得多,这也是我们为什么要探讨作为解除碳锁定的低碳经济的重要原因;三是转型的方式及路径,包括公众行为的改变、企业行为的改变、各种社会组织及政府行为的改变等,这种改变需要规则(制度)、社会规范及政策工具的建立等。

本书的一个基本假设是,现行的制度安排和政策工具还不足以推动人类社会从高碳经济向低碳经济的转型,换言之,制度安排和政策工具的滞后成为制约低碳经济发展的重要因素,其理由如下:① 低碳经济制度安排和政策工具的供给不足。从低碳经济的构成来看,广义低碳经济涵盖面宽,它不仅限于低碳产业、新能源和技术,而应当包括 8 个方面的内容——低碳生产、低碳能源、低碳技术、低碳交通、低碳消费与生活方式、低碳建筑、低碳农村、低碳城市。在这些领域中,我们有的领域已经有低碳经济的制度安排和政策工具,但有些领域还没有。② 在一些领域,低碳经济的制度安排和政策工具还替代不了原有的制度安排和政策工具。低碳生产和低碳消费现在只能作为目标,除了少数强制性规定外(如行业标准),大多数制度安排和政策工具都只是建议性的。所以,低碳经济的制度安排和政策工具既不能强制性地替代原有的制度安排和政策工具,其自身的作用也有限。更重要的是,原有的制度安排及政策(高碳经济)还存在路径依赖。③ 低碳经济制度安排和政策工具的构建和实施缺乏互补性条件。一般来讲,制度安排和制度创新是根源于人们在社会经济交往中为了达到某种共同目标而需要创立规则从而节省交易费用,而低碳经济制度安排和政策工具则首先具有外部强制性。人们对低碳经济制度安排及政策有个认识的过程,包括习惯的改变等。所以,低碳经济制度安排及政策的实施还缺乏相应的互补条件。④ 发展中国家的制度执行力还比较低。制定相关的低碳经济制度和政策并不难,虽然一些发展中国家的政府可以在较短的时间内制定相关的环保法规,但是这些法规制定过程中民众与参与度比较低,所以实施起来就比较困难。从这些分析可以看出,现行的制度安排和政策工具还不足以推动人类社会从高碳经济向低碳经济的转型。这种转型是低碳技术和有效激励的制度安排相结合的结果。

本书分析发展低碳经济的制度安排和政策工具的思路由以下几个部分构成。一是制度分析的三大视角,作为面对气候变化的低碳经济主要是要探讨发展低碳经济的国际制度是如何形成的(第二章);作为解除碳锁定的低碳经济主要是从碳锁定的角度探讨发展低碳经济的技术创新和制度安排的关系(第三章)；作为从工业文明到生态文明的低碳经济，是从历史与制度的角度探讨发展低碳经济的深层次问题(第四章)。二是发展低碳经济的四大制度问题研究：①从高碳行为到低碳行为中制度的作用及吉登斯悖论(第五章)；②发展低碳经济的制度体系构成(第六章)；③发展低碳经济的碳价格制度(第七章)；④低碳经济制度安排及演进(第八章)。三是发展低碳经济的多种组织形式(政府、环保部门、企业、公众、城市居民等)及主体行为研究，这主要涉及第九章至第十三章。

本书的特色在于系统地分析制度安排、政策工具与低碳经济的关系；在制度—行为—绩效的框架下研究不同主体的低碳行为；把制度分为三个阶段：命令与控制型制度、市场型制度及自愿协议型制度等；从多层次制度分析及制度内涵的三个方面(正式制度、非正式制度及实施机制)分析从高碳到低碳的制度演化过程；从规则与组织(政府、企业及非正式组织等)两个层面分析了从高碳向低碳的转变；对制度和环境规制(政策)的绩效进行了实证分析。

第二章 作为面对气候变化的低碳经济

减少二氧化碳的排放并不仅仅是减少二氧化碳本身的问题，它实际上涉及生产方式和生活方式。更重要的是，发展低碳经济不仅仅是涉及某一个国家或地区的问题，而且还涉及其他国家或地区，是一个全球性问题。作为面对气候变化的低碳经济是一个全球性问题，因此研究跨期、空间和生态复杂性的低碳经济使得经济模型不能被简单地应用于生态环境的改善与低碳经济发展的估计与解决，发展低碳经济的约束条件和制约因素的分析至关重要。作为面对气候变化的低碳经济，主要有三大问题。一是气候变化中有四个争议问题，这种争议影响到人们对发展低碳经济目标及意义等的认识，也会影响国家、企业、个人对低碳发展的决策。要想人们对一个有争议的问题做出理性的、共识的决策是比较困难的。二是发展低碳经济中的市场失灵，温室效应和低碳经济是人类社会面临的最大市场失灵。三是发展低碳经济的国际合作中的矛盾与减排的国际机制和国际制度构建问题。我们必须在全球化视角下研究低碳经济中的制度安排和政策工具要解决的问题，这也是低碳经济的制度安排和政策导向与其他制度安排和政策导向有差异的原因所在。如何运用制度安排（包括国际制度）和政策工具来解决这个最大的市场失灵是对理论工作者和实际决策者的重大挑战，这三个问题的分析揭示了发展低碳经济的制度安排的复杂性和特殊性。

第一节 关于气候变化的四大争议①

近年来，由气候变暖引发的全球性恐慌有不断加剧和蔓延之势，在部分研究成果的渲染下，这一环境问题和生态危机已然成为人类文明得以长远流传的重大障碍。为将环境要素对人类发展的束缚控制在科学合理、经济有效的范围内，国际社会中负责任的政府和有识之士展开了多角度、多层面的行动，并最终将集体智慧高度凝结在“低碳经济”这一崭新的人类发展模式上，掀起了新一轮的低碳革命。

然而，就在低碳经济成为国际社会的热点议题、备受部分发达国家和研究机

---

① 本节主要内容以《发展低碳经济中的四大争议问题》一文发表在《福建论坛》，2012 年第 10 期。

构热切追捧时，亦有学者针锋相对地指出，低碳经济的政治意图和宣传效应远远大过其切实践行的必要性和紧迫性，并积极呼吁人们在全球变暖的恐慌下进行冷静审视和理性思考，避免因反应过激而偏离现阶段可实现的、成本有效的最优发展路径；在国际行动方面，主要发达国家在应对全球变暖问题上的态度和措施上也出现了显著的国别差异性。考虑到气候问题的全球性公共物品性质，应对气候变暖需要国家在政策层面作出协同响应，在理论争议和行动分歧客观存在的形势下，确保政策路径演化的程序合理性和科学性，形成对气候变化及其机制的科学认知事关重大，因此，我们有必要辨识发展低碳经济分歧的根源所在，从而消除发展低碳经济认识上的偏差。

具体地说，如果我们可以有效地解决“全球变暖说”是否已有定论，全球变暖的始作俑者是人类还是自然，人类对全球变暖是减缓还是适应，以及面对跨期选择是积极还是消极这四个问题，将为创设科学的、全面的全球变暖应对机制，并为发展低碳经济提供坚实保障。到目前为止，由于不确定性问题的客观存在，理论界在这些问题上尚未形成一致结论，而本章则寄望于通过对现有研究成果的系统梳理，对低碳经济中的争议作出理性分析，以实现深化对气候变化问题的认知，从而为政府制定气候变化问题的应对策略提供参考依据。

一、“全球变暖说”是否已有定论：确定还是不确定

英国政府在 2003 年发表的题为“我们能源的未来：创建低碳经济”的《能源白皮书》中指出：“低碳经济是通过更少的自然资源消耗和更少的环境污染，获得更多的经济产出；低碳经济是创造更高的生活标准和更好的生活质量的途径和机会，也为发展、应用和输出先进技术创造了机会，同时也能创造新的商机和更多的就业机会。”①

发展低碳经济的主要目的就是为了防止全球变暖，现在的问题是在科学界关于全球是否变暖还存在争议。在政策层面对全球变暖问题进行响应，势必会牵动原有的资源配置规模和结构，影响现有社会经济系统的正常运行。因此，有必要率先对全球变暖的真实性和危害性进行科学论证。换言之，我们必须首先验证“全球变暖说”的真假虚实。

哈德利气候预测和研究中心是全球变暖说的重要推行者，该中心的科学家们对历史气温数据进行了整理，揭示了全球气温在 20 世纪最后 25 年中持续上升的观测事实，并通过气候模型预估：在一段不可预测的、几乎长达十多年的暂

---

① Secretary of State for Trade and Industry. Energy White Paper: Our Energy Future-Creating a Low Carbon Economy[R]. 2003:46.

停之后，全球变暖将于2009年左右重新开始。另一个对全球变暖说起核心推动作用的机构就是政府间气候变化专门委员会(IPCC)，从1998年成立至今，IPCC陆续发布了四次综合评估报告以及多个专业报告，逐步得出了以下关键结论：全球平均气温不断升高是客观事实，且具有不断恶化的趋势，其负面影响将严重威胁人类的生存和发展。为了重新评估气候变化对英国的影响，以便政府明确对气候变暖的态度和制定应对策略，斯特恩(Stern，2007)在综合了IPCC、哈德利中心和迈因斯豪森(Meinshausen，2006)的研究成果的基础上，进一步强化了全球变暖说。

尽管IPCC及很多研究机构言之凿凿，却依旧无法阻挡其他科学家对全球变暖说的科学解释力的诸多质疑(Singer，1999；Singer，2003；Singer & Anderson et al，2008)。国际上一批持不同意见的学者于2007年4月组建了非政府间国际气候变化专门委员会(Nongovernmental International Panel on Climate Change，NIPCC)，并于2008年4月有针对性地发表了《决策者摘要》，2009年6月出版了长达868页的《气候变化反思》(*Climate Change Reconsidered*)。NIPCC的基本观点是：自然因素而不是人类活动主导了气候变化，继而"气候门""冰川门""亚马逊雨林门"纷至沓来，一时间IPCC的观点和威信受到了极大的挑战。[①] 此外，支持全球变暖说的学者们用以服众的论证方式和方法也接连受到挑战。最先受到批评的便是研究机构所采用的气候模型的科学性和完备性，在哈德利中心有关全球气温持续上升的结论中，接近十多年的暂停成为该模型预测信度和效度的最大败笔，而哈德利中心也在承认并未充分考虑到自然温度的易变性后，对其观点进行了修正；其次，全球平均气温的计算方法及其观测数据的可靠性也成为全球变暖说的弊病之一，Brohan、Harris和我国学者任国玉、王绍武通过对温度推断数据资料的局限性、气象观测站点分布特征、城市热岛效应以及温度插值方法精确度等方面的研究，补充了国际社会对气候变暖幅度不确定性的认识。

后来，斯特恩在《地球安全愿景》一书中对于气候变化问题的不确定性进行了分析：人类活动产生温室气体排放，温室气体不能被地球完全吸收而在空气中积累，其浓度的不断增加使得能量在空气中集聚导致气候变暖，气候变暖使得气候和环境发生变化，最后又影响到人类活动。气候变化问题可以简单地用这一关系链条来表示，但其中的每一环节又包含了大量的风险和不确定性。第一，尽管温室气体排放与产出之间存在正相关的关系，但对于不同国家以及在不同的发展阶段，这一关系并不是唯一的，因为自然资源禀赋、产业结构、工业效率和技术水平都会影响排放与产出的关系。第二，温室气体在空气中积累的速度一方面取决于排放量，另一方面取决于地球各要素的吸收能力，例如海洋对温室气体

① 王绍武，葛全胜，王芳，等. 全球气候变暖争议中的核心问题[J]. 地球科学进展，2010(6).

吸收能力的预期在降低,森林的类型和地点不同,其吸收能力也有很大差异。第三,虽然温室气体排放引发气候变暖的科学是明确无误的,但现有的科学研究只能根据温室气体浓度水平来计算气温上升的可能阈值(气候敏感度),并在不同的假设条件下计算出阈值不同部分的概率估计。第四,对于气温上升所引起的海平面变化以及气候变化对大陆的影响,现有的科学研究仍存在不确定性。

虽然存在诸多的不确定性,但现有的研究还是在很大程度上肯定了由于人类活动产生的温室气体排放正在增长,而温室气体的积累导致了气候变暖。即使气候变暖的分析是不正确的,减少温室气体排放的行动还是能够使我们的能源使用效率提高,在清洁技术方面取得进步,资源与环境得到了更好的保护,从而有利于人类的可持续发展,因而减排行动依然是必要和有价值的。

气候变暖是确定还是不确定之争主要根源于三个方面:第一,信息的不完全。人类有气候变化方面信息的历史不长,在不同地区、不同国家、不同时期,这些信息的记录都是有差异或不全面的,这就不可避免地影响人们对气候变化的分析。第二,人类的认知能力是有限的,面对复杂的外部世界,我们只能一步一步地接近真理,不断完善对规律的认识。第三,主观认识的差异。人类对外部世界的认识不可避免地有自己的价值判断。这种主观认识的差异既与地理位置、文化、思维模式等有关,也与利益有关,而对于后者正是经济学要重点关注的。

气候的变化是错综复杂的,我们难以把自然因素和人为因素分开。尤其是工业革命以来,随着经济规模和人口的增长,人类活动对气候的影响也会不断增加。更重要的是人类对世界(包括气候)的认识,由于受信息及认知水平的限制不可能那么完善或准确,人类对外部世界的认识也是一个不断“试错”的过程。如果气候变暖是不确定的,那么对于发展低碳经济就缺乏一种强有力的支撑了。为什么难以形成发展低碳经济的国际行动?为什么人类在发展低碳经济上的行为不坚定?科学的不确定性为政策实施的延迟提供了一个理由。因为发展低碳经济不仅涉及巨额的投资,而且还涉及生产、交换、分配及消费的转变。要打破人类社会长期以来的碳依赖需要有强大的外在推动力和内在动力,而认识的不统一将大大地削弱这种外在推动力和内在动力的形成。

二、全球变暖的始作俑者是谁:自然还是人类

从人类普遍的应对危机的态度上看,如果危机本身是个随机事件,与人类社会系统并无必然关联,那么企图通过约束自我行为、变革社会系统来规避毁灭性灾难就是远无必要的,因而,在全球变暖的恐慌氛围中,理性地解剖气候变化机制,理清社会经济系统与全球变暖的内在联系,是以低碳转轨来应对全球气候变暖问题时必须解决的又一关键问题。

在理清社会经济系统与生态系统之间相互关系的问题上，诺德豪斯的研究成果具有开创性的历史意义。诺德豪斯通过建立气候变化综合评估模型（Integrated Assessment Models，IAM），将生态系统纳入一般均衡模型，引入边际分析法对其进行研究，开启了经济学与气候变化议题不断融合的进程。此后，随着人类对经济领域和生态领域认识的持续更新，IAM 经历了不断发展和完善的过程（Manne，1995；Nordhaus，1994；Nordhaus & Yang，1996；Tol，1997；Hope，2006），为 IPCC 和其他气候问题研究者提供了重要的技术支持。在此基础上，IPCC 得出了具有关键意义的结论，即人类社会经济活动与全球气候变暖之间存在直接因果关系。斯特恩（2007）也紧随其后地利用一般循环模型描述了碳排放与气候变化的关联特征，并描绘了在不及时采取措施加以应对的情况下，人类可能面临的灾难性后果；在气候变暖的驱动因素研判上，《斯特恩报告》重申了人类能源消费行为与二氧化碳浓度升高之间的强相关性。这一系列研究成果得到了众多国际组织和机构的认同，并由此成为联合国等国际机构不断推进气候谈判、号召全球及时采取行动减缓气候变暖趋势的重要依据。

然而，就在全球变暖的唯一原因就是人为的二氧化碳排放增加的观点被大众普遍接受的情况下，一系列早有定论的科学认知被重新提及，且开始动摇这一结论的可信度。首先值得一提的就是关于“温室气体”的正确认识，实际上，温室气体中最为重要的是水蒸气，其至少造成了 2/3 的温室效应，二氧化碳所起的作用相形见绌。其次，许多著名气候科学家围绕气候科学中的不确定性问题，对目前哈德利中心和 IPCC 的气候建模提出强烈质疑，并对由此而来的关于全球变暖原因的解释强烈不满。他们指出，现有的绝大多数用于预测未来气候变化的计算机模型，没有真正理解云层和其他温室气体尤其是二氧化碳之间的相互作用，以及云层和更高气温之间的相互作用，其将云层看成是一种加剧二氧化碳升温效应载体的做法本身是颇有争议的。与之类似的情形还包括，哈德利中心在气候建模过程中对气溶胶冷却效应以及热带对流层问题上的不确定性影响存在明显的错误估计，这也为部分科学家诟病不已。最后，在气候科学界一直存在这样一个论点，即地球气候一直以来都取决于和人类活动全然无关的自然变化，太阳活动、洋流等自然因素才是全球气温变动的主要驱动因素。

综合来讲，气候变暖是自然和人类活动影响共同形成的。赵宗慈、王绍武等尝试综合考虑自然和人类活动的共同作用，来估算未来 10 ~ 20 年中国的气温变化。估算表明，气温的自然变化大约在 -0.1 ~ -0.8℃，人类影响大约在 0.5 ~ 2.0℃。[①] 人类活动的影响可能是 20 世纪后期全球气候变暖的主要原因，

① 赵宗慈，王绍武．近百年气候变暖的不确定性分析[J]．科技导报，2009(23)．

但是仍不能忽略自然因素的影响(王绍武、葛全胜,2010)。

一些主张发展低碳经济的学者重点强调人类活动对温室气体的影响,而忽视或低估了自然变迁对温室气体的影响。如果全球变暖的始作俑者不完全是人类活动的话,那么我们有必要为应对全球变暖而发展低碳经济吗?这不仅影响我们是否发展低碳经济的决策,而且还涉及我们发展低碳经济政策的力度。确实,那些大力主张发展低碳经济的学者或机构有些过分地强调了人类活动及其二氧化碳排放对全球变暖的影响。

环境保护在全世界基本上达成了共识。为什么气候变暖及发展低碳经济会引起较大的争议?气候变化及低碳经济主要在两个方面与普通的环境保护不一样。一是一般环境问题很少具有全球性,而气候变化及低碳经济则以全球性为主要特征,是典型的全球公共物品,低碳经济是人类面临的最大的市场失灵。因而显得更加紧迫,并且难以采取集体行动。二是一些环境保护要求与应对气候变化的要求是矛盾的,例如核能的应用,环境保护论者一般持激烈反对的态度,而对于应对气候变化来说,其低排放优势十分明显。

发展低碳经济是一种全球性战略,因此,对于像气候变化这样的全球问题必须通过一种全球性的解决方案才能得到最终解决。但是,气候变暖的不确定性以及气候变暖是否因人类所为的争议无疑对全球性解决方案的形成产生了较大的负面影响,认识的不一致往往导致决策的犹豫不决。

科学家们认为,虽然恶劣天气的发生具有一定的随机性,但是全球气温变暖才是极端天气真正的幕后黑手。2012 年北京经历的 60 年一遇的暴雨就是全球气温变暖的恶果体现之一。得克萨斯州气象学家约翰·尼尔森·加蒙表示,人类造成的全球变暖才是最根本的原因。相比 1970 年,全球气温平均上升了 0.5℃,主要就是由于温室气体大量向大气中排放。就是这点上升的温度,导致了一些极端的热浪天气、干旱灾害和其他一些极端天气的发生。此外,现在降雨量也非常少,又为"热烈"的天气加了一把火。不断增加的大气湿度和不断上升的大气温度却让极端天气发生的概率越来越大。科罗拉多州美国国家大气研究中心科学家杰拉德·米尔认为,这一切都得归功于温室气体的排放,向大气中排放多一点点的二氧化碳,就会增加一点点极端天气的发生概率,人们在原来认为极为罕见的天气,可能再也不会罕见了。这些认知和知识会增加人们的低碳意识,从而有利于人们采取低碳行动。

三、人类如何面对全球变暖:适应还是减缓

适应和减缓是减少气候变化风险的两种主要方式,两者之间互为补充、相互协作。然而,在 IPCC 的综合报告中我们可以发现,在探讨应对全球变暖的方法

时，围绕适应展开的论述十分有限，而减缓则作为主要的解决方案被热情追捧。尤其是在为减缓的紧迫性寻求依据时，IPCC 采用了“哑巴农夫”假说，即随着世界不断变暖，农夫丝毫不作调整，只会死板地在同样的土地上用一成不变的方式，种植同样的作物，并最终计算出了严重的损失数字，这种影响评估方式显然是不恰当的。而在《斯特恩报告》中，适应则遭受了更加不公平的对待，其在应对全球变暖上的重要效力被“不存在适应”的假设直接抹杀。尽管 IPCC 与《斯特恩报告》分别从全球变暖的影响和发生率的不确定性、适应的信息成本不确定性以及适应能力会受到资金、技术、行为、政治、社会、制度和文化因素制约等方面，为系统低估适应效力做出了辩解，不过不难发现，这些不确定性因素同样也是节能减排必须面对的。

IPCC 低估了适应的好处及可能性。这种低估来源于两个假设，一是发展中国家适应能力比较差，二是对整个世界来讲适应能力受到现有技术发展的约束。这是一种静态观点。[①] 其实，从发展和动态的观点来看，发展中国家的适应能力随着社会经济的发展是会不断提高的，人类科学技术水平也是不断提高的。1972 年发表的《增长的极限》也是由于忽视了人类适应能力和创造力而导致许多预测的失误。这种教训是我们发展低碳经济应该吸取的。

实际上，适应能力是人类最根本的特征，尤其是在市场经济条件下，环境约束的变化会自动触发大量的适应性活动，这在评估全球变暖的影响时理应受到足够重视。经济发展水平的不断提高、科学技术的持续进步以及一定程度的人口流动，既是人类进化性适应能力的生动体现，也可以作为一种有意识的政策反应，与通过节能减排来控制全球变暖的另一种反应交相辉映。而且，从政策的成本有效性上看，适应的成本有效性显得更为优越。

道格拉斯·C.诺思认为，适应性效益是经济增长的关键性因素，而配置性效益则不是。配置性效益是短期经济增长的标准，适应性效益则有利于经济体制的演化，并在演化过程中促进经济的长期增长的经济、政治、法律体制框架。这个体制框架具有一定的灵活性和弹性，能够适应各种条件的变化和经济体制的演化，从而带来经济的长期增长。然而适应性效益只能被观察到，却不知道是如何创造出来的，即只能通过长期观察看到过程演化的结果。[②]

为了论证发展低碳经济的必要性与紧迫性过度强调减缓而不重视适应是不可取的。减缓的成本高还是适应的成本高可能并不是主要问题，我们应该把适

① 奈杰尔·劳森.呼唤理性：全球变暖的冷思考[M].北京：社会科学文献出版社，2011：49.

② 卢现祥，朱巧玲.论发展中国家的制度移植及其绩效问题[J].福建论坛（人文社会科学版），2004(4).

应与减缓有机地结合起来才是一种理性的选择。减缓与适应是一种辩证关系。是主动适应还是被动适应是我们需要探讨的一个重要问题。提出低碳经济是人类社会主动适应的表现。过去的高碳经济是人类追求低成本的一种表现,是人类在工业化过程中并在当时约束条件下的一种理性选择。其实影响碳排放的因素有很多。发达国家公民的人均碳迹随十二个因素而变化,这表明碳迹并不是随着收入的增加而增加。今天发展中国家人均资源使用量远远低于美国等发达国家同等收入水平时期的使用量,这表明了低碳增长的可能性。人类经济活动总是与适应生态条件变化的活动密切相关。正如经济学家所言,人类相当一部分创造潜力被用于适应不断变化的世界。但是,适应行动并不能解决气候变化造成的所有问题。①

从高碳经济到低碳经济有一个转型的过程。在过去的200年中,我们已经耗费了数万亿美元,用来建设复杂的能源配送系统。此标准化系统是以碳为基础的,与其相配套的还有许多外围设备。这一系统是成功的,因为它能使煤炭、石油和天然气发挥出最大的效用。这也是市场和竞争的结果。这是任何新兴能源短期内难以做到的,也是难以取代的。另外,人们通常不会为了某种新事物去主动改变现状,除非受到某些外界力量的推动,如法规、危机、制度变迁等。② 减缓和适应同样重要,减缓是一种配置性效益,它有利于人类从高碳经济向低碳经济转型。一旦我们进入低碳经济,就会产生成本效应和规模效应。

从长期来看,低碳经济是人类社会经济发展到一定阶段的必然产物。由于全球温室效应气体排放量的近3/4来自二氧化碳,加上其他碳气体,占到90%以上的总排放量,所以对温室效应气体排放量进行二氧化碳等量测量的方法是对世界经济碳依赖一个很好的近似估计方法。我们可以通过世界经济温室效应气体的强度,即相当于每百万国际美元的国民生产总值带来的温室气体排放量的等量二氧化碳,来反映这种依赖性。1990—2005年,除巴西之外,全球前十大排放国都降低了各自经济体的温室效应气体强度。整体而言,世界经济的温室效应气体排放强度大约降低了1/5。

从深层次看,把提高人均收入和稳妥的低碳经济制度和政策结合起来,就能从根本上解决经济增长与发展低碳经济的矛盾。低碳经济政策可能在短期内使经济出现增长的下降,但长期是有利于增长和福利改善的。许多发达国家正在从高碳增长向低碳增长转变。据经济史料统计,大多数发达国家利用50~200年才摆脱经济增长和环境污染、高碳排放的怪圈。例如,从碳排放增长到降低的

① 世界银行.2010年世界发展报告:发展与气候变化[M].北京:清华大学出版社,2010:44.

② 〔加〕彼得·特扎基安.破解能源饥渴症[M].北京:石油工业出版社,2010:83.

拐点处(即转换点),英国用了185年,美国用了135年,日本用了近百年。研究表明,大多数国家只有人均收入达到10000—23000美元(1990年价格)时,环境库兹涅茨曲线才出现转折点。[①] 总之,有效的发展低碳经济,既要减缓,又要适应,把这两者割裂开来是不对的。在从高碳增长向低碳增长的转型过程中,强调减缓的重要性是必要的,要打破碳锁定,仅仅靠适应是不够的。

对于政府来讲,要加强适应性管理。我们应该实行"无悔措施",也就是即使不发生气候变化,也能带来收益的投资和政策。适应性管理包括:① 为不同的管理层级、区域和生产部门提供建设性的合作框架;② 扩大利益相关者在解决问题和决策过程中的参与度;③ 通过适应性立法,为相关行动者和应对新信息提供支持。在这里,适应性管理的一个重要方面就是让利益相关者都参与到低碳行动中去。以波士顿和伦敦的气候变化战略为例:在波士顿,战略的进程以研究为主导,利益相关者没有融合到进程当中,最后研究结果被认为过于专业,影响甚微。而伦敦采取了自下而上的方式,众多利益相关者都参与其中,《伦敦全球变暖报告》公布后,利益相关者变为气候变化合作伙伴组织,继续进行适应性规划,并参与到相关活动中,效果好得多。[②]

适应性管理的关键是要加强制度创新。我们面临的问题是,在气温不断升高的情况下,全球变暖是否正接近或已超过人类的适应水平。有学者认为,比起物质、生物和经济门槛,道德、文化、知识和对待风险的态度更大地限制了人类的适应能力,而后者正是发展低碳经济中所需要的制度创新和政策应对。环境影响的扩大意味着对未来发展的更多的物质限制,以及对生态系统的管理将变得更加重要和艰巨。适应性管理要处理好自然风险、金融风险和社会风险之间的关系。

四、面对跨期选择:积极还是消极

气候变化是一个典型的跨代问题,这主要涉及两大问题,一是气候变化影响的长期性和不可逆转性表明危害及成本极可能是由后代来承担;二是控制气候变化的成本可能更多地由当代人来承担。因此衡量相应的成本与收益的时间规模不同于一般的环境问题,这使得贴现率的选择在气候变化经济学及发展低碳经济的评估中是一个非常关键的问题。从这个角度来说,贴现率的选择还不仅仅是一个客观的科学分析问题,还体现了我们对后代福利的关注程度。

在《斯特恩报告》的损失建模中,斯特恩将贴现率设定为0.1%,并由此推算

① 薛进军.中国低碳经济发展报告(2011)[M].北京:社会科学文献出版社,2011:28.

② 世界银行.2010年世界发展报告:发展与气候变化[M].北京:清华大学出版社,2010:90.

出,如果不及时采取措施或者减排强度不够,以后将每年付出20%的GDP的沉重代价,因此,斯特恩主张制定全面的、各种减排适应手段并用的环境规制方案,并对限额与贸易这种以数量为导向,可在短期内实现特定碳减排目标的控制机制予以了高度重视。斯特恩在应对气候变暖问题上的政策主张和建议,为《京都议定书》及其制度框架下的《欧洲排放交易计划》奠定了重要的理论基调,并让国际社会见证了欧洲在节能减排上的积极态度。

在传统的经济学视阈下,气候问题是典型的全球公共物品,其成本和收益核算具有较大的不确定性,且包含了复杂的时空分配问题。因此,为了有效遏制气候变暖,必须对国际责任分配和跨期选择问题考虑周全,其中跨期选择问题尤为重要。从本质上看,跨期选择体现了我们对未来损失的风险估量,如何确定贴现率的大小,将未来由于气候变化所造成的损害贴现到现在,将直接影响当前减排总目标、阶段性目标和减排路径等政策的制定。就现阶段而言,经济学家们在有限的知识存量下无法准确预测气候变化的损害,且出于不同的建模方法、价值观念、政治立场和文化传统,在贴现率的选取上也是各执己见,其争论在短期内难以平息(Kolstad & Toman,2005)。

在减排责任的空间分配问题上,斯特恩并未对发展中国家和发达国家进行区别对待,尽管发展中国家的积极参与对减排效果意义重大,但考虑到历史发展的问题,豁免发展中国家的减排义务,或者要求发展中国家强力减排,都会影响全球减排的进程(Nordhaus,2009)。

斯特恩小组主动征询三位诺贝尔经济学奖得主罗伯特·索洛(Robert Solow)、约瑟夫·斯蒂格利茨(Joseph Stiglitz)和阿玛蒂亚·森(Amartya Sen)的意见,得到了高度评价和赞赏,认为报告采用低贴现率,重视代际公平,具有经济学理性。《斯特恩报告》采用的经济学分析模型一是过于简化,二是时间系列的简单外推在方法上也是危险的。这种分析没有考虑人类社会也会不断适应气候变化和发展低碳经济从而增强抵御气候灾害的能力,在《斯特恩报告》中,最坏的不利影响延续了二百年而人类没有有效适应,这是不可思议的。

然而,自《斯特恩报告》公布以来,其政策建议所体现出来的,在国家间责任分配和跨期选择上的基本认识受到了其他经济学家的质疑和批评。诺德豪斯(2007)和Weitzman(2007)考察了《斯特恩报告》中的模型建立和参数设定,认为几乎接近于零的时间贴现率设定,根本无法满足其模型的约束条件,其主要结论过分强调了未来消费的重要性,而忽略了在解决全球经济公共物品问题时必须注意的跨期效率;基于这一认识,诺德豪斯根据成本收益模型,提出了"气候政策斜坡理论",主张最优的全球减排路径是近期缓慢减排,在中远期再逐步加大力度,最终将温室气体浓度稳定在700 ppm的水平,该减排战略与Olmstead和

Stavins 提倡的气候政策不谋而合（Olmstead & Stavins, 2006）；在意识到气候变暖的威胁并非十分迫切的前提下，诺德豪斯在政策工具的选取上偏向碳税这一价格型政策，并坚定地认为《京都议定书》框架下所采用的数量许可证方案避免不了动态效率欠缺问题，尽管斯特恩也赞成通过征收碳税来调控经济主体的排放行为，但两者在征收力度的主张上却有天壤之别。

如何以最有效的经济方式实现世界向低排放社会的巨大转变是经济学家一直以来争论不休的问题。现在的问题是全球减排支出应该达到多少才能防止温室气体排放在未来造成气候的剧烈变化。如果温室气体排放对未来气候的危害能够以货币的形式量化，我们就可以用某个合理的贴现率来计算出我们当前应该在减排上的投资额，并能计算出减排投资对于未来气候所减少的危害。诺德豪斯认为，虽然我们现在就应该进行合理的减排投资，但是我们却无需为气候变化而恐慌。相比之下，斯特恩则认为，如果不在减排上提前投资未来的气候变化，后果将非常严重，减排投资应该成为全球的当务之急，各国应该立即行动起来争取在减排问题上做出突出成效。尽管两大阵营的看法有所不同，但没有任何一个经济学界的领袖认为现在不应该在减排上进行投资。① 这两派在实质上是相同的，不同点就在于他们对社会贴现率的看法不一样。诺德豪斯的社会贴现率为 4%，而斯特恩的社会贴现率为 0.1%。但多数经济学家还是支持积极减排的，肯尼思·阿罗的计算表明，减排政策比继续执行现有政策要好，执行减排的收益贴现值大于成本贴现值。②

在“索洛—斯蒂格利茨”效应条件下，跨期帕累托最优实际上起着主导作用，即通过减排路径的改变使后代有更高的生活水平，又不使当代人的生活变差。这个效应条件是霍特林法则的对等物，因为在市场均衡条件下，开采能源价值增值率与实际资本市场利率相同。③

从某种意义上看，斯特恩和诺德豪斯的分歧是欧洲和美国在对待气候变化问题上的分歧的反映。由于地理位置和环境的差异，欧洲人担心全球变暖会影响欧洲冬暖夏凉的气候，而美国地域辽阔，环境承载力强，加上传统的奢华消费的生活方式，美国人总体上不太关注气候变化问题。从总体上来看，美国学术界对气候变化的重视程度远不及欧盟。在应对气候变化手段的问题上，欧洲基本上强调管制手段和市场手段并重，而美国人更重视市场手段，在市场手段中又尤为偏向碳税。1997 年，美国 2 500 名经济学家，包括 9 位诺贝尔经济学奖得主共

---

① 〔美〕伯顿·里克特. 拨开迷雾[M]. 北京：石油工业出版社，2011：62—63.

② Arrow K.. Global Climate Change: A Challenge to Policy[J]. *The Economists' Voice*, 2007(3).

③ 曹荣湘. 全球大变暖：气候经济、政治与伦理[M]. 北京：社会科学文献出版社，2010：192.

同发表了一项声明，提出最有效的减缓气候变化的方法是通过基于市场的政策。

对欧美在应对气候减排上的态度和政策稍作观察，我们可以发现，其差别恰好反映了"积极行动派"和"消极行动派"的理论争鸣。不可否认的是，由于气候变化危害的爆发在时间和空间上都具有巨大的不确定性，在政策设计上出现科学家的集体理性是很难实现的（Kolstad & Toman，2005）。尤其是在对待气候变暖问题的迫切性上，企图通过严格的经济学研判标准来确定一个贴现率，并为之采取行动，恐怕必然超越了经济学的界限，从社会伦理道德的层面来审视这一问题，也是斯特恩始终坚定地认为零贴现合理的缘由。在一些人的收益与另外一些人的代价之间进行权衡，在一代人的利益与另一代人的利益之间进行比较，是伦理学家要操心的问题。可以预计的是，"积极行动派"和"消极行动派"的博弈是一个长期的过程，全球气候的变化趋势将会影响这两大派别的力量。

虽然存在诸多的不确定性，但现有的研究还是在很大程度上肯定了由于人类活动产生的温室气体排放正在增长，而温室气体的积累导致了气候变暖。即使气候变化的科学是错误的，减少温室气体排放的行动还是能够使我们的能源使用效率提高，在清洁技术方面取得进步，使资源与环境得到更好的保护，从而有利于人类的可持续发展，减排行动依然是有价值的。

由于气候变化的影响大都是在未来发生的，因此，当代人在选择最优的减排路径时，要把未来的成本或收益折算成现值，则要设定合适的贴现率。贴现率的设定要以两个方面的问题为基础：一是考虑到经济增长，后代人比当代人富裕的情况；二是时间贴现率，即给当代人对应的后代人的福利确立一个价值。社会贴现率 ρ 可以表示为：

$$\rho = \eta \times g + \delta$$

其中，g 是平均消费增长率，η 为社会消费边际效用的弹性，δ 表示时间贴现率。g 是考虑到随着经济增长，后代人较之当代人更加富裕，其平均消费量也在增长，此时，参数 η 表示随着消费的增加，单位消费所产生的社会价值在降低，类似于私人消费的边际效用递减①，那么富裕的后代人更有能力投资于应对气候变化。现有研究对消费贴现率的设定没有很大的争议，斯特恩在研究中用 1，后来上调到 2②，这与诺德豪斯、阿罗的选择基本一致。较大的争议则在于时间贴现率 δ 的选取，诺德豪斯以市场投资回报率为基础，在假设后代人更加富裕的同时，给后代人的福利赋予了低值，从而支持较高的贴现率，由此提出"气候政策斜坡"策略，即以较慢的速度开始减排，然后逐步加大力度。斯特恩则从伦理道

---

① Arrow K.. Global Climate Change: A Challenge to Policy[J]. *The Economists' Voice*, 2007(3).

② 〔美〕埃里克·波斯纳. 气候变化的正义[M]. 北京：社会科学文献出版社，2011：207.

德出发,强调要给后代人留下较好的环境和资源组合,分析论证了从市场利率和回报率直接得出一个评价气候变化影响的社会贴现率是完全错误的①,从而支持较低的贴现率,提出直接且大量的减排投入策略。然而,大多数伦理学家则认为 $\delta=0$,即后代人应拥有和当代人相同的道德重视,约克、克拉克和福斯特就认为即使是斯特恩的低贴现率也未能完全考虑全球环境、物种保护和人类可持续发展等问题,依然是以保持资本主义经济活力为主的。②

科学的不确定性为政策实施的延迟提供了一个理由,在气候变化的案例中,已经克服了大部分不确定性。政府间气候变化专门委员会是有着 2 000 多名研究人员汇聚在一起开展气候变化研究的国际组织,在 1995 年宣布“综合目前的证据表明人类活动对气候变化产生了明显的影响”(IPCC,1996a,p. 10)。从 1995 年起,大量的科学机构,从生态学家到经济学家,都指出现在是应该采取措施的时候了(Economist Statement on Climate Change,1997; World Scientists Call for Action,1997; Ecologist's Declaration on Climate Change,1997)。气候变化的不确定性还是存在,但是主要集中在具体的科学细节,如时间和影响程度,并不是是否已经产生气候变化的问题,而主张“科学不确定性”的团体是那些可能会因气候变化政策实施而其利益会受损的集团。

我们应该辩证地看待气候变暖说的不确定,科学的不确定性为政策实施的延迟提供了一个理由。就像奈特所说的,市场经济的实质不是风险,而是不确定性,我们没有因此而不去发展市场经济。同样,我们不能因气候变暖的不确定性去否定发展低碳经济。气候变暖不仅仅是自然造成的,人类活动也有不可推卸的责任。面对气候变暖我们既需要减缓也需要适应,人与自然的协调发展是可持续发展的基础。积极应对还是消极应对是人类发展低碳经济面临的跨期选择问题,人类应该有能力从理性的角度发展低碳经济。

实际上,在传统能源稀缺性日益凸显、环境因素对经济社会的压力不断增强的情况下,摆脱对传统能源的依赖、缓解生态环境压力是符合人类长远利益的,而发展低碳经济恰恰有利于这一利益的实现。更为现实的事实是,在政策体系的动态演化过程中,政府必须对相关环节的不确定性问题进行充分识别,应科学、合理地审视因制度变迁而发生的利益格局变迁,促成社会偏好结构间的顺利过渡。为此,政府理应在政治响应的必要性、技术可行性、经济可行性等方面审慎对待。目前在对全球变暖问题上出现的争议,实际上作为影响政策体系协同

① 详细分析见 Nicholas Stern. The Economics of Climate Change[J]. American Economics Review, 2008, 98(2):1—37.

② 〔美〕理查德・约克,〔美〕布雷特・克拉克,〔美〕约翰・福斯特. 海市蜃楼中的资本主义[M]. // 曹荣湘. 全球大变暖:气候经济、政治与伦理[M]. 北京:社会科学文献出版社,2010:425.

演进路径的重要变量,在政策制定过程中的阶段性参与,为彼此之间建立了紧密的内在联系。现阶段,我国对低碳经济所给予的重视程度非同一般,中央政府在政策服务层面做出了许多努力,但要确保我国能走上既符合中国国情,又科学合理的节能减排道路,还必须对不确定性问题进行深入研讨,并且对减缓与适应、积极与消极应对做出理性的思考,以便我们能在未来走得更远、更好。

第二节 发展低碳经济中的市场失灵[①]

市场失灵指的是在一些特殊条件下,自由市场不产生最优福利,因此与经济学家构建的完全市场经济的抽象模型相比,是失灵的。本节试图用市场失灵的理论描述低碳经济,分析发展低碳经济中市场失灵的特殊性,并提出相应的制度安排和政策建议。

一、作为世界最大外部性的低碳经济

外部性的概念最早是由阿尔弗雷德·马歇尔(Alfred Marshall)提出的。马歇尔的学生、经济学家庇古认为,如果出现生产者的边际私人净产值与边际社会净产值不一样,则存在生产的外部性。如果边际私人净产值小于边际社会净产值,则存在"外部经济",即有正的外部性;如果边际私人净产值大于边际社会净产值,则存在"外部不经济",即有负的外部性。外部性不仅在生产领域存在,在消费领域也存在。外部性是市场失灵的一种表现,会导致资源配置的低效率。

从经济学角度看,气候变暖源于跨国外部性效应的影响,此时一个国家的行为使其他国家获利或受损,且无法通过市场来进行弥补(Sandler & Hartley, 2001)。气候变化问题的外部性不同于传统外部性问题,即前者是一个更大范围的外部性问题,影响到周边国家甚至全球的环境状况。关键是这种外部性发生在主权国家之间,如在一国内通行"谁污染、谁治理"的规则在国与国之间实施起来十分困难。

在工业化过程中,对化石燃料越来越多的消耗导致空气中温室气体的浓度急剧增加,并造成了温室效应和气候变暖问题,与此同时,大气环境容量由充裕变得稀缺,当前人类活动所造成的二氧化碳的排放实质上是对大气环境容量的消耗。由于对大气环境容量产权的界定、分配和保护的交易成本十分高昂,因此大气环境容量一直作为开放可获取资源(open-access resource)而存在,此时,私人对大气环境容量的消耗将难以计入私人生产或消费活动成本,从而形成温室

---

① 本节内容以《论发展低碳经济中的市场失灵》一文发表在《当代财经》,2013 年第 1 期。

气体排放的环境成本(外部成本),私人生产或消费活动的成本与环境成本之和形成社会成本。如图2.1[①]所示,私人的生产或消费活动如果不考虑温室气体排放造成的环境成本(*MEC*),则以边际私人成本曲线(*MPC*)为依据,将有效率的活动量(排放量)定为 Q;如果考虑环境成本,则应以边际社会成本曲线(*MSC*)为依据,将有效率的活动量定为 Q^*。($Q-Q^*$)是超过大气环境正常承受并产生气候变化危机的私人生产或消费活动量,这部分活动量所产生的利益可以明确地界定为私有产权,而产生的环境成本将由社会共同承担。

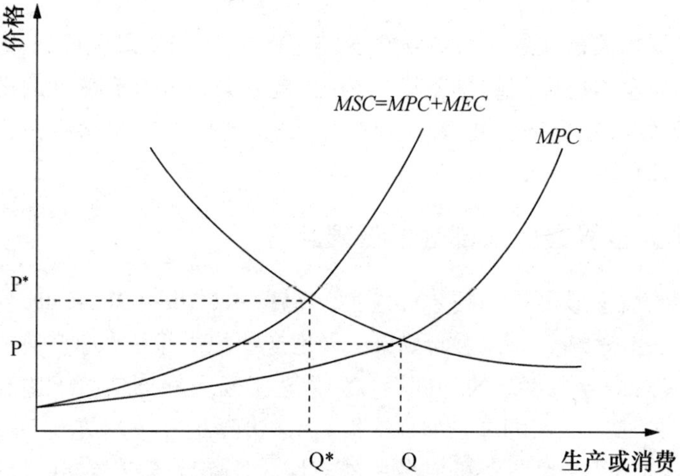

图2.1　环境成本与私人活动量

当存在外部成本时,自由市场难以界定环境成本的归属,因此市场机制无法实现大气环境容量有效率的使用,即温室气体有效率的排放,而温室气体排放过程又是不可逆的,随着浓度的不断增加,其造成的气候变化危害不可避免,此时,温室气体的减排行动就变得十分重要。肯尼思·阿罗认为虽然气候变化的未来成本尚不确定,但减排政策比现有政策要好,减排的收益贴现值大于成本贴现值。但值得注意的是,温室气体排放所产生的外部性与其他污染物相比还体现了几点特殊性:第一,气候变化问题是全球性温室气体排放造成的,并且在影响上也是全球性的,但其中也存在不公平性,发达国家对现有的温室气体积累水平的责任更大,而气候变化却对发展中国家的冲击更大。第二,温室气体一旦排放到大气中,将会存在很长时间,这种积累难以清除,其影响是长期且持续的,并且还受到流量—存量进程的支配。第三,在科学链条的大部分环节上,其影响还存

① 〔美〕巴里·菲尔德,〔美〕玛莎·菲尔德. 环境经济学[M]. 北京:中国财政经济出版社,2006:57.

在诸多的不确定性。第四,其潜在的影响是巨大且不可逆的。[①]

新制度经济学是从外部性入手讨论产权的,而外部性实际上是成本或收益的承担问题。在产权明晰的条件下,不存在外部性问题。当产权不明晰导致外部性时可通过产权明晰使外部性内在化。还有一种复杂的情况,即产权无法界定或判定成本很高时,通过产权使外部性内在化就行不通了。科斯在《社会成本问题》一文中指出外部性问题具有相互性,这种相互性使产权界定非常困难,像温室气体排放就属于这类问题。若一个工厂"有权"污染,污染所引起的成本是由被污染者的存在造成的,因而污染不是它的"个人成本";如果"无权"污染,就必须为污染付费,因而污染就是它的"个人成本"。但尚未确定"有权"或"无权"时,成本或收益就无从谈起。我们向大气的排放及其权利的界定就是一个十分复杂的问题。

低碳经济制度安排的基本功能在于使外部性内在化。人们的认知水平在一定程度上影响着制度变迁。传统经济学将消费和生产视为大好事,而对最终会导致消费和生产两种活动不可持续的环境耗损与环境质量恶化则少有考虑。经济学在计算成本时让企业或个人只考虑与自身相关的成本(私人成本),而没有考虑社会成本;只考虑经济成本,而不考虑自然成本或环境成本;只考虑当期或显现成本,而不考虑远期或潜在成本。环境问题是人类认识有限理性的结果。例如,还有人往往把环境保护与经济发展对立起来,把环境保护与降低成本、科技创新对立起来,而波特假说及实践表明,严格的环境规制有利于降低成本和技术创新。但是人的认知是有限的,认知上的转变是一个比较缓慢的过程。若每个经济主体都认识到发展低碳经济的好处,并付诸行动,那么人类社会的福利会大大地改善。

大气环境容量作为一种公有资源[②](common resource)具有天然的产权模糊性,因为它是以没有实体形态的大气为载体的,大气的广阔性导致了其容量资源的总量是难以确定的,而大气的流动性及边界的模糊性导致了其在形体上难以分割,对其产权进行界定的成本十分高昂。由于产权边界的模糊性,首先使得大气容量资源的消费具有非排他性,任何人对容量资源的消费不能自动地排斥其他人对其进行消费。其次,任何人在使用大气容量资源时所产生的成本无需完全由自身承担,确切地说,在大气环境可承受范围内,对人类生存和健康尚未造成危害时,成本由环境的净化系统承担;如果超出了环境可承受范围,并对人类

① 〔英〕尼古拉斯·斯特恩.地球安全愿景:治理气候变化,创造繁荣进步新时代[M].北京:社会科学文献出版社,2011:12.

② 公共物品具有非竞争性和非排他性,而公有资源具有竞争性和非排他性。

生存和健康形成危害时，成本则由受害人群共同承担。另外，对大气容量资源的消费不会产生任何机会成本，生产者对容量资源的使用并不会损失对其他资源的消费机会，因此，在经济利益最大化的原则下生产者竞相使用大气容量资源的同时也对社会造成了负外部性。最后，任何人减少对容量资源的使用、削减污染物的排放，或者通过大气治理来增加容量资源，也由于产权的模糊性而无法获得相应的收益，任何对大气容量资源形成增量的行为都会对社会形成正外部性，因此，即使面临容量资源的有限性约束，使用者减少污染物排放以增加容量资源供给还是存在动力不足的问题。对于人类社会来讲，资源不足可以通过发展科技来弥补，但是对于具有全球外部性的温室效应我们还难以通过某项技术发明来解决，它必须通过转变人类的生产方式和生活方式来解决。而在几种主要温室气体中，又以人类排放的二氧化碳的惰性最强、存量最大，因此最难治理。如果人类社会能够有效地发展低碳经济，减少碳的排放，有效地阻止气温的上升，从而避免气候变化给人类生产、生活带来的巨大损失，那么就会产生最大的正外部性，反之，如果我们还是照旧发展高碳经济，那么就会产生最大的负外部性。

结合以上的分析，一方面对其消费所造成的成本无法明确地由使用者独立承担，另一方面，对大气治理所创造的新容量资源也无法明确地归属治理成本的承担者，因此，在自由市场中，大气容量资源的供给和需求始终难以达到均衡。

如何解决发展低碳经济中的外部性问题？这里有多条途径可供选择：第一，征收碳税；第二，以分配到的或拍卖到的排放权交易为基础的碳交易；第三，借助管制和标准化的隐性定价，可以给包含额外成本但旨在减排的行为或技术施加持续的约束。这三条途径有不同的优势和劣势，都有可能被我们利用。科学家已经告诉我们未来大气能承受多少二氧化碳排放总量，现在的问题是世界如何达成共识并采取相应的集体行动和合作来达到我们的目标。有些国家开始征收碳税（如欧洲一些国家），有些国家和地区开始碳排放的交易，这些都有利于把碳排放的外部性内在化。但是，人类社会采取的行动还不足以达到我们的目标。还有的采取一些环境保护的举措也可以达到发展低碳经济的目的，如美国的燃油效率标准也越来越严格，每加仑最低行驶里程的联邦标准近年来已经延长了几次。

在节能减排模式的探索中，政府与市场分权治理的解决思路得到了普遍认可。人们一致的结论是，气候问题具有典型的外部性特征，市场机制在应对外部性问题方面往往失灵，行政性环境管制也因为信息不对称问题效率低下，因此政府主导下的市场化政策工具由于兼顾市场与效率原则成效较显著（Montgomery，1972）。

斯蒂格利茨认为，进行社会准则的教育也是解决外部性问题的一种办法。

他认为由于人们的行为是互相影响的,所以人们要时时刻刻用社会准则来要求自己。现实生活中,生态环境问题存在市场失灵和政府失灵的问题,最后要靠公众的"觉悟"来解决问题。要使公众具有环境保护觉悟,并形成某种环境管理的手段,需要另一种制度安排,这就是指非正式规则,即"意识形态"。就环境问题而言,就是环境意识、环境观念、环境道德、环境习俗、环境习惯,最后发展到环境自愿行动等。[①] 在发展低碳经济的过程中,制度安排和政策导向固然重要,但是这些又离不开公众的"觉悟"与参与。

二、作为公共物品的低碳经济

对于人类社会来讲,发展低碳经济也是一个解决公共物品的问题。这涉及以下四个问题:① 低碳经济是一个全球性公共物品;② 全球性公共物品的最优量及特征;③ 低碳经济是一种经济公共物品;④ 解决全球性公共物品问题的难点。

一般认为,全球性公共物品是一般公共物品在时空上的拓展。从空间角度讲,全球性公共物品的受益者广泛,突破了国家和区域的界限。从时间角度讲,全球性公共物品的提供不仅使得当代人受益,也会使未来数代人从中获益。全球性公共物品的提供远比一国内的公共物品的提供要复杂。它的收益与代价是全球性的,政策制定则侧重于国内层次,这就会出现信息不对称,妨碍了产品的有效提供。考尔和古尔文(2006)认为,国际领域的公共产品融资比国内公共产品更加复杂,需要建立系统化的操作体系。在生产结构上,则需要一种协调机制来把握全球性公共物品管理的整体结构。大气是一个公共物品,大气是"地球上人人有份的最大公地"(Demsetz, 1967)。在这种情况下,如何有效提供公共物品就成为问题。相关物品和服务的市场情况并不能反映对大气的不同消费和投资的后果。气候变化与一般的公共物品还有许多不同的地方:一是人为导致的气候变化就是一个外部性物品,除了政策影响以外,不受任何机构或者市场影响。二是气候变化还具有持久性、不确定性以及巨大的破坏性等特点,这使得气候变化还完全不同于很多通常研究的外部性物品(Stern, 2007)。

全球性公共物品的影响所及不止一个国家、城镇或者家庭,而是遍及全世界。全球性公共物品与国内公共物品的不同之处在于,有效解决这些问题的经济和政治机制极其薄弱。由于很难区分和履行对环境(如大气质量)的所有权及其使用权,所以不存在市场,而价格并不能体现污染物的有害影响,结果导致大量的二氧化碳的排放和大气污染。一种资源的某些用途(如热带雨林)能够

---

① 郑亚南.自愿性环境管理理论与实践研究[D].武汉:武汉理工大学,2004.

出售,其他用途(如对流域的保护)却不能。不可出售的用途经常被忽视,因而导致使用过度。

就经济效率而言,全球性公共物品的供给需要确定一个最优量。通过林达尔均衡可知,如果各国政府愿意真实地显示自己从全球性公共物品消费中得到的边际效用以及自觉地按其所得承担公共物品的成本,那么全球性公共物品的提供将达到最优。由于包括消费者在内的各国政府都倾向于不显示其正式的偏好,或者即使愿意采取合作的态度,对于偏好的测定也存在技术上的困难,在全球性公共物品的供给中通常会出现搭便车和囚徒困境。我们知道了提供这个公共物品的总量,现在的问题是如何在全球不同国家去分解这个总量。

从成本和收益的角度来看,低碳经济是一种经济公共物品,许多国家的大量经济主体都参与到了与经济公共物品有关的活动当中。经济公共物品有渔业、污染、大部分社会风险、气候变化等。就经济公共物品而言,一般情况下很难确定并达成有效的政策协议,因为它们包含了成本和收益的衡量与平衡,而成本和收益都不容易衡量,并且二者都包含复杂的分配问题。与经济公共物品不同,另一类公共物品是焦点公共物品。涉及焦点公共物品的政策的好处是显而易见的,并且能够获得一致的同意,此类政策包括消除艾滋病、天花、金融危机、核灾难、核爆炸及贸易壁垒等。比较便利的方法是把经济公共物品重新确定为焦点公共物品,因为这样做就可以大大简化分析、简化政策。①

在解决低碳经济这个公共物品问题的过程中,存在两大难题:一是找到"适度联邦主义"的"度",即有必要将决策定位在某个政治层面上,该层面能够使溢出效应内部化。二是威斯特伐利亚困境。根据1648年的《威斯特伐利亚和约》及其相应的国际法,未经主权国的同意,义务就不能被强加于该主权国身上。因此,对于全球性公共物品,我们必须采取完全不同于国内公共物品的解决方法(诺德豪斯),要进行国际制度创新。

对于气候变化的问题,存在着"双重公共物品"的困境:一方面,自然资源的开发利用与二氧化碳气体的排放是人类生产活动的公共领域;另一方面,全球性的节能减排行动所创造出的正外部性,又成为所有国家所共享的公共领域。减排行为本身成为公共物品,这使得各国的行动策略有所不同,对于那些对环境变化负有次要责任的国家和那些贫穷弱小的国家而言,无论其他国家如何选择行动策略,采用消极的坐享其成的策略总是有利的,这是一种智猪博弈的反映。面对这个困境,吉登斯和斯特恩等人强调伦理的规劝力量,有些小国的正面行动则

① 威廉·D.诺德豪斯,周军华.京都之后的生活:全球变暖政策的另一种选择[J].经济社会体制比较,2009(6).

更加强了他们的信心。像全球变暖这样的公共物品，其重要特征之一就是各国参与减轻气候损失行动的动机完全不同。这种不同反映出各国对于气候损失、收入水平、政治结构、环境态度以及国家规模的不同认识。比如，俄罗斯也许认为一定范围内的全球变暖会使其受益，而印度则认为会使其遭受巨大损失。

如何根据温室气体这个全球性公共物品的特点，形成有效的供给机制，这包括制度安排和机制设计。

首先，解决全球性公共物品供给困境的根本解决之道在于如何使保护环境和节能减排的行为给各国带来更多的益处，现在的问题主要集中在积极行动的激励不够，低碳经济发展的内生化动力不足。激励的一个方面在于行动必须是同时发生的，这样才能得到有利的结果，这就使得制度安排对于全球性减排行动的支持绝非是可有可无的，对于坐享其成的消极态度，即使公共物品的属性难以消除，也应当加强其正面的吸引力量，惩罚的手段绝非必需但也应成为一项不容忽视的内容。对于温室气体减排来说，对应的可行措施是对每一单位的碳排放征税和对某一许可证制度所发放的排放限额进行交易。要把市场的作用和政府的作用结合起来。英国于 2003 年 2 月开始对进入伦敦中心城区的汽车收取每天 14 美元的过路费，市中心交通量锐减 1/3，一些公交路线的往返次数跌了差不多一半。伦敦市区的二氧化碳排放量减少了 20%，粉尘和氮氧化物的排放量也大幅下降。要把环境保护与发展低碳经济结合起来。其实，环境保护与发展低碳经济有许多共同的地方。全世界各国加强环境保护可能没有问题，环境保护引起了每个国家的重视，而环境保护的许多措施也是发展低碳经济所需要的。

其次，解决低碳经济这个全球性公共物品的关键在于有关主权国家建立可信承诺，签署国际环境协议，并通过国际合作机制来发展低碳经济。国际环境合作提供的“物品”，即温室气体的减排和全球环境质量的改进，正是一种类似于国防的纯公共物品。现在《联合国气候变化框架公约》还只是意向协议，没有得到广泛的认同。导致这种现象的原因是环境目标与公平目标的矛盾。减少排放及发展低碳经济的重要性已被越来越多的国家认识到，确立这个环境目标是没有问题的，但现在是如何减少排放，按什么标准来减少排放，减少排放的成本如何承担等问题，这些问题又与公平的减排联系在一起。值得指出的是，对于类似于通过减排来抑制全球变暖这样的附加公共物品，实现高水平的参与十分重要。最后的试验表明，将主要的国家或集团包含进来，是走向实现完全参与目标的重要途径。[①]

---

① 〔美〕威廉·诺德豪斯. 均衡问题：全球变暖的政策选择[M]. 北京：社会科学文献出版社，2011：117.

最后，根据公共物品的性质，创新全球供给物品的供给机制。全球范围的温室气体减排行动和气候变化适应活动都体现了公共物品性质，斯科特·巴雷特(Scott Barrett)归纳了为应对全球气候变化而必须提供的五种不同的公共物品：第一，进行全球性的温室气体排放量削减行动，例如通过能源保护和使用效率提升，燃料替代和可再生能源的推广以及对化石燃料燃烧产生的温室气体进行碳捕获等；第二，对全新的能源和相关技术进行基础性研究投入，发现和总结温室气体减排的科学知识和方法并将其推广；第三，通过植树造林、防止森林砍伐以及用铁给海洋施肥等，从大气中直接去除二氧化碳；第四，通过减少照射地球的太阳辐射量，来抵消大气中温室气体浓度上升的影响；第五，在国家、区域或地方层面上为适应气候变化而提供的公共物品，如海洋防护、堤坝和大型灌溉工程等。[①]

三、发展低碳经济中的搭便车问题

在发展低碳经济的过程中，搭便车的问题是无处不在的，从普通公民权利领域直到国际舞台都有它的身影。那些在降低自身温室气体排放方面作为不大或毫无作为的国家，也在搭那些已经更加积极的国家的便车。[②] 气候本身属于典型的全球性公共物品，于是如何提供这类物品同时阻止搭便车行为就成为亟待解决的问题。减少温室气体的排放并不是免费的，有时甚至代价高昂。建立治理发展低碳经济中的搭便车行为非常重要。因为这些搭便车行为不仅损坏了减排国际合作的有效性和稳定性，而且还阻碍了国际社会解决气候问题的努力。

在温室气体减排行动和气候变化适应活动中，对于公共物品的提供，无论是在全球范围的国家之间，还是在国家内部的地方政府之间，还是在同一区域内的企业或公众之间，都不可避免地存在搭便车问题。地方政府、企业和公众所采取的减排行动能有效地作用于那些容易产生私有利益的领域，而对处于公共领域的减排利益则鲜有作为，即使大家都意识到了应对气候变化的重要性。企业在生产过程中对能源利用效率的提升，公众个体在家庭生活中的节能行为，以及地方政府针对适应气候变化提供的地区性公共物品，可以直接将行动产生的利益划归于私有领域，即基于自利原则的减排行为，但这一行动水平远未达到应对气候变化所需的减排均衡点，因为地方政府、企业和公众进一步的减排行为所产生的利益都会进入归属难以界定的全球公共领域，在此情况下，无论是公众还是企业都存在搭便车的动机，从而造成集体行动的困境。如图 2.2 所示，*MC* 表示减

① 曹荣湘.全球大变暖：气候经济、政治与伦理[M].北京：社会科学文献出版社，2010:60—61.

② 〔英〕安东尼·吉登斯.气候变化的政治[M].北京：社会科学文献出版社，2009:115.

排行动的边际成本曲线，D_1 表示为应对气候变化对减碳行动的社会需求曲线，D_2 表示基于自利原则的减碳行动需求曲线，MC 与 D_1、D_2 分别交于 $A(P_1,Q_1)$ 和 $B(P_2,Q_2)$ 两点，A 点是应对气候变化的减碳均衡点，B 点则是基于自利的减碳均衡点。Q_1 是应对气候变化所应采取的减碳行动量，Q_2 是能够界定为私有利益的减碳行动量，而 (Q_1-Q_2) 则是基于公共利益的减碳行动量。显然，对于公共领域的 (Q_1-Q_2) 部分，公众或企业无法根据自己的努力程度来分配减排利益，造成此部分是减碳行动的“供给盲区”。

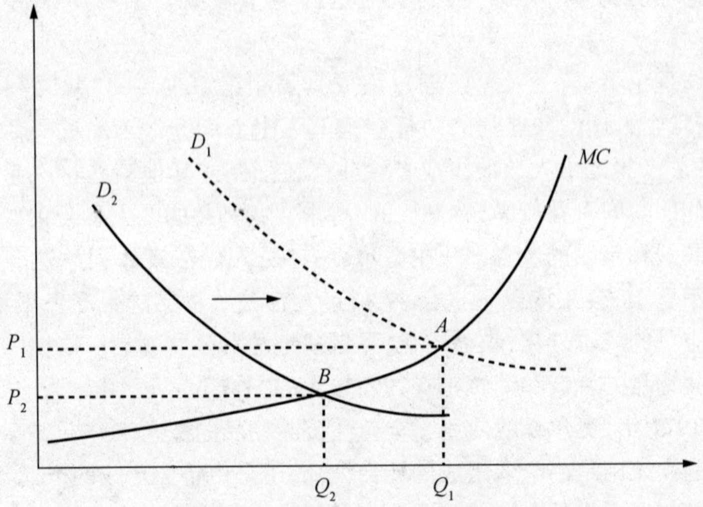

图 2.2　减碳行动的“供给盲区”图

无论是马克思主义方法，还是新古典方法，都没有解答搭便车问题，而这个问题是解释团体行为的关键。[①] 最为关键的是，任何一个成功的意识形态必须克服搭便车问题，其基本目的在于促进一些群体不再按有关成本与收益的简单的、享乐主义的和个人的计算来行事。[②] 拉坦还考察了制度供给过程中的集体行动行为。拉坦指出，当制度在团体层次上予以供给时，会遇到严重的搭便车问题，即每个人都只想其他成员去做出组织的努力或承担维持组织的成本，而自己却坐享其成。因此，这种集体行动过程中的搭便车行为，会严重损害制度的供给能力。解决这一问题只有两种方式：一是强迫成员参与；二是提供超常规的经济利益激励。

经济学家对个人利益的思考源于个人效用的思想，他们所称的“人们拥有

---

① 〔美〕道格拉斯·诺思. 经济史中的结构与变迁[M]. 上海：上海三联书店，1991：69.

② 同上①，第 59 页。

效用函数”，只是意味着人们在评价和界定他们自己的需要和偏好，并不代表他们必然是自私的或仁慈的。例如，一个人把他的全部财产义无反顾地捐助给慈善机构的人，或许只是在最大化他的私利，他与一毛不拔的守财奴没有什么两样。因为只要他们的行动和他们的目标一致，经济学家就把他们都看作是理性的。然而，确定集体利益将涉及不止一人的偏好加总，从而引发了关于个人偏好能否或者是否应该加总的许多问题。私利和集体利益相互冲突的可能性是曼瑟尔·奥尔森的经典之作《集体行动的逻辑》的核心主题。他对自愿组织或联盟的存在是为了推进其成员的共同利益这样一个社会学家的传统假定提出了挑战。

在传统理论看来，个人可以通过组成集团和组织实现其“共同利益”，但奥尔森认为，从个人理性和自利的前提中推演不出人们会作为增进集体利益的行为。“除非一个集团中人数很少或者除非存在强制或其他某些特殊手段以使个人按照他们的共同利益行事，有理性的、寻求自我利益的个人不会采取行动以实现他们共同的和集团的利益。”[①]在奥尔森看来，人们在集体利益这一公共物品的生产和消费上，会采取以下机会主义行为：在公共物品的生产上尽量少投入，并将自己应付的成本外化，收益内化，尽量多地消费公共物品。这种搭便车的倾向使得公共物品的生产和消费都存在着较大的“外部性”。

早在1971年，奥尔森就使用了全球性公共物品的概念来分析提高国际合作激励的问题。无论是由个人组成的社会公众，还是由企业形成的产业集团，在化解气候危机的目标上是一致的且是利益相容的，已开展减碳行动的成员则希望有更多的成员参与其中，但这一相容利益集团的规模显然是庞大的。奥尔森认为在一个大集团中，即使成员都是理性的和寻求自我利益的，且所有成员在实现了共同目标后都能获利，也不能保证各成员会共同采取行动以实现共同目标。[②]显然，企业和公众的集体行动困境是温室气体减排治理中内生交易费用产生的主要根源。

在社会公众形成的减碳集团中，任何单个成员的减碳行动都不会对整体的减碳效果产生很大影响，也不会对其他成员的减碳成本或利益产生很大影响，如果气候变化问题得以改善，各成员可以均等地获得利益，因此，公众的减碳动力是有限的。但公众却又是气候恶化的直接受害者，此时，公众的集体减碳行动需要外部力量的引导和激励才能形成。由企业组成的减碳集团，其成员的数量虽然庞大，但不同产业排放量的差异巨大，同一产业的不同企业也存在差异，因此

---

① 〔美〕曼瑟尔·奥尔森. 集体行动的逻辑[M]. 上海：上海三联书店，1995：2.

② 同上①，第8—14页。

各成员承担的减排量是不同的，例如，中科院2010年公布的42个行业二氧化碳排放量占总量的比例，排名前五位的是：电力、热力生产和供应业，占40.1%；石油加工、炼焦及核燃料加工业，占15.7%；黑色金属冶炼及压延加工业，占7.3%；非金属矿物制品业，占6.7%；化学原料及化学制品制造业，占6%。那些占据较大减排份额的成员的行动对整体的减碳效果会产生较大影响，但这些成员却要与减排份额小的成员均等地分享利益。另外，企业较之公众其减碳动力更弱，因为企业不是自然人，它对于气候变化的受害性体验没有公众敏感和强烈。这些说明了企业减碳集团的形成首先需要大成员的加入和先行，而减排的强制命令、外部监督和激励机制是不可或缺的。

环境是一种公共物品，这就容易产生搭便车的现象，即不承担治理环境的成本，却享受治理环境的好处。如何使物品价格体现经济成本与社会成本的总和？这是要解决搭便车问题的一个根本问题。环境中的普遍并且容易搭便车的现象大大地增加了发展低碳经济的转换成本。全球污染产生的搭便车难以治理的根源还有一个时空问题。从空间来看，目前以酸雨、臭氧损耗和全球变暖等形式存在的全球污染，是人们主要的焦虑所在，也是无法通过产权等方法解决的搭便车问题。再从时间来看，排放及引起的污染问题有个跨际问题，有些二氧化碳是工业革命时期就开始有的，不论按人口平均减排还是按历史减排都有争议。每个企业、每个个人、每个地区，甚至一个国家的排放对于环境的影响都是微不足道的，人们很难直接感受到排放对环境有什么影响，所以搭便车就不可避免。

搭便车分为两种情况：一是就国内来讲，在发展低碳经济的过程中，地区之间、企业之间、个人之间都存在搭便车的问题；二是就国际来讲，国与国之间也存在搭便车的问题。就气候变化问题而言，国际合作的紧迫性更加明显，而经济学的理论与思想对于解决搭便车问题，具有重大的现实意义。只要大气仍被认为是免费的温室气体容纳桶，电力行业就将会继续修建那些最便宜的高排放电厂，而如果电厂因为碳排放而必须要为此支付费用，那么减排形势瞬间就会改变。为污染付费的思想是出现在早期新制度经济学研究的经典内容，科斯认为在某些条件下，经济的外部性可以通过当事人的谈判而得到纠正，从而达到社会效益最大化。

对于节能减排和发展低碳经济的技术垄断，也将有效地减少完全的搭便车行为，这将导致自发减排行为的产生和自主创新的激励。德国、英国、瑞典等国，已经有能力将能源的使用效率提高到原先的四倍甚至更高的水平，如果这些国家能够率先担负起人类发展的共同责任，以有激励效果的价格实施技术转让——如果是无偿的，将会催生新的搭便车行为——这有利于落后国家减排工作的实际开展，当此类廉价的技术转让不足以促进后起国家更高水平的经济发展的时候,也将会使其开始寻找与研发提高能源利用率、保持本国资源潜力的新途径。

人类社会很难达成共识和进行有效的集体行动。在目前的情况下,我们还很难做到使发展低碳经济是有利的,所以纯粹用经济手段还不现实。解决发展低碳经济中搭便车问题除了经济手段、规制手段外,还应该从非正式规则及意识形态方面入手。在解决发展低碳经济中的搭便车行为上,意识形态至关重要。意识形态的经济功能主要表现为:它是一种节约信息费用的工具,能有效地克服搭便车,能减少强制执行法律和法院的费用及实施其他制度的费用。较大的意识形态拥有量能减少消费虔诚的影子价格,使个人搭便车或违犯规则的可能性较小,还能淡化机会主义行为。因此,任何政府都通过向意识形态教育投资来对个人意识形态资本积累进行补贴。①

四、发展低碳经济面临最大的市场失灵

为什么说温室气体排放及发展低碳经济是人类社会到目前为止面临的最大市场失灵?一是从它涉及的市场范围来讲,无论是从涉及的主体(世界各国、地区、企业、个人)来讲,还是从所涉及的空间来讲,都是最大的。二是从它所涉及的时间来讲,不仅涉及当代人,还涉及子孙后代。三是从解决低碳经济这个市场失灵来讲,它不仅涉及世界各国的协同行动,而且还涉及国内制度和国际制度。所以,减少温室气体排放和低碳经济是最大的市场失灵。

低碳经济中的市场失灵表现在以下几个方面:能源价格低,不利于鼓励节能;管制失灵,如采用不计量供暖不能鼓励用户调节温度;缺少机构支持,机构能力薄弱;激励措施缺失或错位,如发电、售电能赢利,而节能不能赢利;消费者的偏好是购买汽车通常考虑型号、速度和外观,而不是能效;高效产品的前期成本高,低收入者负担不起;融资有障碍,交易成本高;无法获取能效产品;公共意识薄弱,信息有限等。市场失灵导致私人在低碳技术创新和推广方面投资不足,这也是实现公共融资政策的基础。值得指出的是,发展低碳经济中还存在效果反弹的问题:高能效设备降低了能源支出,用户往往会增加能源消费,抵消了一部分节能成果,长期的效果反弹在10%到30%之间。这些有的表现为市场失灵,更多地表现为减排中的制度缺失。发展低碳经济中的市场失灵有各种各样的原因,而最重要的是缺乏有保障的财产所有权以及温室效应。

低碳经济中市场失灵的第一个特点是缺乏有保障的财产所有权导致低碳经济中的市场失灵。许多市场失灵实质上是产权的失灵。在跨期帕累托最优条件

① 卢现祥.西方新制度经济学[M].北京:中国发展出版社,2003:39—40.

下，减缓开采的同时减少投资，有可能在不降低当代人消费的前提下提高后代人的消费。化石燃料的帕累托最优减排路径是以缓慢消耗化石燃料为特征的。相比有保障的所有权，缺乏有保障的所有权意味着市场将更快地开采化石燃料。虽然由于温室效应我们应该抑制能源的开采，但缺乏有保障的产权加速了开采。不同的产权制度下化石燃料的开采速度是不一样的。决定石油开采速度以及地区变暖速度的，并非是巴罗佐或默克尔，而是像查韦斯、普京等统治者和他们的寡头企业。能源所有者对保护性的开采政策没有什么兴趣，因为他们必须不停地担心他们本人或亲信在他们开采更多的石油之前失去权力。[①] 俄罗斯经济对于石油的依赖性太大。据专家估计，按照俄罗斯目前的石油开采速度，大约17年就会把俄罗斯的石油采光，可谓竭泽而渔。美国虽然目前是世界上最大的石油进口国，但是美国拥有丰富的石油资源，却按兵不动，留给子孙。到了俄罗斯石油资源枯竭时，美国便可待价而沽了。俄罗斯与美国的这种差异不仅是一种发展战略的差异，而且也是财产权制度的差异造成的。持久的有保障的财产权制度与市场机制的结合有利于发展低碳经济。其实高碳能源，如煤、天然气等也存在这种缺乏有保障的财产所有权效应。综观世界各国，关于能源的财产所有权制度多种多样，我们很难建立起有效的、有保障的财产所有权。应该讲，这是制度在解决市场失灵问题上的局限性。从深层次看，还有一个排放权的问题，温室气体排放显然是人类历史上没有界定的最大公地。气候变暖实质上是一种"公地悲剧"。从产权及其制度入手，是解决发展低碳经济中市场失灵的基础。发展低碳经济的一些举措也有局限性，如我们采用碳税会引起新的反应。在这种情况下，能源所有者将提高它们当前的销售，以避免今后的税务负担，气候变化因此会加快，这就是所谓的"绿色悖论"现象（Sinn，2007）。绿色悖论意味着开采能源的所有者的供给反应将遵循一条不同于普通供给者的反应的逻辑，这有着深远的意味。[②]

低碳经济中市场失灵的第二个特点是，温室气体排放显然是一种外部性，因而也是一种市场失灵。温室气体排放的影响在四个基本方面有所不同：它的外部性是长期的、全球性的，包含着重大的不确定性，具有潜在的巨大规模。[③] 从这四个方面也可以看出，减少温室气体排放、发展低碳经济是人类历史上最大的市场失灵。温室气体也是一种经济公共物品，温室气体排放显然是一种外部性。温室气体排放影响的这些特点决定了解决其市场失灵的难度。

---

① 曹荣湘. 全球大变暖：气候经济、政治与伦理[M]. 北京：社会科学文献出版社，2010：194.

② 同上①，第198页。

③ 〔英〕尼古拉斯·斯特恩. 地球安全愿景：治理气候变化，创造繁荣进步新时代[M]. 北京：社会科学文献出版社，2011：14.

从市场机制来看，工业化过程中为了提高经济效率，没有考虑碳排放量的问题，因此现行的价格机制没有考虑碳排放的成本，包括社会成本。赫尔曼·戴利认为古典经济学的计算方法不适用于生态学。斯特恩在论及生态经济学的传统时指出市场在应对气候方面完全失灵，因为市场无法获取可用的生态学信息，甚至竟敢对之视而不见。[①] 大自然提供给人类存在于地壳中的原生态的、可氧化的含碳物质，能源所有者的经济决策将大自然的供给改变为市场供给，市场供给则通过价格机制寻找它的需求，通过化学作用这些供给变成二氧化碳，污染了大气。

人类将大自然的供给改变为市场供给，并将市场供给在原则上与价格挂钩。这涉及市场失灵的无效率性，市场失灵源自这样的事实，即人们和公司不必为他们的排放所造成的破坏付费，也就是说，我们现行的能源价格中人们和公司不必为他们的排放所造成的破坏付费，私人成本与社会成本不一致。温室气体排放是一种市场失灵。我们现在化石燃料价格中没有包括对环境破坏的成本，这就会给出错误的信号，从而导致市场失灵。

针对上述低碳经济中市场失灵的特点，我们应该采取如下对策：

(1) 通过制度创新建立有保障的财产权，从源头上减少对化石燃料的开采，并公平地分配排放权。除了建立有保障的财产权以外，还要通过制度安排克服市场机制的不足。没有经过政策修正的市场会扭曲我们的决策，使我们的决策偏离环境商品和服务；如果能够小心修正市场失灵，所有世代的境况都会变得更好。这一论据很重要。面对环境问题，市场机制的局限性更加明显，市场解决的主要是个人或公司在存在期间的回报，而不是解决有关整个世界重大变化的集体决策。市场能够揭示个人在短时间内作出决策所需要的信息，但不能揭示社会在长时间内应当做什么。[②] 来自于经济利益的政治压力足够大以至于破坏了迫使污染工业进行净化的立法，这样的净化大大地增加了生产的成本。因为私人经济仅计算当前的效率和生产力，并且仅涉及特定工厂的私人利润，它并没有把今天污染造成的长期社会成本考虑在内。市场这只“看不见的手”并不能生产未来社会的幸福。

(2) 发展低碳经济面临着市场失灵，但我们并不能因此否定市场机制在发展低碳经济中的基础性作用，而是要通过制度创新来修正、调整市场，从而有利于低碳经济的建立和运行。碳市场是我们应对全球变暖和发展低碳经济的最大

---

① 〔德〕魏伯乐，〔澳〕查理·哈格罗夫斯. 五倍级[M]. 上海：格致出版社，2010：265.

② 〔英〕尼古拉斯·斯特恩. 地球安全愿景：治理气候变化，创造繁荣进步新时代[M]. 北京：社会科学文献出版社，2011：109.

贡献者。市场经济既可以用来发展高碳经济，也可以用来发展低碳经济。对于市场的重大失灵，恰当的回应不是抛弃市场，而是通过税收、其他形式的价格修正或者管制等措施来直接调整市场。现在的问题是如何调整市场，如何运用市场机制来发展低碳经济。我们的任务是建立一个足以保证能源部门的市场运作、以最小的扭曲进行的框架，以便市场能够起到鼓励效率和鼓励减排的作用。在多数发达国家的市场经济中，消费者会迫使生产者满足其需求，而生产者为了具有竞争力也愿意这样做，政府则会从全局考虑迫使社会提高运转效率。若能源价格偏低，消费者提高能效的压力一直很小，生产者也没有动力进行能效技术方面的研发，而政府也缺乏全局性的能源考虑。设法干预市场以使“污染者付费”原则制度化，并由此确保市场运作有利于气候变化政策，而不是有害于它。[①]化石燃料的价格越高，避免消耗更多燃料并且转而使用替代能源如太阳能、核能等的内在激励就越大。

尽管发展低碳经济会面临最大的市场失灵，但低碳经济的持久机制还是要建立在市场和价格机制上。值得指出的是，用制度安排和政策导向解决低碳经济中的市场失灵时，一是要注意发展低碳经济中的社会公正问题，如减排对发展中国家的影响更大，气候变化对发展中国家的负面影响更大，碳和燃料价格的高企对穷人的冲击要大于对富人的冲击。英国 2008 年的平均燃料费账单比往年上升了 40%，其影响对生活在穷困线以下的 65 岁以上者尤其严重——英国这类人大概有 200 万。[②] 由美国国会的预算办公室估计，15% 以内的电价上涨，相当于家庭收入在底部 20% 的家庭总花费的 3.3%，也就是 680 美元，同时还不考虑可能伴随的减产和失业的影响；然而对于富裕家庭，这项政策对他们的影响仅占他们收入的 1.7%。我们在制度安排（包括国际制度与国内制度）和政策导向中一定要把公正引入到减缓气候变化和发展低碳经济的过程中，尤其在国际制度安排中，若缺乏公正性，那么任何契约、制度都将是无效的。人类有能力解决减排问题，也有很大的发展低碳经济的潜力，现在的关键是建立在公正基础上的国内减排制度和国际减排制度的缺失。

二是要注意反思市场经济本身及存在的局限性。正如卡尔·波兰尼所说，市场经济是人类历史上的一种道德结构，它使人类社会服从于对匿名和自主交换的道德偏好，而非基于彼此熟悉的关系和体现正义的等量给予和接受的交换。市场建构能把交换关系从人类或生态群落中抽离出来。因此，交换和制造活动虽然有可能呈现出一片健康和繁荣的景象，但实事上，人类和物种群落正不断被

---

① 〔英〕安东尼·吉登斯. 气候变化的政治[M]. 北京：社会科学文献出版社，2009：104.

② 同上①，第 98 页。

交换往来和制造活动所破坏。① 市场经济是有效率的,但是为了发展低碳经济,为了人类社会的可持续发展,我们必须调整或改变市场经济配置资源的规则,要把减排、低碳、环保等因素通过规则、制度及政策嵌入市场的制度框架中。我们要基于低碳经济发展的内在要求重新设计市场经济的一些规则。

第三节 发展低碳经济的全球合作:矛盾与国际制度创新②

温室气体的排放具有外部性,是有史以来最大的市场失灵。本节在全球化视角下对发展低碳经济中的矛盾进行分析,并探讨发展低碳经济的国际制度构建。根据政府间气候变化专门委员会的评估建议,我们将气温升幅尽可能控制在2℃以内的全球性目标,为实现这个目标,2050年全球温室气体排放量至少降至1990年水平的50%。如何达到这个目标?全球的合作行动及相应的有利于低碳经济的国际制度构建至关重要。面对气候变化及低碳经济这个世界上最大的市场失灵,如何进行制度安排和政策应对是本节要探讨的问题。

一、环境与公平的矛盾

对低碳经济与经济增长关系的理解可以分为三种情况:一是二氧化碳排放的增长速度小于国内生产总值的增长速度,二是零排放,三是二氧化碳绝对排放量的减少。对于发达国家来讲,追求的目标应该是绝对的低碳发展;对于发展中国家来讲,目标应该是相对的低碳发展。从经济层面看,经济增长与低碳经济发展既有相互一致的一面,又有矛盾的一面。在经济产出保持不变的情况下降低全球温室气体排放的唯一途径是改变我们现在的能源消费结构,或提高能源使用效率,或兼而有之。提高能源使用效率是减少温室气体排放的最经济和最容易的方式。

从温室气体排放量的决定因素及其变化来看,从世界总体来看,发展低碳经济就是要减少温室气体排放量,影响温室气体排放量的因素很多,在经济学上,我们主要将其归结为以下公式:

温室气体排放量 = 人口 ×(GDP/人口)×(能量/GDP)×(温室气体排放量/能量)

公式第一个因素是人口,据联合国相关机构统计,世界人口在下个50年内

① 〔英〕迈克尔·S.诺思科特.气候伦理[M].北京:社会科学文献出版社,2010:176.

② 本节主要内容以《发展低碳经济的全球合作:矛盾与国际制度创新》一文发表在《云南财经大学学报》,2013年第2期。

至少仍会保持增长趋势。印度两个学者的研究表明,如果人口增长相应地放慢,也可减少二氧化碳的排放。根据他们的测算,通过降低出生率减少二氧化碳排放的成本为大约每吨 10 到 20 美元(以 50 年为期),而目前德国波茨坦气候影响研究所给出的捕捉和存储二氧化碳的成本为每吨 45 欧元,前者不到其 1/4。[①]第二个因素是人均收入,在相当长的时间内人均收入仍会保持增长。因此,要想降低温室气体排放,我们只能从单位 GDP 能耗和单位能量排放两个因素上去做文章。如果能源使用效率上升,单位 GDP 能耗就会显著下降。再看公式的第四个因素,单位能量温室气体排放,经济发展离不开能源,改变能源消费结构,让经济发展从依赖高排放能源向依赖低排放能源转变会显著降低排放,这正是低碳社会或零碳社会要实现的目标。为实现这个目标可以采取以下办法:用天然气代替煤炭(低碳之路),用风能或核能这样的零排放能源代替化石燃料(零排放之路),对化石燃料燃烧后的碳进行回收处理以降低单位产出能耗(提高能源使用效率)。

从经济发展水平与碳排放的关系来看,人类发展面临温室气体浓度的共同约束,但具体到不同历史阶段,以及不同发展水平的经济体,这一约束的强度却是不同的。从高碳增长到低碳增长与经济发展水平密切相关。过去 30 年里全世界人均二氧化碳排放量增长了大约 15%。高收入国家 2007 年的人口是 12 亿,其人均排放保持稳定或者略有减少。发展中国家的人口大约是 52 亿,其人均排放增长显著(每年从 1 吨增加到 4 吨),尤其是近些年。最不发达国家人口大约是 7 亿,其人均排放保持稳定而且很低(每年大约 0.2 吨)。世界人口在这 30 年里大约增长了 50%,结果是二氧化碳总排放量增长了大约 2/3。这验证了环境库兹涅茨曲线。随着人均收入由低水平阶段上升,碳排放强度(每单位国民生产总值所排放的二氧化碳量)呈上升之势,到人均收入约 8 000 美元时,碳排放强度开始下降。

综合来看,低碳经济与发展进程中存在诸多矛盾,其中最主要的矛盾是环境与公平的矛盾,这个矛盾使国际气候变化谈判陷入僵局。科学研究得出的结论是:人为排放量与日俱增,海洋生物圈吸取温室气体的能力又有限,大气中温室气体越积越多,从而引起了气候变化,这就需要发展低碳经济。在这种观点看来,气候问题属于全球性共同行动,解决方法就是各国通过谈判确定绝对减排目标。与此相矛盾的观点是,气候变化问题本质上是公平问题。气候问题主要是由于发达国家不合理地占用有限的生态空间造成的。世界每 1 000 美元的 GDP 平均会造成大约 0.5 吨的二氧化碳排放。欧美国家在其工业化的过程中,尚未

---

① 〔德〕魏伯乐,〔澳〕查理·哈格罗夫斯. 五倍级[M]. 上海:格致出版社,2010:272.

面临温室气体排放的约束，这些发达经济国家已走过了碳排放增加阶段，进入下降阶段；而以中国为代表的发展中国家，还正处于工业化过程中，经济增长必然带来碳排放的增加，但温室气体积累所导致的全球变暖效应使得温室气体排放约束非常强烈，这一约束同样施加于新兴市场经济体，对其经济发展产生了制约。这使得新兴市场经济体承受着发展的不公平。值得指出的是，乌恩鲁认为，和通信技术不同，能源技术不大可能具有实现技术“蛙跳式”超越的特性。所以，发展中国家很难超越现有能源技术而直接进入低碳技术，经济增长和发展低碳经济的矛盾不可避免。由此看来，以公正为基础的分配原则（如以人均排放量和历史排放量为中心的分配原则）应该为公平的发展低碳经济奠定基础。高收入国家认为新兴工业化国家已成为排放大国并且其未来排放量还会持续增加，因此需要承诺实现绝对减排目标；发展中国家认为以绝对减排量为基础的气候体制将它们永久禁锢在不平等的排放量限制中是不可行的，是不利于它们的经济发展的。

这个主要矛盾关键体现在责任分担上。责任分担意味着减缓气候变化的措施会给经济造成相当大的成本。由于现有的基础设施和经济生产都是建立在碳免费的基础上，如果以高价碳建设经济与社会，势必会造成巨额调节成本。责任分担方式不一样，成本就不一样。在一些学者看来，与其纠结于责任分担，倒不如把握机遇率先行动。他们认为，在环境管制历史中，证明减缓成本少于我们所担忧的数额的事例举不胜举，如臭氧层破坏的事例就很突出。即使减缓气候变化行动会增加成本总量，率先采取减排技术的国家也将获得相对优势。它们具有抢先占领随着碳定价而涌现的新市场的优势。问题是，既然把握机遇率先行动有好处，为什么不少有条件的国家又不行动呢？当然，这种观点有利于缓解环境架构和公平架构谈判中的矛盾。气候行动中蕴藏的经济机遇可以打破僵持已久的政治平衡，从而开启将经济和社会带入未来低碳发展之路。

如何解决经济增长与低碳经济发展中环境与公平的矛盾？

（1）必须在公平的基础上发展低碳经济。一种方法是试图围绕发展权而不是排放权和识别国家在应对气候变化中的“责任”与“能力”来重新界定问题。另一种方法是将发展中国家的可持续发展政策和方法与发达国家的绝对量减排目标相结合。应对气候变化的政策不是在高增长、高碳型社会和低增长、低碳型社会二者间的简单选择，即在经济增长和保护地球二者间只择其一的简单问题。大量的低效率情况造成了当今的高碳排放强度，发展低碳经济的潜力是很大的，在生产、消费及流通环节都有减排的潜力，如采用现有技术和最佳操作方案可将工业和电力部门的能源消耗降低20% ~30%，这样既可保增长，又可减碳排放，还可提高公共卫生水平、保障能源安全并实现环境的可持续发展，且减少财政支出。从提供能源使用效率入手,既可减少碳排放,又可保护环境。[①]

(2) 要重视与低碳经济发展相关的制度回应。制度能在多大程度上解决协调与生产问题,取决于参与者的动机(其效用函数)、环境的复杂程度,以及参与者辨识与规范环境(衡量与实施)的能力。[②] 在发展低碳经济的过程中,制度回应存在以下困难:第一,低碳经济是人类历史上最大的外部性及市场失灵,我们还没有应对的经验。第二,参与者的动机不统一,如高碳群体与低碳群体的利益分配不均,现在的问题是如何通过技术创新与制度创新使参与者的动机逐步统一到低碳增长的目标和路径上来。第三,碳锁定和路径依赖增加了制度安排的难度。第四,何时、采用什么方式(碳交易与碳税)来减少碳排放。总体来讲,发展低碳经济的目标确定后,转向低碳经济发展的交易成本太高,这可以通过制度安排和政策工具不断地降低交易成本,从而实现低碳发展。在低碳经济发展的初期,低碳经济相关的知识,包括气候变化与人类行为的关系、低碳技术等,都是零散的,制度的功能之一就是要把这些分散的知识系统化、主体化,并在与高碳技术的竞争中逐步处于有利地位,从而形成低碳技术—制度综合体。政府采用低碳经济政策的终极目标就是切断经济增长与温室气体排放之间的联系。

(3) 要把提高人均收入和发展低碳经济结合起来。人均收入的提高才是发展低碳经济的动力。但是,这种机制的设计应该符合生态系统及其运行机制以及人类及其相关活动的客观规律,生态系统的运作是循环式的,不但物质要素是循环的,而且事件的因果关系也是循环的,在实施低碳经济发展与经济增长的协调机制之前,既要考虑到经济过快发展对于环境、资源所造成的不可逆的损害,也要考虑到超过技术和经济能力的过高环境标准将阻碍经济社会的发展。经济增长、生活水平提高与能源需求扩大之间始终存在着十分密切的关系,这种关系被扎特基安称为能耗第一法则。环境问题的产生主要是与生产和消费过程密切相关的,经济发展又是影响环境保护的最基础因素。因此,通过制度安排与政策工具的作用,转变经济发展方式,提高经济增长质量,这些都有利于解决经济增长与低碳发展间的矛盾。

二、降低温室气体的收益与成本

从制度分析的角度看,"完成经济交换所必需的制度的复杂程度各不相同,有的只解决简单的交换问题,有的要解决跨越时间和空间、涉及众人的交换问

① 世界银行.2010年世界发展报告:发展与气候变化[M].北京:清华大学出版社,2010:1.

② 〔美〕道格拉斯·诺思.制度、制度变迁与经济绩效[M].上海:上海三联书店,2008:46—47.

题”。[①] 低碳经济的建立是一种复杂程度高的交换。其中,收益与成本不一致的矛盾是制约低碳经济发展及制度构建的重要因素。这种矛盾体现在以下三个方面。

第一,降低温室气体的边际成本与温室效应的边际损害。

诺德豪斯创造性地把经济学中的边际分析法引入对气候变化问题的研究中。当社会投入资源以降低碳排放时,边际成本是递增的;但碳排放的边际损害将随着温室气体存量的减少而逐步降低,这可看作节能减排的边际收益。[②] 除了发展低碳经济的收益是不确定的外,社会碳成本的估算也有很大的差异。2005 年社会碳成本的平均估算值为每吨碳 43 美元(即每吨二氧化碳 12 美元),但该平均值的变化范围很大,如在 100 个估算中,每吨碳从 10 美元(每吨二氧化碳 3 美元)到高达每吨碳 350 美元(每吨二氧化碳 95 美元)(IPCC,2007c)。社会碳成本大幅度的变化在很大程度上是由于在估算的假设上存在的差异造成的,如气候敏感性、响应时间滞后、风险和公平的处理方式、经济的和非经济的影响、是否包含潜在灾难损失和贴现率选择等。此外,温室气体的影响具有长期性、范围全球化等特点,使其成本和收益更难估算。在一定合理估算的基础上,人们可以通过模拟经济发展和温室气体排放增长的趋势,分析技术选择对气候变化进程和减排成本的影响,从而选择控制气候变化的具体手段。

第二,现在的成本和政策可能带来的未来收益的关系问题。

发展低碳经济成本收益分析的复杂性不仅仅来自其收益的不确定性及成本估算的差异,还涉及跨代的问题。应对环境变暖和发展低碳经济的措施往往成本高昂,现在的关键问题是我们今天应该付出多大的努力以减轻今天的污染对明天环境的破坏。为了全面评估这个问题,政策制定者必须估算现在的成本和政策可能带来的未来收益,而且更重要的是,要将这些成本和收益进行比较。

发展低碳经济的进程和节奏受到成本收益的制约,这其中贴现率是核心。当时间跨越长达数百年时,贴现率的变化往往会导致现值发生巨大变化。经济学家获得的社会总贴现率是通过对其他的两个因素加总而得到的。其中一个因素是财富因子,它表示人们未来生活富裕程度的增加情况。另外一个因素是社会贴现率,如果贴现率较大,说明我们不应该为后代考虑很多,后代应该自己照顾自己。诺德豪斯认为,不管怎么说斯特恩所采用的 0.1% 这个社会贴现率都是太小了,这让斯特恩的分析中所采用的总贴现率都要比历史数据小得多。而

① 〔美〕道格拉斯·诺思.制度、制度变迁与经济绩效[M].上海:上海三联书店,2008:47.

② 向国成,李宾,田银华.威廉·诺德豪斯与气候变化经济学——潜在诺贝尔经济学奖得主学术贡献评介系列[J].经济学动态,2011(3).

斯特恩认为,较低的社会贴现率是唯一的道德要求,诺德豪斯采用4%的社会贴现率显得太大,在斯特恩看来,代际公平必须成为当前世界在处理有关后代福利问题时所考虑的中心问题。[①]

《斯特恩报告》以气候科学的成果为基础展开,分析了气候变化对自然界和人类社会所产生的可能损失与减缓气候变化所付出成本之间的关系。《斯特恩报告》的结论是,世界各国如果不立即采取行动,气候变化所造成的损失将相当于全球每年GDP的5%~20%,而且损失将延续下去;如果立即采取行动,并能将温室气体浓度控制在500~550二氧化碳当量,其成本仅为全球每年GDP的1%左右,为实现削减所需要的碳价格约等于或大于每吨二氧化碳30美元。

第三,总量的收益成本计算与个量的收益成本计算是否一致的问题。

发展低碳经济成本收益分析的复杂性还在于成本收益空间上的不一致。1公斤二氧化碳废气排放出来,很快就会扩散到全球范围。因此,限制温室气体排放的地方,要承受减排带来的所有成本,却只能获得极小一部分的收益。这就是说,我们即使能协调国与国之间发展低碳经济的制度,但其实施成本(交易成本)也是相当高的。人类行为与交易成本会决定我们的制度选择。

发展低碳经济的成本与收益的不一致并不仅限于一国内,而是成为一种跨国现象。由于温室气体的流动性,单个国家减排成本要由自己独自承担,但产生的好处却为全球共享。为了实现各自成本最小化,每个国家就都会选择"不减排",全球合作进行减排的理性行为就难以自发形成。可见,全球温室气体减排和发展低碳经济问题,最后可以归结为"如何界定或分配各国排放权"的问题。这里的难点在于如何界定各国的温室气体初始排放权也即产权。大气层是典型的全球公共资源,并且温室气体排放权界定涉及扭曲的历史排放问题。因此,如何找到一种客观公正而又简单的界定或分配各国初始排放权的理论依据和方案是各国在发展低碳经济中共同面临的问题。[②]

一国在收益成本的承担上,在不同地区、企业、个人、群体之间都存在不一致的问题。收益是未来的,成本是现在的;收益是不确定的,而成本是确定的。企业在发展中,都有趋利性,追求成本最小化,收益最大化。传统的生产方式、生活方式是一种高碳经济,但是对于个人或企业来讲,却是低成本的。企业或个人的生产或生活要从高碳经济转到低碳经济涉及的成本很高,转换成本涉及发展低碳经济的技术、发展低碳经济的目标及时间等因素,并且有这类成本由谁来承担的问题。综上所述,在发展低碳经济的过程中,要在国际、国内、地方及企业层面

---

① 〔美〕伯顿·里克特.拨开迷雾[M].北京:石油工业出版社,2011:64.

② 国务院发展研究中心课题组.全球温室气体减排:理论框架和解决方案[J].经济研究,2009(6).

做到利益相容，从而降低从高碳经济到低碳经济的转换成本，是人类社会可持续发展必须要解决的重大问题。此外，还涉及减排的私人成本与社会成本不一致的问题。发展低碳经济中的成本收益不一致实际上是一个外部性问题。制度的功能就在于当存在外部性时，制度可以使外部性内在化。低碳经济中的制度安排在使外部性内在化时不仅涉及各经济主体成本收益的不一致，还涉及时空问题。

如何在全球范围内解决收益内化、成本外化的逃避减排责任的机会主义行为？

（1）在全球范围内形成一种合作机制和合作行为，并形成一种共识，是解决发展低碳经济中成本与收益不一致矛盾的前提。联合国政府间气候变化专门委员会2007年公布的第4份《气候变化评估报告》认为，人类活动特别是工业生产中燃烧化石燃料导致地球大气中二氧化碳等温室气体浓度创纪录地升高，这些活动造成全球气候逐渐变暖的可能性超过90%。全球变暖主要原因是“人祸”，发达国家工业化难辞其咎。全球的减排共同行动和合作机制正在建设之中，尽管国与国之间、地区与地区之间还存在利益矛盾和博弈，但是发展低碳经济的价值在矛盾和博弈中逐步显示出来，一旦人们认识到这种价值的存在，就会转变成行动。发展低碳经济的价值和潜力是巨大的，人类社会有足够的能力建立起低碳经济。

在全球范围内实现减排的边际成本相等是一种理想的目标。从数量上来讲，需要越来越多的国家、地区、企业、个人参与到减排和低碳经济中来，这个过程包括示范效应、替代选择、规模效应等。从制度和政策层面讲，要通过有利于减排的制度安排和政策导向，使低碳经济、低碳技术、低碳生产和低碳生活处于有利地位，从而解决在发展低碳经济中存在的成本与收益不一致的矛盾。

（2）延迟全球减排努力的成本是很高的，我们要尽快行动起来，减缓和适应可以大大地降低发展低碳经济的成本。为实现一项特定的减排目标，把世界当作一个整体、在所有国家都实现一套完整的措施，成本要低得多。统计分析表明，如果一项国际协议只有5个排放总量最高的国家参与，所需成本将是所有国家参与进来的3倍。如果发展中国家把减排行动延缓到2050年，那么实现一项特定目标所需要的总成本将增长一倍以上。如果发达国家向发展中国家转移资金，也会提高减排的效益。例如，对于一项特定的减排目标，通过减少无谓损失，每转移1美元，平均能产生3美元收益，这些收益可以通过谈判进行分享。[①] 尽管在发展低碳经济中存在成本与收益不一致的矛盾，但是越来越多的人认识到，

① 世界银行.2010年世界发展报告：发展与气候变化[M].北京：清华大学出版社，2010：55.

不行动的成本远远超过行动的成本。为了人类社会的可持续发展,我们需要发展低碳经济。发展低碳经济的重要性是不容置疑的,问题是我们用什么方式、在什么制度和政策条件下、采用什么路径来发展低碳经济。不同制度安排和政策导向下发展低碳经济的成本是不一样的,寻求最低成本的制度安排和政策导向是发展低碳经济主要任务,当减排的边际成本相等时,我们就达到了最低成本的目的。

三、建立有利于减排的国际制度

在应对全球变暖问题上,国际社会在认知层面尚未达成广泛共识,在实践层面更是呈现出显著的国别差异性。其根源在于现阶段的研究无法科学、全面地解读气候变化及其机制,在政策联结上还存在诸多不确定性,相应地,应对气候变化和发展低碳经济的全球合作就无法切实地开展。发展低碳经济的国际合作是发展低碳经济中最难的问题。而国际合作中的难点又主要体现在发达国家与发展中国家在发展低碳经济中的利益矛盾。

(一) 利益矛盾及协调机制

在世界范围内从高碳增长到低碳增长转变要形成合作行动的困难主要表现在发展中国家与发达国家在合作方面还存在较大的分歧,如1997年发达国家签署了《京都议定书》,美国就没有参与,美国不签署的主要理由是这个条约不包括发展中国家。国与国之间的利益矛盾及发展水平的差异会大大地提高发展低碳经济的转换成本。所以有人认为,如果像联合国这样的机构能够就环境法规、能源生产等制定一些全球性的决策,将是十分可取的。

发展低碳经济是一个世界性的问题,它不是一个国家或地区能完成的,所以搞好国际与国内的协调是发展低碳经济的重要组成部分。国际合作涉及政治上的博弈,其中的重要问题包括:从空间上看,是各国都以相同的力度减排还是可以区别对待?从时间上看,是一开始就强力减排还是可以逐步加强力度?

发达国家与发展中国家在发展低碳经济中存在的利益矛盾根源于它们发展水平上的差异。发达国家与发展中国家之间存在着资金与技术、原料与市场等方面纵横交错的复杂关系,又存在中心与外围的关系。如前所述,富国希望以国家为单位来分配责任,这样中国就成为世界上最大的温室气体排放国之一;而中国认为责任应该按照人均排放量来衡量,这意味着其人均排放量仅是富裕国家人均排放量的很小一部分。[①] 这种争议涉及经济利益之争、政治利益之争及技术之争等。

---

① 曹荣湘.全球大变暖:气候经济、政治与伦理[M].北京:社会科学文献出版社,2010:255.

发达国家与发展中国家在发展低碳经济的动机上是有差异的。这是因为气候变化对发达国家和发展中国家的影响是不一样的。欧盟制订了一个旨在削减温室气体排放的庞大计划;而美国却只是在最近才承认人类行动是造成全球气候变暖的主要原因,而且目前美国在遏制气候变暖上所采取的行动较少;相反,俄罗斯却认为气候变暖对本国有利,所以在减排行动上更是没有任何作为;发展中国家则表示,气候变化问题是发达国家以前造成的,自然就应该由发达国家来解决。

发达国家与发展中国家在发展低碳经济过程中达成合作协议的主要问题是什么? 一是政治上的阻力。国际气候谈判之所以艰难,在于量化各国的减排或限排义务涉及各国的经济利益,从而影响各国的政治意愿,政治问题的解决则要比解决技术问题困难得多。各国的国内减排政策难产,国际性的减排政策更难产。要设计出一种既能让发展中国家继续提高其国民福利又能减少温室气体排放的行动机制是困难的,虽然全球减排行动现在已开始,然而行动的结果只有在未来才能看到,而由于这种投资在前收益在后的特点,全球减排行动以后势必会遇到更多政治上的阻力。①

二是难以形成全球行动。气候变化不同于一般的环境问题,它涉及全世界,单一国家的政策行动的作用是有限的,有效的行动需要全球性的制度安排和政策应对,但是这种全球性的政策回应不仅会影响各国的经济增长,还会涉及公平性问题,问题是各国都不愿率先承担这份责任。由于温室气体这个全球最大的市场失灵,价格机制难以发挥作用,加上各国发展水平和利益的不一致,以及集体行动的困境,要形成减排的全球行动面临着许多困难。

发展低碳经济是一个系统工程,如果每个国家或者国家集体都仅从自身利益最大化出发,势必会造成对于他国发展的风险,进而导致该工程整体的功能失灵。现实社会中,不同国家的环境政策不同,对环境危害的控制程度也存在差异,资本逐利性的存在会使贸易和生产要素向环境保护相对薄弱的国家转移,结果是这些国家在获得经济利益的同时也成为"污染产业天堂"。发达国家必须要研究出可供所有国家使用的减排技术,而且面临不同减排任务的富国和穷国还需要进行相互沟通协调以便双方最终签署减排行动协议。

(二)国际制度与国际机制创新

温室气体排放的外部性使得各国在协调一致目标下的整体行动面临着重大挑战。国际制度能够影响国家政策,而它们又是各国相互博弈的产物。在政治规范、治理结构和既得利益集团的推动下,各国将国际法转化成国内的政策,并

① 〔美〕伯顿·里克特.拨开迷雾[M].北京:石油工业出版社,2011:52.

同时形成国际制度。①

设计出一种既能实现世界各国环境利益又能兼顾发展中国家经济增长要求的减排制度不是一件容易的事情。美国的人均温室气体排放达到了19吨，而中国和印度则分别只有4吨和1吨。在清洁发展机制(Clean Development Mechanism)框架中，低碳高新技术的转移会使技术输出国获利，也使得发达国家实现低成本排放削减。现在最重要的问题是如何设计一个可靠的监测与执行体制，这个体制运作的交易成本必须足够低以确保交易对各方具有吸引力。如果用于搜寻、谈判和获得政府批准的时间、努力及费用支出很大，人们就不会愿意执行这种交易项目。过高的交易成本制约着国际减排行动和国际制度的形成。

从高碳增长到低碳增长是一个国际行动的过程。经济全球化条件下的经济增长亟待一些新的制度安排以减少这种脆弱性，然而，在缺乏一个世界性政府的条件下，这种制度安排如何才能具有可行性呢？在国与国之间，如果发展低碳经济、减少温室气体排放的监督和处罚的成本极高或不可能，那么，根据诺思的分析，有效的规则将要求普遍的自愿性服从。因此，有效的国际机制要求发展一种体制支持性的意识形态。我们现在很难找到这种意识形态，那么如何解决这个问题呢？由各国根据专业规范采取行动所构成的跨国网络，能够在一定程度上替代上述的意识形态。

从历史上看，大规模的正规协商机制在国际机制中的运用只是19世纪晚期才开始的事情，而且也主要是1945年后的产物，其产生的根源在于制定和实施这些协议的交易成本要低于在没有这些协议时各国将承受的交易成本，各国对国际机制有着内在的需求。现代国际机制是在各国之间的平等基础上协商的结果，各国可以拒绝加入而不必担心受到武力胁迫。

现代国际机制可以视为由国家所设计的一套机制，它们试图通过提供信息而减少不确定性，通过对决策制定提供规则、建立相关安排对成员国行动进行监督以及通过分散化行动实施规则(主要是通过互惠和声誉机制)来降低交易成本。它需要解决的关键问题是确保承诺的可置信性及协议的实施。国际机制运行的基础是互利互惠和国际声誉。国际机制可以通过减少不确定性和降低交易成本而增大政治交换的收益，并且它使得对那些潜在的具有支配力量的强力国家采取机会主义行为的难度更大。

那么跨国网络是如何替代意识形态的呢？各国之间以及不同层次官僚体系之间的网络体系正日益改变着国际关系的行为范式。1988年联合国建立的政府间气候变化专门委员会试图对人类活动是否对全球气候变化产生重大影响以

---

① 世界银行.2010世界发展报告(下)[J].世界环境,2010(1).

及这些影响的结果如何作出评估。政府间气候变化专门委员会将科学评价制度化,从而能够获得关于气候变化的全面而系统的科学认识。将气候变化的科学评估加以制度化的一个重要作用是降低交易成本。可是,为什么这些科学家评估能够降低这些交易成本呢?为什么机会主义、搭便车问题不会借助于科学伪装重新进入这一过程呢?外交家不行而科学家行。一个外交家处于政治目的可以在没有科学依据的条件下依然能够维持他作为外交家的良好声誉,但是,对于一个科学家而言,如果采取和外交家相同的手段,那么他将承担很高的成本。建立一个制度化的具有科学合法性的过程可以通过排除与政治过程相关的一些问题而降低谈判的交易成本。职业化的科学规范和科学家中间的声誉网络保证了上述过程免受直接的政治干涉。一旦关于人类行为是否导致气候变化这一判断交由一个制度化的科学过程决定,那么,真正起作用的论据就会发生改变。此处真正起作用的论据必须能够让那些独立的科学家们认为是可信的。

各国政府达成协议之后,必须对这些协议予以解释。国际机制表现为一种不完全契约的形式,因为它们无法确定其规则可能引发的一些不测事件。在这些条件下,机会主义的可能性显然是很大的,监督和协议实施的交易成本是很高的。在此条件下,跨国性的共同体有助于约束机会主义。国内官员和国际官员都将对专业人士从正直和信誉方面进行声誉评论,因为跨国网络成员将不再由政府所雇用。由于人们对于什么是良好的信誉以及如何通过事实检验它形成了一种共同理解,因此,重复博弈将会促进合作而限制机会主义行为。对于因果性机制而言,一个重要的因素是跨国的职业网络,该网络发挥着收集信息、确立标准和解释规则等功能。协议谈判和实施过程中的一些重要方面从直接的政治谈判中被分离出来。因而,机会主义和搭便车行为受到了限制,开展合作的交易成本下降。① 从这个角度可以看出,通过制度创新是可以解决国与国之间的利益矛盾,并形成有利于发展低碳经济的国际制度的。

(三)中国在发展低碳经济的国际制度中如何发挥作用

(1)中国要有自己的智库来研究低碳经济。英国、美国、澳大利亚等都有自己关于气候变化及发展低碳经济方面的报告,这些研究的出发点及对策建议都有利于本地区的发展,这种研究报告应该有自己的判断,如美国与欧洲在面对气候变化及发展低碳经济的举措上就有较大的差异。对于低碳经济问题的研究我们要有全球性的视野,要放在比较政治经济学的理论框架上去研究。比较政治经济学是比较不同国家或不同时期的政府、利益集团、市场的关系。在国与国之

① 〔美〕詹姆斯·艾尔特等.竞争与合作——与诺贝尔经济学家谈经济学和政治学[M].北京:北京大学出版社,2011:265.

间形成发展低碳经济的共识和行动的最大难点就是利益问题。在这个博弈过程中,我们应该有自己的诉求和话语权,因此需要有自己的智库来研究。如澳大利亚的《郜若素气候变化报告》(*The Garnaut Climate Change Review*)提出了这样一种预测,即在接下来的 25 年里,中国产生的排放很可能类似于 20 世纪的美国。这不是要批评中国,我们完全应当欢迎中国经济的迅速增长,我们已经提到,中国经济的迅速增长给本国人民,也给世界带来了许多好处。而且,与某些人指出的中国不认真对待气候变化相反,中国正在积极探索降低能耗和排放的办法。① 为什么我们中国不能在世界上有自己的声音?世界不同国家在这些问题上的研究、讨论及碰撞有利于减少认识上的分歧,在低碳发展问题上逐步达成共识,这将有利于降低国际制度建立及实施的成本。

(2) 中国要参与减排的谈判活动及规则的制定。中国作为一个发展中的大国,应该在发展低碳经济的国际规则制定中发挥重要作用。中国要与发展中国家及发达国家经常沟通。全球协定必须有效,能够按照所需的规模削减排放;全球协定必须高效,能够保持低成本;全球协定在能力和责任方面必须平等,能够考虑到气候变化的根源和影响两个方面。延误全球协定的签署,将把政策和市场都置于无所适从的境地,那可能是极具破坏性的。无处不在的不确定性使得我们有必要现在就采取行动,以降低全球性灾难的威胁。② 中国既是一个碳排放大国,也是一个减排大国。在国际减排行动中,中国应该负起大国的责任,同时也是国际规则的重要制定者与参与者。中国还应该在国际制度建立的博弈过程中,与发展中国家有更多的沟通与协作,这样在国际制度的构建中可以更好地协调环境与公平的矛盾,从而为发展中国家在发展低碳经济的过程中争取到更多的发展空间。

(3) 要通过排放权交易、低碳技术的转让等降低中国发展低碳经济的成本。借助于国际市场发展低碳经济还有很大的利用空间。无论 A 国和 B 国既定的减排是何种水平,如果 A 国每额外单位减排的成本低于 B 国,那么,通过 A 国多减排一点,B 国就少减排一点,总减排量就能以较低的成本完成,在这种情况下,B 国可以付钱给 A 国,让 A 国多减排一些,两国都将因此受益。低碳经济作为人类历史上最大的市场失灵(跨国性的),如何形成国与国之间的合作行动或集体行动就至关重要了。但是,由于政治、意识形态等方面的原因,发达国家的低碳技术还很难转移到发展中国家。从发展低碳经济所需要的低碳技术来看,联

① 〔英〕尼古拉斯·斯特恩. 地球安全愿景:治理气候变化,创造繁荣进步新时代[M]. 北京:社会科学文献出版社,2011:30.

② 同上①,第 7 页。

合国开发计划署在《2009/10 中国人类发展报告——迈向低碳经济和社会的可持续未来》中指出，中国实现未来低碳经济的目标，至少需要 60 多种骨干技术支持，而在这 60 多种技术里面，有 42 种是中国目前未掌握的核心技术。这表明，对于中国而言，70% 的减排核心技术需要进口。① 欧美国家禁止对中国出口高新技术的做法不利于减缓气候变化和发展低碳经济，所以在发展低碳经济的国际制度创新中必须首先消除意识形态的障碍。

无论是对发达国家，还是对发展中国家来讲，经济增长与低碳经济发展的矛盾都是客观存在的。缓解这个矛盾的关键还是经济发展、人均收入水平的提高。从温室气体排放的决定因素来看，知识存量的增长不仅有利于低碳技术及生产方式的产生，也有利于制度的构建。环境目标与公平目标的矛盾不仅存在于国与国之间，而且也存在于一国内。低碳经济的建立是一种复杂程度高的交换。建立有效的低碳经济国际制度和国内制度将大大地降低发展低碳经济的交易成本。其中，收益与成本不一致的矛盾是制约低碳经济发展及制度构建的重要因素。我们从边际、时间及空间揭示了发展低碳经济中成本收益不一致的矛盾。从一定意义上讲，这种不一致也就是外部性问题。制度的一个基本功能就是当存在外部性时，可以使外部性内在化。不过，对于发展低碳经济认知的时间还比较短，加上知识的限制，在如何构建发展低碳经济的制度安排上还存在一些问题。尤其我们对于制度和政策在发展低碳经济中的作用认识还不够，发展低碳经济的现状与发展低碳经济的潜力还有较大的差距，因此通过制度创新发展低碳经济的空间还很大。

另外，低碳经济作为一种全球性减排行动，它需要全世界各国的参与，这其中，建立相应的减排国际制度和国际机制至关重要。其实，像 IPCC 这类制度安排反映了人类制度创新的智慧，尽管它的作用发挥出来还需要时间，但人类社会有能力解决发展低碳经济这个世界上的最大市场失灵问题。

---

① 初丽霞. 以低碳经济突破中国经济增长的瓶颈[J]. 聊城大学学报（社会科学版），2011(3).

第三章　作为解除碳锁定的低碳经济

碳锁定(carbon lock-in)是指自工业革命以来,对化石能源系统高度依赖的技术成为经济运行的基础,政治、经济、社会与其结成一个"技术—制度综合体"(techno-institutional complex,TIC),并且技术与商业化相互促进,结果形成了一种共生的系统内在惯性,导致技术锁定和路径依赖,阻碍替代技术(零碳或低碳技术)的发展。

本章分析了三个问题:一是碳锁定的本质及基本特征,二是碳锁定的技术—制度综合体,三是发展低碳经济的利益集团与制度安排。解除碳锁定既需要技术创新,也需要制度创新。

第一节　碳锁定及其基本特征

英国能源部在 1980 年的一份研究报告中提到,较低的生活成本与低能耗量之间是不矛盾的,人们可以在不提高成本的同时,通过转变生活方式而在一定程度上降低能耗量(Grubbetal,1995),此外,美国环境保护机构也得到过相似的研究结果。既然应用低碳技术有可能实现经济效益与环境效益,那么为何这些技术没有快速扩散并被大规模使用呢?这其中的根本原因是什么?为什么发展低碳经济步履维艰?碳锁定的研究对此问题的探讨提供了一个较好的思路。从文献上看,西班牙学者格里高里·乌恩鲁最早提出和使用了碳锁定的概念。乌恩鲁在《能源政策》(*Energy Policy*)期刊上发表了题为《理解碳锁定》(2000)、《解除碳锁定》(2002)以及《碳锁定的全球化》(2006)三篇重要论文。其中,《理解碳锁定》一文最早系统地提出了碳锁定的概念。[①] 碳锁定又称为碳依赖。Berhout (2002)认为,当前社会经济技术系统对传统高碳技术形成了路径依赖,这种依赖来自于以化石能源为基础的技术锁定,因此,重点强调低碳技术创新的作用,通过技术创新来实现原有技术经济系统解锁。联合国环境规划署(UNEP)在 2008 年 6 月 5 日——世界环境日——发布了名为《改变生活方式:气候中和联合国指南》、《旅游业如何适应和缓解气候变化》的两份报告,其中首次使用了

① 谢来辉.碳锁定、"解锁"与低碳经济之路[J].开放导报,2009(5).

“碳依赖”一词。爱德华·B. 巴比尔(Edward B. Barder)在《低碳革命:全球绿色新政》一书中指出面对多重全球危机,世界各国应该积极行动起来,实行绿色新政,而绿色新政内容的首要一条就是“降低碳依赖”。

我们可以从三个方面分析碳锁定,一是碳锁定的本质,二是碳锁定的程度(量化),三是碳锁定的变化及其趋势,也包括影响碳锁定变化的因素。

一、碳锁定的本质

乌恩鲁认为,技术、制度的报酬递增引起的路径依赖致使工业经济锁定于化石燃料为主的能源体系中,使社会经济陷入碳锁定。由此造成了持续的市场失灵和政策失效,阻碍了低碳技术的推广和扩散,使人类牢牢锁定在高碳经济社会。他在其后的文章中进一步指出,由于技术系统和制度相互作用的强大力量,要破除碳锁定,需要借助技术、制度的外部力量,例如,在社会和政治层面上提高公众对化石碳基技术引起的环境退化的“认同”,获得对有益气候技术的认可等。乌恩鲁的碳锁定及技术—制度综合体的理论是建立在阿瑟的技术路径依赖和诺思的制度路径依赖理论基础之上的。

碳锁定的载体就是技术—制度综合体。在乌恩鲁看来,“技术—制度综合体”是指由于巨大的技术系统,如发电、电力传输和最后的使用,不能仅仅将其理解成一套离散的技术制成品,而应该将其看作是复合的技术体系,包含在具有强大的公共和私人组织条件化的社会环境下的系统。经历了技术基础设施以及一系列创造、扩散和使用技术的组织、机构之间的包含正反馈机制路径依赖和共生演化的过程,技术—制度综合体得以形成。一旦锁定,技术—制度综合体就难以打破,能够长期排斥其他技术,甚至当其他技术相比已有的技术—制度综合体具有明显的优势。乌恩鲁所说的技术—制度综合体是一种高碳的技术—制度综合体。由于这种高碳的技术—制度综合体的优势及惯性,即使我们有比其技术更有优势的经济形态在短期内也难以取代它。换言之,发展低碳经济实质就是要从高碳的技术—制度综合体转变成低碳的技术—制度综合体。

碳锁定的特征可以概括为以下四点:第一,碳锁定本质在于技术和制度之间的系统性的相互作用,从而形成技术—制度综合体。第二,从时间来看,碳锁定并不是一种永久的状态,而只是一种持续的状况,对其他可选择技术造成系统性的市场和政策及制度形成障碍。第三,从碳锁定的组织层面来看,政府、企业、各类组织都是参与者,并且他们之间是相互强化的共生关系。政府在淘汰高碳的补贴项目时的困难可以看作是碳锁定的表现特征,政府每年补贴化石燃料行业的支出大约在2 000亿美元。第四,碳锁定也延伸到社会组织和习俗,延伸到非正式制度。在工业化国家,居民已经完全适应了他们的汽车交通系统的生活,虽然这带来了环境和社会的外部性，人们却抵制进行根本革新（乌恩鲁，2000）。社会规范、基础设施和相对价格都不鼓励个人选择耗费资源较少的生活方式。由于个人已经锁定了高能耗的消费，要提高能源价格使之反映出环境影响就可能得不到政治上的支持。这种锁定一旦形成，就需要很长的时间才能改变（世界银行，2003）。

在经济发展早期阶段，技术—制度综合体对有用的技术系统扩张起到了重要作用，像电话网络和电力网；但是到后期，技术—制度综合体就变成技术—制度锁定的关键所在，减缓了其他可行技术的出现。Sanstad 和 Howarth（1994）认为企业、消费者的非理性、信息不对称及道德等因素造成了新技术的应用壁垒。Sanstad 和 Howarth 只局限于微观层面的解释显然不够具有说服力，事实上宏观层面的因素能够产生更严重的系统性障碍以防止低碳技术的应用。

工业革命是以化石能源的使用为基础的，煤、石油等化石能源的大量开采和使用使现代工业的建立成为可能。在规模报酬递增机制下，碳基能源技术逐步获得市场的主导地位，并不断强化其发展路径，使得摆脱该路径的成本越来越高昂，形成技术锁定效应。这一技术锁定效应的形成还有着更深层次的原因，即相关利益集团为维护自身利益，会极力构建有利于自身发展的环境以抵制其他替代技术。

碳锁定是人类自工业化以来多重因素作用的结果，也是资本主义制度的必然产物。碳锁定的提出有一个理论上的认识过程。技术—制度综合体的思想在乌恩鲁之前就有学者提出来了。阿伦·施耐伯格（Allan Schnaiberg）指出："环境问题不是单纯由人口因素或技术因素造成的，人口增长和技术开发不会自主地影响环境状况，更关键的是这些因素背后的社会文化与制度、社会结构与过程、社会动力与机制"。[①] 施耐伯格在对资本主义生产体系的分析中指出，资本家在自由市场中为追逐利润尽量以低廉的价格攫取资源，其技术改进只关注于生产效率而不顾及对社会和环境的影响；当企业具有垄断势力后能够对政府的政策进行干预；在资本主义生产体系中，社会民众的消费文化和行为模式被资本家所操控。[②]

碳锁定最关键是因为形成了碳基技术的既得利益者，并导致了社会经济对碳基技术的惯性依赖。这些既得利益者及以化石能源为基础的技术—制度综合体是有意参与碳减排行动的个人或企业所面临的最大困难，也是低碳技术扩散的最大障碍。在发展低碳经济的过程中，对整体有利的议案会由于利益集团的

① 洪大用. 环境社会学与环境友好型社会建设[J]. 中国人民大学学报，2007(1).
② 同上①。

阻挠而不能变成法律。例如,1989 年美国参议院商讨是否通过《清洁空气法》,其中用到配额交换制度,俄亥俄州的议员不同意配额交换制度,因为俄亥俄州有许多煤电厂,若法案通过,他们必须花重金从其他州的厂家购买配额。为了得到俄亥俄州议员的选票,政府不得不修改议案,增加俄亥俄州的初始配额,议案中虽然没有点名俄亥俄州,但描述的增加配额的条件就是给俄亥俄州量身定做的。① 从内在机制来看,碳锁定实质上是在技术和制度之间的相互作用过程中形成了高碳既得利益集团,它们是导致碳锁定的主体。

在气候变化的争论中,技术—制度综合体概念也被视为与集体行动理论是一致的。集体行为问题源于为了解决气候问题,大量分散的个体必须采取协调一致的行动(Sandler,1992)。但现在的问题是,气候变化的危害将在世界范围扩散,而治理的成本却集中在化石燃料密集的部门。一方面,化石燃料行业成员数量少,他们容易达到一致意见,行成集体行动,能够协调大量的资源一致对抗威胁他们利益的任何改变,例如限制对化石燃料的使用;另一方面,气候保护政策的各方受益者协调他们的反应相比前者而言就要困难得多,因为这些分散的群体要形成一致意见的成本太高了。技术—制度综合体的理论在此框架下显得非常有用,它是"优选集团"出现的关键。② 从深层次看,技术—制度综合体加上"优选集团"就是碳锁定的"三位一体"了。

碳锁定是由积累而成的制度产生了一些组织,这些组织能否持续下去依赖于那些制度的持久力,因此这些组织会动用资源来阻止那些威胁它们生存的变革。③ 如美国石油和天然气公司每年把大约 6 000 万美元用于偏向其产业政策的院外活动,按照美国国会政府问责局的说法,该公司每年能够因此获利 60 亿美元。现有的公司控制着石油天然气管道和传输网络,接入及升级传输网络的高昂费用将会扼杀新兴的可更新能源工厂。④

二、碳锁定程度

不同国家、不同地区碳锁定的程度是不一样的。由于全球温室效应气体排放量的近 3/4 来自二氧化碳,加上其他碳气体,占到 90% 以上的总排放量,所以对温室效应气体排放量进行二氧化碳等量测量的方法是对世界经济碳依赖一个很好的近似估计方法。我们可以通过世界经济温室效应气体的强度,即相当于每百万国际美元的国民生产总值带来的温室气体排放量的等量二氧化碳来反映

---

① 陈晋.哈佛经济学笔记[M].南京:江苏文艺出版社,2010:155.
② Unruh C., G. Understanding Carbon Lock-in[J]. *Energy Policy*, 2000(28).
③ 〔美〕道格拉斯·诺思.理解经济变迁过程[M].北京:中国人民大学出版社,2008:48—49.
④ 张彬.论我国民间资本进入石油产业的法律保障[J].法制与社会,2011(6).

这种依赖性。1990—2005 年,除巴西之外,全球前十大排放国(地区)都降低了各自经济体的温室效应气体强度(见表 3.1)。整体而言,世界经济的温室效应气体排放强度大约降低了 1/5。人类无论如何都要摆脱对石化燃料的依赖以应付未来的资源枯竭和气候变化。本世纪我们应完成能源从化石燃料到低排放或零排放能源的过渡。[①]

表 3.1 1990—2005 年全球温室效应气体的经济密度

(单位:每百万 2000 年国际美元的二氧化碳当量吨数)

	1990 年	2005 年	变化量	年均增长率(%)	总增长率(%)
中国	2 869.4	1 353.6	-1 515.8	-4.9	-52.8
美国	751.2	561.7	-189.5	-1.9	-25.2
欧盟	561.5	387.4	-174.1	-2.4	-31.0
俄罗斯	1 570.2	1 154.4	-415.8	-2.0	-26.5
印度	1 076.6	759.1	-317.5	-2.3	-29.5
日本	368.2	346.9	-21.3	-0.4	-5.8
巴西	637.7	640.6	2.8	0	0.4
加拿大	774.6	647.4	-127.2	-1.2	-16.4
墨西哥	601.7	536.6	-65.1	-0.8	-10.8
印度尼西亚	894.9	839.7	-55.2	-0.4	-6.2
前十大排放国(地区)	1 010.6	722.7	-287.9	-2.2	-28.5
世界其他国家	753.6	656.1	-97.5	-0.9	-12.9
全世界	882.1	689.4	-192.7	-1.6	-21.8

资料来源:〔美〕爱德华·B. 巴比尔. 低碳革命:全球绿色新政[M]. 上海:上海财经大学出版社,2011:31.

“十二五”期间中国政府明确将“碳排放强度”(二氧化碳排放量/单位 GDP)作为强制性控制指标(“十一五”期间是“能源强度”,即能源消耗量/单位 GDP)。我们知道,“碳排放强度”的倒数是“碳生产力”(单位 GDP/二氧化碳排放量),碳生产力越高,表明有能力以较低的碳排放量创造出较高的 GDP。中国在 20 国集团中,碳生产力还比较低,处于第 19 位。从气候变化、能源安全和国际竞争力这三个方面看,碳生产力高表明国际竞争力强,具体来讲就是对减缓气候变化的贡献多、对化石能源的依赖少和新能源技术水平高并且规模大。[②] 提高碳生产力也就是降低碳锁定的过程。

预测表明,大多数经济体和地区的温室效应气体排放量的增长仍将持续到

① 〔美〕伯顿·里克特. 拨开迷雾[M]. 北京:石油工业出版社,2011.78.

② 薛进军. 中国低碳经济发展报告(2011)[M]. 北京:社会科学文献出版社,2011:73.

2030 年。能源部门研究结果发现,目前全球温室效应气体超过 3/4 的排放量都来自于矿物料的燃烧。到 2030 年,发展中国家的排放量将超过 1 倍,尤其以印度和中国的大量增加为代表。中国的温室效应气体排放份额可能接近世界总量的 1/3,所有发展中国家的排放量将占到世界总排放量的绝大部分。国际能源机构警告,碳锁定的后果是很严重的,21 世纪末大气中的温室效应气体的浓度可能会增加 1 倍,最终全球平均气温将会上升 6 摄氏度,这种情况很可能导致全球海平面上升 0.26 ~0.59 米,这将会严重破坏淡水供应、生态系统、食品生产、沿海人口和世界各地人们的健康。据《斯特恩报告》称,温度每上升 5 ~6℃,会给全球带来巨大的成本,估计相当于全球 GDP 的 5% ~10% 程度的缩减,而落后国家的成本甚至超过 GDP 的 10% 。①

碳锁定表现为以下四点:第一,在能源结构中,化石能源消费比重大,需求弹性小。至 2010 年,世界一次能源构成中仍以石油、煤和天然气等化石能源为主,三种化石能源占能源消费总量的近 90% 。化石能源短期价格弹性比较小,有时几乎为零,当原油价格上涨 10% 时,对汽油的需求会下降 0.3% ,即价格弹性为 0.03;当天然气井口价格上涨 10% 时,居民对天然气的需求不会下降,即价格弹性为零。② 第二,基于化石能源的基础设施不断发展,网络体系愈加完善。技术、基础设施建设、相关产业以及最终消费者之间的互相关联的网络体系是人类社会长期依赖化石燃料能源的结果,同时,它又进一步加剧人类对化石能源的依赖程度。第三,现有的正式制度和非正式制度都有利于高碳经济发展。建立在工业文明基础上的高碳技术—制度综合体成为发展低碳经济的阻碍。美国的 Trigen 能源公司公布了他们在推行废热发电技术市场化过程中遇到的一系列制度障碍。第四,在消费上,居民对化石能源消费观念高度认同。对高碳能源的依赖已经延伸到观念和习俗方面。在很多工业化国家,居民的消费理念和习惯使他们已经完全适应了汽车交通系统的生活。在当今世界,越来越多的人认识到,减缓排放、发展低碳经济非常重要,但是真正投身到减缓排放、改变自己消费行为的人又非常少,这就是所谓的“吉登斯悖论”。③

三、碳锁定变化

影响碳锁定变化的因素主要有四个方面,即技术、组织、制度及时空。

一是技术系统的实物资本结构变化,这主要指原有的高碳技术及现在的低

---

① 〔美〕爱德华·B. 巴比尔. 低碳革命:全球绿色新政[M]. 上海:上海财经大学出版社,2011:33.

② 2050 中国能源和碳排放研究课题组. 2050 中国能源和碳排放报告[R]. 北京:科学出版社,2009.

③ “吉登斯悖论”是由英国著名社会学家、政治学家在其《气候变化的政治》(2009 年)一书中提出。

碳技术,包括高碳技术及其体系和低碳技术及其体系的比较优势,这其中的关键是低碳技术替代高碳技术并不是单个或少数技术的替代,而是一个体系的替代。在过去的两百年中,我们已经耗费了数万亿美元,用来建设复杂的能源配送系统,此标准化系统是以碳为基础的,与其相配套的还有许多外围设备。这一系统是成功的,因为它能使煤炭、石油和天然气发挥出最大的效用,是任何新兴能源都难以做到的,更别提取代了。另外,人们通常不会为了某种新事物去主动改变现状,除非受到某些外界力量的推动,如法规、危机、制度变迁等。[①] 从现实来看,低碳技术现在还处在零散状态,还没有变成经济社会的主导技术,还没有形成低碳的技术系统。所以,在发展低碳经济的过程中,低碳技术的主导化及系统化是至关重要的。

二是企业和公共机构的结构变化,这是制度的另一层面。这里我们可以把企业和公共机构分为高碳的企业和公共机构与低碳的企业和公共机构。从数量上来看,这两者比例的变化将影响碳锁定的变化,即低碳的企业和公共机构增长表明碳锁定的程度在下降。但存在一个"数量悖论",即在社会利益的博弈过程中,往往是那些人数少的群体容易达成一致意见,形成有利于该团体的集体行动,而人数多的群体很难形成一致意见,从而在社会资源或利益的分配中往往处于不利的地位。高碳集团在人数上可能并不是最多的,所以他们很容易形成一致意见,从而抵制从高碳增长向低碳增长的转型。在诺思看来,由现有制度矩阵产生的组织是依靠现有制度矩阵得以生存和获得福利的,因此这些组织会努力阻止任何会给它们福利带来负效用的变化。[②]

三是制度体系的变化,我们这里也可以分为高碳的制度系统和低碳的制度体系。从高碳的制度系统向低碳的制度体系转换面临着制度的各种自我强化机制。换言之,制度体系对碳锁定的影响主要体现在制度的各种自我强化机制上。这种自我强化机制是多方面的,主要表现为运行成本、正式制度、非正式制度、既得利益约束、人们的主观理解、网络外部性、学习效应、适应性预期、解决问题的能力等。其中,转换成本、运行成本和解决问题的能力是造成制度锁定的关键因素。这些分析对于我们研究碳锁定中的制度因素具有重要的启示作用。

四是从碳锁定的时空变化来看,碳锁定是一种全球性现象,要解除碳锁定必须要有全球性行动。从时间上看,大多数发达国家利用 50 ~ 200 年才摆脱经济增长和环境污染、高碳排放的怪圈。例如,从碳排放增长到降低的拐点处(转换点),英国用了 185 年,美国用了 135 年,日本用了近百年。研究表明,大多数国

---

① [加]彼得·特扎基安. 破解能源饥渴症[M]. 北京:石油工业出版社, 2010:83.

② [美]道格拉斯·诺思. 制度、制度变迁与经济绩效[M]. 上海:上海三联书店,2008:70.

家只有人均收入达到10 000～23 000美元(1990年价格)时,环境库兹涅茨曲线才出现转折点。①

从空间来看,世界各国碳锁定的程度是不一样的。发达国家的碳锁定程度在不断下降,而发展中国家的碳锁定程度在短期内难以下降甚至还会上升,并且发展中国家还难以跳过"高碳能源时代"。正如乌恩鲁(2006)所述,"高碳能源时代"并不会被轻易跳过,相反碳锁定会形成一种全球化的趋势,使解锁便得愈加困难。为什么会形成碳锁定的全球化趋势?有以下三方面的原因:第一,发达国家通过投资向发展中国家扩散碳锁定。如中国或印度这类发展中国家在未来几十年内,势必会大力建设能源及交通方面的基础设施,而此时对跨国公司技术支持的依赖成为碳锁定扩散的重要原因。发达国家自身的低碳转型,还会通过投资和贸易转移,推动碳锁定的全球化,使发展中国家成为"污染避难所"。货币供应的增长驱动着银行、消费者和企业在远远超过其所在地区或国家的地理范围内利用生态足迹。例如,英国的生态足迹是英伦三岛的3倍大,如果把所有英国企业的海外业务包括在内,这个生态足迹将增加6倍。世界银行以"发展和气候变化"为题发布的《2010年世界发展报告》中指出,国际贸易和气候变化两个体系之间的相互作用对于发展中国家而言具有特别重大的意义。现实社会中,不同国家的环境政策不同,对环境危害的控制程度也存在差异,资本逐利性的存在会使贸易和生产要素向环境保护相对薄弱的国家转移。结果是这些国家在获得经济利益的同时也成为"污染产业天堂"。第二,发展中国家在工业化、城市化的过程中也容易形成碳锁定。如中国正处在工业化、城市化早期阶段,面临着大规模基础设施建设任务,今天用什么技术装备这些设施,就决定了未来很长时间内难以改变的巨额排放增量。如果当前不能解决好这个问题,就会失去控制未来几十年温室气体浓度的先机。目前,中国正面临着能源基础设施建设的高峰期,据有关机构估计,在参考情景下,中国在2006—2030年需要在能源部门累计投资317万亿美元,其中74%用于电力投资,约为218万亿美元。如果不采用先进的低碳技术,这些能源设施一旦建成投入使用,将在其长达15～50年的使用周期内对温室气体排放产生不利影响。和通信技术不同,能源技术不大可能具有实现技术"蛙跳式"超越的特性(乌恩鲁,2006)。第三,国际市场上低碳技术转移的政治障碍也加剧了碳锁定。在联合国开发计划署看来,中国实现低碳经济的目标,至少需要60多种骨干技术支持,而在这60多种技术里面,有42种是中国目前未掌握的核心技术。这表明,对于中国而言,70%的减排核心技术需要进口。而欧美一些国家对中国还存在所谓高新技术转移的禁令,从而

① 薛进军.中国低碳经济发展报告(2011)[M].北京:社会科学文献出版社,2011:28.

不利于解除碳锁定。

乌恩鲁虽然分析了碳锁定及其内涵，但是对于碳锁定的程度及其变化分析不够。碳锁定不仅有质的规定，而且有量的变化。只有把质与量的分析结合起来，我们才能准确把握碳锁定的实质及其变化趋势。

第二节　碳锁定的“技术—制度综合体”

一、碳锁定形成的机理：技术与制度的互动

工业化国家的主要与能源相关的温室气体二氧化碳基本上来源于交通、电力、工业和商业建筑部门（IPCC，1996a）。这些部门通过复杂的化石燃料能源提取、燃烧、最后使用等技术满足社会对动力、热量、照明和住所的需要。[①] 我们的经济锁定在碳密集的化石燃料能源系统，是由技术和制度共同演进的过程中路径依赖的报酬递增所引起的。

（一）碳锁定的技术层面

发展低碳经济就是要从高碳增长转向低碳增长，从技术层面看，人类社会已经初步具备了这些技术条件。从碳减排的控制流程看，低碳技术可分为三类：一是从源头上实现零排放的清洁能源技术，如太阳能、风能、潮汐能、地热能、生物质能、核能等；二是从生产过程中实现减排，其一是对传统化石能源进行高效、清洁和综合使用的节能减排技术，其二是对电力、交通、建筑、制造等高能耗领域的节能减排技术；三是从末端处理产生的温室气体，如碳捕获、碳利用和碳封存等技术。为什么节碳技术没有快速地扩散？这除了低碳技术自身发展还有不足外，更重要的是低碳技术还没有成系统，没有成为主流设计。

首先，我们现在分析一下高碳技术系统及其演化过程。在技术系统的构建中，“主流技术”的形成至关重要。只有“主流技术”形成后，多种技术竞争现象才告结束。“主流技术”建立起来后，由产品创新向改善过程转向（Ayers，1991）。一旦“主流技术”形成，即使更优的技术也不一定能胜出。显然，这是路径依赖造成的技术锁定，时间次序、决策和历史环境等与最优性同等重要，一起决定谁是胜出者（Arthur，1989）。这样的结果很大程度上是由于技术具有规模报酬递增规律，关于报酬递增的解释主要有四种：规模经济、学习经济、适应性预期和网络经济（Arthur，1994）。

例如，燃气内燃机在竞争中成为汽车推进动力来源，在这一竞争中可以发现

---

① Unruh C.，G. Understanding Carbon Lock-in[J]. *Energy Policy*，2000(28)：817—830.

主流设计锁定的案例。在20世纪初,作为替代马匹提供动力潜在的机械装置,竞争在蒸汽、电力和燃气内燃机展开。内燃机作为主流设计原因是多方面的,如汽油的低成本、关闭用来供应蒸汽车辆的“马槽”、福特汽车的流水线制造技术等,以内燃机为动力的汽车进入了一个规模报酬递增的阶段,表现为汽车价格的下降、性能的提升,动力推进系统的“主流技术”也因此展现了内燃机的技术锁定效应。

其次,在主流技术形成后,市场寡头一般将他们的关注重点从产品向工艺过程的创新、关于市场需求和互补资产的专业化知识转变。这种对主流技术专业化、持续改进的逻辑性被定义为“技术轨道”,众多企业沿着这一轨道逐渐研发他们的专门技能。越来越高的专业化的总体影响是束缚了知识的获取和持续地对主流技术能力进行重复投入,这使公司处于主流技术轨道上,从而在公司层面上产生锁定。这种现象有助于理解为什么运营中的公司很少能够进行颠覆性的革新(Foster,1986)。公司层次的技术锁定很重要,而且因技术、基础设施建设以及互相依赖的产业和使用者之间的系统性的关联而产生的网络外部性进一步加剧了技术锁定。

再次,对于庞大的技术系统的投资方式也进一步加剧锁定效应。那些拥有主流设计的公司容易获利,这些获利公司自身提供了大部分的资本投入,这更加强了他们以主导技术为基础的核心能力。金融机构更倾向将贷款提供给具有担保且被证明偿债能力好的公司,然而,这样的公司一般是主流技术的生产厂商,因此,多数资金容易流向在当前现有技术网络下的成功企业。与传统的高碳能源相比,低碳能源的使用风险较大,私人投资者为避免承担风险,会阻碍低碳能源基础设施的建设。同样的,有证据表明国际机构的贷款有40%流向对石油等化石燃料的支持,对低碳工程的资金支持十分有限。

一旦路径被成功地标明出来,越来越多的队伍就可以加入技术革命的洪流之中。所以,技术革命在行进中伴随着各个相互关联的系统,这些系统都符合特定的技术革命以及与之相联系的“常识”范式。一旦人们得悉新产品、新工艺以及改良的有效轨道,持续而成功的创新会接踵而来,而且,由于社会已经了解了先前的产品,它们也越来越为社会所接受。同时,对于所有可能出现的不兼容的创新,或是不能很好地融入现有框架的创新,这些有利的条件又会成为强大的排斥机制。[1] 国际能源经济协会成员国的能源研究预算中只有21.8%用于可再生能源和资源保护。

---

① 〔英〕卡萝塔·佩蕾丝.技术革命与金融资本:泡沫与黄金时代的动力学[M].北京:中国人民大学出版社,2007:34.

高碳技术的采用也具有报酬递增的性质。这些技术通常可以凭借先占的优势地位,这表现为规模巨大促成的单位成本降低,普遍流行导致的学习效应提高,加上相同技术产生的协调效应,以及进一步流行的预期,从而在竞争中胜过自己的对手。一旦形成路径依赖,即使有比这更好的技术,也难以替代它。由于种种原因,人类社会经济活动最初选择的大都是高碳经济的技术,在当时讲,也是成本最低的。技术轨迹依赖的特征是由于自行强化机制在起作用。

（二）碳锁定的制度层面

在高碳的技术—制度综合体的形成中,其制度变迁同样存在着报酬递增和自我强化的机制。一旦制度变迁走上了某一条路径,就会在既定方向上演化并自我强化,形成在高碳经济制度安排中的路径依赖。

关于制度变迁的路径依赖的产生原因,戴维认为,一般说来制度变迁的路径依赖的发生根源有以下三方面:① 制度是协同博弈的解,在这一博弈过程中多重预期总是存在的,而这些预期又无一例外地植根于初始条件,于是制度变迁必然是初始条件依赖的;② 组织内部交流体系编码投资的不可逆性;③ 组织要实现的目标和任务彼此之间不可避免的交错性和相关性,新目标的附加具有时间上的继起性,因此它们总倾向于在既定的路径中发展。[①]

诺思认为制度变迁的路径依赖的产生原因来自两个方面:一是制度的报酬递增,二是由交易成本所决定的不完全市场。在诺思看来,路径依赖之所以会产生,是因为增量性制度变迁的方向和现有的制度矩阵大体一致,而且受到组织中的企业家和成员们所投资的知识和技能的类型的控制。[②]"发展路径一旦被设定在一个特定的进程上,网络外部性、组织的学习过程,以及得自于历史的主观模型,就将强化这一进程"。[③]

在诺思等人制度理论的基础上,乌恩鲁从以下几个方面分析碳锁定的制度原因:

第一,随着技术系统的产生,正式的和非正式的社会组织出现,并且互相影响,彼此共同演进。这种影响的事例可以在汽车行业早期历史中找到,当时众多社会组织与汽车基础设施的兴建一起出现、发展。随着技术系统的发展,需要大量的专业劳动者为实体资产提供支持服务并及时解决可能出现的问题,为了适应这一需要,知识型组织以共同演进的方式出现,同时会导致规范社会的行为制

① David, P. A.. Why are Institutions the 'Carriers of History'? Path Dependence and the Evolution of Conventions, Organisations and Institutions[J]. *Structural Change and Economic Dynamics*, 1994, 5(2): 205—220.

② 〔美〕道格拉斯·诺思. 理解经济变迁过程[M]. 北京:中国人民大学出版社,2008:62.

③ 〔美〕道格拉斯·诺思. 制度、制度变迁与经济绩效[M]. 上海:上海三联书店,2008:20.

度的出现。这些制度包括关于技术规定的简单社会规范,也涉及复杂的习俗和惯例。

第二,政府在碳锁定的制度供给上发挥着极为重要的作用。当政府供给正式规则时,公司必须使自己的策略与之适应。一旦这些制度和组织得以建立,他们往往倾向于在长时间内坚持其最初的形式。这是因为“相互依存的体制矩阵网络创造了大量的递增报酬”和“一旦发展路径被设置在一个特定的过程,网络外部性、组织的学习过程和历史派生出的关于这个事件的主观模式会加强这一过程”(诺思,1999)。政府可以在许多方面参与技术系统的演化。例如在汽车的早期历史上,美国政府官员被一些大的机构联合体游说进行公路建设。除了政府支持的技术和标准的锁定,政府的特许垄断或直接拥有所有权通过将激励因素转向寻租、获取政治上的进步和管制能力提高,而完全扼杀技术创新,从而不利于低碳经济的发展。

第三,从系统层面看,技术系统和制度彼此紧密相连,相互保障,形成技术—制度综合体。这些综合体由庞大的技术系统与公共、私人的组织组成,阻碍了新技术的使用和扩散。技术和制度协同演进,这种演进由技术报酬递增而开始,又因为主流技术的、组织的和制度的设计的出现而长久持续进行,最后产生了技术—制度综合体。这些技术—制度基础结构创造出一个持久的激励结构,影响系统的演进和稳定。如诺思所说,范围经济、互补性和制度矩阵的网络外部性使得制度变迁具有巨大的增量特征和路径依赖特征。

综上所述,我们可把乌恩鲁对碳锁定的来源分析总结如下:首先,企业层面的技术锁定。其次,相关的标准和惯例会产生战略性的锁定。再次,大规模融资的对象仍然集中在化石燃料能源系统。最后,与化石能源技术系统产生相适应的各种正式和非正式的社会机构以重要途径影响更优替代技术的广泛使用。这其中,作为碳锁定主体的既得利益集团起着相当重要的作用。此外,制度变迁是存在高额成本的,包括转换成本,也包括监督与实施成本,因此,即使制度变迁的收益超过成本,当事人也并不一定会主动抛弃旧制度,这就为制度僵化、路径依赖、坏制度的持续存在等问题提供了解释(奥斯特罗姆,2010)。

(三)碳锁定:技术与制度的互动

在高碳技术—制度综合体的形成过程中,组织的创新非常重要。组织是对技术创新的回应:技术创新降低了生产成本,使大量生产成为可能,但同时产生了高额的交易成本,这时若完全在市场上交换,交易成本将高得使技术创新所带来的好处不复存在,因而产生了组织。技术—制度综合体的形成还取决于技术创新后的制度回应。技术创新一方面会调动人们对其资源重新配置的积极性,另一方面也会引起利益格局的变化以重新确定产权,这必然会导致制度回应。

在创新系统中，技术创新是形成生产力的直接因素，但技术创新需要一系列诱导机制，这些诱导力量则来自于制度创新。

图 3.1 是乌恩鲁阐释简明框架下的电力系统的技术—制度综合作用机制，分析了技术和制度因素彼此之间的关联性。该图说明了一些正反馈机制促使技术—制度综合体的出现和强化。该框架抽象出三个基本要素：技术系统的实物资本，建造、运营系统的私人组织和（或）公共机构，以及包含该系统的更大的社会制度体系。这三者在包含市场和非市场形式协调的环境下运行。

在主流技术出现后，技术—制度综合体开始形成，支持各个系统发展的行业网络和组织也相继出现。在图 3.1 中，我们可以以政府的刺激或批准允许投资新的装机容量、扩大技术系统的规模为起点。随着系统规模的扩大，规模报酬促使成本降低，提高了系统的可靠性和可应获得性。便宜的电价鼓励更多的消费，因为越来越多的消费者参与并适应了整个系统，同时相关产业的创新者发明了新的应用技术。为了满足这一引致需求，政府管理者建设或批准更多的装机容量来满足扩大的需求，保持新增长循环。因为这一反馈循环的继续，系统的规模增大，锁定的技术和制度的力量也更强大。

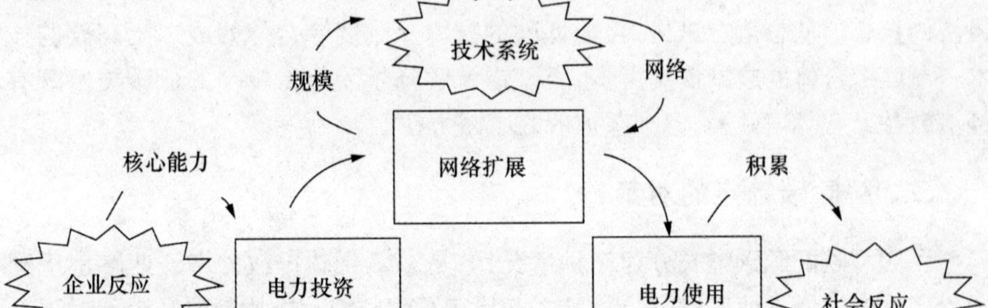

图 3.1　电力系统中强化锁定的技术—制度综合作用机制

高碳技术—制度综合体的形成过程中，制度与技术的互补和互动关系的表现是多方面的。一是技术创新要求制度创新。例如，19 世纪的铁路建设热潮不仅带来了技术变革，还带来了治理股票证券市场的新制度。① 二是制度影响竞争的结果以及技术进步的内容与进程。② 三是一些取决于互补的技术以及组织和制度协调的技术需要有制度和组织协调的配套，如新技术的引进和扩散的速度取决于环境与制度的综合考虑③，而一些相对独立的技术的应用比较快。例如，克拉伦斯·伯宰发明的速冻可以显著地改善水果和蔬菜的质量，但是在多年后建立了商店和家庭冰柜等其他系统之后才发挥作用。④

制度变迁与技术变迁的内在关系是什么？为此诺思等提出了四种交易或转形“增进”或“消弱”的制度变迁或技术变迁，并且发现，在交易与转形过程中，中间物品在理解历史上的技术变迁和制度变迁相互关联中起到一个关键性的作用，如高碳增长中的煤、石油及天然气等是中间物品，低碳增长中的太阳能、风能、潮汐能、地热能等也是中间物品。制度变迁可以通过中间物品传导给其他部门。制度安排不仅仅可以降低交易费用，而且还可以降低转型成本。⑤

从目前发展低碳经济的现状来看，我们的许多低碳技术的应用还存在两大障碍：一是低碳技术自身的不足，如还没有形成技术系统，在众多的技术中还难以形成主流设计，更重要的是还难以形成巨大的组织和制度回应。二是碳锁定，也就是高碳的技术—制度综合体还有很大的优势，所以，解除碳锁定是发展低碳经济的核心。从总体上来讲，目前低碳的技术—制度综合体的成本比高碳的技术—制度综合体的成本要高得多，所以这就解释了为什么单个的低碳技术既有经济效益又有环境效益，但难以扩散的原因所在。

二、解除碳锁定的对策

我们可以把低碳增长分为三种情况：一是二氧化碳排放的增长速度小于国内生产总值的增长速度，二是零排放，三是二氧化碳绝对排放量的减少。对于发达国家来讲，追求的目标应该是绝对的低碳发展；对于发展中国家来讲，目标应该是相对的低碳发展。保持经济增长与发展低碳经济协同发展的关键是转变经济发展方式。我国是一个正处在工业化、城市化进程中的国家，未来的减排能力被现行的建设和生产模式碳锁定，并可能延续多年，这将不利于低碳技术的推广和发展低碳经济。发展低碳经济的核心在于解除碳锁定。

如果技术—制度综合体存在，并能够引起碳锁定，那么我们就找到了关于节

① 〔德〕柯武刚，史漫飞. 制度经济学：社会秩序与公共政策[M]. 北京：商务印书馆，2000：482.

② 〔美〕阿兰·斯密德. 制度与行为经济学[M]. 北京：中国人民大学出版社，2004：290.

③ 卢现祥. 论经济发展中非制度因素与制度因素[J]. 福建论坛（人文社会科学版），2006(8).

④ 同上②，第282页。

⑤ 〔美〕道格拉斯·诺思. 制度、制度变迁与经济绩效[M]. 上海：上海三联书店，2008：30—31.

碳技术扩散失败和政策困局的更深层次的原因。技术—制度的锁定表明系统的力量使改变现有的技术—制度系统发展路径非常困难。即使越来越多的证据表明这可能带来环境危害,这些力量依然导致了普遍的市场、政策和组织的失效(乌恩鲁,2000)。解除碳锁定和发展低碳经济,最终依赖于低碳技术的选择、扩散和成长为社会的主导技术。

(1) 解除碳锁定的战略制定。乌恩鲁(2002)总结认为,在理论上,存在三种递进式的政策途径,以逐渐对现有技术系统进行变革:一是不改变现有系统,只处理排放,即末端治理;二是改造一定的部件或流程,而维持整体系统构架不变;三是替换整个技术系统。

对于如何解除"碳锁定",乌恩鲁(2002)又提出在现存的能源系统中采取从局部开始的渐进连续变革的方式,保护培育低碳技术的"缝隙市场",通过社会运动来推动有利于低碳发展的制度变迁。乌恩鲁特别强调,解除碳锁定的一种方法是"战略缝隙管理"(strategic niche management, SNM)。在任何一种技术系统条件下,都存在一定的"缝隙"。这样,新的技术可以避免与主导技术竞争,从而获得生存、试验和发展的机会。采用这种战略缝隙管理,可以逐步替代原有技术系统。

为什么乌恩鲁强调战略缝隙管理?在目前的情况下,替换整个技术系统是不可行的,那么就只能在末端治理和改造一定的部件或流程中作出选择了。对于后者,具体是指在碳锁定的情况下,低碳技术"通过一种微小的改良使它成功地适应流行的范式(或我们前面讲的主流设计)。不过,这些适应性的改良却可以推动有望成为下一种范式核心的重要产业"。①

解除碳锁定战略的制定要考虑时间因素,从时间上来看,碳锁定的时间越长,破解成本就越高。我们解除碳锁定时间越迟,未来的经济代价就越高,假设二氧化碳排放限定值后推 10 年实现,到时的减排幅度至少要扩大一倍,成本也会大大增加。解除碳锁定的机遇与经济周期变化也是有关的。20 世纪 70 年代的两次石油危机造成"滞胀",曾经引起一股节约能源和开发新能源的高潮。但是到了 20 世纪 90 年代,油价趋低,大排量的汽车又大量出现。石油为什么重要?其中的深刻原因在于西方国家技术—制度综合体导致的对石油的严重依赖。西方国家是急进还是缓慢推进减排的争议实际上反映了发展低碳经济的不同利益,并且说明要达成统一的解除碳锁定行动非常艰难。从历史上看,新的能源技术要取代原先的技术需要半个世纪甚至更长的时间。

① 〔英〕卡萝塔·佩蕾丝.技术革命与金融资本:泡沫与黄金时代的动力学[M].北京:中国人民大学出版社,2007:34.

（2）发展低碳经济要充分地利用市场的力量，培育碳减排利益集团。尽管发展低碳经济会面临最大的市场失灵，但低碳经济的持久机制还是要建立在市场和价格机制上。高碳的技术—制度综合体在形成过程中也得到了人为地干扰，这是以市场扭曲为代价的，如传统能源价格的管制、低价及补贴也是导致碳锁定的重要原因。1997年，美国2 500名经济学家，包括9位诺贝尔经济学奖得主共同发表了一项声明，指出最有效的减缓气候变化的方法是通过基于市场的政策。他们认为如果没有控制措施，温室气体继续排放将导致世界随着气候系统的变化经历根本性的变革。发展低碳经济主要取决于能源效率的提高和能源结构的调整，即用低碳能源技术替代高碳的化石燃料，化石燃料的价格越高，避免消耗更多燃料并且转而使用替代能源如太阳能、核能等的内在激励就越大。[①]这个转换过程必须充分利用市场的力量来完成。

在发展低碳经济的过程中，只有市场的新进入者有寻找缓解当前存在的技术—制度综合体的激励。及早行动对于培育新力量是重要的。从劳动力方面讲，要大力形成绿色就业的环境和条件，要解决劳动力市场上现有技术—制度综合体的激励问题，鼓励人们从事低碳技术相关职业。发展低碳经济除了提高能源效率以外，很重要的一方面是要发展低碳的新能源。与传统的能源相比，新能源的组织、投资及力量方面都显得不足。因此，发展低碳经济需要大量的低碳技术企业家和低碳制度企业家。

要解除对碳基能源和碳基技术的依赖，发动碳减排的社会性集体行动，就必须先培育碳减排利益集团。减排集团与排放集团是有着利益共容的，即生存环境的可持续性，因此两者间的博弈不是竞争性的利益分割而是让排放利益集团转化为减排利益集团，共同解除碳锁定。制度变迁方式的选择取决于一个社会的利益集团之间的权利结构和社会的偏好结构。[②]

因此，以“碳减排”为核心的利益机制的构建需要低碳利益集团的推动，而低碳利益集团的组成除了关注生命健康的低碳消费者和以低碳技术作为利润来源的企业或投资者，还需要政府和非政府组织的支持和引导。

（3）要形成解除碳锁定的技术、组织和制度的合力。解除碳锁定实际上是用低碳的技术—制度综合体代替高碳的技术—制度综合体。发展低碳经济要一种系统性思维，仅有低碳技术是不够的。低碳技术能否代替传统的高碳能源技术，除了技术因素和成本因素外，还要有相应的组织与制度安排，如美国一些州规定可再生能源在其能源结构中应该占多大比例。

① 曹荣湘.全球大变暖：气候经济、政治与伦理[M].北京：社会科学文献出版社，2010：196.
② 樊纲.两种改革成本与两种改革方式[J].经济研究，1993(1).

如何形成解除碳锁定的技术、组织和制度的合力？第一，政府要合理利用解除碳锁定的外生冲击力量，制定相应的政策、规则。Cowan and Hulten(1996)认为，由于内部巨大的惯性，解除碳锁定需要外生事件的冲击，比如：① 相关技术的危机，② 政府规制，③ 技术突破，④ 消费偏好的改变，⑤“缝隙”市场，⑥ 科学发现。例如，1973 年，阿拉伯地区的欧佩克成员对欧洲和北美实施了石油禁远，造成汽油价格飞涨。美国的单位 GDP 能耗在 20 世纪 70、80 年代下降的速度要比历史平均水平快很多。在遭受石油冲击期间，单位产出耗能由以前每年下降 1% 转为下降 2.7%。美国 1975 年出台了首个共同平均能效标准，到 1985 年该标准完全生效时，美国汽车单位加仑汽油行驶已由石油禁运前的 14 英里提到小汽车的大约 27.5 英里和轻型卡车的 21 英里。第二，要采用解除碳锁定的多种方法、多种途径，形成发展低碳经济的优势。普林斯顿大学罗伯特·索科洛和斯蒂芬·帕卡拉在一篇发表于《科学》杂志的文章中，确认了 15 种能源“楔子”，它们互相关联，可以在未来的 50 年内让世界排放量趋于稳定。这些楔子包括诸如成功采用碳捕获和固存技术、核能、车辆用油更加经济、建筑隔热取得进展之类的技术。他们的计算表明，给定当前的经济发展模式，排放量必须减少约 70 亿吨，才能保证世界气温上升等于或小于 2%。每一个能源楔子都能够减排 10 亿吨，因此，假定其他一切不变，在他们确认的大量能源楔子中只要有 7 个就足以达到这一目标。

第三节 发展低碳经济中的利益集团与制度安排①

构建低碳的技术—制度综合体实质上是要打破既有的利益格局，既涉及技术层面的，也涉及制度层面的，因此，对构建低碳的技术—制度综合体起阻碍作用的是利益集团。而发展低碳经济的技术创新和制度创新都会受到利益集团的影响。因此，本节将区分低碳经济中的高碳利益集团与低碳利益集团，探讨高碳利益集团阻碍低碳经济发展的动机与方式，构建以“碳减排”为核心的利益机制和制度安排。

一、低碳经济中的高碳利益集团与低碳利益集团

为了更好地研究低碳经济中的利益集团，我们先界定利益集团的内涵。戴

① 本章主要内容以《论发展低碳经济中的利益集团与制度安排》一文发表在《经济与管理评论》，2013 年第 2 期。

维·杜鲁门对利益集团的定义是:“利益集团是在社会中提出特定要求,具有共同态度的集团。当它通过任何一种政府的机构提出自己的要求时,它就变成了政治利益集团。”①在罗伯特·达尔看来,“任何一群为了争取或维护某种共同利益或目标而一起行动的人就是一个利益集团。”②格雷海姆·威尔逊也认为,“利益集团是指为了寻求或主张代表一种或几种共同利益或信念的公众或团体组织。”③显然,达尔和威尔逊对利益集团的界定比杜鲁门的外延要宽,广义的利益集团包括社会各领域广泛存在的公民集团,这类集团并不一定参与政治活动;狭义的利益集团则是指参与政治活动的社会集团。本节更多地关注利益集团在广义上的形成。首先是具有共同兴趣、特征以及共同利益要求的人群形成利益群体;其次,利益群体内的各成员形成一定程度的交往与合作,从而形成各种交往级别的集团,其中,集团内的成员为实现或维护某种共同利益,通过有效地组织以加强交流与合作,从而形成利益集团。正如美国的阿尔蒙德的研究,所谓利益集团,就是指“因兴趣或利益而联系在一起,并意识到这些共同利益的人的组合”。④

奥尔森从经济学的视角系统分析了利益集团的形成及其内部运作,并分析了利益集团对经济发展和制度变迁的影响,认为利益的变化是制度变迁的基础。如果一个社会允许某些特殊利益集团具有强权地位,那么他们会拼命剥夺整个社会的利益,但如果有不同的利益集团形成相对均衡的态势,则会对社会产生正面影响。⑤ 因此,我们一方面应该鼓励形成具有广泛代表性的集团,以代表社会大多数人的利益;另一方面,应该尽量放松对利益集团形成的管制,使不同的利益集团在竞争中形成均衡,以约束少数过于强大的集团对社会总体利益构成威胁。从高碳经济向低碳经济的转变就是要打破高碳的技术—制度综合体,而构成这个综合体的核心就是高碳利益集团,它们是这个综合体的主导者和受益者。发展低碳经济的过程实质上是一场深刻的利益调整。

我们划分低碳经济中高碳利益集团与低碳利益集团的依据是:(1) 是否属于高碳行业或地区,(2)是否有碳依赖的组织或群体,(3) 高碳依赖行业的代言人。不同国家、不同地区、不同行业、不同群体对碳依赖的程度是不一样的,发展低碳经济、减少碳排放会影响他们的利益,从而引起他们直接或间接地抵制。那

---

① 〔美〕D. B. 杜鲁门. 政治过程:政治利益与公共舆论[M]. 天津:天津人民出版社,2006:41.

② 罗伯特·达尔. 美国的民主[M]. 波士顿赫夫顿密夫林公司,1981:235.

③ Wilson, G. K.. Interest Groups In the Unites States[M]. New York: Clarendon Press, 1981:4.

④ 〔美〕加布里埃尔·A. 阿尔蒙德,小 G. 宾厄姆·鲍威尔. 比较政治学——体系、过程和政策[M]. 北京:东方出版社,2007:200.

⑤ 罗金生. 利益集团与制度变迁——渐进转轨中的中小商业银行[M]. 北京:中国金融出版社,2003:2.

些从高碳经济运行中获益较多的国家、地区、行业和群体，为了维护自身利益会抵制低碳经济的政策或举措，从而形成高碳利益集团。高碳利益集团会形成一种碳依赖，这种碳依赖会推延减排行为，从而不利于低碳经济的发展。利益集团并不是固定不变的，消费者在享受高碳经济带来便利和福利的时候，他们就不愿意向低碳经济转型；生产者在投资高碳经济的设备还没有收回成本并形成专用性的时候，也会设法阻碍向低碳经济的转型。我们把那些具有维持高碳经济的行为，直接或间接阻止有利于低碳经济发展的政策和制度安排的行为及相关的观念、言行等的团体都视为高碳利益集团。

我们在现实中很难界定高碳利益集团。高碳利益集团形成的原因是多样的：一是利益导向的，如石油等行业，要保护自己的领域；二是竞争导向的，如发展低碳经济增加了成本，会降低竞争力；三是就业导向的，认为发展低碳经济会减少就业，当然这主要是指高碳产业就业的人数会下降，但向低碳经济的转变有望创造出新的工作岗位，不过这些岗位的到来很可能一半是因生活方式或爱好的改进，一半是因为诸如此类的能源产业的发展①；四是短期减排利益与长期收益之间不一致的矛盾，从长期来看，减排对于所有人都是有利的，但在短期内，一些群体的利益会受损，这些受损的群体会抵制一些发展低碳经济的政策或举措的出台，如提高能源价格（如天然气价格）就比较难，尤其是当这会影响低收入群体的生活时更难。当然，我们重点分析第一类，即利益导向的。

二、高碳利益集团阻碍低碳经济发展的动机与方式

从技术层面发展低碳经济的障碍要比以利益为基础的制度安排障碍少得多。以利益为基础的制度安排障碍主要表现为，那些从高碳发展向低碳发展转型过程中受损的群体会以各种方式阻止有利于低碳发展的规则、法律及政策的出台或实施。发展低碳经济实质是一场规模巨大的利益调整，它不仅涉及世界各国的利益，而且在一国内还涉及不同群体的利益。高碳利益集团可以从多个层面来划分，一是国家层面，二是行业，三是地区，四是企业，五是个人或消费者，每个层面都可粗略地划分出高碳利益集团与低碳利益集团。他们对于发展低碳经济的动机各异，行为方式也有不同。从结构上研究，并采取相应的对策，有利于我们减少从高碳经济向低碳经济转变的阻力，从而有利于发展低碳经济目标的实现。

从深层次看，发展低碳经济就是要通过制度安排和政策引导使全人类从高碳发展向低碳发展转变。这种制度安排和政策引导能否有效在于，其在制定过

---

① 〔英〕安东尼·吉登斯.气候变化的政治[M].北京：社会科学文献出版社，2009：163.

程中是否考虑到这种转变中低碳经济的特点及其转变对人们利益的影响。低碳经济的特点(如最大的市场失灵、长期性、不确定性及全球性)决定了相应的制度安排及政策引导的制定和实施。

从国际层面来看,每个国家都从自身利益出发考虑减排和发展低碳经济的问题,我们也可以粗略地划分出高碳利益集团与低碳利益集团。这主要从三个方面去划分:一是减排对本国利益的影响。从总体上来看,如果减排的利益大于成本,那么就积极减排,否则就不积极。二是碳依赖程度。碳依赖程度高的国家减排就不积极,否则就积极。三是政治因素。政治因素主要是指在不同政治体制下政府决策与民众的关系,如民主体制下政府在制定政策和法规时要考虑民众的意愿;而在集权体制下,更容易出台政策和法规,所以,有学者认为,民主体制在面对气候变化及发展低碳经济的问题上有自身的局限性。

在《京都议定书》中,世界各国出各自国家利益的考虑,结成了不同的利益集团来达成目标,在每个利益集团中又有差异。这些利益集团大致可以划分为欧盟、伞形[①]国家(包括美国、日本、加拿大、澳大利亚、俄罗斯)、小岛国联盟、石油输出国组织(包括阿联酋、沙特)、发展中大国(中国、印度)以及最不发达国家集团。在这些集团中,主要存在两大类矛盾:一是高碳利益集团与低碳利益集团的矛盾,如节能减排的“领头羊”欧盟与减排并不十分积极的伞形国家之间的矛盾;二是发展中国家与发达国家之间的利益矛盾,这表现为发展中国家要求发展权并公平减排与发达国家所谓环境目标之间的矛盾。这两大矛盾决定了发展低碳经济的国际机制和国际制度建立的复杂性和艰巨性。

从国家层面来看,从某种意义上说,斯特恩和诺德豪斯的分歧是欧洲和美国在对待气候变化问题上的分歧的反映。欧洲人普遍担心全球变暖影响到欧洲冬暖夏凉的气候,因此不管是学术界还是政界,基本上都趋向于大力推进气候变化应对进程。美国地域辽阔,环境承载力强,加上传统的奢华浪费的生活方式,美国人总体上不太关注气候变化问题,尤其是在 IPCC 第四次报告和奥巴马上台之前,这种大环境决定了美国学术界对气候变化的重视程度远不及欧洲。而且,在应对气候变化手段的问题上,欧洲基本上强调管制手段和市场手段并重,而美国人更重视市场手段,而在市场手段中也尤为偏爱碳税。高碳利益集团在欧洲也有着很大的影响力,它们极力游说并坚决反对欧盟委员会最初的普遍征收碳税的提案,认为这个提案将会削弱竞争力,其主张和它们的美国同仁如出一辙。

从行业来看,面对气候变化及减排压力,不同行业的动机和行为方式是不一

① 伞形国家是因这些国家在地图上的形状分布类似于一把雨伞而得名。

样的。尤为重要的是化石燃料游说团体，他们代表了重工业、交通业、煤炭业、石油和化工业等高碳利益集团的利益。直到最近，其游说团体及其绝大部分个体成员仍坚持认为减少温室气体的行动是一个错误，大多数人都采取了一种怀疑论的立场。这些游说团体在美国尤其组织良好、势力庞大，因此在影响小布什政府坚决拒绝采取行动应付以全球变暖方面，无疑起到了重要作用。一个工业研究组织“美国石油研究所”（American Petroleum Institute）声称，它的主要目标就是让人们相信“气候变化成了一个不成问题的问题”。①他们想方设法阻止或者肢解被认为威胁到化石燃料集团利益的立法或政策。低碳能源代替高碳能源是一种趋势，但现有的公司控制着石油天然气管道和传输网络，接入及升级传输网的高昂费用将会扼杀新兴的可更新能源工厂。

一些行业利用法律来延缓减排。美国国会在2009年通过的《瓦克斯曼—马基法案》（Waxman-Markey Bill），即《美国清洁能源与安全法案》，在1 300多页的法案里，隐藏了许多可能相互对冲的措施。美国中西部许多州的所谓气候保护措施受到强大的农业游说团左右，根本不对生物燃料可能造成的生态后果加以讨论。而工业游说团，则让工业可以有相当大的自由度采用对冲措施。夸张的说法是，工业只要买足比工业污染更大的农业减排来对冲，工业就可以继续污染下去。根据乔治·蒙比尔特（George Monbiot）的估计，按照瓦克斯曼—马基的方式发展，到2026年时，美国工业界将不需要自己实际减排，因为利用从农业购买来的减排对冲价格低廉。对冲和形成市场的对冲交易，加上保守人士对气候影响的攻击，使这种间接工具的减排效果更加令人怀疑。②

从一国内的地区来看，各地对碳依赖程度不一样，其利益格局也不一样，并影响着发展低碳经济政策的制定和实施。如在美国，从碳依赖的程度来看，区域主要划分为碳依赖度较弱的加州、东北地区，以及碳依赖程度较强的中西部地区。来自中部的议员担心发展低碳经济将损害他们各州的经济，因为他们的经济主要依赖于矿物燃料。例如，火电厂产生的温室气体排放在2007年约占美国全国排放的40%，而各州对火电的悬殊的依赖程度极大影响了其在限制温室气体政策上的态度。如1989年美国参议院商讨是否通过《清洁空气法》，其中用到配额交换制度。俄亥俄州的议员极力反对，因为俄亥俄州有很多煤电厂，如果法案通过，他们必须花重金从其他州的厂家购买配额。为了得到俄亥俄州议员的选票，政府不得不修改议案，增加俄亥俄州的初始配额，议案中虽然没有点名俄亥俄州，但描述的增加配额的条件就是给俄亥俄州量身定做了。

---

① 〔英〕安东尼·吉登斯. 气候变化的政治[M]. 北京：社会科学文献出版社，2009：135.

② 〔德〕魏伯乐，〔澳〕查理·哈格罗夫斯. 五倍级[M]. 上海：格致出版社，2010：208.

从企业层面来看，在企业排污控制中，企业都倾向于自己少支付排污控制成本，而竞争者们多支付排污控制成本，以使自身利益最大化。有些企业特别是有共同利益的企业容易形成有一致目标的利益集团。强势的利益集团有可能对政府的决策形成压力，以各种手段获得政府的支持，使政府制定的技术标准、执行标准、税收、可交易许可证制度等政策工具更有利于他们自身。无论命令与控制型环境规制工具还是市场型环境规制工具都有可能受到利益集团的影响。在市场经济不完全的情况下，这种强势利益集团更容易形成，最极端的例子是强势利益集团迫使现任的政府统治者下台，使利益集团的代理人执行政策。利益集团的存在会导致排污控制达不到最优水平。

从个人层面看，我们很难划分出高碳利益集团和低碳利益集团，但是，值得指出的是，一般来讲富裕家庭人均碳排放量更大。制度安排和政策工具应该促使富裕家庭更多地减少排放量。但是发展低碳经济的政策对富裕家庭和贫困家庭的影响是不一样的，如最贫困家庭的单位能源支出比最富裕家庭更多，因此，如果征收统一的碳税对贫困家庭就不利了，但可以采取“气候变化附加费”从最高收入家庭依次开始征收。如果采用该政策，研究表明，未来 10 年里将至少可以节省 10% 的家庭二氧化碳排放量。尽管家庭承担的成本将达 64 亿英镑，但他们将会净省下 194 亿英镑，家庭所获得的平均回报率达 23%。这种计算是从总量上计算的，个体计算的成本太高，不可能把每个家庭的减排收益与其减排成本挂钩。“这样一种方案当前似乎无人理会，说明减缓气候变化的公众意愿和政治意愿还不够强。”①如果缺乏相应的制度安排，个人的减排行动就会陷入集体行动的困境。

制度安排和制度创新不可能一步到位。制度安排本身也有可能被利益集团“绑架”。一种制度形成以后，会形成某种在现存体制中有既得利益的压力集团，或者说，他们对这种制度（或路径）有着强烈的需求。他们力求巩固现有制度，阻碍进一步的改革，哪怕新的制度较现存制度更有效率。在发展低碳经济的过程中，许多对整体有利的议案都会由于利益集团的阻挠而不能变成法律。面对高碳经济和环境保护问题，基于市场的政策工具可能更有效，但传统的命令—控制型制度已形成了一个庞大的政策体系，即存量，即使在美国，在 40 种联邦管制法典（与环境保护有关的）中，就有超过 14 310 页的环境管制内容，这些都是建立在传统的命令—控制型制度基础上的，在这种格局下引入市场就有一个存量调整的问题，要改变是需要时间的。又如，自愿协议下的企业节能减排是一个有利于企业长期发展的机制，但在短期内，我们许多企业还是习惯于外来的

① 〔英〕安东尼·吉登斯. 气候变化的政治[M]. 北京：社会科学文献出版社，2009：174.

干预节能减排,企业形成自愿节能减排的环境行为还有一个过程。从发展低碳经济的路径来讲,还有利益集团对传统的命令—控制型制度的路径依赖。我们现行的环境管制政策要求相关人员具有特殊的专业技能水准,如果我们引入基于市场的政策工具意味着政府官员、环境专家、企业相关人员都有一个重新学习的过程,在这个过程中,他们会理性地抵制自身人力资本的耗散,从而会延缓基于市场的政策工具的引入。

上述国际、国家、地区、行业、企业、个人中的利益集团的分析有共同之处,即任何层面的主体在从高碳经济转向低碳经济的过程中,都自觉或不自觉地形成了高碳利益集团与低碳利益集团。那些碳依赖较强的主体会阻止低碳经济的政策实施和制度安排。从深层次来看,人们对一些有利于高碳经济的政策能够容忍的原因也是利益因素。一些不好的环境保护政策虽然会损害很多人的利益,但损害的程度很小,他们不愿意为这么小的损失而联合起来,形成政治力量;而这些政策的受益人即使很少,每个人受益的程度却很大,他们也愿意拿出一部分钱去买通政客,保护自己的利益。在利益博弈中,往往人数越少的利益集团越处于有利地位。这种发展低碳经济的"数量悖论"是我们在制定政策和制度安排中要注意考虑的重要因素。

三、构建以"碳减排"为核心的利益机制和制度安排

如何在一国内构建以碳减排为核心的利益机制是制约利益集团影响低碳经济发展在各国发展的关键。

(一) 培育碳减排利益集团

要解除对碳基能源和碳基技术的依赖,发动碳减排的社会性集体行动,就必须先培育碳减排利益集团(简称减碳集团)。关注气候变化的个人和以低碳技术为利润来源的企业(发明和应用低碳技术的企业)是减碳集团的主要成员,他们可以通过建立社会组织推动低碳化的社会运动,通过社会运动来推动有利于碳减排的制度变迁。其实,减碳集团与排放集团是有着利益共容的,即生存环境的可持续性,因此两者间的博弈不是竞争性的利益分割而是让排放利益集团转化为减碳集团,共同解除碳锁定。制度变迁方式的选择取决于一个社会的利益集团之间的权利结构和社会的偏好结构。[①] 就权利结构而言,排放利益集团显然占有主导地位,但如果资源要素价格、环境要素价格、社会公众的偏好以及技术结构能够发生变化,以"碳减排"为核心的要素资源所形成的利益机制是可以逐步构建的,该机制与以"碳基能源"所代表的利益机制的成本与收益比较将决

---

① 樊纲.两种改革成本与两种改革方式[J].经济研究,1993(1).

定排放利益集团的行动。此时，减碳集团必须联合第三方集团，即政府，通过降低减排成本、增加规避排放（或寻租）成本来改变资源要素价格或环境要素价格结构，让环境产权的价值得以体现①，从而对排放利益集团形成减排激励，使以“碳减排”为核心的要素资源所带来的潜在利益机制成为不同集团的利益共容机制。

因此，以“碳减排”为核心的利益机制的构建需要减碳集团的推动，而减碳集团的组成除了关注气候变化的低碳消费者和以低碳技术为利润来源的企业或投资者，还需要政府以及非政府组织的支持和引导。然而，这些利益相关者所形成的利益集团在推动低碳利益机制构建过程中所发挥的影响力和所获利益的大小各不相同。熊焰曾经对这一问题进行了分析②，如图 3.2 所示，在Ⅰ象限中，低碳技术的企业投资者从碳减排活动中所得利益最大，且对低碳利益机制构建的影响力也是最大的；在Ⅱ象限中，低碳消费者可以从减碳行动中获得较大的利益，但由于陷入集体行动困境，其对行动开展的影响力可能有限；在Ⅲ象限中，非政府组织对于构建低碳利益机制的影响力以及从中获得的利益都是有限的；在Ⅳ象限中，政府对于碳减排行动的影响力是巨大的，但从中获得的利益相对较小。

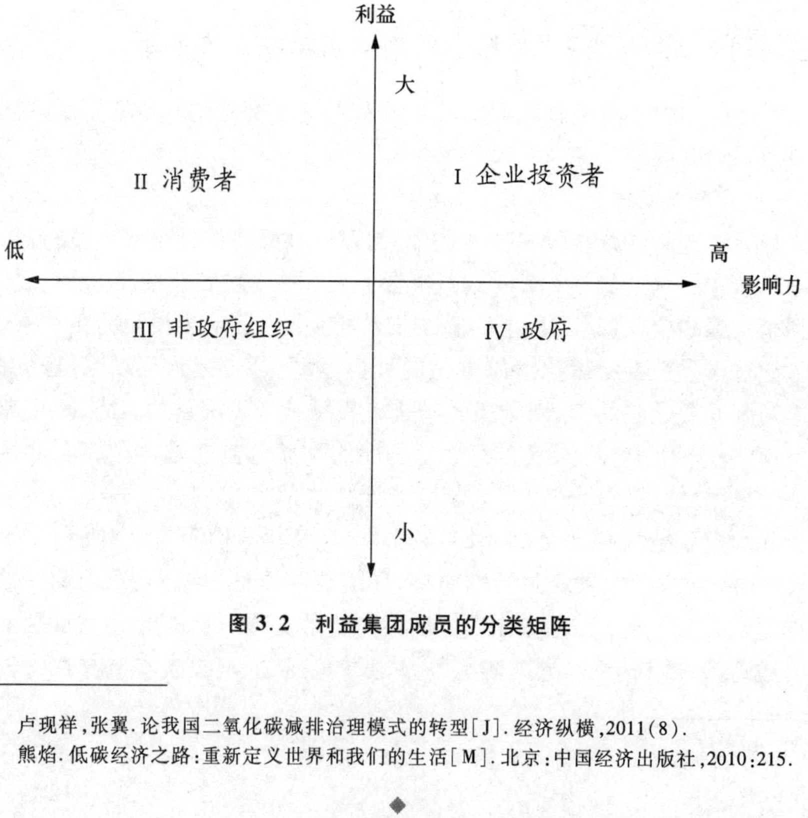

图 3.2　利益集团成员的分类矩阵

① 卢现祥，张翼. 论我国二氧化碳减排治理模式的转型[J]. 经济纵横，2011(8).

② 熊焰. 低碳经济之路：重新定义世界和我们的生活[M]. 北京：中国经济出版社，2010：215.

企业的减碳活动或者对低碳技术的研发生产活动能够产生利益的前提是减碳量的产权得以确认和界定，并能够通过价格机制产生价值，因此，企业投资者的利益获得以及影响力的发挥有赖于碳排放权市场机制的建立。非政府组织的建立和发展要以消费者为中心，只有当消费者能够被有效组织起来，才能克服集体行动的困境，非政府组织只有以消费者的利益为目标才能实现自身价值的最大化。当政府的利益评价标准从经济利益转向社会利益和公众的政治支持时，政府从碳减排治理中所获得的利益将会迅速增加。在构建减碳利益机制的过程中，由于政府在提供基础性服务中拥有成本优势和规模效益，其在减排治理中的主导地位将不会动摇，但如何与企业投资者、消费者以及非政府组织形成协作效应，进一步促成企业投资者、消费者以及非政府组织的利益最大化以及在减碳行动中的影响力最大化是政府应该关注的另外一个重要问题。

（二）要建立社会本位的发展低碳经济的制度变革动力机制

制度对技术系统的扩张起主要作用，制度框架的改变影响技术—制度综合体的演进。不同体制下，这种制度影响的方式和路径也是不一样的。在民主国家中，社会变革往往先于制度变革进行，发展低碳经济这个人类历史上重大的生产方式和生活方式的变革的动力也必须来自于民间与社会。历史上曾经出现过社会运动促使政府出台应对环境问题政策措施的案例。这些运动往往是由技术系统的扩张导致环境恶化而引起的。例如，19 世纪末美国出现的资源保护运动，很大程度上是由于美国西部的铁路铺设加剧森林的采伐引起的。类似的，20 世纪 60 年代和 70 年代兴起更多的环境保护运动，是由工业的扩张和污染引起的。通过这样的社会运动，环境保护进入公众讨论的范围，人们的认识发生了变化，社会的共识是行动的基础，并且最后被纳入了制度框架中。发展低碳经济是一场重大的社会变革，民众的参与及低碳经济运动非常重要。低碳经济的制度创新也是一个自下而上的过程。对于民主体制还不健全的国家，首先要做到信息公开，要让更多的民众知道低碳经济、认识低碳经济，用不同的方式让民众知道低碳经济与自己的关系，这样民众对低碳经济的需求就会形成发展低碳经济制度创新的动力。

制度变革的动力来自什么地方？如何构建发展低碳经济的制度变革动力机制？一是当大量具有社会影响力的团体成员认识到或是相信技术系统的继续扩张已不可容忍时，这种转变将出现。例如，气候系统中正在出现一系列的反馈，使人们意识到失控的温室效应（Nisbet，1990）开始令人难以忍受。当我们转向低碳生活方式时，我们应该全神贯注创造这个引爆点，从小处开始，当达到某个临界值时更大的变化就会发生。例如，这种事情很容易在功能运动车 SUV 车型上面看到。政策决策者要善于利用“焦点事件”推动气候政策的实施。由于构成“危机”或“焦点事件”的因素是不确定的，所以政策制定者应该敏锐地抓住机会，促进制度变革，公众的认识和政策决策者的认识相一致的时候是出台政策和规则的最好时机，既有利于制定政策和规则，也有利于政策和规则的实施。

二是时机的选择越早越好。从时间上来看，碳锁定的时间越长，破解成本就越高。我们破解碳锁定时间越晚，未来的经济代价就越高，假设二氧化碳排放限定值后推 10 年实现，到时的减排幅度至少要扩大一倍，成本也会大大增加。在历史上，曾经出现打破碳锁定的重要机遇。20 世纪 70 年代的两次石油危机造成“滞胀”，曾经引起一股节约能源和开发新能源的高潮。但是到了 90 年代，油价趋低，尤其是在美国，大排量的汽车又大量出现。石油为什么重要？其中的深刻原因在于西方国家技术—制度综合体导致的对石油的严重依赖。西方国家是急进还是缓慢推进减排的争议实际上反映了发展低碳经济的不同利益，并且说明要达成统一的解除碳锁定行动非常艰难。从历史上看，新的能源技术要取代原先的技术需要半个世纪甚至更长。除了上述原因，实施减缓越早越好还因为许多基础设施的建设期较长，使用期也较长，及早地实施减缓可以把低碳技术和节能新标准用于基础设施的更新之中。中国未来 10 年的住宅和工业资本存量中，很大一部分仍然处于待建状态。通过利用现有技术，例如优化发动机系统，到 2020 年中国可以在提高生产率的同时使能源需求量降低 20%。

三是要有越来越多的新进入者，尤其要有更多的低碳企业家进入低碳经济体系。这些新进入者既包括低碳消费者，也包括低碳生产者。他们是发展低碳经济的推动者，因为只有市场的新进入者有寻找缓解当前存在的技术—制度综合体的激励。及早行动对于培育新力量是重要的。正如托夫勒所言，“很明显，这个第三次浪潮的能源基础，不经过一场恶战是不可能建立的。”但是，与既得利益者形成鲜明对比的是，“那些拥护第三次浪潮能源基础的人们——消费者、环境保护者、科学家、前沿工业企业家，以及其他种种支持者，看起来似乎很分散，财力不足，政治上往往不合时宜。”[①]如何让这些分散的低碳经济主体形成有利于发展低碳经济的主体力量，是发展低碳经济制度安排和政策导向要考虑的着力点。更为重要的是，发展低碳经济需要大量的低碳技术企业家和低碳制度企业家，他们在从高碳经济转向低碳经济的过程中发挥着极为重要的作用。

（三）要建立有利于打破利益集团阻碍发展低碳经济的制度安排

环境信息公开为政府制定环境控制政策提供了信息支持，例如排污税率的

① 〔美〕阿尔文·托夫勒. 第三次浪潮[M]. 北京：中信出版社，2006：194.

制定或者排污权初始的分配方式都需要一定的信息参考。对于企业,由于经济发展和人民生活水平的提高,公众的环境意识逐渐加强,对环境友好型产品的需求也在不断增加,环境信誉等级也会对企业的声誉、品牌形象以及产品的市场占有率产生较大的影响,因而信息公开具有市场导向作用,激励企业的污染治理。对于公众而言,开展环境信息公开,使他们了解环境管理的不同方式和程序,逐步提高自身的环保意识,而公众环保意识的增强又会对环境信息公开提出更高的要求,一方面会对企业发出减少环境污染的信号,另一方面与环境管理部门形成相互协作的管理模式,最终有利于环境治理的改善。

任何经济问题最终都可归结为信息不对称,低碳经济作为一种经济运行方式,低碳信息的交流,包括需求与供给信息的传递是非常重要的。有关社会和环境恶化的信号来自科学的监测,或者来自大众的呼声和反馈,但是只有当这些信号变成信息并促成行动时,它们才会发生效力。捕捉信号的能力与平衡利益的能力有着密切的关系。在这里,信号的传递是有限的还是无限的、是垄断的还是公开的取决于一国的政治体制。污染和低碳信息的公开既有利于公民采取自我保护行为,也有利于社会对有关环境保护部门实施监督。更重要的是,为了对制度施加影响,可以通过各种呼声来描述从市民、企业和民间社会搜集到的信号。这种影响可以通过多种渠道来传播,通过信息来强化。目前我国的环境信息公开不够,一些地方政府认为,公开环境信息不利于当地经济的发展甚至社会的稳定,于是尽量隐蔽当地环境信息,即使公开环境信息,也是不完全的,甚至是不真实的。

低碳经济作为一种新的经济制度,其核心在于利益及分散的利益如何平衡。发展低碳经济的制度及环境保护的制度是在对各种利益进行平衡的授权框架内运作的。低碳经济制度的构建及内容取决于利益平衡。证据表明,提供信息可以促使政治制衡方面的转变,促使现实的决策发生变化。掌握大量的信息意味着取得更好的环境业绩,并有利于低碳排放。根据世界银行估计,世界上1 445个城市中的人口受到了高浓度粉尘的侵袭,在这些城市中,对空气污染进行系统监测的不到2%,而向公众报导污染状况的甚至更少。一项有价值的假设是,对污染进行监测并将信息公之于众有助于改善城市的空气质量,而这与他们的收入水平无关。在欧洲,有助于公众了解谁受到侵害、谁是肇事者的信息,对使制衡措施朝着有利于降低跨境污染方面发展起着重要的作用。有了信息,有了利益诉求,有了利益平衡的平台(体制),相应的低碳经济发展路径就会形成。在信息不对称或信息严重缺乏的情况下,我们很难知道环境的真实情况,也不可能有效地平衡各方利益。我们如果知道碳排放的来源和排放主体,并且知道其排放的数量,那么一方面政府可以根据有关规则和政策实现监督管理,另一方面社会压力和舆论的监督也会对排放者产生重要影响。其实,现代技术可以对许多外部性实现测量,这样可以通过制度创新使外部性内在化。

执行决定在发展低碳经济中非常重要,但实施起来也比较困难。政策有效执行的前提是健全的程序和广泛的参与。上面我们讨论的收集信号、对利益进行平衡以及实施决定这三大功能并不总是能够非常清晰地相互区分,它们是相互联系、相互制约、相互促进的。正是低碳经济制度的这些功能有利于低碳经济的运行和低碳技术的使用。只有低碳经济形成了,并且对低碳技术产生了需求,那么才会有低碳技术的使用。发展低碳经济的制度安排和政策会不断增加,但相应的执行还难以跟上。谁来执行、如何有效地执行是低碳经济中制度安排和政策有效发挥作用最为关键的问题。

第四节　发展低碳经济的技术创新

根据中国环境与发展国际合作委员会的"中国低碳经济发展途径研究课题"调查报告的分析,中国未来的减排能力被现行的建设和生产模式碳锁定,并可能延续数十年,这将严重限制减排努力和技术的推广。发展低碳经济的核心在于解除碳锁定。碳锁定不仅是技术上的锁定,而且也是制度上的锁定。技术—制度的锁定表明系统的力量使改变现有的技术—制度系统发展路径非常困难。即使越来越多的证据表明这可能带来环境危害,这些力量依然导致了普遍的市场、政策和组织的失效(乌恩鲁,2000)。能否有效解除碳锁定的关键是发展低碳经济路径的选择。克服技术惯性和制度依赖是从高碳经济转向低碳经济的最大障碍。

在高碳经济向低碳经济的转型过程中,低碳技术创新至关重要。本节重点探讨发展低碳经济的技术创新路径、障碍与对策。

一、发展低碳经济的技术创新路径

脱离碳基础能源技术的变革的时间进度和路径,决定了对气候破坏的程度,整个社会面临的挑战是如何在发生重大环境破坏前促使变革早点到来。低碳技术的研发、应用和扩散改变了技术单纯推动经济增长的原理,降低了技术使用对资源环境的负面影响,能够对基于高碳技术的经济社会系统产生重大变革,是解决温室气体排放和全球气候变化问题的关键,是发展低碳经济的引擎。

低碳技术从广义上讲是指所有能够降低人类活动碳排放的技术,从碳减排的控制流程看,低碳技术可分为三类:一是从源头上实现零排放的清洁能源技术,如太阳能、风能、潮汐能、地热能、生物质能、核能等;二是从生产过程中实现减排,其一是对传统化石能源进行高效、清洁和综合使用的节能减排技术,其二是对电力、交通、建筑、冶金、化工、制造等高能耗领域的节能减排技术;三是从末端处理产生的温室气体,如碳捕获、碳利用和碳封存等技术。

面对气候变化发展低碳经济也是一种环境压力。评估环境压力的公式人们习惯称之为"IPAT 公式",其形式如下:

$$I = P \times A \times T$$

在这个公式中,"I"代表"环境压力"(impact),"P"代表"人口"(population),"A"代表"人均财富量"(affluence)或国内生产总值的收益,"T"代表"技术因素"(technology)。我们假设 P 和 A 所代表的变量将继续增长;T 变量是唯一一个可以进行战略收缩的变量,且 T 构成了所有积极环境政策的核心环节。这意味着 T 收缩得越小,环境压力就越小。[①] 换言之,面对环境变化及温室效应,我们主要通过发展低碳技术来应对,而人口及财富的增长是一种必然趋势。问题是我们如何通过发展低碳技术在不改变人口及财富增长的条件下应对温室效应及气候变化。

我们需要多少低碳技术打破碳依赖?可以确定的是需要各种各样的能源资源来减少排放并打破对石油、天然气和煤炭的依赖。

乌恩鲁认为,在理论上,存在三种递进式的政策路径,以逐渐对现有技术系统进行变革:第一,不改变现有系统,只处理排放(终端治理);第二,改造一定的部件或流程,而维持整体系统构架不变;第三,替换整个技术系统。我们在此对这三条路径做简单的评价。

(1)就技术演进的自身逻辑来看,一般来讲,要对一个大的系统进行替代(如高碳的"技术—制度结合体"),从"缝隙"入手、从边际入手的渐进式战略是风险最小、成本最低的路径。

首先,我们在原有的系统基础设施上,采用附加技术解决外部负效应,这些通常集中在系统的产出终端。因此大多数的处理环境外部性的方法是采用"终端治理"方法,从投入来看,这是一种主要治理方法。这种治理方法在主要的工业化国家占污染治理资金投入份额的75%。为什么大量资金投入到终端治理?这是因为我们对原有的系统基础设施投资大,所以考虑到收回投资,"终端治理"是成本最低的选择。

在解除碳锁定的过程中,若终端治理不能有效地解决问题,将考虑在不对整体系统框架做大的改动的条件下,在现有技术演化的路径下,尽可能少的调整系统中有问题的部分。这是一种局部的创新。这一方法也称为"连续性"方法,因

---

① 〔德〕魏伯乐,〔澳〕查理·哈格罗夫斯. 五倍级[M]. 上海:格致出版社,2010:271—272.

为它们尽可能地保持新系统和原有系统的一致。与终端治理相比,这是对原有系统基础设施的一种局部改进,也有利于减少碳排放。

最后的路径选择是完全的放弃或替代现有系统。这些选择被称为"非连续性"方法,因为它们追求的是向全新高级系统的非连续的转变。这是一种根本性的变革,是一种系统创新。历史上出现过非连续系统变革的例子,如电报替代打信号通信,但是并不存在像现代电力和交通运输网络如此庞大复杂系统非连续性变革的例子。可想而知,若选择"非连续性"的治理路径,涉及面广,成本高,风险大。

世界银行的研究表明,讨论的每种能源模式都表明,仅仅通过节能和广泛应用现有技术无法将全球气温控制在2℃以内。新技术起到很重要的作用,如碳捕获和碳封存、第二代生物燃料和太阳能光伏技术。①

根据"脉冲式发展" 理论,我们可以把低碳技术成长过程分为"渐变期"和"剧变期"两种形态,它们交替占据主导地位,形成了脉冲式的发展方式。一种新的代表性低碳技术出现会引起一次剧变期的出现,每两次剧变期之间的时期则属于渐变期。在低碳技术的渐变期,低碳技术没有重大突破,各种能源方式的力量对比基本不变,主要靠扩大原有能源方式的规模和服务来适应经济发展的需要,能源技术对经济增长的作用是推动,即支持经济的增长。而在剧变期,低碳技术对经济增长的作用变为拉动,即低碳技术跑在整个经济发展的前面。在这一时期,由重大技术进步所支持的低碳技术得到迅猛发展,能源需求主要依靠新型能源方式的超常规发展而满足,能源结构也发生了剧烈的变动。而且,新兴低碳技术的迅速崛起给经济带来巨大的社会节约量,降低直接性生产活动的成本,支持低碳技术方式发展的新兴工业②,同时也成为国民经济的带头或支柱产业,突出地带动着整个经济的进步。

(2)若选择"非连续性"的治理路径,关键是要有完善的低碳技术系统和能替代高碳的主流设计(主导技术)。

实现减排目标要求技术突破的支持,四项关键技术是解决方案的核心:能源效率、碳捕获和碳封存、新一代可再生能源(包括生物质能、风能和太阳能),以及核能。如德国、英国、瑞典等国,已经有能力将能源的使用效率提高到原先的四倍甚至更高的水平。

从总体上来看,低碳技术系统还不成熟,主流设计还没有形成,从总体上替

---

① 世界银行.2010年世界发展报告:发展与气候变化[M].北京:清华大学出版社,2010:16.

② 李晓刚.基于运输与经济动态性分析的公路运输弹性系数计算方法改进研究[D].北京:北京交通大学,2009.

代高碳技术的条件还不成熟。解除碳锁定和发展低碳经济，最终依赖于低碳技术的选择、扩散和成长为社会的主导技术。

我们把技术界定为包含在具有联系的系统和子系统中的技能知识。“技术系统”作为内在关联的部分与包含着物质的、社会的和信息等要素的网络紧密相连。技术系统内的变革可以是各个层面上的，在技术系统的构建中，内部的变革和主流设计最为重要。为满足市场需要，多种技术被发明或创新出来时，主流设计模型机制开始起作用(Abernathy and Utterback,1978)。技术系统构建的初期，被称为“技术动荡期”，确保了多种技术的竞争以提高绩效(包括降低成本)和扩大市场份额。一旦主流设计形成以后，多种技术竞争期就结束了。主流设计建立起来后，由产品创新向渐进改善过程转向(Ayers,1991)。

根据阿瑟的分析，技术竞争选择的结果是由路径依赖和报酬递增经济(正反馈)决定的。关于在早期技术的应用中形成的路径依赖的案例有许多，比如：OWERTY 键盘设计、VHS 录像带技术和轻水核反应堆技术。S 曲线模型从理论上阐释了规模报酬递增的过程，在该模型中，横轴表示规模，如产量、市场份额或投资存量，纵轴表示效用或市场表现(见图 3.3)。S 曲线模型表明，报酬并非随着规模持续地增长，在曲线的下半部分报酬是递增的，但在上半部分是递减的。

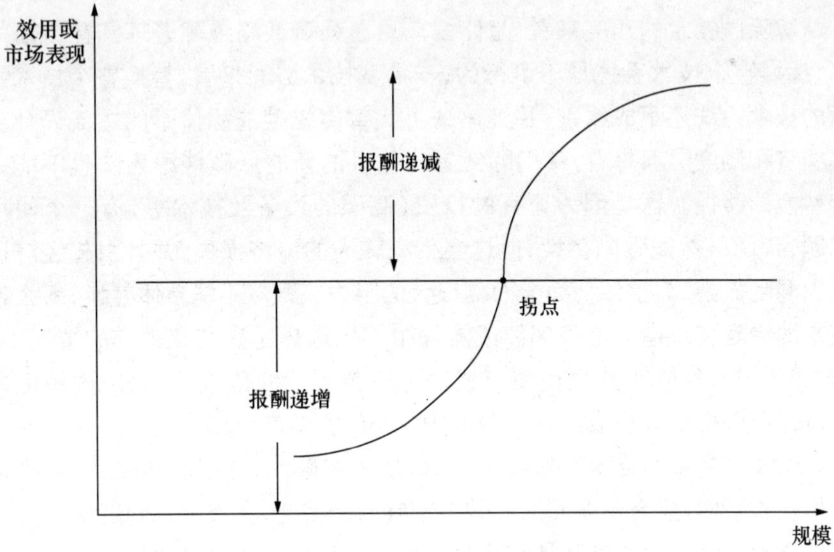

图 3.3 技术早期演变过程中多种机制的报酬递增

传统的经济学分析把对曲线的上半部分规模报酬递减作为研究重点，并进而认为长期均衡报酬是最重要的。然而，在技术竞争的路径依赖条件下，时间次序和S形曲线下半部分的报酬递增对技术竞争的结果有决定性的作用(Arthur, 1994)。

报酬递增的原因有规模经济、学习经济、适应性预期和网络经济(Arthur, 1994)。其中,规模经济是指随着产量的增加,固定成本的分摊使得单位产品的成本下降;学习经济认为在生产及市场开拓过程中,专业的技能与知识的不断累积会导致成本的下降和效益的提升,在新技术的发展及产业化过程中,这种学习效应会使企业不断受益(Argote and Epple, 1990);市场适应性预期的形成是因为,技术的不断应用使应用中的不确定性在不断地减少,厂家及使用者对应用该技术的产品的质量、表现及使用期限会变得越来越有把握(Arthur, 1991)。

(3) 对于解除碳锁定,2002年乌恩鲁又提出在现存的能源系统中采取从局部开始的渐进连续变革的方式,保护培育低碳技术的“缝隙市场”,通过社会运动来推动有利于低碳发展的制度变迁。乌恩鲁特别强调,解除碳锁定的一种方法是“战略缝隙管理”。在任何一种技术系统条件下,都存在一定的“缝隙”。由于可以避免主导技术强大竞争力的影响,新技术可以在其中获得生存、试验和展示自身效率的机会。经过战略性的维护和支持,可能成为替代原有技术系统的选择。[①] 缝隙管理实质上是通过渐进替代的办法实现由高碳经济向低碳经济的转型。

从解除碳锁定的角度来看,为什么乌恩鲁强调战略缝隙管理? 在目前的情况下,替换整个技术系统是不可行的,一是从技术层面来看,替换整个技术系统的新的技术系统还不成体系,并且还缺乏代替传统碳能源体系的主流设计。二是从经济和制度层面来看,我们即使有成体系的新的低碳能源系统也不能采用整体替换的路径。这是因为原有的投资(高碳的设备及技术等)有一个使用期的问题,我们虽然能强制替换,但这会带来较大的经济损失,并且引起经济社会的重大混乱。因此,整体替换会面临很大的阻力。既然不能整体替换,那么就只能在末端治理和改造一定的部件或流程中作出选择了。在碳锁定的情况下,低碳技术“通过一种微小的改良使它成功地适应流行的范式。不过,这些适应性的改良却可以推动有望成为下一种范式核心的重要产业”。[②]

低碳技术变革面临着双重突破,一是技术突破,二是市场突破,并且两种突破是相互联系的,仅有单方面的突破是不够的。因此,在技术—制度结合体中发现替代技术开发的市场空间是非常重要的。一种战略是可以通过专注于专业化

① 谢来辉.碳锁定、“解锁”与低碳经济之路[J].开放导报,2009(5).

② 〔英〕卡萝塔·佩蕾丝.技术革命与金融资本:泡沫与黄金时代的动力学[M].北京:中国人民大学出版社,2007:34.

的缝隙领域避开技术锁定。一般来讲,创新往往容易出现在细分市场中,它们独特的属性塑造了自身的价值。比如,太阳能技术的商业化首先开始于低价值的细小市场,如电子手表和计算器。在这些专业化的缝隙市场中,新技术慢慢被培育,在报酬递增驱动下实现规模扩张(Unruh,1998),同时,技术本身得到改善,从而打败主流设计。再比如,燃气涡轮机通过专门化的生产领域的发展最终打败了蒸汽涡轮机。

对于解除碳锁定来讲,缝隙市场成为很有吸引力的路径选择。因为这些市场潜在的市场销量不高,在位的主流设计生产者往往对这一市场没有兴趣,这就消除了技术一制度综合体带来的部分阻力。利益阻力是转型的最大阻力。市场扩大和规模效应有利于新技术的进一步发展,并创造出潜在的政策杠杆支点,从而有利于低碳发展。但是,缝隙市场存在的问题是需要充足时间使市场条件发育成熟,它们才能发挥作用,如果环境变化过程加快,快于缝隙市场的成长,那么这种方法对从高碳到低碳的转型就无效了。

当人们评估一项新的能源技术的时候,必须要考虑此项新技术相对于旧技术的强势替代程度的大小。如同计算器是算盘的强势替代品一样,酒精能成为汽油的强势替代品吗?同样,太阳能能成为天然气的强势替代品吗?电动车能成为柴油机的强势替代品吗?如果人们无法对能源需求的形式做出巨大改变的话,那么人们就必须竭尽全力来进行具有强势转换性质的技术革新。低碳技术对已有技术的替代有一个替代的程度和范围问题。

从总的方面来看,到 2050 年,可再生能源在能源结构中的比例为 50% 左右。过去 20 年里,可再生能源的成本持续下降,风能、地热能和水能的成本已经或几乎可以与化石燃料竞争,太阳能成本仍然比较高。生物质、地热能和水能可以提供基荷发电,但太阳能和风能发电具有间歇性。这种间歇性能源的比例过高会影响稳定性,但这可以通过抽水蓄能、负荷管理、修建蓄能设施、与其他国家电网互联以及智能化电网等方式解决。国际能源署发布《世界能源展望 2012》报告预计,到 2015 年可再生能源将成为全球发电的第二大能源来源,2035 年会接近煤炭这一首要来源。

二、发展低碳经济的技术创新障碍

从系统的角度来看,低碳技术在发展和推广过程中仍面临着很多障碍,国际能源机构对一些主要低碳技术的发展所面临的障碍进行了梳理(见表 3.2)。发展中国家进行温室气体减排的潜力巨大,但由于自身技术研发能力薄弱,其利用和发展低碳技术的障碍更大。

表 3.2 低碳技术发展障碍

领域	低碳技术	技术障碍		成本障碍		其他障碍
		研发	示范	扩大规模	经济激励	
能源	水电				**	**
	生物质发电	*	*	*	**	
	地热发电	*	*	*	**	
	风电		**	**	**	*
	太阳能光伏	*	**	**	**	
	聚光太阳能	*	**	**	**	
	海洋能		**	**	**	*
	氢能	**	**	**	**	
	先进煤蒸汽循环	*	*	*	**	
	整体煤气化联合循环		**	**	**	
	核能(四代)	**	**	*	**	
交通	车辆燃料经济性改善				*	**
	混合动力汽车	*		**	*	
	电动汽车	**	*	**	**	
	乙醇燃料车辆				**	
	氢燃料车辆	**	**	**	**	
	生物质液化制取的生物柴油				**	
	谷类/淀粉和糖类制取乙醇				**	*
	纤维素制取乙醇	**	**	*	**	
建筑	区域供热供冷系统				*	**
	建筑物能源管理系统			*	*	**
	LED 照明	*	*	**	**	**
	地源热泵	*	*	*	*	**
	家用电器			*	*	
	建筑物保温技术	*	*	*	*	**
	太阳能供热和制冷		*	*	**	**
工业	热电联产技术				*	*
	电机系统					**
	蒸汽系统			*	**	
	基础材料生产工艺创新	**	**	*	*	
	燃料替代				**	
	原材料替代	**	**	*	*	
	二氧化碳捕获、利用与封存	**	**	*	**	
	工业能源中心			*	*	**

注：* 表示不太重要但仍有影响的障碍；** 表示很重要的障碍。

资料来源：转引自徐玖平，卢毅. 低碳经济引论[M]. 北京：科学出版社，2011：117.

目前低碳技术发展的问题主要有以下五方面。

(1) 大多数低碳新技术的应用还不成熟。这主要表现在低碳技术之间缺乏互补性和系统性，还有一些关键技术尚没有过关，还需要时间。洁净煤（碳捕捉及封存技术）、风能、潮汐能或波能、生物燃料、太阳能、地热能、智能电网、地球工程技术如能够将部分太阳射线反射回去的挡热板，以及“气涤器”（可以从大气中吸取二氧化碳和其他温室气体的装置）等都在发展和完善之中。最有可能结出硕果的技术是核能、碳捕获和固存、太阳能。气涤器是目前已知的唯一一种能够切实扭转全球变暖趋势的技术，它能否成为主导技术还需要努力及相关的技术进步。最先进的是光伏技术，它可以将阳光转换成电流，并能够直接联上电网。如目前碳捕获和固存每年约 400 万吨二氧化碳。若要充分证明此技术在其他地区和环境中的可行性，需要兴建约 30 家标准规模的工厂，总成本为 750 亿 ~1 000 亿美元。要将气温上升控制 2℃以内，需要在 2020 年之前拥有每年封存 10 亿吨二氧化碳的能力。现在离这种理想的规模还差得较远。此外，低碳技术还存在一些技术难题，如太阳能如何才能转换成可以长时间保存并远距离运输的化学燃料。发明新的蓄电方法是一个影响面大大超出太阳能和其他间歇性可再生能源资源的问题。[①] 低碳能源有许多种，有些是我们已知的，而且发展迅速；有些虽具有巨大潜力，但真正具有可能性要到一二十年以后，进一步的可能性还需要更长的时间来观察。

(2) 一些低碳技术扩大生产规模会产生较大的负面效果，低碳技术的发展及使用受到自然和经济社会因素的制约。如扩大第一代生物燃料的生产规模将导致天然森林和草地大片流失，侵占生产粮食的耕地；依赖于非粮食作物的第二代生物燃料，可以使用贫瘠土地，因此可减少占用农业用地，但其还是可能会导致牧场和草原生态系统受到破坏，并且占用更多水资源。[②]

提高能效受到一些阻碍因素和市场失灵问题的困扰。风能、水能和地热能受到地理因素的限制。生物燃料因为必须与粮食和森林争夺水土资源而受到制约。核能因为人们比较担心核武器扩散、核废料处理以及核反应堆安全等问题而受到制约。对于核能，这里最大的问题是核能与核武器制造之间的关联、核恐怖主义的可能性以及处理核废料的难度。环保主义者对核能的一些看法与作为低碳技术组成部分的核能发展是有矛盾的。在发电厂安装碳捕获和碳封存技术的市场可行性尚未得到证明，不仅成本高，而且某些国家可能因缺少封存地点而受到限制。对这些技术参数的敏感性分析表明，如果不大幅度提高能效、大规模

---

① 〔英〕安东尼·吉登斯. 气候变化的政治[M]. 北京：社会科学文献出版社，2009：162.

② 世界银行. 2010 世界发展报告（上）[J]. 世界环境，2009(6).

应用可再生能源以及碳捕获和碳封存技术，就无法实现将二氧化碳当量维持在450 ppm的目标。由于核能应用的限制就必须大大增加碳捕获和碳封存技术以及可再生能源的使用。但是，碳捕获和碳封存技术的有效性以及第二代生物燃料的研发还有很大的不确定性。根据目前已经掌握的低碳技术，要想采用一个灵活的技术组合，其选择的余地相当有限。①

(3) 研发投资的回报率很高，但低碳技术投资不足。一方面是研发投资的回报率很高，多种测量方法显示研发投资的回报率在20%至50%之间，远远高于资本投资的回报率；但另一方面，能源相关的研发和应用的投资不足。从绝对数字来看，全球政府能源研发和应用预算自20世纪80年代早期开始下降，1980年到2007年几乎下降了一半。能源预算在政府研发预算中的比例也大幅度下降，从1985年的11%降到2007年的4%以下。目前无论是与预计的需求相比，还是与创新行业的投资相比，全球每年用于能源研发的公共和私人资金都相当有限。投资不足在一定程度上影响了低碳技术的进步，例如可再生能源方面的专利仍然只占全部专利的0.4%。② 花在研发上的周转资金比例在不同的产业中差别甚大。在英国的大型医药企业中，就2007年来看，其研发强度是15%；一项对电力生产企业的调查发现，平均强度只有0.2%，研发水平的下降和电力改革密切相关。③

低碳技术投资不足的一个重要原因就是低碳技术投资的风险太大，所以政府的扶持和支持至关重要。2009年1月，美国白宫发布《经济恢复和再投资计划》报告，提出将能源列为最重要的领域之一，未来3年内将风能、太阳能和生物燃料等可再生能源的生产能力提高1倍，未来10年内政府将投入1 500亿美元资助替代能源研究，将加大对新能源技术的投资力度以减少石油消费量，大量投资绿色能源，如风能、新型沙漠太阳能阵列和绝缘材料等。

(4) 低碳技术实施的经济制约因素。低碳技术发展面临一些问题，一是成本问题，由于碳提取过程的成本，现在碳捕获和固存根本无望与传统的煤炭生产技术形成竞争；太阳能目前也成本过高。二是规模问题，如太阳能一旦建立起来，就具有较高的可信度、较低的维护成本、使用寿命也有30年甚至更多，但至今它也只供应世界电力的1%。三是补贴和激励措施有可能配置得太分散，难以收到令人满意的成效。对环境有害型产业的补贴必须取缔，推动能源节约的措施必须得到实施和鼓励，需要有补贴来提供一个平台，因为一切新技术产品实

① 世界银行.2010年世界发展报告：发展与气候变化[M].北京：清华大学出版社，2010.
② 同上①，第16页。
③ 〔英〕安东尼·吉登斯.气候变化的政治[M].北京：社会科学文献出版社，2009：158—159.

质上都要比化石燃料更昂贵。

在发展低碳经济的过程中，许多低碳技术具有经济可行性但并未充分实现。其原因主要是经济和制度层面的。首先，实施这些低碳技术要求健全能效标准和准则等规章制度，同时实行财政激励、进行制度改革、建立融资机制、提高消费者意识，从而纠正市场失灵，有利于低碳技术的实施。其次，不少可再生能源技术具有经济可行性，但不具有财务可行性，因此要通过财政补贴来内化外部性，使其在成本上具备较之于化石燃料的竞争力。大规模采用这些低碳技术要求化石燃料价格能反映出全部的生产成本和外部性。①

(5) 低碳技术不仅有一个总量增长的问题，还有一个结构不平衡的问题。若拥有低碳技术优势的发达国家向发展中国家更多地转移低碳技术，那么从世界来看，低碳技术不足的程度会大大地下降，但这种低碳技术转移还存在诸多障碍。发达国家企业在清洁发展机制项目中设置的技术转移障碍使得我国企业只能使用先进技术，但要实现从技术的外生引入到内在消化吸收还面临诸多困难。从发展低碳经济所需要的低碳技术来看，如前所述对于中国而言，70% 的减排核心技术需要进口。但是意识形态的偏见、制度障碍及技术壁垒大大限制了低碳技术在国与国之间的转移，从而不利于低碳经济目标的实现。例如，中国光伏产业的症结在于，它不但是高科技产业，同时也是外向型行业，产品对外依赖度高达 90% 以上，所使用的设备对外依赖度在 50% 以上，核心技术并不掌握在自己的手上。

当前最根本的问题是要使得清洁能源比化石燃料能源更具竞争力，这既可以通过公共部门提高补贴来实现，也可以通过技术进步来实现。要想使太阳能取代廉价的石化能源，就必须在提高后者价格的同时降低前者的价格。② 以发电为例，2007 年全世界新建了 180 座大型火电站，其中 100 座在中国。从全世界看，40% 的电力、25% 的总能源来自煤炭。在能源部门内部，电力和运输造就了大部分温室气体——大约为 60%，两者加起来占了世界温室气体总量的 40%（占二氧化碳的百分比还要高许多）。能够以极低碳排放发电的现存技术有许多，其中包括水电、风电、太阳能发电、生物质能发电、核电、地源能发电、地热发电、波能发电、潮汐能发电以及针对烃基能源发电的碳捕捉和储存技术。所有这些都有可能发挥重要作用，影响它们发展的是市场、研究和学习，以及价格、税收和管制的公共政策。③ 其中，公共政策的作用将是十分关键的。

---

① 世界银行.2010 年世界发展报告：发展与气候变化[M].北京：清华大学出版社，2010.

② 〔英〕安东尼·吉登斯.气候变化的政治[M].北京：社会科学文献出版社，2009：121.

③ 〔英〕尼古拉斯·斯特恩.地球安全愿景：治理气候变化，创造繁荣进步新时代[M].北京：社会科学文献出版社，2011：59—60.

三、克服发展低碳经济技术创新的障碍

(1) 低碳技术的替代过程不仅是一种技术创新,而且也是一种制度创新。科学技术往往比监管机构进化快得多,技术变革的限制不在于科学技术,而是在于允许新技术方法扩散的组织的、社会的和制度的改变。若没有相应的组织和制度变革,低碳技术也难以发挥作用。

制度是用以协调人类行为的法规和组织,还包括非正规的规范。它们对于公平发展低碳经济是不可或缺的。如果说低碳技术是发展低碳经济的硬件,那么相关的制度安排就是发展低碳经济的软件。低碳经济制度环境的功能就在于捕捉信号、平衡利益和实施解决方案。总的来讲,这类制度环境正在建立过程中,还不完善。现在发展低碳经济的硬件和软件还不配套。若制度运行良好,它们就能使人们互相合作,为他们自己、为他们所在的地区规划一个未来。

低碳技术创新必须成为一切成功的气候变化战略的核心内容,同样的道理也适用于能源政策。低碳技术从来不会自行发生作用,它们的发展需要更大的经济、政治和社会框架来支撑,而这些框架很可能会支配技术如何发展、结果如何。历史上的技术变革都是如此。技术与制度总是一种互动关系。所以,发展低碳经济路径的选择关键是由制度决定的,换言之,解除碳锁定的关键是有利于低碳技术发展的制度安排和制度创新。

在从高碳发展向低碳发展的过程中,转变的动力机制及主体的形成至关重要。例如,随着煤炭价格的上涨,电厂将会转向较新的发电技术,从而也会降低单位电力产出的温室气体排放。然而,在现有的规则之下,电厂采纳新技术的动机还不强,发电行业向任何一种新技术过渡都将非常缓慢。当制度安排和利益机制决定的低碳技术使用成本较高时,企业或社会还是趋于使用高碳技术。制度不仅对效率产生影响,如富兰克·奈特所说,制度还会引起深远的分配效应。因为不同的制度具有不同的分配效应,这表现在它们给不同的团体以不同的机会,有的制度框架在特定的经济条件下就会得到巩固,而有的则不能。①

(2) 把降低在能源短缺面前的脆弱性所需的技术和减少碳排放所需的技术结合起来。如何克服低碳技术发展的障碍?新的技术突破可以减少人类对化石燃料能源的依赖。为了减少低碳技术发展的障碍,我们应该把降低在能源短缺面前的脆弱性所需的技术和减少碳排放所需的技术结合起来,这两者完全是一

① 〔美〕亚当·普沃斯基.民主与市场[M].北京:北京大学出版社,2005:15.

样的。这些技术包括风能、潮汐能、太阳能、水力发电和热力发电。它们是减少能源短缺和发展低碳经济所共同需要的技术。把这两种目标结合起来可以大大地减少发展低碳经济的障碍。生活方式的改变在这两个领域似乎都是极为重要的，尤其是在我们将目标设定为约束能源浪费习惯的时候。[①] 市场在协调这两大目标中可以发挥重要作用。承认市场的作用的一个重要意义就是将关注点从要求减少使用化石能源的政策转移到鼓励发展减少碳排放的技术。例如，碳储存技术可以减少温室气体却未必一定要减少化石能源的使用。

低碳技术的发展是一个渐进的过程。低碳创新或实践一开始时只有很小的吸引力，但它们如果能够推动潮流，或者某种程度上被当作方向标，就会不可或缺了。法国的核电就从微不足道的比重发展到大约占总发电量的75%；在最近短短几年里，德国就把可再生能源占总电力消费的比例扩大到了14%。光伏技术的销售额正以每年15%的增长速度迅猛发展，预计将于2025年起开始盈利，如果增速再翻一番，则到2015年就能实现完全盈利，这一增长可以通过对光伏技术施加有效的价格手段来实现。如果继续出台坚定有力的政策并一路上出现几个大的里程碑式的事件，到2050年我们就能以合理的成本接近无碳电力。规划这样的前景是很重要的，我们越晚对高碳电力说不，就会有越多的高碳电力资源被锁定；越晚想办法采取迅速行动，成本就越高。

（3）要形成有利于低碳技术投资的环境和条件。低碳技术是一种风险投资，风险投资有成功也有失败，更重要的是谁来投资。在美国硅谷的风险投资中，每投资的10个项目中，有5或6个会失败，3或4个不太顺利，1个则会取得巨大成功，而1个项目的成功就能弥补前9个项目的不佳。美国科学院对能源部的研发计划进行评估，其报告结论为：那些能源研发计划不仅值得实施，而且其中几个计划以后给社会带来的好处还将大于政府在所有计划上的总投资。这也说明低碳技术是值得投资的领域。[②] 但是，对于私人投资者来讲，由于受技术、市场等因素的影响，对低碳技术投资的意愿不强。因此，政府要形成有利于低碳技术投资的环境和条件。促进或提供必要的研发有两条重要的途径：一是运用价格体系，即"市场"，通过适当的税收、补税和配额让私人主动资助和直接动手研发。二是由政府直接资助和控制研发，并同企业进行合作。

如何引导低碳技术的投资？通过长期购电协议，制定透明的、有竞争力的、

---

① 〔英〕安东尼·吉登斯.气候变化的政治[M].北京：社会科学文献出版社，2009：39.

② 〔瑞典〕托马斯·思德纳.环境与自然资源管理的政策工具[M].上海：上海三联书店，2005：484.

稳定的价格，能有效地吸引投资者对可再生能源的投资。世界现行两种可再生能源发电的强制性政策，一是强制购电法，即要求以固定价格强制性购买可再生能源；二是可再生能源配额制标准，即要求特定地区电力公司的能源达到规定的可再生能源发电量最小配额或者最低装机容量。我们还可以通过其他激励措施鼓励可再生能源投资：通过补贴降低前期资金成本；通过投资退税或生产退税降低资金和运营成本；通过碳信用改善收益流；通过优惠贷款和担保提供财政支持等。

从电力电站中“捕获”和“固存”二氧化碳是经济的，如果全世界能有足够的地下储藏室，那么排放到大气中的温室气体就会大大减少。不管是捕获、运输、注入、密封的技术的研发，还是在全世界寻找合适的永久储存场所的地址勘探技术的研发，都超出了一切私人企业的能力范围。[①] 政府应在发展低碳技术并由此创造“千万个工作岗位”上实施大规模的支出。美国进步中心提出一份全力刺激经济复苏的详细计划。这项计划包括了公共部门在内的五个主要领域的投资：促进建筑能源节约，扩大公共交通和货运，建设智能电网，建造风力田和太阳能设施，以及开发下一代生物燃料。

发展低碳经济实际上是用低碳的技术—制度综合体代替高碳的技术—制度综合体。碳锁定理论表明，发展低碳经济要一种系统性思维，仅有低碳技术是不够的。低碳技术取代已有技术是一种替代，这种替代还必须是一种强势替代。同时，要培养解除碳锁定的外生冲击力量。Cowan and Hulten(1996)认为，由于内部巨大的惯性，解除碳锁定需要外生事件的冲击，比如相关技术的危机、政府规制、技术突破、消费偏好的改变、“缝隙”市场、科学发现等。在此，值得强调的是要充分发挥政府在解除碳锁定的中作用。

(4) 要创新国际低碳经济制度，建立全球低碳技术转让机制。未来大部分新增能源需求量和碳排放量将集中在发展中国家，然而发达国家吸引的低碳技术投资远远超过发展中国家，于是，低碳技术的有效转让在发展低碳经济的过程中非常重要。

为什么低碳技术转移不够？这在很大程度上源于一些制度性障碍：

(1) 发达国家企业的技术转让动力不足，虽然《京都议定书》指出了发达国家有义务采取一切可行的措施向发展中国家转让温室气体减排技术，但技术转移不具有强制性，所以发达国家作为先进技术的供给方并没有制定鼓励技术转移的相关政策。比如对转让技术的企业给予补偿，这样发达国家企业不会以优

① 曹荣湘. 全球大变暖：气候经济、政治与伦理[M]. 北京：社会科学文献出版社，2010：51.

惠条件向我国企业转让低碳技术，即使转让也会收取较高的技术转让费或使用费，使我国企业面临较高的成本门槛，这也使得本土替代技术有了更多的市场。另外，发达国家企业为了保持其先进技术的垄断优势，对其拥有的先进技术过度保护，为技术转让设置重重障碍。例如，有调查显示，在风电项目的进口设备中，外方对设备的核心控制系统设置权限，使中方企业人员无法掌握核心技术的运行和维护；在 N_2O 分解消除项目中，外方在合同中要求处理 N_2O 的催化剂使用完后的残渣必须运回技术输出国，以避免中方企业通过对残渣的分析破解催化剂成分。[①]

（2）我国鼓励企业承接技术转移的制度缺失，我国政府虽然已列出了发展低碳经济所需的技术清单，但与企业真正需要的技术还有一定偏差，特别是对于某一类清洁发展机制项目需要从哪些国家引进、项目中哪一部分的哪些技术最需要引进仍缺乏明晰的技术需求清单。另外，我国政府在审核和批准清洁发展机制项目时没有针对技术转移做任何具体的约束性规定，例如对有关技术转让的优惠政策以及阻碍技术承接的惩罚措施。这使得我国企业在参与清洁发展机制项目时只注重短期利益，仅仅通过出售减排认证（CER）所得收益与项目建设成本的对比来作为是否参与清洁发展机制项目的标准，项目建设很大程度上受到融资成本和国际碳排放价格的影响，即使项目存在先进技术设备的引入，企业也只专注于发挥先进技术的使用效率，对其继续进行研究开发的动力相对不足。

（3）清洁发展机制规则对于技术转移的支持不足，在清洁发展机制的方法学开发方面，有些先进技术在清洁发展机制项目中的应用需要相应的方法学来作为计算减排量的基本依据，如果相应的方法学不存在，则需要东道国自行进行开发。方法学的开发时间长，成本高，但新的方法学一经执行理事会批准就会成为公共产品，运用相同技术的清洁发展机制项目可以免费使用新的方法学，这使得新方法学的开发者难以收回投资成本，因此很少有东道国企业为了在项目中使用新技术而独自开发新方法学。另外，现在的清洁发展机制国际规则还没有明确低碳技术拥有者、技术设计者和设备制造方在项目建设中的地位和关系，相互间的利益结构也不清晰，这使得实现三方合作参与项目开发以帮助东道国承接技术转移成为困难。

（4）低收入国家、中等收入国家和高收入国家在发展低碳技术方面有各自的特色和重点，各国要根据自己的情况选择适合自身的技术和方法，形成各自的

---

① 任勇．中国 CDM 与可持续发展［M］．北京：中国环境科学出版社，2010：30．

比较优势,这样形成的发展低碳经济和低碳技术的合作系统将有利于人类共同面对气候变化及低碳经济目标的实现(见表3.3)。

表3.3 不同的国家环境需要适合自身的方法

国家	低碳技术和发展
低收入国家	通过联网或非联网供电,扩大能源获取机会 在成本最低时,应用高能效和可再生能源 取消石化燃料补贴 采用收回成本的价格政策 跨越到分布式发电,该电网基础设施尚不存在
中等收入国家	提高能源效率,扩大可再生能源规模 将城市的交通措施与低碳技术使用相结合 取消石化燃料补贴 采用收回成本价格政策,包括当地的外部因素 开展新技术的研究、开发和示范
高收入国家	国内着手大幅度减排 给碳定价:实行减排放总量管制与交易制度,或碳税 取消石化燃料补贴 扩大新技术的研究、开发与示范 改变高能源消费的生活方式 为发展中国家提供融资和低碳技术

资料来源:世界银行.2010年世界发展报告:发展与气候变化[M].北京:清华大学出版社,2010.

第四章　作为从工业文明到生态文明的低碳经济

从工业文明转型到生态文明不仅仅是一个生产力和技术的问题，更重要的是制度、体制及思想的变革。应对气候变化及低碳发展的真正解决方案不在于更多的调控，而是要对制造业文化进行根本性的生态改革，要在生态文明的基础上发展工业经济。从资本主义制度、市场经济体制及新自由主义经济学的“三位一体”的框架来看，人们对气候变化及低碳发展的认知的共识越来越多，但是要改变还是一个非常艰难的过程。这三者相互联系、相互制约，并成为制约人类社会从工业文明到生态文明转换的根本制约因素。

第一节　从气候变化及碳排放看工业文明的特点

从气候变化及碳排放的角度看工业文明的特点，可以使我们更清楚地看到工业文明的局限性以及从工业文明到生态文明的必然性。

一、工业文明建立在对气候变化和碳排放认知滞后的基础上

就像英国生态学者乔纳森·贝特(Jonathan Bate)所说的，环境已经完全变了，我们必须再次提出那个老问题：我们究竟从哪里开始走错了路？人类不得不对人类发展与进程进行批判性的反思，重新思考人与自然之间的关系。受人类知识增长的限制，工业文明建立在对气候变化和碳排放认知滞后的基础上。人类在开始工业生产时，根本没有意识到碳排放对气候变化的影响。人们对气候变化及减少碳排放认知的滞后主要体现在两个方面：一是从历史进程看，由于科技认知和理论认知的原因导致的滞后；二是从现实来看，人们由于对气候变化认知的不确定性及观念、利益方面的原因，导致了对发展低碳经济及减少碳排放的争议，从而导致减排的决策和政策的滞后。这两个方面的原因导致了工业文明中生态文明的缺失。在人类历史上，对一些问题认知的滞后并不少见，但对气候变化和碳排放认知的滞后却有其特殊性。这主要表现在三个方面，

第一，到目前为止，关于气候变化及减少碳排放的认知面临着双重的不确定，一是作为发展低碳经济主要理由的温室效应及气候变化多少是人类行为造成的，科学家们的研究尚需进一步证实，因此还存在一定的不确定性；二是气候变化对人类生存和发展的影响还带有不确定性。这种不确定性降低了人类社会发展低碳经济的动力。所以为了更好地发展低碳经济，我们的科学家、学者要更多地研究人类行为与气候变化的相互关系，即要增加人类用于控制自然的知识。

第二，主导经济社会发展的理论之一的主流经济学理论，尤其是新自由主义经济学是工业文明的理论支撑。总体来讲，这些理论忽视了生态建设，没有发现人类生产和消费的无限性与自然存在极限之间的矛盾。当人类经济活动与生态的矛盾日益突出时，这些理论又过分地自信，在没有对市场经济的局限性进行深入分析的提前下，还是相信市场机制能有效地解决这些问题，但在面对气候变化及低碳发展这个最大的市场失灵时，这些主流的经济学理论显得束手无策。

第三，人类认知的局限性导致人们低碳行动的滞后性。(1) 从认知科学来讲，人们对威胁能做出优先反应，即能够对有确定的、有形的、直接的冲击做出反应，而气候变化的缓慢速度及其风险的被延缓的、无形的和统计上的性质无法打动我们。(2) 人在不确定情况下的决策特点限制了我们自然的适应本能，我们优先考虑在空间和时间上更接近自己的问题，更关注现在，从而容易低估累积的可能性，对未来事件的重要性大打折扣。调查表明个人将气候变化问题排在其他更贴近家庭生活的环境问题之后。(3) 有认知也不一定会导致行动。人们的“有限理性”可能阻碍他们根据已有的信息采取行动，在他们决策和理性选择中会优先考虑安全、居所、当前的生活等人的基本需求。(4) 制度影响人们的认识、决定和行动的方式。因为路径依赖，人们自然地抵制和否认与他们的文化价值观或意识形态相反的信息。人们的需求观念及其优先考虑的是由社会和制度构建的。这就是为什么对环境问题的认识会随财富增加而提高，但对气候变化的认识却不然的原因所在，如收入越高的个人(和国家)可能会漠视全球变暖以避免降低消费水平和改变生活方式导致的潜在成本。[①] (5) 人们还会通过建构和重构信息来减少信息带给人们的不安全感，这导致了社会组织性的否认策略，也不利于发展低碳经济。如面临减排的责任分担问题时，决策者强调国家排放量而不是人均排放量可以导致生活在非排放大国的人将他们的责任减到最小并以此解释他们的不作为。

从碳排放来看，地球在变暖，而且这种变暖趋势为人类活动所致。这个共识各方面花了很长时间才达成。这可以分为两个阶段，第一个阶段是在 19 世纪。

---

① 世界银行. 2010 年世界发展报告：发展与气候变化[M]. 北京：清华大学出版社，2010.

19 世纪 20 年代，法国数学家、物理学家约瑟夫·傅立叶从进来的太阳辐射和出去的红外线辐射的角度，考察了地球的热量平衡。他发现，由于地球气温比他的预计高出大约 30℃，应当有某种东西阻滞了红外线辐射。30 年之后，爱尔兰物理学家约翰·廷德尔确定了阻滞辐射的分子包括二氧化碳和水蒸气等。这些分子作为温室气体逐渐为人们所知。19 世纪末，瑞典化学家斯凡特·阿列纽斯第一个拿出了有关大气中的二氧化碳浓度在 19 世纪中期大约 285 ppm（百万分之一）的基础上翻倍将导致气温升高多少的计算。现在通过观察温室气体排放及其被吸收的过程，我们能够分析并模拟其浓度是如何增加的，并且以详细得多的方式考察这种增加所带来的后果。自 19 世纪中期以来，世界上工业化地区经济活动的增长急剧加速，而这些活动的形式越来越变成烃基密集型的。这三种效应，即经济增长、工业化和烃基的使用，联合在一起增加了温室气体的排放。[①]从这些分析可以看出，在工业化初期及发展的早期，少数科学家才开始探讨地球的热量平衡问题，并且这些探讨主要局限于科学界，还没有把温室气体的排放与人类的经济活动联系起来，更没有分析温室气体上升及气候变暖对人类社会的影响。而这个时候，工业革命正在进行中。

第二个阶段是在 20 世纪。这期间最早关于全球变暖和温室气体的研究出现在 20 世纪 50 年代，自 20 世纪 70 年代开始，专家们开始谈论“增长的极限”，他们开始谈论生态圈中的新发展，大自然自身具有的组织结构受到破坏，如温室效应造成的气候变化。在 80 年代，科学家们越来越关心二氧化碳在地球大气中的不断集中，而且同时还有全球平均气温的上升。[②] 现在的共识是 20 世纪 90 年代的产物。根据现有的法律标准，要不是因为达成了一种科学共识，并且这种共识广为人知，那么温室气体排放行为是不会被认为是“过失”的。那么现在在这个问题上如何判断“过失”呢？一是用经济学的方法，根据诺德豪斯的计算，在特定的假设下，在 2010 年，最理想的低碳税应为 34 美元/吨左右。这个 34 美元/吨的数字可转换成每加仑天然气额外增加 10 美分。在这里，过失是一种没有采用合理成本的预防措施的失误，若人们开车所获的收益低于 10 美分/加仑的消耗，那他就有过失。二是“道义上的集体行动问题”，如果他人不作为，以至于积极的行动也不会产生收益，那么自己无所作为似乎也不会构成过失。

进一步来看，碳排放实际上涉及人与自然之间的关系，它是人与自然关系中的一个重要问题。就主要社会科学分支对人与自然关系来看，在解释人与自然

① 〔英〕尼古拉斯·斯特恩. 地球安全愿景：治理气候变化，创造繁荣进步新时代[M]. 北京：社会科学文献出版社，2011：23.

② 1981 年《纽约时报》的首页报道这样开始：“一个联邦科学家团队说他侦察到了自 1880 年以来的地球大气温度的总体上升，他们将此作为‘温室效应’有效性的证据。”

关系方面,机械论的宇宙哲学占支配地位的范式,并且这种范式在现代功利主义经济学中拥有强大的文化力量。这种范式的倡导者们在继亚当·斯密之后坚称,个体消费者和企业不顾共同利益、只顾个人利益而做出的选择在本质上是理性的,并且在成本收益分析中交换价值优先于其他任何价值。① 从宗教来看,基督教含有人作为自然专制主的观念。林恩·怀特在《我们生态危机的历史根源》一文(发表在1976的《科学》)中指出,我们的生态危机的历史根源可以追溯到犹太教—基督教神学。这种神学破天荒地确立了人和自然二分的立场,而后使人类居于君临自然之上的位置。发生于17世纪和18世纪的科学革命,使得人类有能力实施不顾后果、貌似成功的剥削政策,最终引发了严重的生态问题。② 但是,也有学者认为怀特过于夸大了人类需求受宗教训导所激发的严重性,或者导致这种严重生态后果的重要因素是以私有制为基础的市场经济的建立,正是市场经济引起了对自然的过度盘剥。换言之,环境滥用更多地出自经济学,而神学的原因少之又少。为提供有说服力的证据,托马斯指出,日本人崇拜自然,但是,污染的广泛蔓延和大量的排放也没有得到抑制。③ 当第一份气候变化协议于1992年签订时,全球温室气体排放量正以每年1%的速度增长,目前则以3%的速度增长。

即使人类开始认识到二氧化碳的排放对气候变化及环境变化的影响,但是关于发展低碳经济的争议仍然制约着全球面对气候变化采取减排的集体行动。这些争议不仅仅是源于信息及科学认识差异,更重要的是源于观念、意识形态及利益的因素。

对欧美在应对气候减排上的态度和政策稍作观察,我们可以发现,其差别恰好反映了"积极行动派"和"消极行动派"的理论争鸣。不可否认的是,由于气候变化危害的爆发在时间和空间上都具有巨大的不确定性,在政策设计上出现科学家的集体理性是很难实现的(Kolstad & Toman,2005)。尤其是在对待气候变暖问题的迫切性上,企图通过严格的经济学研判标准来确定一个贴现率,并为之采取行动,恐怕必须超越经济学的界限,从社会伦理道德的层面来审视这一问题,这也是斯特恩始终坚定地认为零贴现是合理的缘由。在一些人的收益与另一些人的代价之间进行权衡,在一代人的利益与另一代人的利益之间进行比较,是伦理学家要操心的问题。可以预计的是,"积极行动派"和"消极行动派"的博弈是一个长期的过程,全球气候的变化趋势将会影响这两大派别的力量。

---

① 〔英〕迈克尔·S.诺思科特.气候伦理[M].北京:社会科学文献出版社,2010:88.

② 〔英〕E.库拉.环境经济学思想史[M].上海:上海人民出版社,2007:201.

③ 同上②,第202—203页。

科学数据表明，人类温室气体排放已经取代了太阳和海洋，成为了地球气候改变的主要推动力。人类对地球生态的影响强度不断增加和范围不断扩大的主要原因是工业社会中人们不断开采、运输和燃烧煤、石油及天然气，而碳正是以这些形式存在于地球上。正如经济学家杰弗利·弗兰克尔指出的那样，如果人类仍然由几百万狩猎者—采集者组成，将不会有人为的污染，也几乎没有任何温室气体排放。现代工业社会中，每人每天大约使用600 000千焦，这至少是原始社会人均使用量的100倍。而人类基本生存所需要的食物能量没变，仅10 000千焦。这两者之间的差额被用于空间的加热和制冷、生产和运输等。碳水燃料不仅为大多的世界工业提供必要的动力，而且还提供大多数形式的运输（飞机、火车、汽车等）以及很大一部分电力的形成，推进经济增长与二氧化碳和其他温室气体的不断集中之间有着直接的联系。在一个超过60亿人口的世界中，其中10亿生活在高度发达的工业经济中，而且另外30亿生活在包括中国、印度与巴西等正在快速工业化的国家，污染和温室气体排放不可避免。

二、从与自然系统的再生或再循环模式的关系来看工业文明特点

从生产力层面来看，蒸汽动力将人类生产力从传统的土地、动物、人类劳动的限制中释放出来，并且使经济空前增长，从而使工业革命进入了辉煌时期。然而，地球上碳循环物质上的限制显示了其与现代政治经济设想的根本冲突。如果地球上的60亿人都以工业革命时期的生活方式生活，那么地球这个生命支撑系统不久就会崩溃。[①] 换言之，工业文明没有考虑地球上碳循环物质上的限制。在财富积累和浪费的现代经济中，这种将生命形式转变成纯粹的物质欲望的行为达到了新的高度。在美国，每天被工业"新陈代谢"所利用的材料，平均相当于每个美国人体重的20倍，即每年利用的材料平均要比每个美国人的体重多100万磅。全球的物质流量每年约5 000亿吨，大部分被浪费掉了。对生物规律和生态系统的再生方法的经济主义的忽视，产生于现代社会特有的把经济目标置于道德和精神目标之上的追求。"财富是政治经济关注的绝对的善"。当它成为绝对的善时，它就成为"一种精神力量，从内部世界影响人的精神，它从一种限制之源变成了诱惑之源"。[②] 从奴役地球及其数十亿生物以积累财富而言，这种错位的追求付出了非常大的代价。不仅穷人和其他物种受损，富人也同样因其错误的追求而在理智、道德和精神上受苦。工业文明的特征是，通过化石燃

---

① Ehrlich, P. and Ehrlich, A.. *Extinction: The Causes and Consequences of the Disappearance of Species* [M]. New York: Random House, 1981: 79.

② 〔英〕迈克尔·S.诺思科特.气候伦理[M].北京：社会科学文献出版社，2010：211.

料的使用、帝国主义和大规模战争,对自然的剥削高度强化。[①] 从许多学者关于工业文明特点的分析来看,化石燃料的使用都是要提到的一个重要特征。

工业文明与自然系统的再生或再循环模式完全不一致。在工业化过程中,企业和民众忽视体现真正繁荣的人类与生物群落的复杂关系网。积累财富的工业经济是一种浪费型经济,因为它的程序和规则是还原论的。所谓还原论就是没有考虑自然的能源循环。例如,建筑取暖、制冷和照明的能耗制造了人类二氧化碳产生总量的40%。许多现代住宅是"供居住的机器"并且无须考虑当地的可用材料或者能源循环,住宅结构很少考虑自然采光或者通风,而是用电力光源和机器制冷、取暖以保持它们适合居住。因此,对居住空间与自然光源和能源循环之间关系的重新考虑是新型可持续、低能耗住宅的核心。[②] 当崇尚一次性使用的社会从地下开采贵金属以及化石,再将它们埋于地底的洞中,或是释放到大气中,这与地球系统相冲突,危及地球系统的活力。自18世纪中期起,自然界受到的损害要比整个史前时代的损害要大。在工业体系达到极高的水平,集聚和累积人工资本的成就到达巅峰之时,人类文明赖以创造经济繁荣的自然资本却正在急剧减少,而这种损失的速率正与物质福利增长成比例地增长。[③]

1970年至1990年,工业生产连续年平均3%的增长率,这意味着整个世界的工业产值每25年翻一番,每个世纪大约增长16倍,每两个世纪增长250倍,每三个世纪增长4000倍等。而且,目前这种生产方式倾向于增加材料和能源的投入,并且向环境倾倒更多的废料。所以,在现行体制下保持世界工业产出的成倍增长而又不发生整体的生态灾难是不可能的。事实上我们已经超越了某些严峻的生态极限。[④] 从深层次看,现代人类是唯一经常从地球索取养分比他们回报更多的物种,其破坏性的浪费文化从海底到达了大气层。这也是工业经济正冲击着地球系统的极限的原因。

工业文明是建立在线性经济体制基础上的。正如博尔丁(1978)所指出的,线性经济体制是一时安排,这只是将土壤中的物资转化为产品,同时依照消费来分配它们,将残留的影响物排放到垃圾堆、海洋和空气中。这种经济活动不可能无限地持续下去。他认为,这个过程将对后代构成严重打击。[⑤]在标准的工业模

---

① 〔澳〕阿伦·盖尔,武锡申.走向生态文明:生态形成的科学、伦理与政治[J].马克思主义与现实,2010(1).

② 〔英〕迈克尔·S.诺思科特.气候伦理[M].北京:社会科学文献出版社,2010:277.

③ 〔美〕保罗·霍根,艾默里·洛文斯,L.亨特·洛文斯.自然资本论——关于下一次工业革命[M].上海:上海科学普及出版社,2000:2.

④ Morse, C.. Environment, Economics, and Socialism[J]. *Monthly Review*, 1979(11):12—15.

⑤ 〔英〕库拉.环境经济思想史[M].上海:上海人民出版社,2007:178.

式中，价值的创造被描述为一种提取、生产和分配的线性结果：原材料是从自然界中取得的；工人利用技术将这种原材料变成产品，产品被出售以创造利润；生产过程产生的废料，被送往其他某些地方作某种方式的处理。[①] 在这种做法中的“某些地方”并不是经典经济学关心的问题，只要有足够的钱，就可以买到足够的资源。[②] 现代制造经济耗尽了生物物理世界的耐用性和人类的住所的稳定性。气候变化的出现所揭露的一个极大悖论是，现代制造经济使人类摆脱体力劳动的历史任务，但产生了新的奴役形式，即部分人对其他人和非人类物种的奴役，并最终在一个全球变暖的世界中负担奴役着全部人性。[③]

表 4.1　地球边界和人类活动的安全空间

地球系统	参数	建议值	实际值	工业化前
气候变化	大气碳含量/二氧化碳浓度（ppm）	350	387	280
	辐射强度变化（wpm）	1	1.5	0
生物多样性流失	每百万中的年灭绝率	10	>100	0.1~1
氮循环	循环利用率（百万吨/年）	35	121	0
磷循环	流入海洋的量（百万吨/年）	11	8.5~9.5	-1
平流层臭氧消耗	臭氧量（多布森单位）	276	283	290
海洋酸化	全球海面霰石平均饱和度	2.75	2.90	3.44
全球淡水消耗	淡水消耗量（立方千米/年）	4 000	2 600	415
发展农业造成的土地使用变化	全球土地转化为农田的百分比	15	11.7	低
空气污染	整体大气颗粒物浓度（区域值）	待定		
化学污染	污染物、塑料、重金属、核废料的排放量对全球环境生态系统地球系统的影响	待定		

资料来源：Rockstrom J., et al. Planetary boundaries: exploring the safe operating space for humanity[J]. Ecology and Society, 2009(32): 14.

工业文明的扩张能力与地球边界及人类活动的安全空间存在矛盾。世界自然基金会（WWF）有关生态足迹的研究表明，地球生态能力从 20 世纪 70 年代就已经出现透支，到 2008 年地球生态足迹超过地球生物供给能力已高达 50%。

① 陆国庆，耿弘．衰退产业调整的路径选择[J]．产业经济研究，2002(2)．

② 〔美〕保罗·霍根，艾默里·洛文斯，L．亨特·洛文斯．自然资本论——关于下一次工业革命[M]．上海：上海科学普及出版社，2000：8．

③ 〔英〕迈克尔·S．诺思科特．气候伦理[M]．北京：社会科学文献出版社，2010：213．

瑞典学者约翰·罗克斯特仑等2009年发表在《自然》杂志上的研究成果《人类的安全操作空间》一文的研究表明,人类经济增长面临着10种地球边界,其中气候变化、生物多样性流失、磷和氮产生等三种边界已经透支或超越。这些分析表明,在地球自然资本充裕的状态下,经济增长的物质规模可以大幅度扩张;但是在接近地球自然资本边界的空的地球状态下,经济增长的物质规模应该控制,从追求物质资本的扩展转向追求人类福利的发展。①

第二节　工业文明的理论支撑

新自由主义经济学强化了资本主义制度在工业文明中的作用。新自由主义经济学在为资本主义制度的辩护过程中,基本上忽视了资本主义制度对环境的影响。美国的经济学界毫无异议地接受了资本主义的现状,并因此只根据利用自然界能获得多少短期利润来确定自然界的价值。他们对无止境的GDP增长的迷恋,以及在认识经济的生态基础时的错误百出,已经导致其根本就无力认清全球环境恶化的事实。与新自由主义经济学不重视生态相比,马克思非常强调社会—生态关系的重要性。他指出,人依赖于自然界,自然界提供了让生命成为可能的物质和能量。在资本家关注交换价值和短期收益时,马克思解释说,地球是一切物质财富的最终源泉,有必要为"人类的世世代代"维护好它。但一些经济学家忽视了物理因素和生物因素施加在经济体系之上的约束,而且他们未能认识到经济体系是完全地、不可逆转地嵌入环境当中的,除此没有别的选择。

生态正义与自由主义的边界在什么地方?这是新自由主义经济学没有解决的问题。经济主义和功利主义的正义理论在道德上的缺陷来自于新自由主义经济学的价值理念和价值评估程序。新自由主义经济学作为工业文明的理论支撑,不仅强化了资本主义制度合理性,而且也放大了工业文明在生态方面的负面效果。

首先,新自由主义经济学之所以没有建立起生态正义观,主要有两个方面的原因:一是在现代自由主义看来,人是作为生产者来支配社会和物质世界的,因而所有存在都在以交易品形式、甚至货币形式的价值在生产过程中被降格而失去了它们的内在价值。这根源于"有效性和实用性被作为人类生活和世界的终

① 诸大建.从"里约+20"看绿色经济新理念和新趋势[J].中国人口·资源与环境,2012(9).

极标准的制造经验的一般化”。[①] “资本主义的原罪”就是使得所有事物的内在价值变成了使用价值,然后是交换价值。正如汉娜·阿伦特所说“全部内在价值的丧失都始于它们向财产和商品的转型,因为从这个时候开始,它们就存在于与那些能够用来替代它们的事物的关系之中。”[②]二是来自洛克的人类主权和财产权观点,在这种观点看来,人类越来越多地被描述为与他们自己的制造和所有物一样的存在。这种观点是关于人们各种目标和意图的自由主义观点的根源。因此,国家的作用并不是为人们创造一个能够拥有优良生活的环境,而是维持一种最低程度的社会政治秩序,在这种秩序下财产权受到保护、犯罪受到惩罚,而人们能够自由追求他们的不同欲望并且自由竞争。在这种情况下,生态法规都是多余的。在他们看来,生态保护法规实际上将强迫人们更多地投资于自然资源,即使用其他资源来保护可再生资源,强迫为可耗尽的资源储备大量存货。但是,投资总额是由个人的时间偏好决定的,而后者并不会改变。因此,生态保护法规并没有增加未来的供应总量,只不过是把投资从资本品、建筑等转移到自然资源上,它们因此给经济体强加了一种低效率的、扭曲了的投资结构。[③]

其次,新自由主义经济学没有解决好生态正义与自由主义的关系,并且在这两者之间存在多方面的矛盾,归纳起来,主要有四大矛盾。

(1) 生态权力与社会权力之间的矛盾。深藏在这种生态权力和社会权力之后的是一种脱离实际的特殊理性形式。这种理性形式从霍布斯到哈耶克那里都存在着,它抽象地思考生态资源以及道德政治权力,脱离了人类与其他物种之间的关系以及地理环境。[④] 在新自由主义经济学价值观中,生态权力与社会权力是两条并行的直线,它们并行,没有交集,没有矛盾。但是实际上这两者之间是存在矛盾的。尽管大多数自由主义经济学家没有发现这个矛盾,或者回避、掩盖这个矛盾,但是,也有少数经济学家发现了这个矛盾,如斯图亚特·穆勒曾深刻地指出,在一个社会中可能出现这样的激励结构,它使个体出自个人利益和在法律框架内如此这般行为,以至于其行为结果可预见地是对所有人最坏的情况。这种情况具有社会悲剧的特征,如不可避免的人口过剩、环境破坏、环境污染等。至于对像空气、水、海洋和土地等稀缺资源行使共同使用权的后果的状况,个人自由和自然权利必须受到限制。[⑤] 可以讲,新自由主义经济学过度地强调个人

---

① Arendt, H.. *The Human Condition*[M]. Chicago: The University Chicago Press,1958:157.

② 同上①,第166页。

③ 〔美〕穆雷·罗斯巴德. 权力与市场[M]. 北京:新星出版社,2007:70.

④ Plumwood, V.. *Environmental Culture:The Ecological Crisis of Reason*[M]. London:Routledge,2002.

⑤ 〔德〕阿尔弗雷德·席勒,汉斯—京特·克吕塞尔贝格. 秩序理论与政治经济学[M]. 太原:山西经济出版社,2006:30.

自由和权力,是导致生态权力与社会权力之间矛盾的根源。

(2)基于个人主义基础上利益最大化与生态道德缺失之间的矛盾。主流经济学家将私人利益拨高为社会唯一的“底线”,哪怕其代价是忽视人类福利和环境这些更大的议题。市场统治一切,甚至自然。在米尔顿·弗里德曼看来,“生态价值可以在市场中找到它们的自然空间,就像其他所有的消费者需求一样。”主导性的经济范式是建立在这样一种价值体系基础之上的,它赞赏短期的资本积累,同时贬低当前的其他一切以及未来的所有一切。对人的生命以及其他生物的生命的内在价值的伦理考虑在标准的经济模型中是完全看不见的。新自由主义经济学一方面借用了物理学的范式(如均衡等)构建了经济学的资源配置框架,但另一方面又似乎处在对物理学、生物圈退化的几乎完全无知的状态中。它将这个世界简单地看作一股无穷无尽的、不断扩大的经济关系“循环流”。

威廉·奥弗斯认为,自由主义往往导致道德熵增加(道德败坏),与之相伴的是个人自私破坏公民社会:“自由主义政策因挥霍它们自己的道德资本而毁灭自身,这种道德资本就是它们从过去继承得来的古老美德的积累”。这种道德熵增加表现为全球化市场体系对公民社会的破坏,理性的衰退,环境的破坏,以及无限制的减排引起的温室气体效应等。① 从深层次看,新自由主义经济学是造成环境危机的核心意识形态,其哲学是把个人而不是社会作为具有最大价值的一种有机整体。环境危机(包括温室气体排放)的根源在于人性而不是自由民主制,具体来讲就是根源于对增长和利润的贪婪和欲望。自由民主制未能有效地应对环境危机的挑战,由于自由民主制给予贪婪和个人的自我满足以更大的权限,自由民主制度有可能是一种比人类经历过的大多数其他体制都具有环境破坏性的社会制度。② 在这种价值观和意识形态的引领下,必然产生个人主义基础上利益最大化与生态道德缺失之间的矛盾。

从历史上看,拒绝承认对商业和技术力量的道德或生态约束,是欧洲启蒙运动和为了从教会的权威、传统和信仰以及从自然中解放出来而进行的现代斗争遗留下来的问题的一部分。③ 传统的人类生活在道德上的竞争是在生物圈的限制和自然规律的范围内建立一个持久的人类居住的世界,工业文明改变了这种生活。消费主义的悖论是,即使是人类的住所和人类创造的世界已经变得不稳定了,车辆、家具和家庭设备这些被弃置的奢侈消费品还不断被更新的、更时尚的或改进后的版本所替代。要想恢复他们的力量,就必须使人们重新认识到他

① 〔澳〕大卫·希尔曼,〔澳〕约瑟夫·韦恩·史密斯.气候变化的挑战与民主的失灵[M].北京:社会科学文献出版社,2009:154—155.

② 同上①,第76页。

③ 〔英〕迈克尔·S.诺思科特.气候伦理[M].北京:社会科学文献出版社,2010:8.

们对消费模式、住房模式和交通模式所负有的责任。但是工业文明并没有建立这种相互制约的机制。现代工业文明的三个主要组成部分,即自由主义政体、资源开发性的经济和有目的的理性实践,它们因内部矛盾而制约着文明的发展。经济增长和发展是现代自由主义国家存在的理由,但这种现象受到了生态稀缺性,也就是增长存在极限这种观念的挑战。

在新自由主义经济学的理论引导下,工业文明的生态道德约束缺失导致了美国社会学家赖特·米尔斯所称的"更高的不道德"。他写道:"在像美国这样企业盛行的现代社会,金钱成为一个明确的成功标志,成为最重要的美国价值。"这样一个由政治精英支持的富人统治的社会,是一个"有组织的不负责"的社会。在这里道德与成功脱离,知识与权力分离。大众传播不是为民主进行思想交流的基础,而是在很大程度上专注于"令人吃惊的大量商品宣传上,常常是着力于满足衣食需求而非精神需求上"。1992 年美国企业在市场营销上大概花费了 1 万亿美元,仅仅是用来劝说人们消费更多的商品。简而言之,更高的不道德招致有意义的道德和政治社会的消亡。①

(3) 经济全球化与生态正义的矛盾。从理论上讲,新自由主义者主张解除管制与合作控制的全球经济政策,这种趋势在日益加快。商品和服务的贸易与消费在成倍增加,其数量估计比整个人类文明史消耗的还要多,碳的排放也随之上升了 10 倍。② 英国跨国公司的温室气体排放量远远超过其国内所有的排放量,但英国及其他国家对气候变化的言辞倾向于关注国内消费者和家庭的碳足迹。通过将传统的地域性生态资源和社会权力转化为市场、官僚政治和企业的离心社会结构,像病毒一样在地球上肆虐的全球市场经济已经造成了更加野蛮、更大程度上的毁坏。受新自由主义意识形态的影响,在过去这些年里,人类经济已经经历了重大的革命性变化,这就是一个日益放松管制的金融体制和全新的全球贸易安排的世界的形成。③ 全球变暖与现代帝国主义以及新自由主义的全球资本主义之间具有内在联系。

首先,经济全球化与生态正义的矛盾表现为富国和穷国之间的"生态债务"。只有当那些富国承认生态损害,或者"生态债务",并对穷人和全球经济中的物种放松管制,才有可能为穷人争取正义和还清那些"生态债务"。④ 美国和

① Mills, C. W.. *The Power Elite*[M]. New York:Oxford University Press,1956:338—361.

② Aid, C.. *Coming Clean:Revealing the UK's True Carbon Footprint*[R]. Christian Aid,2007.

③ 〔英〕迈克尔·S.诺思科特.气候伦理[M].北京:社会科学文献出版社,2010:205.

④ 有人计算出,富国每年给生态圈强加了大约 2.3 万亿美元的负担,但对它们只课征了 7 740 亿美元的生态税收,二者之差是富国欠穷国的"生态债务",这大致等于穷国欠富国银行家的总债务:1.8 万亿美元。参见:Rich Countries Owe Poor a Huge Environmental Debt[N]. The Gmardian, 2008:1—21.

欧洲排放了全球30%的二氧化碳,但人口仅占世界人口的10%,历史上大气中已排放的二氧化碳90%是产生自美国和欧洲。发达国家及富人是生态债务者,他们在减少温室气体排放和发展低碳经济的过程中承担更多、更大的责任才是公平的。

其次,经济全球化与生态正义的矛盾表现在发达国家与发展中国家关于气候变化的分歧上。发达国家喜爱通过供求曲线的方法来计算有效利用率和国家福利,而发展中国家则倾向于一种基于正义原则、权利和公平的途径。① 受工业化国家的影响,长期以来大多数发展中国家的信念和做法实际都与发展低碳经济背道而驰,努力赶超发达国家始终是他们的基本目标。因此,作为榜样的北方发达国家的当务之急就是朝着资源有效和节约的文明方向发展。② 但是,在一些学者看来,由于气候变化的影响将会不成比例地落在全球南方的穷国头上,全球北方的富国到底该花多少资源用于减缓气候趋势是值得商榷的。③ 自由国家还不习惯于将这条原则扩大到环境产品,或者避免对后代人造成损害,而这二者如今必定成为绝对的中心任务。后代人的权利应该被整合进标准的民主程序当中,但是民主制度在环境问题上又面临着制度失灵。④

最后,经济全球化与生态正义的矛盾表现在富国与穷国关于减少碳排放的分歧上。现在的问题是,国际努力的主要焦点不是重新设计工业制造和财富积累的过程,而且设置人为构建的并符合社会意愿的废物排放限制。根据《联合国气候变化框架公约》的观点,富有的工业化国家应该承担减缓气候变化的费用,率先减少碳排放,使之接近发展中国家的平均水平,甚至更低。这个过程可以被约翰·迈耶称为"收缩与趋同"。但是在新自由主义全球化条件下,世界经济目前正处于"扩张和发散"过程,工业化国家的碳使用和人均资本收入正在增加。为什么这些工业化国家还在扩张和发散? 一个可能的原因是,在主要工业化国家占据的温带地区,其气候变化的收益和损失可能维持平衡,而大部分位于热带地区或附近的发展中国家的损失将大大超过收益。但这种事实更证明了"收缩与趋同"的道德价值。

(4) 新自由主义经济学的固化思维及市场情结与面对全球最大市场失灵的矛盾。如前所述温室气体排放是最大的市场失灵。温室气体排放的影响在四个基本方面有所不同:它的外部性是长期的,它是全球性的,它包含着重大的不确

① 〔英〕迈克尔·S.诺思科特.气候伦理[M].北京:社会科学文献出版社,2010:220.

② 〔德〕魏伯乐,〔澳〕查理·哈格罗夫斯.五倍级[M].上海:格致出版社,2010:288.

③ 曹荣湘.全球大变暖:气候经济、政治与伦理[M].北京:社会科学文献出版社,2010:418.

④ 〔澳〕大卫·希尔曼,〔澳〕约瑟夫·韦恩·史密斯.气候变化的挑战与民主的失灵[M].北京:社会科学文献出版社,2009:45.

定性,它具有潜在的巨大规模。[1] 从这四个方面也可以看出,减少温室气体排放、发展低碳经济是人类历史上面临的最大市场失灵。温室气体也是一种经济公共物品,温室气体排放显然是一种外部性。温室气体排放的这些特点决定了解决其市场失灵的难度。面对气候变化和低碳发展,资本主义制度能够解决这个最大的市场失灵吗？我们假设它能解决本国的问题,但它能解决这种长期的、全球性的、不确定性的及具有潜在的巨大规模的温室气体排放问题吗？在不改变资本主义制度的条件下,企图通过市场及全球碳排放交易来解决气候变化及低碳发展,正是所谓西方国家的主流思路,也是新自由主义经济学的固化思维和市场情结所在,这种市场化思维在不改变资本主义制度下似乎可以适用于一切问题。但是,面对气候变化及温室效应这个最大的市场失灵问题,市场交易还有效吗?

建立在现代自由主义基础上的政治制度不能很好地将保护环境的善行转化为集体行动,而且在使它超越国家的边界并扩展到其他物种时更加困难重重,所以人们就以市场的办法来回避政治上集体行动的困境。以《京都议定书》为例,我们可以看到新自由主义经济学的交换价值优于一切的逻辑是如何用来解决全球性气候变化及低碳发展的。新自由主义力图将国际气候谈判偷换为碳汇交易和排放许可交易程序的努力消解了《京都议定书》的巨大潜力。《京都议定书》是水准最高的正式的国际法律和条约,但该条约的进程已经被新自由主义发明的碳市场彻底破坏了。实践证明,《京都议定书》的数量法日渐无效和无效率,因此未来几年无疑将见证全球变暖问题上的密集磋商。对碳排放征收国际环境税是协调政策和延缓气候变化的有力工具。[2] 在碳排放权交易和碳税同样作为低碳发展的工具中,为什么更多地选择了碳排放权交易？对美国的实证分析表明,无论是私营商业还是环保组织,都更倾向于排放额免费发放的交易政策[3],这是因为大家都可以从碳交易制度的设计中得到好处。所以在制度设计过程中,如果最优制度设计与利益冲突了,那么最优制度就会被能满足大家利益追求的次优制度所替代。从国际来看,碳排放交易制度的突出优点在于发达国家可以通过国际碳市场购买海外减排配额,替代国内减排。为了应对气候变化,国与国之间需要进行大规模财政转移支付,而直接的转移在政治上不可行,但在新自由主义经济学看来,可以通过市场交易,让微观主体在国际碳市场上进行交易来实现这一目标。《京都议定书》在解决二氧化碳排放问题上的不成功,充分说明

① 〔英〕尼古拉斯·斯特恩.地球安全愿景:治理气候变化,创造繁荣进步新时代[M].北京:社会科学文献出版社,2011:14.

② 曹荣湘.全球大变暖:气候经济、政治与伦理[M].北京:社会科学文献出版社,2010:172.

③ 谢来辉.碳交易还是碳税？理论与政策[J].金融评论,2011(6).

了资本主义制度的惯性,资本主义制度不会轻易使自己的发展模式发生逆转,不会改变工业文明和资本积累的发展结构,而这种发展模式从长远的角度看对环境将产生灾难性的影响。①

第三节 工业文明的制度基础

虽然早期的学者都没有预想到科学技术的发展会对生物圈造成如此大规模的伤害,但是,正如约翰·福斯特所说,19 世纪和 20 世纪早期的社会主义者对资本主义与环境之间的敌对关系则有着更加清醒的认识。从人类历史来看,技术进步及生产力的发展如果没有相应的制度基础,其作用都是有限的。资本主义生产方式是工业文明的制度基础。环境问题的首要原因是一个生态上不可持续的经济体系,即资本主义的存在。②

围绕着气候变化的争议方式恰是马克思所描述的"商品拜物教"的特例。马克思的"商品拜物教"指的是,在资本主义条件下,人们倾向于把人们之间的社会关系看作物与物的关系。像气候变化这样的生态发展在根本上是社会关系的转型,但是在讨论中,人们却是从温室气体排放、气温升高之类的纯科学角度进行的。气候变化被当作一种需要在现存社会秩序框架内解决的技术问题加以分析,而不是被当作由资本主义发展内含的人的关系的特定模式导致的问题。分析生态危机可以运用马克思的分析方法,马克思始终强调区分产生使用价值的劳动过程和产生交换价值的价格形成过程,在这一方式中生产同时具有自然的和社会的方面。我们可以把马克思的分析扩展到包括消费、分配和交换在内。从现在关于生态文明的一些深层次分析来看,他们的分析思路与马克思的这个分析框架有着许多类似之处,如马克思关于产生使用价值的劳动过程和产生交换价值的价格形成过程的区分与前述"资本主义的原罪"就是使得所有事物的内在价值变成了使用价值,然后再变成交换价值的分析是一致的。还有哈耶克的警告,如果不对货币供应加以管制,危险将随之发生。这种分析与马克思关于货币的"异化"分析也是一致的。

(1) 在资本主义制度基础上形成的高碳技术—制度综合体是我们面对气候变化、低碳发展的最大阻碍。从生产力层面看,瓦特、福特等人是现代工厂生产系统出现机械化分工的关键性人物。然而,要是政府没有建立法律系统和社会

① 〔美〕约翰·贝拉米·福斯特.生态危机与资本主义[M].上海:上海译文出版社,2006:13.

② 〔澳〕大卫·希尔曼,〔澳〕约瑟夫·韦恩·史密斯.气候变化的挑战与民主的失灵[M].北京:社会科学文献出版社,2009:22.

结构以维持现代市场经济的发展，也没有在全球范围内积累自然资源以满足工业资本主义的要求，那么这些发展创造就不可能产生这么深远的革命性影响。工业资本主义对能源的饥渴式的积累制度导致了对大气碳吸收的不足，而当地经济则依赖当地能源循环中丰富的能源，它们很少把这些能源耗费殆尽。① 发达国家在实现工业化、现代化过程中，长期无约束地大量排放二氧化碳等温室气体。从18世纪西方工业革命到1950年，在人类燃烧化石燃料释放的二氧化碳总量中，发达国家的排放占95%。从1950年到2000年的50年中，发达国家的排放量仍占总排放量的77%。目前，占世界人口约22%的发达国家仍消耗着全球70%以上的能源，排放50%以上的温室气体。多数发达国家人均温室气体排放量远远高于世界平均水平。② 因此，资本主义生产方式中不顾环境追求利润最大化的内在冲动和缺乏生态约束的资本主义生产方式才是人类在发展低碳经济中要反思的深层次原因。

对于经济活动而言，技术资本主义的自发程序中收益超过成本意味着它利大于弊，但是，对于人类面对的环境而言，自发的技术资本主义现在对地球的危害是非常严重的，如果能源需求的增长在21世纪内维持目前的水平，地球上的大多数有机生命将无法生存。现在的问题是，如何分析工业文明下不断增长的全球经济和地球系统碳总量限制之间的冲突形成的深层次根源，在这里，技术进步及生产力发展是重要的原因，但更重要的是制度层面的原因，因为历史上不断地有技术进步和生产力发展，只有资本主义才导致工业文明的形成与人为的生态危机。但就生态、经济和世界稳定而言，资本主义在许多方面都变成了一种失灵的制度。为了追求更多的利润，资本主义制度把技术潜力、生产潜力及消费潜力都推到了极致。很难说它可以提供任何具有实质性意义的商品，而在其无拘无束地获利过程中，它正在破坏人类和地球的长期前景。③

从深层次看，工业文明在资本主义制度的作用下，形成了高碳的技术—制度综合体，其深层次原因如克拉斯纳指出，“制度可能会持续存在，因为在不完全信息的世界中，改变既有规则的代价是很高的而且耗时持久，变化的结果就无法得到完全的预测”。既有利益、沉没成本和制度刚性的结果就是投资决策通常是路径依赖的，投资某个产业的最初决策可能会将未来的投资也导向这个产业，

① 〔英〕迈克尔·S.诺思科特.气候伦理[M].北京：社会科学文献出版社，2010：175.

② 栾海.发达国家工业化——全球变暖的主要推手[EB/OL].新华网[2009-12-01].http://news.xinhuanet.com/world/2009/12/01/content_12571154.htm.

③ Foster, J.B.. A Failed System: the World Crisis of Capitalist and Its Impact on China[J]. *Monthly Review*, 2009:10.

即使这不是对投资资源最有效的利用。[①] 低碳发展很重要，但同时对低碳技术的投资却不足。一方面是研发投资的回报率很高，多种测量方法显示低碳研发投资的回报率在20%至50%之间，远远高于资本投资的回报率；但另一方面，由于受风险、高碳的技术—制度综合体、市场及成本等因素的制约，能源相关的研发和应用的投资不足。

在过去200年的工业文明中，我们已经耗费了数万亿美元用来建设复杂的能源配送系统，这些标准化系统是以碳为基础的，与其相配套的还有许多外围设备。这一系统是成功的，因为它能使煤炭、石油和天然气发挥出最大的效用。这是任何新兴能源都难以做到的，更别提取代了。另外，人们通常不会为了某种新事物去主动改变现状，除非受到某些外界力量的推动，如法规、危机、制度变迁等[②]。从现实来看，低碳技术现在还处在零散状态，还没有变成经济社会的主导技术，还没有形成低碳的技术系统。所以，在发展低碳经济的过程中，低碳技术的主导化及系统化是至关重要的。

（2）工业文明在把消费者和生产者分开后，资本主义掩盖了物质财富中可能存在的生态资源，资本家为了追求利益最大化，不会重视生态资源及其保护。换言之，资本主义是一种经济上有利可图而在人类发展过程中不可持续的制度。这主要表现为，资本主义在追求自身利益最大化的过程中忽略了将任何价值都可归之于它所利用的最大的资本储备——自然资源和生命系统，以及作为人力资本基础的社会和文化系统。同时这也掩盖了富人为维持现有的消费水平将穷人从他们所拥有的消费水平和土地自然财富中排挤出去的程度。例如，由于持续的旱情或洪灾，南半球许多国家被迫离开家园的人数不断增加，全球变暖意味着这种排挤的激烈化。资本主义制度在运行过程中偏重于重视效率，而容易忽视公平，包括对生态正义的忽视。从这里可以看出，罗尔斯的正义论在理论上优于经济功利主义的地方是它不允许某一些人的损失能够通过另一些人的得利而进行总量上的平衡。

资本主义制度为了利润的最大化不仅不重视环境的保护，而且还创造了非生理性的和虚假需求。工业文明发展起来后，人类不再是以满足生理性需求为目的了，还产生了多种多样的非生理性的和虚假需求。为什么会产生非生理性的和虚假需求？这到底是由工业文明造成的还是资本主义制度造成的？这种所谓工业文明的成就，使人类生活离自然越来越远了，人类对自然的征服和超越也正在受到自然的“报复”。这就是“异化”问题。马克思在《1844年经济学哲学

---

① 〔美〕戴维·瓦尔德纳.国家构建与后发展[M].长春：吉林出版集团有限责任公司，2011：201.

② 〔加〕彼得·特扎基安.破解能源饥渴症[M].北京：石油工业出版社，2010：83.

手稿》中，曾深入揭示了这种“异化”的社会根源，指出了人类对自然的盲目破坏，是与资本主义的剥削制度相联系的。例如货币原来是人们作为商品交换的手段，后来在资本主义制度下货币本身成为财富积累的手段。在《资本论》中，马克思曾指出，这种转换主要是由于生产资料的资本主义私有制而强化起来的。马克思正确地发现非生理性的和虚假需求恶性膨胀起来，是与生产资料的资本主义私有制有着内在联系的。而非生理性的和虚假需求则正是高碳经济的重要根源。为了把这种非生理性的和虚假需要最大化，他们还采取了经济全球化的形式。最重要的是现实的全球化是国际垄断资本占主导地位。绝大多数跨国公司都是国际垄断资本主义的实现形式。

在马克思看来，资本主义是一种直接追求财富而间接追求人类需求的制度，追求财富的目的完全超越了追求人类需求的目的。资本主义把创造越来越多的利润作为目的本身，而且产品的样式和其最终的实用性已完全没有关系。在资本主义社会中，商品的使用价值越来越从属于它们的交换价值。如果说还考虑什么使用价值的话，那么这种使用价值就是满足人的“虚浮的消费”，甚至是对人类和地球完全有害的消费。[①]

非生理性的和虚假需求根源于资本积累。如熊彼特所说资本主义必然走向“创造性毁灭”，即通过革新创造出新的更有效率的生产和分配方式，而与此同时旧的生产和分配方式消亡。处于这种积累和创造性消亡的残酷过程，资本主义制度势必残暴地对待一切阻拦其发展道路的东西：所有来自人类与自然的干预资本积累的要求都视为必须克服的障碍。[②] 解决气候变化及低碳发展的问题必须限制非生理性的和虚假需求，而这与资本主义的资本积累规律是相冲突的。用卡尔·波兰尼的话来讲，消费是嵌入在社会中的。就全球而言，在科尔曼看来，我们奢侈消费的生活方式给世界带来了种种压力，所以我们必须建立一个向环境负责的社会。乔根森指出，环境问题不是环境本身的问题，而是社会问题，它与城市化水平、国民收入分配的不平等程度等密切相关，与人均消费水平对资源环境承载能力的影响直接相关。

（3）从空间来看，工业文明打破了空间对生产和消费的限制，在资本主义生产方式下，对当地社区和生态系统的控制和权力集中到了财富和能量聚集的地方。[③] 从生产方式和生活方式来看，工业资本主义生产方式产生的无节制的温室气体起源于世俗理性、科技力量和货币积累的推动，以及对社区、正义和宗教

① Sweezy, P. M.. Capitalism and the Environment[J]. *Monthly Review*, 41:2, June 1989.

② 〔美〕约翰·贝拉米·福斯特. 生态危机与资本主义[M]. 上海：上海译文出版社，2006：90—91.

③ 〔英〕迈克尔·S. 诺思科特. 气候伦理[M]. 北京：社会科学文献出版社，2010：140.

传统理解上的忽视。货币供应的增长驱动着银行、消费者和企业在远远超过其所在地区或国家的地理范围内利用生态足迹。例如，英国的生态足迹是英伦三岛的 3 倍大，如果把所有英国企业的海外业务包括在内，这个生态足迹将增加 6 倍。哈耶克警告，如果不对货币供应加以管制，危险将随之发生。工业世界未能避免经济引起的气候变化表明，当人类社会服从于一种官僚政治或经济方面的自发过程时，它们剥夺了公民的自由。未来的人类不仅有被这些人类制度支配的危险，如果不加以遏制的话，还将受这些自发的制度所导致的极端气候影响的支配。世界银行以“发展与气候变化”为题发布的《2010 世界发展报告》中指出，国际贸易和气候变化两个体系之间的相互作用对于发展中国家而言具有特别重大的意义。现实社会中，不同国家的环境政策不同，对环境危害的控制程度也存在差异，资本逐利性的存在会使贸易和生产要素向环境保护相对薄弱的国家转移，结果使这些国家在获得经济利益的同时也成为了“污染产业天堂”。

跨国公司为了自身利益的最大化，不顾别人以及地球的损失而去积累财富。全球经济势力越来越大，对当地的权力和自由的来源都造成了系统性的破坏。例如，5 家英国企业要排放 1 亿吨碳物质，这是克罗地亚这样小型国家排放量的 5 倍，同时接近于撒哈拉沙漠以南非洲的排放量。① 在资本主义制度下，效率的提高通常会导致经济规模的扩大以及生态系统中的裂痕加深，这种扩大是在无视一切环境收益的情况下实现的。② 越有钱的国家排放的二氧化碳越多。即使在西方社会里，有钱人和相对贫困的人之间在排放二氧化碳方面也有明显的差别。富国把属于大众的大气层用来过度排放温室气体，也是一种偷窃行为和掠夺行为，因为这直接妨碍了易受干旱和洪灾侵袭的区域，使它们难以维持生计。

气候变化不仅对能源主导的消费主义、无限制的资本主义及其跨国界全球贸易的最明显特征提出了挑战，也对现代自由主义的认识论和本体论基础提出了挑战。随着工业革命的开始，生态危机及其终极形式的气候变化也开始出现。通过蒸汽和电力将地球上储存的碳转化为机械的马力，内燃机和喷气发动机为工业社会的人类广泛而快速地征服地球创造了条件，但是地球上碳循环物质上的限制与资本主义强大的生产能力是根本冲突的。据估计，在 1999 年，作为一个大家庭的全球经济正在耗费相当于 1.2 个地球，而这已经严重超过了地球的生态承受能力。这种结果是资本主义制度的必然产物。正如马克思所说：

> “资产阶级，由于一切生产工具的迅速改进，由于交通的极其便利，把一切民族甚至最野蛮的民族都卷到文明中来了……它迫使一切民族——如

---

① 〔英〕迈克尔·S.诺思科特.气候伦理[M].北京：社会科学文献出版社，2010：140.

② 曹荣湘.全球大变暖：气候经济、政治与伦理[M].北京：社会科学文献出版社，2010：433.

果它们不想灭亡的话——采用资产阶级的生产方式；它迫使它们在自己那里推行所谓文明，即变成资产者。一句话，它按照自己的面貌为自己创造出一个世界。"（马克思和恩格斯之《共产党宣言》，1848 年 2 月）

生态危机预示着资本主义生产方式连续性的终结，也预示着文明本身的终结。对自然的威胁，不论大小都源于资本的癌变性入侵。"资本不只是一种经济剥削的工具，而且是死亡天使，通过基于交换原则的行动，它对生态系统进行着无休止的肢解"。[①] 资本所强加的消费水平，正是生态危机也是气候变化紊乱的直接导火索。由二氧化碳所导致的气候变化正是由于资本通过工业化扩张而产生的。

（4）从深层次看，资本主义制度与生态环境及人的发展存在内在矛盾。邓尼斯等认为，自由主义的实质是，给予私有财产的关注多于对人的生命的关注。因此，现代自由资本主义为了自己的成功运作，需要一个以几何级数扩大的市场，增长的物理极限注定了资本主义的灭亡："即使是对现代资本主义的最苛刻批评，也没有质疑其继续以几何级数无限增长的能力"。资本主义体系从一开始就表现出了强烈的帝国主义冲动。由于其关键的逻辑就是纯粹数量上的扩张和价值的最大化，并且由于伴随着这种价值实现的是不考虑生态系统的内在规律而对大自然进行无节制的开发，因此，资本的统治时期是人类历史上迄今为止最具破坏性的阶段。[②] 那么，在资本主义制度下，能解决资本的无限扩张能力与生态系统的内在规律产生的严重冲突吗？我们的答案是否定的。

第一，资本主义能解决气候变化和低碳发展中的增长问题吗？《斯特恩报告》认为，过去的经验表明，工业国家平均削减碳排放一旦多于 1%，就会对经济增长造成严重的负面影响。这样一来，大气中的碳目标就不由维持全球环境、保护物种、确保人类文明可持续所必需的东西来决定，而由保持资本主义经济本身充满活力需要什么所决定。资本主义制度的内在冲动及新自由主义经济学价值观和理念对资本主义制度的强化使之很难解决资本主义生产方式与全球碳排放总量限制之间的矛盾。在面对气候变化和发展低碳经济的过程中，排放强度、能源强度和经济增长之间很难在资本主义制度下做到协调发展。如果目标是把大气中的二氧化碳浓度稳定在 445 ppm，那么全球二氧化碳的排放量要降低 89%，而要实现这个目标，那么意味着世界经济从 2010 年后必须紧缩 2/3 至 3/4。[③]

---

① 曹荣湘. 全球大变暖：气候经济、政治与伦理[M]. 北京：社会科学文献出版社，2010：441.

② 同上①，第 437 页。

③ 同上①，第 462 页。

所有的方案表明，无论如何也不可能使稳定气候的目标与全球资本主义经济的不断扩张相容。旅美中国学者李民骐则逐条考察了目前已知的各种减缓技术，认为要减排就意味着世界经济放慢发展速度，而资本主义经济体制本身又决定了它不可能无增长（更不必说紧缩）地运行，所以，他的结论是除了坚持生产资料公共所有和民主计划的社会主义外，没有别的办法能保护支撑文明的生态状况。① 资本主义制度要生存，就必须要保持快速经济增长，而这种快速经济增长已经进入全球范围内生态系统不可持续的发展轨道上，这种高速增长导致能源与材料的过高消耗，加之资本主义生产方式所造成的社会、经济和生态浪费使形势更趋恶化。② 只要资本主义制度仍然未受触动，资本主义的行动法则就将继续起作用，如对利润的追求和资本积累不可能停下来，因为这会使增长停下来，但对资本主义来说，经济增长对缓和内部的社会矛盾是必不可少的。

第二，资本主义制度能做到“非物质化”吗？“非物质化”就是提高能源的使用效率，减少向环境倾倒废料的数量。这种方法的实质是减少“每单位货币GDP 增长对环境和资源的影响”。在一些自由主义经济学家看来，非物质化就是要使资本主义经济增长与那种建立在利用能源和倾倒废料基础之上的经济增长模式“脱钩”。到底能不能做到呢？福斯特指出，一些人认为资本主义经济已经与那种“高能源投入、高废料产出”的经济模式逐步“脱钩”，这并不符合事实。他根据《各国的重量：工业经济体的物质排放》一书所提供的数据指出，尽管资本主义国家“GDP 与物质外流的比率”有所下降，但人均排放废料却大大增加。① 从绝对量来看，能源材料的投入，以及由此引起的耗费量和排入环境的废料产出，都在持续增加。在资本主义国家除了德国之外，二氧化碳的排放量都在增加。《各国的重量》强调指出：“我们了解到，技术和新型管理模式带来的效益已被经济增长的规模抵消了。”② 从相对量来看，工业国家年资源投入的一半到四分之三就作为废物排入环境；美国从 1975 到 1996 年向外排放有毒或有潜在危险的废物量增长达 30%。③ 在不触动资本主义的前提下能将资本主义经济“非物质化”，即把资本主义经济变为低碳经济吗？资本主义世界“非物质化”没有实现的事实，已证明依靠资本主义自身是实现不了“非物质化”的。福斯特指出：“资本主义作为一种制度需要专心致志、永无休止地积累，不可能与资本和能源密集型经济相分离，因而必须不断加大原材料与能源的生产量，随之也会出现产能过剩、劳动力富余和经济生态浪费。”③

---

① 曹荣湘. 全球大变暖：气候经济、政治与伦理[M]. 北京：社会科学文献出版社，2010：462.

② ［美］约翰·贝拉米·福斯特. 生态危机与资本主义[M]. 上海：上海译文出版社，2006：69.

③ 同上②，第 14—16 页。

第三,从技术层面看,资本主义有条件、有能力解决气候变化及低碳发展的问题[①],但是在资本主义制度内又无法解决这个问题,这是一种悖论。从纯技术的观点来看,解决气候变化危机最简单直接的办法是立即让经济增长放缓下来,然后有条不紊地综合缩减世界物质消费,直到温室气体的排放降低到合理的水平为止。如果世界各地尽可能迅速地采用目前和将来可能派得上用场的所有去碳化技术,世界经济规模即使更小一些,仍然有生产能力满足全世界人口的基本生活需要。如前所述,在资本主义制度下是不可能做到这一点的。那么通过技术创新能否解决气候变化与低碳发展的问题呢?归纳起来,存在以下几点问题。

① 杰文斯悖论。发展低碳经济要考虑到市场的作用,价格、供给与需求之间的相互作用将会对能源的生产与消费产生重要的影响。发展低碳经济所采取的许多举措会使能源强度下降,任何能源强度的下降都会导致能源生产更便宜,因为短期能源需求相对于供给来说会下降,但是,更便宜的能源生产会刺激人们最终消费更多的能源。因此,降低能源强度实际上往往导致更迅速的经济增长,它很少导致能源消费量的绝对下降。这就是所谓的杰文斯悖论。威廉姆·杰文斯在其专著《煤炭问题》中认为,提高自然资源比如煤炭的利用效率,只能增加而不是减少对这种资源的需求,这是因为效率的改进会导致生产规模的扩大。在他看来,燃料的经济利用与减少消费是不同的,要把这两者区别开来。他列举了蒸汽机发展的历史来论证他的观点,蒸汽机的每一次成功改进都进一步加速了煤炭的消费。因此杰文斯悖论告诉我们,能源强度下降、资源的有效利用不等于就是发展低碳经济。发展低碳经济还必须与人们的消费方式、生活方式的转变联系起来。发展低碳经济不仅仅是技术层面的问题,还涉及其他层面,如生活方式、习惯等。福斯特认为,"到目前为止,'杰文斯悖论'仍然适用。那就是,由于技术本身(在现行生产方式的条件下)无助于我们摆脱环境的两难境况,并且这种境况随着经济规模的扩大而日趋严重。"[②]例如,20 世纪 70 年代,美国汽车行业的技术改进,生产出了能源效率利用更高的汽车,由于汽车数量的增加,并未遏止对汽油的需要。同样,冷冻技术的改进导致人们生产出更多更大的冷冻设备。

② 即使去碳化的技术是存在的,资本主义制度固有的对技术普及的阻碍将

---

① 普林斯顿大学罗伯特·索科洛和斯蒂芬·帕卡拉在一篇发表于《科学》杂志的文章中,确认了 15 种能源"楔子",它们互相关联,可以在未来的 50 年内让世界排放量趋于稳定。这些楔子包括诸如成功采用碳捕获和固存技术、核能、车辆用油更加经济、建筑隔热取得进展之类的技术。他们的计算表明,给定当前的经济发展模式,排放量必须减少约 70 亿吨,才能保住世界气温上升等于或小于 2%。每一个能源楔子都能够减排 10 亿吨,因此,假定其他一切不变,在他们确认的大量能源楔子中只有七个就足以达到这一目标。

② 〔美〕约翰·贝拉米·福斯特. 生态危机与资本主义[M]. 上海:上海译文出版社,2006:87—88.

使得这些技术的运用必然被延迟，如对知识产权的保护。还有在追求利润的资本主义制度下，去碳化的过程是不可能快于能长久发挥作用的固定资产的折旧速度的。[①] “科学技术并不是生态危机的核心问题，核心问题在于资本主义的生产方式与自然之间的逻辑关系。”[②]福斯特指出，在资本主义条件下，即使是成熟的环保技术，如太阳能技术，也不一定会被广泛采用。因为“在资本主义制度下，需要促进开发的是那些为资本带来巨大利润的能源，而不是那些对人类和地球最有益处的能源”。[③] 又例如交通运输，现代化的公共交通系统，同围绕私人汽车建立的交通系统相比，能够大大降低二氧化碳的排放，而且在规模及低成本运送乘客方面实际上更有效，但是，资本积累的驱动促使发达的资本主义国家走上了最大限度依赖汽车的道路，因为这是创造利润的最有效的方式。[④]

③ 从一定意义上讲，在资本主义制度下，技术进步不仅没有解决环境问题，而是加剧了生态危机。工业文明产生的技术进步解决了一个又一个问题，并把人类统一在一种文明之中。然而，相对于所有已经解决了的问题而言，更多更严重的问题产生了。技术的现代主义形式，尤其是应用于农业的技术，已经与经济权力的集中联系在一起，把许多人排除在外，使他们穷困潦倒，而就是这种东西破坏了地方的和全球的生态系统。[⑤] 在马克思看来，资本主义社会的本质从一开始就建立在城市与农村、人类与地球之间的物质交换裂痕的基础上，目前裂痕的深度已超出他的想象。维布伦认为，资本主义条件下的整个工业体系弥漫着不计后果的滥用人类与自然资源的现象，追求金钱的目标支配着理性生产。[⑥] 所以，能解决问题的不是技术，而是社会经济制度本身。在发达的社会经济体制下，与环境建立可持续关系的社会生产方式是存在的，只是社会生产关系阻碍了这种变革。

第四，自然资本的提出能解决资本主义制度导致的生态危机吗？一些主张在资本主义制度内解决生态危机的人认为整个自然界及其各组成部分本质上都是“自然资本”。在他们看来，环境危机与其说是市场的失灵，不如说是我们会计系统的失灵，因为会计系统不承认资本已经包含了所有存在的事物，真正的资本主义，与我们迄今为止所了解的资本主义不同，它将考虑到自然资本并以此来

---

① 曹荣湘. 全球大变暖：气候经济、政治与伦理[M]. 北京：社会科学文献出版社，2010：464.

② 〔美〕约翰·贝拉米·福斯特. 生态危机与资本主义[M]. 上海：上海译文出版社，2006：34.

③ 同上②，第 94 页。

④ 齐月祥. 生态危机与政治抉择[D]. 开封：河南大学，2009.

⑤ 〔澳〕阿伦·盖尔，武锡申. 走向生态文明：生态形成的科学、伦理与政治[J]. 马克思主义与现实，2010(1).

⑥ 同上②，第 94 页。

拯救环境。这种企图其实是为资本主义能解决生态危机辩护,如有学者所说,“将自然资本化”就是“将生物物理环境(自然)、非工业化经济和人类社会领域(人类)作为资本库,并将这些库存整理成可在市场上买卖的财产”。自然资本有多少?据估计,从自然资本储备中直接流入社会的生物服务,每年至少价值36万亿美元,这一数字接近全世界的年生产总值即约39万亿美元。[①] 1995年世界银行的财富指数表明,人力资本的总值要比反映在全球决算表上的所有财政和加工资本大2倍。[②] 值得指出的是,典型的资本主义把任何危机的原因都归咎于影响资本扩张的障碍,而不是资本扩张本身。解决办法是扩大资本领域,把自然也作为理性的商品交换体系的一部分。把自然和地球描绘成资本,其目的主要是掩盖为了实现商品交换而对自然极尽掠夺的现实。所谓自然的资本化过程也只有随华尔街的行情变化,不断将自然化成金钱或抽象的交换的过程。如福斯特所说,资本主义的主要特征是,它是一个自我扩张的价值体系,经济剩余价值的积累由于根植于掠夺性的开发和竞争法则赋予的力量,必然要在越来越大的规模上进行。但这一特征经常为自然资本化的市场乌托邦观念所忽视。[③]

第五,资本主义制度能够在生态危机中突破自我的约束吗?福斯特对资本主义经济的生态批判基于三项主张:① 一种制度如果追求财富无休止的增长和无限度的攫取,无论它如何理性地利用自然资源,从长远的角度看都是不可持续的。从本质上看,资本主义商品经济的绝对权力是不会接受自身以外的任何限制的,它在追求财富无休止的增长过程中是不会顾及对生物圈的负面作用的。不按生态原则而是按“单纯的金钱关系”对待自然终将出现生态危机。把环境资源纳入市场经济所带来的生态效应不仅是短期的,而且也是表面的,终究是不可持续的。[④] ② 一种制度如果将人们与其特定居所的归属感和生态基础分割开来,那么它与生态稳定和土地伦理将是格格不入的。③ 一种制度如果分割地球,产生出贫与富的生态环境,那它同样是不可接受的。[⑤] 当今世界,已经形成了贫与富的生态环境。在气候变化的情况下,发展中国家面临的问题更加严峻。这是因为以下几点:发展中国家大多位于低纬度地区,气候变化会使穷国的气候变得更暖,生存条件更加不利;发展中国家大多处于工业化过程的初期,对于高

---

① 〔美〕保罗·霍根,艾默里·洛文斯,L.亨特·洛文斯.自然资本论——关于下一次工业革命[M].上海:上海科学普及出版社,2000:6.

② 〔澳〕阿伦·盖尔,武锡申.走向生态文明:生态形成的科学、伦理与政治[J].马克思主义与现实,2010(1).

③ 〔美〕约翰·贝拉米·福斯特.生态危机与资本主义[M].上海:上海译文出版社,2006:29.

④ 同上③,第83页。

⑤ 同上③,第83页。

耗能产业的依赖严重;发展中国家的生计大多还依赖于自然环境,农业占了国民生计的较大比重,而大多数富国对低碳农业不感兴趣,缺少相关规划与支持;发展中国家缺乏发展低碳经济的技术;发展中国家的国内制度不健全。从上面的分析可知,在生态危机的条件下,资本主义制度很难突破自我的约束。

2012 年,凯特·拉沃斯在"里约+20"峰会的报告《人类的安全和公平的发展空间》中提出了一个"甜甜圈"或"多纳圈"的理论,这种理论把人类生存的环境分成二维的:一是地球有一个资源利用的最大上限,超过这个上限就会导致无法挽回的环境退化;二是有一个资源利用的社会基线,低于这一基线人类就无法生存,如图 4.1 所示。按照安全和包容的绿色经济的概念,凯特·拉沃斯的"甜甜圈"就是指这两个界限之间的空间,前者是地球边界,后者是社会边界。理想的状态是,每个人都能获得满足生活需要的资源,但人类整体又生活在地球的承载能力范围内。发达国家和发展中国家均需要走向地球边界和社会边界之间的中间圈。但是由于经济社会发展的不平衡,目前,发达国家大多数生态足迹超过了地球人均,处于甜甜圈的外圈;而发展中国家大多数生态足迹低于地球人均,经济社会发展水平不足,处于甜甜圈的内圈。[①] 但是人类社会经济发展与生态文明建设两张皮的现象还相当严重,"甜甜圈"的理论为探讨人类的安全和公平的发展空间提供了一种思路。

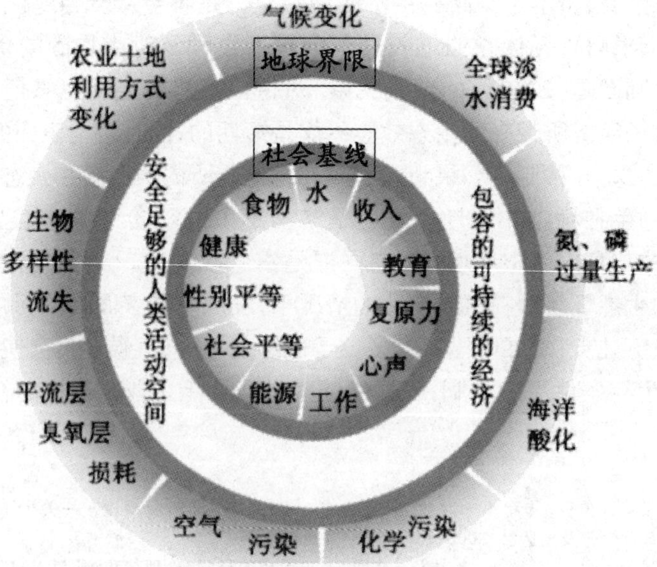

图 4.1 "甜甜圈"理论

① 诸大建.从"里约+20"看绿色经济新理念和新趋势[J].中国人口·资源与环境,2012(9).

最大的环境消耗是由工业国家的居民造成的。工业国家平均每人的能源消耗量要比发展中国家高出10倍以上。西方国家生活方式的全球化会导致生态系统的崩溃。工业国家生态结构的转变也会为贫困国家的发展提供必要的生态余地。①

第四节　工业文明的体制基础

从制度层面来看，资本主义制度是工业文明的制度基础。而从体制层面来看，市场经济是工业文明的体制基础。资本主义可以是市场经济，社会主义也可以搞市场经济，从这个意义上看，市场经济是人类配置资源的一种方式。一方面，市场经济对工业化和工业文明的发展功不可没。但是另一方面，市场经济在这个过程中，也放大了工业文明的负面效果。换言之，在资本主义制度下，市场经济成为工业文明负面效果的放大器，这主要表现在以下方面。

一是为了达到规模经济，市场经济破坏了当地社区和生态系统。市场帝国的变化率和价值积累的规模要求从当地社区和生态系统中汲取力量，贪婪地搜罗森林、草原、海洋和底土中的矿产、燃料以及纤维，把它们变成可供买卖的对象，这打破了合作和交流的既定社会习惯，破坏了当地的生态和文化知识，这种集中物质权力的过程使生活脱离了地方的和可持续的交流方式，破坏了人类和其他物种的共生区。人为的全球变暖使得整个生态系统面临着崩溃的威胁，从波兰到非洲的中心，多达40%的物种灭绝了。越是经济发达的国家，对生态系统的影响就越大，这种影响已经超出了国界，并且在相互联系的全球经济中难以识别。以英国为例，如果把与伦敦股票交易所相联系的银行和公司的碳足迹计算在内，英国就占全球温室气体排放量的15%，而不是政府所宣称的2%。在美国，以相同方式计算的话，消费者、公司、银行家要为全球一半以上的温室气体排放量负责。②

二是为了深化分工和降低经济中的成本，资本主义不断扩大市场半径，由市场的自由化和不断增长而产生的这些生态和社会成本的空间位移，意味着地球系统的全球性崩溃。毫无限制的经济制度使温室气体以很快的速度增长，从而使地球气候负担过重。现代工业社会中，每人每天大约使用600 000千焦，这至少是原始社会人均使用量的100倍。③ 而人类基本生存所需要的食物能量没

---

① 〔德〕弗里德希·亨特布尔格，〔德〕弗雷德·路克斯，〔德〕邦尔库斯·史蒂文.生态经济政策：在生态专制和环境灾难之间[M].大连：东北财经大学出版社，2005:23.

② 〔英〕迈克尔·S.诺思科特.气候伦理[M].北京：社会科学文献出版社，2010:61—71.

③ 同上②，第128页。

变,仅10000千焦,这两者之间的差额被用于空间的加热和制冷、生产和运输等,这与前面所讲的非生理性和虚假需求是有内在联系的。这种空间感(经济的全球化)和地方政治的缺乏,与否认工业消费方式对人类和生态造成影响的文化模式有关,其中否认全球变暖是最主要的原因。如保罗·维里奥所说,现代社会对效率和速度的迷恋与事故和自然灾害的高发率密切相关。人们忽视了这种不断加快的流动速度所造成的生态和道德上的影响。

三是市场与其他社会权力的集合系统一道,成了集中和榨取自然、社会权力的工具,并且其中大部分权力被市场上最富有权力和权威的行为者,如企业和投资家们掌握。在一定程度上,全球市场是一个制造人类社会、生态系统和生物品种大毁灭的机器。现代经济的集中化和还原论的特性在某种程度上有助于解释工业社会为什么无力应对自然生态的崩溃。全球市场支持着一个远程控制结构,在这个结构中,人类共同体、生态共同体和稳定的气候都被个人和企业的利益聚集以及毫无顾虑的个人消费所牺牲了。于是,人们在这种远程结构和进程中也就失去了他们的力量。人员和物资流动频繁以及在全球经济缺乏管制的情况下货币积累加速,这些因素会直接破坏气候稳定。远距离的消费需要全球范围的人员和物资频繁流动,要在不同大陆完成生产过程,这些行为都依赖于运输,而运输耗能巨大。在化石燃料最终的总消费量中,大约40%被用于运输业,24%被用于工业,23%被用于农业、服务业和居民部门,13%则被用作化学工业的材料。

在发展低碳经济的过程中,如果我们不是重新设计工业制造和财富积累的过程,而是设置人为构建的并符合社会意愿的废物排放限制,那么如何解决这个限制问题?若是采用前者的思路就必须改变“三位一体”的制度基础,这是很难改变的。所以现在主流的思路是在不改变“三位一体”基础的工业文明前提下应对气候变化和低碳发展。从技术角度讲,解决气候变化仅靠停止碳排放即可做到(汉森,2009),但制度变迁面临公平性、责任分配和成员机构的内部制衡的障碍。各国的最优策略是使其他国家减排而自己不减排,如美国拒绝签署《京都议定书》,也有不怀好意地甚至要抓住机会压垮对手的情况(David Keith,2010)。对能源消耗的环境调控和法律限制意味着对造成无效率的经济市场的干预,而更好的方式是把市场作为主要手段来对付经济学家们所描述的经济学意义上的价格机制的外部性。其基本思路是赋予碳排放以经济价值,从而使碳生产进入市场关系领域,即把碳排放商品化、市场化。J. H. 戴尔斯提出的污染交易的新自由主义的方法是为回应环保主义者质疑工业资本主义所带来的压力而产生的。在戴尔斯看来,通过将排放转变为可销售的商品,就有可能把排放当作另一种创造财富的市场组成部分。在新自由主义经济学思想的影响下,现代人的市场理想主义是如此强大，它提出的纠正像污染之类的“市场失灵”的最有效途径就是把这些限制也变成可供销售的商品，让碳排放权的交易也市场化。1997 年，美国 2 500 名经济学家，包括 9 位诺贝尔经济学奖得主共同发表了一项声明，指出最有效的减缓气候变化的方法是通过基于市场的政策。他们认为如果没有控制措施，温室气体继续排放将导致世界随着气候系统的变化经历根本性的变革。运用市场经济对付气候变化及低碳发展成为许多理论界人士的共识，但是我们也要认识到市场经济的局限性。

从效率层面来看，气候变化的补偿的经济分析假定所有损失都是可以通过货币价值来补偿的，这种分析是有问题的。从现有文献来看，经济学家们在运用市场经济面对气候变化和低碳发展方面，在一定程度上夸大了市场的作用。

许多生态或人的特性方面的损失是不能归结为货币价值的，其中包括特定场所和社区的附属物，以及对和平与宁静、美丽或生物多样性的偏好。① 占支配地位的经济模式涉及一系列固有的价值判断，其结果是工业社会低估了生态和社会产品的价值，即生态资本和社会资本，而且高估了工业品以及商品和服务贸易的价值。例如，人类从生命系统中得到的许多服务，如绿色植物生产的氧，找不到任何以价值计算的替代物。1991—1993 年的试验表明了这一点，当时，在亚利桑那州参加耗费 2 亿美元进行生物圈 2 号（一个人造的封闭的生态系统）试验的科学家们发现：生物圈 2 号不能够保持生活在其中的 8 个人的生命支持所需的氧的水平，而生物圈 1 号（地球）却每天都在为 60 亿人免费执行这项工作。② 环境经济学的理论预设是如果人们赋予自然界以经济价值并更加充分地将生态环境因素纳入市场经济的体系中，将生态资产转化为可以销售的商品，这样生态环境就可以得到更好的保护。对于这个预设，福斯特认为是一种“乌托邦神话”。这是因为一是生态环境不能完全地纳入商品经济的循环之中，因为生态环境的价值是多方面的，是整体性的；二是生态环境所具有的内在价值不能简化为市场价值，也不能简单地进行成本和效益分析。③

市场模型是隐蔽的估价手段，其中人的生命和生态系统是在违背市场成本和收益的总量的经济增长中进行交易，而且这些手段甚至不是经济学家所设想的他们非常擅长的促进现实世界的有效方式。如估价的成本收益方法完全忽视

---

① 〔英〕迈克尔·S. 诺思科特. 气候伦理［M］. 北京：社会科学文献出版社，2010：202.

② 〔美〕保罗·霍根，艾默里·洛文斯，L. 亨特·洛文斯. 自然资本论——关于下一次工业革命［M］. 上海：上海科学普及出版社，2000：6.

③ 解保军，李建军. 福斯特对资本主义的生态批判［J］. 南京林业大学学报（人文社会科学版），2008（3）.

了体制的惯性和废物的成本,并且存在对人的生命不平等估价等问题。范克豪泽建立了一种人类生命价值的经济比例,美国等“先进”工业国家和中国等低收入国家之间的比为15∶1。IPCC的《第二次评估报告》在评估减缓和适应气候变化的成本和收益时采用了这一比例。这种比例的确定是依据不同国家保险公司对人的生命价值的赔付额来确定的,以此来确定不同国家人的生命价值的经济比例是不合理的。

目前的能源市场以及工业国家长期提供的许多传统的矿物燃料的生产和使用补贴,鼓励了浪费和破坏。欧洲对矿物燃料生产的补贴额已经达到了每年120亿~190亿英镑。经济补偿问题分散了人们对更为根本性的浪费和破坏问题的注意力,而工业文明是建立在浪费和破坏过程之上的。但是,只要忽视生态和人类社会福利的技术支配着经济交换程序,就不可能改革工业文明,以便使其能源需求与地球上的碳汇相符,并为因为工业文明而受到损害的国家和民族伸张正义。①

在传统经济学中,如果一种商品如贵金属被使用至灭绝的地步,那么通过市场规律而运行的人类创造力将会找到有效的替代品。因为这类商品价格上涨,以至于替代品的研究将成为潜在的高回报工作。价格机制并不是万能的,像碳汇、气候稳定、氧气、土壤、阳光和水对人类生活至关重要,到现在为止没有任何技术上的替代品足够代替它们。自然的“内在价值”不能简化为“市场价值”,而对于“内在价值”是无法进行成本效益分析的。化石燃料的价格越高,避免消耗更多燃料并且转而使用替代能源如太阳能、核能等的内在激励就越大。② 市场机制在解决气候变化及低碳发展的问题上面临着“绿色悖论”。假定各国政府都一致同意以固定的速度提高从价税,当能源所有者估计税收将要提高时,气温上升以及公众不断提高的与二氧化碳排放有关的问题意识又会如何反应呢?正如辛恩(1982)所指出的,在这种情况下,能源所有者将提高他们当前的销售,以避免今后的税务负担,气候变化因此会加快,这就是所谓的“绿色悖论”现象。绿色悖论意味着可开采能源的所有者的供给反应将遵循一条不同于普通供给者的反应的逻辑。③ 对绿色政策的恐惧和绿色政策的日益从紧,不仅没有抵制住化石燃料的消费,反而加大了化石燃料的供给。

自1973年以来,尽管世界经济增长相当缓慢,世界的能源消费却以每年2%的速度增长。按照这一速度,世界能源消费从现在起到2050年将会增长

① 〔英〕迈克尔·S.诺思科特.气候伦理[M].北京:社会科学文献出版社,第205页。
② 曹荣湘.全球大变暖:气候经济、政治与伦理[M].北京:社会科学文献出版社,2010:196.
③ 同上②,第198页。

130%。"绿色悖论"现象与杰文斯悖论表明,与其他环境问题相比,市场机制在面对气候变化及发展低碳经济上局限性更加明显。这说明,在利用市场经济发展低碳经济的过程中,若不考虑约束条件,市场经济不仅不能减少人类经济活动对气候变化的影响,反而会加剧人类经济活动对气候变化的影响。

从公平的层面来看,市场经济难以有效解决碳排放中的公平问题。气候变化问题本质上是公平问题。气候问题主要是由于发达国家不合理地占用有限的生态空间造成的。世界每1 000美元的GDP平均会造成大约0.5吨的二氧化碳排放。以美国、欧盟为代表的发达经济体已走过了碳排放增加阶段,进入下降阶段;而以中国为代表的新兴市场经济体正处于工业化阶段,经济增长必然带来碳排放的增加。但温室气体积累所导致的全球变暖效应使得温室气体排放约束非常强烈,这一约束同样施加于新兴市场经济体,对其经济发展产生了制约,这使得新兴市场经济体承受着发展的不公平。值得指出的是,乌恩鲁(2006)认为,和通信技术不同,能源技术不大可能具有实现技术"蛙跳式"超越的特性。所以,发展中国家很难超越现有能源技术而直接进入低碳技术,经济增长和发展低碳经济的矛盾不可避免。由此看来,以公平为基础的分配原则(如以人均排放量和历史排放量为中心的分配原则)应该为公平地发展低碳经济奠定基础。

市场经济在发展低碳经济中不仅面临着国与国之间(尤其是发展中国家与发达国家之间)的社会公正问题,而且在国内也面临着社会公正问题。如减排和气候变化对发展中国家的影响更大,碳和燃料价格的高企对穷人的冲击要大于对富人的冲击。英国2008年的平均燃料费账单比往年上升了40%,其影响对生活在穷困线以下的65岁以上者尤其严重——英国这类人大概有200万。[①]我们在制度安排(包括国际制度与国内制度)和政策导向中一定要把公正引入到减缓气候变化和发展低碳经济的过程中,尤其在国际制度安排中,若缺乏公正性,那么任何契约、制度都将是无效的。人类有能力解决减排问题,也有很大的发展低碳经济的潜力,现在的关键是建立在公正基础上的国内减排制度和国际减排制度的缺失。三种制度改革被认为对稳态经济是必须的,包括① 限制最低收入和最高收入和财富形式的不平等;② 为限制人口而建立一种可交易的出生限额制度;③ 根据生态和道德原则限制流通总量,同时允许市场在合格的企业和个人中分配这一有限总量,建立由政府拍卖排放限额的制度。[②]

市场经济既可以用来发展高碳经济,也可以用来发展低碳经济。对于市场

① 〔英〕安东尼·吉登斯.气候变化的政治[M].北京:社会科学文献出版社,2009:98.

② 〔美〕赫尔曼·E.戴利,〔美〕肯尼思·N.汤森.珍惜地球——经济学、生态学、伦理学[M].北京:商务印书馆,2001:279.

的重大失灵，恰当的回应不是抛弃市场，而是通过税收、其他形式的价格修正或者管制等措施来直接调整市场。现在的问题是如何调整市场，如何运用市场机制来发展低碳经济。我们的任务是建立一个足以保证能源部门以最小的扭曲进行市场运作的框架，以便市场能够起到鼓励效率和为能源商品找到合适价格的作用。[①]在多数发达国家的市场经济中，消费者会迫使生产者满足其需求，而生产者为了具有竞争力也愿意这样做，政府则会从全局考虑迫使社会提高运转效率。但是市场竞争的结果是，若能源价格偏低，消费者提高能效的压力一直很小，生产者也没有动力进行能效技术方面的研发，而政府也缺乏全局性的能源考虑。现在最难的问题是，如何干预市场以使“污染者付费”原则制度化，并由此确保市场运作有利于气候变化政策，而不是有害于它。[②] 使“污染者付费”原则制度化的设想已经得到越来越多人的认同，但是这里还是存在两个问题：一是选择什么样的方式，是用碳税还是碳交易制度，经济学家们对此又争论不休。二是“污染者付费”原则解决了污染成本由个体污染者承担的问题，但是这种观点否认了问题的系统性和相关性，即污染涉及整个工业体系，最终还是市场自身扩张的问题。在这种体制内进行生态改革也像其他改革一样是有局限性的，因为改革一旦触及体制和制度的本质，就会被利益集团扼杀。[③]

综上所述，市场经济是人类配置资源的一种有效方式，但在资本主义制度下，市场的作用具有二重性，一方面，它为工业化的发展创立了体制基础，对技术的发展和经济的发展起着极为重要的作用；但另一方面，在资本主义制度下，市场经济也放大了工业文明发展中的负效应。不少经济学家主张用市场机制来解决气候变化和低碳发展的问题，这种建议本身没有什么问题，但是，我们要充分认识到在资本主义制度下市场经济在解决温室气体排放这个最大市场失灵中的局限性，如短期利益与长期利益、跨代问题、经济系统与生态系统的关系、国别经济与世界经济的关系等。市场在解决短期的、局部的经济和环境等方面确实有它的优势，但是在面对全球气候变化及低碳发展上却存在难以逾越的深层次阻碍。

社会体制是这样构成的，即“不负责任”是自己“组织起来”的，也就是说，根本没有或者即使有也是不能发挥作用的机构或监控机制，来扼制现代工业所带来的生态后果。在贝克看来，生态后果也是内部有关体制决定的效应，这种效应

---

① 〔英〕安东尼·吉登斯.气候变化的政治[M].北京：社会科学文献出版社，2009：49.

② 同上①，第104页。

③ 〔美〕约翰·贝拉米·福斯特.生态危机与资本主义[M].上海：上海译文出版社，2006：23—24.

是可以通过整个社会体制的转变得以消除的。①

从现有科学技术条件和人类生产力发展水平来看，人类社会是有条件、有能力面对气候变化并低碳发展的，但是“三位一体”的综合体成为我们面对气候变化并制定发展低碳经济相关政策的制约因素和约束条件。马克思深刻揭示了建立在私有制基础上的资本主义制度的内在矛盾，同样地，面对气候变化及低碳发展，资本主义制度也面临着难以克服的内在矛盾。从“三位一体”角度揭示从工业文明到生态文明转换的一个重要启示是，我们要认识到发展低碳经济的艰巨性和复杂性。本书从“三位一体”的视角分析了从工业文明到生态文明转换中的众多问题，但对“三位一体”的相互制约关系分析不够。过去我们重视马克思剩余价值理论的研究，现在我们更需要重视马克思关于资本主义对生态影响的研究。若不从深层次探讨制度与生态发展的关系，那么我们面对气候变化及低碳发展的制度安排就缺乏理论基础。

市场经济是有效率的，但是这种效率没有考虑人与自然的关系，没有考虑生态环境的制约。为了发展低碳经济，为了人类社会的可持续发展，我们必须调整或改变市场经济配置资源的规则，要把减排、低碳、环保等因素通过规则、制度及政策嵌入市场的制度框架中。这种调整或改变是一个系统工程，而不是一些学者提出的修修补补的方案。市场经济放大了工业文明的负效应，自由主义经济学家们在没有对市场经济与气候变化和低碳发展内在矛盾进行分析的情况下，也产生了“致命的自负”。因此，我们要基于低碳经济发展的内在要求重新设计市场经济的规则，并且要考虑到基本制度对市场经济发挥作用的制约。马克思在《资本论》中写道：“这个领域（自然必然性的王国）内的自由只能是：社会化的人，联合起来的生产者，将合理地调节他们和自然之间的物质交换，把它置于他们的共同控制之下，而不让它们作为盲目的力量来统治自己；靠消耗最小的力量，在最无愧于和最适合于他们的人类本性的条件下来进行这种物质变换。”

从气候变化及低碳发展的视角看从工业文明到生态文明的价值在于，气候变化与一般的环境问题不同，它具有全球性，从经济效率上来讲，单一国家的政策行动是难以解决气候变化问题的，它需要全球的合作行动。这种全球行动存在效率与公平的矛盾。从效率的角度来看，当各国的边际减排成本相等时，全球总成本最小，但是这就意味着发展中国家须承担更多的减排义务，显然不符合公平性原则和全球共同发展的目标。从气候变化及高碳发展我们看到工业文明与自然的冲突。现在还没有一个研究发现随着生活水准的上升，一个主要

① 〔德〕弗里德希·亨特布尔格，〔德〕弗雷德·路克斯，〔德〕邦尔库斯·史蒂文. 生态经济政策：在生态专制和环境灾难之间[M]. 大连：东北财经大学出版社，2005：22.

的环境污染物二氧化碳有些改善迹象,即随着平均收入上升超过某一点,没有证据证明存在任何系统化的下降趋势。这是因为二氧化碳在局部地区是无害的,但它作为整体集中于地球的大气中则有很大的影响。当一个国家的生活水准达到某种水平后,公共政策对一个国家的环境改善的动态过程起着中心作用,但是没有人会考虑政策,除非他期待从中获得某种利益。在二氧化碳的排放方面,这种收益只有在全球努力下才会到来。① 而要做到这一点,只有超越"三位一体"的制度基础。

从工业文明到生态文明的制度经济学分析的价值在于,工业文明是建立在其相应的制度基础之上的,因此,从工业文明到生态文明的转变不仅仅是人类生产方式和生活方式的转变,而更重要的是生态文明的制度建设。发展低碳经济就是要通过制度安排(碳税、碳排放权的交换、碳价格等)把外部性内在化,而要做到这一点,仅凭正式制度安排是不够的,还需要从非正式制度入手,从人们的观念(包括对新自由主义经济学的生态批判)、意识、习惯等方面入手。没有相应的非正式制度,即使我们制定的相应的正式制度也难以实施。除了建立面对气候变化及低碳发展的国内制度体系外,还要建立面对气候变化及低碳发展的国际制度体系。只有在这些基础上,人类社会才能从工业文明进入到生态文明。低碳发展显然不是"去工业化"或"反工业化"。现在仅有的工业化模式是西方发达国家的高排放增长路径,其导致了气候变化等严重危机。2002 年,中国已经提出要积极探索"科技含量高、经济效益好、资源消耗低、环境污染少、人力资源优势得到充分发挥"的新型工业化道路。我国已经提出了经济建设、政治建设、社会建设、文化建设和生态文明建设"五位一体"的宏伟发展战略。中国作为一个大国,必然会在从工业文明到生态文明的转变中发挥极为重要的作用。

---

① 〔美〕本杰明 · M. 弗里德曼. 经济增长的道德意义[M]. 北京:中国人民大学出版社,2008:433.

第五章　高碳行为、低碳行为与吉登斯悖论

从人类行为来讲，发展低碳经济就是要从高碳行为到低碳行为。人类的高碳生产行为与消费行为是工业化、城市化及全球化的产物，与此相关，我们形成了与人类高碳行为相应的制度安排和政策。因此，人类从高碳行为向低碳行为的转变不仅仅是一种生活方式、消费方式的转变，也涉及相应的制度安排和政策转变。人类从高碳行为向低碳行为的转变还涉及两个问题：一是在发展低碳经济的过程中，作为生产者和消费者的人与作为社会公民的人是不一致的；二是在当今世界，越来越多的人认识到，减缓排放、发展低碳经济非常重要，但是真正投身到减缓排放、改变自己消费行为的人又非常少，这就是所谓的"吉登斯悖论"。

第一节　人类行为：从高碳行为到低碳行为①

一、引言

在发展低碳经济的过程中，用制度安排控制个体的行为变化非常重要。这是因为以下三点：① 个人消费行为是气候变化的根源。例如，发达国家排放量的一大部分就直接来自于旅行、采暖和购买食物等个人决定。美国家庭的二氧化碳排放量约占国家二氧化碳排放量的33%。② 与低碳发展相关的组织和制度安排进程，即制度创新是由个人推动的。③ 在设计和实施政策时，决策者的思维过程和其他个体是一样的。因此，分析低碳经济的形成必须研究人类行为与低碳经济的制度安排之间的关系。由于信息是不完全的，因此需要用制度来为人类的相互关系提供结构。

首先，在发展低碳经济的过程中，就人类行为来讲，主要面临两大问题。第一是从高碳行为到低碳行为的转变。人类的高碳生产行为与消费行为是工业化、城市化及全球化的产物，与此相关，我们形成了与人类高碳行为相应的制度安排和政策。因此，为了使人类行为从高碳到低碳，一要调整或取消与人类高碳

---

① 本节主要内容以《论人类行为与低碳经济的制度安排》一文发表在《江汉论坛》，2013年第4期。

行为相应的制度安排和政策；二要创立有利于低碳生产和低碳消费的制度安排和政策。本节第二部分将探讨人类行为在从高碳行为向低碳行为转变过程中制度的作用、面临的问题及如何进行制度安排。

其次，在发展低碳经济的过程中，作为生产者和消费者的人与作为社会公民的人是不一致的。作为生产者和消费者，人类在不断地追求自身收益和效用的最大化，并且受传统的生产方式和生活方式的制约（路径依赖），人们还倾向于高碳经济。而作为社会公民的人，人们对环境保护、低碳社会、低碳发展又有向往和意愿。人类行为的这种双重身份，加上制度的二元（作为生产者和消费者的独立的人所面临的制度与作为社会公民的人所面临的制度是不一样的），导致低碳经济发展的进程缓慢。本节第三部分将探讨人类行为这种双重身份矛盾的根源及缓解这种矛盾的建议。发展低碳经济必须通过相应的制度安排改变人类的行为。

二、从高碳行为到低碳行为

从理论上讲，在经济学关于人类行为的分析中，只重视从人的理性及是否追求自身利益最大化来分析，而对人类在生产和交换过程中，在追求自身利益最大化时对环境、对他人、对社会的影响（尽管有外部性的分析）的分析却显得不够。比如说，人类的高碳行为与低碳行为并没有引起人们的重视，尽管我们现在有了碳足迹之类的分析，但这些分析也只是在环境经济学之类的学科中研究，而并没有上升到主流经济学的层面。发展低碳经济不仅仅是生产方式、生活方式的转换，它实际上涉及人与自然的关系。尽管外部性作为市场失灵的组成部分写进了主流经济学的教科书，但到目前为止，经济学还没有把自然环境作为一个约束变量写进教科书。

在经济学的研究视野中，人类行为具有有限理性和机会主义行为倾向两大特征，前者使人类决策偏重于眼前利益而忽视长远利益，后者使人类行为以个体利益为中心而损害他人利益或集体利益，这些均不可避免导致行为的非可持续化。在经济发展模式上就体现为经济发展高碳化。从人类行为来看，一是人类不能认识到或倾向于忽略低排放对于经济可持续发展的重要意义；二是即使认识到低碳经济模式的必要性，但在现有技术条件和制度环境下难以扭转高碳短期行为。工业化过程中，我们的制度安排并没有考虑碳排放的问题，这是由人类的认知能力决定的。现在我们开始认识到温室气体的排放对气候变化的影响，以及气候变化对人类经济社会发展的影响，因此发展低碳经济已经成为人类社会发展的选择，关键是如何从高碳发展向低碳发展转变。这其中，认知和观念的转变非常重要。

人类具有自利、机会主义等行为特征。自利的个人经常会满口应承，却在后来忘得一干二净或者自食其言，有时还妄图不劳而获地搭便车甚至损人利己。[①]在有限理性和机会主义倾向的驱使下，人类容易养成不良的消费习惯和生活方式，低碳消费意识淡薄。生产过程的高能耗进一步加剧了经济高碳化，主要污染物排放量超过环境承载能力，固体废物、汽车尾气、一氧化碳、碳氢、总颗粒物等污染持续增加。以为图便利而无节制使用塑料袋行为为例，据科技部《全民节能减排手册》测算，全国每减少10%的塑料袋，可节省生产塑料袋的能耗约1.2万吨标煤，减排31万吨二氧化碳。又如驾驶过程中形成的快速启动和急刹车等不良习惯，据计算，开车时快速启动和急刹车虽然能节省4%的时间，但燃料消耗却增加39%，一些有毒物质排放甚至增加5倍以上[②]，造成汽车尾气严重污染。以湖北省为例，2007年湖北汽车467万辆，近几年每年以15%～20%的比例增长，2009年主要氮氧化物比2007年多排了将近6万吨。[③]

人类的高碳经济行为与技术、制度是什么关系？在工业化的过程中，人类为什么选择了高碳经济？这主要是由技术决定的。在当时的选择过程，高排放及高碳行为是成本最低的。所以，现在要由高碳经济行为转变为低碳经济行为，关键也是技术。我们必须创新相关的低碳技术来替代高碳技术。在这个过程中，制度安排也发挥着极为重要的作用。“在社会过程的舞台上，制度与人类行为互补与对比，永远相互塑造”。[④] 青木昌彦特别强调认知能力有限的个体与制度之间的正负反馈机制：制度为个体行为提供信息，同时又对个人的行动决策施加“人为约束”；参与人相互作用共同再生和印证着制度，或在外部冲击和内部累积性影响下调整主观认知寻求新的行动可能性，使原有制度陷入危机，从而产生制度变迁和新的制度均衡。[⑤] 在历史上高碳经济形成的过程中，人类行为与制度是这种关系，那么，低碳经济形成的过程，人类行为与制度的互动关系也是这样的。人类行为与制度相互作用相互影响，制度塑造个人，并能扩展人的有限理性；个人也能塑造制度，人性的演变影响制度变迁的方向。目前不完善的低碳经济制度制约着人类低碳经济行动的形成，所以，创立发展低碳经济的正式规则、非正式规则及其实施机制在发展低碳经济中极其重要。

低碳经济、低碳意识等如何转变为制度安排？在青木昌彦、格雷夫等人看

---

① 易杏花，卢现祥. 论人类行为与制度的关系[J]. 福建论坛(人文社会科学版)，2007(7).

② 金起文，于海珍. 中国发展低碳经济的策略选择[J]. 中国国情国力，2009(10).

③ 省环保厅副厅长吕文艳解读生态湖北建设[EB/OL]. 湖北省政府门户网站[2010-07-13]. www.hubei.gov.cn/gzhd/zxft/szbmft/hbt/201305/t20130503_446773.shtml.

④ 〔美〕阿兰·斯密德. 制度与行为经济学[M]. 北京：中国人民大学出版社，2004：372.

⑤ 卓越，张珉. 新制度经济学的新发展与政治学新制度主义：比较与启示[J]. 经济学家，2008(4).

来，制度对人类行为影响的机制这样的：参与人的偏好是外生于制度的，制度通过协助与制约的方式影响参与人的行为，从而实现其外生偏好。在这里，我们可以把发展低碳经济作为一种外生偏好。制度的作用表现为两个方面：一是制度帮助参与人节约决策所需的信息加工成本；二是制度协调参与人的信念，并控制参与人的行为决策规则。低碳发展的共有信念引导着参与人朝着某一特定的方向行动。在这个过程中，“规则”提供共享信息并协调行为，“信念”和“规范”提供遵循规则的激励，“组织”产生并传播规则。① 由于低碳经济提出的时间还不长，低碳的“信念”还没有植根于大多数人的思想中，低碳经济的规范也不健全，所以建立及完善发展低碳经济制度（正式的、非正式的及其实施机制）在形成低碳经济行为方面越来越重要。换言之，低碳经济的运行及绩效是正式规则、非正式规则及实施机制综合作用的结果。

新制度主义认为，之所以出现规则遵循行为，是因为存在：① 信息和决策成本；② 认知及信息处理约束；③ 尝试逐案调整而出错的风险；④ 个人由于其行为被规则决定而得到的某种利益。这里最关键的是首先让人们从认知上明确发展低碳经济的意义及重要性。其次，要把人们遵循低碳经济规则与其自身利益联系起来，即把发展低碳经济变成一种自我实施的行为。当低碳技术及其相应的制度安排有利于低碳生产和低碳消费时，人们就会选择低碳行为。

把发展低碳经济变成人们自我实施的行为是一个长期的过程。制度具有塑造个人的功能。人类行为在本质上可以用两种方式来规范：一是直接凭借外部权威，它靠指示和指令来计划和建立秩序以实现一个共同目标；二是间接地以自发自愿的方式进行，因各种主体都服从共同承认的制度。② 以 1983 年英国强制实行汽车安全带法律为例，在此法律生效以前，大批司机不系安全带；法律实施后，只有极少数司机不系安全带。引起这种行为变化的最重要因素是，法律本身对驾驶者有一种强有力的合法化影响，使他们的目标和偏好倾向于更安全的行为模式。法律权威的影响力不仅在于通过施加惩罚使人们了解代价与收益从而改变行为决策，而且还改变了那些人本身，“系带”的实践变成了一种习惯，由于人们普遍相信它对于减少伤亡的作用而被广泛接受。③

低碳经济制度在演化中先后采用了这两种方式来规范人类的行为来发展低碳经济，一是较早采用的命令—控制型制度，如数量控制、行政管制等；二是市场型制度及自愿协议型制度，通过制度、激励机制及经济手段等使发展碳经济成为

---

① Greif, A.. *Institutions: Theory and History*[M]. Cambridge University Press, 2006.

② 〔德〕柯武刚，史漫飞. 制度经济学——经济秩序与公共政策[M]. 北京：商务印书馆，2000：171.

③ 〔英〕G. M. 霍奇逊. 现代制度主义经济学宣言[M]. 北京：北京大学出版社，1993：163.

有利的行为。人类行为与交易成本会决定制度及其选择。如果实行低碳经济的交易成本太高,那么人们还会习惯于高碳经济。为什么命令—控制型制度安排效率递减?这是因为采用这种制度安排的成本(交易成本)上升,所以这种制度安排难以让人们形成低碳经济行为。人类行为在从高碳到低碳的转变过程中面临着长期的高碳经济使人们产生的习惯及路径依赖、成本如何降低等问题。而以市场型制度及自愿协议型制度发展低碳经济则是自我实施的,它更有利于把发展低碳经济与经济主体的利益联系起来,既有利于降低成本,又有利于政策和规则的实施。

低碳经济具有不确定性、时空的特殊性及跨际问题等。低碳制度的存在构成了不确定世界中人们之间的相互关系;制度可以减少个人面临的不确定性,这是因为制度限制了人们选择的范围并使行为成为可预测的。没有制度就没有秩序和组织。概言之,制度有助于约束人类某些有碍于合作的本性,有助于增进可预见性,有利于缓解人类知识的不足,从而扩展人的有限理性。制度具有传递性,它减少了每一代人都要重新学习的成本。如家庭中的个人消费方式是通过一套以前形成的惯例而保持下来的,它会受社会文化以及有关人员的性格的影响。制度能将外部性(正、负外部性)内在化,使他人的行为变得更可预见,在一定程度上约束人的机会主义行为倾向,从而扩展人的有限理性,为社会交往提供一种确定的结构。① 通过制度安排来改变人类行为的关键是要把低碳发展作为制度安排的目标和政策的导向。

首先要改变我们原有制度安排中支持高碳行为的内容,这既包括正式制度,也包括非正式制度及其实施机制。如我们原有的对石化能源的补贴要逐步减少直至取消,还有我们不少工业化时代及市场经济中形成的规则都是建立在有利于高碳发展的基础之上的。受有限理性和机会主义行为倾向的影响,人类行为出现搭便车、外部性等系统性偏差,导致经济发展轨迹高碳化,造成废气污染、光化学烟雾、水污染和酸雨等危害加剧,以及大气中二氧化碳浓度升高所带来的全球气候变暖等严重后果。这些经济发展中的外部性人们并不能直接感受到,或者能感受到也认为与自己无关。

用市场机制发展低碳经济已经被越来越多的人认同。用市场机制发展低碳经济是否能改变人们的高碳行为呢?对能源和稀缺资源的更合理定价可以引导个体远离碳密集型生产和消费。但是,个人消费的动机超越了价格因素的影响,也就是说,价格并不是影响人们行为的唯一因素,如低碳技术没有得到有效的运用,无悔投资也很少。那么是什么原因导致人们关注气候变化及发展低碳经济,

① 〔美〕阿兰·斯密德.制度与行为经济学[M].北京:中国人民大学出版社,2004:76—77.

但是行动却较少呢？总的来看，这是因为关注不等于理解，理解不一定会导致行动。这说明让人们形成低碳消费并不是那么容易的。我们需要从认知科学的角度研究低碳经济规则与人类行为的关系。

关注不等于理解表明人们的认识与行动是脱节的。对气候变化的关注并不一定表示我们理解了它的内在机制。调查显示公众承认他们对气候变化的原因和解决办法仍然感到困惑。强调减排和适应能力的多方参与性质也会告诉人们，问题的解决不取决于单个个体，从而导致公众的无助感和无力感，在这巨大的工程面前人们感觉自己很渺小。要想人们行动，认识需要建立在来源可靠的确切信息之上，但是我们在气候变化和人类行动的关系上还存在诸多的信息不一样、甚至矛盾的地方，如“全球变暖说”是确定还是不确定，全球变暖的始作俑者是自然还是人类，人类面对全球变暖是适应还是减缓，面对跨期选择是积极还是消极等。这是人们有认识但不行动的重要根源。从关注转向理解还与我们思维认识问题的方式有关，如个人处理多原因问题的能力不足，而低碳经济是一个多因素的问题；影响我们反应能力的滞后效应可能与对存量—流量关系的有限理解相关，这种关系描绘了温室气体的积累、减少和稳定，即使排放量以最大幅度减少，全球进一步变暖也不会停止，短期和中期的适应需求也不会消失。

如何改变人类行为？这既要求提高信息的有效性，又要求提高制度安排的有效性。发展低碳经济涉及大量的信息，提高低碳经济信息传递的有效性非常重要。在传递气候变化的信息时，信息驱动的途径必须转变为以公众为中心的途径，个人不是被动的信息接收者，而是问题起因和解决方案的积极参与者。信息透明和公开也十分重要。研究表明，信息对重要措施取得公众支持具有关键作用。在美国进行的一项调查发现导致公众对总量管制和碳交易计划负面认识的一个主要因素并不是担心额外费用，而是对它们有效性的有限理解，这降低了公众对它们的信任。同样，一旦公众完全理解环境税并不单为筹款而是改变行为的方式，他们对环境税的反对就会减少。丹麦的减排量为什么绝对地减少？这是因为其环境税都主要用于了环境保护及相关减排行为。

要根据低碳经济的特点，提高制度安排的有效性。第一，制度安排应该降低个人决定的交易成本，并加强现有信息的所有权。实现适应规划和减排参与者的自我评价制度化可能十分有用。第二，制度安排要注意限制个人轻视未来价值的倾向。个人轻视未来价值的倾向可以通过制度安排和外部压力而改变，也可以通过为企业或个人提供长期政策导向发挥作用。2007 年一项针对商业领导者的国际调查发现，81% 的受访人认为政府需要提供清晰的长期政策信号以帮助企业发现改变和计划投资的动力。第三，制度安排要注意个人只注重短期利益结果的这种倾向。无论是减排还是适应都不可能取得立竿见影的效果，公众可能会认为这些收益很远而不确定。制度的作用就是明确传递适应和减排的直接收益和共同收益,尤其是要强调涉及人类健康的收益。改进后成本—收益工具可以鼓励公共和个人决策者更果断地行动,如从矿物燃料转向可再生资源可以创造工作机会,碳税的专款专用可以提高减排收益的可见度。第四,制度安排要注重社会规范建设。在社会经济生活中,社会规范是大部分人认可的行为模式,是人们用于衡量自己行为是否恰当的参照系,人们希望自己的行为为社会所接受,而且倾向于效仿大多数人的行为。这样,社会规范可以通过塑造人们的行为来取得社会所需要的结果,而且这样的过程通常成本较低。

三、作为生产者和消费者的人与作为社会公民的人之间的矛盾

人类行为从高碳行为向低碳行为转变面临的另一个深层次问题是:作为生产者和消费者的人与作为社会公民的人既统一又矛盾。同样一个人,在这里只是身份的不同而已。我们每个人都是多重身份的,但是主流经济学把人的多重身份分开,如作为生产者与作为消费者,分别有生产者行为和消费者行为研究,而且对于作为社会公民的人我们经济学还不研究,这是政治学和社会学的研究对象。这样,同一个人的多重身份被多个学科研究。从经济学上讲,对生产者和消费者行动的研究已经相当多了,我们相关的经济制度是相当完善的,但是作为社会公民的人,我们的制度还不完善,或者说有些制度还难以实施。对作为社会公民的人,我们的说教、自律、道德约束多一些。从人们的习惯、成本等方面来考虑,作为生产者与消费者的人还是选择在高碳经济里生产、交换与消费;而作为社会公民的人,人们已经认知到低碳经济的重要性。作为生产者与消费者的制度与作为社会公民的制度并不一致。在缺乏社会治理的情况下,这种矛盾更加突出。在现代经济中,低成本还是生产者竞争的重要优势,低碳经济如果没有成本优势就很难替代高碳经济。而作为社会的人,许多规则对人们的约束还是软的,更多的还是非正式约束,如公德、价值观等。换言之,高碳意识和低碳意识在人们的意识中并存,制度的不一致及人们身份的多重性也影响着人们从高碳行为到低碳行为的转变。

通过制度创新改变作为消费者的人的行为,是从高碳经济转为低碳经济的基础。高碳经济时的人类偏好与低碳经济时代的人类偏好是不一样的,在高碳经济时代,我们经济理念是多比少好,根本没有考虑资源和环境的约束,GDP 越多越好,离开环境约束追求所谓高生活质量,但并不是高能耗就能满足人们的需求,也并不是能源消费得越多就越幸福。理查德·海因贝格(Richard Heinberg)根据世界价值调查组织(World Values Surrey)的一些问卷调查结果得出结论,墨西哥和委内瑞拉受访者的幸福感比美国人要高约 20%,其人均能耗却只有美国

的25%至35%,他指出,如果充裕和健康生活的必要消费得到满足,额外的消费并不会使人们的幸福感增加。①

从人类行为角度来讲,发展低碳经济面临着生产者(投资者)、消费者与作为社会公民之间的矛盾。人们对自我或对自己身份的认同感,会影响到我们的社会、经济和政治行为。自门格尔以来,个人主义方法论对经济学产生了重要的影响,以至于在绝大多数的时候,我们不承认人们会为了他们国家的利益、阶级的利益、社会团体的利益,甚至人类的利益而行动。这一假设认为,只有在集体利益和个人利益一致的时候,人们才会采取有利于集体的行动。经济学关于同质的人的假设是不利于我们分析低碳经济的。② 在发展低碳经济的过程中,个人理性不等于集体理性的情况比比皆是。如作为消费者,人们不断地追求效用最大化,但这种最大化对环境是不利的,而作为社会公民,人们知道环境保护很重要,应该好好地保护环境,这就产生了矛盾。这种矛盾根源于个人利益(生产者和消费者)与社会利益(社会公民)的矛盾。人类社会在保障个人利益最大化的制度方面要完善得多,而在保障社会利益方面,我们的制度还不完善,即使存在一些制度,实施起来也相当难。从体制上看,市场机制为生产者和消费者实现利益最大化提供了平台和保障,但是保障为社会公民目标实现的非市场机制(如民主体制)并不尽如人意。③

消费者的私人欲望与公民的共同理想之间存在着差异。大多数消费者都希望得到物美价廉的商品和服务,并且消费者总是说自己关心社会责任,但是在生活中却很少有人愿意为此多花钱。2002年开展的一次民意调查显示,大约50%的消费者表示希望环境得到有效保护,但那是公司的责任,不是他们的义务。研究表明,只有当环保产品的售价不高于一般产品,质量和性能至少处在同一水平,来自他们了解并且信赖的品牌,可以在他们平日光顾的商店里买到,并且使用习惯不需要很大的改变时,消费者才会去购买不污染环境的商品。④ 2004年,在欧洲进行的一次调查发现,在参与测验的消费者中,有3/4的人表示,他们愿意因为公司在社会或环境上的良好记录而改变他们的购买决策,但是仅有3%的人承认他们真正这样做了。⑤

---

① 〔德〕魏伯乐,〔澳〕查理·哈格罗夫斯.五倍级[M].上海:格致出版社,2010:278.

② 〔美〕考什克·巴苏.经济学的真相:超越看不见的手[M].北京:东方出版社,2011:91.

③ 〔澳〕大卫·希尔曼,〔澳〕约瑟夫·韦恩·史密斯.气候变化的挑战与民主的失灵[M].北京:社会科学文献出版社,2009:25.

④ 罗伯特·赖克.超级资本主义:商业、民主和每一个人生活的转变[M].北京:当代中国出版社,2010:196.

⑤ 同上④,第197页。

在现代经济中，作为消费者和投资者，我们的表现极为出色，然而作为追求公共利益的公民，我们却失去了力量。例如，沃尔玛使许多商品的价格有了大幅下降，这给消费者带来了好处；另一方面，沃尔玛的成功也使投资者获得的回报成倍增长。然而，我们大多数人也是拥护公平的公民。在这一方面，我们许多人对于沃尔玛的低工资、秘而不宣的利润水平、迫使供应商削减付款和收益、从国外采购的权利，以及它对于小镇主街的破坏性影响深感震惊。作为生产者与消费者与作为社会公民（环保）的人既有一致性又存在冲突。制度的作用就在于增加这两者的一致性，减少冲突性。发展低碳经济实质上要解决人的行为及人的偏好问题。从高碳经济到低碳经济的转变是生产方式和生活方式的转变。为什么会产生矛盾？第一，生产者和消费者是由经济市场决定的，而作为社会公民的人是由政治市场及社会治理决定的，这两种市场并不总是协调发展的。政治市场的滞后发展会大大地降低作为社会公民的人们在环境治理及管理中的作用。第二，作为生产者、消费者的经济制度的激励强度要高于作为社会公民的制度的激励强度。这是因为前者更多地与利益直接联系在一起，作为生产者，企业会追求利润最大化，作为消费者，他们会追求效用最大化。而后者是一种间接的联系，并且容易产生搭便车的现象。

如何解决作为生产者和消费者的人与作为社会公民的人之间的矛盾？

一是让更多的消费者了解自己的消费行为对环境的影响，包括采取经济手段和宣传教育的手段。大多数情况下，消费者并不知道自己的消费行为会对环境产生怎样的影响，因此是否选择可持续发展的生活方式，显然也是一个宣传教育的问题。人人都知道白炽灯泡是一个高能耗产品，但是等离子显示屏呢？对高能耗的充分认识恐怕只停留在专家这一阶层。每年 12 月，都有从智利空运到欧洲的樱桃上市，这已经不再是什么秘密；牛奶制成的奶酪是一个主要的温室气体排放源，这个消息是最近几年才通过媒体传播开来的；还有一次性照相机、易碎玩具——人们不需要刻意提醒也知道，这些产品背后的制造工艺并不简单，但是却似乎太不经用了点儿。[①] 为什么人类在生产和消费产品时追求低成本、高效应，而不能做到环保和低碳呢？这是因为长期以来我们没有通过制度、政策把环保和低碳纳入生产方式和消费方式之中。人类的制度也是“分裂”的，在生产和消费领域，我们的制度安排引导人们追求利润最大化和效用最大化，而在社会领域和公共领域我们的制度安排则要求人们环保和低碳，所以要发展低碳经济就必须在生产领域、消费领域和社会领域实现“统一”的制度安排，让人们的行为从生产、消费领域就开始环保和低碳。只有通过制度安排让环保和低碳成为

① 〔德〕魏伯乐，〔澳〕查理·哈格罗夫斯. 五倍级［M］. 上海：格致出版社，2010：273.

约束人们的条件我们才能真正实现低碳经济。

低碳经济模型的构造有四大要素:(节能、环保)意识、法律法规、激励机制和竞争。[①] 为什么在日本节约能源的效率要远远高于其他所有国家呢?其中最重要的因素在于广泛采用环保措施和能源节约措施的日本民众。在第一次石油危机期间,日本政府和日本民众都感觉到了节能的重要性和紧迫性,于是能源节约措施开始被政府和人民同时选用。在那之后,日本企业十分注重能源节约型设备的开发,同时日本消费者也优先选用能源节约型产品来响应。[②] 为低碳经济开发技术是可行的,但是更重要的是创造一种机制将这种先进的技术销售到市场中。这需要市场中的普通消费者都有强烈的节能意识,而不是普通的自由竞争市场。日本与其他国家能源效率不同的原因不仅仅在技术上,而在于能源意识的不同。因此,在市场上购买节能型设备和产品的第一个要素是普通消费者强烈的节能意识。能源意识、低碳意识在发展低碳经济中至关重要。有了这些意识,既有利于低碳技术的发展及相应的制度安排,也有利于低碳技术的应用和制度的实施。

二是要改变人们的消费偏好和生活方式,要通过多种方式让低碳进入人们的生活模式和消费模式。在人类不创造新消费形式的前提下,20 年后人类的能源消耗将比现在增加 30% ~40%。随着城市化进展,人类对资源的需求不断增加,经济越发达,资源的需求就越大,因此,破坏环境的真正推手是“人类不加限制的消费欲望”。通过消费结构改革和绿色科技创新,构建起政府、市场、社会三元合作的政策网络,才能有效应对气候变化和进行环境保护。[③] 我们对现有数据的解读是:对大多数国家的大多数公民来讲,只要国内和国际的用于应对全球变暖的动议不要求他们的生活方式做出大的改变,就会支持这些动议。[④] 现在的问题是我们在不降低人们生活水平和生活质量的情况下,如何通过低碳技术、低碳生产方式、低碳生活方式及相应的制度安排来让人们参与应对全球变暖的动议,从而发展低碳经济。其实人类发展低碳经济的潜力很大,首先是如何通过观念和生活方式的改变来发展低碳经济。

揭示低碳经济发展的内在逻辑,通过制度的内生化和政策工具的引导使人类社会的生产与消费、需求与供给由高碳经济转向低碳经济。现在的政策和制度更多地是从供给方面来发展低碳经济,这种忽视需求的偏差不利于发展低碳经济,因为在一定程度上,消费者对“低碳”的偏好和对低碳产品的需求将决定

---

① 薛进军.低碳经济学[M].北京:社会科学文献出版社,2011:223.

② 亢凯.基于低碳经济情境的顾客价值构成维度研究[D].济南:山东大学,2012.

③ 吴晓林.抑制二氧化碳还是变革消费结构?——当前环保政策的困境与出路[J].马克思主义与现实,2012(1).

④ 〔英〕安东尼·吉登斯.气候变化的政治[M].北京:社会科学文献出版社,2009:53.

生产者对低碳产品的生产与供给。需求与供给的相互作用才能更好地发展低碳经济。我们既要有从供给方面发展低碳经济的制度安排和政策工具，也要有从需求方面发展低碳经济的制度安排和政策工具。

三是完善社会治理来缓解这种矛盾。社会问题需要社会管理机制的创新来解决，但我国社会管理相对滞后。我国的社会管理滞后于经济发展，并成为经济社会发展的制约因素。中国正在经历的转型不仅是经济本身的巨大变化，更是在认知层面上的理性的社会建构方面发生的深刻转变。中国不仅是政治体制改革滞后于经济体制改革，而且社会管理也滞后于经济管理。人们开始认识到经济的确是镶嵌在社会结构之中的，要注重经济发展与社会发展的协调，在分析经济现象时必须引入社会的变量。历史与现实表明，社会治理和社会管理有利于环境保护运动的形成，包括发展低碳经济。为了解决发展低碳经济中作为生产者和消费者的人与作为社会公民的人的矛盾，我们需要加强社会管理、完善社会治理。历史上一些政府出台的环境政策是被社会运动倒逼出来的。例如，19世纪末，美国出现的资源保护运动，很大程度上是由于美国西部的铁路铺设加剧森林的采伐引起的。类似的，20世纪60年代和70年代兴起更多的环境保护运动，是由工业的扩张和污染引起的。通过这样的社会运动，环境保护进入公众讨论的范围，并且最后被纳入了制度框架中。强化社会公民的人可以减少作为生产者和作为消费者的人对环境的影响，从而为低碳经济的发展奠定微观基础，在这个过程中，社会管理创新越来越重要，要构建公众参与发展低碳经济的社会平台，仅有市场机制和政府政策干预是不够的，让更多的民众参与进来，才是实现发展低碳经济目标的关键所在。

第二节　发展低碳经济中的吉登斯悖论①

在当今世界，越来越多的人认识到，减缓排放、发展低碳经济非常重要，但是真正投身到减缓排放、改变自己消费行为的人又非常少，这就是所谓“吉登斯悖论”。为什么会产生吉登斯悖论？如何解决吉登斯悖论？这正是本节要探讨的两个问题。

一、发展低碳经济中的吉登斯悖论

近些年来，联合国政府间气候变化专门委员会（IPCC）和联合国开发计划署

---

① 本节主要内容以《论发展低碳经济中的“吉登斯悖论”》一文发表在《贵州社会科学》，2013年第5期。

(UNDP)都强烈敦促世界各国紧急行动起来,采取切实有效的措施减少温室气体的排放,以应对日益紧迫的全球气候变暖问题。世界银行等国际组织也呼吁世界各国尽快行动起来,减少温室气体排放,并且认为越延迟减排,减排的成本就越高。但是,人们的行动滞后于其认识,产生了所谓"吉登斯悖论"。

吉登斯悖论是指全球变暖带来的危险尽管看起来很可怕,但它们在日复一日的生活中不是有形的、直接的、可见的,因此许多人会袖手旁观,不会对它们有任何实际的举动。① 从理论上讲,大家都知道全球变暖带来的气候变化及其危险,但实际上大家又不愿意行动。为什么不行动?除了全球变暖带来的危险不是有形的、直接的、可见的外,还在于这些后果的发生与自己的行动很难挂上钩,并且这种影响可能是未来的,甚至是影响别人的,与自己的关系不大。此外,人们在这种集体行动中总想搭便车。这些都有可能导致吉登斯悖论。

Stern(2006)曾经就对全球15个国家和地区公众对全球商品生产中二氧化碳排放的关心程度通过问卷调查的形式,进行了定量的测量,结果如表5.1所示。

表5.1 世界主要国家公众对二氧化碳排放的关心程度(2006)

	非常关心	一般关心	关心较少	不关心
美国	19	34	47	1
英国	26	41	32	1
西班牙	51	34	14	2
法国	46	41	14	0
德国	30	34	36	1
俄罗斯	34	31	34	1
印度尼西亚	28	48	23	1
埃及	24	51	23	1
约旦	26	40	34	0
土耳其	41	29	23	8
巴基斯坦	31	25	39	5
尼日利亚	45	33	20	2
日本	66	27	7	0
印度	65	20	13	2
中国	20	41	37	2

资料来源:Stern, N.. *The Economics of Climate Change. The Stern Review*[M]. Cambridge University Press, 2007:465.

① 徐靓.气候变化对自然保护区的影响及法律对策研究[D].临安:浙江农林大学,2012.

由此可见，低碳经济中公众对低碳生活方式的渴望，引起了越来越多国家和地区对全球商品生产减少 CO_2 排放的重视，由此而产生的必然是公众消费方式的改变，从高碳产品向低碳产品偏好的转变，如法国对所有的产品实施了碳标识制度，从而引导消费者走低碳消费之路。但是现实中，大多数人即使知道了低碳消费的重要性，也不愿意采取行动，这种由认知到行动的转变还存在诸多障碍。

吉登斯悖论的特点表现为三个方面：

第一，吉登斯悖论是科斯定理失效的表现。在奥尔森看来，科斯理论的核心在于交易成本和自愿交换，其基本结论是人们会为了实现他们的共同利益而采取集体行动。目前按照科斯理论建立的碳排放权交易是解决吉登斯悖论的一个重要举措，但还是刚刚起步。奥尔森认为，科斯定理仅仅适用于集体规模很小的情况，一旦集团成员足够多，即使交易成本为零，其成员也不会受到激励去为集体产品的提供做出贡献，因为这时搭便车的潜在收益相对会更高。而低碳发展涉及全球范围，科斯的自愿交易大大受到限制。

第二，吉登斯悖论是一种集体行动困境，个人理性不等于集体理性。发展低碳经济的一个核心困境是如何引导经济行为者进行有风险的低碳经济行为。当成本与收益不一致时，个人会有“背叛”的动机。① 所以制度解决这种外部性的关键是必须设计某些机制来使个人和社会的收益率更均等。奥尔森探讨的集体行动困境问题为我们分析制度的性质、变迁及绩效提供了一个视角。奥尔森特别强调“组织费用”在组织运行中的作用，并且组织费用随着组织规模的增加而不断地发生着变化。② 发展低碳经济的组织费用非常高，它除了国与国之间为减排形成协议的成本外，还涉及一国内实施低碳经济协议的成本。有效发展低碳经济的举措要求全国，甚至全世界范围的集体行动。在亚当·斯密的“看不见的手”看来，在国家干预最小化的情况下，自利的个人自发地创造出最优化的社会结果，然而，在斯密的经济世界里不存在集体困境。一般来说，各种不同形式的集体困境涉及个人与社会收益率之间的差异。当存在集体困境时，追求个人利益最大化的个人会创造出次优的社会结果。

第三，未来贴现加剧了吉登斯悖论。人们对待现在与未来是有差别的，现在获得的一点点报酬，通常会被当作与一段时间后获得的更大的报酬等值。这也适用于风险，例如，尽管许多人知道烟盒上印有“吸烟有害健康”，但他们照样吸烟。人们的低碳行为不会产生立竿见影的效果，并且个人消费行为对气候变化

---

① ［美］戴维·瓦尔德纳．国家构建与后发展［M］．长春：吉林出版集团有限责任公司，2011：189．

② ［美］埃里克·弗鲁博顿，［德］鲁道夫·芮切特．新制度经济学：一个交易费用分析范式［M］．上海：上海三联书店，2006：87．

的影响也是微不足道、不能直接看见的，另外这种影响还与未来联系在一起，所以这些特点都加剧了吉登斯悖论。

吉登斯悖论的产生与低碳经济的特点和人类行为有关。气候变化及低碳经济的特点可概括为以下三点。① 从空间上和时间上来看，它涉及全世界各国，并且各国在发展低碳经济的过程中又有异质性，在经济发展阶段和发展水平、经济利益及经济政治体制、文化习俗等都存在差异。发展低碳经济既涉及历史上的碳排放，也涉及现在和将来，这更增加了制度安排和政策工具选择的难度。② 不确定性。人类排放行为导致温室效应还是自然造成温室效应，是减排还是适应，低碳问题是存在还是阴谋，等等，这些认知问题都还存在较大的争议。在发展低碳经济的决策中，生产率是最重要的不确定性变量，第二个重要变量是温度敏感性系数，此外，人口增长率、脱碳率和碳循环等都是影响决策的变量。[①] ③ 最大的市场失灵。气候变化及引起的低碳经济问题是最大的市场失灵。所有这些特点容易导致吉登斯悖论的产生。

从人类行为来看，为什么会导致吉登斯悖论？从认识减排的重要性并不一定导致行动来看，知识通过价值系统传播，而价值系统由历史、政治、经济及制度等因素型塑，这些因素决定我们是否采取行动。(1) 认知科学的研究表明，人们对威胁能够做出优先反应，即能够对确定的、有形的、直接的威胁做出反应，而气候变化的缓慢速度及其风险的被延缓、无形和统计上的性质无法打动我们。(2) 气候变化及发展低碳经济具有不确定性的特点，而在不确定情况下的决策特点受限于人的自然适应本能，人们容易低估累积的可能性。一般来讲，人们更关注现在，对未来事件的重要性大打折扣，并优先考虑在空间和时间上更接近自己的问题。(3) 人们认知到了也不一定会采取行动。人们的"有限理性"可能阻碍他们根据已有的信息采取行动，因为他们会优先考虑安全、居所等人的基本需求。(4) 社会因素影响人们的认识、决定和行动的方式。需求观念及其优先考虑的内容是由社会和文化构建的。这可以解释为什么对环境问题的认识会随财富增加而提高，但对气候变化的认识却不然，如收入越高的个人(和国家)可能会漠视全球变暖以避免降低消费水平和改变生活方式导致的潜在成本。[②] (5) 人们还会建构和重构信息来减少信息带给人们的不安全感，这导致了社会组织性的否认策略，也不利于发展低碳经济，如强调国家排放量而不是人均排放量可以导致生活在非排放大国的人将他们的责任减到最小并以此解释他们的不作为。

吉登斯悖论已经被一些调查所证实。2006 年在美国进行的一次全国调查

---

① 〔美〕威廉·诺德豪斯. 均衡问题：全球变暖的政策选择[M]. 北京：社会科学文献出版社，2011：128.

② 世界银行. 2010 年世界发展报告：发展与气候变化[M]. 北京：清华大学出版社，2010.

表明,有44%的受访者将全球变暖排在"非常重要"之列,然而,它只是处在他们担心的所有事情的第18位,只有不到1/5的人说他们"十分"关心这一问题。同一年进行的一次国际调查则显示,在29个国家中,美国公民相信全球变暖不是一个严重问题的比例是最高的。① 全球层面的调查表明,发展中国家的民众是最关心气候变化的。一项有关9个发达国家和发展中国家的跨文化研究指出,在中国、印度、墨西哥和巴西接受访问的民众中,约有60%的人表示了"一种高度的关注",与此相比,英国和德国这一数字只有22%。此外,在穷国里,约有47%的受访者表达了应对气候变化的坚定的个人承诺,这与英国的19%的数字形成了鲜明的对比。为什么发展中国家的民众更关心气候的变化?这可能与他们所处的环境有关,发展中国家在面对气候变化的适应能力及消除气候变化影响的能力低,民众担心气候变化会对他们的生活造成较大的影响。而发达国家有更强的适应能力和处置能力,他们认为这些问题最终可以解决。

在共同行动应付气候变化的集团行动问题上,吉登斯悖论的现象随处可见,大多数公众认可全球变暖是一个严重的威胁,但只有少数人愿意因此彻底地改变自己的生活。② 只要改变我们的生产方式和生活方式,是可以在不降低生活质量的情况下减少二氧化碳的排放和发展低碳经济的。如果人们减少旅行、供暖、制冷、家电使用并转向公共交通,到2030年,生活方式的转变能使二氧化碳排放量年均减少35亿至50亿吨,这占所需减排量的8%。但是人们的旅行不是减少了,而是随着收入水平的提高而增加了。在一些发展中国家私家车不是少了,而是增长得更快了。

在发展低碳经济的过程中,第一步是认知上的革命,即人们认识到气候变化的后果,认识到气候变化与人类行为(生产和消费)的关系。在从认知和语言到行动的过程中,产生了吉登斯悖论。这种吉登斯悖论的产生与气候变化及低碳经济的特点是有关系的。第二步,针对吉登斯悖论,我们必须把发展低碳经济深植于制度及公民的日常关切之中。我们可以通过提高发展低碳经济的制度能力与建立和完善有利于发展低碳经济的激励机制来减少或消除吉登斯悖论。

二、解决吉登斯悖论的条件之一:提高制度能力

制度能力是我们根据约束条件和实现的目标而采用相应的规则(正式的和非正式的)从而实现目标的条件及机制。提高制度能力主要需要三大要件:① 信息与交流的平台。有效的信息与交流的平台是制度能力的基础。在信息

① 〔英〕安东尼·吉登斯.气候变化的政治[M].北京:社会科学文献出版社,2009:116.
② 同上①,第2页。

不完全、不对称、有限理性及存在道德风险的情况下，人的行为是难以预知的，只有在一定的制度框架下，人的行为才具有可预知性。我们现在关于气候变化及低碳经济的信息还是很有限的，认识上还存在较大分歧，并且相关的交流平台还不足。② 确定制度应该解决的核心问题。解决气候及低碳发展的关键问题就是成本分担问题。成本分担涉及责、权、利的问题，涉及个人收益与社会收益的关系问题。③ 建立相应的规则或契约，并保障这些规则有效实施。

我们可以通过提高制度能力来解决吉登斯悖论。

第一，向公众提供有关气候变化对经济社会影响及低碳经济方面的信息，并在那些受影响者中间创建进行交流的论坛或平台。英国曾主持召开了一次“公民峰会”，意在考察一次评议过程能够在多大程度上转变公众对全球变暖的态度并培养出生活方式的改变。来自英国不同地区的公民参加了这一系列活动。组织者给他们寄发了信息包裹，并要求参与者想办法在最后的会议即峰会召开前采取步骤减少他们的碳消费。实践证明，这一活动是有效果的。在评议的最后阶段，同意“我对气候变化已相当了解”这一表述的参与者比例增加了一倍多，达到66%；同意“有必要立刻采取行动”的百分比从开始时的65%上升到了结束时的82%；在活动开始前，只有刚刚过半的参与者同意对抗气候变化的责任“属于我们所有人”，到结束时这一比例提高到83%。从这一活动来看，向公众提供信息并建立相应的交流平台可以减少科斯定理的失效，并缓解吉登斯悖论。

第二，成本分担规定被大部分参与者公平地接受。在大多数时间、对于大多数公民来说，气候变化是一个“想后”的问题，哪怕它是担心的根源，除非它的后果变得可见、直接，否则它在这里就打住了（吉登斯，2010）。发展低碳经济的成本如何分担？其实，我们已经知道那些高排放的行为和部门了，如高耗油车辆的驾驶者应该为其专享权付出重税，其具体税率应以“污染者付费”为原则，以政治上的可行性为限度。对于谁排放多谁应该承担成本多这个规则大多数人是没有意见的，但问题是，这些排放多的少数人在制定规则甚至影响规则的制定上比其他人更有话语权或影响力。这就使公平地分担排放成本的原则很难实施，大多数人也因为这些排放不会“直接”影响自己而不去关心或行动。所以，这里需要政府对那些高排放并且可以实施治理对策的事或人强制出台规则或政策，如对高耗油车辆的驾驶者应该实施重税。政府对于那些高排放的企业或个人实现成本承担的规则是公平的，也会得到社会的认可。

第三，建立制度安排，并保证实施和有效监督。解决低碳经济中集体行动困境的难点并不在于制度如何制定，关键是制度或契约如何实施的问题，而实施又离不开有效的监督。在节能减排的规则及观念实施方面，民众的参与和监督是最为重要的。一是民众的参与。当我们转向低碳生活方式时，应该全神贯注创造引爆点，以期出现阶跃变化，即从小处开始，当达到某个临界值时更大的变化就会发生。例如，在SUV的使用上，如果大众舆论都转向反对它们，它们就有可能在一夜间滞销。二是在规则面前民众的自律。一项研究表明，如果将一张笑脸印在平均消费线以下的账单上，而将一张愁脸印在那些花钱超过平均数的账单上，花钱很多的用户就会大幅度削减他们的消费。三是寻找与全体公众齐心协力的交点。在节能减排方面，公众之间有许多共同点。在这些有共同点的地方规则容易制定，也能得到较好实施。政府在制定低碳经济规则时尽量从公众之间有许多共同点的地方入手，这可以大大地降低实施低碳经济规则的成本。

换言之，在节能减排方面，人们原有的生活习惯还有一定的惯性，甚至惰性。但是，这时候人们并不是不愿意，而是原有的习惯让他们一下子还难以改变。此时，若有强制性的规定，人们的行为是可以改变的。也就是说，人们在这一点上已经有许多共同点，只要出台强制性规则，是可以实施的。例如，澳大利亚政府已对所有非节能灯泡发布了一项全面禁止的命令，这种命令建立在传统的灯泡和节能灯泡在其他方面的差别可以忽略不计的前提上。最近我国政府也开展了"告别白炽灯泡 · 点亮绿色生活"的低碳行动。我国明确从2012年10月1日起，分阶段逐步禁止进口和销售普通照明白炽灯。我国照明用电约占全社会用电量的13%，其节能减排潜力大，若把我国在用的14亿只白炽灯全部替换为节能灯，每年可节电480亿度，相当于减少二氧化碳排放4 800万吨。

三、解决吉登斯悖论的条件之二：建立和完善激励机制

吉登斯悖论表明，面对气候变化及温室气体效应问题，人们已经认识到了但就是不行动或行动不够。这种悖论存在表明，对于减排及发展低碳经济的激励机制还不健全。激励是规则的结果，这些规则用于奖励和约束各种活动的收益和成本。在此，用于发展低碳经济的制度安排有两大作用，一是对发展低碳经济的活动进行奖励，二是对高碳经济行为进行约束。发展低碳经济的一个重要方面就是要建立有利于打破碳锁定，从而有利于低碳生产、低碳交换、低碳消费的激励机制。制度设计和政策导向只是第一步。协定书只强调了问题的一个向度，即减少温室气体排放，而没能改变导致外部性的激励因素。我们创立规则并不难，难的是规则要被人们认可并被实施。发展低碳经济因为其全球性而使建立的制度性激励体系不完美，这种不完美大大地降低了制度的效率。制度分析的关键就是考虑到制度性激励体系的不完美特征，并将其纳入分析框架。①

① 〔美〕道格拉斯 · 诺思. 理解经济变迁过程[M]. 北京：中国人民大学出版社，2008：62.

1. 发展低碳经济的激励机制及其构成

制度对人类行为具有约束与激励功能。在生产力诸要素中,人是最活跃的因素。美国经济学家西奥多·舒尔茨认为,空间、能源和耕地并不能决定人类的前途,人类的前途将由人类的才智的进化来决定。但受有限理性和机会主义行为倾向的影响,人类行为无论在主观还是客观上都存在这样或那样的偏差。历史证明,人类文明在原始文明、农业文明向工业文明演化过程中,人的因素大于自然的因素。高碳经济发展模式造成的环境污染、生态破坏归根到底是人的有限理性(不能平衡短期利益与长期利益,从而牺牲生态环境追求短期经济增长;不能对防止生态破坏的法律执行情况进行适时监控,从而难以将生态保护法律法规落到实处等)和机会主义行为倾向(企业以损人利己的方式生产,消费者以损人利己方式生活等)等人性弱点造成的。

激励必须优先于其他所有的干预措施,包括那些以税收为基础的措施。政府的工作就是要提供研发支持和创建激励和惩罚并举的减排制度,只有这样我们才能确保各种减排方案最终得到采纳应用。把激励机制搞对是发展低碳经济的重要保障。从高碳经济到低碳经济的转变,是人类生产方式和生活方式的重大变革。完成这个转变是一个系统工程,在这个系统工程中,激励机制是最为核心的。

制度的激励功能通过提倡什么、鼓励什么或压抑什么的信息传达出来,借助奖励或惩罚的强制力量得以监督执行。制度的激励,可以规定人们行为的方向,改变人们的偏好,影响人们的选择①,引导人类行为朝着制度的预定目标发展。人们是寻利、创新还是寻租、从事非生产活动也取决于制度所决定的相对报酬及其激励机制。同样的,人们是高碳行为还是低碳行为,关键是我们提供了有利于高碳发展的制度还是有利于低碳发展的制度。

在发展低碳经济中,价格机制是最重要的激励机制,但仅有价格机制是不够的,因为节能还受市场失灵、交易费用过高及投资资金的限制的影响。因此还需要有发展低碳经济的标准以及经济激励措施。这主要包括两个方面,一是制定有利于低碳发展的新标准,二是从制度上建立有利于可再生能源发展的激励机制。这方面制度设计的空间很大,如改革传统的评价制度,使公用事业的利润与销售总额脱离,转而把利润与节能成效挂钩;为低碳技术的发展创造公平的条件,如德国和西班牙强制以固定价格购买可再生能源,而在美国的多个州规定可

① 付卫东.义务教育学校教师绩效工资政策实施效果的实证研究——基于中部四省部分县(区)的调查分析[J].上海教育科研,2010(10).

再生能源必须占到能源的一定份额。[①]

新的制度安排中要把发展低碳技术、节能减排、提高能源使用效率等考虑进去，要使低碳发展比高碳发展更有利。实现这个转变的难点并不是技术层面的，而是利益及制度层面的。我们建立有利于低碳生产和消费的规则就要损害一部分人的利益，他们会阻碍这些新规则的产生。从高碳的经济激励机制向低碳的经济激励机制转变的问题是，要让不同经济利益主体在减少排放上达成共识并成为有利的行为是相当难的。在这一过程中，制度的激励作用主要是通过规定市场主体推动提高能效、节约能源的技术，推动可再生能源技术和温室气体减排技术的创新，将外部性内在化；同时通过引导市场主体的生产活动和消费行为，使其选择符合发展低碳经济的客观要求，使人类自觉选择符合低碳经济发展路径的行为模式。

吉登斯悖论实质上是发展低碳经济目标与传统生产方式和生活方式的矛盾。为了应对气候变化和发展低碳经济，我们必须减缓和适应，一方面，发展低碳经济的目标和重要性已被越来越多的人认识到；但另一方面，我们改变传统生产方式和生活方式从而使人们低碳生产、低碳生活的激励不足。这里的关键是两个方面，一是建立起生产领域的低碳经济激励制度，二是建立起消费领域的低碳经济激励制度。

2．生产领域的低碳经济激励制度

建立生产领域的低碳经济激励制度的关键是企业及经济组织的内在机制设计，要从动力机制上解决企业为什么发展低碳经济的问题。社会责任、声誉、社会舆论是企业发展低碳经济的外部约束机制，而让发展低碳经济成为对企业有利的事情是内部激励机制。这两者的结合会构成企业发展低碳经济的有效激励机制。

如何通过制度设计建立起企业发展低碳经济的内在激励机制至关重要。让企业走向低碳经济之路，主要有两种途径，一是外部强制，如规定减排目标强制企业执行；二是企业自愿，企业把低碳发展与企业发展结合起来。沃尔玛是世界最大的连锁零售企业，拥有 160 万员工和 6 万个供应商。2005 年沃尔玛宣布可持续发展战略，誓言要大幅度降低对环境的影响，成为“世界最具竞争力和创造力的企业”。当时的总裁斯科特宣布了 3 个全球目标：① 企业的电能 100% 来自可再生能源；② 零废料；③ 全程环境友好产品。由于 90% 的改善潜力来自供应链，沃尔玛随即和全美最大的环境保护基金会（EDF）共同开始了“绿色供应链活动”。由环境防御基金会主导，再和中国政府协商，挑选了一些中国的供应商

① 世界银行．2010 年世界发展报告：发展与气候变化［M］．北京：清华大学出版社，2010：15—16．

和生产商,并负责提供一系列与能源效率相关的咨询。这项活动的长期目标,是涵盖其他欧美各大贸易商的 2 万家供应和生产厂商。对沃尔玛来说这是一项节省成本的工程,根据计划,到 2013 年,将节省 5% 的包装材料。这样做,沃尔玛本身可以节省 34 亿美元,而整个供应链将节省 110 亿美元。这项计划会逐步提升 2 万个中国供应商及所属的次级供应商的生态和社会目标,总交易额预计会达到每年 150 亿美元。中方的伙伴必须符合地方政府对空气和水有害物质及固体废料排放的法规要求。只要不符合规定,厂商和沃尔玛的生意关系再密切,也无法再继续。此外,环境防御基金会和沃尔玛还计划到 2013 年减少 1/3 的废弃塑料袋。[①] 沃尔玛把可持续发展战略与企业追求利润最大化有机地结合起来,并且建立了一种发展低碳经济的"倒逼机制",让合作伙伴也参与到低碳发展中来,这种内在的发展低碳经济的激励机制既有利于降低企业的成本,也有利于建立企业的社会声誉。

激励也可来自外部的冲击,这种外部冲击主要有两个方面的。一是焦点事件会引发企业的低碳生产和创新。例如石油价格的变化,1973 年,阿拉伯地区的欧佩克成员对欧洲和北美实施了石油禁运,造成汽油价格飞涨。美国的单位 GDP 能耗在 20 世纪 70、80 年代下降的速度要比历史平均水平快很多。在遭受石油冲击期间,单位产出耗能由以前每年下降 1% 转为下降 2.7%。美国 1975 年出台了首个共同平均能效标准,等到 1985 年该标准完全生效时,美国汽车单位加仑汽油行驶已由石油禁运前的 14 英里提到小汽车的大约 27.5 英里和轻型卡车的 21 英里。二是社会责任、声誉、社会舆论等是企业发展低碳经济的外部约束机制。例如,耐克在过去十年里就已经减少了 75% 的"碳足迹"。该企业表示,它的目标是到 2020 年在所有的产品中实现零排放、零毒性和全循环。企业这样做部分是出于商业的原因,也有社会责任、声誉、社会舆论的原因。我们除了经济激励手段外,还要考虑非经济激励手段;既要注意正式制度的构建,也要注意发挥非正式制度的作用。

3. 消费领域的低碳经济激励制度

在消费领域建立发展低碳经济的激励机制是发展低碳经济的基础。消费者的需求及偏好会影响企业的供给及相关的投资,同时,消费者的低碳偏好会传递给生产者,从而迫使生产者低碳生产。在英国,约有 30% 的国内温室气体来自家庭用电、供暖和制冷设备。外部因素的刺激有利于家庭的低碳消费行为。如 2009 年之后,尽管金融危机使得各种产品的需求大幅下降,但是可以看到节能型电力设备和节能型汽车的销售量远超过预期。可以说,如果具有高环保意识

① 〔德〕魏伯乐,〔澳〕查理·哈格罗夫斯. 五倍级[M]. 上海:格致出版社,2010:197.

的更多消费者决定购买节能型产品，并且如果他们能够得到某些激励而更愿意购买节能产品，就会大大有利于低碳生产和低碳技术的发展。

联合国环境规划署 1994 年在内罗毕发表的报告《可持续消费的政策因素》中提出："可持续消费意味着提供满足基本需要和提高生产质量的服务和有关产品，同时最大限度地减少资源和有害物质的使用，以及在这些服务或产品的寿命周期内废物和污染物的排放，不危及未来各代人的需要。"关于可持续消费的已有研究和应对策略，主要集中在经济和技术的层面。这些研究的潜在假设是：消费现象是单独存在的，也是可以单独对待的；如果消费者知道哪些消费行为损害环境，他们就会做出不同的行动；环境恶化是技术问题，可以通过技术创新解决。这些研究的问题并未看到生产和消费之间的复杂关系，也忽视了消费是受社会结构制约的，是被建构起来的，用卡尔·波兰尼的话来讲，消费是嵌入在社会中的。就全球而言，在科尔曼看来，我们奢侈消费的生活方式给世界带来了种种压力。所以，我们必须建立一个对环境负责的社会。为了建立一个对环境负责的社会和低碳经济，我们必须建立有利于低碳消费的激励制度。

一是要建立低碳消费、低碳生活的制度安排和政策引导。吉登斯悖论之所以产生，一个重要的原因就是我们在人们生活的领域还没有相应的有利于低碳生活的制度安排和政策引导。当我们的制度安排和政策引导能够使人们低碳生活和低碳消费比高碳生活和高碳消费更划算的时候，人们会自觉地选择低碳生活和低碳消费。例如在日本，激励消费者低碳选择的制度安排和政策工具比较多，日本政府制定促进节能环保家电消费的"环保积分制度"，对购买符合一定节能标准的空调、冰箱和数字电视的消费者返还"环保积分"，空调和冰箱的返还比例为 5% 左右，数字电视则在 10% 上下，所获积分可用于兑换消费券——该制度于 2009 年 5 月 15 日起在日本全国开始实施。[①] 调查显示，在政府的倡导下，90.1% 的日本人认为应该实现低碳社会，这种高度的认同感有利于构建低碳社会。[②] 在这个过程中，个人的习惯性行为逐渐形成制度化的惯例。在这里，制度发挥了它们信息功能的作用，降低了当事人处理信息的成本。

二是要把发展低碳经济的目标具体化、指标化、微观化，并且把这些低碳生活的指标与焦点事件和引爆点联系起来。激励公众兴趣和关切低碳生活有多种方式，低碳指标如果是直接的、容易掌握的、可行的，就能够起到重要的作用，而且随着气候科学的不断进步，它们会越来越多。若少数关键的指标与焦点事件(一些异常的气候变化等)挂上钩，应该受到我们高度的关注。这里还要关注人

① 赵雪珂. 日本发展低碳经济对我国的启示[J]. 环渤海经济瞭望，2010(5).

② 同上①。

们生活中的“引爆点”。当我们转向低碳生活方式时，我们要全神贯注创造这个引爆点。从小处开始，当达到某个临界点时更大的变化就会发生。

随着低碳经济的发展以及相关政策和制度的变化，人们的低碳消费意识也开始逐步形成，消费行为也开始发生变化。在这个过程中，政府制定强制性标准是减少吉登斯悖论的重要举措。为了解决吉登斯悖论，政府不能仅仅限于号召、宣传的层面，要把发展低碳经济的战略具体化、指标化、微观化。欧美国家通过一些制度和政策工具促使汽车的更新换代，用耗油少的小车代替那些耗油多的大车。目前，美国汽车平均每加仑的行驶里程仅为 25 英里，在发达国家中最低，欧盟已经达到 45 英里，日本则更高。美国政府准备把这一标准提高到 2025 年的 54.5 英里。美国的新车销售每月大约 125 万辆，这大致意味着同样数量的耗油旧车、大车被替代。另外，美国的居住形态也正在发生变化，生活方式也开始有所调整。人们开始向城市和近郊集结，远郊衰落，对公交的需求越来越大，通勤的公交使用率增加。所有这些都表明，发达国家在保留汽车文明的基础上，从生产和消费，包括人们的观念都在发生变化。

三是应该把碳交易引入到个人之间来。我们现在关于企业与企业之间碳交易的探讨比较多，而忽视了个人之间的碳交易。那些凭低碳生活方式过日子的人可以将他们省下的排放量依据市场价格卖给消费多的人。配额可分成一定的碳单位。每个人都可以拥有一张含有他们每年的补助的智能卡，每次有居家账单要付或使用旅行服务时都可以用的上。关于配给的方式有以下几种，第一种是由戴维·弗莱明提出的“可交易能源配额”，它既覆盖了组织（包括政府），也覆盖了个人。第二种方案是由廷德尔环境研究中心的研究人员提出来的，叫做“家庭可交易配额”。第三种方案由迈耶尔·希尔曼和蒂娜·福西特提出，包括了他们所谓的“个人碳补助”的分配。① 个人领域减排的空间是很大的。如何把个人减少碳排放的潜力挖潜出来，正是消费领域的低碳经济激励制度创新的目的所在。

① 〔英〕安东尼·吉登斯. 气候变化的政治[M]. 北京：社会科学文献出版社，2009：177.

第六章　发展低碳经济的制度体系

发展低碳经济不仅要创立技术和投资支持系统，还要创立制度和政策工具支持系统，这两者是一种互动促进的关系。仅仅从技术、从投资的角度去发展低碳经济是不够的，还需要从制度层面入手，制度的作用表现在有效地激励企业和个人把节能减排的技术和投资用于发展低碳经济。当前许多节能减排的技术不能用于生产和消费活动不是技术方面的原因，而是缺乏有效的激励机制，而有效的制度使发展低碳经济从成本—收益的角度讲是划算的。

在制度经济学的研究中，最有用的制度研究框架是由奥利弗·威廉姆森(Oliver Williamson)提出来的，这种研究框架得到了越来越多的学者认同。值得指出的是，威廉姆森不仅划分了社会或制度分析的四个相互关联的层次，而且还提出了每个层次制度变迁的时间。① 发展低碳经济是社会生产方式和生活方式的深刻变化，与此相关的制度变迁也是多层面的。

威廉姆森关于制度演进的四个层次可以简单地归结如下：第一层次是指嵌入制度或者社会和文化的基础，主要包括非正式制度。第二层次是指基本的制度环境，主要包括产权及其分配等。第三层次的制度是指治理机制。第四层次是指短期资源分配制度，实际上指的是经济的日常运行。从本章到下章，我们分别讨论这四层次的低碳经济制度，其中本章介绍前三个层次，下章介绍第四个层次。

第一节　低碳经济与非正式制度

在制度层次中，第一层次是嵌入制度或者社会和文化的基础。这是制度层级的最高层次，它包括非正式制度、习俗、传统、道德和社会规范、宗教以及语言和认知的一些方面。这个层级的制度是社会制度的基础。这些社会和文化的基础制度变化非常缓慢，改变和适应的过程至少需要1000年时间。② 这个层次是“超长期”，关注诸如传统、习俗、信念等作为驱动因素的力量在决定制度环境方

---

① 罗小芳，卢现祥. 制度演化的层次及其设计分析[J]. 江汉论坛，2007(9).

② 同上①。

面所发挥的作用。这些力量或有利于或阻碍着经济增长和发展。低碳经济作为人类生产方式和生活方式的一次重大变革,制度安排的变革是关键,而其中非正式制度是极为重要的因素。目前国内理论界和决策者开始重视制度安排在发展低碳经济的作用,也出台了不少发展低碳经济的正式规则(法律、条例等),但对于非正式制度在发展低碳经济中的重要性和非正式制度对发展低碳经济的制约重视还不够。本节对于这类问题作一个初步探讨。

一、非正式制度是影响发展低碳经济的重要因素

非正式制度是指人们在长期的社会生活中逐步形成的习惯习俗、伦理道德、文化传统、价值观念、意识形态等对人们行为产生非正式约束的规则,是对人的行为的不成文的限制。它来自社会所传达的信息,是文化遗产的一部分。

为什么说非正式制度是制约发展低碳经济的重要因素?

(1) 包括意识形态、习惯、伦理道德观念等在内的非正式制度本身也是重要的,它们不仅仅是对正式制度的补充。这一点可以从这样一个证据观察出,即同样的正式制度和宪法强加在不同社会时会产生不同的结果。① 也就是说,在人们日常生活中,行为约束更多的来自非正式制度,它有助于为了长期的有效协作而抑制人们的固有本能,能增加逃避义务的风险,增强互利合作的习惯,达到抑制本能性机会主义的目的。这些年为发展低碳经济,我国制定了不少正式制度,从文化中衍生出来的非正式制度不会立即对正式制度的变化作出反应,发展低碳经济中的吉登斯悖论就是一个典型的表现,即人们认为发展低碳经济、减少碳排放很重要,但是人们行为中又很少把它放在突出的问题上。因此,已改变了的正式制度与特定的非正式制度之间的紧张关系所导致的社会后果,对理解经济变迁的方式有着重要的影响②,换言之,发展低碳经济的正式制度与原有的非正式制度是存在冲突的。如何让这两者协调起来,是发展低碳经济极其重要的一个方面。

(2) 非正式制度来自于社会传递的信息,并且是我们所谓文化传承的一部分。哈耶克关于社会秩序形成的思想类似于威廉姆森第一个层次的制度,即非正式制度。他设计了三个具体层次的演进:第一层次是遗传学演进,第二层次是人类智力和知识产品的演进,第三层次是文化演进。在他看来,文化是一种介于本能和推理的东西,是一种行为规则的传统,这些规则在文化传播过程中传承下去,而文化演进中的选择过程决定哪些规则能生存下来。文化演进的基础是

---

① 〔美〕道格拉斯·诺思.制度、制度变迁与经济绩效[M].上海:上海三联书店,2008:50.

② 同上①,第63页。

"群体性选择",而自然选择在相互竞争的人类群体之间进行,因此,作为文化规范的载体,人类群体就必须适应社会成员间交互作用(社会互动)的要求。哈耶克的这三个层次实际上都是威廉姆森所说的第一个层次的制度问题。克拉克对早期人类为了适应生存条件以及获得基本需求所形成的文化逐步丧失的忧虑。这种丧失与工业化、城市化是密切相关的。降低成本、利益最大化及规模经济大批量生产成为经济发展的主导路径。排放、成本外化、外部性、污染等问题并没有同步解决好。这些还影响到社会及文化的构建与发展。从我们现有的文化来看,"高碳消费"的文化还潜藏在人们的心灵深处。文化渗透是具有连续性的,以至于以往那些解决交换问题的非正式制度被带到了现在,并且,这些非正式制度还成为了长期社会变迁的连续性的重要来源。① 非正式制度在制度的渐进演化方面起着重要的作用,从而成为了路径依赖的根源。

(3) 非正式制度的建立早于正式制度,后者是对前者的逐渐替代。非正式制度有很强的文化特征,对正式制度具有强大的排斥能力,包括对正式制度的拓展、阐明与修正,也包括建立社会公认的行为准则和内部实施的行为标准的过程。② 非正式制度的形式可以是采用公认的低成本的衡量方式(如重量与量度工具的标准化),也可以是通过特定的制裁机制,以及让第三方获知交换表现的信息网络如信用评级等,来使第二方和第三方在实施中发挥作用。我们制定了发展低碳经济的正式制度,但是相应的非正式制度还有一个对正式制度的拓展、阐明与修正的过程,还有一个与低碳经济相应的社会公认的行为准则和内部实施的行为标准的建立过程。随着低碳经济的深入,在一个正式制度强制约束人类行为低碳化的社会里,人们一开始是被动接受低碳制度的约束与激励,随后这种行为将自我强化,一旦产生路径依赖,全社会将形成低碳的生活生产意识、习惯和文化,正式制度的实施费用将大大降低,而低碳人塑造的低碳制度将更为理性。简言之,非正式制度的变迁与创新进一步促进低碳经济的可持续发展。

非正式制度是制约发展低碳经济的重要因素。但是如何形成有利于发展低碳经济的非正式制度,要考虑以下问题。

第一,非正式制度的变化是比较缓慢的。人类社会所形成的非正式制度有多少是有利于发展低碳经济的,又有多少是不利于发展低碳经济的,需要我们去分析。不从源头去探讨这些问题,就会降低低碳经济发展中制度安排和政策的效果。扭转经济高碳化发展的唯一路径是实行低碳经济发展模式。低碳经济作为一种全新的制度安排和经济运行方式,其核心就是能源技术和减排技术创新、

---

① 〔美〕道格拉斯·诺思.制度、制度变迁与经济绩效[M].上海:上海三联书店,2008:52.

② 同上①,第55页。

产业结构和制度创新以及人类生存发展观念的根本性转变。制度安排与创新对发展低碳经济具有很重要的意义。

第二,作为一种新的理念和生产与生活的目标,低碳经济如何深入人心,如何成为人们价值观的组成部分,对于我们发展低碳经济越来越重要,认知不仅影响人们的行动,而且影响正式制度的制定及选择。全球变暖的问题需要放在道德范畴中来考虑。如果有人在全球变暖方面毫无作为,地球气候很可能会发生剧烈的变化,后人就会遭到严重的伤害。对于任何国家、任何企业以及任何个人来说,如果其排放量超出了应有的份额而加大了这种危害的话,就是不道德的。

第三,与低碳经济相适应的非正式制度将大大地降低我们发展低碳经济的成本,并有利于低碳经济制度的实施。习惯习俗、伦理道德、文化传统、价值观念、意识形态等对人们行为产生非正式约束的制度,是对人的行为的不成文的限制。①“在现代西方世界,日常生活和经济运作是按法律和产权来安排的。然而,即便是在最发达的经济中,正式制度也只是决定选择的总约束中的一小部分,尽管是非常重要的部分”②,为观念、意识形态和信念支付的价格越低,它们对选择的意义及影响就越大。传统、习俗、信念等作为驱动因素的力量在决定制度环境方面及制度安排方面都发挥着作用。反过来,制度安排也会影响人们的价值观,正式制度的建立与实施也有利于相应的非正式制度的形成。如两位美国和德国的经济学家(Alesina & Fuchs & Schundeln,2007)研究发现,民主德国的居民比联邦德国的居民更渴望一个家长式的福利国家,这两个地区居民的价值观和预期完全不同,这说明社会主义制度和资本主义制度对人的影响是不一样的,也表明正式制度影响人们的价值观及非正式制度。

二、构建发展低碳经济的非正式制度的深层次障碍

制度对人类行为具有约束与激励的双重功能,通过构建有助于人类形成低碳思维模式和行为习惯的非正式制度体系,经济发展低碳化可期。

一是观念、认知及意识形态。在低碳经济发展模式的构建过程中,要十分重视意识形态等非正式制度所具备的潜能,“低碳意识”的培育能大大降低许多低碳政策的实施费用,显著提高政策的实施效果。在向更复杂的、相互依赖的文化演化的压力环境中,人类的意识及其意向性已经导致了不同的制度结构,这些制度结构进一步可以解释社会不同的绩效特征。

发展低碳经济最难的不是技术,也不是正式制度的制定,而是人们对环境的

① 王俊凤.中国政策性农业保险立法问题研究[D].哈尔滨:东北农业大学,2009.

② 〔美〕道格拉斯·诺思.制度、制度变迁与经济绩效[M].上海:上海三联书店,2008:49.

认知及对发展低碳经济的认识和观念，换言之，植根于人们思维中的高碳消费习惯及事不关己的观念改变是最难的。仅仅用激励机制、成本与收益等经济手段去改变人们的高碳消费行为和习惯是不够的，还需要从认知、价值观、习惯、信念等方面入手改变人们的生活习惯。

二是习惯。发展低碳经济面临着从高碳生活习惯到低碳生活习惯的转变。"习惯"①是由文化过程和个人在某时刻以前所积累的经验所决定的标准行为。②在非完全理性的情况下，个人行为不可能实现效用最大化，人们倾向于沿用惯例或模仿方式行事以节约心智资源，此时，文化传统、宗教信仰等非正式制度将在引导人们的行为方面发挥重要作用。③

不可否认，几百年来大多数发展中国家的信念和做法实际都与发展低碳经济背道而驰，努力赶超发达国家始终是他们的基本目标。因此，作为榜样的发达国家的当务之急就是朝着资源有效和节约的文明方向发展。④ 自由国家还不习惯于将这条原则扩大到环境产品，也不习惯避免对后代人造成损害，将后代人的权利整合进标准的民主程序当中，而这二者如今必定成为绝对的中心任务。

人类生产、生活与环境的关系及该理念越来越重要。例如来自斯里兰卡的联邦法官卫拉曼特雷（C. G. Weeramantry）指出，发展经济决不能以牺牲环境为代价；简朴的生活方式应受到尊敬；避免一切形式的浪费。这其中简朴的生活方式应受到尊敬这一条是最难的。人们在不断追求所谓舒适、快捷等，但这些目标的实现不可避免地以牺牲环境为代价。

索尔斯坦·凡勃仑突出经济生活中习惯行为的重要性，他把制度视为"大多数人的思想中普遍具有的确定的习惯"，从而将社会制度与个人思想意识联系起来。现代制度经济学把社会制度定义为通过传统、习惯或法律约束的作用力图形成固定的、规范的行为模式的一种社会组织。⑤ 社会制度是"由习惯、习俗固定下来，默契地或合法地支持社会共识或一致性"（Kornai，1982）。它不一定是神圣不可侵犯的，重要的是能帮助当事人估计其他人可能的行为。在所有已经建立起来的社会制度中都有可能发现习惯化行为的广泛影响，包括教育系

---

① "习惯"可以定义为所有在正式制度无定义的场合起着规范人们行为的作用的惯例或作为"标准"的行为，通常只能表现为前人、年长的人或多数人的"榜样式行为"。熊彼特认为，若没有习惯的帮助，无人能应付得了每日必须干的工作，无人能生存，哪怕是一天。尼尔森和温特尔认为，一种行为若能成功的应付反复出现的某种环境，就可能被人类"理性"（工具理性）固定下来成为习惯。诺思称这种过程为"习惯性行为"。

② 卢现祥. 西方新制度经济学[M]. 北京：中国发展出版社，2003：40.

③ 卢现祥，朱巧玲. 新制度经济学[M]. 北京：北京大学出版社，2007：115.

④ 〔德〕魏伯乐，〔澳〕查理·哈格罗夫斯. 五倍级[M]. 上海：格致出版社，2010：288.

⑤ 同上③，第 113 页。

统、科学联合会、公共服务、贸易联盟以及地方及中央政府的各个部门，并以一种类似的方式在所有制度中充当“基因”。[①] 习惯最重要的特征是：在交换成本给定的情况下，衡量成本被降到最低，这对交换双方都是有利的，而且，交换能够自我实施。在这种交换中，人们把外部性、社会成本等“外部化”了。发展低碳经济就是要通过制度安排（碳税、碳排放权的交换、碳价格等）把外部性内在化，而要做到这一点，仅凭正式制度安排是不够的，还需要从非正式制度入手，从人们的观念、习惯、意识等方面入手。

哈耶克主张人是“追求目的的动物，也是遵循规则的动物”。前者建立习惯和常规，更重要的是采纳社会规范和惯例；后者根据其环境和机会的变化调整其行为，以使他的净收益最大化。当事人获得某种机制，使实际要进行的行为从连续的理性估计中摆脱出来，这就是人所共知的习惯。按照凡勃仑的看法，制度本身就是由“为大多数人普遍接受的固定的思维习惯”所构成。约翰·康芒斯指出，人们设立一套“习惯假定”，并用它们来为常规交易提供基础，使日常工作不需要经常的思考就能够自然进行。[②] 习惯的存在可以大大地节省决策和交易成本。在低碳经济发展过程中，如果制度安排有助于人们养成“低碳”的惯性思维模式和行为，低碳经济模式也就自然而然内生于经济体中。

三是非正式制度具有很强的路径依赖特性，这从一个侧面说明了为什么很多正式规则可以低成本的拷贝和移植，但是其效果却各有差异：与原有的非正式制约相容、或冲突不是很大的法律等正式规则更容易执行，制度变迁的成本更低、预期目标和收益更容易实现；而与历史传统严重背离的正式制度植入的效果则差强人意，制度变迁的成本很高；当所创新的正式制度与原有意识形态矛盾非常尖锐时甚至会导致社会的动荡。正如诺思所总结的，尽管正式规则可能由于政治或司法决定的影响而在一夜之间发生变化，但是在考虑政策时，内含的习俗、传统和行为准则的非正式规则可能更多地是不受影响的，这些文化制约不仅将过去与现在和未来联结起来，而且为我们提供了一个解释历史变迁路径的线索。[③] 高碳经济是工业化、城市化的产物，其形成的因素是错综复杂的。我们从正式规则入手发展低碳经济并不难，现在我们制定了许多发展低碳经济的正式规则，包括法律、条例、规则等，但这些规则与人们形成的高碳意识、舒适消费、成本外化的传统习惯或非正式制度是矛盾的。

从深层次看，对包含在非正式制度中的信息进行文化处理，在长期意味着它

---

① 〔英〕G. M. 霍奇逊. 现代制度主义经济学宣言[M]. 北京：北京大学出版社，1993：158—170.

② 〔英〕马尔科姆·卢瑟福. 经济学中的制度——老制度经济学和新制度经济学[M]. 北京：中国社会科学出版社，1999：72.

③ 〔美〕道格拉斯·诺思. 制度、制度变迁与经济绩效[M]. 上海：上海三联书店，2008：8.

在制度的渐进演化方面起着重要的作用，从而成为了路径依赖的根源。① 传统的非正式制度（包括习惯、习俗、文化等）是制约我们发展低碳经济的重要因素。例如，前些年我国许多城市实行了禁止燃放烟花爆竹的制度，但近些年一些城市为了顺应民意把禁止改为限制，如在春节期间，人们可以燃放烟花爆竹，这是一种典型的习俗"推翻"正式制度的案例。据《新京报》报道，2012 年 1 月 23 日凌晨 1 时，北京车公庄站的 PM2.5 浓度值最高达到 1 593 微克/立方米。那时刚刚开始向公众发布的北京市可吸入颗粒物（PM10 与 PM2.5）实时浓度，并在除夕夜迎来了首次"实战演练"。市环保监测中心公布的实时数据显示，从除夕傍晚开始，车公庄站的 PM2.5 晚 6 时的浓度值为 20 微克/立方米，到了晚 8 时升至 206 微克/立方米，凌晨 1 时最高达到 1 593 微克/立方米。尽管所有人都意识到，燃放烟花爆竹有诸多不利，尤其是对人的健康不利，但也有很多人认为中国人离开了烟花爆竹，这年就过得没有味。还有网友提出了另一种反对禁放和限放烟花爆竹的意见——一年到头，就春节这几天可吸入颗粒物浓度超标对人们健康的影响也没有什么。实际上，这也代表着中国人的一种传统的过年思维，只要热闹和尽兴，付出一点健康的代价也值得。之所以很多人觉得可忍受，是因为对可吸入颗粒物对健康的负面后果并不真正知情，还有一种搭便车的心理，别人不管我也不用管，别人能承受我也能承受。但若人们知道了燃放烟花爆竹的后果后，行为会发生变化。

作为社会公民，我们都会抱怨空气污染，抱怨空气质量差，担忧自己和家人的健康；作为消费者我们追求自身利益的最大化，怎么样方便就怎么样来，自己效用最大化了，但这是以资源的过度使用和环境的损害为代价的。许多人没有意识到，一些污染的制造者就是我们自己。为什么我们不从一些破坏环境的行为中退出来，而只是一味地呼吁社会来提高环境质量呢？走出空气污染的阴影，要靠我们每个人的公民责任感和行动，少开点车、少放点烟花，少吸点烟、少吃点烧烤等。这些都是在为空气污染治理做贡献。一律禁止燃放烟花爆竹并不适当，但是，至少可以提倡少买一点、少放一点，还可以多买一些环保烟花，这种烟花少味、轻烟、残留物少，对环境的污染要轻得多。制度可以拓展有限理性、内在化外部性，同时人也可以塑造制度。人们拥有什么样的意识形态、习惯与文化，他们的行为也会受其影响。

三、培育低碳经济的非正式制度

大力发展低碳经济，应该从正式的和非正式的两个方面对全社会形成制度

① 〔美〕道格拉斯·诺思．制度、制度变迁与经济绩效［M］．上海：上海三联书店，2008：62．

合力，推进低碳经济的顺利实现。意识形态、习惯与文化构成非正式制度的主要内容，低碳经济的非正式制度建设应主要从以下几个方面入手。

1. 大力开展低碳经济宣传教育，为低碳发展营造良好舆论氛围和社会环境

澳大利亚联邦科学与工业研究组织与悉尼大学的联合研究表明，大多数情况下，消费者并不知道自己的消费行为会对环境产生怎样的影响。因此是否选择可持续发展的生活方式，显然有宣传教育方面的问题。

全球气候变化彻底改变了人类对未来的预期和想象，并正在改变世界的政治、经济与社会格局，人类社会进入低碳时代已是大势所趋。对中国而言，大力开发低碳技术，推广高效节能技术，积极开展新能源和可再生能源建设，促进低碳经济发展，建设资源节约型、环境友好型社会是全社会的共同责任，需要动员全社会力量积极参与。要在全社会大力开展低碳经济宣传教育，为低碳经济发展营造良好的国际国内舆论氛围，使低碳观念、低碳意识深入人民大众之心，并使他们自觉地投入这场革命之中。

通过创新宣传教育形式，充分发挥舆论引导和监督作用，强化企事业单位的环境责任，引导企业转变观念，树立节能减排、低碳生产、低碳经营的理念，建立清洁生产机制和精益生产方式，积极开展环境公益项目，提升企业形象。同时，健全发展各种环保组织与协会、低碳经济协会，营造低碳生产、低碳消费的良好社会风尚和社会环境。

低碳教育，从小抓起。低碳意识、低碳观念还应从娃娃抓起。把节约资源和保护生态环境观念渗透在各级各类学校的教育教学中，将低碳生活方面的有关知识纳入幼儿园和九年制义务教育体系，从小培养儿童的节约资源和环保的意识，对提高全民低碳意识和全社会环保水平是大有裨益的。每一个人在童年时代所形成的基本价值观念、意识形态对其一生的行为模式产生巨大影响，而且这种影响具有自我加强的特征。如果让每一个公民从小接受节约资源、保护地球的认知教育，使资源环境保护和可持续利用的相关知识以喜闻乐见的形式传达给孩子们，将日常生活中所获得的认知付诸实践，产生潜移默化的影响。

2. 进一步提高全社会特别是政府机关和公务员的低碳意识

各级政府机关和公务员既是国家制定法律法规的主要参与者，又是国家政策的传达者和主要执行人，其自身观念、意识和行为对广大人民群众具有非常大的示范效应。由于其特殊性，政府机关和公务员在发展低碳经济中的作用十分重要，他们低碳观念的转变、低碳意识的提高，直接关系到低碳经济发展的成效，因此，政府机关和公务员一定要做到率先垂范。

具体措施可以包括以下方面。建设崇尚节约、厉行节约、合理消费的机关文化。建立科学的政府机构节能目标责任和评价考核制度，制定并实施政府机构

能耗定额标准，积极推进能源计量和监测，实施能耗公布制度，实行节奖超罚。[1]不断增强各级干部的低碳意识和法制观念。有些地方没有很好地贯彻执行国家政策，在很大程度上是因为地方政府部门领导人不重视，有的甚至在“GDP 情结”驱使下主动违规犯法，使政策效果大打折扣，要重点加强对领导干部进行环境教育和培训。作为政府形象代言人的公务员要严格自律，大力宣传环境保护的方针政策和法律法规，身体力行，为广大群众树立好榜样。加强信访工作，拓宽和畅通群众举报投诉渠道。

3. 培育低碳文化，倡导低碳生活方式

高碳经济转向低碳经济，工业文明逐步走向生态文明，既是一场深刻的社会大变革，也是一次发展观念、生活观念和消费观念的大转型，它需要摈弃传统的高碳消费文化，培育符合低碳经济要求的低碳文化，通过全方位、多角度、宽领域的文化渗透，营造低碳生产、低碳消费、低碳生活的文化氛围。

低碳是一种生活习惯，是一种自然而然的去节约身边各种资源的习惯。低碳生活的核心内容是低污染、低消耗、低排放和低开支的生活。生活方式低碳化是减少间接碳排放的重要途径之一，低碳生活既节能又环保，有利于减缓全球气候变暖和环境恶化的速度。因此，减少二氧化碳排放，选择低碳生活方式，是每位公民应尽的责任和义务。低碳生活不再是一种理想，而是一种“爱护地球，从我做起”的生活方式。[2]

低碳生活代表着更健康、更自然、更安全的生活，同时也是一种低成本、低代价的生活方式。低碳不仅是企业行为，也是一项符合时代潮流的生活方式，应该积极倡导并身体力行，从节电、节油、节气等点滴做起，从自我做起。如在私人消费中大力倡导使用节能型、低碳型的产品和服务，以公共服务来替代过多的私人消费；提倡消费小型汽车、小排量汽车，以便用较少的能源消耗和碳基排放达到较高的生活满足；戒除以高能耗为代价的便利消费嗜好，激励公众以步代车、少用电梯多走楼梯、多开窗通气少开空调、少看电视少上网；鼓励公众低碳饮食，多吃素食多喝水，少吃高脂高糖少喝酒。据北京市发改委编写的《低碳行为指导手册》，如果全国平均每人每年减少粮食浪费 0.5 公斤，每年可节能约 24.1 万吨标准煤，减排 61.2 万吨二氧化碳；如果全国 2 亿酒民平均每年少喝 0.5 公斤酒，每年可节能约 8 万吨标准煤，减排 20 万吨二氧化碳。

提高全社会低碳意识，倡导低碳生活方式，使低碳观念和意识融入到各个领域、各个方面、各个层次，使低碳生活、低碳消费深入人心。如果我们每个人都能

---

① 长株潭加快建设资源节约型、环境友好型社会的政策研究[R].2007 年湖南科技论坛.

② 同上①。

自觉地从生活中的点滴做起，从身边的小事做起，一个涵盖生产、建设、流通、消费等环节，囊括工业、农业、交通运输、建筑、服务等领域，政府、企业、公民共同参与的“低碳减排·绿色生活”的新格局就会很快形成。

发展低碳经济人人有责。联合国环境规划署执行主任阿西姆·施泰纳认为，“普通民众拥有改变未来的力量”。推进绿色低碳发展离不开政府、企业、社团、家庭乃至每一位公民的积极努力，只有在全社会形成节约资源、保护环境的良好风尚，每一个企事业单位、每个人都负起责任，养成自觉节约资源、保护环境的意识，并积极投身到低碳生产、绿色消费中来，发挥人民群众在节能减排中的作用，低碳经济的目标任务才能最终实现。

4. 从文明层次来看，发展低碳经济是一种生态文明建设

在生态文明建设的过程中，作为一种观念和文化的生态文明的建设是一个长期的过程。如何建设？第一，要把生态文明的理念融入人们的生产、生活及消费活动之中。第二，要有生态的危机意识，要从征服自然、改造自然的观点转变到遵守自然规律、生态规律的观点上来。人们对罗马帝国后期的能源和资源的需求量的最新研究表明，罗马帝国给地中海附近的地域造成太多压力，最终导致这些地区生态崩溃。①

第二节　大气环境治理与产权

制度的第二层次是基本的制度环境。这个层级的制度包括基本的制度环境，威廉姆森称之为“博弈的正式规则”。这个层级的制度包括：详细制定的宪法、政治体制和基本的人权；产权及其分配；使政治权利和产权、货币、基本的金融制度以及政府的征税权力等得以实施的法律、法院以及相关的制度；规定移民、贸易和外国投资规则的制度；以及推动基本制度环境变迁的政治、法律和经济机制。在任何时点上，一个社会的基本制度环境的性质都是对其基本的社会和文化基础的反映，在一个社会动态的均衡中，一个给定的基本制度集将会和社会的基础在特定时点上保持相容。② 基本的制度环境的变化比文化和社会基础（第一层次）发生得更快，但是其变化仍相对缓慢，适应周期大致在10年至100年之间。

第二个层次是长期，在这个时间框架内，政治和法律制度的形式对经济发展起到驱动作用，我们所要研究的就是经济环境是怎样影响这些制度的演化，以及

① 〔英〕迈克尔·S. 诺思科特. 气候伦理[M]. 北京：社会科学文献出版社，2010：45.

② 罗小芳，卢现祥. 制度演化的层次及其设计分析[J]. 江汉论坛，2007(9).

这些制度的演化是怎样影响经济状况的。在此,我们重点探讨低碳经济制度的核心——产权问题。

一、构建低碳经济制度的核心是产权

如何把低碳经济建设与基本的制度环境联系起来?我们这里主要从正式制度方面分析,这里的关键是,第一,如何把生态、低碳发展作为一个重要因素纳入我们的基本制度环境和基本的相关法律制度之中。从宪法到产权等多方面的立法都应该考虑到生态和环境。制度的一个重要功能就是如何让外部性内在化。对生态和环境的破坏的制约还没有纳入我们的法律体系之中,我们有严格的对财产权的侵占的惩罚,但没有严格的对生态和环境破坏行为的惩罚。我们的法律及相关的正式制度与生态环境联系起来还有许多工作要做,如我国土地的低效使用及资源的过度使用与我国的土地制度及资源制度是密切相关的。第二,人类许多基本制度环境的立法是建立在工业文明基础上的,是为发展工业文明服务的。其实工业文明给我们带来了许多资源和生态的问题,包括大量的社会成本。第三,发达国家在输出技术、资本的同时也把大量的资源和生态问题转移到发展中国家。随着我国社会经济的发展,我们在相关的立法中应该开始考虑这个因素。

从基本制度环境角度来看,大气环境治理与发展低碳经济的关键是产权及产权制度。按照科斯理论,如果我们能把大气容量的产权界定清楚,那么通过产权与市场的交易就可有效解决大气环境的治理及低碳发展的问题。关于这一功能,人们通常都是通过产权制度的建立来解释的。市场秩序混乱,实际上是一种负的外部性,只有明确产权,才能消除或降低这种外部性所带来的危害。在明确产权的基础上,引入市场价格机制,就能有效地确认相互影响的程度及相互负担的责任。①

庇古理论的理论意义在于最早从经济学上系统地认识到保护资源和环境的重要性,并发现理论上的认知路线,即从外部性入手。庇古的理论分析是完美的,但操作起来难度非常大,在存在信息不对称的情况下,把企业边际私人净产值与边际社会净产值相背离的情况搞清楚是不可能的。

科斯理论是在批判庇古理论的过程中形成的。科斯认为外部性一般不是一方侵害另一方的单向问题,而是具有相互性,因为为了保护居民利益而限制化工厂排污对化工厂也是一种损害。在交易费用为零和产权界定明晰的情况下,私人之间所达成的自愿协议可以使经济活动的边际私人净产值和边际社会净产值

① 贾兰兰.中国财经秩序混乱问题的研究[D].成都:西南财经大学,2003.

相等，从而排除导致外部性存在的根源。科斯不赞成庇古的通过政府增加税收来对外部性进行干预，而认为应明确谁拥有污染的权利。只要明确清楚这些权利，市场机制自然会使资源实现最佳的配置。与庇古的征收污染税相比，科斯的明确污染的权利的难度可能要大得多。在科斯看来，如果产权被严格制度化，并获得法律力量的保障，那么，对污染等问题施行干预就没有必要，而是应该将所有交易中涉及的问题交给参与方自己去自愿协商解决。

根据假设，最可取的环境恶化标准，可以通过污染者和被污染者的协议达到。这与政府确定的环境标准可能是有差异的。科斯定理在环境保护方面存在一些争议，如果牵涉外部效应的个体数量较少，科斯的产权方法就变得很有效，有利害关系的各方会有效地达成一个协定的支付表。

庇古和科斯分别代表了两种不同的环境治理流派。他们的异同点表现为，都从外部性出发，但庇古为代表的干预主义强调了国家干预，而以科斯为代表的市场环境主义则主张从产权入手使外部性内在化。他们对政府的看法决然相反，根据庇古的观点，我们的远瞻功能是有缺陷的，市场力量常常无助于以自然资源为基础的资本的创造或者保存。庇古认为，从性质上看，政府既是未来人、也是当代人的受托人，如果必要的话，需要依据法律监督和行动，以保护本国可耗竭资源储备免受过早或者过度的开采。而市场环境主义者认为，政府官员通常受到自身利益的影响，忽略社会成本和效益。庇古的一个假设前提就是私人无法解决外部性问题，这个假设实际暗含了庇古认为私人协商阻力大，那实际上就是科斯所说的利用市场机制有成本，交易费用较高。在干预理论中，少数决策者们的专业知识，被用来指导大量即所有环境要素的使用者的行动。但用国家干预办法来调整市场的缺陷，是出于认为政府本质上是有效的并且有能力找到解决问题的办法这一主观想象的产物（Demsetz，1969）。从实施环境保护的手段来看，环境的干预主义学派更多地是从法律来进行的，主要采取行政手段，而市场环境主义者则是从产权入手的，主要采取经济手段。

市场经济的坚定支持者们总是认为，管理市场和财产之类的公共机构是绝对必要的。每当提起所有权、义务以及类似的责任时，大多数经济学家的庇古方法是将市场和财产的“自然的”与“未触及的”（自由放任主义）状态与“理想的”和“最优的”状态相对比。然而，与之截然相反的是，科斯思想认为，没有一种状态是存在的（Coase，1960）。自然状态是一种虚拟的存在；经济和任何特殊资源分配的当前状态是产权经过一段相当长时期发展而产生的结果——并不一定是纯自然的，从另一方面而言，状态干预绝不是最优的。公共选择研究已经表明，决策是受政策制定者的个人利益影响的。

财产和所有权是对人类与自然环境之间关系的正式描述（Bromley，1991）。

一些经济学家认为，财产这个词是对现代经济的一种构建，许多接近自然生活的人们认为人类是“属于土地的”，或者说这种关系是天赐的（如 Hanna & Jentoft，1996）。而用现代说法，财产包含了一束权利。为了合理分析私人或公共财产的不同形式，介绍以下几种财产权（Ostrom & Schlager，1996）：① 接近权：使用或享受财产直接效用的权利；② 收益权：有效使用财产以获取利润的权利；③ 管理权：制定和完善财产使用规则的权利；④ 排他权：排除一些使用者并制定接近财产规则的权利；⑤ 转让权：出售、出租或继承上述1—4项权利的权利。[①]

上述权利中的任何一项权利都是可分离的。例如，有一些常见的权利是继承使用者的权利，但不在市场上出售，其他权利可能允许人们移动、改变或者适应财产，甚至毁灭或处置财产。根据科斯的理论，这些权利应该被看作是“生产因素”，因为它们决定了所有者可以从其财产中获得多少利润（Coase，1960）。所有权还有其他重要方面，包括法律的、文化的及心理层面上的——例如，拒绝出售产权的权利中包含的所有权心理满足（与赔偿的微弱权利相反）（Rachlin-ski and Jordan，1998）。

各个社会中的权利束可能是不同的，它们随着在特定环境下生活的社区和居民之间的相互作用而发展演变。普遍的做法是将法律广义地划分为私法或公法。私法或普通法，指的是在个案基础上制定和完善法律的古老的（尤其是英国）法律程序。这种法律是由法院制定的，且遵守自然的法律原则，法官们自认为是“法律的发现者”。流行的观点是，自然法是针对共同生活在一个社会中的人与人之间的良好关系设计的管理规则，这些自然法可以通过对个案的观察来发现和制定。公法是通过立法机构来制定法令和宪法的一种更为正式的步骤，从各种角度而言，它都可以被认为是公众意愿的表现。在公法之下，立法机构在对产权的定义中起着支配性地位，而在私法之下则是法院起主导作用。

在产权历史上，越来越多的物品以及物品的属性被逐渐定义为“财产”。除了个人附属品（如食品、衣服、工具和住房）被定义为财产外，土地和矿产资源继续属于生态系统资源，这类资源还包括航道、森林和野生动物。罗马法称这类财产为共有物。公共物品在其自然法状态下不属于任何人。它们被认为整体都属于“公共”：“根据自然法则，以下这些东西是所有人共有的：空气、流动的水、海洋以及随之产生的海岸”，来自东罗马帝国机构，由 Wiel（1918）引用，他添加了“鱼、野生动物和飞禽、太阳的光和热等”。[②]

---

① 王昱. 区域生态补偿的基础理论与实践问题研究［D］. 长春：东北师范大学，2009.

② ［瑞典］托马斯·思德纳. 环境与自然资源管理的政策工具［M］. 上海：上海三联书店，2005：80—86.

有些自然资源被分享的原因是没有一种加强产权管理的机制,如边远地区的土地。还有一些资源被分享的原因是其产权不可能得以实施,如大气就是这样。从产权角度看,发展低碳经济与其他环境治理相比,难度更大。大气的产权划分及实施是很困难的,但是产生温室效应、排放二氧化碳物品(煤炭、石油及天然气)的产权是可以实施的。

科斯在他所写的《联邦通讯委员会》中指出,只要产权界定不明确,外部性带来的损害就会存在,只有设定了明确的产权界限,才能降低或消减外部性带来的损害。在明确产权界定的前提下,引入完善的市场竞争机制,才能够明确地衡量相互影响的程度和双方享有的权益和职责。[①] 在企业排污控制中,排污权界定是否合理对排污控制的顺利进行和排污控制的效果都有巨大的影响。如在市场型排污控制模式中,根据科斯的产权理论,在产权明晰的情况下,交易成本较低,市场机制才能更好地发挥作用以解决排污问题。在排污控制时,将排污权赋予不同的主体将产生不同的影响。如果将排污权赋予企业,企业在排污控制中所花费的成本就小,社会和公众为了获得清洁的环境,就需要支付大部分的排污消减成本;如果将排污权赋予社会,企业就要为获得排污的权利支付费用,以抵消其排污带来的环境损害。

在明确产权时,有许多问题需要考虑。一是要考虑这种产权界定方式是否能被社会和公众接受,一般来讲社会和公众享有清洁环境的权利,企业进行排污需要缴纳一定的费用,考虑到企业的生产行为对社会的贡献,也可能会有一定程度的费用消减。二是要考虑产权界定的历史路径。如一个渔村的渔民祖祖辈辈在一片海域内打渔,如果政府收回渔民打渔的权利,也会导致渔民的强烈反对。环境产权的模糊性导致经济主体享受环境资源带来的收益而使他人或社会承担其转移成本。环境成本的外部化,使得温室气体排放量不断加大,温室效应及环境破坏严重。在环境资源产权不明晰的状态下,使得环境资源的配置和使用严重偏离帕累托最优状态。[②] 有人认为,产权方法的运用存在例外,例如大气污染导致的温室效应和臭氧层消耗,不是产权可以解决的。[③] 这种观点也有偏颇之处。实际上发展低碳经济中的碳交易就是产权方法的有效应用并且还有完善高碳能源的产权制度有利于发展减少碳排放等。让科斯理论解决一切环境问题是不符合实际的,科斯为我们在外部性内在化的认知上开辟了一条新思路。产权解决环境问题的价值有以下几点。

---

① 程恩富,胡乐明. 新制度经济学[M]. 北京:经济日报出版社,2005:49—55.

② 孙晓伟. 论我国发展低碳经济的制度安排[J]. 现代经济探讨,2010(3).

③ 〔英〕库拉. 环境经济思想史[M]. 上海:上海人民出版社,2007:5.

第一,在科斯理论基础上形成的自由市场环境主义的核心是一种完善界定的自然资源产权制度,强调市场过程能够决定资源的最优使用量,政府严格执法对保障产权有重要意义。只有产权得到良好界定、执行并能转让,才能使天性利己的个人对我们这个资源匮乏的世界做出权衡取舍。因此,对于自由市场环境主义来说,要建立有效率的市场,充分发挥市场机制的作用,关键在于确立界定清晰又可以市场转让的产权制度。如果产权不清或得不到有力保障,缺乏资源保护的责任意识和利益刺激,往往会出现过度开发资源的现象。自由市场环境主义依靠参与的所有者之间自愿交换产权,促进合作与贸易。[①] 与庇古理论相比,自由市场环境主义提供了另一种选择,将高涨的环保意识引导到一个各方皆赢的解决方案里,它既能促进经济的增长,又可以提高环境质量,促进社会的和谐。

第二,明晰产权会大大地减少环境保护中的公共地悲剧。上面关于科斯定理的一些指责忽视了一个问题,上述分析总是关注人数的多少与产权明晰下的协议问题,但是人们之间还有许多经济活动是没有必要总是达成协议的。明晰的产权可以解决环境责任问题和约束经济主体的行为。环境产权的模糊性导致经济主体享受环境资源带来的收益而使他人或社会承担其转移成本。环境成本的外部化,使得温室气体排放量不断加大,温室效应及环境破坏严重。[②] 运用自由市场环境主义去考察土地、水、海洋、垃圾污染以及从酸雨到全球气候变化的一系列污染问题具有明显的优点。美国西部土地权和水权的演进,具体说明了通过建立产权解决资源匮乏的方式。例如对资源有限的水资源,他们认为水的市场制度必须界定清晰的水权,而且水权可以执行并能够转让。明晰的产权可以大大地减少资源的浪费,减少不确定性,确保水权的所有者获得水的各种效益。

第三,可以在一定程度上克服环境保护中的政府失灵。政府官员也是经济人,通常受到自身利益的影响,忽视社会成本和效益。公有环境资源管理的最大问题也就在于资源的公有财产权制度,其委托代理关系造成利益与成本分由不同的人承受,权责不一,从而造成资源耗竭与环境恶化。

自愿交换并非解决现在诸多经济学问题的灵丹妙药,这在环境与气候问题中表现得尤为突出。就酸雨而言,众所周知,许多受影响的地方——它们之间存在很大分歧——一般都排除用市场方法去改变现状,电力企业主张他们有"权利"随心所欲地烧煤,那些认为受到这种行为危害的人因此必须证明并负担改

① 赵玉秋.我国水权交易法律问题探讨[D].哈尔滨:东北林业大学,2003.
② 孙晓伟.论我国发展低碳经济的制度安排[J].现代经济探讨,2010(3).

变现状的交易费用。但这不是市场失灵的情况，因为不存在市场，也不可能有市场存在。那些在酸雨问题上反对政府采取行动的人倾向于主张没有市场本身是最优的——因为当减少酸沉积的收益大于减少碳排放的成本(包括交易费用)时，情况就会改变。确切地说，这问题是有关能否将潜在危害物质排到大气中的法律权利问题。这项权利从来没有被确定，所以现在排放者仅仅有假定的权利(特权)而声称受害人却无权，而那些被迫忍受由酸沉积可能造成危害的人主张他们有"权利"免受这些成本的影响，换句话讲，他们假定了一种所有权结构。受害者主张他们有"权利"不受实际(或潜在)的危害影响，而企业则主张他们有"权利"不受控制他们排放污染物的高额成本的影响。拥护变革的人把他们的理由建立在无谓成本分析上；而拥护现状的人把他们的辩护词归因于收益成本分析上，这种分析显示未来减少排出的不确定的收益少于现在控制排放的已知成本。在这个时候，与其在两个大相径庭的主张之间满意或沮丧，不如用经济哲学的思想对作为理论和政策的经济是否恰当进行审视。"经济学所需的正是有原则地坚持高水准的观察、诠释和综合的方法。"①毕竟，正是对额外成本的承担或发现的个人收益机会激发了日常生活中的绝大多数个人。对成本负担影响的担心是放弃了独立客观分析的严密性和纯粹性，这一观念是不必要的和错误的。经济学研究一旦从中解脱出来，就能自由地用新的利益和调整过的知识合理性去论述集体行动和大众政策的迫切问题，这才是经济哲学思想的精髓所在。对于集体行动的考察和帮助其决定最佳行动的过程必须首先有这样明确的认识，即现状中成本与收益的数量是现行制度安排的产物。正是这些法则和传统决定了成本是什么，谁应该负担这些成本，以及谁将从界定个人、集体选择的制度安排的变迁中获利。

二、大气容量资源的稀缺性

空气一直被视为取之不尽、用之不竭的免费物品，大气环境承担着人类和其他生物呼吸、维持其正常生存和健康发展的功能，然而随着人类社会工业化的不断推进，大气环境还发挥了容纳人类经济活动所产生的污染物的功能，即自行将一定量的污染物吸收并转化为无害形式，不对生态系统产生危害，这一功能是保证再生产活动顺利进行的必要条件，因此被视为生产活动所需的资源，或被称为"环境容量资源"。② 然而，大气容量资源是有限的，当污染物的排放量超过环境

① 〔美〕丹尼尔·W.布罗姆利.经济利益与经济制度——公共决策的理论基础[M].上海：上海三联书店，2006：286.

② 吴健.排污权交易——环境容量管理制度创新[J].北京：中国人民大学出版社，2005：92.

的净化能力时，或者污染物的排放速度远远超过环境的净化速度时，就会使生态系统的结构和功能发生变化，对人类和其他生物的生存构成威胁。在有限性约束下，两种功能存在竞争关系，对大气容量资源的使用如果超过一定限度则会减弱其维持人类生存和健康的功能，从代际角度看，大气容量资源的过度使用对人类未来两种功能的使用均产生了限制作用。两种竞争性功能实质上对应着人类的两种权利，即生存权利和生产权利。两种权利在本质上是统一的，因为生存权利是生产权利的基础，生产权利是生存权利的延伸，但在使用过程中又是矛盾的，因为在使用一种权利的同时也增加了另外一种权利的使用成本。

除了功能之间的竞争，针对大气容量资源的功能还存在不同使用者之间的竞争。在大气环境可容纳范围以内，增加额外使用者的边际成本几乎为零，此时，自然环境能够自行处理污染物，但当使用者的数量增加到一定范围时，增加使用者的边际成本开始上升，此时，自然环境容纳污染物的能力开始下降，某一生产者排放污染物的同时在一定程度上减少了其他生产者所能获得的大气容量。经济活动的规模越大，污染物的排放量越大，围绕这一资源的使用者之间的竞争就越激烈，大气容量资源使用的边际成本也会逐步提高。

可见，对大气环境不同功能的竞争以及不同使用者对大气容量资源的竞争是大气环境稀缺性产生的根本原因。如何平衡大气环境两种不同功能的竞争以实现生存权利和生产权利的内在一致性，以及如何平衡不同使用者的竞争以实现大气容量资源的合理使用是实现大气环境可持续利用的关键。

三、大气容量资源产权的模糊性

大气环境容量作为一种公有资源具有天然的产权模糊性，因为它是以没有实体形态的大气为载体的，大气的广阔性导致了其容量资源的总量是难以确定的，而大气的流动性及边界的模糊性导致了其在形体上难以分割，对其产权进行界定的成本十分高昂。由于产权边界的模糊性，第一，使得大气容量资源的消费具有非排他性，任何人对容量资源的消费不能自动地排斥其他人对其进行消费。第二，任何人在使用大气容量资源时所产生的成本无需完全由自身承担，确切地说，在大气环境可承受范围内，对人类生存和健康尚未造成危害时，成本由环境的净化系统承担；如果超出了环境可承受范围，并对人类生存和健康形成危害时，成本则由受害人群共同承担，另外，对大气容量资源的消费不会产生任何机会成本，生产者对容量资源的使用并不会损失其对其他资源的消费机会，因此，在经济利益最大化的原则下生产者竞相使用大气容量资源的同时也对社会造成了负外部性。第三，任何人减少对容量资源的使用、削减污染物的排放，或者通过大气治理来增加容量资源，也由于产权的模糊性而无法获得相应的收益，任何对大气容量资源形成增量的行为都会对社会形成正外部性，因此，即使面临容量资源的有限性约束，使用者减少污染物排放以增加容量资源供给还是存在动力不足的问题。

结合以上的分析，一方面对大气容量资源的消费所造成的成本无法明确地由使用者独立承担，另一方面，对大气治理所创造的新容量资源也无法明确地归属治理成本的承担者，因此，在自由市场中，大气容量资源的供给和需求始终难以达到均衡。

四、大气容量资源管理的产权形态与交易费用

1959 年科斯发表的《联邦通讯委员会》一文指出，无线电频率资源使用的混乱不应归因于私人企业竞争的失败，而是没有在稀缺性资源中建立产权，只要建立产权，任何使用这一资源的人都必须向资源所有者付费，资源使用混乱的问题就能解决。

1. 大气容量资源产权的建立

大气容量资源的稀缺性和产权的模糊性是造成外部性的根本原因，要消除相关外部性则应通过确立有效的产权结构来发挥所有权、激励与经济行为之间的内在联系。[①] 产权的建立首先要对稀缺性进行量化，大气容量资源本质上是一种容纳人类生产或生活排放的污染物的能力，因此，大气容量资源总量可以用“大气允许排放的污染物数量”来衡量，大气容量资源产权的确立则可以通过污染物排放权利来表示。在此基础上，污染物排放权利需要在两个维度上进一步进行界定和分配：一是要考虑大气容量资源不同功能的竞争性，对人类用于生活的生存性权利和企业用于排放污染物的生产性权利进行分配；二是要在不同使用者之间，特别是在排放污染物的不同企业之间分配大气容量资源产权。

有效的产权有如下特点：第一，具有明确性，即明确规定了与所持有财产相关的各种权利、权利使用的界限以及权利被侵犯的处罚规定；第二，具有排他性，产权所有者唯一地拥有财产所带来的所有收益和费用；第三，具有可转让性，即产权所有者可以在自愿的前提下将产权转让给其他人；第四，具有可实施性，通过对侵犯产权实施的行为进行处罚来保障产权的有效实施；第五，具有延续性和稳定性，这给产权所有者一个追求长期利益的稳定预期，激励他们对所持有产权进行投资、保护和管理，以避免所有者在支配产权时只追求短期利益行为；第六，还要确定与权利相关的义务、责任和限制条件。有效的产权一方面激励产权所有者竭力维护其相关权利并努力提高产权的使用效率，另一方面，一旦出现外部

① 卢现祥. 新制度经济学[M]. 武汉：武汉大学出版社，2004：69.

性,外部性的受益方和受损方可以通过产权协商和交易来进行赔付或补偿,引导双方实现外部性的内在化。

然而,建立和界定有效的产权则取决于产权界定的成本和收益的对比,张五常和巴泽尔都论证过,产权只有当界定权利的费用与其产生的好处在边际上达到相等时才有定义①,只有当产权界定的收益大于其界定的成本时,人们才有动力去制定规则以界定产权。随着工业化进程对环境污染的加剧,大气容量资源的价值也在不断提高,产权界定的工具和技术也在不断发展,因此,通过建立和界定有效的产权来提高大气容量资源的利用效率越来越具有必要性和可行性。

2. 大气容量资源的公有产权形态

由于大气容量资源特殊的形态和功能,通过私人契约来实现其产权界定会存在极高的交易成本,不难想象让企业与公众,或者企业之间直接通过谈判来决定容量资源权利的分配是一个相当复杂的过程,而且谈判的公平性难以保证。私人在解决产权的分配问题时面临很高的交易成本,但国家通过提供法律和秩序,利用其强制力,在社会范围内进行权利分配具有显著的规模经济。② 国家可以在全社会实现大气容量资源的全民所有权,通过统一度量、立法和执法来以较低的成本进行产权界定、维护和转让。因此,任何国家在对大气容量资源的相关权利进行配置时首先将其确立为公共产权,即全体公民依法拥有对大气容量资源的排他性权利,每个公民天然地拥有用于满足正常生存和健康发展的大气环境产权,但对于容纳生产性活动所产生污染物的大气容量资源的相关权利则由各级政府和官员作为国家的代理人来行使和管理。在现实中,各级政府通过对大气环境的管制来隐含表达其公共产权性质③,政府通过行政管理来协调对大气容量资源的竞争性利用,以限制外部性规模。

在公共产权基础上,政府对大气环境资源的管制要投入管理成本,例如设定排污标准,发放排污许可,规定治理技术,考核企业执行情况等,但政府环境管制对于大气容量资源利用的效率如何呢？首先是规制者的激励问题,各级代理人所拥有的大气容量资源产权的权能并不充分,因为提高大气资源产权的利用效率所产生的收益,或者说大气环境改善所带来的好处属于全体公民,并不完全归各级政府所有,而大气环境恶化所产生的经济损失也不完全由政府承担。另外,政府是多种利益的混合体,例如他既代表生产者的经济利益,也代表公民享受生存和健康的权利,还要考虑政治团体的政治利益,政府所追求的目标多元化会偏

---

① 卢现祥.西方新制度经济学[M].北京:中国发展出版社,2003:179.

② 林毅夫.关于制度变迁的经济学理论:诱致性变迁与强制性变迁[J].//科斯.财产权利与制度变迁——产权学派与新制度学派译文集.上海:上海三联书店,2005:371—418.

③ 丹尼尔·科尔认为公共产权通过两种方法来确立:一是明确主张;二是公共管制。

离大气容量资源利用效率最大化的目标。因此,他们提高产权管理绩效以及加强监管的激励并不是完全充分的,政府层级间的代理成本必然较高。其次,由于管制规定对不同区域、不同行业以及不同企业是统一的,并且随着企业技术水平的提高而实施更加严格的管制标准,不存在任何的利益机制来激励企业进行技术创新以降低执行成本,因此,被规制者执行管制规定的成本较高。

3. 大气容量资源的混合产权形态

为了克服公共产权形态下政府管制的外部性,政府可以在公共产权的基础上创造私有产权,从而形成大气容量资源的混合产权结构。政府首先确定满足生产性权利的允许排放污染物的总量,将有限的大气容量资源产权授予企业或污染者,并将允许排放污染物总量在企业或污染者之间进行分配,使他们对所分配得到的大气容量资源产权具有法律上的控制力,当然这种有限的控制力仍然受制于政府所保留的公共权利。在大气容量资源公共权利的基础上进行私有产权的界定,为大气容量资源的市场交易机制的建立创造了条件,但这一交易机制不是自然形成的,政府要为大气容量资源产权交易市场的建立提供基础性服务,例如对大气容量资源总量的估计、产权的分配、对企业利用容量资源行为的监测、通过提供法律和仲裁来维护产权交易市场的秩序等。

基于混合产权结构的大气容量资源的利用效率又如何呢?首先,由于建立了明确的大气容量资源的私有产权,容量资源产权所有者为追求其产权价值的最大化而进行交易,从而形成价格,价格机制引导容量资源产权的有效使用和最优配置,但另一方面交易各方也要承担收集信息和缔结合约的成本。其次,由于大气容量资源产权价格机制的建立,使得企业有动力通过技术创新来提高大气容量资源的利用效率或者以更低的成本创造新的大气容量资源。最后,私有产权激励取代了政府管制激励,减小了政府代理成本较大的风险,然而私有产权激励效应的发挥有赖于市场制度的完善以保证产权交易市场的公平竞争性。

4. 交易费用与大气容量资源的利用效率

针对大气容量资源,无论是公共产权形态还是混合产权形态,其产权制度的建立和运行都需要一定的成本投入,如何降低产权制度建立的成本以及提高制度运行的效率则是问题的关键。张五常在《契约结构与可耗竭资源》一文中指出,只要资源是稀缺的就必定有竞争、有歧视、有产权以及相应的外部效应,并且,一切私有产权都不是完全和绝对有效的,从而都在产权的边界留有公共领域,也就是某种外部效应。社会是将资源置于公共领域还是采用私有产权,或是采取其他方式的契约关系,主要取决于界定私有产权所发生的外生交易费用与因产权界定不清所引起的外部性问题(内生交易费用)之间的比较。① 大气容量资源从公共领域到界定为全民所有的公有产权再到进一步界定为私有产权,本质上是一个不断减少内生交易费用并伴随外生交易费用增加的过程,当减少内生交易费用所产生的收益大于外生交易费用时,这一产权界定和不断明晰的过程提高了大气容量资源的利用效率。因此,我们通过产权界定对公共领域的大气容量资源进行治理以提高其利用效率时,都会产生一定的治理成本,采取哪一种产权制度则取决于不同治理成本间的比较。根据前面的分析,公有产权和混合产权下大气容量资源的治理成本可以按照企业减少污染物排放的成本、产权制度建立和运行中可能产生的内生交易费用和外生交易费用进行分类归纳(见表6.1),无论采取怎样的产权制度,要实现大气容量资源的有效利用都要降低相应的总成本。

表6.1 不同产权制度的成本分类

	减排成本	内生交易费用	外生交易费用
公有产权	较高	代理成本	管理成本
混合产权	较低	市场机制不完善、私有产权界定不完全、预算软约束、法律软约束等产生的效率损失	产权交易市场建立和运行的成本

5. 信息和交易成本

信息不对称或"代理问题"是这样一种情况,即一些代理人(如政府与企业的雇员、公司)有不同的信息。由于有风险,信息不对称是经济中存在各种非最优现象的根本原因。这与环境问题直接相关(例如化学事故或石油泄漏的风险)或间接相关,因为它造成扭曲(如在要素或保险市场),而这种扭曲可能与环境外部性相互作用。信息不对称也可能在制度安排与政策工具的设计和执行过程中出现,因为市场主体一般不会主动把全部真实信息透露给管理者。信息不完全制约着发展低碳经济的制度安排和政策工具的创新。

环境信息是指表征环境问题及其管理过程中各固有要素的数量、质量、分布、联系和规律等,是经过加工能够被环境保护部门、公众和污染者利用的数据,是在环境保护实践中认识和解决问题所必需的一种共享资源。② 基于信息的环

① Steven, C.. The Structure of a Contract and the Theory of a Non-Exclusive Resource[J]. *Journal of Law and Economics*, 1970(1).

② 孟庆堂,鞠美庭,李智. 环境信息公开作为有效环境管理模式的探讨[J]. 上海环境科学,2004(4).

境管理工具就是通过各种媒体将环境行为主体的有关信息进行公开,借助社区、公众和媒体舆论的力量对企业的环境污染行为形成约束。信息公开可以是企业自愿进行的环境信息披露,也可以是政府强迫企业建立公共环境信息披露制度。环境信息公开并不是一种规范的环境治理工具,但随着信息技术的发展,经济行为的透明度不断提高,环境信息的作用日益凸显,自愿协议型环境规制工具就是建立在环境信息公开的基础上,环境信息公开可以独立于政府、法规政策而通过社区和市场对环境保护起到激励作用。

环境信息公开非常重要,它的功能是多方面的。对于政府来讲,环境信息公开为政府制定环境控制政策提供了信息支持,例如制定发展低碳经济的政策工具(排污税率制定或者排污权初始的分配)都需要一定的信息支撑。对于企业来讲,随着公众的环境意识逐渐加强,对环境友好型产品的需求不断增加,环境信誉等级也会对企业的声誉、品牌形象以及产品的市场占有率产生较大的影响,因而信息公开具有市场导向作用,激励企业的污染治理。对于公众而言,环境信息的公开,使公众了解环境管理的机制,逐步提高自身的环保意识,而公众环保意识的增强又会对环境信息公开提出更高的要求,一方面会对企业发出减少环境污染的信号,另一方面与环境管理部门形成相互协作的管理模式,最终有利于环境治理的改善。①

在控制企业排污时,不管采取命令与控制型制度还是市场型制度,都需要掌握足够的信息,包括每个排污企业带来的负的外部性大小、企业的减污成本、政府治污所耗费的成本等。然而在现实中,信息不完全的现象普遍存在,这种信息不完全制约着政府制定政策。

首先,企业有时不愿意把自己真实的信息公布出来。每个企业生产流程、技术工艺、原材料选取等方面各有不同,政府要想掌握每个排污企业的边际社会成本、治理污染的成本和治污带来的社会收益等信息是相当困难的。例如,在采取征收排污税政策时,企业会试图对监管部门隐瞒或谎报其排污量多少,以此来逃避应缴纳的排污税等,减少成本支出;政府在许可证初始分配过程中,对于发放给哪些企业、发放多少也存在信息不完全的现象。排污企业也不清楚其他排污企业的排污量,在争取排污许可时,排污企业为了在谈判中获得优势,往往隐瞒或谎报自己的信息,在这种情况下,最后的决策很难反映真实的经济状况,随着参与谈判的企业数的增加,这种决策更难反映真实的状况。在信息不完全的情况下,政府出台的政策也不一定是最优的,政府对企业排污控制的效果受信息的约束。

---

① 孟庆堂,鞠美庭,李智.环境信息公开作为有效环境管理模式的探讨[J].上海环境科学,2004(4).

其次，政府有充分就业、控制通货膨胀、保持经济发展等多重责任，在平衡排污控制和就业、经济发展等这些目标时，存在许多信息不完全的现象。排污控制的同时，政府的政策必须考虑到企业方面，如果某排污企业是当地的支柱产业，解决了大量的就业，对当地的经济贡献很大，而政府对其采取严厉的排污控制措施，使企业缩小了生产规模，这样虽然企业的排污得到控制，但会使大批的人失业，造成社会的动荡不安。在衡量企业缩小生产规模带来的损失和允许企业排污给社会带来的损失时，如果存在信息的匮乏，政府决策的正确与否还有待于进一步考察。

发展低碳经济的交易成本如何界定？认识这一点很重要，因为低碳经济的交易成本和相关人类行为的结合会决定低碳经济的制度安排和政策选择。低碳经济的交易成本主要来自于：从事低碳交易、获取相关信息（包括碳价格）及订立和履行相关低碳交易合同的成本。取得信息的交易成本大小往往由多种因素共同决定，不仅包含了市场交易的因素，也包含了政府管理的因素。市场主体与管理主体对于污染信息的不公开，不仅不利于政府的相关制度安排与政策工具的制定与施行，也不利于民众了解真实的污染状况，无法发挥民间组织和环保机构的建设力量与监督作用。

以内蒙古赤峰市 2011 年污染企业集中整治的情况为例，其相关的信息与结果根本查询不到。查不到的内容还包括该市的企业环境行为整体评价内容，经核实的信访和投诉公示内容，环评及验收结果公示内容，以及排污收费相关公示内容。赤峰市号称“中国有色金属之乡”，有色金属产业是其第一大支柱产业，目前规模以上有色金属采选冶炼企业就达 117 家。2009 年，赤峰自来水污染致 4 307 人就医。当地环保部门的统计显示，仅赤峰市克什克滕旗涉及重金属排放的企业就有 20 家。尽管外界很少知道赤峰市的环境污染状况，但有一个事实难以掩盖，那就是环保部对这里的污染情况高度关注。2011 年 9 月，国家环保部联合检查组到赤峰云铜检查重金属污染防治工作，并“希望赤峰云铜在今后进一步加大危险废物管理力度”。

四川省绵阳市的情况同样如此。该市 2011 年的污染企业集中整治、清洁生产审核公示、企业环境行为整体评价和排污收费相关公示等内容都是空白。但去年绵阳市水污染、矿渣污染、电解锰污染都曾引发较大的污染事件。据公众环境研究中心（IPE）主任马军称，公众不仅在当地政府部门的官方网站上查不到这些信息，就是直接找到当地的环保部门，申请获得这些信息都不可能。调查发现部分城市连最基本的申请信息的渠道都不畅通，环境信息申请无门；部分城市相关部门人员调整，申请信息就杳无音信，显示这项工作还没有制度化。

民间环保组织绿色潇湘 2013 年在全国首次勾勒出一个省份全部地级市的

污染源信息公开状况。据绿色潇湘行政主管唐贺反映，公众在向当地环保部门依法申请污染信息公开时得到最多的答复是“你是谁？哪个单位的？要企业的名单做什么？”“你申请地方的受处罚企业名单做什么？”“环保局要对企业负责，这些名单不能随便给”“要请示领导，领导批准才能答复”“我们有规定不能通过电子邮件回复”等。

湖南省人大环境与资源保护委员会办公室副主任刘帅认为，目前环境信息公开存在的问题主要有五个方面：第一个就是不想公开，这是长期以来的传统的行政方式造成的，地方政府不愿意公开行政管理的一些制度，尤其是操作过程；第二个是“不屑于”公开，对于一些环保数据，他们都不想给；第三个是不愿意公开，因为这不便于暗箱操作，也不便于引导企业在当地的投资；第四个是不敢公开，怕犯错误，因为一些数据的准确性问题，不敢公开，同时也担心直接影响到群众的生活，尤其是健康方面的问题；第五是不会公开，不了解一些程序性的规定。

许多国家都有污染物排放登记制度，包括排放、处理和运输污染物的情况，企业都要向政府报告，并且都是公开的。中国作为世界上最主要的、目前正在经历最大规模工业化的国家，在污染信息公开方面还有很长的路要走。2012 年 2 月公众环境研究中心与美国自然资源保护委员会在京联合发布了“113 个环保重点城市污染源监管信息公开状况”评价结果报告，统计显示，113 个环保重点城市中，污染信息公开“超过及格线”的城市只有 19 个。

对于谁来公布污染信息，中国人民大学法学院副教授竺效也认为值得探讨。他举例说，中国环境信息公开的架构是“双体船”，是政府信息公开和企业信息公开并行的，而美国是“单体船”，所有企业把信息报告给政府，政府是唯一的法定向公众公开环境信息的义务主体。竺效认为，在今后的污染信息公开的设计中，应该通盘考虑排污申报登记、排污许可、排污费改税等制度。清华大学法学院副教授程洁自 2008 年起就参与了北京市政府有关信息公开的内部测评工作，他认为信息公开事实上是与一个地方的经济发展程度相关的，比如珠三角和长三角。①

环境信息公开制度可以降低交易成本。制度制定出来的目的就是为了降低交易成本，有效的制度能降低市场中的不确定性、抑制人的机会主义行为倾向，从而降低交易成本。科斯认为，交易费用是获得准确的市场信息所需要付出的费用，以及谈判和经常性契约的费用。阿罗认为，交易费用是经济制度的运行费用。诺思则说，交易费用是决定一种政治或经济体制结构的制度基础。科斯制度起源理论揭示了交易费用与制度形成的内在联系：交易费用的存在必然导致

① 《第一财经日报》，2012 年 02 月 16 日。

制度的产生,制度的运行有利于稳定有序的秩序形成,从而能实现交易费用节约。没有制度约束,斯密"看不见的手"带来的可能不是繁荣,而是社会经济生活的混乱。[①] 环境信息公开是发挥环境制度作用的前提。我国发展低碳经济(包括其他环境制度的实施)的一个重要突破口是如何公开碳排放及环境方面的信息,如果这方面的信息不公开,会大大地增加制度和组织的运行成本,即交易成本,而过高的交易成本会使制度难以发挥作用或出现制度失灵。

从前面的分析可以看出,阻碍我国环境信息公开的最主要问题不是没有制度,而是利益集团因为自己利益的考量而不愿意公开环境信息。阻碍中国信息公开的是那些既得利益集团,他们以集体的名义,以信息安全、国家机密等理由阻止信息的公开。这种集体行动是最可怕的。诺贝尔经济学奖获得者诺思教授指出,拉美国家的经济增长都不大成功或者半途而废,原因就是它们普遍缺乏抵御利益集团对经济的负面作用的制度体系。利益集团对经济的负面作用主要表现为为了自己的利益阻止改革的进行,他们尽量保留对自己有利的制度和政策,而拼命阻止对自己特权利益不利的制度和政策出台。这些既得利益集团的利益最大化是以牺牲整个社会利益最大化为代价的。中国渐进式改革成功的关键就是要构建抵御利益集团对经济的负面作用的制度体系。信息公开就是抵御利益集团对经济的负面作用的一道防火墙。我们下一步改革要把信息公开作为一个重要突破口。

第三节　多中心治理机制与组织结构

制度的第三层次是指治理机制。这一层次制度包括被威廉姆森称为的"博弈的玩法"。给定基本的制度环境,人们将参照制度(治理)的安排做出选择,通过这种安排,给定了基本的制度环境的属性后经济关系将得到治理。这个层次的制度包括:个人交易商品、服务和劳动的制度,如竞争性的市场;制约和影响合约及交易关系的结构,企业的垂直和水平的结构,以及内部调节的交易和市场调节的交易之间的边界的制度;公司治理,以及支持私人投资和信用的金融制度等。治理安排的选择在任何时点上都受基本的制度环境和一个国家的基本经济条件(如自然资源禀赋)的影响很大,治理安排的变化比基本制度环境的变化更快[②],威廉姆森认为时间跨度在 1 到 10 年。第三个层次分析涉及威廉姆森所谓的"媒介物",这个层次的焦点转移到诸如企业、市场和组织杂交体这样的实体

① 贾兰兰. 中国财经秩序混乱问题的研究[D]. 成都:西南财经大学,2003.
② 罗小芳,卢现祥. 制度演化的层次及其设计分析[J]. 江汉论坛,2007(9).

制度内部，研究对这些制度的选择以及这些制度是如何随着时间流逝不断适应环境变化的。本书所讲的制度安排主要是在这个层面进行的。这涉及两个方面：一是制度，如命令—控制型制度、市场型制度、自愿协议型制度等；二是组织，本书采用了多中心治理理论，即发展低碳经济不仅是企业、政府的事，也是各种社会经济组织的事，包括非政府组织等。

一、多中心治理的内涵与特征

迈克尔·博兰尼在1951年的《自由的逻辑》中区别了组织社会任务的两种秩序：一种是由终极权威通过一体化命令结构实施控制的单中心秩序；另一种是许多因素的行为既相互独立，又相互调适，在一定的社会规则体系中实现各自定位以及相互关系整合的多中心秩序，在该秩序中，个人决策者可以自由地追求各自利益，但其利益受特定规则的约束。博兰尼将个人设定为基本的分析单位，假定个人是利益相关的决策者，并能够计算受风险和不确定因素影响的潜在收益和成本，他认为多中心体制设计的关键是自发性，“自发的”与“多中心的”同义，自发意味着多中心体制内的组织模式在个人有动机创造或建立适当的有序关系模式的意义上将自我产生或自我组织起来。[①]

奥斯特罗姆、蒂伯特和瓦伦将多中心秩序的思想运用于对大城市地区治理模式的研究，把大城市地区构想成多中心政治体制[②]，存在多个决策中心来治理公共事务或提供公共产品。在多中心治理下，个人或社团既有机会选择不同的公共服务提供者和生产者[③]，也可以在不同规模的层次上组织生产不同类型的公共服务，而不同的公共服务提供者和生产者既通过合作满足个人或社团的需求，同时也构成了公共服务的竞争或准竞争机制。竞争与合作的关系既有利于降低提供公共服务的成本，也有利于约束提供者或生产者提高产品质量，增强服务的回应性。多中心治理并不单一地依赖政府管理或市场机制的手段，而是综合使用两种手段来提供公共服务，既发挥政府的集中性、公共性，又可以利用市场的高效率。一方面，这并不意味着政府从公共治理中退出以及相关责任的转移，而是减弱政府的多重任务性，使政府从以前的公共服务的唯一提供者向中介者、服务者转变，政府管理方式也从直接管理向间接管理转变；另一方面，多中心治理强调公民的积极介入，个人或社团参与公共服务的协作生产将有助于公共产品和服务质量的提高。

---

① 〔美〕迈克尔·麦金尼斯. 多中心体制与地方公共经济[M]. 上海：上海三联书店，2000：75—78.

② 他们使用的“政治”一词与“政府”同义，将政府的事务界定为生产或提供各种公有物品和服务。

③ 他们区分了生产者和提供者，生产是通过物理过程使公共物品或服务成为存在物，提供是消费者得到产品的过程。

可见，多中心治理的特征表现在：第一，由于存在多个决策中心，公共服务供给主体是多元的，包括公共部门、私人部门、社区组织，并且个人可以在多个政府单位保有公民身份，这些都有利于多元竞争机制的建立，公民对于所需求的公共产品或服务也有了多种选择；第二，公民和社团可以按照一定的规则，采取灵活多样的集体行动组合，自主组织生产和提供公共产品或服务，通过参与者的自主性来克服搭便车或机会主义行为，从而获得持久的共同利益；第三，强调政府、公民或社团以及私人部门等多元主体的参与以及在公共治理中的互动和协作，从而降低公共服务生产的成本，促进公共服务的社会化；第四，多中心治理的决策权力面向地方和基层，决策和控制在多层次展开，体现了民主性，在决策过程中尽量吸收基层公民和社团的意见，能够有效利用地方性的具体信息。

多中心治理是发展低碳经济的有效治理结构安排。政府发展低碳经济的政策和制度安排会影响企业。已经有许多企业跟随国家从根本上转变了它们的态度。它们这样做，部分是出于商业的原因，为的是应对碳市场和碳税的来临。不管转变程度与效果如何，企业的作用在应对气候变化时将变得极为重要，这不仅是因为它们能提供大量的资金，而且是因为它们能开发新的技术。非政府组织不仅有着道德的可信度，而且积累了大量的环境知识和经验，而这是企业一般情况下不具备的。在原则上，而且往往在实践中，地方和社区层面，包括大城市，经常能够比中央政府动员得更加迅速、更加有效。通常社区对当地气候灾害发生的时间、地点以及特定灾害的知识了解更多，也知道这些灾害如何对他们的资产和生产活动产生影响。同时，社区管理气候变化造成的社会和生态关系能力更高。还有，与外部参与者相比，社区在实施发展计划和低碳项目时所需要的成本也更低，这也是因为他们对当地的时空知识更了解。

二、多中心理论对于大气环境治理的启发

多中心治理将多中心秩序与公民、社团的利益联系起来，是在市场和政府之外进一步发展的集体行动理论，主张通过多元协商合作来解决公共治理难题，公共事务的治理是一个多元化互动过程，这为大气环境治理提供了具有启发意义的全新路径。

第一，由于不同地区的地理特征、经济发展水平以及居民的消费习惯、受教育程度等各不相同，因此，即使是同种类型的大气污染，不同地区的受污染程度、污染产生的原因以及治理的难易程度也各不相同，在发展的不同阶段，对地区环境治理的要求也是不同的。一方面，多中心治理模式考虑了不同地区的差异性，允许存在多个决策中心来组织治理活动，设立不同标准，运用不同的治理工具，同一地区的排污者也可以根据自己的情况选择污染治理方式；另一方面，多中心

治理模式要求打破环境治理的行政区划，治理组织或治理工具可以服务于不同区域的大气环境治理行动。

第二，构建大气环境多中心治理模式需要培育治理的多元主体，各主体不存在完全意义上的管理与被管理关系，而是在法律地位平等的基础上形成相互竞争、相互协作的关系。在单中心治理模式下，环境治理主要依靠政府制定管制规则和执行监督，或者通过收取排污税费等利用市场机制的方式进行治理，但都是以政府为主导，排污者始终是被动地进行污染削减，其参与治理的积极性不能有效调动，环境非政府组织和公众对于环境治理的作用未能发挥。因此，首当其冲的是要调动排污企业参与治理的积极性，例如通过构建排放权交易市场来对企业参与减排提供有效激励；其次，发展有利于环境保护或为大气环境治理提供服务的企业或组织，例如生产环保技术设备的企业、为大气治理提供技术咨询服务的企业，或者为大气环境治理提供监督、检测服务的组织；再次，为公众和环境非政府组织参与治理提供机会，大气环境立法、管制规则的制定、治理方式的选择以及治理过程的监督都需要公众和环境非政府组织的参与，另外，公众和企业还可以就环境污染治理展开合作，一方面培育公众的绿色消费文化，另一方面树立企业的绿色环保形象。治理主体的多元化不仅有利于治理规模或治理范围的扩大，而且突破了外在和强制性为主的治理制度格局，多方参与的主动性大大降低了多中心治理的运行成本。

第三，大气环境治理权力的多中心化是实现地区差异化治理、打破治理的行政区划以及多元治理主体得以培育的基础，同时也是实现多元主体自主治理的根本保证。在单中心治理模式下，大气环境治理的权力集中在中央，中央政府通过发号施令、制定法规政策来实施治理政策，权力的行使方向是自上而下单向的。但在多中心治理模式下，一方面，除政府以外的其他主体也拥有参与治理的权力，另一方面，治理权力在政府层级间得以下移，并且权力在不同主体、不同层级以及不同区域间是可以互动的，信息是可以相互传递的。正如文森特·奥斯特罗姆所说："如果要充分实现多中心的潜力，或许最重要的因素是政治联盟必须向变革和妥协开放。"[①]显然，多中心化治理最深刻的含义在于治理权力从政府独揽向多元主体持有变革，为多元主体的自主治理提供机会和动力。

大气容量资源的产权模糊性所产生的外部性问题成为政府权力介入治理的理由，以上的分析显示政府基于对大气容量资源产权界定的治理行为可以提高资源的利用效率，但也会伴随各种交易成本的产生，基于不同产权形态的各种治理工具的实施和运行效率则取决于所产生的不同成本的比较。企业不断提高自

① 〔美〕迈克尔·麦金尼斯. 多中心体制与地方公共经济[M]. 上海：上海三联书店，2000：8.

主的污染治理动力有利于降低治理工具使用中可能产生的各种成本,而多方的主动参与和相互配合是自愿协议型和基于信息公开的治理工具得以实施的前提。传统的公共产品供给理论认为,中央与地方政府间的财政分权有利于形成地方政府间的竞争以提高公共产品的供给效率,并且地方政府在获取地方信息方面更具有优势,但是对于大气环境治理这类既具有地方异质性又具有外部性的公共产品,单纯的政府集权或分权都无法有效地提供治理,特别对于发展中国家,政府的多任务性使得其财政投入较少地顾及短期内难以对经济增长产生促进作用的环境治理。多中心治理模式为大气环境治理提供了新的思路,在治理权力多中心化下培育多元主体,大气环境各利益相关者根据地区差异性形成自主治理的动力,这实际上为不同类型治理工具的综合运用提供了基本条件,特别有利于自愿协议型工具和基于信息公开的治理工具的运用,克服了单纯依赖市场治理或政府治理所固有的"市场失灵"或"政府失灵",有助于降低基于不同产权形态下各类治理工具运用时产生的交易费用。

第四节 低碳经济制度的实施机制

一、发展低碳经济制度的实施机制

为了发展低碳经济,我国先后制定了《煤炭法》《电力法》《节约能源法》《可再生能源法》《清洁生产促进法》《循环经济促进法》《节能中长期专项规划》《可再生能源中长期发展规划》《核电中长期发展规划》《中国应对气候变化科技专项行动》《节能减排综合性工作方案》《节能减排全民行动实施方案》《2000—2015 年新能源与可再生能源产业发展规划要点》《新能源与可再生能源产业发展"十五"规划》《能源发展"十一五"规划》《中国应对气候变化的政策与行动》等一系列法律、法规与政策,其中《可再生能源法》《清洁生产促进法》与《循环经济促进法》的出台与实施对从节能减排、提高资源能源利用效率、大力发展新能源和可再生能源方面来支持低碳经济发展具有突出作用。①

但是应该清醒地看到,就是这样一种生态环境与资源法律体系,却使我们陷入两难境地:执法权限和范围不断扩大,但违法行为和样式却层出不穷;重罚重处的大棒飞舞,但相当多的法律责任条文却从不曾被使用;生态环境立法数量不断增加,但污染不断发生、破坏加剧,造成生态环境恶化。造成这一严峻局面的原因是多方面的,如由于受特定历史条件和历史环境的制约,现行生态环境制度

① 刘海,李娇娇.大力发展低碳经济不能忽视配套法规建设[J].经济视角,2010(1).

无不带有特定的时代烙印,或多或少存在一定局限性,难免显现出一些反生态特征,对发展低碳经济有一定的阻碍;我国在促进低碳经济发展的政策法律体系方面仍处于薄弱状态,从而制约低碳产业的发展;但毋庸置疑,实施机制的缺位,是造成生态环境压力越来越大的主要原因之一。

按照新制度经济学的分析,制度的实施通常是不完美的,这主要有两个原因:一是有关衡量构成契约绩效的多种因素所需支付的成本较高;二是实施是由代理人执行的,因而他们自身的效用函数将影响结果。① 实施机制并不是一个简单地执行规则的问题。如在发达国家,有效的司法系统包括完善的法律以及各种各样的相关从业人员,如律师、仲裁人和调解人等,人们在一定程度上相信:影响结果的是法律依据而非私下交易。与此相反,在第三世界经济体中,实施是不确定的,这不仅因为法律条例本身存在疑义,还因为代理人的行为也存在着许多不确定性。

发展低碳经济实施制度是有成本的。如前所述,实施低碳经济制度的交易成本是很高的,在发展低碳过程中我们很难建立制度的自我实施机制,因此第三方实施很重要。第三方实施意味着国家必须成为一种监督产权并实施契约的强制力量。在发展低碳经济的过程中,创造出一个有效的实施以及一个行为的道德约束系统是非常重要的,并且这个过程也是漫长而又缓慢的。在这个过程中,建立人们对低碳规则和法律的尊重是至关重要的,就像卢梭所说的,只有当法律深植于民心时,法律才能显出其重要性来。

"徒法不足以自行""天下之事,不难于立法,而难于法之必行"。新制度经济学认为,如果仅有规则而没有执行机制,任何制度尤其是正式规则就形同虚设。"有法不依"比"无法可依"更可怕,历史上以人治为主的国家,并不是没有制定法律,而是没有建立起与法律制度配套的实施机制,因此从现实的效果看等于没有制度。所以,从制度功能实现角度看,仅有规则,没有执行机制,制度是不完整的。

二、发展低碳经济制度实施机制的构成

低碳经济实施机制主要由低碳生产、低碳消费的准则体系,对违反低碳准则行为的监督机制和对违反低碳行为的奖励惩罚机制三个部分组成。

1. 低碳准则体系

从20世纪90年代开始,"实施配额和排放贸易"成为全球"共同减排"的手段和措施。"配额和排放贸易"的运行基础是"公开、公正、公平"的碳排放评价

① 〔美〕道格拉斯·诺思.制度、制度变迁与经济绩效[M].上海:上海三联书店,2008:76.

体系，联合国气候变化框架公约下清洁发展机制（CDM）、联合履约机制（JI），欧盟排放交易体系（EUETS），国际自愿减排机制（VCS）等相继建立了较为完善的认证认可体系。这些体系采用第三方机构进行具体评价，权威组织则对第三方机构的能力进行审核，认证机构和认可机构扮演着重要的第三方和权威机构的角色。目前，对国家、实体、项目、产品以及服务碳排放的客观评价已经成为各国对温室气体排放实施有效控制和管理的基础。

低碳认证制度是低碳准则体系的核心内容。它以产品为链条，吸引整个社会在生产和消费环节参与到应对气候变化，是低碳生产与低碳消费的重要纽带。通过向产品授予低碳标志，向社会推荐一个以顾客为导向的低碳产品采购和消费模式，从而以公众的消费选择来引导和鼓励企业开发低碳产品技术，积极向低碳生产模式转变，最终达到减少全球温室气体的效果。

低碳认证制度的建立是落实中国低碳经济发展战略的重要技术支撑和基础实施机制。中国必须建立一个符合国情的碳排放核算标准及产品认证体系，把碳排放指标进行量化，明确碳的排放限值，使大家明确了解产品在环境中碳排放的情况。2009 年，环境保护部与德国、英国、日本和美国开展多项具体合作，完成了 4 类中国环境标志低碳产品认证标准的编制工作。2010 年 9 月，环保部全面启动中国环境标志框架下的低碳产品认证；同年 11 月，环保部环境认证中心举行首批中国环境标志低碳产品获证企业颁证仪式，11 家企业榜上有名。环保部希望通过中国环境标志低碳产品认证，规范中国低碳产品的发展，推进中国企业规避碳关税等国际贸易新壁垒，推动、促进和引导中国的低碳经济发展和可持续绿色消费。①

2. 低碳监督机制

中国立法遵循“宜粗不宜细”“原则性和灵活性相结合”的基本原则，法律中普遍存在规定过于原则化和抽象的现象，低碳经济法律体系及监督机制也不例外。过于强调原则化，缺乏可操作性，使低碳经济监督功能大打折扣，造成“监督漏洞”和“监督虚设”。例如，低碳经济作为程序方面的法律规范较少，缺乏系统性，执法主体缺乏法律赋予的强制执行手段，法律法规偏重事后程序且过于笼统；政府职能部门对于各种环境违法行为监管不力、职责履行不到位，存在执法不严、执法力量薄弱、执法技术落后与手段单一的问题；各职能部门之间存在协调障碍，部门之间缺少沟通与必要的相互制约，各监督机构和监督力量各自为政，缺乏沟通与协调，没有形成纵横交错的网式监督，造成监督力量分散，难以

① 孙洪磊，毛振华. 中国将全面启动环境标志框架下的低碳产品认证[EB/OL]. 新华网，2010-09-29.

实现真正统一、协调的监督管理等。

有效落实低碳经济的法律与配套措施，使低碳经济良性健康发展，强有力的监督执行机制是关键。发达国家十分重视提升低碳经济发展的监督执行力，其中执行最为有力的是在气候变化法案中嵌入约束性强的执行机制。有的国家采取对矿产资源开发企业和高耗能高污染企业进行强力约束，减少甚至停止这些企业的生产等强制性手段。[①] 有些国家制定“污染者支付原则”，规定防治污染的费用和因污染造成环境损害的费用由造成污染的企业承担，并利用财政税收的调节作用，鼓励企业开展节能减排。有些国家出台系列激励措施，对企业团体、个人开发的可再生能源项目，政府给予资金补贴；对规模较大的可再生资源项目，政府给予优惠贷款；对利用可再生资源发电的，如风能发电和太阳能开发利用都给予政府补贴，以实现从传统经济向绿色经济转轨。

低碳监督机制的实施效果很大程度上还取决于科学的量化指标体系及实施细则。发达国家不断完善法律法规，并制定一系列与之配套的、详尽的和可操作性强的量化指标体系及实施细则，使支持发展低碳经济的措施落到实处。如英国政府制定低碳转换计划和可再生能源战略的国家战略文件，制定低碳经济发展行动线路图；能源、商业和交通等政府部门分别公布一系列配套方案，保障了低碳经济的顺利发展。

中国现有能源立法规定不够详细，缺乏足够操作性，从而导致我国目前监督执法效果不佳、环保状况不能得到根本改善。法律、规划规定的执行措施上虽然也涉及税收优惠、补贴等奖励手段来激励公众与企业自愿实行有利于低碳经济发展的行为，但却没有规定细化的手段与程序[②]，导致在现实中不能产生广泛的影响。[③] 发展低碳经济首先必须厘清现有法律法规，结合生态环境现状进行调整、巩固和充实，最终建立起一个真正符合生态文明要求的、可操作性强的、严密的制度体系。2007 年 11 月，《国务院批转节能减排统计监测及考核实施方案和办法的通知》发布。随后，国家发改委、统计局和环保总局会同有关部门制订《单位 GDP 能耗统计指标体系实施方案》《单位 GDP 能耗监测体系实施方案》《单位 GDP 能耗考核体系实施方案》等 6 个节能减排统计考核实施方案，采取百分制，凡总成绩在 60 分以下属于未能完成节能低碳低碳任务。3 项“实施方案”不仅明确了两类考核对象主体，即各省市自治区人民政府和千家重点耗能企业，而且明确了具体的量化考核指标。正是这些可操作性强的考核实施方案，使得

① 解晓燕，刘钟华，谷体建. 低碳经济发展现状及中国的路径选择[J]. 理论学习，2010(2).

② 刘海，李娇娇. 大力发展低碳经济不能忽视配套法规建设[J]. 经济视角，2010(1).

③ 王晓林. 低碳经济 法制先行[N]. 人民代表报，2010-01-23.

“十一五”确定的节能低碳这一重要约束性指标真正进入落实阶段。

3．低碳奖励与惩罚机制

“十一五”我国实现降低单位 GDP 能耗目标主要通过行政手段来实施，即减排压力主要依靠指标的层层分解来约束地方政府和企业。由于激励约束机制不健全，不少企业、特别是中小企业缺乏发展低碳经济的内在动力。

低碳奖励与惩罚机制的建立，就是通过制度的有效构建与安排，以低碳财政税收激励机制为依托，实现对消费、企业以及社会的有效激励与惩罚，把节能降耗、综合利用、碳排放减少、环境保护等约束性指标列入考核标准，鼓励技术创新和资源节约，促进经济发展的低碳转型。

在发展低碳经济的过程中，应该提高碳排放源的监测水平，加强碳排放量的监管水平并加大对超额碳排放的惩罚力度，制定详细的奖惩措施，把节能、低碳、降耗、减排考核结果作为政府和领导干部综合考核的重要依据，实行严格的问责制和一票否决制。

当然，节能低碳问责制与奖励和惩罚机制还是一个以“堵、限、压”为特征的行政命令的方法。节能低碳涉及发展观念、旧有经济发展模式、国家相关政策、科技投入等诸多方面，它不仅是企业问题，也是全民和全社会问题。因此，除制定强制性奖惩措施外，还应从经济、体制和法律等角度考虑对策，通过“治标”，最终达到“治本”的目的。

有利于低碳经济和环境保护的制度安排和政策工具还有引导功能。例如，效果显著并享有盛名的德国废水排污费，在 1976 年通过并公布，但是一直到 1980 年才开始正式收费，恰恰在这段不收费的时期，产生了极大的引导功能。一个重要的事实：根本不需要经过阵痛，征税与否一样能够有效。政府公布政策将执行的信号，已经足以引发相应的投资，结果开征以后所收到的排污费并不高。[①]

① 〔德〕魏伯乐，〔澳〕查理·哈格罗夫斯. 五倍级［M］. 上海：格致出版社，2010：209.

第七章　发展低碳经济的碳价格制度

制度的第四个层面涉及短期资源分配和配置的问题。从低碳经济的角度来看，碳价格制度是极为重要的。从全球战略的角度来理解温室气体排放的后果，如气候变暖所导致的洪水、干旱、冰原融解和海平面上升等恶劣自然现象，这是由人类无休止的自利性经济活动而给他人、给世界带来的负的外部性。自利行为无法避免，解决由此引起的负外部性市场失灵的最好办法就是给碳排放定价，以直接的经济性考虑计算减排的成本，那么在经济发展与节能减排之间的取舍就是简单的和可比较的。碳价格是发展低碳经济的基础。

第一节　能源分配制度、能源价格与能源使用的高碳特征

低碳经济的有效运行要建立在市场经济基础上，让价格机制充分发挥作用是核心。本节我们探讨能源分配制度、高碳能源、低碳能源与价格的关系。在发展低碳经济的过程中，提高能源使用效率是重要组成部分。

一、能源分配制度

当今世界关于能源分配制度有多种，影响能源分配制度主要有两大因素：一是能源的产权制度，二是能源的定价权。不同的能源分配制度对于发展低碳经济会产生重要的不同影响。根据产权和能源价格的决定我们可以把能源的分配制度分为三种类型：国家主导的能源分配制度、市场主导的能源分配制度及混合型的能源分配制度。

提高能源使用效率、降低单位 GDP 中的能耗都是发展低碳经济的内在要求。除了技术创新可以提高能源使用外，好的资源分配制度也可以大大地提高能源使用效率。

从我国能源分配制度来看，我国是国家主导的能源分配制度，产权及定价权基本上由政府控制。这种体制带来了能源的低效使用。大型国有企业效率很低，消耗了与产量相关的大量能源。近年来，能源企业在经营管理理念和提高设备使用效率方面有很大提高，但与国外发达国家相比，我们还是有较大的差距。

中石化的员工数量15倍于与其规模相当的意大利埃尼集团，这说明我国中石化的效率是低下的。美国《财富》杂志曾报道，尽管中石油、中石化在2009年的世界五百强企业中名列前茅，但它们的生产效率却只有美国埃克森美孚公司的1/23。另据测算，中国垄断式经营的电力、电信等企业的资本利润率也只有世界同类、同规模企业的1/20到1/5。但按道理说，目前我国的能源行业效率不应该低，就电力来说，都是采用新机组、新设备，应该是高效率的。

为什么我国能源行业效率较低呢？原因主要有以下三点：① 国有企业制度问题，如相对不透明的经营结构、监管很难等。② 国企承担的政府职能使得这一问题更加复杂化。目前很难判断国有能源企业的经营底线，比如有些行业的亏损可能是政策性亏损，所以企业经营者并不担心。关键是国企垄断，而民间资本又不让进入，这就使这个行业没有经营底线和标准，加上国企与管制者是一种合谋关系。让民营和外企参与能源行业，对于国家安全不会产生大影响，相反，对提高整个行业的效率会有很大帮助（林伯强，2012）。③ 在我国市场化改革中，国有企业改革出现了一些改革目标错位的问题，这主要表现为市场的好处（市场垄断）他们可以得到，政府的好处（软预算约束）也可得到。所以，要提高我国能源分配制度的效率必须改革我国能源分配制度中的产权制度。这是关键，这个不改，能源价格也难以理顺。

为什么像水、森林和清新的空气这些资源不足，而像金属、矿物和能源这些资源的稀缺程度却不那么严重呢？原因是后者的稀缺性反映在市场价格上，所以，替代品、技术进步和结构变化能对其产生强大的作用，而前一类资源的特点是可以随意获取，因此鼓励节制地使用这些资源的措施很少。在这种情况下，需要用政策、制度和机构来迫使决策者——公司、农户、家庭和政府①，在其行动中考虑这些资源的社会价值。这些实施起来确实有难度，但是只要环境政策和制度安排能得到公众的支持，并能得以坚决实施，那么替代品、技术进步和结构变化对这类资源的积极作用就可以像对金属和矿石那样强大。这解答了环境问题的争论为什么正确地脱离了对于物质条件对发展的限制的关心，而转向关注人类行为和政策的鼓励措施，这些措施可以克服市场和政策缺陷。②

我国市场在分配能源方面的作用受到多种因素的制约，这些制约因素主要有以下三方面：第一，长期的低价导致资源过度使用。如何发挥价格机制的作用是建设生态文明要考虑的一个重要问题。如何认识市场在环境保护、发展低碳经济方面的作用？如皮尔斯所指出的，自由市场解决思路绕不开的问题在于，处

---

① 世界银行. 1992年世界发展报告：发展与环境[M]. 中国财政经济出版社，1992：19.
② 同上①，第10页。

于受威胁中的资源是没有市场化的资源，比如大气、臭氧层和海洋等。① 资源的市场化是保护资源的最好办法。上述资源之所以没有市场化和产权化，是因为界定其产权的成本太高或技术不成熟。第二，应该把对环境有破坏的消费活动的价格提高，运用价格来制约人们的行为。第三，市场机制在我国生态文明的建设中还受到了许多限制，如市场化程度不高、价格管制还比较多、价格对资源稀缺程度的反映还比较低、资源领域的行政垄断还比较严重等。

首先，发展低碳经济必须从深层次反思我们在资源及能源使用上体制的问题。正如博尔丁所指出的，线性经济体制是一时安排，这只是将土壤中的物资转化为产品，同时依照消费来分配它们，将残留在影响物资排放到垃圾堆、海洋和空气中。这种经济活动不可能无限地持续下去。他认为，这个过程将对后代构成严重打击。② 近些年来循环经济越来越受到人们的重视，如何把线性经济体制转变为循环经济体制，是人类转变生产方式和生活方式要解决的前提问题。

其次，我们的经济发展必须要建立在资源、能源可持续发展的基础上，不能无节制地掠夺式使用。这次经济危机主要是由于数以百万计的抵押贷款坏账引发的，其根本原因并不在金融市场的无序，而是在于对土地、能源和其他资源使用无度，在于对化石燃料、森林及其他天然资源无节制的掠夺式使用。“反弹效应”指出，引起浪费的价格会严重危害经济的长期稳定发展。没有资源的可持续利用，就无从保证金融市场的稳定。走向低碳增长道路需要付出现实的经济和政治成本。我们必须承认并控制这种成本，而不是一味拒绝。③

最后，发展低碳经济必须克服政治体制上的低效及利益集团的阻止。因为许多制度是由政府制定的，如西方的民主体制在发展低碳经济上也有软弱无力的一面。众所周知，有许多人反对通过价格、税收或者管制来改变他们的能源消费方式——其中包括（或者尤其是）交通方式。电力、制热和制冷的成本是个重大政治问题，许多政客因短期的竞选原因回避应对这样的问题。替代烃基能源驱动内燃机的技术已经存在，而且还会发明出更多。从这个角度看，发展低碳经济主要不是技术问题，而是一个制度问题。只有在碳价格处于某个需求层次，且戴上了必须在政治上制定出来并予以执行的决定这顶桂冠之后，碳排放交易市场才能运转起来。从长期来看，发展低碳经济的制度安排和政策有利于整个社会甚至全人类，但是在短期内会有一部分群体因制度的改变和政策的调整而受损，这就需要我们来协调和补贴那些受损的群体，从而有利于低碳经济的建立与发展。

---

① 〔英〕库拉. 环境经济思想史[M]. 上海：上海人民出版社，2007：216.

② 同上①，第178页。

③ 〔英〕尼古拉斯·斯特恩. 地球安全愿景：治理气候变化，创造繁荣进步新时代[M]. 北京：社会科学文献出版社，2011：45.

二、中国能源使用的高碳特征

（一）能源消费分析

1. 能源消费总量及结构

1998—2010 年期间，中国的能源消费持续增长，由 136 184 万吨标准煤上升到 325 346 万吨，增长了 1.38 倍（见表 7.1）。中国已经成为世界上一次能源消费增长最快的国家，年均增长 9.4%，能源消费增量占世界的 58%。[①] 从年增长比例看（如图 7.1），中国能源消费在 2003—2005 年快速上升，其中在 2004 年达到高峰，能耗增长 16.14%，之后能源消费增长有所下降；2008 年受国际金融危机的影响，中国能源消费年增长比例降到低谷，年增长 4.2%；近两年，能源消费增长持续上升，2010 年能源消费同比增长 6%，占全球能源消费的 20%，已经超过美国成为全球最大的能源消费国。[②]

表 7.1　1998—2010 年中国一次能源消费总量及其结构

年份	一次能源消费总量（万吨标准煤）	能源消费年增长率（%）	占一次能源消费总量的比重（%）			
			原煤	原油	天然气	水电、核电及其他
1998	136 184	0.20	70.9	20.8	1.8	6.5
1999	140 569	3.22	70.6	21.5	2.0	5.9
2000	145 531	3.53	69.2	22.2	2.2	6.4
2001	150 406	3.35	68.3	21.8	2.4	7.5
2002	159 431	6.00	68.0	22.3	2.4	7.3
2003	183 792	15.28	69.8	21.2	2.5	6.5
2004	213 456	16.14	69.5	21.3	2.5	6.7
2005	235 997	10.56	70.8	19.8	2.6	6.8
2006	258 676	9.61	71.1	19.3	2.9	6.7
2007	280 508	8.44	71.1	18.8	3.3	6.8
2008	291 448	3.90	70.3	18.3	3.7	7.7
2009	306 647	5.21	70.4	17.9	3.9	7.8
2010	325 346	6.10	69.9	17.4	4.3	8.3

① 史立新. 2011 交通能源消费及碳排放研究[M]. 北京：中国经济出版社，2012.

② 中国产业地图编委会，中国经济景气监测中心. 中国能源产业地图 2010—2011[M]. 北京：社会科学文献出版社，2012.

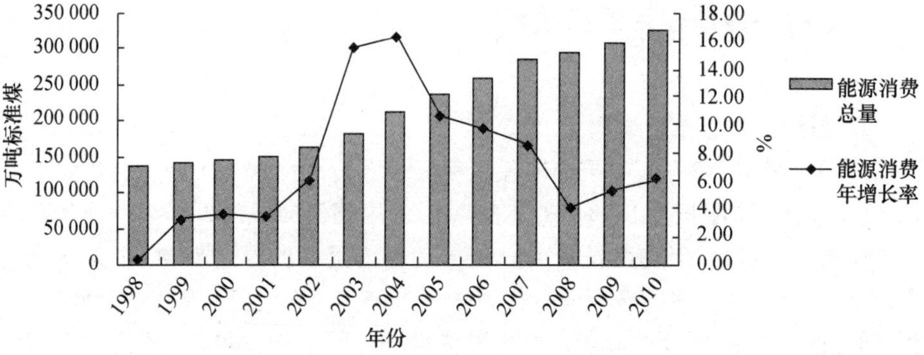

图 7.1　1998—2010 年中国一次能源消费量

从一次能源消费结构来看，如图 7.2 所示，长期以来，中国能源一直以煤炭消费为主，并没有发生太大的变化。近十几年来，煤炭消费比例总体都在 70% 左右，属于明显“低质型”的能源消费结构。石油、天然气的能源所占比重相对较小，低于世界一次能源消费中的比重。而且，随着石油资源的日趋紧张，近几年来石油的消费比重呈现下降的趋势。虽然中国天然气消费比例近年来有所上升，但是消费比例依然很低，远远低于国外其他主要国家的天然气 25% 的消费比例。

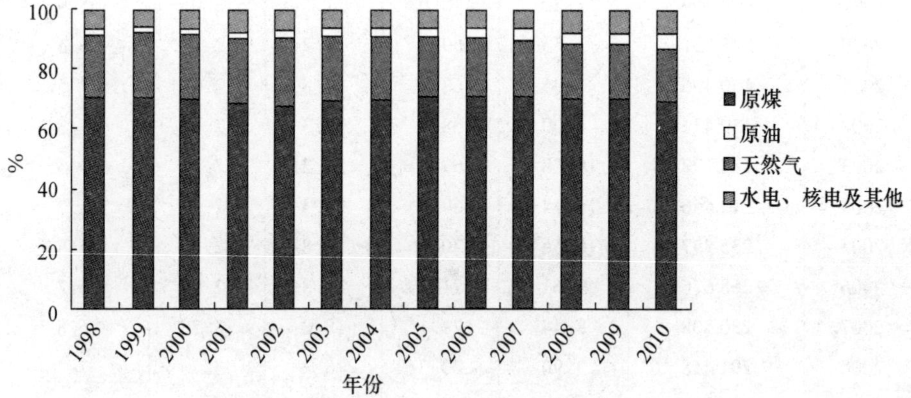

图 7.2　2000—2010 年我国一次能源消费比重

2. 中国能源消费突出特点

中国能源消费具有世界能源消费的普遍特征，也有其自身的特点。从世界能源消费看，人类目前几乎完全依赖于石油、煤、天然气等化石能源，在一次能源消费中占绝对比重；人类对这些一次能源的消费总量和人均消费量不断上升；能源利用效率有所提高，但消费强度逐渐增大等。中国作为世界能源消费的主要组成部分，具有上述能源消费的普遍性，同时，作为经济高速发展的世界第二大经济体，处于重工业化时期的中国能源消费有以下两个突出的特点：

第一点在分析能源消费结构中已经提到，就是以煤为主的消费格局的长期存在，能源消费结构的多元化不够。目前，世界一次能源消费中石油消费量占到能源总消费的1/3以上，是主要的消费能源，在发达国家，这一比例更高。

第二点是中国能源消费的集中度高，工业是最主要的能耗部门。中国工业能耗占能源消费总量的比例一直保持在2/3以上，能源消费产业结构不均衡。而世界范围内，交通运输部门逐步超越工业部门成为最大的能源消费行业，占能源消费总量的30%左右，与工业能耗大致相等。在美国这样的发达国家，其能耗比例超过了1/3，成为名副其实的第一大耗能部门。

工业部门中，能源消费又主要集中在有色金属冶炼及压延加工业，石油加工、炼焦及核燃料加工业，化学原料及化学制品制造业，非金属矿物制品业，电力、热力的生产和供应，黑色金属冶炼及压延加工业等六大高耗能产业。六大高耗能产业的能耗增长迅速，其占中国总能耗的比例不断上升。到2009年，其总量为30.66亿吨标准煤，是2000年的2.1倍，高于能源消耗增长率，占当年总耗能的51.7%。而黑色金属冶炼及压延加工业在六大高能耗产业中能耗最多，且增长最快，2009年其能耗为5.64亿标准煤，单纯此行业就占工业能耗的27.51%。

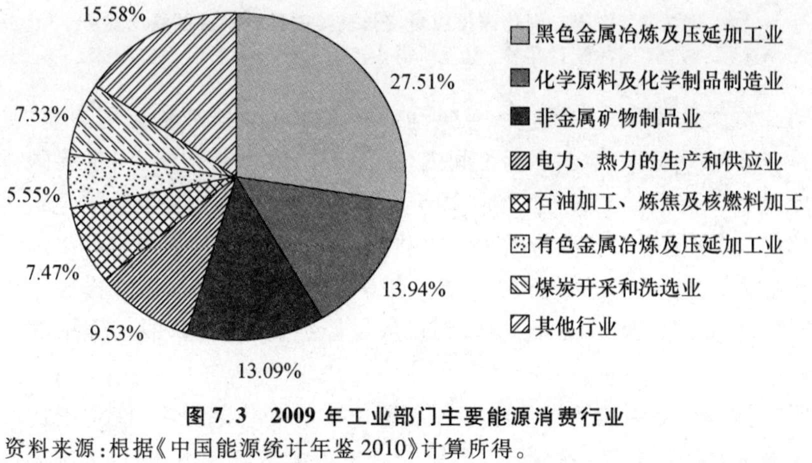

图7.3 2009年工业部门主要能源消费行业

资料来源：根据《中国能源统计年鉴2010》计算所得。

（二）二氧化碳排放分析

1. 二氧化碳排放总量

1990—2010 年统计的资料（图 7.4）显示，中国二氧化碳排放经历了两大阶段。第一阶段是 1990—2003 年这段时期，中国的碳排放量总体比较稳定。尤其是在 2000 年以前，碳排放量基本保持不变，在个别年份还出现了负增长的情况；从 2000 年开始缓慢增长，碳排放量占世界碳排放总量的比重也有所提升，但总体变化不大。

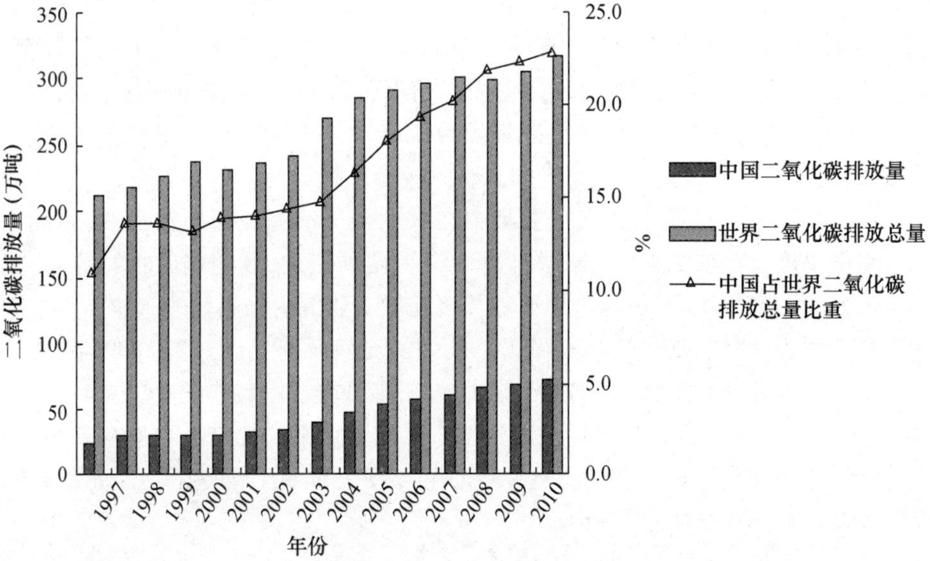

图 7.4　中国二氧化碳排放量增长及其占世界排放总量比重

资料来源：根据《国际统计年鉴》整理所得。

第二阶段是 2003—2010 年。这一时期，二氧化碳排放量出现显著的上升。特别是在 2003—2007 年这 5 年时间内，中国碳排放增长很快，占世界碳排放总量的比重由一直不到 15%，上升到 20%；2007 年以后，由于受到金融危机等外部因素的影响，中国二氧化碳排放量增长放缓。但是，由于世界其他经济体因为危机经济陷入低迷减缓二氧化碳的排放，使得中国碳排放量占世界排放总量的比例增长依然很快。到 2011 年，中国碳排放量已经超过美国，成为碳排放最多的国家。

联系上一小节中国近十几年能源消费总量的变化趋势看，能源消费增长变化与二氧化碳排放量存在显著的正相关，在能源消费增加迅速时，碳排放量的年增速也达到最大。随着中国成为世界上最大的能源消费国家，碳排放量也成为最多的国家，这绝非偶然。

2. 各产业部门的二氧化碳排放量

如表 7.2 所示,1998—2009 年各产业部门的二氧化碳排放量从 275 827.3 万吨增长到 619 238.2 万吨,增长了 1.25 倍。可以看到,1998—2002 年,二氧化碳的排放量一直比较稳定,年排放量增长缓慢;从 2003 年开始,全国产业部门的二氧化碳排放量出现了明显上升,其中 2003—2005 年的增长最为明显,之后年增长速度有所放缓,每年增长大致相当。这与图 7.5 反映的我国碳排放量的增长趋势非常吻合。

表 7.2　1998—2009 年各产业部门的二氧化碳排放量

时间	1998	1999	2000	2001	2002	2003	2004
总排放量（万吨）	275 827	275 050	283 363	293 251	309 343	355 671	420 156
时间	2006	2007	2008	2009			
总排放量（万吨）	518 194	540 083	587 010	619 238			

数据来源:根据《中国统计年鉴》整理所得。

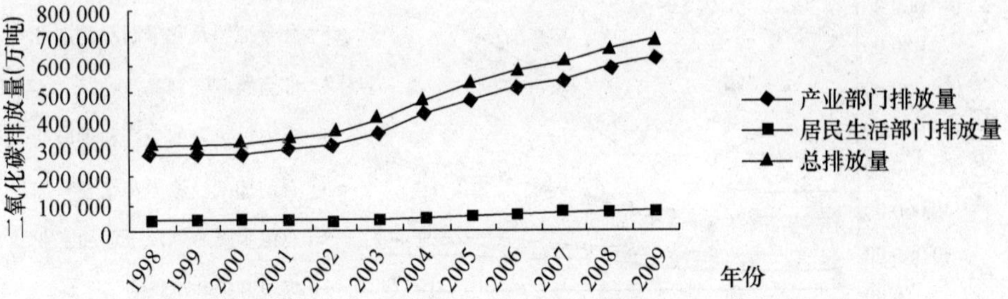

图 7.5　1998—2009 年生产和生活部门二氧化碳排放量变动趋势

中国各产业部门能源消费二氧化碳排放量从 1998 年的 277 858.4 万吨涨到 2009 年的 602 751.44 万吨,增长 124.50%,如表 7.3 所示。其中,二氧化碳排放涨幅最小的是农、林、牧、渔、水利业的能源消费,2009 年相较于 1998 年增长了 8.38%;工业能源消费二氧化碳排放量增长了 115%;建筑业能源消费二氧化碳排放量增长了 116.97%;交通运输、仓储和邮政业能源消费二氧化碳排放量增长了 129.57%;其他部门二氧化碳排放量增长了 154.65%。可以明显地看出,工业部门是中国最主要的二氧化碳排放部门。

表 7.3　1998—2009 年各产业部门二氧化碳排放量

（单位：万吨）

年份	农、林、牧、渔、水利业	工业	建筑业	交通运输、仓储和邮政业	批发、零售业和住宿、餐饮业	其他部门	总排放
1998	8 619.45	224 132.76	1 988.61	21 808.56	6 657.28	11 651.74	277 858.40
1999	8 681.67	221 621.49	4 954.28	22 658.31	6 721.55	12 012.37	276 649.67
2000	9 013.18	225 748.02	5 073.19	23 730.98	7 097.66	12 579.77	283 242.80
2001	9 504.59	232 045.74	5 273.18	24 537.21	7 392.51	13 047.06	291 800.29
2002	10 062.19	244 374.23	562.47	26 001.18	7 817.69	13 847.45	307 732.20
2003	11 500.45	282 096.44	6 306.76	29 935.93	8 995.23	15 905.44	354 740.25
2004	13 365.75	332 224.81	7 215.54	35 262.28	10 289.32	18 357.16	416 714.86
2005	14 272.31	369 430.72	7 891.45	38 924.23	11 249.41	20 867.22	462 635.34
2006	14 935.96	409 618.06	8 756.55	42 766.52	12 382.53	23 220.58	511 680.20
2007	19 810.84	442 321.41	9 436.24	43 945.27	13 542.94	21 987.34	551 044.04
2008	14 590.38	458 867.08	9 015.18	48 310.38	13 605.72	27 119.58	571 508.32
2009	15 251.19	481 795.62	10 823.82	49 926.72	15 283.39	29 670.70	602 751.44

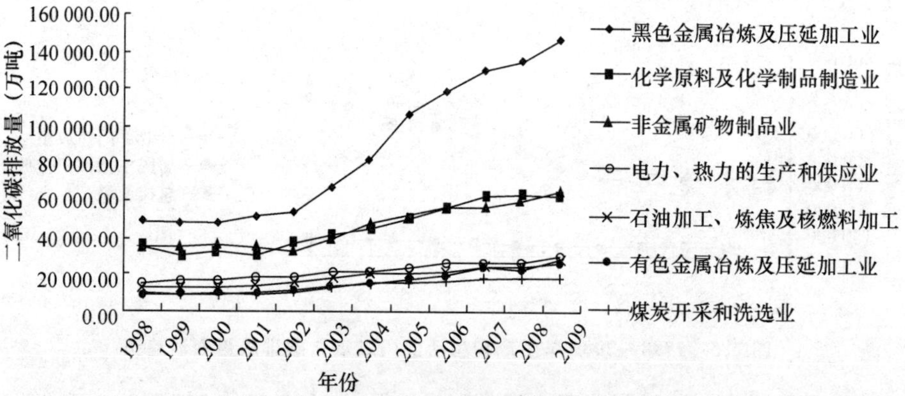

图 7.6　1998—2009 年工业部门主要行业二氧化碳排放

首先，从图 7.6 反映的 1998—2009 年期间各工业部门二氧化碳排放绝对量的变动趋势看，工业各部门二氧化碳排放经历了两个阶段，2003 年之前各部门二氧化碳年排放量曲线比较平缓，在 2003 年之后各工业部门二氧化碳年排放量均出现了上升，虽然程度不同，但是较之前上升明显。另外，五大产业部门中，工业部门的二氧化碳的排放量远远高于其他产业部门的排放量，在二氧化碳的排放中占主导地位，其变动趋势与二氧化碳总排放量保持高度一致。

其次，从各产业部门二氧化碳排放所占比例的变化趋势上看（见图 7.7），各个产业部门排放所占比例都比较平稳，没有明显的波动。工业部门作为我国各产业部门中碳排放的主要来源,从1998年至今的二氧化碳排放所占比例一直保持在80%左右。在各个产业部门二氧化碳排放排在第二位的是交通运输、仓储和邮政业,其二氧化碳排放占各部门总排放量的8%左右。

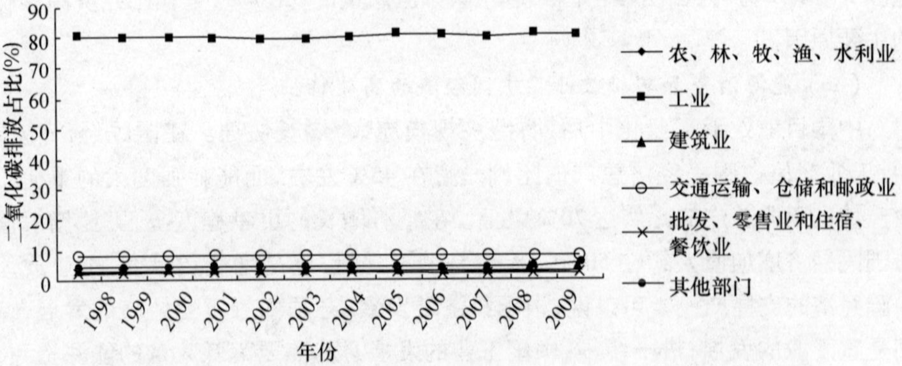

图7.7　1998—2009年各产业部门能源消费二氧化碳排放占总排放比例

资料来源:根据表7.3计算得出。

最后,来分析工业部门内部的行业二氧化碳的排放情况。按照我国现行的工业行业划分,在工业部门内,排放量主要来自黑色金属冶炼及压延加工业,非金属矿物制品业,化学原料及化学制品制造业,煤炭开采和洗选业,石油加工、炼焦及核燃料加工,电力、热力的生产和供应业等行业(见图7.8)。这几大行业既是能耗最大的,相应也是二氧化碳排放的主要来源。以2009年为例,2009年工业部门二氧化碳总排放量为481 795万吨。其中,黑色金属冶炼及压延工业二氧

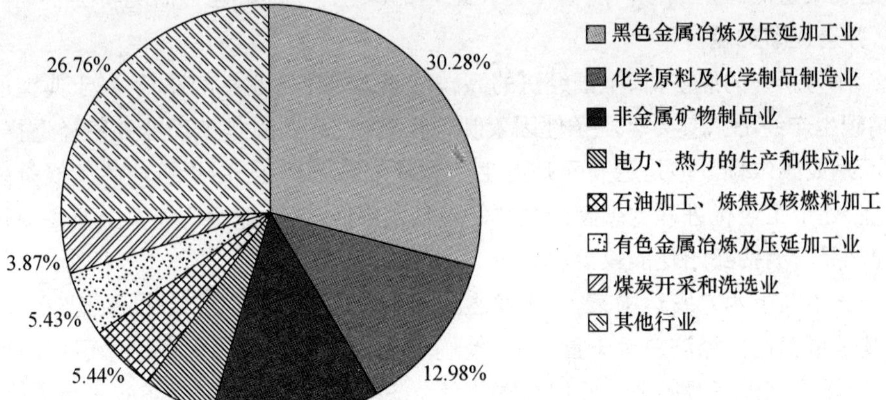

图7.8　2009年工业中主要二氧化碳排放行业

资料来源:根据《中国统计年鉴》整理所得。

化碳排放就占整个工业部门二氧化碳总排放量的30.28%，紧随其后的是非金属矿物制品业和化学制品制造业，这三者二氧化碳排放量之和占工业部门总排放量的55%还多，而这七大重化工行业二氧化碳排放量接近总排放量的75%，达到371 490万吨，占当年中国二氧化碳排放总量的53.7%，是我国经济高碳化的主要原因。

（三）能源消费和碳排放凸显中国经济的高碳特征

中国目前处于工业化中后期，经济规模庞大，增长快速。在国民经济构成中，工业产值占国民经济总产值比例一直在45%左右，而能耗强度大的重化工业产值占工业总产值比例达70%以上。在经济增长的贡献程度上，工业增加值占国民经济增加值大约在50%。无论是静态总量，还是增长贡献度，工业成为中国经济的支柱产业。可以说，中国经济要发展，必须依赖工业经济的发展，特别是重工业的发展；进一步地，中国工业的发展必然需要消耗大量的能源资源，形成对化石能源的高度依赖。

能源消费特征以及由此引起的二氧化碳排放量的增长趋势直接体现了中国经济发展高碳特征。能源消费总量巨大，并且需求增长迅速，由此造成了中国碳排放总量的增加；能源消费结构单一，进一步使经济对化石能源的依赖集中表现在对煤炭的依赖上，而所有化石能源中煤炭的碳排放系数最高，因此加重了二氧化碳排放；能源消费部门结构相当不均衡，工业对能源的消费总量和比例都特别高，突出体现了处于重工业化阶段中国工业经济对化石能源的高碳特征。对化石能源攫取式消耗的工业，特别是几大高耗能的产业对能源形成过度依赖，也直接造成大量的碳排放量。随着工业化进程的深化和加速，这种情况将会长期存在，并会逐渐加剧。

作为新兴的经济体，中国经济的高碳特征体现在工业生产部门，属于典型的"高碳生产经济"，其受客观条件因素制约较大，也可以说是被动性的路径选择，进而形成碳依赖。但是这并不是说生产型碳依赖不严重，由于所处的发展阶段特征，处于工业化进程的国家的主要任务是发展经济，对能源的消费主要集中于生产部门，消费部门耗能较少。

这不同于西方发达国家，由于发达国家完成了工业化和现代化，其工业经济尤其是重工业占经济总量比重不大，他们对化石能源的依赖更多地体现在消费领域，属于高碳消费经济。任何高碳消费经济都是由高碳生产经济演化而来的，其对碳能源的依赖更具有主观性，经济社会已经完全适应了碳物质的时代，因此中国必须借助低碳发展的契机，努力开发低碳技术，发展低碳产业避免进入高碳消费经济中。

三、高碳能源、低碳能源与价格

在二氧化碳的排放中,能源类部门大约占总量的63%。在来自非能源部门的37%中,"土地利用变化和森林"一项主要是森林采伐和泥煤燃料。发展低碳经济就是要开发出具有竞争性经济效益、能替代化石燃料的低碳能源。如何完成这种转换?

提高能源效率是最大的、成本最低的减排渠道。能源供给方(如燃煤、燃油、发电等)与需求方(建房、交通及生产使用能源)在这方面都有很大的潜力。但如此巨大的效率潜能尚未开发,这表明实现难度大。这是因为实现大规模节能要求上调能源价格、取消化石燃料补贴等,并实现有效监管、财政激励措施、制度改革和融资机制协同作用的战略,以解决市场失灵和非市场壁垒问题①,同时,还涉及大量的配套设施的改变等。

我们知道,能源消费总量及其碳强度共同决定了能源的二氧化碳排放量。低碳型发展路径的政策措施包括提高能效和转向低碳型生活方式以降低能源强度,以及通过转向使用低碳燃料来降低能源碳强度。以前我国强调降低能源强度,随着低碳经济的发展,我国开始强调降低能源碳强度,这是一个重大的转变。

我国能源使用效率的提高是惊人的:平均起来,中国单位国民收入生产所需要的能源现在已经是1980年的1/8。虽然这种进步引人注目,但中国单位收入仍需要两倍于欧洲生产可比收入所需的能源,这在很大程度上反映了两个经济体不同的部门构成及能源使用的效率。决定能源使用效率的因素有很多,除了我们前面分析的能源分配体制外,还有能源技术、管理水平、价格等因素都会影响能源的效率。我们在这里重点探讨高碳能源、低碳能源与价格的关系。

一是按有效的市场规则来发展低碳经济。开采出来的化石燃料的价格必须遵循如此的变化轨迹:保存在地下的未开采矿藏的价值增值率与资本市场利率相等。资产组合法则意味着开采能源的价格会以与利率相同的水平不断上涨,因为已开采能源的价格与存储在矿藏中的能源价格是相同的,人们将这种假设称为霍特林法则。在"索洛—斯蒂格利茨"效应条件下,跨期帕累托最优实际上起着主导作用,即通过减排路径的改变使后代有更高的生活水平,又不致使当代人的生活变差。开采能源的价值增值率与实际资本市场利率相同。这时候的帕累托最优条件是,能源价值增值减去开采的单位成本等于资本的市场收益。②

市场规则及价格机制总会发挥作用。哈耶克曾经分析了锡稀缺情况加剧的

---

① 世界银行.2010年世界发展报告:发展与气候变化[M].北京:清华大学出版社,2010.

② 曹荣湘.全球大变暖:气候经济、政治与伦理[M].北京:社会科学文献出版社,2010:192.

例子。锡的用户将会通过价格上涨而收到这样一个信号:他们在消费中惯常用的锡目前到处都在使用,而且是有利可图的,因此他们必须节省使用。与此同时,生产者得到了寻找新的资源的信号。这一系统极大地节省了人们的了解过程,并且把分散的利益聚拢在一起。换言之,我们可以通过提高化石燃料的价格使低碳能源的价格优势体现出来。我们要发展低碳经济,减少温室气体的排放,那么必须要提高高碳能源价格,使低碳能源和低碳技术的比较优势能显示出来。实际上,每次高碳能源(如石油)出现危机而价格上涨,那么就有利于替代能源(包括低碳能源)的出现,以及碳依赖的减轻。

欧洲国家正是利用1974年的石油危机引入了高燃油税,如果欧洲的油价接近美国的水平,汽油需求量很可能会翻番。同样,欧洲的电价是美国电价的两倍,因此欧洲人的人均用电量仅为美国的一半。价格可以解释为何欧洲人均排放量(10吨二氧化碳当量)比美国(23吨二氧化碳当量)低一半还多。①

在发展低碳经济的过程中,我们不仅要重视化石燃料市场上的需要方,也要重视化石燃料市场上的供给方。对绿色政策的恐惧和绿色政策的日益从紧,不仅没有抑制住化石燃料的消费,反而加大了化石燃料的供给。对自然资本收益开征所得税才是减少化石燃料消费并进而减缓全球变暖的有效激励机制。②

二是价格必须反映真实成本。许多国家对化石燃料进行的补贴扭曲了人们对清洁能源的投资决策。2007年,全球发展中国家的能源补贴约为3 100亿美元,大量的补贴人为地降低了化石燃料价格,阻碍了节约能源行为,降低了清洁能源的吸引力。

取消化石燃料补贴能降低能源需求,鼓励低碳能源供给,减少二氧化碳排放量。如取消电力和工业部门的化石燃料补贴可以使全球二氧化碳排放量降低6%,并且使全球生产总值增加。但是取消补贴是一件很复杂的事情,因为这些补贴是以保护穷人的利益为理由建立起来的,但实际上更多的高收入人群从中受益。合理调整能源补贴,让贫困人群受益,倡导可持续的能源和交通发展,可以降低全球二氧化碳排放量并产生许多其他效益。③

能源价格必须反映生产成本,包括其对当地和国际环境产生的外部性。例如,到2020年,我国的温室气体排放量将比正常状况降低15%,每年因发电和家庭使用能源导致的污染而早亡的人口减少12.5万至18.5万例。这表明我们如果对空气污染进行定价能非常有效地降低相关的卫生成本,从而使外部性内

① 世界银行.2010世界发展报告(上)[J].世界环境,2009(6).

② 曹荣湘.全球大变暖:气候经济、政治与伦理[M].北京:社会科学文献出版社,2010:202.

③ 世界银行.2010年世界发展报告:发展与气候变化[M].北京:清华大学出版社,2010:15.

在化。我们应该通过碳税或碳排放交易体系对碳进行定价，这样可以从根本上促进低碳技术的发展，使之与化石燃料抗衡。一项研究发现，如果能源价格保持在较低的1973年水平并一直持续到1993年，美国的空调能源效率将可能比现在低16%。[①]

在发展低碳经济的过程中，要把能源价格与政府宏观政策工具逐步脱钩。能源价格成为政府宏观政策工具的危险在于会进一步扭曲价格，导致能源改革常常因为各种社会经济问题而搁浅，而延缓能源改革会增加可持续发展的成本。因为如果没有可行的能源替代，政府的能源定价可能导致能源无效或低效使用，这意味着将来更高的能源价格和更大的环境成本（林伯强，2012）。合理的能源价格有利于提高能源效率，从而实现减排目标。电气企业巨头通用电气总裁杰弗里·伊梅尔特说："只要出现15分钟的不利市场信号，大型能源企业会立即终止数十亿的40年以上的长期投资。"能够涵盖大范围的部门、技术和国家的基础价格的机制，可以大幅度降低成本，这是因为市场将会寻找更低的成本并找到许多可行的选择。[②]

新的能源技术与价格的变动有着紧密的关系。如美国德州石油巨头Jim Henry所领导的技术革命。他的公司在西德克萨斯盆地浅层石油储量枯竭的情况下，大胆采用新技术向深层钻探，通过把几百万加仑的水注入石灰岩进行水力压裂，在岩层中创造断裂，使蕴含于其中的油气析出。这一方式使许多过去无法开采的油气得以被利用。但问题是，当时的油价不过30美元一桶，而这样开发出来的原油成本比油价高了将近一倍，不具备市场价值。但是，油价很快扶摇直上，到2008年达到145美元一桶的历史纪录，这样的开采立即变得有利可图。

三是加大低碳能源的投资力度。根据新能源金融公司（New Energy Finance）的说法，2007年清洁电力领域的投资接近1 000亿美元，几乎占了能源基础设施投资的15%。国际能源署计划在接下来的20年里，能源基础设施投资年均将达到1万亿美元左右。如果这一数字有1/3是低碳的，那么低碳投资就是每年3 000亿美元。我们延误的时间越多，基础设施就越会表现为较高的排放水平，改建的成本就会越大。[③] 不同商品的相对价格在接下来的几十年里很可能发生强烈变化。如果我们投资于传统商品而忽视了气候变化，我们拥有的传统商品就会更多，而环境商品和服务就会更少；我们用于低碳能源的投资越多，那么发展低碳经济的成本会越来越低。例如花旗银行在太阳能、风能和水电方

---

① 世界银行. 2010年世界发展报告：发展与气候变化[M]. 北京：清华大学出版社，2010：298.

② 〔英〕尼古拉斯·斯特恩. 地球安全愿景：治理气候变化，创造繁荣进步新时代[M]. 北京：社会科学文献出版社，2011：132.

③ 同上②，第60页。

面已经拥有了大量的证券投资组合，在低碳建筑工程上也是如此。按照其创始人的说法，企业的综合方案“并不是一份请愿书，而是一份现实可行的计划”。从全球范围看，能效投资每增加 1 美元，投入方节省的投资就超过 2 美元，这种回报在发展中国家甚至更高。现有的能效技术将使建筑物消费的能源降低 30% 至 40%。在中国，提高建筑物能效会增加 10% 的建筑成本，但能节省 50% 以上的能源成本。最近《华尔街日报》记述了中国在全球能源业的投资，其中在北美的投资高达 60 亿美元，在中北亚为 56 亿美元，在南美 48 亿美元，在非洲 22 亿美元，在澳洲 18 亿美元，在欧洲 12 亿美元，在加勒比地区 8.54 亿美元，在中东仅 1 200 万美元，由此可见中国的能源战略重点所在。从 2004 年到 2007 年，发展中国家在能源效率和可再生能源方面的投资（26 亿美元）比例从 13% 提高到 23%，其中 82% 的投资集中在巴西、中国和印度。①

四是完善法律及制度上的规定。仅仅凭价格政策不足以确保能效和低碳技术的大规模研发和应用。要根据不同部门和不同领域的情况，有针对性地采取相应的举措达到发展低碳经济的目的。这些举措包括能源强度目标、电器标准、建筑条例、工业绩效目标以及燃料效率标准。这些国家能效目标，不仅有利于降低能耗、减少排放，而且也有利于提高行业或企业的竞争力。在欧洲，新建的遵守建筑条例的建筑物累计节省的能源比在 1970 年第一次石油危机前建造的建筑物多 60%。美国的冰箱能效标准已经使美国在过去 30 年里节省了 1 500 亿瓦特电，比美国所有核项目的总容量还多。20 世纪 70 年代以来，美国冰箱的平均价格下降了一半多，而其能效却增长了 3/4。② 在英国，《可再生能源义务法令》(*Renewables Obligation*)要求到 2010 年所有能源供应商所供应的能源须有 10% 来自可再生技术。③ 加大可再生能源和生物质能的利用比例是欧美国家发展低碳经济的一项重要战略。

发展低碳经济对于地球来说会大幅度降低其灾难性后果的风险。相对于换取到的危险降低而言，成本不应被视为很大。这样一种付出，与为小概率灾难后果投保没有多大的区别。政府决定“买保险”的例子有很多，例如，建设防洪设施、民防工程，预防禽流感等。就应对气候变化而言，所需的资源等于成本或价格指数一次性上涨 2%——之所以是一次性的，是因为成本主要是由于使用这种而不是那种能源生产方式而导致的，一旦完成转换，我们就会坚持使用新的方法或者基础技术进步策略，从而形成这种新老交替的局面。

---

① 世界银行.2010 年世界发展报告：发展与气候变化[M].北京：清华大学出版社，2010：285.

② 同上①，第 210—211 页。

③ 同上①，第 68 页。

第二节　碳价格及其功能

一、碳价格及其确定

确定一个有效的碳价格，既能激励企业和家庭的行为，又能鼓励研究和发展低碳技术。碳价格必须上升到能将温室气体排放的社会成本传递到数以亿计的公司和个人的日常决策中去。在欧洲碳价格相对高昂，但是在美国和发展中国家碳排放的价格则接近于零。此外，即便是在碳价格能够覆盖到的区域中，一些区域相对于其他区域受到优惠，并且缺乏能够保证在时间维度上进行有效分配的机制。[①] 实施了碳价格的地区（或国家）比没有实施碳价格的地区（或国家）更有利于发展低碳经济。

碳价格用于显示产品在消费和生产中排放温室气体所造成损害的信号，即反映温室气体排放的边际社会成本（marginal social cost，MSC），从而有利于通过"污染者付费"来矫正负外部性。减排的最优水平应该根据减排的边际社会收益（可以用排放的边际社会成本表示）与减排的边际成本（marginal abatement cost，MAC）相等来确定。

诺德豪斯创造性地把经济学中的边际分析法引入到对气候变化问题的研究中。如图 7.9 所示，横轴代表温室气体下降的百分比，纵轴为实际货币值。若没有外来因素干预，温室气体不减少，那么对社会的损害为 Z 点的高度值。当社会投入资源以降低温室气体时，边际成本是递增的，但温室效应的边际损害将随着温室气体存量的减少而逐步降低，这可看作减排的边际收益。E 点为 $MR = MC$ 的均衡点。此时，社会总成本是区域 B 的面积，社会总收益是区域 $B + C$ 的面积，从而减排将带来区域 C 面积的社会净收益。[②]

社会碳成本的估算也有很大的差异。2005 年社会碳成本的平均估算值为每吨碳 43 美元（每吨二氧化碳 12 美元），但该平均值的变化范围很大，如在 100 个估算中，每吨碳从 10 美元（每吨二氧化碳 3 美元）到高达每吨碳 350 美元（每吨二氧化碳 95 美元）。社会碳成本大幅度的变化在很大程度上是由于估算的假设上存在的差异造成的，如气候敏感性、响应时间滞后、风险和公平的处理方式、经济的和非经济的影响、是否包含潜在灾难损失和贴现率选择等。此外，温室气

---

① 〔美〕威廉·诺德豪斯. 均衡问题：全球变暖的政策选择［M］. 北京：社会科学文献出版社，2011：18.

② 向国成，李宾，田银华. 威廉·诺德豪斯与气候变化经济学——潜在诺贝尔经济学奖得主学术贡献评介系列［J］. 经济学动态，2011(3).

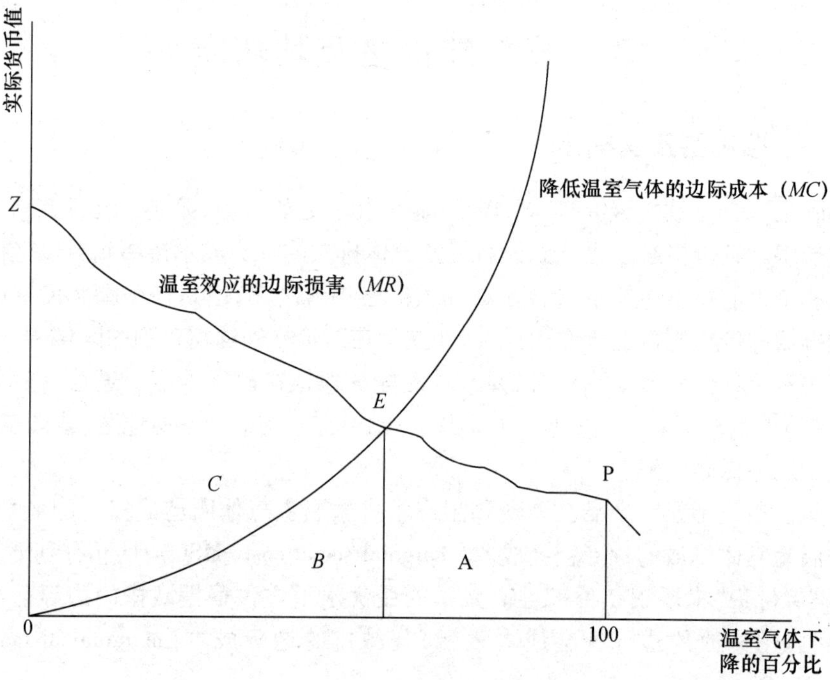

图 7.9　气候变化中的边际分析法

体的影响具有长期性、范围全球化等特点。人们可以通过模拟经济发展和温室气体排放增长的趋势，分析技术选择对气候变化进程和减排成本的影响，选择控制气候变化的具体手段，从而确定碳价格。

然而考虑到碳循环、气候敏感性、未来技术和排放路径等因素，碳排放的社会成本在数值上是难以确定的，其值域范围应当很大，因此，以目标路径和相关边际减排成本为基础来计算碳价格会更好，减排的边际成本就成了温室气体的指导价格。另外，考虑到减少温室气体排放在提高能源安全、减少空气污染和森林砍伐、维持生物多样性，以及提高人类生活水平方面的收益，则可以进一步降低对成本的估计（Stern，2008）。麦肯锡公司基于“自下而上路径”对减排成本的研究显示：如果要实现到 2030 年温室气体稳定在 550 ppm 浓度水平以下，每年要减排约 200 亿吨，碳价格则要为 20～25 欧元（26～33 美元）。[①] 诺德豪斯运用动态综合气候经济（DICE）模型计算的 2010 年最优碳税为 34 美元/吨，到 2015 年达到 45 美元/吨，到 2050 年上升到 90 美元/吨，到 2100 年达到 202 美

① 〔英〕尼古拉斯·斯特恩. 地球安全愿景：治理气候变化，创造繁荣进步新时代[M]. 北京：社会科学文献出版社，2011：61—70.

元/吨。[①] Ichaelowa 等学者(2005)指出,在收益不确定的情况下,不能使用成本收益分析,那么作为次优选择,最好根据成本有效性来实施价格政策。

二、碳价格的功能

建立并提高碳价格是解决全球变暖问题的充要条件。碳价格有四大功能。

第一,提高碳价格将会为消费者提供什么是高碳商品和服务的信号,因此有利于消费者改变消费行为。对于希望依靠富有责任感的公众的环境道德和内疚感来实现主要的减排目标是不现实的,这些因素有利于我们减排目标的实现,在有上百万家企业和数以亿计人口的庞大地球,唯一能够取得显著而持续的影响并获得数以万亿美元减排费用的办法就是提供碳价格,通过经济手段改变消费者行为是最持久的。

第二,碳价格将为那些使用很多碳燃料(比如说煤炭和石油)的厂商以及那些利用很少或者不用碳燃料的厂商(比如说天然气和核能)提供价格信号。为什么在能源中会更多地使用煤炭?这与煤炭的价格相对较低有关。如果不对碳排放进行收费或引入其他限制机制,煤炭的最低燃料成本地位长时间内都不会动摇。找到煤炭的替代品或找到减少温室气体排放的办法对于世界减排行动具有至关重要的意义,所以要探讨如何对碳排放进行定价才能使这种价格被纳入化石燃料电厂的电力生产成本中去。发电行业能效低下以及排放超过必要排放量的原因主要有两点:一是对于发电厂来说化石燃料价格太低;二是我们对于温室气体排放所造成后果的无知,这种情况直到较近时间才有所改观。美国多数电厂已经老化,平均历史年龄达到了 35 岁。这些电厂初建时,燃料价格较低。作为一种燃料,煤炭的价格要比天然气价格低,即使燃煤电厂在配备污染控制系统后的修建成本要高于燃气电厂,煤炭和天然气的价格差别仍会使燃煤电厂的发电成本相对较低。在发电量不变的前提下,现代燃气电厂产生的碳排放只有老旧燃煤电厂碳排放的 1/3,而碳排放降低的原因则在于燃料的转换和燃气电厂能效的提高。

第三,碳价格将为发明家和革新者发展和引入低碳产品以及引入能够替代当代科技的生产流程提供市场刺激。如果一个燃煤电厂排放了很多温室气体,在将来合适的时间电厂就应该把这种外部性社会成本加总到电价中,这将鼓励污染更少的电源系统对燃煤电厂的替换,例如风力发电就是一个零排放的例

---

① 〔美〕威廉·诺德豪斯. 均衡问题:全球变暖的政策选择[M]. 北京:社会科学文献出版社,2011:89.

子。[①] 要想理性评估能源成本,就必须为二氧化碳排放制定一个合理的价格。同样的道理,要想使太阳能取代廉价的化石能源,就必须在提高后者价格的同时降低前者的价格。国际能源署的一份研究表明,有效的价格政策能帮助生态保护新措施更快地融入市场,为消费者所接受。例如,光伏技术的销售额正以每年15%的增长速度发展,预计将从2025年起开始盈利,如果增速再翻一番,则到2015年就能实现完全盈利,这一增长可以通过对光伏技术实施有效的价格手段来实现。

第四,碳价格有利于形成打破高碳的技术—制度综合体,有利于发展低碳经济,即高的碳价格将会使前三个目标所需的信息得以有效利用。改变消费者的高碳生产和消费习惯,让更多的企业低碳生产以及创新低碳技术,是发展低碳经济的必然要求。协调碳交易税将会使商品价格按照其生产的各个环节中二氧化碳的排放量而成比例地上升。[②] 把碳价格纳入经济发展过程中,是我们发展低碳经济、创新低碳技术、转变经济发展方式、转变消费方式及相应制度安排的基础。

第三节　碳价格的形成过程及条件:以碳排放权交易为例

我们应该把温室气体排放的成本加到产品价格中去,只有这样我们才会有强烈的动机来寻找更好和更经济的方式以实现商品的零排放生产。外部成本是一种社会成本,是由厂家生产产品时造成的,免费向大气排放温室气体就会产生社会成本。外部成本内在化会使生产者把这种社会成本加总到产品价格中。

20世纪60年代,科斯提出外部性问题的产权治理构想,迅速得到其他学者和政策制定者的重视和支持(Croker,1966; Dales,1968),自此排污权交易制度形成。碳排放权交易制度是排污权交易制度在低碳经济中的演化形态,在《京都议定书》框架中被广泛使用,具体形式分为两种:基于配额的碳排放权交易机制和基于项目的碳排放权交易机制。长远看来,低碳发展理念正在全球范围内不断蔓延和深化,以政策工具的整体效益为研判依据,以配额为载体的碳排放权交易目前已吸引众多经济学家试图对其进行探究,有可能成为将来最主要的市场化调控手段。但是,作为低碳转型的实施机制,碳排放权交易制度的动力效应

① 〔美〕伯顿·里克特.拨开迷雾[M].北京:石油工业出版社,2011:66.

② 〔美〕威廉·诺德豪斯.均衡问题:全球变暖的政策选择[M].北京:社会科学文献出版社,2011:87.

最大化释放还有赖于很多关键环节，其中最重要的就是确定一个合理的碳排放权价格（Stern，2009）。由此可见，围绕碳排放权价格的形成机制开展深入研究就显得非常重要。迄今为止，涉及碳排放权价格形成机制的理论文献可谓汗牛充栋，其研究视角也并非如出一辙，侧重点离散地分布在诸如碳排放权内在价值、市场波动影响和定价方法等方面。我们将基于配额的碳排放权交易制度作为考察对象，以碳排放权价格的形成路径为线索，分析碳价格的形成机理。

尽管自2005年起，在供给上中国已成为全球清洁发展机制（CDM）一级市场的主导者，但中国出售的排放减排认证（CER）价格显著偏低。2008年，中国的CER售价为每吨二氧化碳11.70～16.08美元，低于全球CDM一级市场均价，远低于印度、巴西的CER售价、全球清洁发展机制二级市场均价和全球配额交易市场均价，处于绝对的价格弱势地位。2008年，中国的CER售价中间值为每吨二氧化碳13.89美元，比印度、巴西CER售价中间值低9.14美元，折价幅度达到39.7%，按照当年的交易量3.39亿吨二氧化碳测算，相当于全年少收入31亿美元，折合人民币约210亿元。来自发达国家的买家在中国低价收购后，开发成高价金融产品在国外CDM二级市场上流转，国内企业低价出售的损失就变成了他们的高额利润，这相当于中国在为发达国家低成本实现了碳减排目标的同时，还为他们提供了巨额经济补贴。①

在政府的政策性引导下培植社会群体的低碳偏好，是我们理性地处理经济增长和环境保护关系的时代体现，而基于配额的碳排放权交易制度作为这一理性的具体实现手段，在政府确保低碳激励的有效性上发挥了重要作用。基于配额的碳排放权交易制度的核心思想可以表述为：以确定某一特定时空的环境容量为前提，政府环境管理当局首先对碳排放权利进行行政性赋予，再通过初始分配、流通许可等政策手段构建碳排放权交易市场后择机退出，最终利用市场机制调和经济增长和环境保护之间的冲突。

要想厘清国家理性在产业组织之间的传导效应，必须对交易机制的路径设计有准确把握。碳排放权交易制度是一种典型的“限额与贸易”制度，其实施路径大致可以分为三个步骤。第一是总量确定，环境系统有自我净化能力，但这种能力是有限的，超额排放会打破环境系统的内部均衡。因此，政府必须建立一个动态可调整的总量测算系统，对人类排放行为进行总量控制，并以此作为碳排放权的供给上限。第二是初始分配，在明确某一特定时空的环境容量后，政府将进入碳排放权的初始分配阶段，其实质是碳排放权交易市场的政策性营造阶段，碳排放权的基准价格在这一环节被发现。第三是市场交易，在初始分配完成后，政

① 周伟军，孙景德，张超群．中国作为碳交易大国为何缺乏定价权？［J］．金融与经济，2010（8）．

府在环境管理上的强制作用将进入退出机制，其职能逐步向服务型转变，主要任务是配合市场供求机制发现碳排放权的市场均衡价格；在这个阶段，企业在经济理性下会对价格信号进行策略性响应，并最终反馈在社会减排成本和资源配置效率上。

当然，上述路径描述仅仅是一种理想的模型化阐释，在现实的运行过程中，来自不同环节内部及其连接节点的不确定性冲击将致使碳排放权交易机制发生效率偏离，尤其是在初始分配和市场交易环节中，其风险系统更是纷繁复杂，也正是出于这一原因，对碳排放权价格的形成机制研究显得格外引人入胜。

在初始分配环节形成的基准价格信号是启动市场交易机制的关键。从碳排放权交易制度的经济学立意上看，政府正是借助修正产权制度释放碳排放权的稀缺性，激活碳排放权的生产要素功能，将排放行为的外部成本纳入碳排放权价格核算体系，并通过厂商的支付决策消除企业与社会之间的成本差异，最终实现外部性内在化和环境容量优化配置。因此，碳排放权基准价格的科学设计应当尽可能全面地反映与企业排放行为相关的价值链变动。

令人困扰的是，即便不考虑外部因素的影响，为碳排放权设计基准价格仍将是一个非常棘手的问题。对此，产权学派给出的解释是：商品具有不同的有价属性，同一商品的不同有价属性可以进行产权分割和重组，商品的价格则体现了某一特定权利束的内在价值；同一产权归属下的权利束构成越繁杂，相应的价格发现成本就越高昂，定价可行性也越低（Barzel，1997）。遵循这一思路，许多学者开始探索碳排放权的内在价值构造，并首先将注意力集中在了碳排放权的经济价值上。初步结论为：环境资源是人类繁衍和社会发展的物质基础。在过往的历史中，环境资源的产权长期被置于公共地之中，人类在不断将其进行价值转化的过程中，并没有承担其稀缺性日益增强的后果，甚至还造成了气候恶化等问题。在政府行政性介入后，企业的生产获利可能性与环境产权强制绑定，碳排放权的有无多寡直接影响着企业的价值实现及其程度。因此，为碳排放权确定基准价格，必须首先考虑到这一经济价值。

随着对碳排放权认识的不断深化，很多学者逐渐察觉到碳排放权初始定价问题的复杂性，其根源就在于环境的多功能性。Janssen（1995）认为，某些环境因素与一个民族的历史文化紧密联系，甚至会成为文化的载体；另外，环境质量还会影响生态系统中其他物种的生存权利，这些有价属性都构成了碳排放权的内在价值。近年来，一批学者又立足于企业和普通公民全面发展的平等权利，将碳排放权界定为一种新的发展权（Posner & Sunstein，2008；Mumma & Hodas，2008；Green，2009）。这一系列研究丰富了对碳排放权非经济价值的科学认知，也客观地增加了对碳排放权初始定价的难度。当然，考虑到技术可行性，部分学者认为在确定碳排放权基准价格时要以经济价值为主体，而其他非经济价值的损耗可以通过建立相应的补偿机制来维持私人成本和社会成本上的一致性。

国内学者也对中国的二氧化碳减排成本和碳定价进行了研究，高鹏飞等(2004)运用 MARKAL-MACRO 模型将能源、环境和经济进行耦合，系统研究了2010—2050 年中国的碳边际减排成本，结果显示，当减排率在 0 ~ 45% 时，碳边际减排成本在 0 ~ 250 美元/吨之间；姚昕和刘希颖(2010)在保障经济增长的前提下，计算出中国最优碳税的征收路径，由 2008 年的 7.31 元/吨逐步上升到2020 年的 57.61 元/吨；陈诗一(2011)利用基于方向性距离函数构建的减排行为模型，度量了中国 38 个工业两位数行业的二氧化碳边际成本，并在减排率为1% 的情景下，估算出 2009—2020 年，工业全行业的碳税在 19 ~ 46 元/吨之间较为合适。还有一些学者从我国碳排放权交易制度的建设阶段出发，对影响碳排放权初始定价的外部因素进行了研究。其中，许广永(2010)发现，在我国碳定价机制建设进程中，碳排放量衡量标准建设滞后、相关监督管理机构缺失、碳排放测量技术水平落后和碳排放权分配方式不当等问题的存在都对碳排放权的初始定价造成不利影响。林云华(2009)从环境政策之间的协调关系出发，认为在排污权的初始定价中，必须考量排污收费等其他政策的规制强度，避免排污权和排放收费的重合使用状况，这一点也为合理确定碳排放权初始价格提供了重要借鉴。

早期学者在对碳排放权价格形成机制的研究中几乎忽略了初始分配问题，因为根据传统微观经济学理论和科斯定理，在零交易费用世界中，碳排放权的初始分配只影响平等，但不会影响交易之后许可证的最终竞争性分配的成本有效性。近年来，随着碳排放权交易制度逐渐进入实际操作层面，越来越多的经济学家发现：在交易成本存在的现实世界中，一种合理的初始分配是影响环境产权交易市场表现的重要因素，在很大程度上决定了交易的市场效率(Hahn, 1984; Westkog, 1996; Woerdman, 2002; Cason, 2003)。

理论上，碳排放权的初始分配方式有无偿分配、定价出售和拍卖三种。其中，无偿分配是管理成本较低的一种分配方式，环境管理机构根据各企业的历史表现确定相应的发放比例。定价出售方式是指环境管理机构为碳排放权确定一个基准价格，为随后的市场交易提供有效的价格信号。拍卖是与碳排放权交易目的最相一致的分配方式，许多理论分析中均以拍卖作为许可证初始分配的方式，然后在市场上进行交易。

率先进入实施阶段的是无偿分配方式。作为一种探索性尝试，无偿分配方式最先惠及部分在产业转型中利润链较薄弱的企业，为落后产能建立了温和的退出机制，但从长期目标来看，以免费方式分配的许可证比例应该逐渐缩减，并逐步让位于拍卖方式，Goulder(2009)通过一般动态均衡模型生动描述了这一过程。在大多数情况下，无偿分配方式还是受到了经济学家的诸多诟病。无偿分配方式意味着，企业在获得初始碳排放权中没有支付额外的成本，相反地，碳排放权将成为企业的一项无形资产，且具有可交易性，企业可以通过交易套利，甚至可以通过策略性定价操控市场运行，事实上导致了碳排放权交易市场的不稳定。另外，在无偿分配体制中，低碳治理创造的稀缺租金全部流进了许可证集团手中，而这些租金原本可以有效提高政府收入，并通过收入的循环使用获得环境治理的双重红利。Burtraw(1997)通过实证分析发现，如果减排量小于23%，由无偿分配许可证造成的收入损失及其循环利用后产生的价值将是拍卖方式下治理成本的两倍。Cramton和Kerr(1998)在系统地比较了无偿分配和拍卖方式后认为，无偿分配在节能减排的动态效率、福利分配效应方面也存在较大弊端；他们还发现，如果许可证是通过无偿分配方式发放的，不同利益集团之间会展开寻租竞赛，这将导致政府耗费大量政策规划成本。尽管无偿分配方式漏洞百出，但仍作为主流的分配体制被欧盟排放交易体系(EUETS)等碳排放权交易体系采用，传统的观点认为，这仅仅是因为它提供了对分配效应更好的政策控制(Stavins, 1997)，另外，从其他两种分配方式的成长周期上看，并没有先验的基准价格信号为环境管理当局提供参考，贸然采用有可能会适得其反，只有在早期先采用无偿分配方式积累经验信息，才有可能为其他两种方式的推广奠定基础。

从减排的整体效益来看，拍卖方式有较大的优越性。拍卖方式的基本原则是通过购买者之间的公开竞价来最大限度地发掘碳排放权的价值，其政策价值得到了众多学者的高度赞许。Betz(2010)认为，有效拍卖机制产生的基准价格信号反映了节能减排的社会边际成本，有利于企业生产经营决策，同时还减少了税收的扭曲，提供了更大的创新激励，使成本分配更加灵活，减少了租金分配的政治争议。唯一令经济学家担忧的是，由于现实市场本身就是不完善的，碳排放权交易制度中的市场势力会影响拍卖机制的正常运作。Cong和Wei(2010)发现，垄断势力会摒弃统一价格拍卖方式，采用歧视价格拍卖，进而造成社会福利受损。有学者试图通过制度设计来减少市场势力的负作用，由此使减排分配更接近有效结果，可令人失望的是，在最优实现路径上还是会受到跨期分配的影响(Hagem & Westkog, 1996)。

定价方式与政府致力于解决外部性问题的意图也是不谋而合的，但从对初始定价复杂性的研究中可以看出，这种直接定价的操作方式在使用阶段、技术可行性等方面会遭遇诸多障碍。从历史上对排污权初始分配价值评估的研究成果上看，平均影子价格模型(Liao, Onal & Chen, 2009)、风险中性模型(Carmona & Hinz, 2009)、随机均衡模型(Fehr et al, 2009; Chesney & Taschini, 2008)、IPO

定价模型（梅林海、戴金满，2009）等被广泛使用，部分学者也将这些方法引进到碳定价中，为碳排放权交易市场建立早期的价格信号奠定了基础（Huang，2010）；还有学者突破学科边界，将碳排放权界定为一种实物期权，并通过实物期权模型（Chesney & Taschini，2008）对其进行初始分配价值评估，这为碳排放权初始分配方式的多样化和科学性作出了重要贡献。不过，针对这一系列定价出售的方式，有学者作出了善意提醒，即要提防政府部门的价格操纵行为（Cason，1997）。

从政策效率和与政府解决负外部性问题的目标契合度上看，定价方式和拍卖方式都具有相对优越性，但由于不同国家和地区范围内的实际情况有所不同，尤其是在“后京都议定书”时代，全球范围内的碳排放交易体系将面临新的协议框架，如何将以上研究成果和自身实际相结合，选取合适的分配方式及其组合，值得各国深思。就我国而言，部分学者认清了我国普遍存在企业承受能力不足、政府管理水平相对较低、市场不完善、信息不对称等现状，建议在初始分配中采用免费分配为主，公开拍卖、定价出售和特殊处理相结合的方式（肖江文等，2002；瞿伟、李俊峰，2005）。

在碳排放权交易市场上，碳排放权作为一种可交换有价资产，与一般商品类似，对其市场均衡价格的影响因素分析可被纳入标准的供求分析框架。通过对边际减排成本和碳排放权价格的比较，具有排放行为特征的企业在市场上被自然定义：减排成本高于碳排放权价格的企业会产生购买动机，成为碳排放权的需求方；而减排成本较低的企业则可以通过转售多余的碳排放权获取额外收益，成为碳排放权的供给方；碳排放权的市场均衡价格则在这一供求态势下逐步形成。

为简化分析，对碳排放权交易市场的研究通常先以完全竞争市场为考察模型。在进行了一系列严格假定的前提下，我们可以发现，经济增长、资源禀赋、污染治理技术水平、政府环境目标、公众环保意识及预期等因素会影响碳排放权供求曲线的移动方向和幅度，进而引起碳排放权市场均衡价格的波动。其中，经济增长导致原有厂商扩大生产或新厂商进入，碳排放权需求增加引致其价格上涨。公众环保意识增强也会导致碳排放权市场价格上升。Capros（1999）、Ellermanhe 和 Wing（2000）等利用一般均衡模型发现，政府环境政策强度与碳排放权价格之间显著正相关。含碳资源能源的价格变动也引起碳排放权市场价格的连锁反应，如 Convery 和 Redmond（2007）在分析了 2004 年 11 月 1 日至 2006 年 7 月 31 日的欧盟碳配额（EUA）后发现，能源价格是影响 EUA 价格的重要因素，而气候对 EUA 价格的影响不显著；Bunn 和 Fezzi（2007）则通过 VAR 模型研究了英国电、天然气和碳价的每日现货价格，也得到了能源市场对碳排放权价格的影响关系，同时还发现欧盟排放交易体系下的各工业部门经济活动也会对碳排放权现货产生影响。一般认为，碳排放权交易制度激励厂商寻求清洁技术替代，由此降低对碳排放权需求，并导致碳排放权市场价格降低；Sanin & Zanaj(2009)研究却发现，在总量控制制度下，产品需求函数富有弹性时，采用清洁技术的厂商扩大产量谋求利润最大化的行为将致使碳排放权市场供不应求进而导致碳排放权价格上升。厂商对一定时期内经济增长、技术进步、政府环境目标变动的判断，将使其对碳排放权市场价格变动趋势产生不同预期，从而影响厂商碳排放权交易策略以及碳排放权交易现时价格变动。

当我们将视线转移到现实市场时，就不得不考虑交易费用和市场势力的影响。交易成本会出现在交易的不同阶段。在进入许可证市场之前，企业必须学习市场规则，依据环保条例来决定如何调整自身的最优生产计划，并决定是否进行许可证的交易。一旦企业获取市场信息并决定交易许可证，企业就会去寻找交易伙伴并启动谈判。因此，在碳排放权市场中企业交易费用的潜在来源包括搜寻和获取信息、谈判、决策成本；在合同达成后，交易费用还会出现在合同实施和监督实施过程中。此外，行政审批的官僚层级、管理区域的分散性、碳排放权期限等因素也会在不同程度上影响交易费用规模。关于排污权市场交易费用的重要性已有大量的观察性证据存在(Atkinson & Tietenberg, 1991)，但是系统的实证分析却很少(Kerr & Mare, 1995; Gangadharan, 2000)。Cason(2003)运用Stavins模型证明了交易费用使买者和卖者排放控制的边际成本日趋迥异，这将导致价格和最终分配偏离零交易费用时的竞争性均衡；而Seifert和Wagner(2008)则通过构建随机一般均衡模型，在对欧盟市场中碳排放权现货价格进行动态分析后，证明了Cason的结论在碳排放权交易市场上的适用性。Montero(2009)则分析了市场势力对厂商行为的影响，认为垄断厂商会通过超额竞买或排他性收购以达到减少排污权数量、哄抬价格或阻止新厂商进入的目的，以达到强化其市场势力的目的。

现有的研究生动地描绘了碳排放权价格的成长历程。从中我们可以发现，只有为碳价的形成机制提供良好的生态环境，才有可能在碳排放权交易市场中获取最优的价格信号，充分释放交易机制在环境改善方面的调节作用。为此，政府必须着眼于总量控制系统、初始分配方式、市场交易规范和监督管理机制的设计与建立，对可能引起碳价效率偏移的风险点进行系统识别，并通过政策工具的搭配使用和政策创新确保碳价形成机制的有效运转。目前对碳排放权交易制度的研究尚处于起步阶段，为找到一个切实有效的碳价，还需要在上述几个方面探索积累经验。

第四节　政策工具的选择：是碳交易还是碳税

在发展低碳经济的过程中，提高碳排放的市场价格有两种可供选择的方法来实现：第一种方法是价格法，如碳税；第二种方法是量化法，如《京都议定书》和大多数政策提议中设想的总量控制与交易制度（简称碳交易）。目前的27美元/吨碳税将会以每年2%～3%的增长率增长。因为碳价格在国家间及区域间相同，因此征收碳税满足了“处处有效率”的条件；如果碳税的轨迹是以适当速度上升的，那么它同时满足了“时时有效率”。征收碳税的第一个优势就是它能够更容易、更灵活地将减排的经济成本和收益结合起来。如果运用排放目标法，那么数量上的限制会引起碳市场价格的剧烈波动，欧盟的二氧化碳总量控制与交易系统就是前车之鉴。另外，同数量法相比，由于价格法没有提供激励寻租行为的人为条件，因此减少了税收途径产生腐败和财务欺诈的机会。因此，应当更加重视价格法而不是仅依靠量化法，如总量控制与交易制度。[①]

在未来的几十年，最优碳排放的价格应当迅速上升，以反映逐渐上升的损失以及满足日益严格的约束。这就是价格的政策坡道。最优的碳价格在时间上应当以2%、3%的真实增长率缓慢上升。依照碳价格的最优路径，碳价格将由第一时期的27美元/吨碳排放上升至2050年的90美元/吨碳排放，以及2100年的200美元/吨碳排放。在排放受到限定的情形下，可以用碳价格作为市场的信号，表示那些使用化石燃料排放的二氧化碳应当支付的市场价格或罚金。碳价格可以通过碳税来实现。[②] 化石燃料价格越高，避免消耗更多燃料并且转而使用替代能源如太阳能、核能等的内在激励也越大。

在温室气体减排治理中，碳价格一般通过政策工具得以形成：在命令—控制型制度下，碳价格体现为减排成本除以减少的排放量；在税收工具下，碳价格表现为以单位减排成本为基础设定的税率；在排放权交易机制下，政府首先确定减排数量和初始配额，价格由市场上的买卖双方来决定。诺德豪斯对后两种市场型政策工具的优劣进行了比较，认为实施碳税在设置基准线、处理不确定性、维护价格稳定性、减少效率损失、调节公平性、抑制政府腐败等方面更具优势。[③] 然而，斯特恩又指出了实施碳税的一些劣势，例如碳税的实施难以确定真实的减排量大小，税收难以进行国际合作，选民对税收的合理利用存在质疑等，而配额

---

① 〔美〕威廉·诺德豪斯. 均衡问题：全球变暖的政策选择[M]. 北京：社会科学文献出版社，2011：25.

② 同上①，第12页。

③ 同上①，第145—155页。

交易的优势除了使排放数量有了较大的确定性之外，还可以让国际私人的碳金融从富国流向穷国，他还指出，设立技术标准的命令—控制型环境规制工具则在快速启动减排、规模经济和技术可预见性方面具有优势①，但盲目的管制又会使减排的效率极低。因此，他们都支持混合使用税收、配额交易和管制三种政策工具。

给碳排放定价是一个技术问题，这个并不难。现在的问题是，我们选择什么样的制度能够使碳价充分发挥作用？在必须克服外部性、信息不对称和搭便车问题的情况下，制度和组织是补充价格体系所必需的。现代社会日益分散的知识需要一个复杂的制度和组织结构来整合和应用这些知识。②

1997 年的《京都议定书》采用的是碳交易方式。诺德豪斯认为，像《京都议定书》那样的数量控制型框架，避免不了效率欠缺的问题，要达到有效率的结果，还是需要借助价格机制。是选择碳交易还是选择碳税，从表面上看是一个手段的选择问题，但实际上是经济与政治的矛盾。从经济效率来讲，我们选择碳税是最有效的，如诺德豪斯所说，碳价格的设定，可以直接和气候科学及经济研究相联系；温室气体作为存量污染物，其规制更适合税收手段；既有制度能够用于排放规制，并不需要设计或引入新制度(目前缺乏经验)等，但在政治上不可行。碳交易尽管不是最有效率的，但在政治上阻力更小、更可行。

一、碳交易与碳税

设计一些控制污染的市场的做法最早源于美国。据世界银行金融部统计，2008 年共有 337 吨二氧化碳当量通过各种项目进行交易，是前一年的两倍多，而前一年本身也见证了比更早一年 40% 的交易增长。世界银行估计，世界碳市场的规模在 2007 年已达 640 亿美元。新一届美国政府正着手创建一个国内的排放市场，其设计可以吸取欧洲制度不足的教训。

欧盟计划碳排放交易制度要涵盖整个欧盟大约 40% 的温室气体排放。在这种总量管制和交易制度下，每个国家根据国家配发计划，把固定的排放限额配发给各产业部门。这种排放交易制度取得了一定的效果。2005—2006 年，排放因新设施的添置而进行了调整，已核实的排放量只增长了 0.3%，而同期欧盟国内生产总值却增长了 3%。在 2006 年，99% 的设施也都遵从了排放调控目标要求。

---

① 详细分析见〔英〕尼古拉斯·斯特恩. 地球安全愿景：治理气候变化，创造繁荣进步新时代[M]. 北京：社会科学文献出版社，2011：124—132.

② 〔美〕道格拉斯·诺思. 理解经济变迁过程[M]. 北京：中国人民大学出版社，2008：88.

除了国家与国家之间、企业与企业之间的碳交易以外，还有人认为应该把碳交易引入到个人之间来。那些凭低碳生活方式过日子的人可以将他们省下的排放量依据市场价格卖给消费更多的人。个体公民之外的组织也可以在原则上包括在内。配额可分成一定的碳单位。每个人都可以拥有一张含有他们每年的补助的智能卡，每次有居家账单要付或使用旅行服务时都可以用得上。

碳税是专门针对二氧化碳排放所征收的税种，其征收范围是所有化石燃料，计税依据为不同化石燃料的含碳量。开征碳税能够降低对高碳能源的需求，提高低碳能源的替代作用，刺激可再生能源产业的发展，起到节能减排的重要作用。碳税的要旨在于帮助消除环境方面的外部性，确保它们的个人成本等于全部成本，包括后代人的成本。向资源利用开征的税收应当尽量接近于生产点，以便适用于制造过程的一切相关方面。

目前，碳税在欧盟国家中得到广泛应用。瑞典在 1991 年税制改革中引进碳税，在 1995 年就收效明显，二氧化碳减排量达到 15%，其中近 90% 排放量减少得益于碳税征收。日本环境省于 2004 年提出碳税方案，并于 2007 年 1 月正式执行，碳税征收后，在社会各界引起了强烈反响。

碳税对人的行为的影响是比较明显的。如宝马的 5 系汽车，在全世界都有卖，在欧洲，不少司机选择排量为 1.6 升的车型，而在美国，宝马车的最低配置也是 3 升 6 缸发动机。一般而言，欧洲卖的汽车，排量比美国小，气缸数量也较少。较之于普通美国人，普通欧洲人更喜欢小排量的车型，原因是欧洲的税高。如近年来，欧洲 1 加仑汽油的含税均价比美国高两倍，还有部分欧洲国家是根据发动机排量征汽车税的。从这个案例可以看出，要减少二氧化碳的排放，采用相应的制度安排（如增加税）就可以达到目标。

Kristin Aunan 等的研究表明，在增加经济生产净收益的同时，采用碳税政策可有效减少 17.5% 的整体温室效应气体排放。实施该政策后，城市地区的辅助医疗福利会改善空气质量，而农业生产力得到提升，农民收入增长，这些好处将有效抵消该政策的成本。碳税的收入还可用于资助能源效率、可再生能源、碳封存和低能耗城市发展相关的研究。

美国经济学家马丁 · L. 魏茨曼（Martin L. Weitzman，1974）发现，在不确定条件下，上述两种政策工具并不等效。在决定税率和发放排放数量许可证时，管理者对于边际减排成本和边际收益曲线的认识会有误差，而这会导致政策偏离最优情景从而产生扭曲。对边际减排成本与边际收益曲线的斜率比较是判断政策工具效率的关键。当边际收益和边际减排成本曲线是线性的，并且已知前者确定后者存在误差（期望值为零），如果两条边际曲线的斜率相等，那么两种政策工具将产生同样的福利损失；否则，如果边际减排成本曲线比边际收益曲线更为陡峭,庇古税对于管理者而言将更为可取,反之则不是。

魏茨曼在《价格与数量》一文中,主要对价格型工具即税收和收费,与数量型工具即交易许可证制度的选择作了分析。假定管理者不具有减污成本的完全信息,当不存在不确定性时,两种工具被看作是同样有效的,两者都能产生最优结果。

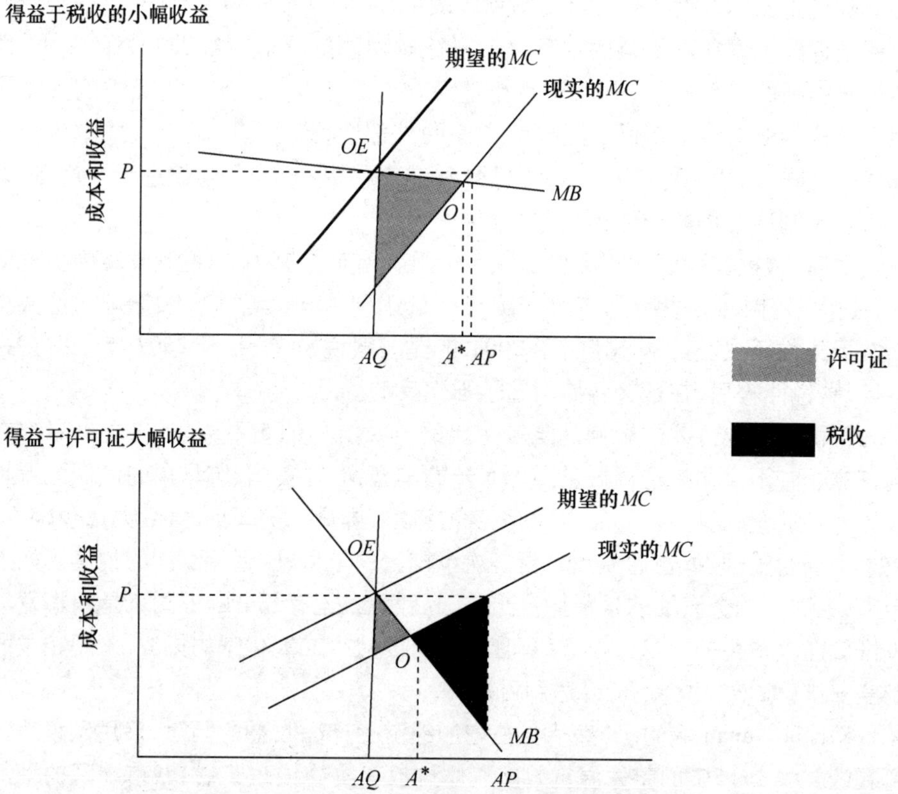

图 7.10　税收相对于许可证的无谓损失

如图 7.10 所示,价格型工具和数量型工具会导致管理水平过低或规制不完整。在减污的边际成本(粗线)被高估时,管理者将会以 *OE* 代替 *O* 为目标,税收水平(*P*)将会过高,从而导致过多的减污量(*AP*),而规制又会太松(*AQ*),但经济福利的成本大小(以净损失计算,例如福利损失是由价格扭曲而引起消费选择扭曲)取决于减污的边际成本曲线的斜率。假定判断失误,并且把预期的消费者和生产者损失的总和最小化,那么在价格型工具和数量型工具下的期望损失是不同的,可用黑三角表示;假设曲线是线性的,那么就可以用简单的代数来分析(Weitzman,1974)。如果减污的边际收益曲线是平缓的,而减污的边际成本曲线是陡峭的，那么人们就可以合理、精确地预测污染的“价格”，并且因税收造成的损失也不会很大；但规制的目标水平难以做到精确，采用数量型工具的成本风险会相当大。相反，当减污的边际收益曲线是陡峭的，而减污的边际成本曲线平缓时，过高的污染税会造成很大的净损失；而选择一个既定目标的减污水平引起的损失却很小。因此，如果减污的边际成本曲线比减污的边际收益曲线陡峭，就应采用价格型工具；当减污的边际成本曲线比减污的边际收益曲线平坦时，就应采用数量型工具。[1]

二、为什么大多数发达国家都倾向于选择碳排放交易制度

从理论上讲，在交易成本不确定情况下，碳交易与碳税并不是等效的，我们可以根据边际减排成本与边际收益曲线的斜率的比较来选择碳交易或碳税（马丁·魏茨曼，1974）。从总体来看，更多的经济学家偏重于采用碳税作为发展低碳经济、实现减排的手段。但为什么在现实中，大多数发达国家都倾向于选择碳排放交易制度作为主要的减排政策工具呢？这说明，理论分析与实际约束条件是不一致的，好的制度也因为条件不具备而难以建立。不少国家选择碳交易正是基于对政治可行性而非社会福利最大化方面的考虑，于是发达国家的一些经济学家和实践者在政策建议中更加推崇碳排放交易，而非碳税。这主要有以下四点原因：

（1）布坎南和图洛克证明企业将更加偏好排放配额及碳交易，而不是碳税。若从资源分配效率的角度看，这两种手段是没有什么差异的，但从收入再分配角度来看，排放配额政策可能导致整个产业的产出降低，并且产生了新的进入壁垒。在这种碳排放交易制度下，旧企业可能获利，而且即使受损也比污染税政策下要受损更小；但这对新企业是不利的，它们没有初始的免费分配，需要从市场上去购买。所以，在这个过程中，旧企业可以获得高于正常水平的利润，它们会努力争取管制，管制越多越好。所以，排放配额制度相当于创造了一种“租金”市场，而污染税相当于收回了企业原有的自由排放污染的产权，是一种产权变更。此外，政府官员也可从数量限制政策中得到好处，这是因为政治家更偏好尽快出成果、而政策成本又可以往后推的政策，数量政策比较好地符合这种要求。对美国的实证分析表明，无论是私营商业，还是环保组织都更倾向于有排放额并免费发放配额的交易政策[2]，这是因为大家都可以从碳交易制度的设计中得到好处。

① 〔瑞典〕托马斯·思德纳. 环境与自然资源管理的政策工具[M]. 上海：上海三联书店，2005：234—236.

② 谢来辉. 碳交易还是碳税？理论与政策[J]. 金融评论，2011(6).

所以在制度设计过程中，如果最优制度设计与利益冲突了，那么最优制度就会被能满足大家利益追求的次优制度所替代。

《京都议定书》的数量法日渐无效果和无效率，未来几年无疑将见证全球变暖问题上的密集磋商。碳排放征收国际环境税，是协调政策和延缓气候变化的有力工具[①]。数量型体系中微妙且被忽视的一个问题是，它比价格型规制更容易受到腐败的影响，这类租金的出现对于经济增长是有害的（即所谓"资源诅咒"），从这个角度看，数量法比价格法造成的危害会多得多。在总量管制与交易制度中，诚信的内在激励严重不足。

价格法为腐败留下的空间要小得多，因为它不会带来人为的稀缺性、垄断或者租金。对价格型方法的直觉担忧是它们不能解决气候变化问题，因为它们不能限制排放量，但这种反对意见是错误的，因为并不存在"正确的"排放或者减排水平。事实上，关于碳浓度或者气体变化，直到如今也没有一致同意的上限。其他反对碳税方法的理由涉及碳税的管理问题。[②]

（2）从国际来看，排放交易制度的突出优点在于发达国家可以通过国际碳市场购买海外减排配额，替代国内减排，另外碳交易还有利于促进国际合作，在各国减排配额已定的情况下，高排放国与低排放国可以进行减排信用额的交易，这既保证了公平，又有利于提高效率。为了应对气候变化，国与国之间需要进行大规模财政转移支付，而直接的转移在政治上不可行，然而，我们可以通过市场交易，让微观主体在国际碳市场上进行交易实现这一目标。值得指出的是，通过国际碳市场的交易，不仅可以降低减排的成本，而且有利于国际边际减排成本的均等化，这是有效减排的基础。总之，通过碳市场可把发展中国家与发达国家组成减碳联盟，从而建立一种有效的减排机制。

（3）碳税有可能引起"绿色悖论"现象。假定各国政府都一致同意以固定的速度提高从价税，当能源所有者估计税收将要提高时，气温上升以及公众不断提高的与二氧化碳排放有关的问题意识，又会如何呢？正如辛恩（1982）所指出的，在这种情况下，能源所有者将提高他们当前的销售，以避免今后的税务负担。气候变化因此会加快，这就是所谓的"绿色悖论"现象。绿色悖论意味着可开采能源的所有者的供给反应将遵循一条不同于普通供给者的反应的逻辑。[③]

（4）选择碳税还需要一些条件。现行的税收并不是为环境目的支出而设计的。人们直接推动的碳税一般有两种：一种是部分或全部收入用在环境用途的

① 曹荣湘. 全球大变暖：气候经济、政治与伦理[M]. 北京：社会科学文献出版社，2010：172.

② 〔英〕安东尼·吉登斯. 气候变化的政治[M]. 北京：社会科学文献出版社，2009：19.

③ 曹荣湘. 全球大变暖：气候经济、政治与伦理[M]. 北京：社会科学文献出版社，2010：198.

税收;另一种是在于影响人们的行为使之与气候变化目标相吻合的税收。碳税对于公民来说必须是透明的。碳税的目的在于帮助消除环境方面的外部性,尽量使各个主体活动的私人成本等于社会成本。从这个意义上讲,我们看到了庇古税的伟大。但是为什么开征庇古税又这么难?是成本太高还是有其他方面的原因?碳税的开征应当尽量接近于生产地,以便适应于制造过程的一切相关方面。

碳税的开征要有效并能得到有效实施,必须做到以下三点:第一,必须把碳税的收入用于环境保护方面。如在一些采用碳税的国家,只有丹麦二氧化碳排放绝对总量下降了,这是因为丹麦人将税收用到了补贴节能行为方面。第二,必须要有税赋互换(tax swaps),用碳税从根本上冲抵其他方面的减少量。这种碳税可以创造出"双重红利",在限制排放的同时又带来了其他方面的好处。美国的一项研究分析说,每吨碳 15 美元的税会抵补上假如对工人挣得的人均 3 660 美元工资免征联邦社会保障税而导致的税收减少量。为了获得政治上的合法性,把税收收入花在环境用途上将十分关键。第三,税收规制在激励创新、某种程度上也包括在控制创新方向方面有着重要的作用。它们既能起到激励的作用,也能起到惩罚的作用。高耗油车辆的驾驶者应该为其专享权付出重税,其税率制度应以"污染者付费"为原则,并以政治上的可行性为限度。① 采用税收法而非碳排放交易制度,将促进从碳约束中获得的收入的更高效征收和循环使用。

Mark Brenner 等建议,可以征收碳税并建立中国"天空信托",基金的收入按照人均计算回投到公共建设上,以减少收入不平等。贫困人口中,大约 70% 的人口将在"天空信托"的帮助下逐步提升收入,而在中国的贫困可以减少 20%。王浩和中田英寿开发的方案表明,征收碳税与二氧化硫排放费可能会产生足够的收入来发展洁净煤发电技术从而可以减少高达 25% 的二氧化硫排放量和 29% 的二氧化碳排放量,未来清洁煤技术还将提供约 1/3 的发电量,在电力价格方面为中国经济带来整体的净收益。②

此外,开征碳税还涉及税收的公平问题。为什么英国没有在引进家庭碳税或能源税方面跟随北欧国家?其原因是英国的燃料贫困反映了该国独特的居家热力性能不足的情况。在调查的 10 个收入群体样本中,某些家庭消耗了比其他家庭多 6 倍的能源,最贫困家庭的单位能源支出比最富裕家庭更多。因此,如果征收统一的碳税对贫困家庭就不利了。但可以采取"气候变化附加费",从最高收入家庭依次开始征收。

---

① 〔英〕安东尼·吉登斯. 气候变化的政治[M]. 北京:社会科学文献出版社,2009:120.

② 爱德华·B. 巴比尔. 低碳革命:全球绿色新政[M]. 上海:上海财经大学出版社,2011:39.

总的来讲，选择何种经济手段应该根据具体情况决定。我们应当反复调整碳排放的控制机制，包括价格机制和数量机制，并努力实现最终的目标。面临巨大不确定性的时候，排放税更为有效率，因为在以排放量为目标的方法下，与排放量有关的收益是相对线性的，价格机制作为减缓全球变暖的协调者和推动者，其力量要强大得多。[①] 相对征收碳税，实施碳交易制度对于非市场经济国家减排的作用要比前者大很多。由于碳交易制度可以让我们提前知道温室气体的减排总量，所以相对于征收碳税，它在一些市场经济不成熟的国家更有效。[②] 此外，选择何种经济手段发展低碳经济还要考虑社会的承受力，大量发展中国家需要发展低碳经济，它们的市场经济体制不成熟，税制也存在许多不完善之处，所以碳交易制度具有较大的优势。

从上面的分析可以看出，选择碳交易制度有两大好处：一是实施的成本相对较低，有利于调动企业和个人加入发展低碳经济的积极性；二是这种选择更多地与全球化联系在一起，碳交易更有利于发达国家与发展中国家形成集体行动，达成减排协议。

① 曹荣湘.全球大变暖：气候经济、政治与伦理[M].北京：社会科学文献出版社，2010：128.

② 〔美〕伯顿·里克特.拨开迷雾[M].北京：石油工业出版社，2011：207—208.

第八章　低碳经济制度与政策工具的演进

每次大的环境治理变革都有相应的理论支撑。20 世纪 50 年代至 70 年代，发达国家的环境政策在环境干预主义学派的影响下，以命令与控制为主(Tietenmadakis,1992)。20 世纪 70 年代至 80 年代，发达国家的环境政策在基于所有权的市场环境主义影响下，以开拓市场调控机制为主(Tietenberg,1992)。20 世纪 90 年代至今，发达国家的环境政策处于强化环境自约束管理阶段，以强化自愿协商机制为主(John F. Tomer, Thomas R. Sadler,2007)。与上述三个阶段相适应，就有低碳经济的命令—控制型制度、市场型制度与自愿协议型制度。

第一节　命令—控制型制度

一、环境干预主义学派[①]

环境干预主义学派较系统的理论和观点可以从庇古开始，代表人物主要有加尔布雷思、米山、鲍莫尔和奥茨等。这个学派的共同观点主要有：他们都认为市场是有缺陷的，基于环境的外部性，政府干预是必要的，在干预的方式上他们(除了庇古)大多主张立法或通过法律的手段来保护环境。

庇古认为，自由市场经济不可能总是有效运行，因此政府要为推进经济福利的目的而行使干预。在政府干预中，他对自然资源的耗竭和后代对自然财富拥有权利等问题也非常重视。他说，个体完全是根据他们的非理性偏好在当代、较近的后代和遥远的后代之间进行资源分配。无论如何，人们还是主要倾向于当代。为什么会这样？根据庇古的观点，我们的远瞻功能是有缺陷的。市场力量常常无助于以自然资源为基础的资本的创造或者保护。庇古认为，从性质上看，政府既是未来人、也是当代人的受托人，如果必要的话，需要依据法律监督和行动，以保护可耗竭资源储备免受过早或者不顾一切地开采。

---

① 这一部分的主要内容以《环境治理中的三大制度经济学学派：理论与实践》一文发表在《国外社会科学》,2011 年第 6 期。

在经济学上系统地分析保护资源和环境的经济学家应该首推庇古。但人们往往把庇古与税收联系在一起,似乎庇古只是从税收上把外部性内在化。实际上这是不全面的,庇古提出了一系列保护资源和环境的策略。庇古在这个问题上的贡献表现为以下三点:第一,自由市场经济不可能总是有效运行,因此,政府干预从而改进经济福利的空间还很大。他非常重视自然资源的耗竭和后代对自然财富拥有权利等问题。第二,在理论上,庇古首次提出对正外部性行为进行补贴,而对负外部性行为进行征税或收费。政府应采取的经济政策是:对边际私人净产值大于边际社会净产值的部门实施征税,以迫使厂商减少产量;对边际私人净产值小于边际社会净产值的部门实行奖励和津贴,以鼓励厂商增加产量。[①]第三,在政策上,为了有效使用资源和保护环境,庇古提出了三条政策措施:国家补贴、国家税收、立法。庇古的策略,诸如立法、税收和补贴在许多国家得到了实施。实际上,庇古对于环境保护影响最大的应该是他的立法思想,即现代世界许多国家都采用的法律方面的环境规制。

在加尔布雷思看来,市场机制也不是配置稀缺资源的有效手段,因此,为了实现真正的繁荣和其他公共目标,政府发挥重要的干预作用是非常必要的。同时,加尔布雷思指责新古典经济学家对外部性的重要性重视不够,既然增长是现代资本主义体系的主要目标,因此,对环境的破坏完全是预料之中的。"财富愈多,肮脏愈重"。在资本主义经济中,许多环境保护措施不如增长本身那么重要,为此,加尔布雷思提出了如何面对增长的问题,在他看来,控制失去控制的增长难以做到,像新古典经济学提出的解决外部性和市场失灵的处方也难以实施。因此,让经济继续增长,但用立法的手段具体规定增长的范围。设置这些限定是政府的主要任务。立法的范围包括禁止某些商品的生产、禁止消费、废除有害的技术等。立法应当详细列出释放到空气与水中的废物的类别和标准。加尔布雷思提出的环境战略,没有排除增长,只是要求增长必须符合公共利益和社会福利的增加。

加尔布雷思的一些观点与庇古的观点一致。如两人都主张通过立法来保护环境。可是,与庇古不同的是,加尔布雷思不赞成税收。在他看来,由于税收本质上是以市场为根据的手段,这就暗含着市场是达到社会目标的最有效和最有德性的组织的观念。因此,加尔布雷思建议,应依靠适合生产者和消费者的一套明确的法规,采取直接控制的办法保护环境,他不主张用市场和经济手段来解决环境治理的问题。

---

① 王晓辉,王辉.乡镇企业造成环境污染的外部性分析及解决对策[J].商品与质量:理论研究,2012(1).

与加尔布雷思一样，米山也认为，几乎一切环境问题的出现都是由于受到鼓励的无节制的商业态度和不受控制的增长而导致的，并且在他看来，对环境的破坏已经变得如此严重，以至于希望通过扩大所有权将外部性效果内部化的做法也没有什么效果了。在米山看来，预防性的立法方式远比财政手段更为必要，例如，像环境权应该被制度化。在他看来，庇古的策略，诸如税收和补贴，不可能成为有效手段，因为它们在实际中并没有什么效果。庇古提出的唯一有意义的策略是通过立法为当代和后代人保护好环境。

鲍莫尔和奥茨在1975年提出了适度状态的概念。他们注意到，随着环境外部性的不断增长和有效公共服务的逐渐减少，生活质量已经受到影响。他们的观点与加尔布雷思的观点有一定的相似之处，他们都对公共贫困背景下的私人财富的增加表达了忧虑。不像加尔布雷思偏好于直接控制，他们提出了征收附加税的方案。因为他们相信，对保护环境，这将是一个有效而实际的干预程序。他们从外部性分析中得出这样的结论：真正的社会最适状态的目标是难以实现的，这主要有两个原因，一是信息问题，二是环境标准设计中存在着主观任意性问题。这种分析揭示了环境干预主义学派及其命令—控制型制度的局限性。

从经济条件与体制角度来看，20世纪50年代是计划经济及国家控制经济占主导地位的时期，1936年凯恩斯《通论》发表后，凯恩斯主义日渐成为国家干预经济的理论基础，政府干预深入人心，各国政府开始利用宏观经济理论来调控经济，同时，社会主义国家的计划经济体制正处于辉煌的时期。在这种大的背景下，环境保护方面也会不可避免地采用相应的体制，即在环境保护上传统的命令—控制型制度，主要是从行政、命令及相关的政策入手，政府是主体。这种体制在当时的条件下有其合理性，在初期也有效率。但传统的命令—控制型制度实现目标的手段不灵活。一般地，命令—控制型制度倾向于迫使每个厂商承担同样份额的污染控制负担，而不考虑它们的成本差异问题。这种"一刀切"式的管制提高了污染控制的成本。早期美国这类发达的市场经济国家也采用了以命令与控制为主的环境保护手段，政府部门以行政命令或法规条例的形式为被规制企业设定应达到的污染控制目标，主要是采用技术标准和排污标准。行政规制虽然可以简化环境规则的实施，在较短的时间内改善环境质量，但这一手段带来了一系列的问题：第一，提高了行政成本。第二，行政管制手段"一刀切"地规定所有企业以相同的标准和方式来减排，不利于一些小企业的发展，因为它们没有能力承担安装污染控制设备的费用。第三，不利于发挥企业技术创新的积极性，当企业把满足技术标准本身视为一种目标而不是视为减少污染的一种手段时，企业通过技术开发达到减少污染的积极性大大下降。①

环境干预主义学派的观点成为命令—控制型制度的理论基础。命令—控制型制度是政府作为公民的代理人选择法律或行政的方法制定环境质量标准,通过法规或禁令来限制危害环境,并对违反者进行法律制裁的活动。② 其最核心的部分是环境标准。环境标准一般包括周边环境标准、排放标准以及技术标准三个类型,周边环境标准就是在法律上限定某一地理范围内的最高排污水平,排放标准则是由政府设定企业排污量的上限,这两个标准都是针对排污的最终结果的硬性规定,通常被称为绩效标准,还有一些是要求污染者采用规定的生产工艺、技术或措施,这类属于技术标准。③ 绩效标准根据绩效指标设定一个上限或下限,允许污染者自由选择其最佳方式来达标,而技术标准则要求污染者必须采用政府规定的某项技术,安装使用某种设备等。各国主要通过排放限额、用能/排放标准、供电配额等方式对二氧化碳排放或能源利用水平进行直接控制。如欧盟对能源、钢铁、水泥、造纸等产业实现二氧化碳排放限制,对超额企业罚款;美国、欧盟对供电商实行了可再生能源发电配额制;世界各国还出台了对设备、交通工具、建筑物的能效和排放标准等。命令—控制型制度已形成了一个庞大的政策体系,即使在美国,在 40 种联邦管制法典(与环境保护有关的)中,就有超过 14 310 页的环境管制内容。

20 世纪 60 年代,公众对工业发展导致的环境污染日益不满,对洁净空气的需求日益增加,这直接导致了 70 年代开始的政府环境管制。70 年代的环境管制多以行政命令干预为主,被称为传统的命令—控制型环境规制工具。企业普遍对这个时期的环境管制感到悲观,态度消极,环境管理意愿很低。例如,美国的钢铁工业从 1974 年到 1995 年间经历了一场衰退,生产下降了 58%,钢铁企业直接将这场衰退的主要原因归咎于环境管制(Joshi & Krishnan & Lave,2001)。企业之所以采取不合作态度,消极抵抗环境管制,归纳现有文献可以总结为以下三点:

(1) 企业认为政府环境管制有失公平,针对不同群体采取不同政策。由于这个时期的环境管制是为满足公众需要而进行的,带有很强的政治色彩,所以政府管制一开始就将企业置于对立面(Ingram 1978; Lundqvist 1980)。例如对于河流污染的来源,尽管工厂排污占 6%,而杀虫剂和化肥对农田的损害占河流污染的 40%,但是政府依然会命令工厂使用昂贵的净化设备控制污染,而对农民却

---

① 石淑华.美国环境规制体制的创新及其对我国的启示[J].经济社会体制比较,2008(1).

② 〔美〕丹尼尔·F.史普博.管制与市场[M].上海:上海三联书店,1999:56.

③ 托马斯·思德纳给出了适用技术标准的基本条件:技术与生态信息是复杂的;关键知识只有在权威的中央层面才能得到;企业对价格信号反应迟钝;技术的标准化具有很多优点;可行的竞争技术数量不多;对排污监控很难,对技术监控很容易。

不做任何管制措施。

(2) 企业认为政府环境管制增加生产成本且不能提供任何生产性收益或收益外化,是企业的一种负担(Carlton & Perloff,1990;J. Dean, L. Brown,1995;Joshi,2001)。Joshi(2001)通过对美国1979—1988年55家钢铁企业的数据分析具体测算出:企业环境治理成本每增加1美元,企业边际总成本增加10~11美元,从而大大地增加了企业的负担。

(3) 一些企业担心不同地区或不同国家间的环境管制程度差异会导致企业间竞争优势的不同,尤其是严格环境管制下的企业相比弱环境管制下的企业将失去更多竞争力(Nehrt,1998;Isik,2004)。此外,标准的设定降低了污染者实施减排的灵活性,一旦污染者达到了标准就没有动力通过技术创新来提高减排效率,比如技术标准明显限制了污染者开发或采用更高效率技术的动力,而排放标准虽然没有限制污染者减排的方式,但污染者也担心提高减排效率后政府会设定更加严格的排放标准,因此要么停滞于原有的减排技术,要么将原本用于研发减排技术的资金用于采取措施来影响政府的政策。

命令—控制型制度的理论与现实存在较大的差距。Afsah等人(1995)提出了一个理论与现实的困惑,即所谓的"哈里顿悖论"。他们的解释包括两点:第一,最优环境管制模型的信息完全和交易成本为零的基本假设在现实中并不存在,影响了命令—控制制度的执行。在大多数环境标准政策中,政府一般对排放同类污染物的企业设置统一的标准,只有当各企业的边际减排成本相等时,设置统一的标准才是成本最低的,但事实上,各企业的边际减排成本不可能相等,因此设置统一的标准无法达到最有效率地减排。如果政府要按照等边际原则对不同企业设定不同的标准,就必须搜集可靠的各企业边际治理成本的信息,然而各企业在生产方法、技术等方面都不相同,并且也存在企业向政府提供虚假信息的问题,因此搜集可靠信息的成本也是相当巨大的。第二,政府不是对企业施加环境压力的唯一主体,当地社区和市场组织也扮演了环境监管的重要角色。总的来讲,政府对企业环境行为的直接监管一直面临着三个挑战:由信息不对称带来的交易成本过高,企业的环境成本与收益不确定,监管方成为被监管方的"俘虏"。以我国为例,地方政府与企业之间往往形成了"同谋"和"零和"关系(朱德米,2010)。究其原因,我国环境政策以行政直控的管制政策为主,具有强烈的行政管理色彩,使得政府和企业的博弈长期锁定在非合作状态。

二、命令—控制型制度的产生与发展

工业革命以来,工业在全球迅速发展。工业经济的持续飞速发展为人类创造了巨大的物质财富,给人类的生活质量带来了重大改善,使人类的生活更加便捷和丰富多彩。但是,工业的飞速发展不可避免地导致了一系列的环境问题和全球环境威胁。环境问题包括"自然资源(湖泊、森林及其他)的退化、过度狩猎、滥伐森林、土壤退化等"。[①] 尽管这些问题产生于局部,但是由于这些资源是地球上几十亿人的生存所必需的,所以不可避免地会带来全球问题[②],造成全球环境威胁(例如"气候变化、臭氧层耗尽、酸化,以及人口合成的化学物质和有毒元素从岩石圈进入生物圈"等[③]),损害人类的健康和安全。然而20世纪40年代以前,人们在享受着工业发展带来的各种便利的同时,却很少有人对环境和人类健康提出足够的关注。20世纪30年代至60年代,马斯河谷烟雾事件、多诺拉烟雾事件和水俣病事件等世界著名的"八大公害"事件直接造成了成千上万的人员死亡。一系列的环境灾难使公众的环境意识空前高涨,严峻的环境形势引起了社会各界的广泛关注,环境运动在发达国家蓬勃开展。[④] 1962年,生物学家蕾切尔·卡逊发表了《寂静的春天》一书,在世界范围内引发了人类对环境与发展前景的广泛关注和讨论。1968年,意大利、瑞士、日本、美国和德国等10个国家的30位科学家、经济学家和企业家等在意大利成立了"罗马俱乐部",探讨人类当前和未来的环境问题,并于1972年发表了《增长的极限》一书,提出了"零增长论",引起了公众的极大关注,在全世界范围内掀起了一场持续至今的大辩论。

由于社会各界对环境问题的重视加深,西方国家开始出台环境政策以保护环境。以美国为例,1955年美国联邦政府通过了《空气污染控制法案》,首次涉及污染控制领域。1963年通过了《清洁空气法案》,1965年对该法案进行第一次修订。同年,通过了《机动车辆空气污染控制法案》,允许"健康、教育与福利部"(Department of Health, Education and Welfare, DHEW)为各种新机动车辆建立排放标准。但是由于在20世纪70年代以前,西方国家对提倡环境保护和企业履行环境责任给社会带来的影响不明确,因此政府态度模棱两可。[⑤] 虽然也出台了一些环境保护法规,但大多是地方性的指导性规定,而且环境法规相对较少,对企业的约束力和威慑力不强,没有引起企业对环境问题的足够重视,企业环境意识薄弱,工业企业污染依然严重。

面对伴随经济高速增长而产生的严重环境问题以及政府的不作为,"1970

---

① 〔瑞典〕托马斯·思德纳. 环境与自然资源管理的政策工具[M]. 上海:上海三联书店,2005:17.

② 同上①。

③ 同上①。

④ 聂国卿,李志青. 环境经济学的产生、发展与前景[EB/OL]. http://www.docin.com/p-46143624.html.

⑤ 赵宝菊. 论"环境友好型企业"的历史演进[J]. 科学学与科学技术管理,2007(12).

年 4 月 22 日，美国 2000 多万人走上街头，强烈要求政府采取措施保护环境，将反污染活动推向高潮，后来这一天被定为‘世界地球日’。”[①]鉴于公众对环境污染的强烈不满，20 世纪 70 年代，世界上许多国家开始在外部性理论指导下对环境污染进行管制。70 年代的环境管制也被称为命令与控制型的环境管制，而基于命令—控制型的环境政策也成为这一时期世界各国的主要环境规制政策。以美国为例，20 世纪 70 年代美国政府颁布了很多环境法规，进入了所谓的“环境十年”。1970 年 12 月，美国最大的环保干预机构——环境保护协会（Environment Protection Association，EPA）正式成立，EPA 是唯一有权向总统直接递交报告的环保执行机构。1977 年美国国会两院一致通过《1977 年能源部组织法案》，要求建立一个新的内阁级的能源部门，其职责包括各种能源保护、控制能源对环境的影响等。

三、命令—控制型制度产生的理论基础

所谓命令—控制型环境规制工具主要是指“政府通过立法或制定行政部门的规章、制度等确定环境规制的目标或标准，并通过行政命令的方式要求企业遵守，对于违反环境管制的企业进行处罚。”[②]

命令—控制型环境规制也被称为传统的环境管制，这种管制的实施主要是基于外部性理论。按照古典经济学理论，环境是公共物品，在没有管制的情况下，工厂将任意排放污染物，因为此时工厂排污没有任何成本，所以企业按照其私人成本提供产品或服务。但是工厂排放的污染物破坏了环境，给他人造成损失，导致企业的私人生产成本和社会成本不一致，这种差异就是私人经济活动产生的外部成本。由于污染造成了其他人或企业的损失，所以这种外部性也称为“负外部性”。对于社会来讲，在没有管制的情况下，这种污染所造成的社会成本并不反映在企业的私人生产成本内，因此并不会被企业所承担，此时的产品或服务价格只反映企业的私人成本，并不能真实反映社会成本，这部分社会成本由公众承担，即社会为了获得这种商品而必须放弃的价值，因此“看不见的手”将会误导我们，导致市场失灵。例如，在河的下游，渔民每天靠在河中捕鱼为生，且该河水还是居民的饮用水。当一家工厂向河中倾倒工业废物时，负外部性就产生了。工厂向河中倾倒的废物越多，河水污染越严重，河中的鱼就越少，渔民的损失就越大，居民饮用水安全的威胁也越大。但是厂商在做出生产决策时，并没有动力去补偿它给渔民和居民造成的这种损失。因此，就出现了“市场失灵”的

---

① 周生贤．贯彻落实科学发展观 努力探索环境保护新道路[J]．求是，2009(5)．

② 郭庆．世界各国环境规制的演进与启示[J]．东岳论丛，2009(6)．

情形。在市场失灵的情况下,企业的私人成本和社会成本间的差异不会自行消除,需要政府对此进行管制,从而使企业的私人成本和社会成本保持一致。① 如图 8.1 所示,用一个简单的模型表示如下。

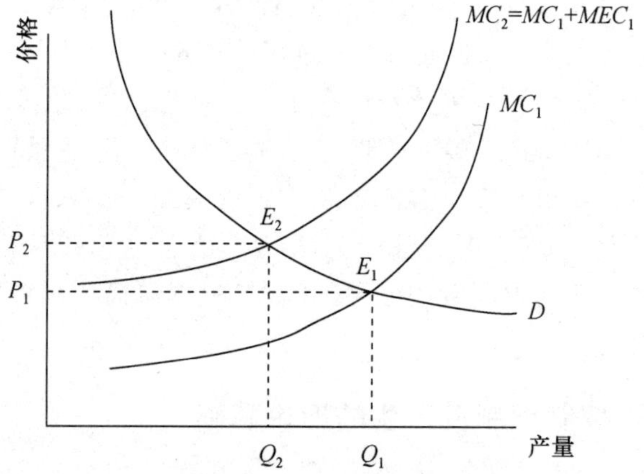

图 8.1　外部性理论模型图

假设河流是一种公共资源,在没有政府管制的情况下,企业将会无约束地向河流中排放污染物。污染物使河流受到污染,影响周围居民的饮用水安全和渔民的生计。企业的私人边际生产成本用 MC_1 表示;企业对河流的排污行为导致了渔民和居民的损失,这种边际外在成本用 MEC_1 表示。因此边际社会成本即企业的私人边际生产成本与边际外在成本之和,用 MC_2 表示,则有 $MC_2 = MC_1 + MEC_1$。由于是负外部性,所以在图 8.1 中,曲线 MC_2 位于曲线 MC_1 之上。假设 D 表示需求曲线,企业追求利润最大化,由于企业决策时不会考虑造成的外在成本,因此企业将会选择需求曲线 D 与边际生产成本曲线 MC_1 相交的点 E_1 决定其产量,此时企业的产量为 Q_1,产品价格为 P_1。但是这种产出是无效率的,因为价格 P_1 并没有反映出产量为 Q_1 时对社会造成污染的外部成本 MEC_1,所以从社会的角度讲,P_1 价格过低,其对应的产量 Q_1 过多,企业排放污染过多,资源配置无效率。从社会角度讲,应当选择需求曲线 D 与边际社会总成本 MC_2 相交的点 E_2 来决定产量,此时产量为 Q_2,价格为 P_2,如图 8.1 所示,$P_2 > P_1$,$Q_2 < Q_1$。因此在没有管制的情况下,企业对某种产品或服务的生产过多,价格偏低,资源配置无效率。因此外部性理论认为,由于环境是一种公共产品,所以只有通过政府管制,将边际私人成本和边际社会成本重合,才能得到社会所需的最优产量和价格。

同时,外部性理论还传达了这样一种含义:由于环境的公共物品属性,且企

① 蔡守秋,张建伟.论排污权交易的法律问题[J].河南大学学报(社会科学版),2003(5).

业的收益是其治理环境的努力程度的减函数,所以企业会存在搭便车行为,即每个企业都希望自身减少环境治理的努力程度,同时希望从其他企业的环境治理中获得收益。这种情况将导致企业间面临着“囚徒困境”的尴尬境地,即在没有政府环境管制的情况下,企业都选择不治理环境,从而导致生产了过多的产品,排放了过多的污染物。

例如,在一个由两个企业参与的博弈中,如果两个企业都采取“合作”策略——即两个企业的排污量均为 L,则他们各获得 5 单位的利润;如果两个企业都选择“背叛”策略——即每个企业的排污量都大于 L,则他们各获得 3 单位利润;如果一方选择“背叛”策略——即其排污量大于 L,而另一方选择“合作”策略——即把排污量控制在 L 内,则“背叛者”将获得 8 单位的利润,而“受骗方”仅获得 2 单位的利润。因此如果企业间没有具有约束力的协议或者第三方管制,当两家企业独立决策时,其最优策略都是选择“背叛”,即两个企业都过多地排放了污染物,仅获得 3 单位的利润。这一博弈的结果对企业和社会都是帕累托无效的,存在着对双方都有利的帕累托改进。因此,这两个企业博弈具有囚徒困境的博弈结构。博弈结果如表 8.1 所示。

表 8.1　无政府管制的企业博弈矩阵

企业 1	企业 2	
	合作	背叛
合作	5,5	2,8
背叛	8,2	3,3

假设政府对企业进行环境管制,且政府了解企业所有的信息,则表 8.1 中的博弈矩阵将发生改变。例如,假设政府将对使用“背叛”策略的企业进行惩罚,则企业的利润将减少 4 个单位。而且,由于假设政府了解企业所有的信息,因此政府能够无成本的发现并惩罚使用“背叛”策略的企业。由于政府对企业进行环境管制,因此企业间的博弈矩阵将发生变化,如表 8.2 所示,则该博弈的均衡结果为(合作,合作),即两个企业都将选择“合作”策略,因此每个企业都得到 5 个单位的利润,且排放较少的污染物。

表 8.2　有政府管制的企业博弈矩阵

企业 1	企业 2	
	合作	背叛
合作	5,5	2,4
背叛	4,2	-1,-1

尽管有政府管制时的企业博弈结果的前提假设是政府能够无代价地监督企业活动并制裁企业的违规行为，但是鉴于表8.1和表8.2的博弈结果，早期的理论依然支持政府对企业进行管制，强制企业实施环境标准有利于保护环境。

四、命令—控制型环境规制工具

20世纪70年代的环境政策几乎都采用了所谓的命令—控制型环境规制工具。罗勇认为，根据环境管制设置标准的依据不同，命令—控制型环境规制工具主要分为基于技术标准的管制和基于绩效标准的管制两大类。①

基于技术标准的管制主要是“对企业治理污染或生产所采用的技术做出详细规定”。② 由定义可以知道，技术标准可以是企业治理污染的技术标准，也可以是企业生产过程中所采用的技术标准，并且它们在环境政策中通常用“最优技术”“最可行的技术”或者“最实用的技术”等字眼来表述。实施技术标准时，一般先由管制当局根据治理污染的成本和收益相等的原则，“确定能使社会福利最大化的排污量或治污量”③，其次由管制当局确定实现此最优排污量的适用的生产技术或治污技术，并提供满足技术要求的详细的规格强制企业实施。技术标准的实施，限制了企业根据自身状况自行决定生产工艺或治理技术的可能性，但是由于其容易被监测，因而得以普遍实施。例如，1956年英国在清洁空气法中对企业治理污染的技术进行规定时，使用了“可适用的”(practicable)一词。而美国在1970年对《清洁空气法案》进行修订时，其中针对工厂等固定污染源，国会则要求环保局以“最好的持续降低排放技术系统”和“各方都能承受”为基础来制定“新污染源排放标准”。④ 1977年美国国会再次修订《清洁空气法案》，要求那些希望建在非达标区域的新污染源安装有能达到相当于当时最低排放率的技术装置，并且在大多数PSD(prevention of significant deterioration, PSD)区域，要求主要的新固定污染源采用现有的最先进控制技术。

技术标准的实施限制了企业在选择生产工艺或者治污技术时的能动性，同时由于技术标准一旦制定在短时间内很难改变，所以在这种情况下，企业并不能被鼓励实施污染控制的新技术或者新方法，也没有任何动力去主动创新更清洁的技术，因此技术标准实际上是一种末端治理方式。这种方式在某些情况下也是合适的，例如考虑到管制的效率、检查的难易程度等，则强制性的技术规制

---

① 罗勇.环境保护经济手段的国际比较研究[J].经济社会体制比较，2001(4).

② 同上①。

③ 同上①。

④ 〔美〕保罗·R.伯特尼，〔美〕罗伯特·N.史蒂文斯.环境保护的公共政策[M].上海：上海人民出版社，2004：122.

(例如强制安装催化式排气净化器或者要求所有发电厂采用特定种类的清洁剂除尘等)就比较适合。[①]

基于绩效标准则的管制则主要是指"对企业的产量、排污量或排污强度做出限制"。[②] 实施绩效标准时,同样由管制当局首先根据治污成本与收益相等原则,确定社会最优的排污量或者治污量,其次规定企业要达到的最高排污量或者治污量。绩效标准仅规定企业要达到的统一控制目标,而对企业实施何种技术进行生产或者治污并不做出详细规定或限制,因此企业在治理污染时更具有一定的灵活性。例如,1970 年美国对《清洁空气法案》进行修订时,就对排污标准做出了规定,比如,对普通空气污染物的最大浓度做出规定,制定了空气质量标准;另外制定了车辆的排放标准,要求到 1975 年碳氢化合物和一氧化碳的平均排放量在现有控制水平上降低 90%,氧化氮物排放量降低 82%。[③]

绩效标准赋予企业一定的灵活性,降低了企业的技术转换成本,与技术标准相比,企业更愿意执行绩效标准。但是,绩效标准对管制当局的监督和管理提出了更高的要求,增加了政府的行政管理费用,监督成本相对较高。

由于技术标准和绩效标准的前提都是由管制机构根据成本与收益相等的原则确定社会最优的排污量或治污量,所以从理论上讲,这种传统的命令—控制型环境规制工具也能够以最小化的成本达到污染控制目标,实现社会福利最大化。但是,这种目标的实现需要管制机构掌握每个厂商面临的执行成本和厂商治理污染的所有信息,从而制定适合每个厂商的管制手段,显然这种信息的获取成本非常高昂,现实中无法实现。因此命令—控制型环境规制工具几乎都采用"一刀切"的方式,迫使每个企业承担相同的污染控制份额或实施相同的技术标准。然而,企业的生产或污染控制成本因产品设计、物理构造、资产新旧状况及其他因素而存在巨大差异,即使在同一家企业里,在某种情况下适宜的技术在其他情况下也不一定适用。例如,就杜邦公司的国内所有工厂的碳氢化合物排放来说,命令—控制型制度和公司采用最低成本方法所花费的成本相差 22 倍。[④] 因此传统的制定统一标准的管制手段缺乏灵活性,虽然也可能会有效地控制污染,但实质属于末端治理,增加企业成本而不能给企业带来经济效益。此外,这种机制阻碍企业污染控制技术的创新,无法给企业提供持续创新的动力,因为采用了新

① 〔瑞典〕托马斯·思德纳.环境与自然资源管理的政策工具[M].上海:上海三联书店,2005:115.

② 罗勇.环境保护经济手段的国际比较研究[J].经济社会体制比较,2001(4).

③ 〔美〕保罗·R.伯特尼,〔美〕罗伯特·N.史蒂文斯.环境保护的公共政策(第 2 版)[M].上海:上海人民出版社,2004:122.

④ Tietenberg, T. H.. *Emissions Trading, an Exercise in Reforming Pollution Policy*[M]. Washington, D. C.: Resources for the Future, 1985: 43.

技术而超越控制目标的企业将会面临更严格的控制目标和控制绩效,因而无法获得投资收益。因此,这种忽视了企业差异的管制工具遭到了许多企业的抵制和部分专家学者的诟病。

五、我国的命令—控制型制度

20世纪70年代以前,我国的整体环境意识淡薄,对环境问题关注不多,工业环境制度基本处于空白状态。1958年"大炼钢铁"时期,我国采取了"高投入、高能耗、高污染"的粗放型经济增长方式,工业"三废"(废水、废气和固体废物)排放基本上处于放任自流、无人监管状态。例如,很多企业排放的污染物都是不经处理而直接排放到江河中,给居民的饮用水供应留下了很大的隐患。一些新建工业企业布局极不合理,部分重污染工业企业甚至建立在城市的上风口方向,给城市的空气质量、居民的健康带来了潜在威胁。同时,20世纪50、60年代是我国的人口生育高峰时期,人口规模的迅速扩张使得生态承载能力下降。尽管70年代以前我国的环境状况并不乐观,但是公众对环境污染的危害认识尚不足。①

1972年6月,第一次国际环保大会——联合国人类环境会议在斯德哥尔摩举行。我国政府出席了此次会议,并在会议文件上签字,承诺要与世界各国合作来共同解决环境问题,自此,我国的环境保护体制建设开始起步。1973年,我国第一次就环境问题展开了全国性的讨论,成立了国务院环保领导小组和省市环保机构。1974年,形成了一份题为《环境保护中的关键点》的公开报告,阐明了中国不采纳"先污染后控制污染"的方法,并对环保的行政管理框架进行介绍。1979年9月,颁布了新中国成立以来第一部综合性的环境保护基本法——《中华人民共和国环境保护法(试行)》,其中要求污染制造者遵守污染和废物排放标准,建立国家和地方的环境机关,同时提出将保护和改善生态环境、防治环境污染、节约能源,从而促进生态文明和物质文明共同发展作为我国的方针政策。

1973年我国以《工业企业设计卫生标准》为依据,制订并颁布了《工业"三废"排放试行标准》,对工业污染源排放的废水、废气和废渣的容许排放量和浓度等进行规定,是我国发布的第一个国家环境标准。到2009年为止,我国颁布的有效的国家环保标准达681个,行业标准达448个,其中强制性的环保标准有300多个,推荐性的标准800多个。

我国最早的环境管理制度是"三同时"制度,这是一种典型的命令—控制型

① 穆红莉,李新娥.我国工业环境制度的变迁及其绩效分析[J].经济问题,2009(9).穆红莉.制度变迁框架下的工业企业污染排放行为变化研究[J].企业经济,2008(10).

制度,也是我国根据国情独创的行之有效的环境管理制度。“三同时”制度于1972年首次提出,1973年在国务院批转的《关于保护和改善环境的若干规定》中正式作出规定,1979年的《中华人民共和国环境保护法(试行)》正式确立其法律地位。“三同时”制度是指“一切新建、扩建和改建的企业,防治污染的措施,必须与主体工程同时设计、同时施工、同时投产”(《中华人民共和国环境保护法》第26条)。此外,排污许可证制度也是我国实施较早的环境保护制度之一。1987年排污许可证制度在上海、杭州等18个城市开始试点,1989年这种制度开始在全国进行推广,2000年9月在新修订的《大气污染防治法》中首次将总量控制和排污许可证制度写入了法律。以行政命令为主的排污许可证制度,为以后我国实施排污权交易制度——一种基于市场的环境保护制度,奠定了基础。

第二节 市场型制度

一、基于所有权的市场环境主义学派①

基于所有权的自由市场环境主义是将自由市场和环境保护两个看似矛盾的观念有机地结合起来,而形成的一种独具特色的以市场途径来保护和改善环境的新思路。自由市场与环境保护结合的关键在于所有权。

基于所有权的市场环境主义学派主要有两大理论支柱:一是20世纪20年代,英国经济学家庇古提出,可以通过对那些有负外部性的活动征税来使外部行为内部化,这种用于矫正负外部性行为的排污税又称为“庇古税”。排污税政策意味着污染者必须为使用环境而对其所排放的污染物的转移、稀释和化学分解等作用支付费用,这一政策赋予了污染者较大的权利,自由选择减少排污量的最佳方式,寻找成本最低的排污削减方法。二是科斯在《社会成本问题》一文中提出了在产权得以清晰界定、交易成本为零的条件下,交易双方可以通过谈判的方法来实现资源有效配置,并使外部性内在化,这为排污权交易市场的建立提供了基础。排污权交易制度就是在满足环境要求的前提下,设立合法的污染物排放权利(污染物排放总量)并分配给排污企业,允许这种权利像商品一样在各排污企业间进行买卖,以此控制污染物排放的总量,排放权交易的最终结果是使排污总量在各企业之间按照等边际原则分配,并且与排污税政策一样都对企业产生较强的激励,促使企业不断寻求更低的削减排污成本的方法。通过价格变化达

① 这一部分的主要内容以《环境治理中的三大制度经济学学派:理论与实践》一文发表在《国外社会科学》,2011年第6期。

到减排的目的是最简单、最直接、最高效的途径。

根据科斯的分析，如果产权制度被严格制度化，并获得法律力量的保障，那么，对污染等问题施行干预就没有必要，而是应该将所有交易中涉及的问题交给参与方自己去解决。自由市场环境主义的核心是一种完善界定的自然资源产权制度，强调市场过程能够决定资源的最优使用量，政府严格执法对保障产权有重要意义。只有产权得到有效界定、执行并转让，才能使稀缺的资源得到有效配置。若产权不清或得不到有力保障，缺乏资源保护的责任意识和利益刺激，就会出现过度开发资源的现象。如果污染者与被污染者之间的产权缺乏很好的界定，双方的契约选择就可能受到限制。

自由市场环境主义的制度意义在于依靠参与竞赛的所有者之间自愿交换产权，促进合作与利益的最大化。换言之，自由市场环境主义提供了另一种选择，将环保意识引导到一个各方皆赢的解决方案里，它既可以促进经济的增长，又可以提高环境质量。根据假设，最可取的环境恶化标准，可以通过污染者和被污染者的协议达到。科斯的产权方法存在的前提在于，如果牵涉外部效应的个体数量较少，有利害关系的各方会有效地达成一个协定的支付表。

市场型制度包括可交易的许可证制度和排污收费制度等。人类对环境保护的体制和制度创新在不断的探索过程中，大量的环境保护过程及相关政策的实施使人们发现了命令—控制型制度的优势与不足，从命令—控制型制度到市场型制度，其差异表现为以下几方面：首先，基于市场的制度安排和政策工具能以最低的社会成本实现所期望的水平上的污染削减。此时，污染削减成本最低的厂商被激励去进行最大数量的污染削减，而不是限于行政控制的目标，这不像统一排放标准那样使厂商的污染水平均等，市场型制度力求使各个厂商污染削减的边际成本相等，从而实现收益的最大化。其次，从信息方面来讲，命令—控制型制度在理论上也可以实现成本最小化的目标，但这需要每年对污染源制定不同的标准，投入的人力物力也比较多，因此，政策实施者必须掌握每个厂商所面临执行成本的详细信息。若再考虑信息不对称，实施的成本太高，在现实中几乎难以达到预期目标。对八项关于大气污染控制的实证研究发现，对于杜邦公司的国内所有工厂的碳氢化合物排放来说，两种方法所费成本会有22倍的差距。最后，从技术方面看，命令—控制型制度还阻碍节能减排技术的发展，这类政策几乎不存在促使企业超越其控制目标的经济激励，并且技术标准和绩效标准都不利于企业采用新技术。与命令—控制型制度相比，市场导向的政策工具能提供强烈的刺激让企业去采用更为经济和成熟的污染控制技术，企业能从发现和采用低成本的污染控制方法中得益。这样就能激励那些有节能减排潜力的企业大力发展低碳经济。

但是,仅用市场机制发展低碳经济也是不够的。在发展低碳经济的过程中,市场机制不会自然而然地发挥作用,它也需要一定的条件,如市场经济体制成熟程度。国外基于市场的政策工具已被用来处理许多环境问题:濒危物种的保护,区域性烟尘问题,以及温室效应和全球气候变化等。据经济合作与发展组织(OECD)1998 年对 24 个国家的一项调查发现,OECD 支持污染者付费原则,这些国家中所使用的经济手段约有 270 种,平均每个国家采取了 11 种基于市场机制的经济手段。[①] 但在发展中国家或转型国家,市场体制还不够完善。尤其是在运用市场的过程中,企业节能减排不一定有利可图。在发展中国家向市场经济过渡的过程中,部分领域市场竞争并不充分,因此,有可能阻碍排污权交易的实施。例如,在上海市苏州河的治理过程中,美国专家竭力推行排污权交易制度,但试行效果不佳。

建立在市场环境主义学派基础上的实践是基于市场型政策工具。市场型制度是通过以市场为基础的政策向市场主体提供符合社会效率的激励,引导市场主体产生消除污染的行为,本质上体现了污染者付费原则。具体可以分为利用市场型和创建市场型两类工具。利用市场型工具是通过改变市场主体的成本和收益形成减排激励,例如环境税费、补贴政策和押金—退款制度。[②] 创建市场型工具则是通过构建产权交易市场来形成激励,例如排污权交易制度是构建环境产权交易机制。可交易许可证制度,即在可交易许可证制度下,在总体污染排放水平制定后,就以排污许可证的方式将其在企业中进行分配和交易。企业与企业之间的可交易许可证制度可以大大地发挥市场节能减排的功能。20 世纪 20 年代,美国环境保护局引入了以市场为基础的保护计划,目的就是在不降低环境质量的情况下推进经济增长。

从现实来看,20 世纪 80 年代开始,基于市场的环境政策工具开始广泛运用。经济激励工具的广泛应用,得到了大多数企业的支持,企业开始由消极抵抗向服从管制转变。对于企业环境行为的这种改变,一些学者认为是企业经济成本和收益相比较的结果(Stephens & Parson,2004;Tietenberg,1985),一些学者则强调利益相关者、政治影响和社会因素在企业环境行为方面的重要性(保罗·伯特尼 & 罗伯特·史蒂文斯,2003;Delmas, 2002)。事实上,正是相对价格的改变促使行为主体推动制度变迁。例如,就杜邦公司的国内所有工厂的碳氢化合物排放来说,命令—控制型制度和公司采用最低成本方法所花费的支出相

① 〔美〕斯考特·卡兰. 环境经济学与环境管理:理论、政策与应用[M]. 北京:清华大学出版社,2006:118—119.

② 押金—退款制度主要用于回收对环境有危害的废弃物,当消费者购买这种物品时需支付税金,将使用后的废弃物送到指定地点会获得政府的补贴。

差22倍(Tietenberg,1985)。不断出现的潜在利益推动着企业环境行为的改变,企业态度的变化塑造了制度创新的方向,而创新的制度安排又反过来影响着企业环境行为。在国际上,按照《京都议定书》,目前国际上有两种交易体系,一种是基于配额的碳交易,另一种是基于项目的碳交易。

与传统的命令—控制型制度相比,市场型制度是指这样一些管制条例,它们鼓励通过市场信号来作出行为决策,而不是制定明确的污染控制水平来规范企业的行为。这些政策工具包括可交易许可证制度和排污收费制度等,也就是我们通常说的"借助市场的力量",因为如果它们被很好地设计并加以实施的话,将促成厂商和个人在追求自身利益的同时客观上导致污染控制目标的实现。这也就是把亚当·斯密所说的"看不见的手"引入到发展低碳经济中来,把节能减排变成企业的自觉行为。而传统的命令—控制型制度实现目标的手段不灵活。一般地,命令—控制型制度倾向于迫使每个厂商承担同样的份额的污染控制负担,而不考虑它们的成本差异问题,这种"一刀切"式的管制提高了污染控制的成本。①

基于所有权的市场环境主义学派及其实践面临三大问题。

(1) 对科斯解决外部性中产权的界定及协议的达成存在许多质疑:① 如果涉及的参与者数目较大,通过谈判缔结协议可能就无法实现,因为协调的管理成本太高。② 即使某地的污染者少,可是受到排放影响的人们可能多得足以使直接协议难以推行。由于数字极大,所以经济主体要建立确定的、清晰的谈判策略是极为困难的。③ 科斯关于参与者何方拥有产权与效果问题并无关系的分析是有争议的。如果这样的权利被有钱有势者掌握在手的话,其结果和掌握在普通公民手中很可能是不同的。④ 如果外部影响超越了国界,如酸雨,对此如果想运用科斯的产权方法去让污染者和受害者两方缔结合约几乎是不可能的。界定环境的产权几乎是不可能的,因为环境"产权"很难找到边界,如华北地区的沙尘暴不仅来自于西部干旱、半干旱区,也来自国外蒙古高原,还来自于当地建设工地和农业地表的裸露,因此,纠缠于界定产权是无意义的。⑤ 搭便车问题。科斯在获得了诺贝尔经济学奖之后,阿维纳什·迪克西特和曼库尔·奥尔森用博弈论证明,在一次性博弈中,即使是动态博弈,科斯定理的有效性并不成立;在重复博弈中,双方自愿谈判也不必然会达到帕累托效率。推翻的原因很简单,交易费用无论有多大,产权边界在哪里,只要存在着奥尔森所说的搭便车,那么这一理论就不成立。②

---

① 卢现祥,李小平.中国模式:问题与反思[J].福建论坛(人文社会科学版),2011(1).

② 秦海.制度的历史分析.//吴敬琏.比较(第四辑)[M].北京:中信出版社,2000:179—180.

(2) 科斯过分地强调了产权的明晰,而忽视了多元的产权制度在环境保护方面的作用。丹尼尔·H. 科尔指出,既然污染和财产权之间的关联最终取决于在某个特定的时间和地点起支配作用的经济、制度、技术以及生态状况,那么,在这个次优的世界,对于环境保护而言,就不可能有一个普适的、在任何情况下总是最优的财产权体制。在科尔看来,自由市场环境保护主义者必须证明私人所有的资源必然比公共所有和管理的资源受到更好的保护。至少,他们必须证明私有化的收益总是超过其成本,包括交易成本。通过对各种财产权体制在环境保护中的作用和局限的分析,科尔抽象出了在何种情形下适用何种产权体制的一般理论:“最优的财产权体制是在特定的情况下,能够以最低总成本达到外生设置的社会目标的体制。”①“总成本是排除成本和协调成本的总和。排除成本是指对财产所有人而言,为了限制(其他人)进入并使用其资源而设立边界并执行的成本;协调成本是指与解决集体行动困境相关的成本。”②在现实生活中找到最优的环境治理方法是徒劳的,我们只能达到愿意支付的成本所决定的环境保护水平。

(3) 科斯产权方法在环境治理的局限性有的来自技术方面,一些学者提出了解决的方法。如工业企业产生的污染可以用色素或同位素痕量监测器监控其排放和漂流物,若污染损害了产权拥有者,那么产权拥有者可以要求赔偿。还有,从小轿车里排放的气体是空气污染的主要源头,如何解决这个问题? 办法之一就是将作为交通污染主要来源的高速公路干道私有化,这可以使得公路的拥有人承担起防止污染的义务,然后寻求措施补偿这种义务。现实中很难按科斯定理去保护环境,部分原因是实施起来交易成本太高,另一原因是决策者的无能或不愿意保障一切参与者的财产权。但是一个有效的产权体系会大大地降低实施环境治理的成本。在一个产权界定清晰并得到有效保护的国家,其环境治理的行为及效率也会大大地增加。

二、市场型制度的产生及其理论基础

20 世纪 70 年代的环境管制主要是为满足公众洁净环境的需求而产生的,带有很强的政治色彩,因此大多以直接或间接的行政命令干预为主。尽管命令—控制型环境规制工具的实施改善了环境,取得了一定的效果,但是由于这种政策手段缺乏灵活性,机制僵硬,因此遭到许多企业的抵制。于是 20 世纪 80 年

---

① 〔美〕丹尼尔·H. 科尔. 污染与财产权:环境保护的所有权制度比较研究[M]. 北京:北京大学出版社,2009:17.

② 同上①,第 131 页。

代以后，各国的环境保护体制逐渐由基于命令—控制为主向以市场机制为主的方式转变。

用市场机制解决环境问题的这种理念可以追溯到庇古和科斯。虽然从本质上来讲，两者都主张用外部性内部化的方式解决环境问题，但是他们的观念和方法有着很大的差异。

1920年，英国经济学家庇古在其代表作《福利经济学》一书中，提出用对污染者征税的方式解决外部不经济问题，即所谓的“庇古税”。庇古认为，生产企业的环境污染导致了负外部性，从而产生了社会成本与私人成本的差额，但是这一差额与生产者和消费者都没有直接的联系，在市场上并不会自行消除。因此在环境问题上，存在着市场失灵，需要政府进行干预。国家或政府只有采取税收的形式，将污染成本包含到产品的价格中，才能将外部成本内部化到企业中，从而消除社会成本与私人成本间的差额。

1960年，科斯发表了著名的《社会成本问题》一文，认为只要产权界定明晰，经济行为主体间的市场交易行为就能够有效解决外部性问题。其他学者将科斯的这一思想表述为：只要产权界定明确，并且市场交易成本为零或者很小，那么无论初始产权如何界定，市场交易总能实现资源配置最优，即通常所讲的“科斯定理”。① 不同于庇古对污染者征税的方法，科斯主要是利用产权来解决外部性问题。② 环境污染需要治理，但是治理污染需要资金投入，造成成本损失，那么这种成本损失由谁来承担，污染者或是受污染者？所以从这种观念上讲，排放污染其实是一种权利。科斯定理告诉我们，权利是可以交易的，无论这种权利赋予哪一方，只要这种权利被清晰地界定，那么总可以通过市场交易实现污染问题最有效率的解决，从而实现外部性内部化的目的。

庇古认为，由于负外部性市场不能自行消除，所以他主张国家或政府进行干预，将外部性内部化。虽然庇古主张政府干预，但是其主张政府干预的手段是税收，而不是政府的直接控制或命令，税收本身是一种经济手段。而科斯则主张将产权私有化，利用市场化的方式解决外部性问题。所以从本质上讲，庇古和科斯都主张用市场机制解决环境问题。庇古手段暗含了“污染者付费原则”，即谁污染谁赔偿。例如由于工厂对河流的排污造成河水污染，使渔民和河岸的居民受到损害，那么工厂就要为此付出代价，因此庇古手段主张政府管制的目的是如何阻止工厂造成损害。但是科斯认为这种分析是错误的。如果对工厂进行管制，

---

① 〔美〕罗伯特·S.平狄克.微观经济学(第八版)[M].北京：中国人民大学出版社，2010：577.

② 李晓定.环境污染的治理对策探讨——对庇古税与排污权交易理论的反思[J].经济研究导刊，2010(1).

要求工厂治理污染减少损害，那么工厂势必产生成本、降低利润，因此这对工厂也造成了损害。由于这个问题是相互性的，所以科斯认为真正要思考的问题不是如何阻止工厂的污染行为，而在于是允许工厂损害渔民和居民，还是允许渔民和居民损害工厂，或者说如何做到“两害取其轻”。科斯认为，只要初始权明晰界定且交易成本很小，则无论初始产权如何配置，都能达到资源配置最优化，因此科斯的主张与“污染者付费原则”存在不一致。

除了上述分析的理论基础之外，“波特假说”也可以看成是基于市场机制解决环境问题的理论来源。波特认为，严格的环境管制能够给企业带来战略收益，企业可以通过创新获得竞争优势，因此企业应当积极推进环境管理实践，以获得“先行优势”。① 但是“波特假说”中的环境管制是以基于市场的环保体制为前提的，这种机制能够提供企业持续的创新激励，从而使企业或国家获得竞争优势。

三、基于市场的政策工具

基于市场的环境政策工具(market-based instrument，MBI)又被称为经济激励手段，即“为达到环境保护和经济发展相协调的目标，利用经济利益关系，对环境经济活动进行调节的政策措施”。② 伯特尼认为，经济激励手段主要是通过市场信号刺激行为人的动机，而不是像命令—控制型制度那样，依靠明确的环境控制标准和方法条款来约束人们的行为。③ 经济手段有狭义和广义之分，狭义的经济手段是指国家根据生态规律和经济规律，运用税收、价格、成本和利润等经济刺激形式对环境活动进行调节的一系列政策工具；而广义的经济手段又称为环境经济政策。“基于市场的政策工具最显著的特征就是具有低成本高效率的特点和提供企业技术革新及扩散的持续激励……从理论上讲，设计得当并妥善实施的基于市场的政策工具能以最低的可能社会成本实现任一期望水平上的污染削减，并且此时污染削减最低的企业被激励进行最大数量的污染削减”。④

按照政府干预程度的不同可将经济激励手段分为庇古手段和科斯手段两个种类。庇古手段包括税收或收费、补贴、押金—退款等，即主要通过政府干预解决环境问题；而科斯手段则主要包括排污权交易制度等，通过市场机制解决环境

---

① Porter. M，Linde C.. Toward a New Conception of the Environment-Competitveness Relationship[J]. Journal of Economic Perspectives，1995(4)：97—118.

② 罗勇. 环境保护经济手段的国际比较研究[J]. 经济社会体制比较，2001(4).

③ 〔美〕保罗·R. 伯特尼，〔美〕罗伯特·N. 史蒂文斯. 环境保护的公共政策[M]. 上海：上海人民出版社，2004：42.

④ 同上③，第43页。

问题。[①] 这两种手段都是利用价格机制对污染源形成减少排放的激励,但在实际操作中适用条件不同。[②] 伯特尼则根据世界银行对环境经济手段的划分方法,将基于市场的政策工具分为排污收费制度、削减市场壁垒、降低政府补贴和排污权交易制度四个主要种类。本章以伯特尼的划分方法为依据,对几种经济手段进行简单介绍。

1. 排污收费制度

排污收费制度是指国家环境管理机关根据法律规定,对排污单位(包括组织和个人)征收排污税(费)的制度。排污收费制度的理论依据是“庇古手段”,其施行原则是“污染者付费”。排污收费最理想的税率价格是污染的边际损害与企业治理污染的边际总成本相等时所确立的税率标准。因为税率价格过高时,企业排污成本较高,从而可能导致企业发展的活力和动力丧失;税率价格过低时,企业排污成本较低,从而缺乏治污动力,排污行为泛滥。排污收费制度可以细分为废弃物收费、押金返还、保险费税、行政性收费、差异化税收和环境税等。本节主要介绍押金返还制度(deposit refund system,DRS)和环境税(environmental taxation)。

押金返还制度是指消费者或下游厂商在交易时预先支付一定的押金,履行某些义务后才能获得押金返还的一种政策机制。[③] 押金返还制度主要用于废弃物处理中,或发生在厂商与消费者之间、厂商与厂商间,是发达国家环境保护体制中应用比较广泛的经济手段之一,尤其在北欧国家取得了很大的成功。例如,挪威的押金制度涉及“葡萄酒瓶、液剂瓶、啤酒瓶、软饮料瓶和废旧汽车押金等多种领域。其中,葡萄酒瓶和液剂瓶的回收率是70%,啤酒瓶和软饮料瓶的回收率则高达90%……此外挪威政府于1978年开始实施废旧客车和卡车的押金回收制度……其回收率达90% ~99%,年总收入(支付押金)累计为1 500万欧元。这些收入中的70%用于退还押金,30%则为收集、运输和粉碎设备提供财政补助”。[④]

押金返还制度在一定程度上约束了终端消费者的行为,促使消费者与厂商对废弃物进行回收利用,矫正废弃物处理中的市场失灵。这种“部分或者全部返还费用的激励机制,不仅可以减少污染物的数量,还可以激励生产者寻找更为

---

① 穆红莉,孙丽欣.从外部性控制策略分析主要环境经济手段的异同[J].地质技术经济管理,2003(6).

② 刘颖宇.我国环境保护经济手段的应用绩效研究[D].青岛:中国海洋大学,2007(12).

③ 王建明.押金返还制度的理论基础、实践应用及经验借鉴[J].北方经济,2008(6).

④ 朱仁友.押金制度——一些国家解决固体废物污染问题的经济手段[J].价格月刊,1999(2).

安全、能够循环利用的应税原材料"。①

环境税又称为"生态税"(ecological taxation)或"绿色税收"(green tax),是近几年发达国家应用最广泛且发展最快的经济手段之一。环境税至今仍没有统一的定义,所谓"环境税",主要是对可能造成环境污染或生态破坏的行为或事物等征收的税种。发达国家征收的环境税(在国外,广义的环境税概念包括收费②)主要包括大气污染税、水污染税、固体废物税、噪声税和森林砍伐税等。每个税种又可以细分,例如,大气污染税可以分为二氧化硫税、氮氧化物税和碳税。其中,碳税即二氧化碳税,其不是直接对二氧化碳的排放征税,而是对产生二氧化碳的化石能源,如煤、石油和天然气等征税,所以有时也笼统地称为"能源税"。而固体废物税又可以细分为一次性餐具税、饮料容器税、旧轮胎税、润滑油税和废物垃圾处置税等。

排污收费制度能够使企业在现有的技术下,以最小的成本实现减排目标;同时提供给企业持续改进技术的激励,以降低治理污染成本、节省税收负担。但是排污收费制度也存在着如下局限性:第一,环境损害的货币化难题成为排污收费制度的障碍,因此税率难以确定。第二,如何改进排污收费制度需要政府试验,从而才能制定出合适的环境目标标准以引导企业控制排污,但是试验的不确定性会导致企业不愿意实现最初确定的环境目标。第三,排污收费制度可能会对那些在现行环境标准下不被管制的污染物征收费用,而这会使企业认为排污税负过重,从而对政府的管制不满。第四,排污税(费)最终将转嫁给消费者,造成消费者福利受损。

2. 削减市场壁垒

削减市场壁垒(market barriers)也是基于市场的政策工具之一。伯特尼认为,通过消除外在的或隐含的市场壁垒,企业可从环境保护中大量获益。③ 降低市场壁垒的常用方法有三种:创建市场、环境信息披露和企业环境责任制度。

第一,创建市场是指政府积极促进新市场的发育。环保产业是一个新兴的行业,市场机制不健全,市场发育不完善,因此需要政府创建市场。创建市场的手段有很多,例如产权划分等,但是创建市场的过程很漫长,因此成本高昂。

第二,环境信息披露又称为环境信息公开,是指政府鼓励并要求企业提供环境信息,使所有公众都能够了解企业的环境表现,提升市场功能,并期望借助公众舆论和公众监督给污染者施加压力,促进其环境污染行为的改善。根据环境

---

① 肖建华. 生态环境政策工具的治道变革[M]. 北京:知识产权出版社,2010:119.

② 同上①,第 120 页。

③ 〔美〕保罗·R. 伯特尼,〔美〕罗伯特·N. 史蒂文斯. 环境保护的公共政策[M]. 上海:上海人民出版社,2004:45.

信息公开的主体，可将其分为政府环境信息公开、企业环境信息公开和其他形式的环境信息公开。其中，政府环境信息公开包括企业环境绩效等级评估、环境质量状况信息等。

环境信息披露手段在发达国家得到了广泛运用，并取得了很大的成效。环境信息披露制度对企业的公众形象、市场价值、产品销售和市场占有率等会产生重要影响。例如，"1987年，美国环保局有毒化学品排放信息库开始公开中等以上企业的有毒化学品的年排放量。研究表明，被认定为重污染的企业在信息公开后的第一天平均损失410万美元的股票价值，这些金融消息反过来又刺激企业采取行动，改善环境行为"。[①] 环境信息公开有助于公众和媒体监督企业的污染行为，从而能够促使企业自觉防治污染，将环境成本内部化。例如1997年的研究表明，股票市值损失最多的企业之后的环境投资也最多。

第三，企业环境责任制度即要求企业在作出生产经营决策时，要考虑到决策对环境的潜在影响，从而从根本上解决企业生产活动中产生的环境污染问题。不同于古典经济学中认为"追求利润最大化"是企业存在的唯一目的和意义，企业环境责任这种概念的提出，认为企业在经济系统中的任何活动是不可能独立于生态系统的，企业的所有活动都可能产生深层次的生态后果，因此企业必须承担环境责任。从理论上讲，企业环境责任制度能够提供"成本—收益"方面的激励。例如，"美国的《石油污染法案》规定，厂商应对水面原油泄漏事故引起的清理费用、自然资源损害及第三方损失负责"[②]，这种污染的治理成本和诉讼的高交易成本使得企业不得不考虑谨慎使用这些产品，以免导致社会风险。

3. 降低政府补贴

补贴与税收是对称的政策工具，理论上补贴政策可为解决环境问题提供激励，但是实践中往往造成经济上的低效率和环境损害。[③] 政府环境补贴能够降低污染企业的成本，增加企业收益，这对于培育和发展一国的新兴行业和重点行业具有战略意义。但是补贴政策也有其适用的条件，不恰当的使用反而会导致经济效率低下和环境受损害。例如，如果污染企业所在的行业市场准入门槛较低，则可能导致更多的企业进入该行业，从而引起市场扩张，总污染排放量反而高于初始水平。美国环保局的一项研究表明，如果取消对石油能源等的补贴政策，将会对二氧化碳排放量产生显著影响；而另一项研究则表明，美国政府对能

---

① 王华. 污染控制的信息手段及其在中国的应用[J]. 中国环境科学，2000(3).

② 〔美〕保罗·R. 伯特尼，〔美〕罗伯特·N. 史蒂文斯. 环境保护的公共政策[M]. 上海：上海人民出版社，2004：70.

③ 同上②，第75页。

源产业的干预活动每年花费170亿美元。[①]

4. 排污权交易制度

排污权交易又被称为可交易许可证(tradable permits)、排污许可证交易(allowance trading),排污权交易的理论基础即科斯定理,由于科斯定理要求产权清晰,所以排污权交易的运用有一定的局限性。1966年,托马斯·克罗克(Thomas Crocker)对空气污染控制进行研究,奠定了排污权交易的理论基础。1968年,美国经济学家约翰·戴尔斯(John Dales)将科斯定理进一步应用于水污染的控制研究,并在其著作《污染、产权与价格》(*Pollution, Property & Prices*)中提出用可交易的排污权治理环境污染的思想。1972年,蒙哥马利(Montgomery)从理论上证明了排污权交易市场能够达到环境质量标准的均衡,并且在这种均衡状态下,排污权交易可以实现成本最小化,因此基于市场的排污权交易系统优于传统的环境治理政策。1975年美国提出"泡泡"(bubble)概念,并于1979年制定了"泡泡政策",从而逐步建立起以补偿(offset)、泡泡和容量节余(netting)为核心内容的排污权交易政策体系的雏形。1986年11月,里根政府正式签发了国家环保局的排污权交易政策最终报告书,并于1988年12月正式生效实施。在1990年的《清洁空气法案》修正案中,最终认可了建立排污权交易的制度创新,将其在法律上制度化,并将排污权交易应用于控制二氧化硫排放总量的酸雨治理计划中,取得了很大的成功。

现代排污许可证交易制度可以被定义为"环保部门制定排污总量控制指标,并按总量控制指标,由环保部门给排污单位颁发排污许可证,根据总量控制的要求,排污单位必须按照排污许可证的要求排放,同时排污许可证可以在排污单位之间进行交易"[②]的一种制度。国际上对排污权交易的应用很广泛,例如大气排污交易、酸雨定额交易、含氟氯烃(CFC)和消耗臭氧层物质(ODS)产品的生产权和消费权交易、低排污汽车信用交易、排污均等化,另外还包括责任保险、废物交易和水污染权交易等。

可交易许可证制度的运作过程是由中央机构确定总的污染控制目标,然后将总的污染控制量平均分配到每个许可证,没有许可证的企业不允许排放污染物。许可证的初始分配采取拍卖和无偿分配两种方式,许可证可在二级市场上随时交易。低于允许排放水平的企业可以将剩余的许可证在二级市场上出售。

可交易许可证制度保留了排污收费的优点,即企业将会根据自己的生产经

---

① 〔美〕保罗·R.伯特尼,〔美〕罗伯特·N.史蒂文斯.环境保护的公共政策[M].上海:上海人民出版社,2004:74.

② 王珺红.从新制度经济学看排污许可证交易[J].中国海洋大学学报(社会科学版),2006(5).

营状况,决定是采取污染治理措施还是购买许可证来实现减排的目标,因此对于整个社会来讲,将会在“看不见的手”的引导下,用最低的成本实现既定的污染控制目标。同样,这种激励制度也能激励企业创新,提供给企业持续削减污染的动力从而获得持续经济利益。美国是最早将排污权交易用于实践的国家,这种制度在很多领域的应用都取得了很大的成功。

但是,任何制度都不是完美的。排污权交易制度在铅排放和二氧化硫排放许可证交易等方面取得了比较大的成功,但是在水质许可证交易方面效果却不尽如人意。其中一个重要的原因就是交易费用问题。许多研究者认为在美国环境保护署的管理空气质量的早期排放交易计划下,很少有企业进行交易正是因为高额的交易费用。① 一旦企业进入了许可证交易市场,交易成本就会产生于交易的不同阶段。对于企业来讲,潜在的交易费用包括搜寻和获取信息的成本、谈判和决策成本、结束交易时的结算成本等,即使签订合同卖方提供许可证,交易费用也会产生于合同实施过程中。所以,Cason 和 Gangadharan (2006)认为,一个具有低交易成本且运作良好的许可证市场才可以使企业间的边际减排成本相等。因此,企业首先要了解市场规则,并根据环比条例决定如何调整最优生产计划,再决定是否进行许可证交易。

另外,可交易许可证制度的初始分配权问题存在争议。何时无偿分配,何时通过拍卖价高者得,是一个潜在的棘手难题。而且 Cason 和 Gangadharan 认为,在零交易费用市场中,许可证的初始分配只影响公平,而不会影响许可证最终竞争性分配的成本效率;然而在存在交易费用的市场中,初始分配机制的选择将极大地影响成本效率。

最后,可交易许可证制度可能导致企业垄断。因为如果一种产品的生产过程必然产生某种特定污染物,且只有一家企业拥有这种污染物排放许可证的绝对份额,那么这家企业就会有效控制这种产品的市场进入,从而导致垄断。

四、我国的市场型制度

20 世纪 70 年代末,我国引入了国际上流行的“污染者负担原则”(the polluter pays principle, PPP),提出实施排污收费制度;1979 年颁布《中华人民共和国环境保护法(试行)》,确立了排污收费制度的法律地位;1982 年 2 月国务院发布《征收排污费暂行办法》(简称《暂行办法》),标志着排污收费制度的正式建立;2003 年 7 月 1 日起开始实施《排污费征收使用管理条例》,并取代了《暂行办

① Tietenberg T. H.. Economic Instruments for Environmental Regulation[J]. *Oxford Review of Economic Policy*, 1990(1):17—33.

法》，该条例不仅提高了排污收费标准，而且明确指出只要排污就收费，进一步完善了排污收费政策体系。[①] 排污收费制度是我国目前应用最广泛的基于市场的环保手段之一，对保护环境、防止环境污染和恶化起到了重要作用。

排污权交易制度是我国基于市场的环境管理制度的一项重要创新。尽管到目前为止，我国尚未将排污权交易制度写入正式的国家性法规，但是关于排污权交易的实践早在 20 世纪 80 年代末就已经开始试点。1985 年，上海市颁布《上海市黄浦江上游水源保护条例》，其中明确了新建项目的排污总量指标，并且规定在环保部门允许的情况下，排污总量指标可以在企业间有条件地调剂余缺、互相转让。上海黄浦江排污权的有偿转让取得了令人瞩目的效果，开排污权交易之先河，也为我国其他领域的排污权交易创造了条件。1990 年到 1994 年，国家环保总局在太原、平顶山和柳州等六个重点城市开展了大气排放权交易试点工作，取得了一定的成效，并对大气排放权交易政策的制定开始探索。1998 年 9 月，山西省太原市出台了我国第一部包括排放权交易的总量控制地方法规。2001 年 5 月，首例二氧化硫排放权交易在江苏南通实现。2001 年 9 月，亚洲开发银行资助太原市 26 家企业试点二氧化硫排权交易。2003 年 7 月，江苏太仓和南京实现了中国第一例异地二氧化硫排放权交易。排污权交易行动的蓬勃开展也推动了排污权交易政策的制定。2005 年 12 月，国务院公布了《国务院关于落实科学发展观加强环境保护的决定》，提出有条件的地区和单位可实行二氧化硫等排污权交易，这标志着排污权交易被写进了国家级政策性文件。2008 年 8 月，北京环境交易所成立；9 月，天津排放权交易所成立；12 月，中国内地首笔基于互联网的二氧化硫排放指标电子竞价交易在天津排放权交易所成交。2010 年 2 月，天津能效市场——中国第一个自主开发的基于强制能效目标的排放权交易体系，在天津排放权交易所启动并完成首批交易。

排污权交易制度有效实施的前提是产权明确，但是具有公共物品属性的环境资源的产权界定存在困难。产权具体分配给哪一方，不仅是效率问题，更牵涉到公平分配问题，分配不公平可能会引起其他社会问题，反而会加大解决外部性问题的困难。另外，一个有竞争性的排污权交易市场需要更多的企业参与其中，但是参与企业越多，交易成本可能越高，企业策略性行为的机会就越大，对监管的要求就越高。因此，为了促进排污权交易制度在我国的发展，就需要：第一，鼓励不同行业的企业参与排污权交易，扩大交易主体，提升企业参与交易的动力，完善排污权交易市场的供求机制；第二，建立相关的中介机构，提供企业信息技术支持，从而降低排污权交易的成本。

---

① 蒋俊峰. 我国环境税制研究[D]. 河海大学，2007.

此外,近几年环境信息披露制度在我国发展迅速。2004 年 8 月,国家发改委等部门发布了《能源效率标识管理办法》,要求凡列入能源效率标识产品目录的产品,都应当标注统一的能源效率标识,明确能源效率等级和能源消耗量,同时要求厂商要向相关机构备案,并由各地的质量监督部门等进行监管。2004 年 12 月公布了《实行能源效率标识的产品目录(第一批)》,之后相继出台了《目录(第二批)》、《目录(第三批)》,直到 2010 年已经出台到《目录(第六批)》,标识产品范围不断扩大,消费者对所购买产品能效的认识也不断加深。2006 年商务部、发改委和国家环保局等部门联合推出了《电子信息产品污染控制管理办法》,明确规定需要对电子信息产品标注有毒、有害物质或元素名称及其含量,标注电子信息产品环保使用期限等。随后也推出了《电子信息产品污染控制重点管理目录(第一批)》,当中列明了电子信息产品的类目、限制使用的有毒有害物质或元素种类等。[①] 这些信息的披露增加了公众对电子产品的了解,维护了公众的知情权,同时也在一定程度上限制了厂商和经销商的某些行为。2010 年 9 月,国家环保部针对 16 类重污染行业上市公司的环境信息披露情况,公布了《上市公司环境信息披露指南(草案)》,明确指出发生突发事件的上市公司须在事件发生一天内发布临时环境报告。

第三节 自愿协议型制度

一、自主治理学派[②]

2009 年诺贝尔经济学奖获得者埃莉诺·奥斯特罗姆在《公共事物的治理之道:集体行动制度的演进》一书中提出了一个新思路,即强调一定条件下的人们能够为了集体利益而自主组织起来采取集体行动,并由此开发了自主组织和治理公共事物的集体行动制度理论,即自主组织理论。奥斯特罗姆认为,传统理论过分强调了政府作为外部治理者的作用,我们应该更加关注资源使用者自主组织的治理模式。她首次系统地提出资源使用者自我组织、自主治理理论,而且通过理论推演和实地经验证明了自主治理能够很有效地使资源使用者持续地使用资源,这为治理公共资源(环境)提供了第三条道路。奥斯特罗姆相信,传统的政府治理模式无法解决资源退化和环境保护问题,甚至有些政府政策加速了资源系统的恶化,相反,资源使用者自主治理能解决这个问题,发挥民间的作用和

---

① 电子信息产品污染控制管理办法[J]. 电力信息化,2006(10).

② 本部分的主要内容以《环境治理中的三大制度经济学学派:理论与实践》一文发表在《国外社会科学》,2011 年第 6 期。

社会治理的方式可以解决这个问题,因此,为保障自然资源的可持续利用和人类社会经济的发展,公共政策制定应该强调多中心治理,从政府、社群和资源使用者相互补充与合作中去寻找自身的定位,确定政策边界和制度创新。仅仅有政府政策是不够的,还要加强制度创新,尤其是集体行动的制度创新问题。

自主组织理论认为,任何集体行动都需要解决三个问题:第一个问题是制度供给问题,这个问题主要是解决由谁来设计自主组织的制度。第二个问题是可信承诺问题。奥斯特罗姆认为,复杂的和不确定环境下的个人通常会采取权变策略,即指根据全部现实条件灵活变化的行动方案。第三个问题是相互监督问题。埃莉诺·奥斯特罗姆教授在分析世界各地案例的基础上,还归纳出了实现自主治理的八项具体原则。自主治理理论与最新人类行为理论密切相关。这个结合过程具体表现为,推进可持续发展的政策和措施随人类行为、态度和偏好的变化而进行调整。具体措施除包括经济激励,如税收、收费、罚款等措施外,还包括三类重要的其他措施:一是提高个人行动可能性的措施;二是提高公众参与的措施;三是示范,如政府带头等。这些措施有助于新的行为模式的形成。

奥斯特罗姆、蒂伯特和瓦伦还将多中心秩序的思想运用于对大城市地区治理模式的研究,把大城市地区构想成多中心政治体制,存在多个决策中心来治理公共事务(如环境治理)或提供公共产品。在多中心治理下,个人或社团既有机会选择不同的公共服务(如环境治理)提供者和生产者,也可以在不同规模的层次上组织生产不同类型的公共服务,而不同的公共服务提供者和生产者既通过合作满足个人或社团的需求,同时也构成了公共服务的竞争或准竞争机制。多中心治理并不单一地依赖政府管理或市场机制的手段,而是综合使用两种手段来提供公共服务,既发挥政府的集中性、公共性,又利用市场的高效性。一方面,这并不意味着政府从公共治理中退出以及相关责任的转移,而是减弱政府的多重任务性,使政府从以前的公共服务的唯一提供者向中介者、服务者转变,政府管理方式也从直接管理向间接管理转变;另一方面,多中心治理强调公民的积极介入,个人或社团参与公共服务的协作生产将有助于公共产品和服务质量的提高。

外部性理论假定企业是不负责任的环境行为主体,但理论研究和实践表明,企业在变化了的人文环境下可以成为负责任的环境主体。企业作为一个经济主体,它在社会活动中不是被动的。企业对环境的变化常常迅速甚至预先作出反应。一个社会如果要真正去挖掘环境治理与保护的技术潜力和潜能,则投资于社会制度建设是必须的,这严厉批判了依靠技术创新即可解决企业环境问题的思想。Heinz、Peter 和 Wallner(1999)认为,企业的环保动力系统不能从外部去构建,而应由企业系统依靠自主治理创新和自我发展,才能真正内生于企业,及时处理和预防企业在发展过程中所面临的诸多环境问题。企业在响应环境政策时，对环境政策的执行与响应是有选择性的。这种选择本身契合企业自身的价值追求。Segerson 和 Miceli 用模型验证了交易游戏准则，结论是如果一个企业自愿参与公共组织的污染降低项目，能为企业排除更为严格的立法威胁。这种参与将使得企业在法律允许的情况下取得最大化的污染降低，同时自动参与比强制性参与成本更低。另外，政策到达后被执行或者响应的程度不仅和企业规模、结构有很大的关系[①]，而且和行业差异有一定的联系。Maxwell(1998)，Segerson 和 Miceli(1998)通过博弈论分析指出强制性规则的威胁导致企业自愿参与环境活动以便使企业走在更为严格的规则前面。Arora 和 Cason(1996)考察了企业展示给消费者绿色印象的欲望。Vachon 和 Klassen(2006)认为，"通过与他们的供应者和消费者的相互作用，制造企业能更有效地解决他们所面临的环境挑战"。

二、自愿协议及其特征

自愿协议及自主治理是发展低碳经济的一种新机制，代表了当前政府与企业之间的协同机制建设的最新进展。自愿协议的内容一般包括两个方面：一是企业承诺在一定时间内达到某一节能或减排目标；二是政府给予企业某种激励。自愿协议的形式有多种多样，但大体可分为两大类，即非正式自愿协议和正式自愿协议。经测算，发达国家通过自愿协议实现每吨碳减排的成本约 50 美元，比采用其他措施，如单纯的补贴政策节约成本 90 美元/吨碳减排。

经济合作与发展组织根据参与者的参与程度和协商的内容把自愿协议大致分为经磋商达成协议型和公众自愿参与型两类。此外还有一种是单方面承诺的自愿协议，指的是由工业部门或企业单方面对社会作出的减排或提高能效的承诺。Borkey 和 Lévèque(1998)对自愿协议进行了分类，包括单边协议、公共自愿计划和谈判协议。[②] 单边协议是在没有任何直接的政府干预下发生的、企业或行业单方采取的自主行动，企业自己设立环境改善计划，设置目标、责任、执行和监督程序，并将其传达给利益相关者。公共自愿计划是由政府有关部门设定具体的环境绩效标准和加入条件(例如对企业个体的资格审查、须遵守的标准、监督审计和效果评估)，由企业自由选择是否参与，政府可以提供一些激励措施，如补贴、技术支持、宣传或颁发环境标志等来鼓励企业参与和更好地执行该项目。谈判协议是由政府与工业行业或企业经过协商谈判签订协议，旨在通过协

① 余瑞祥，朱清. 企业环境行为研究的现在与未来[J]. 工业技术经济，2009(8).
② 肖建华. 生态环境：政策工具的治道变革[M]. 北京：知识产权出版社，2010：175.

议的实施达到节能减排和环境保护的目的,与前两种方式不同的是,谈判协商性协议的内容不是由工业企业或者政府机构单方面制定,而是经过双方反复磋商达成的,体现了双方协商后的共同意志。

自愿性行为的具体措施包括生态产品认证、绿色制造联盟、生态工业园、环境会计、环境审计、行业协会协议、供应商选择以及针对具体企业的污染限制或降低能源消耗的计划等。Kharma(2001)区分了三种单边自愿环境行为类型:一是企业自己努力建立环境行为代码,改善环境绩效;二是企业努力遵守由贸易联盟指定的代码和准则;三是企业努力实现认证组织提供的环境绩效标准,如ISO14000系列标准等。斯彭斯(Spence)(1976),达斯古普塔(Dasgupta)(1977),Kwerel(1980),Mckitrick(1997)等研究了环境收费中企业隐瞒污染控制技术水平时的收费政策设计方法。Li Ping Fang(1997)将排污标准规制政策的执行过程刻画为一个多阶段对策模型,为此研究了对违反环境法规的惩罚力度如何影响违规的程度和频度,并提出了强制措施有效性的度量方法。[①]

自愿协议型制度的特征表现为以下三点:

第一,企业承诺自愿削减污染或其他形式的环境质量改进,这些企业通过承诺获得了一定的收益,这些收益不是来自政府财政的直接奖励,而是由于承诺的企业比不承诺的企业具有明显的竞争优势,这些优势是建立在一些特定信号基础上的。公民、消费者、金融机构、政府公共采购部门、非政府组织等重要利益相关者基于信号给予承诺企业更多的支持。它减少了行政管制成本和惩罚成本,也约束了企业的机会主义行为。这些承诺有产品的生态标签、绿色供应链管理、企业的ISO14000认证等。企业节能减排的自愿路径有:自愿性的公共方案、谈判达成的协议、双边承诺、企业协会或联盟的承诺、第三方倡议、企业之间的协议等。[②] 随着消费者偏好于把自我的环境保护诉求表现在对企业和产品的选择上,企业为了迎合这种需要,提高市场占有率,就不得不承担社会环境保护责任,这样消费者和企业之间就建立了一种资源保护环境的良性制衡机制。[③]

从深层次看,在环境管理的正式规则运行(交易)费用太高的领域,被管理方自愿的内部污控管理将比正式规则效率更高而交易成本更低。自愿协议型制度这类由非正式规则演绎产生的管理活动,因为也具有约束个人机会主义行为、减少社会环境中的不确定性、降低交易成本、增进生产性活动的功能,因此也就具有"制度安排"的含义。为了使企业能够将社会责任与自身的经济发展更好

---

① 邓志强.我国工业污染防治中的利益冲突与协调研究[D].长沙:中南大学,2009.

② 朱德米.地方政府与企业环境治理合作关系的形成——以太湖流域水污染防治为例[J].上海行政学院学报,2010(1).

③ 杨正沛,李林.关于自愿性环境政策在我国兴起的几点思考[J].中国科教创新导刊,2008(30).

地结合起来,使协议具有更强的互惠互利性,在节能自愿协议中政府一般都承诺给参与协议的企业一定的优惠政策或者某些经济激励。企业积极主动地环境行为可以获得一定的社会收益,如良好的环境口碑、守法的社会赞誉(可信的承诺)等。企业运用环境成本管理和采用资源综合利用对策可以获得的以货币计量的经济效益包括伴随企业环保活动而带来的资源及能源成本的节约、废物再利用产品的销售收入、排污费及主诉讼中的赔偿金的减免和企业开发设计环保产品收入等方面。[①]

第二,节能减排自愿协议以政府和企业合作的方式来实现节能减排目标,已经被许多国家广泛应用的监督管理减排的一种新机制。[②] 全球十几个发达国家都运用这种制度并取得了巨大的节能成效。但自愿协议在中国进展缓慢。2003年4月,山东省经贸委分别与济南钢铁集团和莱芜钢铁集团有限公司签署了“节能自愿协议”,标志着中国第一个自愿协议的实施。

从政府与企业的关系来看,排污权交易制度和排污税费制度本质上是通过政府的环境规制迫使企业提高环境成本,而被动地降低排污水平。实践证明,以政府的政策之力去堵天下企业排污之口,不仅成本高昂,而且政府本身力不从心。所以,如果没有企业对环境政策工具的积极响应,环境保护和治理的效果十分有限。[③] 因此,需要研究如何通过一系列的环境政策工具组合,使企业积极地响应环境政策。塞格松(Segerson)和 Mieeli(1998)假设主动控制污染的成本低于强制治理成本,在其模型中企业异质性特征第一次被强调,并认为正是企业的异质性,决定其对外部环境压力有不同的策略性反应。

自愿协议型制度是建立在企业和政府相互信任的基础上,管制者并不严格执行法律,惩罚企业的每一次违规,而是给予企业一定的管制豁免,企业通过自我控制环境行为和迅速报告及纠正违规来服从管制,使企业主动减少环境保护中的机会主义行为,因此降低了政府执行环境管制的监管成本,企业也具有更大的灵活性来根据自身情况进行减少污染物排放的规划,采取更加适合自身情况的技术,激励技术创新。政府的公共采购是促进自愿协议方式推进的一个动力。绿色公共采购(greening public purchasing)能够带动企业绿色供应链管理,对企业的自愿协议行为影响很大。公共采购集中在行政服务、卫生、教育、研究、国防和环境集中的行业。自愿协议下的节能减排是企业与政府的双赢战略。政府在协议中提供了减免税、税收返还等经济激励措施,使得企业能够将节能这一公共

---

① 余瑞祥,朱清.企业环境行为研究的现在与未来[J].工业技术经济,2009(8).

② 李红祥.促进节能减排的自愿协议制度研究[D].北京:北京化工大学,2008.

③ 同上②.

目标与自身的经济目标相结合，对企业来说有很大的吸引力。同时，采取协议这种非强制性的措施也能降低政府的管理成本。①

第三，自愿环境行为不仅反映了全社会的共同努力，而且大大地降低了环境治理的成本。从更高的层面看，未来环境管理将向社会制衡型环境管理转换，广泛的自愿性管理模式和理论应是其中重要基础条件之一。环境问题的根源在于人类社会不可持续的生产、消费模式，在于人类自身的发展观、消费观，而要调整人们的生产和消费模式、解决全球环境问题，仅靠政府的强制手段是远远不够的，还要依靠包括工商各界在内的社会各部门的共同努力。② 20 世纪 90 年代中期自愿性环境政策的渐渐兴起，是企业和公众在产品市场上互相影响的结果，而政府起到引导、激励、信号传递作用。自愿协议和自愿性环境政策可以大大地降低环境保护的成本，缓解了环境管制成本与效果冲突的困境，是未来环境政策的一个重要方向。为提高环境管理效率，经测算，发达国家通过自愿协议实现每吨碳减排的成本约 50 美元，比采用其他措施，如单纯的补贴政策节约成本 90 美元/吨碳减排。在政府管制手段成本很高、投入产出效益递减时，自愿性环境政策作为交易成本较小的制度安排，可以成为优先环境管理工具。自愿性环境政策具有通过影响企业边际治理成本而达到降低社会外部成本并提高社会福利的作用。

命令—控制型、市场型及自愿协议型的节能减排机制尽管产生的时期、条件不一样，但它们并不是相互替代的，而是相互补充的。这种多元的制度格局更有利于发展低碳经济。当然，从强调行政管制到市场机制及自愿协议的转变是一种必然趋势，更有利于节能减排目标的实现，但并不意味着行政管制就被替代了。

（1）从企业消极应对环境政策到企业积极主动保护环境不仅是一种理论研究方向的转变，而且还涉及政策的转变。我国环境政策以行政管制政策为主，自上而下的强制实施，企业一般是被动适用，使得政府和企业的博弈长期锁定在非合作状态。没有企业对环境政策工具的积极响应，环境保护和治理的效果十分有限。要改变这种局面，必须引入第三方激励、监督机制，促使双方的博弈转变为合作博弈，如前文提到的自愿性环境政策。

（2）从环境规制对企业的负面影响到波特假设，即环境规制与企业技术创新和提升竞争力并不矛盾，说明环境规制与企业竞争力之间存在互补，而不是互相排斥的关系。积极地、主动地、自愿地适用环境规制比消极地、被动地适用环

---

① 柳娟. 欧盟节能法律制度研究[D]. 华北电力大学（北京），2010.

② 杨正沛，李林. 关于自愿性环境政策在我国兴起的几点思考[J]. 中国科教创新导刊，2008(30).

境规制更有利于企业的发展和创新。在波特假设看来，有效的环境规制在提高企业成本的同时，可通过创新补偿与先发优势等途径为企业创造收益，部分或全部弥补企业遵循环境规制的成本，甚至会给企业带来净收益。波特假设已经被越来越多的主动环保的企业所验证。

（3）把环境保护从生产末端提前到生产源头，从污染治理转变为污染预防。美国在1990年通过的《污染预防法》中提出，工业界应当从生产源头来预防污染。在这种新的环境政策引导下，企业开始将环境因素纳入生产中，污染预防费用被计入成本核算和资产平衡表中。[①] 自此，美国开始推行一系列自愿性伙伴合作计划。在政府直接管制成本很高、投入产出效益递减时，自愿性环境政策作为一种交易成本较小的制度安排，可以改善环境绩效。这种管理方式具有通过影响企业边际治理成本而达到降低社会外部成本提高社会福利的作用。

建立在自主治理基础上的实践就是发达国家的环境政策处于以强化自愿协商机制为主的强化环境自约束管理阶段的表现（John F. Tomer & Thomas R. Sadler, 2007）。其政策工具有：信息披露制度，自愿协议，环境标志与环境管理体系，技术条约，环境网络，以及其他沟通类手段等。环境政策及其工具能否对企业的污染行为产生约束以及对其环境治理与保护行为产生激励，涉及政策实施的有效性，一直是政府当局与学者们关注的焦点。[②] 如果缺乏必要的措施，排污者从自身利益出发将不会完全诚实地向管理部门提供信息，也不可能完全按照其要求执行政策，因此需要研究政策制定和实施中的策略行为。自愿环境行为是一种创新型的环境管理模式，将企业的被动环境行为改变为主动环境管理。这种环境管理模式建立在政府和企业相互信任的基础上，从而缓和了政府与企业间的紧张关系。尽管一些学者对自愿性环境政策存在疑虑（Hartman, 1998；Malm, 1996），但大多数学者依然认为自愿环境项目在促进企业环境行为改善方面是非常有效的（Jorge Rivera, 2002；Arora & Cason, 1996）。学者们将企业自愿参与环境项目的原因归结为以下几种：① 比起传统环境管制，自愿环境项目允许企业采用创新型的污染控制技术，更具有成本优势（Arora & Cason, 1996；Khanna, 2001）；② 消费者环保意识逐渐增强，企业自愿参与环境管理，可以提高企业的环境声誉，获得诸如价格红利和产品销量等差异性优势（Rivera, 2002；Khanna, 2001）；③ 企业管理人员的环境意识和价值观发生改变（Andrews, 1998；Winter & May, 2001）；④ 为了掩饰不良环境行为，逃避日益严格的环境管制或惩罚（King & Lenox, 2000；Rivera, 2002）。

---

① 石淑华. 美国环境规制体制的创新及其对我国的启示[J]. 经济社会体制比较, 2008(1).

② 〔瑞典〕托马斯·思德纳. 环境与自然资源管理的政策工具[M]. 上海：上海三联书店, 2005.

三、自愿环境协议的理论基础

自愿环境协议制度是建立在政府和企业相互信任基础上的一种机制，有利于政府和企业间开展平等对话和建立合作。这种机制与奥斯特罗姆所主张的自主治理理论是一致的。

自主治理理论的产生源于集体行动理论的局限。传统公共事务治理理论中的三个经典模型（公地悲剧、囚徒困境和集体行动逻辑）表明：个体理性往往导致集体的非理性，个人追求利益最大化的行为最终会导致公共资源的过度消耗，从而陷入公共事务治理的困境。如前所述，治理这种困境产生了两种方式：命令—控制型制度和市场型制度，或者称为以政府集中管理为唯一的方案和以私有市场管理为唯一的方案。[①] 但是这两种方式都有弊端，不能完全解决环境治理问题。命令—控制型制度的前提是政府能够掌握完善的信息、监督能力强、惩罚可靠有效且管制成本很小，这些前提在现实世界中很难满足。而完全的市场调节具有自发性、盲目性和滞后性，不能解决环境中的负外部性问题，容易导致市场失灵。显然，环境问题的解决亟须在政府与市场之外探求第三条道路。美国学者奥斯特罗姆在大量实证案例研究的基础上，从博弈论的角度提出了市场与政府以外的解决办法。她认为，人们通过自筹资金与自主合约可以达到问题的有效处理，从而提出了公共事物自主组织与治理的集体行动理论，即自主治理理论。[②] 自主治理理论的中心问题是一群相互依存的人们如何把自己组织起来，进行自主性治理，并通过自主性努力以克服搭便车、回避责任或机会主义诱惑，以取得持久性共同利益的实现。[③] 对此，奥斯特罗姆认为，公共事务的治理是一个多元化的互动过程，主张通过多元协商合作来解决公共治理难题，即多中心治理的思想。建立在自主治理理论基础上的，以复杂、多样、动态的制度安排为特征的多中心环境治理系统，成为解决环境问题的根本途径。[④]

事实上，多中心治理是个复合概念，最早由迈克尔·博兰尼在《自由的逻辑》一书中提出，此后成为人们瞩目的焦点。博兰尼在该书中区别了组织社会任务的两种秩序：一种是由终极权威通过一体化命令结构实施控制的单中心秩

---

① 蔡绍洪，向秋兰. 奥斯特罗姆自主治理理论的主要思想及实践意义[J]. 贵州财经学院学报，2010(5).

② 〔美〕埃莉诺·奥斯特罗姆，帕克斯，惠特克. 公共服务的制度建构——都市警察服务的制度构建[M]. 上海：上海三联书店，2000：27.

③ 唐志敏. 奥斯特罗姆的公共经济思想及其政治哲学意义[J]. 中南民族大学学报(人文社会科学版)，2007(2).

④ 欧阳恩钱. 环境问题解决的根本途径：多中心环境治理[J]. 桂海论丛，2005(6).

序;另一种是许多因素的行为既相互独立,又相互调适,在一定的社会规则体系中实现各自定位以及相互关系整合的多中心秩序,在该秩序中,个人决策者可以自由地追求各自利益,但其利益受特定规则的约束。[①] 博兰尼将个人设定为基本的分析单位,认为多中心体制设计的关键是自发性,他引进"多中心"一词是为了证明自发秩序的合理性以及阐明社会管理可能性的限度,因此在博兰尼的观点中,"多中心的"与"自发的"基本同义。而在奥斯特罗姆提出的多中心治理理论中,自发秩序或自治只是基础,而不是治理的全部。

奥斯特罗姆指出,"极少有制度不是私有的就是公共的——或者不是市场的就是国家的,许多成功的公共池塘资源制度,冲破了僵化的分类,成为有私有特征制度和有公有特征制度的各种混合"。[②] 因此在现实世界中,公共的和私有的制度经常是相互依存的,而不是相互隔绝的。奥斯特罗姆的自主治理理论力求在政府权威和自由市场之外,寻求一条治理公共事务的路径,正如她自己所说"市场和国家在现代政治、经济生活的一些领域里都无法增进福利。结果,政治经济学家需要一组比一个是市场或者一个是国家更为丰富的政策设计框架"。[③] 奥斯特罗姆认为自主治理制度的设计需要具备八项原则:① 清晰界定边界;② 规定占用的时间、地点、技术和资源单位数量的规则,要与当地条件及所需劳动、物资和资金的供应规则保持一致;③ 集体选择的安排;④ 监督;⑤ 分级制裁,违反操作规则的占用者很可能要受到其他占用者、有关官员或他们两者的分级的制裁;⑥ 冲突解决机制;⑦ 对组织权的最低限度的认可,占用者设计自己制度的权利不受外部政府权威的挑战;⑧ 分权制企业,在一个多层次的分权制企业中,对占用、供应、监督、强制执行、冲突解决和治理活动加以组织。[④]

自主治理理论对完善公共资源和生态环境的治理、缓解资源生态压力,解决环境污染问题具有积极意义。自主治理机制为克服命令—控制型制度和市场型制度的弊端,以及走出公共资源治理的困境和解决环境治理中的难题,提供了有益的启示和特殊的指导意义。该理论主张以自愿的方式,将环境资源的使用者和开发者组织起来,让其共同参与管理环境资源。这种方式能够充分利用社会良性资本,有效促成自愿合作,这不但降低了垄断投机的可能性,克服了因公地悲剧带来的资源过度开发与退化,同时也提高了信息准确性和管理决策科学性,

---

① 欧阳恩钱.环境问题解决的根本途径:多中心环境治理[J].桂海论丛,2005(6).

② 〔美〕埃莉诺·奥斯特罗姆,帕克斯,惠特克.公共服务的制度建构——都市警察服务的制度构建[M].上海:上海三联书店,2000:31.

③ 同上②,第214页。

④ 〔美〕埃莉诺·奥斯特罗姆.公共事务的治理之道——集体行动制度的演进[M].上海:上海三联书店,2000:144—160.

降低了信息成本和实施成本,提高了资源的利用效率,从而保证了环境资源的长期存续和高效治理的实现。①

自主治理理论的提出为环境治理提供了新的思想和经验,在国际社会中产生了广泛的影响。但是,正如迈克尔·麦金尼斯所说,"我们不可能指望一种制度安排对于所有物品或者服务都是适当的"。② 每一个制度选择都可能产生完全不同的利益分配和成本配置结果,这些制度选择的分配效应对所有参与者来说是不一样的,因此"一个制度安排导致次优的绩效,并不等于说明了另外一个制度安排会表现得更好"。③ 基于此,奥斯特罗姆也认为自主治理是与国家、市场并存的一种治理形式。所以从这个角度考虑,自愿协议型制度与命令—控制型制度和市场型制度是可以并存的。

四、自愿环境协议项目及其在我国的发展

自愿协议性环境政策起源于日本的《公害防止协定》。《公害防止协定》是指地方公共团体或政府和从事有发生危险的企业活动的企业主,在相互协商的基础上,对防止公害的措施进行交涉而签订的、以让该企业主采取防止各种公害的措施为内容的协定。④ 1964 年 12 月,日本电源开发株式会社同横滨市政府就低水平排放污染物达成环境保护协议,这种模式也被称为"横滨方式",⑤自此自愿性环境协议开始发展,逐渐普及日本各地区乃至欧洲、美国、加拿大等其他国家。目前国际上比较流行的企业自愿性环境生态认证标准有《ISO14001 环境管理体系标准》、环境标志、清洁生产、欧盟生态管理和审核计划(EMAS)和化工行业的"责任关爱行动"等。⑥

其他国家实施的自愿环境协议项目如下:

(1) 美国。1991 年,美国环境保护局制定了"33/50 计划",要求工业企业减少 17 种有毒气体排放量,1992 年减少 33%,1999 年减少 50%。该计划是一种自愿性的参与计划,1 200 多个工业企业签署了该协议,其中包括许多重污染企业。到目前为止,美国已经实施了 50 多个基于联邦层面的环境自愿协议项目。

---

① 蔡绍洪,向秋兰. 奥斯特罗姆自主治理理论的主要思想及实践意义[J]. 贵州财经学院学报,2010(5).

② 〔美〕迈克尔·麦金尼斯. 多中心体制与地方公共经济[M]. 上海:上海三联书店,2000:214.

③ 〔美〕埃莉诺·奥斯特罗姆,帕克斯,惠特克. 公共服务的制度建构——都市警察服务的制度构建[M]. 上海:上海三联书店,2000:214.

④ 钱水苗,巩固. 论环境行政合同[J]. 法学评论,2004(5).

⑤ 同上④。

⑥ 马小明,赵月炜. 环境管制政策的局限性与变革——自愿性环境政策的兴起[J]. 中国人口·资源与环境,2005(6).

例如,美国环保局于1993年实施"天然气之星计划",1995年实施"优秀环境管理计划"(project for excellence in leadership,Project XL计划),2000年正式实施"环境表现跟踪计划"(environmental performance track)等自愿环境管制计划,这些自愿性的项目大多以企业自愿参与为主,都取得了预期的效果。2003年,芝加哥气候交易所(Chicago Climate Exchange,CCX)成立,成为全球第一个自愿性参与温室气体排放权交易的机构。

(2) 欧盟。欧盟的环境协议内容涉及很多领域,如气候变化、水污染、废弃物处理、空气污染、土壤污染、臭氧层破坏等。[①] 其中,荷兰签订环境协议的数量最多,德国次之。

① 1992年,荷兰政府与工业协会签订了减排二氧化碳的长期协议,计划到2000年全国的二氧化碳排放量比1989年减少3%~5%。这一自愿协议取得了成功,2000年能效比1989年提高了22.3%。

② 从20世纪80年代初,德国工业界已有了70个自愿协议,其中一部分已发展成为正式的具有法律效力的条文。[②] 例如,德国工业贸易协会内部作出关于气候变化的宣言,要求企业到2005年使能源消耗比1990年降低20%;2000年,德国联邦政府代表与产业联盟代表共同签署了防止气候变化的环境协议,计划到2012年使6种温室体排放量比1990年减少35%,二氧化碳排放量减少28%。另外,德国还实施了蓝色天使计划等企业生态认证计划。

③ 法国政府从1994年开始与高耗能企业开始磋商,签订自愿环境协议。例如1996年,法国高耗能公司之一的普基公司与环境部签订环境协议,承诺减少特定单位能源的消耗。

④ 到2001年3月底,英国政府与40个业界团体签订了"气候变化协议"(Climate Change Agreements)。协议规定,"企业可选择以总量管制的方式或个别单位生产量的排放方式设定协议目标,政府根据设定目标减轻企业20%~80%的气候变化税。但是两年后企业若不能达成协议削减目标,则无法继续享有减税的优惠待遇"。[③]

自愿环境协议为政府提供了一种获取企业环境信息的途径,从而使政府能够有效地利用社会各部门的信息和技术来解决长期的和复杂的环境问题;还可以通过对个别企业策略进行调整,以减少对环境保护的负面影响。另外,马小明和赵月炜认为,自愿协议型制度实际上是通过引入第三方(公众、环保组织和

① 龚伟玲.欧盟推动环境协议的制度分析及借鉴[J].环境保护,2004(5).

② 廖红,朱坦.德国环境政策的实施手段研究[J].上海环境科学,2002(12).

③ 同上①。

新闻媒体等)激励和监督机制,改变了政府与企业博弈的收益矩阵,使政府与企业的合作成为更为自然的选择。①

自愿环境协议也存在着一些争议,其中之一就是逆向选择行为的存在。Hartman(1998)和Malm(1996)用证据表明在志愿能源储存计划中存在着逆向选择行为,因此认为这种计划的净收益低于传统的环境管制。而Arora和Cason(1996)却认为在美国环境保护局的“33/50”志愿计划中不存在任何逆向选择行为。②

从20世纪90年代起,清洁生产、ISO14001环境管理体系、合同能源管理和自愿生态标志计划等自愿协议型制度开始在我国建立并逐步推广开来。1994年5月,中国环境标志产品认证委员会成立,正式开始“中国环境标志”的认证工作;2002年取得了较大发展,300多家环境标志认证企业的环境标志产品产值总和达500亿元。③ 1997年,我国建立了环境管理体系国家认证制度,目前获得ISO14001认证的企业已超过3 000家。2003年,我国第一部专门的清洁生产法规《清洁生产促进法》颁布实施,到2000年年末,全国已建立了21个国家、行业或地方清洁生产中心。2003年,在美国能源基金会的支持下,山东省政府与济南钢铁集团、莱芜钢铁集团实施了我国第一个节能自愿协议试点项目并获得成功,之后节能自愿协议在上海、福建、南京、宁波、扬州等省市得到广泛推行和应用。2009年,工业和信息化部与中国移动通信集团公司签署节能自愿协议,成为国家部委与企业签订的第一份有关节能减排的自愿协议。④ 从2010年4月开始,国家发改委、财政部等部委联合发布出台了一系列密集的支持政策,鼓励用能单位和节能服务企业开展合同能源管理项目。

通过对我国自愿环境协议的试点类型的分析,可以发现目前我国的协议类型以政府和企业谈判型为主。一般来讲,政府作为协议参与的主要方,通过给予参与企业一定的政策优惠来引导企业参与,并且促使企业参与环境自愿协议的初始原因多源自于政府对企业的“邀请”,而企业积极主动参与的比较少。⑤ 造成这种现象的主要原因在于企业对于参加自愿项目而给自身带来的成本和收益

① 马小明,赵月炜.环境管制政策的局限性与变革——自愿性环境政策的兴起[J].中国人口·资源与环境,2005(6).

② Arora, S. and Cason, T. Why Do Firms Volunteer to Exceed Environmental Regulations? Understanding Participation in EPA's 33/50 Program[J]. *Land Economics*,1996(4).

③ 同上①。

④ 肖志明等.基于低碳经济发展视阈的产业节能减排自愿协议——以日本经验为例[R].亚太经济转型与海峡西岸经济区发展学术研讨会,2010.

⑤ 董战峰,王金南,葛察忠.环境自愿协议机制建设中的激励政策创新[J].中国人口·资源与环境,2010(6).

或收益的程度等的不确定性存在很多疑虑，因此自愿协议型环境规制工具在我国如何更好地发挥作用仍待进一步的探讨。

第四节　三种制度安排下政策工具的比较

一、三种不同类型的政策工具比较

命令—控制型环境规制工具要求每个企业承担相同的减排水平，而市场型环境规制工具则力图使每个企业的边际减排成本相等。从理论上讲，命令—控制型制度能够实现以最小的社会成本完成既定的污染控制目标。以排污标准和排污税为例，如果不考虑企业的异质性，假设企业减污的边际成本都相等，设为 *MCP*，则设定排污量标准和实施排污税的效果是一致的，如图 8.2 所示。减污的边际成本 *MCP* 曲线和污染的边际损害相交于一点，对应的最优排污量为 E^*，税收为 T^*。若制定绩效标准为 E^*，税收为 T^*，则排污标准和排污税实施效果并无差别。

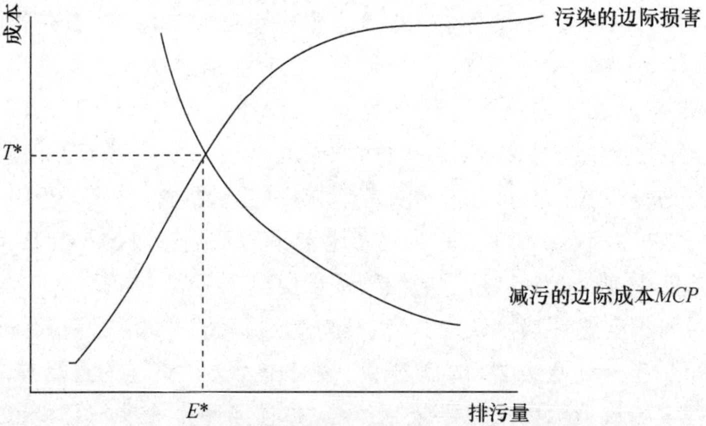

图 8.2　不考虑企业异质性时的政策工具实施效果

但是如果考虑到企业的异质性，例如假设有企业 1 和企业 2 两家企业，且他们减污的边际成本不相同，分别为 MC_1 和 MC_2，如图 8.3 所示，那么排污税和排污标准的实施效果具有很大差异。

两家企业的边际减污成本相加得到总的边际减污成本 *MCP*，*MCP* 与边际损害曲线相交，此时对应的最佳税收为 T^*，社会的最优排污量为 E^*。图 8.3 表明当税收为 T^* 时，排污量在两家企业间的分配情况，此时企业 1 的排污量为 E_1，企业 2 的排污量为 E_2，两者之和为社会的最优排污量 E^*。企业会自行根据排污税收来确定自己的排污量。但制定排污量标准时，由于两家企业的排污成本不

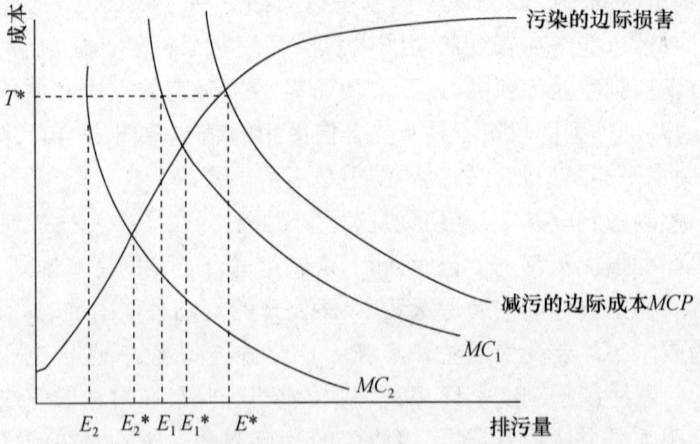

图 8.3　考虑到企业异质性时的政策工具实施效果

同，如果以 E^* 为标准，$2E^* > E_1^* + E_2^*$，则两家企业都排放了过多的污染物，社会排污量不是最优，社会福利受损失；如果以企业 1 的最优排污量 E_1^* 为标准，$2E_1^* > E_1^* + E_2^*$，企业 2 排放了过多的污染物，社会排污量不是最优，社会福利受损失；如果以企业 2 的最优排污量 E_2^* 为标准，则 $2E_2^* < E_1^* + E_2^*$，企业 1 的减污成本过高，其排污量小于最优排污量，社会总福利受损失。

因此从理论上讲，考虑到企业的异质性，传统的环境管制如果要达到以最小的社会成本完成既定的污染控制目标，就要求管制机构掌握企业污染控制的所有信息。如果政策制定者能够了解每个厂商的详细信息，确定每个厂商的最优排污量，分别以每个企业的最优排污量作为各自的排放标准，就能够以最小化的成本实现污染控制目标。但是，要求政策制定者掌握每个厂商的所有信息（如排污和生产），因而实施成本（如搜寻、获取和筛选信息等）太高昂，所以很不现实。而以市场为导向的环境管制则无须管制机构掌握这些信息"也能高效率地将污染负担分配于各厂商"。[①] 因此从这个角度讲，命令—控制型环境规制工具相比于市场型环境规制工具而言，效率较低。

但是排污税优于排污标准并不是绝对的，例如排污标准和排污税的效率大小还取决于企业边际减污成本曲线和污染的边际损害曲线的陡峭程度。当边际损害曲线较陡峭而边际减污成本曲线较平坦时，社会净福利损失较多，此时制定排污标准优于征收排污税。其次，排污标准使社会的排污水平比较确定，但是对减污成本并不确定；而排污税则使减污成本比较确定，而对社会的排污水平不确

① 〔美〕保罗·R. 伯特尼，〔美〕罗伯特·N. 史蒂文斯. 环境保护的公共政策［M］. 上海：上海人民出版社，2004：44.

定。此外,基于命令—控制的环保体制多以行政命令手段为主,因此具有强制性、见效快的特点,能够在较短的时间内解决环境污染问题。总之,命令—控制型制度和市场型制度孰优孰劣,还要取决于各种不确定的性质和各成本曲线的形状,因此这两种类型的政策工具有其各自适用的领域,要根据实际情况选择合适的工具,命令—控制型制度的重要作用是不可小觑的。

命令—控制型制度制度与自愿协议型制度相比,由于命令—控制型制度试图将相同的标准强加于每一个企业,而不是制定适合企业的特殊规则,因此强迫企业承诺遵守那些被他们认为是低效率、不公正的规则是很困难的,监督和实施这种规则的成本必然要高于监督和实施由企业参与制定的、适合企业自身的规则的成本。自愿协议型制度是环境管理中的制度创新,在发达国家成功的案例比较多。欧盟委员会认为,自愿环境协议的确存在至少三种潜在的优势:首先,自愿环境协议鼓励企业间开展积极合作,有利于缓解政府管制部门和企业间的紧张关系;其次,自愿环境协议给企业提供了更多的自由和更大的灵活性,使其能够寻找适用于某种特定情况下的最有效率的解决方法;最后,自愿环境协议由于缩短了谈判和实施的时滞,所以能够更快地实现环境目标。自愿环境协议的这些优势也表明了其相对其他政策工具更具有成本优势,例如可能减少企业服从环境管制的成本或者相关的实施和交易成本。①

尽管从理论上来讲,自愿环境协议相对于其他环保制度具有成本优势,但是欧盟委员会的研究同时也认为,到目前为止并没有证据支持这种观点。原因之一可能在于为了达成协议的长期协商过程产生了高昂的交易成本。另外,1997年,欧盟环境局(the European Environment Agency,EEA)也发现自从环境协议签署后,环境质量的确得到了改善,但是他们却无法将自愿协议对环境的改善同其他政策工具的实施效果做对比,换言之,EEA 无法将这种环境质量的改善排他性的归因于自愿环境协议。尽管自愿环境协议是一种重要的环境制度创新,但是鉴于其在实施效果评估中的困难性,这种政策工具并不能代替其他环境政策工具,例如基于命令—控制的政策工具、财政手段等,但是可以作为其他政策工具的重要补充。

此外,自愿环境协议的有效实施是建立在一定条件之上的。第一,自愿协议型制度从本质上讲是一种基于市场的制度安排,因此自愿环境协议是在市场机制下进行的。第二,自愿协议型制度需要政府的支持和推动。政府通过大力宣传,提升社会公众的环保意识,使市场对环境友好型产品和企业的偏好增加,为

---

① Segerson, K. and Miceli, T. J.. Voluntary Environmental Agreements: Good or Bad News for Environmental Protection? [J]. *Journal of Environmental Economics and Management*, 1998(36).

企业提供一种内生的自我参与激励。第三，由于自愿协议型制度是以企业的自愿参与为前提，所以需要设置激励机制鼓励企业参与，设置惩罚机制监督约束企业，进而使自愿协议型制度顺利持续下去。第四，自愿协议型制度需要政府与企业开展平等对话，协商解决环境问题。而且在协商谈判的过程中，要使企业具备充分的发言权和决策权，以鼓励企业主动参与，提升企业的社会责任感。第五，自愿协议型制度的有效实施还需要便利通畅的信息披露机制。信息不对称可能产生道德风险等问题，因此能否获得充分的信息是自愿环境协议实施的关键。

二、基于市场的政策工具间的比较

如前所述，基于市场的政策工具类型很多，而且基于市场的政策工具在环境保护中应用非常广泛。但是不同的手段其应用条件有差异，只有与一个国家或一个地区的现实情况相适应，政策工具才能发挥作用。

虽然排污税、可交易许可证等基于市场的政策工具，其本质都是通过市场利用价格机制改变企业的污染行为，但是它们的作用机制是不尽相同的。以可交易许可证制度为例，当各企业的减排成本并不相同且政策制定者无法掌握企业的私人信息时，利用可交易排污许可证能够以最小的社会成本实现减排目标。同样如图 8.3 所示，政策制定者只要确定总的排污量水平，并给企业颁发一定份额的排污许可证。在允许排污许可证交易的情况下，由于企业 2 的减污成本比较低，企业 2 就可以主动提高减污量，而将剩余的许可证卖给企业 1。如果许可证的市场交易价格低于企业 1 的减污成本，则企业 1 将选择购买许可证。并且通常情况下，企业 1 都会发现购买许可证的成本要低于其减污的成本，因为他们通常会以一个介于两个边际减污成本间的价格进行许可证交易①，因此企业 2 同样有利可图。因此当市场均衡时，可交易许可证最终将会使污染排放总量在各个排污企业间按照边际原则进行分配，从而以最小的社会成本实现污染控制目标。

由上述可交易许可证制度的作用机制，我们发现实施可交易许可证制度时，企业间的边际减污成本差别越大，企业进行排污权交易的收益就越大。这也是我国的可交易许可证制度发展缓慢的原因之一。由于我国企业间的治污设备和技术比较相似，边际减污成本相差不多，因此许可证交易的收益较低，交易规模比较小，交易市场发展不充分，企业参与程度不高。

比较排污税和可交易许可证制度，可以发现两者都能以社会最小化的成本达到减排目标，两者都能使企业在边际减污成本与边际收益相等处排污，因此都具有经济效率。但是，可交易许可证和排污税的作用机制却不相同。可交易许

① 兰竹虹. 企业环境行为的经济分析[J]. 生态经济，2008(5).

可证制度是在总量控制的基础上实现的,即首先确定社会总的排污量目标,其次给企业分配等量指标,并且在允许排污指标交易的条件下以最小化的社会成本实现总量减排目标,因此可交易许可证是资源在企业间的转移和交换。而排污税则是由环保机构规定合适的排污税率,企业根据自身的排污量缴纳相应税收,因此资源从企业转移到了政府部门,对企业生产成本的增加比较显著。同时在排污税制度下,企业多排多缴,少排少缴,因此排污税制度是由市场确定总的排污水平,排污总量不确定。可交易许可证制度将排污标准制度的某些优点和排污税制度的成本优点结合起来,因此可交易许可证制度在发达国家得到了广泛的应用。但是可交易许可证制度需要足够多的企业和许可证,并形成一个竞争性的许可证市场,因此可交易许可证制度是建立在一个完善的市场机制基础上的。而且可交易许可证制度需要监管者制定相应的交易规则,监督企业间的交易行为,因此对监管者的能力、监管的成本提出了更高的要求。而且尽管基于产权的市场机制能更好地利用市场的作用,但是产权界定存在很大的困难。所以,对于市场发展不完善、资金不充裕的发展中国家来说,可交易许可证制度未必比排污税制度的效率更高。

排污税收与补贴是作用机制方向相反的两种政策工具,两者既有共同点,也有不同之处。税收与补贴的共同之处在于:首先,两者都是市场机制和政府干预相结合的产物,而且从社会福利角度讲,两者的经济效率是一样的;其次,由于两者仅是作用方向相反,所以排污税要面临制定合适的排污税率的问题,而补贴手段则需要考虑制定适当的补贴率;另外,税收或补贴等政策工具有利于促使企业的外部成本内部化,特别是补贴,有利于降低企业遵守环境管制的成本,但是也可能出现企业向政府寻租、下级政府向上级政府寻租的情况。两者的不同之处在于:首先,作用机制不同。排污税收是企业缴纳的排污费,企业排污越多,征收的税收就越多,体现企业成本的增加,是对企业排污的一种惩罚机制;而补贴则是政府对企业的一种转移支付,用于补偿企业治理污染的损失,是企业获得的额外收益,是对企业治理污染的一种激励机制。其次,从社会公众的角度看,对排污企业征收排污税容易获得公众的支持,而对排污企业的财政补贴则不容易被公众理解。

综上所述,不同的政策手段都具有各自的优势和劣势,没有任何一种政策工具能够在任何条件下都适用。而且命令—控制型制度、市场型制度和自愿协议型制度的划分是相对的,三种环保制度的实施工具是相互联系、相互影响、相互交叉的。基于市场的政策工具需要有效的行政法规作为依据。例如我国实施排污税的初期,一些企业对征收排污税很不理解,拒绝缴纳排污费用,这时就需要用行政命令的传统环境管制方式强迫企业缴纳,使其转变观念。同时,经济手段还需要与其相适应的法律政策等手段的配合。例如,有效实施排污权交易制度的前提是明确界定产权,而这需要法律制度保证其权威地位。同样自愿协议型制度也需要行政处罚等命令—控制型环境规制工具做支撑,以约束企业的行为和决策。而且自愿环境协议的有效实施还需要经济手段予以支持。因为参与自愿环境协议的企业通常要承诺达到更为严格的环境目标,因此财政补贴或者排污税减免等手段将会激励企业更为主动地参与自愿环境协议,促进自愿环境协议的顺利进行。不同类型的政策工具是相互联系和相互影响的,同一种类型的政策工具之间也是相互联系和相互作用的。以基于市场的政策工具为例,可交易许可证制度创建了一个竞争性的外部产权交易市场,而押金返还制度则创建了一个回收市场,这些新兴的市场则需要政府制定相关的政策以促进其发育和完善。经济手段的有效运用,还需要大量完善的信息,例如企业的减污成本、私人收益、社会的损害成本、监督成本和执行成本等。如果信息匮乏,则经济手段也不能得到很好地发挥。

考虑到不同的政策工具的区别和联系,同时鉴于环境污染的性质,大多数学者(戴尔斯,1968;王俊豪,2001)都认为,单靠政府干预机制或者市场机制都不能解决问题。市场的效率在于能够促使企业采取积极有效的制度安排来治理污染,而行政干预则具有强制性、见效快的特点,只有将政府干预和市场机制结合起来,才能有效控制负外部性,解决环境污染问题。所以,各国都选择了同时运用命令—控制型制度、市场型制度和自愿协议型制度来解决环境问题。

不同的制度安排可能会产生完全不同的利益分配和成本配置结果。这些制度选择的分配效应对所有参与者来说不可能完全相同,因此在选择政策工具时,要注意以下几点:第一,根据政策工具适应领域的不同选择合适的政策工具。例如基于市场的政策工具有很多种,但不同的政策工具其适用条件不同。有时需求曲线的形状、陡峭程度等不同,政策工具的效果也不一样,如果政策工具的设置无效率,那么无疑会增加企业成本。第二,选择合适的政策工具要考虑到一个国家、一个地区的具体情况。例如秦颖和徐光认为,命令—控制型环境规制工具实施和监管的成本很高昂,对于资金短缺的转型国家或者发展中国家来讲,实施和监管成本低且实施效果好的基于市场的环境管制方式更为适合。第三,信息是一种特殊的政策工具,任何政策的制定都离不开信息。政策制定者需要了解所考虑问题的技术和权衡各方面的利益,才能制定出合宜的政策,因此信息本身也是一种政策工具。

综上所述,政策制定者应当根据自身的经济发展水平等国情,特别是针对不同类型的污染而有侧重的选择环保机制,同时结合企业特性,优化政策组合,形成一个科学的环保政策体系。

第九章　环境规制与技术创新

第一节　环境规制变量的度量方法[①]

目前关于环境规制的实证研究较多，量化环境规制程度的方法也较多，但无法用一个很准确的变量来度量环境规制的程度。环境规制变量数据难以获得且数据质量相对较弱，对经验研究造成了一定的困难。目前对环境规制的量化方法的探索主要有四类：单一指标法、替代指标法、赋值法、复合指标法。现将研究结果总结如下，并将四种方法的优劣势进行分析和比较。

一、与环境规制政策工具相关的单一指标

单一指标法是指直接采用某一种环境规制政策工具对污染排放的控制程度、控制效果或治污成本来表示环境规制程度的高低。根据环境规制政策工具的特征和演变历程，"两分法"[②]将环境规制政策工具划分为命令—控制型环境规制工具和市场型环境规制工具。[③] 命令—控制型环境规制工具是政府采用行政手段对环境资源利用进行直接的控制，通常通过立法或制定行政部门的规章制度来确定环境规制的标准、目标，并以行政命令的方式要求企业遵守，对于违反相应标准的企业进行处罚。我国以命令与控制政策进行的规制主要包括环境标准管制、环境影响评价制度、"三同时"制度、关停污染企业等。市场型的环境规制工具是通过市场信号为企业提供经济激励，引导企业在追求自身利益的过程中实现污染控制目标，我国的市场型环境规制工具主要包括排污收费、污水处理设施使用费、污染减排补助、排污许可证交易等（分类见表 9.1）。

---

① 本节主要内容以《环境规制变量的度量方法研究》一文发表在《统计与决策》，2011 年第 11 期。

② 环境规制政策工具的分类有"两分法"和"三分法"。"三分法"将环境规制政策工具分为三种类型：传统的命令—控制型制度，即第一代工具；市场型制度，即第二代工具；自愿协议型制度，即第三代工具；"两分法"和"三分法"没有本质的区别，主要区别在"两分法"将自愿协议型制度纳入到市场型制度之中，"三分法"则将自愿协议型制度从市场型制度中分离出来。

③ 金碚. 资源与增长[M]. 北京：经济管理出版社，2009：265.

表 9.1 我国主要的环境规制政策工具及其分类

命令—控制型环境规制工具	环境标准、环境影响评价制度、“三同时”制度、关停污染企业
市场型环境规制工具	排污收费、污水处理设施使用费、污染减排补助、排污许可证交易、对污染企业的贷款限制

资料来源:金碚.资源与增长[M].北京:经济管理出版社,2009:279.

1. 对命令—控制型环境规制政策工具的度量

环境标准[①]政策对厂商制定统一的标准,可采用基于技术和绩效的标准。技术标准给企业指定特别的方法,有时甚至是特定的设备来配合规制。例如,要求所有的发电厂采用特指的清洁器来除尘。绩效标准对企业制定统一的控制目标,但在实现目标时给企业一些自由度。例如,要求在一定时间内限制某种污染物的排放量,但不要求以何种方法技术来达到此日的,如废水、废气的达标排放,可对企业制定一个强制性的排污执行标准,在执行标准下,企业有一定的灵活性,只要选择合理排污手段达到标准即可。根据环境标准的规定,学者们采用以下方式对环境标准的严格程度进行度量:李永友以地方颁布的环保标准或环保方面的规章数量来衡量规制程度的高低,数量越多表示环境规制程度越高,反之则表示越低[②];Otsuki 等[③]、田东文和叶科艺[④]分别采用欧盟成员国、工业化国家对农产品中黄曲霉素含量的限量水平来表达环境规制的严格程度,限量越低,代表环境规制程度越高,反之则规制程度越低;梁冬寒等采用二氧化硫减除量占二氧化硫产生总量的比例来表示行业的环境规制程度的高低,该比例越大,意味着环境规制程度越高[⑤];江珂采用各省份污水排放达标量除以该省(自治区、直辖市)污水排放总量,即污水排放达标率来表示环境规制程度,达标率越高,环境规制程度越高。[⑥]

2. 对市场型环境规制工具的度量

针对排污收费工具,李永友采用三废排放缴纳的排污费与相对应的三类污

---

① 韩德培.环境保护法教程[M].北京:法律出版社,2007:25.

② 李永友,沈坤荣.我国污染控制政策的减排效果——基于省际工业污染数据的实证分析[J].管理世界,2008(7).

③ Otsuki, T., Wilson, J. S., and Sewadeh, M.. A Race to the Top? A Case Study of Food Safety Standards and African Export. World Bank Policy Research Working Paper No. 2563, March 2001.

④ 田东文,叶科艺.安全标准与农产品贸易:中国与主要贸易伙伴的实证研究[J].国际贸易问题,2007(9).

⑤ 梁冬寒,袭著燕,李刚.环境规制与出口绩效相互影响效应分析——基于重污染制造业的考察[J].统计与决策,2009(7).

⑥ 江珂.中国环境规制对外商直接投资的影响研究[D].武汉:华中科技大学,2010.

染物排放量的比值来分别表示污水、废气、固体废物的环境规制程度;李胜文[①]分别以单位污染物的排污费征收额、工业总成本中排污费所占份额、工业利润中排污费所占份额这三个变量来表示环境规制严格程度。针对污水处理设施使用费,如赵红根据2002—2008年《中国环境年鉴》中公布的行业废气和废水污染治理设施的运行费用之和作为行业污染治理成本,用每千元产值污染治理设施运行费用(成本)衡量行业环境规制程度。[②] 针对污染减排补贴政策工具,在实践中一般以环保补助的形式出现,但受数据可得性的限制,在实证研究中通常采用工业污染治理支出作为代理变量,虽然污染减排补助的作用效果在一定程度上会被夸大,但实证研究结果中的变量作用方向不会改变,如杨涛[③]及吴玉鸣[④]、应瑞瑶[⑤]采用了工业污染治理项目完成投资额、"三废"排放治理支出代表环境规制程度,该投资额越大代表政府的污染治理投入越大,环境规制越严格。

刘志忠综合前人的研究,分别采用6个指标来度量中国城市的环境规制程度,它们分别是:工业废水达标量/工业废水排放量、工业二氧化硫去除量/工业二氧化硫排放量、工业烟尘去除量/工业烟尘排放量、环境污染治理投资总额、城市环境基础设施建设完成投资额和三废综合利用产品产值。[⑥]

国外学者对环境规制的量化的研究更多采用污染的费率或费用来表示,这主要是由于发达国家的环境规制政策工具多采用市场型制度:如Dean选取的是污水费率,即每个省(自治区、直辖市)征收的总污水排放费用除以污水排放超标量[⑦];Christer等选取的是付费企业平均承担的污染费用[⑧];Matthew A. Cole和Robert J. R. Elliott采用各行业的减污运营成本占产业附加值的比例来表示环境规制程度的高低。[⑨]

采用某一种环境规制政策工具对污染物的控制程度、控制效果或治污成本

---

① 李胜文,李新春,杨学儒.中国的环境效率与环境管制——基于1986—2007年省级水平的估算[J].财经研究,2010(2).

② 赵红.环境规制对中国产业技术创新的影响[J].经济管理,2007(21).

③ 杨涛.环境规制对FDI影响的实证分析[J].世界经济研究,2003(5).

④ 吴玉鸣.外商直接投资对环境规制的影响[J].国际贸易问题,2006(4).

⑤ 应瑞瑶,周力.外商直接投资、工业污染与环境规制——基于中国数据的计量经济学分析[J].财贸经济,2006(1).

⑥ 刘志忠,陈果.环境管制与外商直接投资区位分布——基于城市面板数据的实证研究[J].国际贸易问题.2009(3).

⑦ Dean. Trade and Environment: A Survey of the Literature[A]. In: Patrick Lowed. International Trade and the Environment [C]. World Bank Discussion Paper1992.

⑧ Ljungwall, C. and Linde-Rahr, M.. Environmental Policy and the Location of Foreign Direct Investment in China [R]. Peking University Working Paper No. E2005009,2005.

⑨ Cole, M. A. and Elliott, R. J. R. FDI and the Capital Intensity of "Dirty" Sectors: A Missing Piece of the Pollution Haven Puzzle. Review of Development Economics,2005, 9(4): 530—548.

来度量环境规制程度的优点在于其数据的客观性,因为一国或地区的环境污染状况是建立在监测数据的基础上的,上报的产业或企业的污染排放数据也受监督,同时上报的减污成本与真实成本相差也不大①,此外,取得连续的环境规制数据也较容易。但该方法的局限性在于,它可用于考察单一环境规制政策的实施或调整的效应,不适用于考察不同环境规制措施的先后实施的效应。比如,用某一种污染排放物的达标率来度量环境规制程度虽然数据比较容易获得,但存在着一定的片面性,如单独用污水排放达标率来表示环境规制程度的高低,只能表示出环境规制政策对水污染物质的控制,而忽略了对空气质量的控制水平。而有的研究没有考虑经济总量,直接用环境污染治理投资总额、城市环境基础设施建设完成投资总额、三废综合利用产品产值这些变量来表示环境规制程度的高低也存在着明显的弊端。如与其他省份相比,某省(自治区、直辖市)环境污染治理投资额小并不能直接说明该省(自治区、直辖市)环境规制就宽松,也可能是由于该省(自治区、直辖市)的经济规模小造成的。因此,赵红等采用的单位产值的治污成本来度量环境规制程度的方法更加符合理论逻辑,既充分考虑了区域的经济总量,也通过治污成本表达了政府治理污染的决心。

二、替代指标法

替代指标法是选用与环境规制程度高度正相关且又独立于实际污染排放的变量来表示环境规制程度。在替代变量的选择上,Xu 发现环境规制指标和国民生产总值及国内生产总值的相关系数高达 0.8699 和 0.8553②;Dasgupta 等的研究也认为一国或地区的环境规制程度与收入水平的相关性较高③,因此很多学者,如 ATC 在国际分析中采用人均 GDP 来衡量环境规制严格程度④,陆旸用人均收入水平作为环境规制的代理变量⑤,这也说明环境规制程度是由收入水平内生决定的,收入水平越高,人们对环境的关注度越高,环境规制政策就越严格,反之,收入水平越低,环境规制政策就越宽松。傅京燕考虑到人均 GDP 与其建立的模型中的自变量人均资本(K/L)存在严重的共线性,采用单位 GDP 的能源

---

① Brunnermeier, S. B. and Cohen, M. A.. Determinants of environmental innovation in US manufacturing industries[J]. *Journal of Environmental Economics and Management*, 2003 (2): 278—293.

② Xu, X. P.. International Trade and Environmental Policy: How Effective Is 'Eco-dumping'? [J]. *Economic Modelling*, 2000(17):71—90.

③ Dasgupta, S., Mody, A. and Roy, S., et al. Environmental Regulation and Development: a Cross-Country Empirical Analysis[J]. *Oxford Development Studies*, 2001, 29: 173—185.

④ Antweiler, W., Copeland, B. R. and Taylor, M. S.. Is Free Trade Good for the Environment? [J]. *American Economic Review*, 2001(91): 877—908.

⑤ 陆旸.环境规制影响了污染密集型商品的贸易比较优势吗[J].经济研究,2009(4).

消耗代替人均 GDP 衡量一国或地区的环境规制严格程度,单位 GDP 的能源消耗越小,说明环境规制越严格,单位 GDP 的能源消耗越大,说明环境规制越宽松。[①] Sonia Ben Kheder 则采用能源效率(GDP/能源消耗)来度量环境规制的严格程度,他认为使用这个变量的好处在于它可以度量政府针对环境的一系列规则和条款的真实影响效果,从而区别有的省份仅仅只是理论上采取所谓的环境规制政策,但对企业没有任何约束,而有的省份是采取了实实在在的针对生产企业的环境规制政策。[②] 李钢采用环境规制的执法强度来表示环境规制的严格程度,他认为中国环保的实际问题不是需要提高环境规制标准的问题,即不是"无法可依",而主要是需要提高环境规制执法强度,即存在"有法不依",环境规制执法强度值越大,表明一国或地区的环境规制越严格;该值越小,表明一国或地区的环境规制越宽松。[③]

此类环境规制的替代变量的优点是连续数据获得比较容易,可适用于面板数据分析及时间序列数据分析,但由于该替代变量属于内生环境规制变量且独立于实际的污染排放,在模型研究中容易出现共线性问题。

三、赋值法

赋值法是指在一定的依据下用数字对环境规制严格程度进行赋值。如 van Beers 和 van den Bergh 采用的就是典型的赋值法[④],对一国或地区的环境规制程度从 1 到 7 进行赋值,环境规制越宽松的赋值越小,环境规制越严格的赋值越大[⑤],这种赋值法适合于使用横截面数据度量总体的环境规制程度,不适合于度量某一具体的环境规制工具。李昭华将前人采用的赋值法加以拓展,对先后出现的环境规制措施赋予环境规制变量一定的增量[⑥],如针对某项环境规制政策的实施,将环境规制变量的赋值增幅设为 10 或 5,环境规制政策越严格,赋值的增幅越大,使其适用于时间序列数据和面板数据中先后出现的不同类别的环境

① 傅京燕. 环境规制对贸易模式的影响及其政策协调[D]. 广州:暨南大学,2006.

② Sonia Ben Kheder, Natalia Zugravu. The Pollution Haven Hypothesis: A Geographic Economy Model in a Comparative Study[J]. Working Papers, 2008.

③ 李钢,马岩,姚磊磊. 中国工业环境管制强度与提升路线——基于中国工业环境保护成本与效益的实证研究[J]. 中国工业经济,2010(3).

④ van Beers, C. and van den Bergh, J.. The Impact of Environmental Policy on Foreign Trade: Tobey Revisited with a Bilateral Flow Model[R]. Tinbergen Institute Discussion Papers [W]. TI 2000-069/3.

⑤ 实际上,van Beers and van den Bergh (2000)借鉴了 Tobey(1990)所使用的赋值法。Tobey(1990)对 23 个国家的 SER 赋值基于 Walter and Ugelow(1979)中引述的联合国贸易和发展会议在 1976 年的调查报告。

⑥ 李昭华,蒋冰冰. 欧盟玩具业环境规制对我国玩具出口的绿色壁垒效应——基于我国四类玩具出口欧盟十国的面板数据分析:1990—2006[J]. 经济学(季刊), 2009(4).

规制措施。拓展的环境规制赋值法可以更好地反映因先后实施、修改不同类别的环境规制措施而使各国(地区)的环境规制变量值随时间不断强化,解决了时间序列和面板数据中对多项不同类别的环境规制措施进行计量分析的问题;但该度量方法的缺点在于存在着较大的主观性,精准度不高。

虚拟变量法也是赋值法的一种,对环境规制措施的实施前后,分别取值 0 和 1,如顾国达等在研究日本对茶叶农药残留限量的三次调整中,采用了 3 个虚拟变量来表达①;李永友在实证分析中对实施污染许可证交易的地区取值为 1,否则为 0。但这种虚拟变量法存在着一定的弊端:第一,在样本有限的情况下,模型中多个虚拟变量的采用会使解释变量过多,影响分析结论;第二,从经济意义上讲,该方法通过赋值反映的是环境规制政策是否实施,而不是环境规制政策的严格程度。

四、复合指标法

考虑到一种环境规制指标无法全面准确地衡量环境规制程度,复合指标法(或称综合指标法)通过综合几种环境规制的度量方法对环境规制程度进行全面度量,该方法多见于国际环境规制比较与研究。如 van Beers 和 van den Bergh 在 7 项环境指标的基础上计算出一国或地区的环境规制指数,该环境规制指数介于 0—1 之间, 这 7 项环境指标分别是:第一,1980 年能源密度水平,以等价于百万吨石油每 1 000 单位当前国内生产总值计算;第二,1990 年无铅汽油的市场份额;第三,1990 年废纸回收率;第四,1990 年废玻璃回收率;第五,1990 年保护区占国土面积的百分比;第六,1991 年与污水治理工厂相关的人口比例;第七,1980 年至 1991 年能源密度变化。② 这 7 项指标分别从 7 个方面描述了环境状况,综合了这 7 个方面的环境规制指数更加接近于现实,对环境规制的度量更加全面。Dasgupta 等研究给出 31 个国家环境规制严格程度的指标③,该指标是在由联合国环境与发展会议提供的各国基于环境政策、环境立法、环境执法报告的详细信息基础上综合取得的。此后,Eliste 和 Fredriksson 通过同样的计算方法将该指标扩展到 60 个国家,得出这 60 个国家农业部门的环境

① 顾国达,牛晓婧,张钱江. 技术壁垒对国际贸易影响的实证分析——以中日茶叶贸易为例[J]. 国际贸易问题,2007(6).

② van Beers, C. and van den Bergh, J. C. J. M.. An Empirical Multi-country Analysis of the Impact of Environmental Regulations on Foreign Trade Flows [J]. *Kyklos*, 1997(50): 29—46.

③ Dasgupta, S., Mody, A. and Roy, S., et al.. Environmental Regulation and Development: a Cross-Country Empirical Analysis[J]. *Oxford Development Studies*, 2001, 29: 173—185.

规制程度[①],Eliste 和 Fredriksson 与 Dasgupta 的环境规制指标具有高度的相关性;以后的学者们,如 Cole 和 Elliott 等在实证研究中采用了 Eliste 和 Fredriksson 的环境规制指标。[②] Sonia Ben Kheder 认为用单一的变量代表环境规制不准确,因此,选用 4 个变量通过标准化的方式综合为一个指标来度量各国(地区)的环境规制程度,这 4 个变量分别是能源效率(GDP/能源消耗)、每十亿美元 GDP 获得 ISO14001 证书的企业数、每百万人口中国际非政府组织[③]的成员数和政府签署的多边环境协议的数量。Sonia Ben Kheder 的这种方法为全面度量环境规制程度提供了一个较新的思路,即将多种度量环境规制程度的变量通过标准化的方式进行综合。使用综合指标来度量环境规制程度,可使研究结果更具有现实意义。

一些国际组织和机构对全球环境规制的度量做了一些探索性的工作,如世界银行的环境规制程度的综合指数,包括了空气、水、土地及生物资源四个方面的环境绩效,Xu 在其研究中采用了该综合指数。[④] 国际地球科学信息网中心(Centre for International Earth Science International Network, CIESIN)提供了全球 146 个国家(地区)的环境可持续发展指标,其中的环境监管指标是由 12 个变量的数据计算得出的[⑤],Busse[⑥] 和陆旸两位学者分别将 2003 年及 2005 年的环境监管指标作为环境规制的代表性指标进行实证分析,并取得了一定的成果,但由于该指标并不连续,不适用于时间序列和面板数据,主要适用于横截面数据。目前完整且连续的国际数据获得的难度较大,这需要世界各国及相关国际组织的共同努力。

五、度量方法的选取

环境规制变量的度量是研究环境规制问题的核心,恰当的环境规制变量度量方法是影响环境规制实证研究准确性的重要因素。本节研究环境规制变量的

---

① Eliste, P. and P. G. Fredriksson. Does Trade Liberalization Cause a Race to the Bottom in Environmental Policies? A Spatial Econometric Analysis. In L. Anselin and R. Florax (eds) New Advances in Spatial Econometrics, Berlin: Springer-Verlag(2001).

② Cole, M. A. and Elliott, R. J. R.. FDI and the Capital Intensity of "Dirty" Sectors: A Missing Piece of the Pollution Haven Puzzle. Review of Development Economics, 2005, 9(4): 530—548.

③ 这个变量代表了一国的国际非政府组织的人口密度, Dasgupta et al. (1995)及 Smaraynska, Wei (2004)研究认为国际非政府组织使人们对环境问题更加敏感,推动政府制定更多的政策,同样也推动环境规制政策的严格化。

④ Xu, X. International Trade and Environmental Regulation, Environmental and Resource Economics, 2000:17(1):233—257.

⑤ CIESIN. 2005 Environmental Sustainability Index. Centre for International Earth Science Information Network, 2008. <http://www.ciesin.columbia.edu/indicators/ESI>.

⑥ Busse, M.. Trade, Environmental Regulations and the World Trade Organization: New Empirical Evidence[J]. *Journal of World Trade*, 2004, (38): 285—306.

度量方法具有重要的理论意义和应用前景，对于认识环境规制的本质、建立环境规制制度理论，有着积极的促进作用，对于政府制定环境规制政策工具和衡量其宽松及严格程度，也有着重要的实际应用价值。

一般来说，选用哪些指标来度量一个国家和地区的环境规制程度的高低，可以从以下几个方面考虑：

首先，应当以该国或地区的环境规制政策工具的发展特点为理论依据和原则，环境规制度量方法伴随人们对环境规制概念的认识的加深而演变。早期学者们认为环境规制是政府以非市场途径，即行政手段对环境资源利用进行直接的控制，因此，污染物的排放标准就可用来度量环境规制程度；但是随着认识的加深，经济手段也逐渐运用于环境规制，因此也出现了新的环境规制度量方法，如排污收费率、污染减排补贴额等。从这个意义上来说，度量方法演变的内在动力是环境规制政策工具的演变。

其次，环境规制政策工具的选用应当考虑到该指标运用的方便性及现实可行性和数据的可获得性。比如，排污许可证交易的金额指标显然不适用于度量我国现阶段的环境规制的程度，因为我国还没有形成完善统一的排污权交易市场。

最后，环境规制度量指标的选取还要取决于研究目的。一般选择多个指标较为适宜，从多方面来考察环境规制程度，可以避免单一指标的片面和不切实际。

环境规制变量度量的这些指标方法都存在各自的缺陷，也都存在各自的优点，无论采用哪种方式度量环境规制都存在着一定的局限性和片面性，并且同一国家或地区用不同的指标度量将得出不同的结论。目前的实证研究往往只采用其中的一种环境规制度量方法，这在一定程度上影响了评价各个国家或地区环境规制程度的准确性，因此，在运用这些实证研究结论制定政策时需要谨慎。在未来，环境规制变量的度量方法必然会随着人们对环境规制概念理解的加深以及环境规制政策工具的发展而不断演变。总的来看，随着环境规制理论的深化，环境规制的度量将体现出多层次性和综合性。在实证研究中，对于环境规制量化的科学性问题将是一个长期的重要研究课题。

第二节 环境规制与技术创新①

一、引言

20世纪70年代以来,各国政府在制定环境政策时,越来越重视技术创新与生态环境的关系、技术创新在推动一国经济长期发展的同时,也有利于保持经济发展可持续性。然而,环境政策的制定在解决环境污染问题的同时在一定程度上也会影响新技术的形成及扩散的速度和深度,因此,关于环境规制政策的制定和实施过程中对技术创新的影响作用,一直被人们所关注。②

环境规制对技术创新既存在着激励作用又存在着阻碍作用。③ 激励作用主要体现在:环境规制通过对生产用环境资源收取费用,导致企业生产成本增加,这种要素价格的变化和成本的增加,使企业只有通过技术创新才能降低生产成本,保证利润的不变甚至增加。环境规制引致的技术创新,不但能够降低污染治理成本,节约环境资源使用费用,还可能提高生产效率和利润率。阻碍作用主要体现在:技术创新需要资金投入,而环境规制要求企业投资于污染治理,在资源有限的情况下,这些投资可能挤占企业原来用于技术创新活动的资金,因此,可能对技术创新产生一定的阻碍作用。环境规制对技术创新的最终作用取决于两种效应的比较,大量的研究对该问题进行了分析。

Magat最早指出技术创新是解决环保与企业经济绩效的重要决定因素,技术创新不仅能降低污染治理成本,而且还可通过开发新产品和改进生产过程来提高生产效率和利润率。④ 20世纪90年代初期,迈克尔·波特(1991⑤、1995⑥)提出"波特假说",认为合理设置的环境规制政策,能够刺激企业进行技术创新,产生创新补偿作用,弥补甚至超过环境规制带来的成本,从而达到环境绩效和企

---

① 本节主要内容以《环境规制与技术创新》一文发表在《科研管理》,2011年第7期。

② 赵红. 环境规制对企业技术创新影响的实证研究——以中国30个省份大中型工业企业为例[J]. 软科学,2008(6). Zhao Hong. Empirical Study on the Impact of Environmental Regulation on Industrial Technological Innovation of China[J]. Economic Management,2007,(21):57—61.

③ 江珂. 环境规制对中国技术创新能力影响及区域差异分析——基于中国1995—2007年省际面板数据分析[J]. 中国科技论坛,2009(10).

④ Magat W. A.. Pollution Control and Technological Advance: A Dynamics Model of the Firm [J]. *Journal of Environmental Economics and Management*, 1978(1): 1—25.

⑤ Porter, M. E.. Towords a Dynamic Theory of Strategy[J]. *Strategic Management Journal*, 1991(12): 95—117.

⑥ Porter, M. E. and van der Linde, C.. Towards a New Conception of the Environment Competitiveness Relationship[J]. *Journal of Economic Perspectives*, 1995(4):97—118.

业经济绩效同时改进的“双赢”状态。

在国外,“波特假说”的提出激发了学者们的研究兴趣。[①] 有些研究认为波特假说不成立。Jaffe 和 Palmer 运用美国企业从 20 世纪 70 年代至 90 年代早期的数据进行了实证研究,认为环境规制政策所引致的企业研发活动并不具有明显的效率[②];Cesaroni 和 Arduini 对欧洲的化学工业研究得出结论表明,严格的环境规制与技术创新之间没有显著的相关性[③];Nakano 通过对日本纸浆和造纸工业企业的数据进行研究,结论表明环境规制并没有显著地推动技术进步。[④] 另一些研究支持波特假说,Lanjouw 和 Mody 运用美国 20 世纪 80 年代的面板数据进行了实证分析,结论显示环境规制的加强可促进技术创新[⑤];Carrion-Flores 和 Innes 利用美国 1989 年至 2002 年 127 个制造行业的数据检验了企业污染排放量和环保型技术专利之间的关系,认为美国环境规制政策能激励被管制企业创新。[⑥]

我国学者开展此项研究较晚,相关文献数量较少,研究结论大致包括三类。第一类围绕环境规制与企业创新之间的关系。黄德春和刘志彪在 Robert 模型中引入技术系数,表明环境规制在给企业带来成本的同时,也会激发一些创新,可以部分或全部地抵消这些费用成本,增加收益,并通过海尔集团的技术创新案例印证了这一点。[⑦] 第二类围绕环境规制促进企业创新的条件。熊鹏认为实现波特假说应考虑实际执行情况,强调了标准制定的合理化及执行的严格化,只有适当的环保标准和严格的执行才会激发企业创新,降低成本,提高竞争力,若实际执行情况不佳就无法激发企业创新。[⑧] 第三类围绕环境规制下企业创新行为选择方面。许士春通过研究环境规制与企业行为间的关联机制,建立了企业对环境的反应函数,认为“机会追求型”企业在环境规制下会寻求创新机会,提升创

---

① 周海蓉.国外学者关于环境管制与技术创新关系的研究综述[J].经济纵横,2007(2).

② Jaffe, A. B. and Palmer, K.. Environmental Regulation and Innovation: A Panel Data Study [J]. *The Review of Economics and Statistics*, 1997(4): 610—619.

③ Arduini. R. and Cesaroni F.. Environmental Technologies in the European Chemical Industry[R]. LEM Working Paper Series,2001.

④ Nakano M.. Can Environmental Regulation Improve Technology and Efficiency: An Empirical Analysis Using the Malmquist Productivity Index[C]. Eaere,2003,June:28—30.

⑤ Lanjouw J. O. and Mody A.. Innovation and the International Diffusion of Environmentally Responsive Technology[J]. *Research Policy*, 1996,(4): 549—571.

⑥ Carrion-Flores, C. E. and Innes, R.. Environmental Innovation and Environmental Policy: An Empirical Test of Bi-Directional Effects [R]. Working paper, 2006.

⑦ 黄德春,刘志彪.环境规制与企业自主创新——基于波特假设的企业竞争优势构建[J].中国工业经济,2006,(3).

⑧ 熊鹏.环境保护与经济发展——评波特假说与传统新古典经济学之争[J].当代经济管理,2005(5).

新能力。[①]

以上文献对波特假说的验证多以发达国家为研究对象,发展中国家的文献较少,且多从全国的角度笼统分析,或者选取典型案例进行说明。对于波特假说成立的条件,虽然人们研究得出要在一定的前提下才成立,如以市场机制为基础且恰当设计的环境政策[②]、环境规制政策的严格执行及企业对待环境规制的积极策略等,但对波特假说成立的条件并没有从实证的角度进行分析,也忽视了人力资本与环境规制的交互作用对技术创新的影响。因此,本节试图在以下方面有所扩展:

(1) 在将中国分为东、中、西三大区域[③]的基础上,实证分析环境规制与不同种类技术创新的关系,根据区域差异制定相应的政策。

(2) 对实证方法进行改进,引入交互效应模型,考察环境规制与人力资本水平的交互作用对技术创新的影响,通过对有交叉项和没有交叉项的两个模型的拟合结果进行比较,更有针对性地分析环境规制、人力资本对我国技术创新的影响,重点找出波特假说成立的人力资本条件,即研究是否存在“人力资本门槛”,为探索针对不同区域促进环境规制对技术创新能力提升提供有益的思路。

二、模型的建立和说明

(一) 模型设定与变量说明

我们构造如下模型来评估环境规制对我国技术创新能力的影响,在模型(1)、(2)中依次引入解释变量和交互效应变量 $ER_{it} \times H_{it}$,以检验人力资本与环境规制的交互作用对技术创新的影响:

$$\ln Y_{it} = \alpha \ln STP_{it} + \beta \ln STE_{it} + \gamma \ln ER_{it} + \theta H_{it} + C + \varepsilon_{it} \quad (1)$$

$$\ln Y_{it} = \alpha \ln STP_{it} + \beta \ln STE_{it} + \gamma \ln ER_{it} + \theta H_{it} + a H_{it} \times \ln ER_{it} + C + \varepsilon_{it} \quad (2)$$

其中,Y_{it}是被解释变量,表示技术创新水平,用各年各省的专利授权量表示。专利的授权量可以衡量一个地区的创新能力。专利分为外观设计、实用新型和发明专利。外观设计专利是指对产品的外形、图案、色彩或其结合做出富有美感并

① 许士春.环境管制与企业竞争力——基于“波特假说”的质疑.国际贸易问题,2007(5).

② 高彤,杨姝影. 国际生态补偿政策对中国的借鉴意义[J].环境保护,2006(19):71—76.

③ 这是因为中国各区域无论是从经济发展水平、技术创新能力、人力资本水平,还是政府对环境规制的重视及严格程度,都有较大的差异,因此,很有必要针对不同的区域分别研究,本文认为环境规制对中国技术创新能力的影响存在着区域差异,拟对此进行定量分析。

适于工业上应用的新设计[①]；实用新型专利是指产品的形状、构造或结合所提出的适于实用的新的技术方案；发明专利是指对产品、方法或对其改进所提出的新的技术方案。相对于发明专利而言，外观设计、实用新型专利技术水平较低、学习模仿较容易。为比较环境规制对各区域不同类型技术创新能力的影响，本节对发明、实用新型和外观设计专利分别进行回归分析。在自变量的选择上，STP_{it}表示科技活动人员数；STE_{it}表示科技活动经费内部支出总额；ER_{it}表示环境规制严格程度；H_{it}表示人力资本水平。α、β、γ、θ、a 为相应的系数，C 为常数项，ε_{it}为随机扰动项，i 为省市自治区，t 为 1997—2007 年，i 和 t 分别代表第 i 个省份和第 t 年。

（二）样本的选择与数据描述

本节选取的是全国 29 个省市自治区 1997—2007 年的面板数据。本节所有数据来源于 1998—2008 年《中国统计年鉴》《中国科技统计年鉴》《中国环境年鉴》和国家统计局网站。

（1）专利授权量。专利授权量是技术创新水平的重要衡量指标，可以从一个侧面反映技术创新能力和水平，我们使用各地区发明、外观设计、实用新型三类专利的授权数量作为不同类型技术创新的衡量指标。

（2）科技活动人员数（STP）。科技活动人员是技术创新的主力军，是开展科学技术活动的核心力量，也是衡量一个地区技术进步程度和经济增长能力的重要因素。

（3）科技活动经费内部支出总额（STE）。经费投入是进行科技活动的基础，研发水平要获得迅速提高，就必须有强大的资金作保障，本节用地区科技活动经费内部支出总额表征财力。

（4）环境规制严格程度（ER）。对环境规制严格程度的度量方法较多，本节选用工业废水排放达标率来表示。达标率越高，代表该地区环境规制越严格，反之，该地区环境规制越宽松。

（5）人力资本水平（H）。我们采用 Barro 和 Lee 的方法，用劳动力平均受教育年限来度量各地区人力资本水平。[②] 以 6 岁及以上人口为总样本，假定各级教育的教育年限分别为文盲 0 年、小学 6 年、初中 9 年、高中 12 年、大专以上教育程度为 16 年，各地人均受教育年限的计算公式为：

---

① 江珂. 环境规制对中国技术创新能力影响及区域差异分析——基于中国 1995—2007 年省际面板[J]. 中国科技论坛，2009(10).

② Barro, R. J. and Lee, J-W.. International Data on Educational Attainment: Updates and Implications [R]. NBER Working Paper No. 7911, 2000.

劳动力平均受教育年限 = 小学比例 ×6 + 初中比例 ×9 + 高中比例 ×12 + 大专及以上学历比例 ×16[①]

由于面板数据具有两维性，如果模型设定不正确以及由此造成的参数估计方法不当，将对参数估计结果造成较大偏差，因此有必要在采用面板数据构建模型时首先对模型的设定形式进行检验。在实证上我们利用 Hausman 检验方法[②]，确定是选择随机效应模型还是固定效应模型，若 Hausman 检验值显著则选用固定效应模型，若 Hausman 检验不显著则用随机效应模型，分析工具为 Eviews 6.0，具体结论已在表 9.2 中列明。

三、计量结果及分析

（一）环境规制对全国层面技术创新能力影响的分析

本节利用中国 1997—2007 年 29 个省市自治区数据对模型(1)、(2)进行回归分析，结果如表 9.2 所示。

表 9.2(1.1)的结果表明，环境规制对我国技术创新没有正向的促进作用；科技人员数对专利授权量影响不明显；科技活动经费对技术创新有显著的促进作用，科技活动经费每增加 1%，专利授权总量将增加 0.485%；人力资本水平对技术创新水平的提升有显著的促进作用，人力资本水平每增加 1%，专利授权总量将增加 1.0514%。

为了分析环境规制对我国的技术创新的影响是否存在人力资本的“门槛效应”，我们在表 9.2(1.2)中选用了环境规制和人力资本的乘积，结果发现环境规制前面的系数显著，为 -1.1615，而 $H \times ER$ 前面的系数也显著，为 0.1428，这充分证明了“门槛效应”的存在，(1.2)中的人力资本门槛值为 8.1338(1.1615/0.1428)。也就是说，环境规制不会自动对我国创新能力产生促进作用，只有那些人力资本水平，即劳动力平均受教育年限大于 8.1338 的地区，环境规制的加强才会促进其技术创新水平的提升。截止到 2007 年年底，我国的宁夏、青海、甘肃、云南、贵州、四川、广西、福建、安徽地区人力资本仍然没能达到这个“门槛”水平。

---

① 由于缺少 2000 年的数据，2000 年的数据是通过 1999 年及 2001 年算术平均得到。

② Hausman, J. A.. Specification Tests in Econometrics [J]. *Econometrica*, 1978 (46):1251—1271.

表 9.2 基于面板数据的环境规制对三类技术创新回归分析结果

	专利授权量		发明专利授权量		实用新型授权量		外观设计授权量	
	(1.1)	(1.2)	(1.3)	(1.4)	(1.5)	(1.6)	(1.7)	(1.8)
ln *STP*	0.1628	0.1464	0.0544	0.0934	0.3921***	0.3774***	0.0375	-0.0781
	1.6037	1.4535	0.3548	0.4834	3.7848	3.6620	0.2758	-0.6020
ln *STE*	0.4850***	0.4414***	0.9905***	0.8751***	0.3938***	0.3547***	0.4862***	0.4046***
	7.9177	7.0099	10.6921	8.3965	6.2971	5.5040	5.9200	5.8414
ln *ER*	-0.2273**	-1.1615***	0.2670	-2.4375**	-0.1978*	-1.0333***	-0.1704	-2.0080***
	-2.0467	-3.0785	1.5917	-2.2239	-1.7450	-2.6758	-1.1444	-2.8133
ln *H*	1.0514**	-0.8326	3.1547***	-4.1128	0.2233	-1.4615	1.6298**	-2.5530
	2.1488	-0.9522	4.2589	-1.5685	0.4472	-1.6332	2.4847	-1.4490
H * ln *ER*		0.1428**		0.3453**		0.1277**		0.2211**
		2.5885		2.2272		2.2617		2.1312
常数项 *C*	-2.2838**	1.9462	-15.6012***	0.4480	-2.6131**	1.1699	-3.4132**	7.8197**
	-2.1008	0.9946	-9.4606	0.0809	-2.3549	0.5841	-2.3420	2.1053
门槛值		8.1338		7.0591		8.0909		9.0807
调整后 R^2	0.9640	0.9647	0.9323	0.9430	0.9608	0.9614	0.9487	0.9791
F 统计量	267.4182	264.6859	137.4451	123.4921	244.5637	240.7202	184.689	349.3841
Hausman 检验	$P=0.0042$	$P=0.0001$	$P=0$	$P=0$	$P=0.0188$	$P=0.0003$	$P=0.0025$	$P=0.0002$
备注	固定效应	固定效应	固定效应	固定效应	固定效应	固定效应	固定效应	固定效应

注：括号中的数字表示 *t* 值；***、** 和 * 分别代表参数估计值在 1%、5% 和 10% 水平显著；省略了各模型的常数。

为了进一步考察环境规制对三种专利授权量的影响，依次把发明、实用新型和外观设计专利授权量作为技术创新水平指标，检验结果见表9.2(1.3)—(1.8)。

将以发明专利授权为被解释变量的表9.2 (1.3)和(1.4)、以实用新型专利授权为被解释变量的表9.2 (1.5)和(1.6)以及外观设计专利授权为被解释变量的表9.2 (1.7)和(1.8)与表9.2 (1.1)、(1.2)对比，可以看出：环境规制在(1.1)、(1.3)、(1.5)、(1.7)中的系数都不显著为正，但从(1.2)、(1.4)、(1.6)、(1.8)可以看出，环境规制在四个回归式中的系数都显著为负，分别为-1.1615、-2.4375、-1.0333、-2.0080，且 $H \times ER$ 在四个回归式中的系数都显著为正，分别为0.1428、0.3453、0.1277、0.2211。这说明环境规制对我国不同类型的专利授权也存在"门槛效应"。

此外，从表9.2 (1.1)到(1.8)，地区科技活动人员数(*STP*)除了(1.5)(1.6)显著为正外，其余的都不显著，(1.8)还为负，地区科技经费投入(*STE*)的系数在8个回归式中全部显著为正，且弹性较大，表明我国技术创新水平的提升在很大程度上取决于科研经费的大量投入，而科研人员的科研效率普遍不高。同时我们发现，虽然与人力资本相结合，环境规制对技术创新有促进作用，但总的来说其影响力有限，远小于科技经费投入对技术创新的推动作用，这表明还需要进一步地挖掘环境规制推动技术创新的潜力。

(二) 环境规制对区域层面技术创新能力影响的比较

为了进一步分析环境规制对中国技术创新能力的区域性差异，考虑到无论是经济发展水平、环境规制水平，还是各种类型的专利授权量情况，中国的东、中、西部区域都有较大的差异，为了针对这种差异进行检验，本节将中国各省、市、自治区按照东、中、西部区域划分为三组[①]，利用中国1997—2007年的数据，对环境规制对专利授权量的影响分别用模型(1)(2)进行回归分析，结果如表9.3所示。

① 在中国32个省、直辖市、自治区中(不包括港澳台地区)，因西藏自治区的数据缺失值太多，从样本中剔除。重庆市于1997年从四川省中分离，成为直辖市。为了保持口径统一，将重庆市的相关数据并入四川省。将29个省、市、自治区划分为东部、中部和西部三大区域，其中东部区域包括北京、天津、河北、辽宁、上海、江苏、浙江、福建、山东、广东和海南；中部区域包括山西、吉林、黑龙江、安徽、江西、河南、湖北、湖南；西部区域包括内蒙古、广西、四川、贵州、云南、陕西、甘肃、青海、宁夏和新疆。

表 9.3 基于面板数据的环境规制对区域技术创新回归分析结果

	东部区域专利授权量		中部区域专利授权量		西部区域专利授权量	
	(2.1)	(2.2)	(2.3)	(2.4)	(2.5)	(2.6)
ln(*STP*)	0.0089	0.0192	0.0091	0.1067***	0.1209***	0.4634***
	0.0412	0.1018	0.0390	8.1636	37519.1100	2.9149
ln(*STE*)	-0.0641	0.4858***	0.4964***	0.3315***	0.3181***	0.4352***
	-0.3722	3.5926	5.0249	26.6159	70168.9800	4.4850
ln(*ER*)	-0.6481**	-2.4390***	-0.0983	-9.3565***	-0.0994***	0.5084
	-2.6078	-3.0602	-0.3611	-45.4799	-14527.4200	0.7377
ln(*H*)	1.1551	0.6288	0.6928	-17.8624***	0.6939***	1.4215
	1.6261	0.2728	0.7570	-40.8507	49753.7900	1.0944
H * ln(*ER*)		0.2011*		1.1142***		-0.0883
		1.7905		41.4394		-0.8480
常数项 *C*	10.0161***	1.8396	-0.3301	40.1427***	0.3943***	-6.1355**
	4.1124	0.4312	-0.1315	46.5954	7025.3640	-2.1018
调整后 R^2	0.9837	0.9585	0.7467	0.9954	1	0.6216
F 统计量	440.753	185.5554	65.1130	1321.321	1.63E+10	36.8105
Hausman 检验	*P*=0	*P*=0	*P*=0.6931	*P*=0	*P*=0.0606	*P*=0.1827
备注	固定效应	固定效应	随机效应	固定效应	固定效应	随机效应

注:括号中的数字表示 *t* 值; *** 、** 和 * 分别代表参数估计值在 1%、5% 和 10% 水平显著;东部、中部、西部样本数分别为 132、96、120 个。

由表 9.3 可见,在样本研究期内,环境规制与技术创新的关系表现出区域差异。在表 9.3 (2.1)、(2.3)和(2.5)中,环境规制(*ER*)的系数分别为 -0.6481、-0.0983 和 -0.0994,这说明环境规制对于我国三个区域的专利授权量都存在着负向的关系。我们在同时包括了环境规制变量以及环境规制与人力资本交叉乘积项之后的(2.2)、(2.4)中发现,环境规制的系数为 -2.4390 和 -9.3565 且显著,环境规制与人力资本的乘积变量的系数为 0.2011 和 1.1142 且显著,这就说明了环境规制对东部和中部各省市专利授权量要发挥积极的影响,必须要与一定的人力资本相结合,即存在着"人力资本门槛"。而在(2.6)中,环境规制的系数虽然为 0.5084,但是不显著,且环境规制与人力资本的连乘变量的系数为 -0.0883 也不显著。因此我们认为,即使与人力资本相结合,环境规制对西部各省市的专利授权量也没有影响。

我们认为这是由于我国实行分层次推进、逐步扩大开放的对外开放政策,造成东、中和西部的区域经济发展的不平衡。在环境规制水平方面,东部较高,中部次之,西部最低。东部区域对环保的重视必然带来对相关技术领域创新及人才的重视,也带来对该领域的政府政策倾斜,激励企业加强对新的环保技术的研发。同时,中国东部区域具备相对于中西部区域而言更雄厚的经济基础,产业更为密集,竞争激烈,这也激励东部区域的企业不断创新。此外,东部区域有良好的人才发展环境和福利待遇,吸引大量优秀人才的流入,提高了东部的人力资本水平,为技术创新提供了人力资本保障。因此,东部区域具备有利于企业进行技术创新的一系列优越条件。中部区域虽然在中部崛起、建设两型社会的政府政策倾斜下,逐步严格的环境规制对技术创新已经有了一定的起色,但仍然受硬件条件的制约,还处于起步阶段。在西部区域,对创新起着重要作用的要素,如基础设施、资本投入、人力资本、技术水平等都比较薄弱,因此不仅对先进技术的吸收能力有限,创新能力也不够,因此很难获得环境规制的技术促进作用。

四、结论及建议

利用29个省、市、自治区1997—2007年面板数据研究了环境规制对中国技术创新的影响,实证结果表明:环境规制对我国三类技术创新的影响均存在"人力资本门槛"。在区域差异方面,在东部和中部区域,环境规制要发挥积极的促进作用,存在着"人力资本门槛效应",而对西部区域的技术创新没有影响。这意味着环境规制不会自动地对技术创新产生促进作用,只有那些人力资本水平高的地区,环境规制的加强才会促进其技术创新水平的提升。同时我们发现,科技活动经费投入对技术进步的推动作用远远大于环境规制与人力资本的连乘变量对技术创新的促进作用。

针对以上结论,提出以下政策建议。

1. 加大教育投入力度、提高人力资本水平

实证研究表明,要使环境规制对我国技术创新产生促进作用,必须跨越一定的"人力资本门槛"。为此,应加大中西部区域的教育投入力度,努力提高其人力资本水平。实际上,从更广义的角度来说,这个"门槛"不仅仅局限于人力资本,基础设施、制度环境、经济发展水平等都存在着制约环境规制对各区域技术创新发挥积极作用的"门槛"。因此政府必须全面提升其政策环境,使其达到"门槛"之上,以利于环境规制对我国技术创新的促进作用。

2. 适当提高环境规制标准,广泛运用市场型环境规制工具

在适当提高环境规制标准的同时,对于环境规制工具的选择,应广泛运用市场型环境规制工具,比如污染税、可交易的污染许可证制度等,因为市场型环境规制政策工具对技术创新有较大程度的促进作用,只有运用这些环境规制工具才能最大程度激励技术创新。为此,中国应当积极稳妥地推进市场型环境规制政策工具的改革实践,达到污染控制及激励技术创新的"双赢"目标。

3．实施差异化的区域技术创新政策，促进经济与环境协调发展

中国东部区域应进一步重视环境规制水平的提高，加强与发达国家与地区的国际技术交流，加快产业结构升级的步伐，充分利用国际产业转移的机遇，积极发展高新技术产业和服务业。中部和西部区域要将改善经济发展基础作为重点。中部区域要抓住中部崛起和“两型社会”建设过程中政府的优待政策，利用相对于西部更好的交通等基础设施和人力资本条件，加快产业结构调整，提高第二产业特别是工业的技术改造和产品更新换代，并加强环境规制水平，加速技术创新。西部区域要根据自身落后的状况改善投资环境，加大基础教育投入和科技投入，引进先进的管理经验，以各种方式吸引人才，为经济发展和技术创新创造良好的条件。同时，西部区域还要考虑本区域的环境承载能力，严格控制能耗高、污染重的落后产业向本区域转移，促进经济与环境的协调发展。

此外，政府要在强化环境规制、增加科技投入的同时，借助价格、税收、补贴等手段，促使企业及相关机构重视环保技术的开发与利用，真正达到政府环境规制的目的。

第十章 两种分权与我国企业二氧化碳减排动力[①]

“中央—地方”政府间的财政分权加上以 GDP 为核心的政绩考核体系使得地方官员更多地关注经济增长、财政税收等短期利益，从而较多地对企业的经济活动进行直接干预，使得行政权力与市场机制相互交织，这是导致政府减碳治理失灵的主要原因，由此我们可以厘定这样一条思路：一方面“中央—地方”政府间的财政分权会造成地方政府偏离中央的减碳目标，而与碳基企业结成联盟；另一方面，如果地方政府与企业分权，从经济利益链条中脱离，则能够强化对企业的减碳约束。

第一节 政府干预经济与环境绩效的关系

“中央—地方”政府间的分权推动了地方政府间“为增长而竞争”的格局，但也造成了地方政府职能越位、错位和缺位的问题，政府与市场、政府与企业之间的关系界定不清将很难使政府逐步从对经济的行政干预中退出，而对环境进行治理的公共服务职能也将难以有效发挥。

政府对经济的干预是否果真不利于环境治理呢？《华尔街日报》和美国传统基金会针对每个国家的经济自由度建立了每个评价指标体系，且每年发布评价报告，利用该报告中各国的经济自由度指数（economic freedom index）来反映该国政府对经济的干预程度。另外，美国耶鲁大学和哥伦比亚大学联合发布的世界环境绩效指数（environment performance index）对一个国家在环境健康、空气质量、水资源、生物多样性和栖息地、生产性自然资源与可持续发展方面的保护绩效进行了综合评价，用这一指数反映一个国家的环境治理效率。将收集到的 2010 年全球 150 个国家的这两类指数作为样本，观察到这两个类指数间的数量关系，如图 10.1 所示，政府对经济干预越少的国家其环境保护绩效也越好，中国的经济自由度处于中低水平，而环境绩效水平也较低。在经济自由度的评价体系中，我们进一步关注产权保护和政府对腐败治理的作用。首先，在尚未建立独

① 本章主要内容以《政府职能转变与企业二氧化碳减排动力》一文发表在《当代财经》2011 年第 5 期。

立、高效、公正、透明的司法体系的情况下,私人投资者或企业的产权无法得到较好的保护,企业也会加强与政府的联系,寻求政府部门对其产权的保护,企业的寻租活动以及政府对企业经济活动干预也会增加。如图 10.2 所示,一个产权保护程度较低的国家,其环境治理绩效也不会太高,而我国的产权保护得分和环境绩效得分均处于较低水平。其次,政府行政权力越多地嵌入市场机制就越会引起政府的腐败,这使得政府环境治理更难以取得成效,如图 10.3 所示,对政府腐败治理越好的国家,其环境治理也越有成效,而我国的政府腐败治理和环境绩效均处于较低水平。

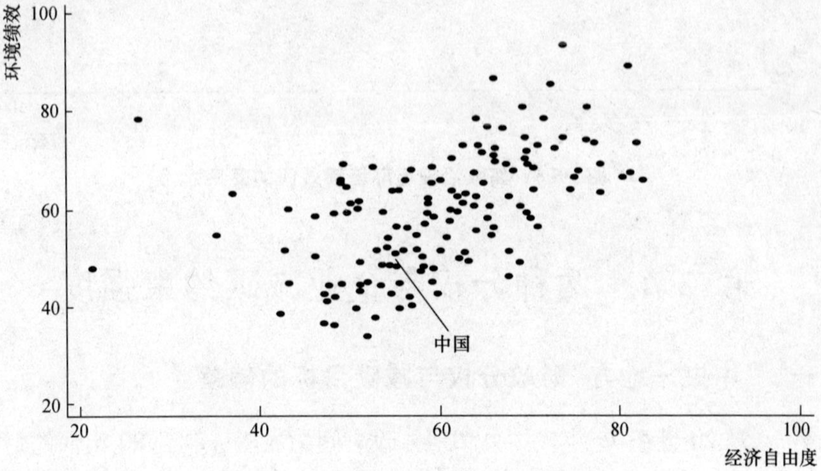

图 10.1　经济自由度与环境绩效间的关系

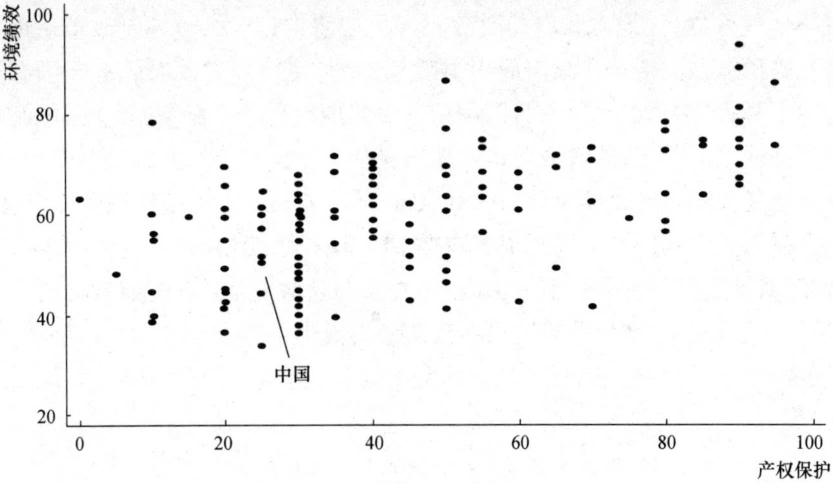

图 10.2　产权保护与环境绩效间的关系

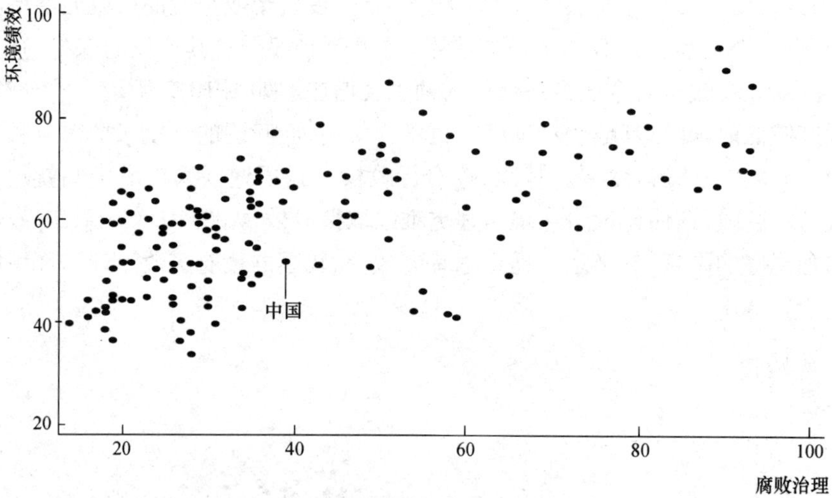

图 10.3　腐败治理与环境绩效间的关系

第二节　两种分权与企业减碳约束强度

一、"中央—地方"财政分权与减碳目标的偏差

第一,从20世纪70年代中央和地方政府间的放权让利到80年代的财政包干制,再到1994年分税制改革[①],我国通过税制体制的改革来不断调整中央与地方间的利益关系,以调动地方政府推动经济发展的积极性。首先,分税制改革使国税与地税分立,让地方政府的财政收入更加稳定;其次,分税制改革后地方国有企业的预算独立于地方政府而由财政部支配,使得地方政府服务于国有企业的动力下降;再次,同一时期,我国利用外资的规模也在不断增加,在区域间资本缺乏流动性的情况下,外资成为地方政府竞争的对象;最后,分税制改革后,我国以经济增长为核心的政绩考核方式替代了财政包干形式的松散型政绩考核,地方政府在完成税制任务的同时更要取得GDP增长的绩效。[②] 在这些因素的影响下,伴随着地区间市场化竞争的加剧,地方政府以增长为导向的财政支出激励不断增强,这也导致了地方政府官员在我国经济发展中更多地充当"企业家"的角色。这种"企业家"更加追求任期内的经济增长,其短期利益偏好使得财政支出

① 具体内容参见1993年12月15日国务院颁布的《关于实行分税制财政管理体制的决定》。

② 傅勇:中国式分权与地方政府行为:探索转变发展模式的制度性框架[M].上海:复旦大学出版社,2010:88—89.

偏向于经济性公共物品，如交通、能源和通信等，而对于二氧化碳减排的公共治理，地方政府一方面要承担对企业二氧化碳排放的监测、制定排放标准和考核管理需要较高的成本，而且在短期内并不能为地区带来经济增长和财政收入的增加；另一方面，由于环境的公共性，对地区企业二氧化碳减排的治理行动还存在显著的正外部性，减碳行动产生的环境改善具有区间溢出效应，质量优化后的大气环境具有非竞争和非排他的公共物品性质，每一个处于此环境中的活动主体都会受益，而未参与环境质量维护的活动主体则获得了外部收益，因此，在面对是否参与减碳行动的选择时活动主体产生强烈的搭便车动机。不仅如此，地方政府在推动经济增长的激励下还会通过行政权力干预微观经济活动，放松对利税来源较高的企业、项目的能源消耗量或二氧化碳排放量的约束。这些都导致了地方政府财政支出的扭曲，即偏重于经济建设而环境治理投入则严重不足，反映了中央与地方政府在减碳目标上出现偏差。

第二，1994 年的分税制改革只涉及了中央与地方财政体制收入方面的税种划分，但地方政府的支出责任没有得到与其收入比例相适应的变革，地方政府依然承担管理地方事务、提供公共服务的绝大部分支出责任。如图 10.4 所示，地方政府的财政收入占国家财政总收入的比例从改革前 1993 年的 78% 下降到 2009 年的 47.6%；而地方政府的财政支出占国家财政总支出的比例从改革前 1993 年的 71.7% 上升到 2009 年的 80%，地方财政收入的占比在急剧下降，而支出比例变化不大且略有上升，收支的缺口通过中央对地方的税收返还和转移支付制度来补充。总的来看，地方政府的财政实力并未减弱，只是受中央政府的控制更多一些，但不可否认的是，中央与地方支出责任划分的不明确导致了每一个上级政府总是尽可能地占有更大比例的财政收入，而将支出责任转给下级政府，这使得越往下的一级政府，其面临财权与事权不对等的可能性越高，面对繁重的事权，为增长而竞争的地方政府显然对二氧化碳减排治理的投入会相对不足。

第三，在减碳治理中，地方政府只是执行中央减碳目标的代理人，地方政府的减碳规制更容易被特殊利益集团所俘获。对于碳基能源企业，在二氧化碳减排治理中面临着技术改进的成本压力，碳基能源也面临着低碳技术打破自己垄断地位的威胁，但碳基能源企业是地方政府财政税收的主要来源，在增加财政收入的目标激励下，其治理措施被碳排放利益集团俘获的可能性就很大。更为严重的是，地方政府对碳基能源企业减碳约束的软化也是难以被察觉的，而二氧化碳减排治理不足所造成气候变化加剧的危害则由社会公众共同承担，由于社会公众难以稳定、准确且全面地获得关于气候变化以及企业二氧化碳排放情况的信息，即使社会公众“用脚投票”的机制得以建立，也难以监督和纠正地方政府减碳治理动力不足的行为。

因此，在财政分权背景下，地方政府的目标函数是以短期政绩和经济利益为核心，其财政支出存在偏重经济性公共物品的扭曲，将资源更多地投向基础设施建设等经济性公共物品以促进招商引资，因此可以推断，地方政府对于减碳治理的监管和投入都难以达到最优。财政自由度相对较高的地区一方面与中央政府博弈的能力更强，偏离中央政府关于减碳目标的可能性更大；另一方面在财政上也更有能力通过对企业经济活动的干预来加速经济增长，与碳基能源企业形成碳排放利益集团的可能性也更大。

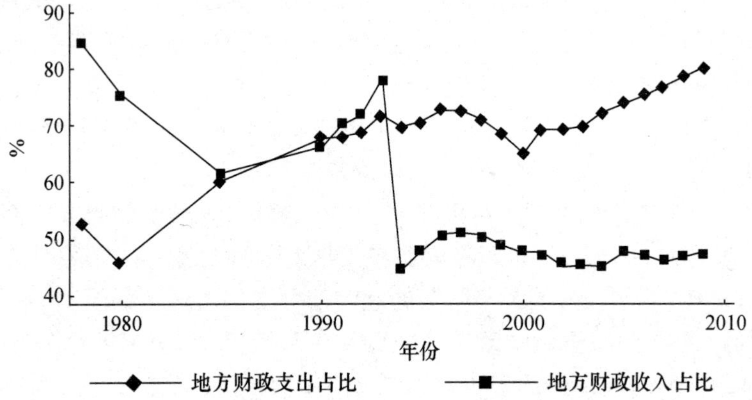

图 10.4　1978—2009 年中国地方政府财政收支的相对变化情况

傅勇对分税制改革进行了更细致的分析后发现，虽然分税制改革后的财政分权依然导致公共支出偏重于经济性公共物品的扭曲，但与分税制改革前的财政分权相比，其扭曲程度减小①，另外，2002 年实行的所得税分享改革②以及转移支付力度的加大对于缓解分权和竞争导致的公共支出扭曲有着积极作用；傅勇（2010）进一步指出，中央政府向下转移支付促进了地方特别是落后地区非经济性公共物品供给，这些似乎暗示适当的财政集权，加强中央对收入的调控有利于发挥政府的公共事务治理功能。③ 对于二氧化碳减排治理这种具有很强正外部性的公共服务，治理的专项资金也许要通过中央政府的全局调控能力才能有效运用。

二、"政府—企业"分权与强化企业减碳约束

地方政府为什么有机会干预企业的经济活动，而企业为什么愿意让地方政

① 傅勇，张晏. 中国式分权与财政支出结构偏向：为增长而竞争的代价[J]. 管理世界，2007(3)。

② 2002 年开始启动的所得税收入分享改革是将地方所得税的 50% 上缴中央，全部用于面向不发达地区的转移支付，2003 年将这一比例提高到 60%。

③ 傅勇. 财政分权、政府治理与非经济性公共物品供给[J]. 经济研究，2010(8).

府的利益嵌入到市场经济利益链条中呢？因为现行的市场竞争机制是在缺乏完善的产权保护和高质量且独立运作的司法体制的情况下进行的，地方政府为经济增长而提供的产权保护和执法服务是对正式制度的替代，这样虽然降低了改革成本，减少了改革阻碍，但在实现经济持续增长的同时也为行政权力介入经济活动提供了机会。企业为了寻求产权及合法权益的保护，也就不得不依附于政府的行政权力。在环境法律体制不完善的情况下，即使地方政府有意监管二氧化碳排放，其管制措施也会由于碳基利益集团与地方官员的勾结而被俘获。

因此，要强化对企业的减碳约束就要让地方政府的行政权力从市场机制中退出，减少对企业经营活动的干预，而减碳约束机制的建立有赖于地方政府与企业之间的分权过程：首先，通过完善司法体系建立正式的产权保护制度以及契约执行的保护制度，使企业无需诉求于政府行政权力的保护，减少政府干预企业经济活动的机会；其次，减少对国有企业的保护性政策，给予民营企业平等的"国民待遇"，遏制碳基能源企业的垄断性力量，给予代表新兴低碳技术的中小企业一定的发展空间，推动公平、竞争性市场的构建，通过竞争性市场对企业减碳形成外部约束；再次，建立以公众对政府服务满意度为核心的政绩考核体系，在维护公众健康利益目标下，中央政府与公众可以结成联盟，共同监督地方政府的减碳治理，使政府官员将其工作重心转移到为公众提供公共服务上来，切断其与企业间的经济利益链条，转而与公众形成利益共容，从而提高企业通过寻租来规避减碳约束的成本。

在市场竞争和减碳约束的双重压力下，企业会通过研究开发、技术改造来提高能源使用效率、降低二氧化碳排放。因此，政府与企业分权的目的实质上是推动企业围绕提高减碳效率展开竞争，引导企业从以碳基能源为基础的生产结构偏好向以低碳技术为核心的生产结构偏好转换。企业间以提高减碳效率为目标的竞争，促进了低碳技术市场的培育和发展，而低碳技术的普及推广以及使用费用的降低又有助于降低企业的减碳成本。

第三节　两种分权与企业减碳动力关系的实证分析

一、理论假设

基于前文的分析，我们提出以下有待检验的理论假设：

假设 1：在"中央—地方"政府财政分权的背景下，当地方政府以追逐 GDP 和财政收入为主要目标时，其行政职能会从提供公共服务转向对微观经济活动的直接干预,这种职能错位会软化二氧化碳减排约束,不利于企业减排激励的形成。

假设 2:地方政府间为增长而竞争,嵌入市场机制的行政权力会与以碳基能源为主的企业形成二氧化碳排放利益集团以俘获中央政府的减碳治理。

假设 3:如果地方政府与企业分权,减少对企业经济活动的干预,则会使行政权力从市场机制中退出,对企业的减碳约束机制也会得以强化。

二、研究设计

(一)计量模型与指标选择

为了检验"中央—地方"分权及"政府—企业"分权与企业二氧化碳减排动力的关系,本节设计如下基本回归模型:

$$c_{it} = \alpha_1 fq_{it} + \alpha_2 gov_{it} + \beta_1 reg_{it} + \beta_2 sca_{it} + \beta_3 unc_{it} + \gamma \mathrm{controls}_{it} + \eta_i + \varepsilon_{it} \tag{10-3-1}$$

其中,i 和 t 分别代表第 i 个省份和第 t 年,α_1、α_2、β_1、β_2、β_3 和 γ 分别是各变量的系数或系数矩阵,η_i 是未能观测的各省区特质效应,它不随时间而变化,ε_{it}是随机扰动项。

c 是各省区二氧化碳排放的相关信息,包括单位产值的二氧化碳排放量 $qdCO_2$ 和人均二氧化碳排放量 $rjCO_2$,在模型中分别取对数。在技术进步的驱动下,单位产值的碳排放量、人均碳排放量和碳排放总量三条倒 U 形曲线的拐点是依次出现的①,本节无意于证明这条规律,但这三个指标是划分碳排放阶段的重要参照,而不同阶段碳排放的影响因素以及减排的工作重心也是不同的。作为发展中国家,工业化和城市化的推进使得其碳排放总量和人均碳排放量处于持续提升阶段②,因此,我国的减排目标首先围绕单位产值的碳排放量,其次是人均碳排放量。

fq 表示中央与地方政府的分权情况。由于中央和地方的分权主要是指财政分权,即地方政府财政自主性的大小,参照傅勇(2010)的方法,可以用各省预算内本级财政支出除以中央预算内本级财政支出来表示,为了控制人口数量对政府支出规模所产生的影响,我们对省级和中央财政支出进行人均化处理,即用各省预算内人均本级财政支出与中央预算内人均本级财政支出的比值来表示中央与地方的分权程度。

---

① 陈邵峰,刘扬,邹秀萍等.二氧化碳排放演变驱动力的理论与实证研究[J].科学管理研究,2010(2).

② 潘家华,郑艳.基于人际公平的碳排放概念及其理论含义[J].世界经济与政治,2009(10).

gov 表示政府与企业的分权情况。在我国,政府利用行政权力对微观经济活的干预是其职能错位的主要表现,樊纲等人(2010)公布的我国市场化指数报告中给出了各省政府与市场关系的评价,其中"减少政府对企业的干预"一项来源于我国企业管理者与政府官员打交道的时间占其工作时间比例的抽样调查数据,这一指标可以反映政府对企业经济活动的干预程度,也间接表征政企合谋俘获减排约束的可能性大小。在模型中,我们还会加入这一指标的滞后项 gov_{it-1},用于观察政府职能转变对企业二氧化碳减排产生激励效应的速度。

reg 表示政府对污染的管制强度。我国政府主要通过命令一控制型制度和排污收费两种工具对环境污染进行管制,现行的环境管理政策所形成的管制强度对企业二氧化碳减排产生多大的约束力是我们有必要关注的。对于地方环境管制强度,大多数文献都通过排污费的收入来衡量,但考虑到我国的排污费征收标准低于治污成本,使得缴纳排污费成为某些企业规避治污的方式,因此,排污费缴纳的情况难以判断该地区管制强度的大小;还有学者通过地方性法规颁布的数量来衡量,但法规的执行效果难以通过该数据表征。本节通过现行管制方式的治污效果来衡量,考虑到数据的可得性与连续性,我们选择各地区工业企业废水排放达标率来衡量环境管制强度。① 由于命令一控制型制度的效率低下,作者估计政府完全依靠这种方式对二氧化碳减排进行治理的效果是有限的。

sca 表示政府规模,用"国家机关、党政机关和社会团体年底职工人数"占本省职工总数的比例来衡量。"国家机关、党政机关和社会团体年底职工人数"这一指标从 2004 年的《中国统计年鉴》变更为"公共管理和社会组织年底职工人数",两者的统计口径基本一致。

unc 表示政府的反腐败力度,借鉴张军等(2007)的方法用"每百万公职人员贪污贿赂案件立案数"反映各地区政府的反腐败力度。地方政府治理水平的提高将能更好地规避企业的寻租行为,减少政府与企业合谋妨碍减排政策执行的可能性。作者估计地方政府的规模大小和反腐力度会对二氧化碳减排治理效果产生影响,政府规模越大、腐败程度越高,潜在的代理问题越严重,就越不利于二氧化碳减排政策的制定和有效执行。

此外,*controls* 包含以下控制变量:用人均实际 GDP(1978 年不变价)的对数值 $\ln perg$ 来表示地区经济的发展水平,加入其二次项$(\ln perg)^2$ 来检验二氧化碳的环境库兹涅茨曲线规律。能源工业企业和其他工业企业是二氧化碳减排治理的重点对象,我们用工业在经济中的占比 *ind* 来描述地区的产业结构特点,而且这一比例越大,产业结构向低碳化转型的难度越大,该地区也越容易形成以工

---

① 本来选择二氧化硫排放达标率更好,但我们没有找到 2001 年以前该指标的数据。

业为核心的利益集团，增加二氧化碳减排政策实施的难度。以上各变量的解释说明归纳于表10.1。

表10.1　变量解释说明

$qdCO_2$（单位产值的二氧化碳排放量）	用计算的二氧化碳排放量除以不变价的地区GDP值表示。
$rjCO_2$（人均二氧化碳排放量）	用计算的二氧化碳排放量除以地区人口数表示。
fq（中央—地方分权）	用各省预算内人均本级财政支出与中央预算内人均本级财政支出的比值。
gov（政府—企业分权）	用市场化指数中"减少政府对企业的干预"一项的得分表示。
reg（政府对污染的管制强度）	用各地区工业企业废水排放达标率表示。
sac（政府规模）	用各地区"国家机关、党政机关和社会团体年底职工人数"占本省职工总数的比例来表示。
unc（政府的反腐败力度）	用各地区每百万公职人员贪污贿赂案件立案数表示。
ln *perg*（地区经济发展水平）	用不变价的地区人均实际GDP取对数表示。
ind（地区产业结构）用地区工业产值占地区GDP的比例表示。	用地区工业产值占地区GDP的比例表示。

（二）数据来源说明及描述性统计

工业化过程中对化石燃料的燃烧是二氧化碳排放增加的最主要来源，IPCC（2006）详细介绍了估算与化石燃料燃烧相关的二氧化碳排放量的三种方法。我们采用方法一，根据燃烧的燃料数量、缺省的二氧化碳排放因子和各燃料的平均净发热值来估算某种燃料的二氧化碳排放量①，然后再相加获得排放总量。其他两种方法虽然更为精准，但对数据和技术要求更高，一般的个人研究难以完成。缺省的二氧化碳排放因子来源于《IPCC国家温室气体清单指南（2006）》。

各省能源消费量和各能源平均净发热值来自1998—2009年的《中国能源统计年鉴》，由于没有西藏的统计数据，因此本研究中不包含该地区样本。各省能源消费量选取"地区能源平衡表"中各种能源②的终端消费量加上用于火力发电

① 某种燃料的排CO_2放量=燃料使用量*缺省的CO_2排放因子*平均净发热值*碳氧化因子*(44/12)

② 具体包括：各种煤、焦炭、焦炉煤气、原油、汽油、煤油、柴油、燃料油、液化石油气、炼厂干气、天然气和其他石油制品。

和供热的煤的使用量，相对于大多数研究选择煤、石油和天然气的消费量来计算的方法，这种方法计算的二氧化碳排放量更加全面和准确。《中国能源统计年鉴》未能提供 2000—2002 年宁夏、2002 年海南的能源平衡表，2000 年宁夏和 2002 年海南的二氧化碳排放量直接通过煤、石油和天然气的消费量计算得出，而宁夏 2001 和 2002 年这三种能源的消费量年鉴中也未提供，我们通过前后年份数据取均值的方法将空缺值补齐。

各省预算内本级财政支出和中央预算内本级财政支出的数据来自 1998—2009 年的《中国财政年鉴》；政府对企业干预程度的数据来自 2010 年的《中国市场化指数》；工业企业废水排放达标率来自《中国环境年鉴》(1998—2008)；与反腐败力度相关的贪污贿赂案件立案数来自《中国检察年鉴》(2000—2008)中分省的《人民检察院年度工作报告》，其中 1997 年的数据未能获得；其他指标的相关数据均来自各年份的《中国统计年鉴》。

表 10.2　主要变量的描述性统计

变量	样本数	均值	标准差	最小值	最大值
qdCO_2(单位产值的二氧化碳排放量)(万吨/亿元)	330	36.8415	22.7099	8.7156	139.6485
rjCO_2(人均二氧化碳排放量)(吨/人)	330	3.9373	2.4425	0.8118	15.2724
fq(中央—地方分权)	330	3.2913	2.7583	1.0782	18.4406
gov(政府—企业分权)	330	4.2360	2.4928	-2.17	12.67
reg(工业企业废水排放达标率)	330	0.7816	0.1704	0.298	0.998
sca(政府规模)	330	0.1037	0.0289	0.0296	0.1778
unc(反腐败力度)(件/万人)	300	3.5023	1.1818	0.65	7.98
ind(地区工业产值占地区 GDP 的比例)	330	0.4559	0.072	0.198	0.6
ln *perg*(人均 GDP)(元)	330	3 603.212	3 178.377	671.7624	22 808.91

注：人均实际 GDP 是运用 1978 年为基期的 GDP 平减指数进行处理。

表 10.2 给出了上述主要变量的统计特征描述，包括样本数、均值、标准差、最小值和最大值。1997 年至 2007 年我国每亿元 GDP 的二氧化碳排放量由 30.26 万吨上升到 45.71 万吨，人均二氧化碳排放量由 3.04 吨上升到 6.33 吨，总体而言，我国的经济增长对能源消耗的依赖仍然很强，在推进工业化的同时实现二氧化碳减排的困难较大。将 1997—2007 年各指标数据按照东、中、西三个

区域[①]分别进行统计分析，可以发现东部地区的年均单位产值的二氧化碳排放量最低，只有24.1吨，远远低于全国平均水平，而中西部地区这一数字分别为42.69吨和45.59吨。与此相对应，在中央—地方分权方面，东部地区的地方人均本级财政支出占中央人均本级财政支出的比例为4.82，而中部和西部地区分别只有2.24和2.55。在地方政府减少对企业行政干预方面，东部平均5.9的得分高于中西部平均3.3的得分；在环境管制强度方面，东部地区也高于中西部；而东部地区政府的平均规模却小于中西部的。这些反映出地方对企业的行政干预越少，环境管制强度越高，政府规模越小，越有利于降低地区二氧化碳排放强度。数据的统计描述初步支持了之前提出的研究假设，接下来将通过回归分析进一步检验这些假设。

（三）估计方法说明

考虑到我国各地区在资源禀赋、技术水平、能源结构、环境政策等方面的巨大差异以及围绕产业链的区域间经济关联性，在参数估计时应克服截面间的异方差和相关性。对于面板数据模型，如果随机效应模型成立，在系统方程的框架下运用可行的广义最小二乘法估计(FGLS)来解决以上问题，此时用广义最小二乘估计不但是一致估计量，而且是完全有效的。利用Breusch-Pagan检验对模型进行初步判断，模型10-3-1的随机效应是成立的。在实际的经济面板数据中，除了个体间的异方差性和相关性，个体自身也存在序列相关的问题，但本节所收集数据的时间跨度较短，只有11年，因此忽略了该问题。

三、实证结果分析

（一）整体回归结果及分析

表10.3中模型(1)—(4)是针对我国1998—2007年30个省级地区的样本，以地区单位产值的二氧化碳排放量为因变量的估计结果。从模型(1)的估计结果来看，中央和地方政府间的财政分权与地区单位产值的二氧化碳排放量成正比，且在1%的水平上显著，财政分权每提高1%，地区单位产值的二氧化碳排放量则会增加0.103%，这验证了研究假设1，说明财政分权下，地方政府为增长而竞争软化了对企业的减碳约束。地方政府在“减少对企业行政干预”方面的得

---

① 本节各地区具体的划分是：东部包括北京、天津、河北、辽宁、上海、江苏、浙江、福建、山东、广东和海南；中部包括山西、内蒙古、吉林、黑龙江、安徽、江西、河南、湖北和湖南；西部包括广西、重庆、四川、贵州、云南、陕西、甘肃、青海、宁夏和新疆。

分每提高一分,地区单位产值的二氧化碳排放量则减少 0.024%,且在 1% 的水平上显著,这验证了研究假设 3,政府退出对企业经济活动的行政干预,转向加强对环境的监管将有利于激励企业开展节能减排活动。地方政府的规模每扩大1%,地区单位产值的二氧化碳排放量则会增加 4.125%,两者间的正向关系在1% 的水平上显著。地方政府惩治腐败的力度每提高 1%,则会使单位产值的二氧化碳排放量降低 0.097%,两者间的负向关系也在 1% 的水平上显著,这两个变量的估计结果表明,政府机构的精简有利于各级政府在节能减排政策的制定和执行上达成一致并相互配合以提高减碳治理的效率,而政府对腐败的治理则提高了企业寻租以规避减碳约束的成本。地区环境管制强度每提高 1%,单位产值的二氧化碳排放量减少 0.08%,但两者间的关系在统计上不显著,说明我国现行的命令—控制型环境规制对于降低单位产值的二氧化碳排放量的作用已不明显了。地方工业在产业结构中的占比与地区单位产值的二氧化碳排放量存在显著的正相关关系,工业占比每提高 1%,地区单位产值的二氧化碳排放量会提高 3.79%。观察地区人均收入及其二次项的系数可知,就整体样本而言,围绕单位产值的二氧化碳排放量的环境库兹涅茨曲线在我国得以验证,这一关系在 1% 的水平上显著。模型(2)中用财政分权变量与地区工业在产业结构中占比的交互项来替代财政分权变量,考察地方政府是否与工业企业结成了“碳排放利益集团”,结果显示该项的系数为正,且在 1% 的水平上显著,说明我国地方政府的行政权力已嵌入市场机制中,与工业企业结成的“碳排放利益集团”阻碍了碳排放强度的降低,这一结论验证了假设 2 的说法,而其他变量的系数及其显著性改变不大,支持了模型(1)所得的结论。模型(3)和(4)分别在模型(1)和(2)的基础上加入了政府减少对企业行政干预程度的滞后项,结果显示,滞后项对降低单位产值的二氧化碳排放量的作用相对于当期更大且在统计上更加显著,而其他变量的回归系数没有太大改变,这说明政府对企业减少行政干预和加强减排监管的信号传递需要时间,对企业二氧化碳减排产生的激励作用更多地在滞后期发生。

表 10.3　对单位产值的二氧化碳排放量和人均二氧化碳排放量的整体回归结果

因变量	ln $qdCO_2$				ln $rjCO_2$			
模型	(1)	(2)	(3)	(4)	(5)	(6)	(7)	(8)
fq	0.103***		0.0982***		0.076***		0.075***	
	(10.46)		(10.38)		(8.33)		(6.24)	
fq * *ind*		0.177***		0.173***		0.126***		0.179***
		(8.55)		(12.26)		(6.77)		(4.52)
gov	-0.0236***	-0.027***	-0.001	-0.013*	-0.026***	-0.028***	-0.014**	-0.008
	(-4.95)	(-5.41)	(-1.18)	(-1.65)	(-5.3)	(-5.61)	(-2.04)	(-1.26)
gov_1			-0.018**	-0.021***			-0.017***	-0.031***
			(-2.32)	(-2.84)			(-2.8)	(-5.06)
reg	-0.08	-0.124	-0.045	-0.121	-0.072	-0.109	-0.035	-0.02
	(-1.06)	(-1.5)	(-0.65)	(-1.39)	(-0.92)	(-1.29)	(-0.53)	(-0.25)
sca	4.125***	4.583***	3.88***	4.42***	4.277***	4.632***	3.97***	4.042***
	(10.02)	(10.29)	(9.43)	(9.85)	(9.77)	(9.87)	(8.93)	(6.76)
unc	-0.097***	-0.107***	-0.087***	-0.087***	-0.114***	-0.121***	-0.098***	-0.103***
	(-6.79)	(-7.06)	(-6.47)	(-5.9)	(-7.91)	(-8.11)	(-8.85)	(-7.82)
ind	3.79***	2.989***	3.9***	3.015***	3.91***	3.313***	4.00***	3.142***
	(42.74)	(26.41)	(35.22)	(26.98)	(43.97)	(29.63)	(39.91)	(24.95)
ln *perg*	1.204**	1.212***	1.178***	1.178***	-0.439**	-0.441***	-0.455***	-0.375***
	(22.78)	(19.99)	(31.91)	(34.17)	(-8.29)	(-7.42)	(-13.41)	(-5.81)
(ln *perg*)^2	-0.1418***	-0.1331***	-0.139***	-0.129***	0.049***	0.056***	0.049***	0.046***
	(-17.62)	(-15.37)	(-22.66)	(-24.13)	(6.28)	(6.86)	(9.04)	(4.66)
Wald 值	314 971.43	275 609.34	519 745.21	434 331.00	41 870.55	34 292.13	60 053.24	48 260.9
观察值	300	300	300	300	300	300	300	300

注：(1) 括号中的数值是 *z* 统计量；(2) *** 表示 1% 水平上显著，** 表示 5% 水平上显著，* 表示 10% 水平上显著。

模型(5)—(8)是以地区人均二氧化碳排放量为因变量的回归结果。从模型(5)的估计结果来看,中央和地方政府间的财政分权与地区人均二氧化碳排放量成正比,且在1%的水平上显著,财政分权每提高1%,地区人均二氧化碳排放量则会增加0.076%。地方政府在"减少对企业行政干预"方面的得分每提高一分,地区人均二氧化碳排放量则减少0.026%,这一关系在1%的水平上显著。地方政府的规模每扩大1%,地区人均二氧化碳排放量则会增加4.277%,两者间的正向关系在1%的水平上显著。地方政府惩治腐败的力度每提高1%,则会使地区人均二氧化碳排放量降低0.114%,两者间的负向关系也在1%的水平上显著。地区环境管制强度每提高1%,地区人均二氧化碳排放量将会减少0.072%,但两者间的关系在统计上不显著。地方工业在产业结构中的占比与地区人均二氧化碳排放量也存在显著的正相关关系,工业占比每提高1%,地区人均二氧化碳排放量会提高3.91%。观察地区人均收入及其二次项的系数可知,就整体样本而言,围绕人均二氧化碳排放量的环境库兹涅茨曲线在我国未能体现。模型(6)中用财政分权变量与地区工业在产业结构中占比的交互项来替代财政分权变量,结果显示该项的系数为正,且在1%的水平上显著,说明地方政府与工业企业结成的"碳排放利益集团"对于降低地区人均二氧化碳排放量产生了阻碍作用。模型(7)和(8)分别在模型(5)和(6)的基础上加入了政府减少对企业行政干预程度的滞后项,结果显示,滞后项对降低地区人均二氧化碳排放量的作用相对于当期更大且在统计上更加显著,而其他变量的回归系数没有太大改变,这再次说明政府对企业减少行政干预和加强减排监管的信号传递需要时间,对企业二氧化碳减排产生的激励作用更多地在滞后期发生。

(二)分区域回归结果及分析

将1998—2007年30个省级地区的样本按照东、中、西三大区域划分后分别进行回归分析,会发现我国政府分权对二氧化碳排放影响的地区差异。

1. 对东部地区的分析

表10.4中,模型(9)—(12)是以东部地区为样本,将单位产值的二氧化碳排放量作为因变量的回归结果。模型(9)的估计结果显示政府间的财政分权与东部地区单位产值的二氧化碳排放量成正比,且在1%的水平上显著,财政分权每提高1%,东部地区单位产值的二氧化碳排放量会增加0.078%,这一系数小于全国样本的回归系数,说明东部地区碳排放强度的提高受财政分权的影响程度相对较小。东部地区政府在"减少对企业行政干预"方面的得分每提高一分,地区单位产值的二氧化碳排放量就减少0.043%,且在1%的水平上显著,这一有利于减排的作用强度大于全国样本的平均水平,说明政府与企业分权所产生的减排效果在东部地区更好。东部地区的政府规模每扩大1%,地区单位产值

的二氧化碳排放量则会增加3.848%，两者间的正向关系在1%的水平上显著。地区政府惩治腐败的力度每提高1%，则会使单位产值的二氧化碳排放量降低0.109%，两者间的负向关系在1%的水平上显著。地区环境管制强度每提高1%，单位产值的二氧化碳排放量反而增加了1.618%，说明现行的命令—控制型环境规制工具在东部地区已不适用。地区工业在产业结构中的占比每提高1%，地区单位产值的二氧化碳排放量会提高3.328%。另外，在东部地区，关于单位产值的二氧化碳排放量的环境库兹涅茨曲线也得以体现。模型(10)的估计结果显示，在东部地区，地方政府与工业企业结成的"碳排放利益集团"对于降低碳排放强度存在阻碍作用。模型(11)和(12)分别在模型(9)和(10)的基础上加入了政府减少对企业行政干预程度的滞后项，结果显示，滞后项对降低单位产值的二氧化碳排放量的作用并不明显，而其他变量的回归系数没有太大改变，在支持之前结论的同时，说明了在东部地区，政府对企业减少行政干预和加强减排监管的信号传递十分迅速，治理措施对企业二氧化碳减排产生的激励作用在当期就能产生。

模型(13)—(16)是对东部地区人均二氧化碳排放量的回归结果。从模型(13)的估计结果来看，政府间的财政分权与东部地区人均二氧化碳排放量成正比，且在1%的水平上显著，财政分权每提高1%，东部地区人均二氧化碳排放量会增加0.068%。地方政府在"减少对企业行政干预"方面的得分每提高一分，地区人均二氧化碳排放量则减少0.045%，这一关系在1%的水平上显著。东部地区政府的规模每扩大1%，地区人均二氧化碳排放量则会增加3.763%，两者间的正向关系在1%的水平上显著。东部地区政府惩治腐败的力度每提高1%，则会使地区人均二氧化碳排放量降低0.123%，两者间的负向关系也在1%的水平上显著。东部地区环境管制强度每提高1%，地区人均二氧化碳排放量却会增加1.63%。地方工业在产业结构中的占比与地区人均二氧化碳排放量也存在显著的正相关关系，工业占比每提高1%，地区人均二氧化碳的排放量会提高3.546%。观察地区人均收入及其二次项的系数可知，在东部地区，围绕人均二氧化碳排放量的环境库兹涅茨曲线未能体现。模型(14)中用财政分权变量与地区工业在产业结构中占比的交互项来替代财政分权变量，结果显示在东部地区，地方政府与工业企业结成的"碳排放利益集团"对于降低人均碳排放量也存在阻碍作用。模型(15)和(16)分别在模型(13)和(14)的基础上加入了政府减少对企业行政干预程度的滞后项，结果显示，政府加强减排监管的信号对于降低地区人均二氧化碳排放量的作用在当期就能产生，其他变量的系数并没有太大变化，支持了之前所得到的结论。

表 10.4　对东部地区的回归结果

因变量	$\ln qdCO_2$				$\ln rjCO_2$			
模型	(9)	(10)	(11)	(12)	(13)	(14)	(15)	(16)
fq	0.078***			0.077***	0.068***			0.068***
	(16.61)			(16.9)	(16.08)			(17.09)
*fq * ind*		0.124***		0.137***		0.107***		0.114***
		(16.66)		(17.85)		(15.87)		(4.52)
gov	-0.043***	-0.042***	-0.049***	-0.043***	-0.045***	-0.045***	-0.05***	-0.047***
	(-20.37)	(-15.44)	(-14.65)	(-12.14)	(-22.05)	(-22.37)	(-18.88)	(-14.16)
gov_1			0.008**	0.0007			0.007***	0.002***
			(2.31)	(-5.06)			(2.71)	(0.58)
reg	1.618***	1.543***	1.644	1.497***	1.63***	1.572***	1.668***	1.541***
	(22.69)	(16.87)	(22.41)	(19.49)	(25.42)	(19.4)	(25.33)	(23.5)
sca	3.848***	5.134***	3.905***	4.429***	3.763***	4.602***	3.825***	4.252***
	(8.36)	(12.02)	(8.94)	(9.76)	(8.3)	(11.46)	(8.87)	(10.09)
unc	-0.109***	-0.112***	-0.111***	-0.095***	-0.123***	-0.121***	-0.125***	-0.109***
	(-17.52)	(-18.81)	(-18.07)	(-10.21)	(-26.0)	(-22.06)	(-27.55)	(-13.91)
ind	3.328***	2.544***	3.344***	2.779***	3.546***	2.862***	3.577***	3.021***
	(38.3)	(37.27)	(39.71)	(22.4)	(44.56)	(41.66)	(46.13)	(29.32)
ln *perg*	0.916***	0.787***	0.95***	0.809***	-0.554***	-0.679***	-0.567***	-0.675***
	(27.23)	(27.91)	(27.42)	(33.24)	(-8.29)	(-22.18)	(-18.64)	(-29.95)
$(\ln perg)^2$	-0.122***	-0.097***	-0.121***	-0.102***	0.043***	0.066***	0.044***	0.065***
	(-29.35)	(-28.7)	(-29.65)	(-32.08)	(112)	(21.41)	(12.0)	(24.63)
Wald 值	132 847.03	80 161.8	152 858.88	223 854.96	49 224.1	12 318.24	64 931.16	70 217.22
观察值	110	110	110	110	110	110	110	110

注：(1) 括号中的数值是 *z* 统计量；(2) *** 表示 1% 水平上显著，** 表示 5% 水平上显著，* 表示 10% 水平上显著。

2. 对中部地区的分析

表10.5中,模型(17)—(20)是以中部地区为样本,将单位产值的二氧化碳排放量作为因变量的回归结果。模型(17)的估计结果显示政府间的财政分权与中部地区单位产值的二氧化碳排放量成正比,且在1%的水平上显著,财政分权每提高1%,中部地区单位产值的二氧化碳排放量则会增加0.577%,这一系数远远高于全国样本的回归系数,说明财政分权对中部地区单位产值的二氧化碳排放量的增加有着很大的影响。中部地区政府在"减少对企业行政干预"方面的得分每提高一分,地区单位产值的二氧化碳排放量却反而增加了0.028%,这说明在中部地区,政府与企业之间的分权并不能对企业的减排产生激励作用。中部地区的政府规模每扩大1%,地区单位产值的二氧化碳排放量则会增加4.745%,两者间的正向关系在1%的水平上显著;地区政府惩治腐败的力度每提高1%,则会使单位产值的二氧化碳排放量降低0.042%,两者间的负向关系在1%的水平上显著。地区环境管制强度每提高1%,单位产值的二氧化碳排放量会下降0.011%,但在统计上并不显著,说明现行的命令—控制型环境规制工具在中部地区的作用也不明显。中部地区工业在产业结构中的占比每提高1%,单位产值的二氧化碳排放量会提高3.498%。另外,观察地区人均收入及其二次项的系数可知,在中部地区,关于单位产值的二氧化碳排放量的环境库兹涅茨曲线得以体现。模型(18)的估计结果显示,中部地区的地方政府与工业企业结成的"碳排放利益集团"对于降低地区碳排放强度存在很大的阻碍作用,而且这一作用不仅高于东部地区,也高于全国的平均水平。模型(19)和(20)分别在模型(17)和(18)的基础上加入了政府减少对企业行政干预程度的滞后项,结果显示,政府减少对企业行政干预无论在当期还是在滞后期均不能促进中部地区单位产值的二氧化碳排放量的降低。

模型(21)—(24)是对中部地区人均二氧化碳排放量的回归结果。从模型(21)的估计结果来看,政府间的财政分权与中部地区人均二氧化碳排放量成正比,且在1%的水平上显著,财政分权每提高1%,中部地区人均二氧化碳排放量则会增加0.565%。中部地区政府在"减少对企业行政干预"方面的得分每提高一分,地区人均二氧化碳排放量却会增加0.029%。地区政府的规模每扩大1%,其人均二氧化碳排放量则会增加4.763%,两者间的正向关系在1%的水平上显著。中部地区政府惩治腐败的力度每提高1%,则会使地区人均二氧化碳排放量降低0.044%,两者间的负向关系也在1%的水平上显著。地区环境管制强度每提高1%,其人均二氧化碳排放量会降低0.017%,但这一负向关系在统计上不显著。中部地区的工业在产业结构中的占比与地区人均二氧化碳排放量也存在显著的正相关关系,工业占比每提高1%,地区单位产值的二氧化碳排放

表 10.5 对中部地区的回归结果

因变量	$\ln qdCO_2$				$\ln rjCO_2$			
模型	(17)	(18)	(19)	(20)	(21)	(22)	(23)	(24)
fq	0.577***		0.602***		0.565***		0.589***	
	(17.83)		(19.63)		(16.93)		(18.94)	
*fq * ind*		0.92***		0.958***		0.896***		0.936***
		(12.94)		(13.16)		(12.27)		(12.79)
gov	0.028***	0.023***	0.018***	0.018***	0.029***	0.024***	0.019***	0.018***
	(5.29)	(3.81)	(3.66)	(2.89)	(5.51)	(3.95)	(3.74)	(2.91)
gov_1			0.019***	0.0107*			0.02***	0.012**
			(4.02)	(1.76)			(4.37)	(2.07)
reg	-0.011	-0.122	0.023	-0.103	-0.017	-0.126	0.014	-0.106
	(-0.16)	(-1.57)	(0.38)	(-1.38)	(-0.23)	(-1.57)	(0.23)	(-1.42)
sca	4.745***	5.085***	4.82***	5.06***	4.763***	5.114***	4.834***	5.092***
	(12.21)	(12.13)	(13.54)	(12.31)	(12.08)	(12.17)	(13.4)	(12.41)
unc	-0.042***	-0.059***	-0.036**	-0.054***	-0.044***	-0.06***	-0.038***	-0.055***
	(-17.52)	(-4.24)	(-2.51)	(-3.81)	(-2.93)	(-4.24)	(-2.64)	(-3.86)
ind	3.498***	0.942***	3.67***	0.995***	3.504***	1.011***	3.666***	1.069***
	(14.01)	(4.49)	(15.47)	(4.75)	(13.94)	(4.79)	(15.3)	(5.07)
ln *perg*	1.607***	1.63***	1.62***	1.657***	-0.115	-0.096	-0.098	-0.069
	(19.55)	(18.09)	(22.65)	(18.82)	(-1.41)	(-1.08)	(-1.4)	(-0.8)
$(\ln perg)^2$	-0.231***	-0.199***	-0.238***	-0.205***	-0.03**	0.003	-0.037***	-0.004
	(-16.77)	(-13.68)	(-19.47)	(-14.11)	(-2.18)	(0.18)	(-3.08)	(-0.29)
Wald 值	93 254.08	80 649.11	155 681.93	89 469.18	13 943.33	9 757.99	25 654.1	11 121.56
观察值	90	90	90	90	90	90	90	90

注:(1) 括号中的数值是 *z* 统计量;(2) *** 表示 1% 水平上显著,** 表示 5% 水平上显著,* 表示 10% 水平上显著。

量会提高 3.504%。观察地区人均收入及其二次项的系数可知，在中部地区，围绕人均二氧化碳排放量的环境库兹涅茨曲线有所体现但并不显著。模型(22)的估计结果显示，在中部地区，地方政府与工业企业结成的“碳排放利益集团”对于降低地区人均碳排放量也存在很大的阻碍作用，而且这一作用不仅高于东部地区，也高于全国的平均水平。模型(23)和(24)分别在模型(21)和(22)的基础上加入了政府减少对企业行政干预程度的滞后项，结果显示，政府减少对企业行政干预无论在当期还是在滞后期均不能促进中部地区人均二氧化碳排放量的减少。

3. 对西部地区的分析

表 10.6 中，模型(25)—(28)是以西部地区为样本，将单位产值的二氧化碳排放量作为因变量的回归结果。模型(25)的估计结果显示政府间的财政分权与西部地区单位产值的二氧化碳排放量成正比，且在 1% 的水平上显著，财政分权每提高 1%，西部地区单位产值的二氧化碳排放量则会增加 0.344%，这一系数高于全国样本的回归系数和东部的回归系数，仅低于中部地区的，说明财政分权对西部地区碳排放强度的提高也有着较大影响。西部地区政府在“减少对企业行政干预”方面的得分每提高一分，地区单位产值的二氧化碳排放量则减少 0.028%，且在 1% 的水平上显著。西部地区的政府规模每扩大 1%，地区单位产值的二氧化碳排放量则会增加 4.45%，两者间的正向关系在 1% 的水平上显著。地区政府惩治腐败的力度与单位产值的二氧化碳排放量之间的关系在统计上并不显著，说明西部地区政府的反腐败行动并未对企业减排治理产生较强的监管作用。地区环境管制强度每提高 1%，单位产值的二氧化碳排放量反而增加了 0.185%，说明现行的命令—控制型环境规制工具在西部地区未能对企业产生减排激励作用。地区工业在产业结构中的占比每提高 1%，地区单位产值的二氧化碳排放量会提高 4.398%。另外，在西部地区，关于单位产值的二氧化碳排放量的环境库兹涅茨曲线也得以体现。模型(26)的估计结果显示，在西部地区，地方政府与工业企业结成的“碳排放利益集团”对于降低碳排放强度存在较强的阻碍作用。模型(27)和(28)分别在模型(25)和(26)的基础上加入了政府减少对企业行政干预程度的滞后项，结果显示，滞后项对降低单位产值的二氧化碳排放量的作用相对于当期项更加强烈，且在 1% 的水平上显著，而其他变量的回归系数没有太大改变，这说明西部地区政府对企业减少行政干预和加强减排监管的信号传递需要时间，对企业二氧化碳减排产生的激励作用更多地在滞后期发生。

表 10.6　对西部地区的回归结果

因变量	ln $qdCO_2$				ln $rjCO_2$			
模型	(25)	(26)	(27)	(28)	(29)	(30)	(31)	(32)
fq	0.344***		0.295***		0.349***		0.304***	
	(23.86)		(29.78)		(29.68)		(34.51)	
fq * *ind*		0.658***		0.567***		0.673***		0.58***
		(18.45)		(62.14)		(20.27)		(56.33)
gov	-0.028***	-0.028***	0.018	0.003***	-0.025***	-0.025***	0.003	0.005***
	(-9.22)	(-6.87)	(0.55)	(4.92)	(-9.57)	(-6.43)	(1.52)	(10.17)
*gov*_1			-0.05***	-0.056***			-0.048***	-0.053***
			(-23.23)	(-82)			(-23.83)	(-131.72)
reg	0.185***	0.12**	0.073***	0.012	0.223***	0.16***	0.114***	0.055***
	(4.23)	(2.22)	(2.82)	(1.18)	(6.14)	(3.24)	(5.86)	(11.01)
sca	-4.45***	-3.827***	-4.139***	-3.712***	-4.473***	-3.887***	-4.179***	-3.692***
	(-19.1)	(-13.55)	(-26.48)	(-57.35)	(-25.7)	(-16.57)	(-36.82)	(-137.94)
unc	0.004	-0.009*	0.018**	0.013***	-0.003	-0.016***	0.01***	0.003**
	(1.17)	(-1.79)	(5.74)	(7.33)	(-0.92)	(-3.83)	(4.1)	(2.53)
ind	4.398***	2.874***	4.872***	3.702***	4.327***	2.768***	4.775***	3.55***
	(41.68)	(16.31)	(56.75)	(86.67)	(53.47)	(18.48)	(72.03)	(123.63)
ln *perg*	1.874***	2.032***	1.686***	1.774***	0.06***	0.227***	-0.119***	-0.018***
	(74.1)	(45.19)	(77.7)	(156.75)	(2.85)	(5.59)	(-6.28)	(-2.86)
(ln *perg*)^2	-0.254***	-0.259***	-0.226***	-0.224***	-0.039***	-0.045***	-0.012***	-0.012***
	(-60.53)	(-43.8)	(-93.06)	(-198.48)	(-11.21)	(-8.44)	(-5.64)	(-15.45)
Wald 值	1 192 048	303 322.44	875 734.82	1.21e+07	167 386.35	33 876.56	110 375.14	951 124.97
观察值	100	100	100	100	100	100	100	100

注:(1) 括号中的数值是 *z* 统计量;(2) *** 表示 1% 水平上显著, ** 表示 5% 水平上显著, * 表示 10% 水平上显著。

模型(29)—(32)是对西部地区人均二氧化碳排放量的回归结果。从模型(29)的估计结果来看,政府间的财政分权与西部地区人均二氧化碳排放量成正比,且在1%的水平上显著,财政分权每提高1%,西部地区人均二氧化碳排放量则会增加0.349%。西部地区政府在"减少对企业行政干预"方面的得分每提高一分,地区人均二氧化碳排放量则减少0.025%,这一关系在1%的水平上显著。西部地区政府的规模每扩大1%,地区人均二氧化碳排放量则会增加4.473%,两者间的正向关系在1%的水平上显著。地区政府惩治腐败的力度与人均二氧化碳排放量之间的关系在统计上并不显著,说明西部地区政府的反腐败行动并未对企业减排治理产生较强的监管作用。西部地区环境管制强度每提高1%,人均二氧化碳排放量却会增加1.6%。西部地区工业在产业结构中的占比与地区人均二氧化碳排放量也存在显著的正相关关系,工业占比每提高1%,地区人均二氧化碳的排放强度会提高4.327%。观察地区人均收入及其二次项的系数可知,在西部地区,围绕人均二氧化碳排放量的环境库兹涅茨曲线能够得以体现。模型(30)的结果显示,在西部地区,地方政府与工业企业结成的"碳排放利益集团"存在并对人均碳排放量的降低产生了阻碍作用。模型(31)和(32)分别在模型(29)和(30)的基础上加入了政府减少对企业行政干预程度的滞后项,结果显示,滞后项对降低人均二氧化碳排放量的作用相对于当期项更加强烈,且在1%的水平上显著,而其他变量的回归系数没有太大改变,这说明西部地区政府对企业减少行政干预和加强减排监管的激励作用更多地在滞后期发生。

综上,我们利用我国1998—2007年30个省级地区的数据样本对政府分权与企业二氧化碳减排动力之间的关系进行了实证分析,得到的结论基本验证了前一节提出的理论假设,认为"中央—地方"政府间的财政分权会促使地方政府为经济增长的短期利益而干预企业的经济活动,软化二氧化碳减排约束,地方政府会与以碳基能源为主的企业形成二氧化碳排放利益集团以俘获中央政府的减碳治理。政府与企业分权,减少对企业经济活动的干预,则会使行政权力从市场机制中退出,让减碳治理约束得以强化。地方政府的规模越大、腐败程度越高越不利于二氧化碳减排政策的制定和有效执行。政府与市场间的分权不足不利于市场型环境规制工具的培育和发展,完全依靠命令—控制型环境规制工具对二氧化碳减排治理的效果有限。针对单位产值的二氧化碳排放量的环境库兹涅茨曲线在我国得以体现,但针对人均二氧化碳排放量的环境库兹涅茨曲线却没有体现。对东、中、西三个区域的局部研究则得出了具有区域特征的信息,政府间财政分权造成地区碳排放强度和人均排放量增加的影响在中西地区要大,而在东部地区相对小些;地方政府与碳基能源企业所结成的"碳排放利益集团"在中西部地区十分强大，而在东部地区则相对弱小；地方政府减少对企业经济活动干预所产生的二氧化碳减排效应在中部地区并不存在，在西部地区该效应的发挥存在时滞性，而在东部地区该效应相对于其他地区更大而且能够迅速得以释放，很显然，处于加速工业化阶段的中部地区，以碳基能源为主导的固有产业结构使得其二氧化碳的减排任务更加艰巨，面临的障碍也更大。

从上述分析我们可以得到几点启示。

首先，地方政府间的"为增长而竞争"应该向"为增长方式而竞争"转变，这一转变有赖于政府与企业间的分权。地方政府一方面应退出在经济发展中的主导地位，通过建立正式的产权保护制度取代行政权力对企业的保护，放开对资源、能源等生产资料的配置权；另一方面将行政职权更多地用于减排管制工具的设计，减排政策的制定和实施、减排技术的研究投入和推广，以及加强对企业污染行为的监管。在没有行政干预的市场经济中，企业的经济效益与提高能源利用效率、降低单位产值的二氧化碳排放量是相容的，只有当企业真正成为市场主体，才有足够的动力加大对二氧化碳减排技术的创新与应用，在提高能源利用效率的同时降低碳排放强度。而政府从市场经济的利益链条中脱离，则可以避免产业利益集团寻租和政企合谋俘获环境规制的可能，使得政府减排措施的约束力更强。当政府的职能目标由经济增长的短期利益向可持续发展转变时，政企间则会围绕如何降低单位产值的二氧化碳排放量开展合作。

其次，改变完全由政府主导的管制型减碳治理工具，通过政府与市场的分权来培育市场型的减碳工具。碳排放权交易机制是重要的市场型环境规制工具，相对于命令—控制型环境规制工具，其在减排成本、创新激励方面具有优势。虽然我国还没有确定二氧化碳减排总量，相应的市场规则还未明确，建立全国性碳排放权交易平台的基础还不完备，但在市场经济较为发达的地区，特别是已经建立环境产权交易所的城市[①]可以根据自愿减排的原则培育一个区域性的碳排放权交易市场。可以结合 2020 年单位产值的二氧化碳排放量比 2005 年下降 40% ~45% 的目标，确定一个区域内的减排总量，然后将任务分配给电力、能源和化工等高耗能、高排放的企业，在一定区域一定行业领域开展碳排放权交易的试点。

再次，政府治理方式的转变还有赖于政府与社会的分权。"为增长方式而竞争"是以发展低碳经济、实现可持续发展为目标的，而发展低碳经济代表着社会公众的利益。因此，一方面要将地区单位产值的二氧化碳排放量纳入到政府

① 比如北京环境交易所，天津排放权交易所，上海环境能源交易所。

官员的考核体系中;另一方面要让社会公众参与到二氧化碳减排的活动和监督中来,将社会公众对地区发展方式的评价也纳入到对政府官员的考核体系中,协调政府与社会公众的利益。要让社会民众参与到经济发展方式的转型中,则需要培育民众在经济转型中的话语权、知情权和参与管理权,只有让政府的利益与社会公众的利益保持一致才能使发展低碳经济的内在动力得以形成。

最后,政府应围绕二氧化碳减排工作设立专属机构加强各相关部门的合作,共同制定减排政策法规,推广减排技术,监测工业企业的二氧化碳排放情况,考核企业排放绩效,向公众披露排放信息。对于二氧化碳减排先行的企业或项目,政府应该在税收、政府采购、技术扶持、融资信贷方面给予优惠政策。

第十一章　二氧化碳减排中的博弈与治理模式构建①

本章首先对二氧化碳排放问题产生的经济学原因进行了阐释，运用博弈论对参与二氧化碳排放治理活动的政府、企业、公众间的关系进行了理论分析，进一步分析了企业和公众参与减排活动中的集体行动困境。然后，结合我国经济增长的动力机制分析了政府在减碳治理中存在失灵的原因。最后，提出了二氧化碳减排治理模式变革的理论假想。

第一节　二氧化碳减排中的博弈与行动困境

二氧化碳排放所产生的气候变化问题源于大气资源的共有属性，即人类生产性活动所造成的负外部性问题，对于气候变化的公共问题，政府运用各种手段进行治理变得十分必要，此时，政府与企业之间存在一个利益博弈的过程。公众作为气候变化的直接受害者，也有必要参与到对二氧化碳减排的治理活动中，此时，公众与企业间的博弈也必然存在。然而，二氧化碳减排活动的提供又具有公共物品性质，因此，集体行动中搭便车的问题又会随之产生。

一、二氧化碳排放问题的经济学起源

随着工业化过程对化石燃料的消耗，空气中二氧化碳的浓度急剧增加并造成了气候变化问题，大气环境容量由充裕变得稀缺，当前人类活动所造成的二氧化碳排放实质上是对大气环境容量的消耗。由于对大气环境容量的产权进行界定、分配和保护的成本十分高昂，并且即使产权得以界定，在交易中对溢出效应进行测度和定价的费用也十分高昂，因此大气环境容量一直作为自由获取资源而存在，此时，私人对大气环境容量的消耗将难以计入私人生产或消费活动成本，从而形成二氧化碳排放的环境成本（外部成本），私人生产或消费活动的成本与环境成本的和形成社会成本。

当存在外部成本时，自由市场难以界定环境成本的归属，因此市场机制无法

---

① 本章主要内容以《论我国二氧化碳减排治理模式的转型》为题发表于《经济纵横》2011年第8期。

实现大气环境容量有效率的使用，即二氧化碳有效率的排放，而二氧化碳排放过程又是不可逆的，随着浓度的不断增加，其所造成的气候变化危害不可避免，此时，二氧化碳的减排行动变得十分重要。①

二、二氧化碳减排中政府与企业的博弈

（一）政府免责条件下与企业的博弈

在政府对企业二氧化碳排放的治理过程中，存在“硬约束”和“软约束”两种策略，企业也可以采取“减排”和“不减排”两种策略。先考虑当企业不减排，政府不承担治理失职责任时的情况。假设政府对减排治理实行硬约束的概率为μ，此时需要一定的治理费用R，如果实行软约束，则治理费用为0；企业执行减排的概率为θ，减排成本为C_1，但如果不减排，则面临缴纳处罚C_2，假设$C_2 > C_1$。此时，政府与企业间形成一个非完全信息静态博弈，双方各自的支付矩阵如表11.1所示：

表11.1 政府免责下与企业博弈的支付矩阵

	企业	
政府	减排(θ)	不减排($1-\theta$)
硬约束(μ)	$-R,\ -C_1$	$C_2-R,\ -C_2$
软约束($1-\mu$)	$0,\ -C_1$	0，0

在支付矩阵中，若$C_2 < R$，则政府的治理成本过高，此时政府与企业在(软约束，不减排)上达成均衡；若$C_2 > R$，则博弈不存在纳什均衡，此时政府和企业的收益函数为：

$$G = \mu[-\theta R + (1-\theta)(C_2 - R)] \tag{11-1-1}$$

$$E = \theta[-\mu C_1 - (1-\mu)C_1] + (1-\theta)[-\mu C_2] \tag{11-1-2}$$

对以上两式求一阶导数，得到政府与企业的一阶最优条件为：

$$\partial G/\partial\mu = -\theta R + (1-\theta)(C_2 - R) = 0$$

$$\partial E/\partial\theta = -C_1 + \mu C_2 = 0$$

得到：$\mu^* = C_1/C_2$，$\theta^* = 1-(R/C_2)$，此时，政府与企业达到博弈均衡。

当$C_1/C_2 < \mu < 1$时，企业选择减排的可能性更大；当$0 < \mu < C_1/C_2$时，企业不减排的可能性更大；当$1-(R/C_2) < \theta < 1$时，政府软约束的可能性更大；当

① 肯尼思·阿罗认为虽然气候变化的未来成本尚不确定，但减排政策比保持现有政策要好，减排的收益贴现值大于成本贴现值。

$0<\theta<1-(R/C_2)$时，政府硬约束的可能性更大。

显然，在博弈过程中，政府的约束成本 R、企业的减排成本 C_1 以及企业不减排面临的处罚额 C_2 决定着最后的博弈结果。政府约束成本越低，企业的减排成本越低而面临的处罚力度越大，则越容易促成其减排；反之则不利于企业减排动力的形成。

（二）政府有责条件下与企业的博弈

假设企业未能按时完成减碳任务，政府除了对企业进行处罚外，还要承担保证减排任务继续完成的责任，如果政府对于减排治理是软约束，政府则要自己承担完成减排的费用；如果政府对于减排治理是硬约束，则要监督企业完成，假设企业继续执行减排任务的概率为 P，那么有$(1-P)$的概率是由政府完成的。此时，双方各自的支付矩阵如表 11.2 所示：

表 11.2　政府有责下与企业博弈的支付矩阵

	企业	
政府	减排(θ)	不减排($1-\theta$)
硬约束(μ)	$-R,\ -C_1$	$C_2-R-(1-P)C_1,\ -C_2-PC_1$
软约束($1-\mu$)	$0,\ -C_1$	$-C_1,\ 0$

政府与企业的收益函数变为：

$$G=\mu\{-\theta R+(1-\theta)[C_2-R-(1-P)C_1]\}+(1-\mu)(1-\theta)(-C_1) \tag{11-1-3}$$

$$E=\theta[-\mu C_1-(1-\mu)C_1]+(1-\theta)\mu(-C_2-PC_1) \tag{11-1-4}$$

对以上两式求一阶导数，得到政府与企业的一阶最优条件为：

$$\partial G/\partial\mu=-\theta R+(1-\theta)[C_2-R-(1-P)C_1]+(1-\theta)C_1=0$$

$$\partial E/\partial\theta=-\mu C_1-(1-\mu)C_1+\mu(C_2+PC_1)=0$$

得到：$\mu^{**}=C_1/(PC_1+C_2)$，$\theta^{**}=1-R/(PC_1+C_2)$，此时，政府与企业达到博弈均衡。

显然，$\mu^{**}<\mu^{*}$，$\theta^{**}>\theta^{*}$，这告诉我们当政府能够承担企业未完成的减排任务时，一方面企业选择减排的概率会提高，另一方面，政府采取硬约束的可能性也会加大。

三、二氧化碳减排中公众与企业的博弈

在二氧化碳减排的治理活动中，假设政府为公众提供了参与治理、共同监督企业的渠道。社会公众具有“参与治理”与“不参与治理”两种策略，假设公众参

与治理的概率为 γ，一方面参与治理需要付出一定的成本 C，另一方面参与治理使得二氧化碳的排放量减少，通过缓解气候危机为公众带来了环境优化利益 B，同时参与行动为公众也带来了一定的心理愉悦的收益 S，这一收益不受环境改善程度的影响。对于企业而言，如果以 λ 的概率进行二氧化碳减排行动，则获得 M 的收益，如果企业不考虑二氧化碳排放对环境的影响，不进行减排行动，则收益为 R，显然，$M<R$。企业不减排的行为对公众造成了环境利益损失为 N，如果公众参与治理，则会要求企业为破坏气候的行为给予补偿，假设企业会承担金额为 K 的赔偿，但显然只有当 $K<N$ 时，企业才会与公众达成协议。此时，公众与企业在不同策略选择下的支付情况如表 11.3 所示。

表 11.3　公众与企业博弈的支付矩阵

	企业	
公众	减排(λ)	不减排($1-\lambda$)
参与(γ)	$B+S-C,\ M$	$B+S-C-N+K,\ R-K$
不参与($1-\gamma$)	$0,\ M$	$-N,\ R$

该博弈不存在纯战略纳什均衡，社会公众与企业的收益函数分别为：

$$P=\gamma[\lambda(B+S-C)+(1-\lambda)(B+S-C-N+K)]+(1-\gamma)(1-\lambda)(-N) \tag{11-1-5}$$

$$E=\lambda[\gamma M+(1-\gamma)M]+(1-\lambda)[\gamma(R-K)+(1-\gamma)R] \tag{11-1-6}$$

对(3-5)和(3-6)式求一阶导数，得到公众和企业的一阶最优条件为：

$$\partial P/\partial\gamma=\lambda(B+S-C)+(1-\lambda)(B+S-C-N+K)+(1-\lambda)N=0$$

$$\partial E/\partial\lambda=\gamma M+(1-\gamma)M-\gamma(R-K)-(1-\gamma)R=0$$

得到：$\lambda^*=1-(C-B-S)/K,\ \gamma^*=(R-M)/K$，此时，公众与企业达到博弈均衡。

当 $\lambda\in[0,\ 1-(C-B-S)/K]$ 时，公众的最优选择是不参与治理；

当 $\lambda\in[1-(C-B-S)/K,1]$ 时，公众的最优选择是参与治理；

当 $\gamma\in[0,\ (R-M)/K]$ 时，企业的最优选择是不减排；

当 $\gamma\in[(R-M)/K,\ 1]$ 时，企业的最优选择是减排。

要提高企业二氧化碳减排的概率则要尽可能地降低公众参与治理的成本 C，提高公众参与治理所获得的效用 B 以及参与治理的心理和精神层面的收益 S，另外，要提高不执行减排企业对公众的赔偿成本 K。而公众参与二氧化碳减排治理的程度越高，越能够约束企业的二氧化碳排放行为。

第二节 我国二氧化碳减排治理中的“政府失灵”

分析表明公众减碳集团和企业减碳集团的形成都需要外部力量的推动，因此政府的减碳治理行动对于公众的引导和教育，以及对企业的强制命令、监督和激励是必不可少的，然而“政府失灵”是随之产生的另外一个问题。

一、政府主导经济促成碳排放利益集团的形成

我国三十多年的经济增长是依靠政府引入市场经济形成的，而改革的动力主要来自“中央—地方”政府间的分权，“从 1979 到 90 年代中期，中央大量经济决策权力被下放给地方政府，如计委、工商、税务、银行等主要经济职能部门划归同级地方政府管理，不受上级职能部门控制”。[①] 钱颖一等人提出“市场维护型联邦主义”理论，认为中央政府的行政分权和财政分权改革使得地方政府的经济决策权和地方利益得以显现，地方政府更有动力引入并维护市场经济，进行自主的政策创新以推动地区经济增长。[②] 而周黎安等人进一步认为地方政府官员围绕 GDP 增长而进行的“晋升锦标赛”是超越行政与财政分权之外更基本的激励力量。[③] 政治集权下以经济业绩为考核标准的“晋升锦标赛”形成了地方官员的政治竞争机制，而行政与财政分权为竞争提供了经济资源（周黎安，2007）[④]，两种机制相互作用形成了我国各地区为增长而竞争的态势。然而，这种竞争是在缺乏完善的产权保护和高质量且独立运作的司法体制的情况下进行的，地方政府为经济增长而提供的产权保护和执法服务是对正式制度的替代，这样虽然降低改革成本，减少改革阻碍，但在实现经济持续增长的同时也为行政权力介入经济活动提供了机会。虽然地方官员在经济上获得了较大的自主权，但他们始终是中央政府的代理人，中央通过干部考核、人事任免和晋升来控制地方官员，我国自上而下的政治治理体制使得地方政府官员更多地是对上级负责。政府职能本应包含广泛的社会责任而服务于公众，但在以经济发展为中心的政府官员绩效考核体制下（虽然广义的经济发展包含了“环境保护”和“经济增长”），以

---

① 郑永年. 中国模式：经验与困局[M]. 杭州：浙江人民出版社，2010：142.

② Qian Yingyi and Weingast, B. R.. Federalism As a Commitment to Preserving Market Incentives[J]. *Journal of Economic Perspectives*, 1997(4):83—92.

③ 周黎安，李宏彬，陈烨. 相对绩效考核：中国地方官员晋升机制的一项经验研究[J]. 经济学报，2005(1).

④ 周黎安. 中国地方官员的晋升锦标赛模式研究[J]. 经济研究，2007(7).

GDP 为核心的经济增长指标其考核成本更低且更能在短期内实现，因而在晋升激励下，地方政府的职能范围缩小至那些易于测度考核的指标，将更多的精力投向短期内能取得经济绩效的工程，而诸如环境治理这类关系长远发展的问题则容易被忽略，在此情况下，为增长而竞争的格局使得在"环境保护"与"经济增长"发生矛盾时，政府更偏向于保护"经济增长"。

在环境法律体制不完善的情况下，即使地方政府有意监管二氧化碳排放，其管制措施也会由于碳基能源企业与地方官员的勾结而被俘获。由于我国的市场经济体制是由政府引入并维护的，因此政府可以通过对企业的行政干预将自己的利益较深地嵌入市场经济利益链条中，这与政府为地方发展提供公共服务的职能是相违背的，这种职能错位不仅在深层次上与真正意义上的市场经济的培育和发展有着内在的矛盾，而且阻碍了我国转变经济增长方式内在动力的形成。地方政府对微观经济活动的行政干预为企业寻租、政府抽租以及两者勾结对减碳规制的俘获提供了机会，这与建立一个低碳社会所需的政府职能之间存在严重冲突。因此，追逐地区经济增长的目标会使得地方政府与企业之间形成以碳基能源为基础的利益集团，政府对企业的行政干预越多，这种利益集团形成的可能性就越大越稳定，也就越不利于激励企业的节能减排行为。

二、政府管制型减排治理工具的效率

我国节能减排的治理工具仍然以命令一控制型制度为主，而市场型制度和自愿协议型制度的运用还很少。命令一控制型制度主要包括能源定价、设置减排标准[①]和环境评价标准，特别加强对电力、钢铁、建材、有色金属和化工等高能耗产业的监管和审批，这种手段依靠行政权力、制定规则对企业排放行为进行约束与调控，这又为政府干预企业的经济活动创造了机会。如图 11.1 所示，假设企业 A 和 B 的减碳边际成本曲线为 MC_a 和 MC_b，当政府将企业二氧化碳排放量定为 Q^* 时，两个企业的生产成本都将提高，减排边际成本较高的企业 A 可能存在提高减排效率的动力，但两个企业即使都提高了减排效率也不会增加减排量，因为如果政府得知企业的减排成本降低后会进一步提高减排标准。但如果用市场机制来替代政府的减排标准，那么企业减排行动则有了利益表达(边际收益曲线 MR)，企业 A 和 B 根据 $MC=MR$ 的原则自主选择最优减排量 Q_a 和 Q_b，此时 $Q_a<Q^*$，$Q_b>Q^*$，如果要让企业 A 也达到 Q^* 的减排标准，可以通过企业间

① 我国出台了《节能减排统计监测及考核实施方案和办法》、《单位 GDP 能耗统计指标体系实施方案》、《单位 GDP 能耗监测体系实施方案》、《单位 GDP 能耗考核体系实施方案》以及《主要污染物总量减排统计办法》、《主要污染物总量减排监测办法》、《主要污染物总量减排考核办法》。

的交易机制来实现：企业 A 以 $P \in (P_a, P_b)$ 的价格向企业 B 购买缺口 $(Q_a - Q^*)$，使其减排成本降低；企业 B 则以 $P \in (P_a, P_b)$ 的价格出售，使其在交易中获利。与强制减排相比，市场交易机制使二氧化碳减排行动的价值得以体现，减排的获利性使企业 B 减排边际成本低的优势得以发挥，且使双方在交易中受益，不仅降低了总的减排成本，还同时增强了企业提高减排技术、增加减排量的动力。

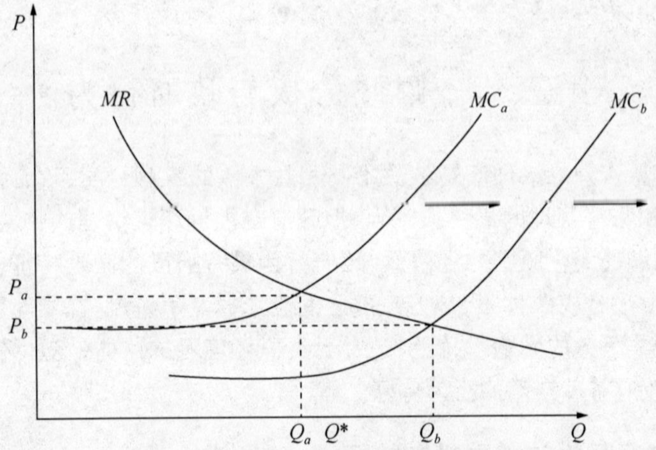

图 11.1　设定标准与交易机制的比较

市场交易机制本质上是将企业减碳行动所创造的减排量进行了产权界定并赋予其价值，较之命令—控制型制度，这是消除减碳行动"供给盲区"的一种更有效率的方法。因此，使用命令—控制型制度时，由于政府无法掌握所有企业的减排边际成本从而制定了统一的减排标准，企业无法自主选择最优减排量（边际收益等于边际成本），减排的社会总成本远远高于最优水平；另外，政府需要承担较高的监督和管理费用，由于获取企业减排和生产信息的成本高昂，制定合理的处罚标准难度较大，处罚太轻不能起到管制效果，处罚太重则削弱了企业的生产动力；在现有的技术条件和排放标准下，采用更高效减排技术的企业将会面临更严格的控制标准却无法获得任何经济利益，因此企业缺乏不断减少排放量的激励，在改进生产方式、发展减碳技术方面的创新投入十分有限。

我国在节能减排计划中实行"中央—地方—重点企业"的目标责任制，由于各级之间存在信息不对称，政策执行成本和监督成本都十分高昂。[①] 二氧化碳排放受到许多因素的影响，相应的政策也从这些影响因素入手，涉及能源价格、

① 宋德勇，卢忠宝. 我国发展低碳经济的政策工具创新[J]. 华中科技大学学报（社会科学版），2009（3）.

财税激励、产业政策、监管考核、法律制度等,这些政策的制定和执行需要各级政府和政府各部门的合作与协调。政府的规模越大,代理层级越多,政府间和部门间职能交叉、权责不明和利益冲突的问题就越严重,当各级政府或各部门的目标不一致时,政策执行的协调难度就更大。随着政府规模的扩大,项目行政审批的环节越多,出现企业寻租、官员腐败的可能性也就越大。因此,完全依靠行政力量来进行减排治理效率不高,且政府机构的规模越大、腐败问题越严重就越不利于减排目标的实现。

第三节　财政分权与政府行为

大气容量资源的治理问题涉及不同利益主体的权利分配,政府是容量资源利用、分配和监督管理的最终代理人,但政府在提供环境治理的公共服务时,并不是遵循利润最大化原则的经济体,政府行为具有自己的激励特征。对于发展中国家,在财政分权条件下,地方政府之间会形成竞争机制,在同时面临经济增长与提供公共服务的问题时,特别是对于类似环境保护这些外溢性较强的公共服务,地方政府有着自己的行为偏好。

一、政府行为的激励机制特征

首先政府具有多任务性。美国政治学家威尔逊就曾全面阐述了政府部门的多任务性,除了追求地区经济增长的目标外,还有维护社会公平正义、提供公共服务等其他目标,在特定时期这些目标间也存在难以权衡的矛盾。另外,政府部门的行政绩效难以度量,也难以找到可比较的参照标准。Holmstrom 和 Milgrom (1991)对多任务的激励机制进行了细致的分析,他们在道德风险假设条件下建立了一个多任务模型,激励机制要考虑不同任务间的替代和互补作用,对于任何给定任务的激励不仅取决于该任务本身的可观测性,还取决于其他任务的可观测性。[①] 地方政府官员作为中央政府的代理人会面临多种任务,不同任务会在时间安排上存在竞争,要让地方政府官员平衡地完成多种任务,只有当完成每一任务的边际回报相等时才能实现,但一般情况下,官员会轻视回报不足的任务,而将精力转移到回报更高的任务上。由于任务间的联系性造成了其难以完全区分度量,因此对不同任务提供均衡的低强度激励是最优的,正如在某些情况下,固定工资合同可能比基于可观测的奖惩激励合同更好。如果要设计一个社会福

① Holmstrom, B. and Milgrom, P.. Multitask Principal-Agent Analyses: Incentive Contracts, Asset Ownership and Job Design[J]. *Journal of Law*, *Economies*, *& Organization*, 1991:24—52.

利函数来综合考核政府官员完成任务的绩效,还面临着任务完成情况的度量以及不同任务在函数中的权重问题,例如环境保护任务与技术水平、宏观经济状况相联系,对环保部门的激励也要考虑这些因素,因此对地方政府环保激励机制的设计也就造成了许多困难。另外,对于不同的任务,地方政府也很少考虑任务间的相互影响以及难以确定任务间的权重,从而导致目标的模糊性,因此其完成任务的优先次序也就难以与委托人一致。

其次是政府的共同代理性质。政府部门的委托人是全体公民或不同的利益集团,其偏好具有异质性,并且容易改变。作为多个异质委托人下的共同代理人,政府部门往往受到委托人之间非合作讨价还价博弈的影响。在激励理论中,共同代理体现了一种多边关系,即偏好各不相同的多个委托人都试图影响同一代理人。在不完全信息下,共同代理面临着和只有一个委托人同样的问题,但即使在完全信息下,共同代理使得委托人不仅要考虑代理人的激励问题,还要考虑委托人之间相互博弈的问题。Bernheim 和 Whinston 提出的道德风险下的共同代理模型说明委托人之间的总激励都是以最低成本使代理人进行均衡行动的,如果他们的合谋是最优的,强纳什均衡存在,必将会导致有效率的结果,但如果合谋没有达到最优,搭便车问题会出现,委托人不能从其设计的激励安排中获得排他性利润。① Dixit, Grossman 和 Helpman 在完全信息和效用不可转移的一般偏好假设下建立了共同代理模型,将协调问题运用到政府的决策制定中,把政府作为各个利益集团的共同代理人,其目标是各个利益集团加权效用之和,那些有优势和有组织的集团所占的权重更大,而那些弱势集团的权重则降到最低,分配也变得不确定。② 他们证明委托人的纳什均衡策略能产生有效率的行动,并进一步分析了不同委托人之间的相互影响关系,当委托人之间存在外部性时会降低各方的努力,外部性越大各方形成的激励也就越弱。Dixit 又指出,在政府部门中,由于委托人的目标不同,他们的偏好不同又不能事先解决,一个行动的结果会影响到很多其他委托人,并且每个委托人拥有的信息、资源和参与能力各不相同,占有信息更多的委托人更容易影响代理人,具有优势的集团可以通过游说来克服搭便车的问题。③

最后是政府被"俘获"的性质。布坎南和克鲁格分析到,政府部门从事的是非生产性活动,其对企业和个人经济活动进行干预和管制很容易为少数特权者

---

① Bernheim, B. D. and Whinston, M.. Common Agency[J]. *Econometrica*, 1986(4): 923—943.

② Dixit, A., Grossman, G. M., and Helpman, E.. Common Agency and Coordination: General Theory and Application to Government Policy Making[J]. *The Journal of Political Economy*, 1997(4):752—769.

③ Dixit, A.. Incentives and Organizations in the Public Sector: An Interpretative Revew[J]. *The Journal of Human Resource*, 2002(4):696—727.

创造直接的非生产性利润,即租金。利益集团会通过合法或非法手段,例如游说、疏通、找关系、走后门等方式俘获政府官员,以获得创造租金的特权。由于政府部门具备创造寻租的条件,因此就会产生利用权力设置租金的设租行为,以创造新的寻租机会。在寻租中获得好处的政府官员又会尽力保持已有的租金制度或者创建新的租金制度。因此,在政府部门中比较容易产生从寻租到设租再到维护租金制度的恶性循环。

二、财政分权下的政府激励机制

中央与地方政府间的财政分权会对地方政府行为产生重大影响。第一,促进了地方政府间的水平竞争,由于政府部门目标任务繁多,其绩效难以全面衡量,因而很难设计一个适当的机制来激励地方政府有效地提供公共产品。Tiebout(1956)分析了在财政分权下地方政府间的竞争,认为居民可以在不同地区自由迁移,通过"用脚投票"的方式显示其对地方政府公共产品供给的偏好,居民对不同地方政府的选择激励了地方政府提高公共产品的供给效率。① 第二,财政分权还通过"标尺竞争"(yardstick competition)来影响政府行为,标尺竞争对应于对下负责的政治体制,虽然居民和中央政府对地方政府行为的信息都处于弱势,但由于分权构造了地方政府间的平行组织结构,居民可以通过参考其他地方政府的行为来评价自己所处地区的政府行为,由于地方官员知道其地区居民会以其他地区为标尺,从而会模仿其他地区的相关政策②③,这样自下而上的标尺竞争得以形成,同级政府间相互监督和学习以提高政府部门的运作效率,节约了行政管理成本,形成对政府的权力运用进行有效监督④,但在中国的垂直政治管理体制下,地方政府是对上级负责的,因此形成了基于上级政府评价的"自上而下的标尺竞争"。⑤ 第三,在财政分权条件下,中央政府对地方官员的政绩考核制度形成了影响地方政府行为的政治激励,当官员升迁的考核标准由以政治表现为主变为以经济绩效为主时,地方官员为追求晋升最大化,有动力推动

① Tiebout, C. M.. A Pure Theory of Local Expenditure [J]. *The Journal of Political Economy*, 1956 (5):416—424.

② Besley, T. and Case A.. Incumbent Behavior: Vote-Seeking, Tax-Setting, and Yardstick Competition [J]. *American Economic Review*, 1995(1):25—45.

③ Baicker, K.. The Spillover Effects of State Spending[J]. *Journal of Public Economics*, 2005(2-3): 529—544.

④ Martinez-Vazquez, J. and McNab, R. M.. Fiscal Decentralization and Economic Growth[J]. *World Development*, 2003(9):1597—1616.

⑤ 张晏. 分权体制下的财政政策与经济增长[M]. 上海:上海人民出版社,2005.

地区经济增长和地方基础设施建设。[1][2]

三、财政分权与政府公共产品供给

1956 年，查尔斯·蒂布特（Charles Tiebout）在《一个关于地方支出的纯理论》中将分权与公共产品的供给联系起来，提出了居民通过自由流动所形成的“用脚投票”的方式来解决公共部门信号显示的问题，这保证了地方政府公共收支模式与居民的真实偏好相匹配，以提高地方政府公共产品的供给效率，本质上是建立了一个地方政府间相互竞争的机制。然而在其模型中，地方政府公共产品的供给模式是给定的，并且地方政府能够像利润最大化的企业一样将平均成本降到最低，因此，公共产品的供给究竟是如何决定的仍然没有回答，他也没有考虑到地方政府的目标实现是一个政治过程，地方政府面临诸如寻租和腐败等“失灵”问题。Stigler（1957）肯定了地方政府在供给公共产品中的效率优势，不同地区的居民对公共产品的需求种类和数量是不同的，与中央政府相比，地方政府更能了解辖区内居民对公共产品的需求信息，中央政府要满足地区间需求的异质性，其成本显然远高于地方政府。Musgrave（1959）认为中央政府与地方政府之间通过对税权的分配固定有利于平衡公共产品的供给效率与分配的公平性，地方政府根据居民的偏好实施不同的资源配置政策，中央政府则负责分配的公平性与政策的稳定性。[3] 奥茨（Oats）分析了分权与集权的成本与收益，假定地方政府提供的公共产品可以变化，而中央政府不变，那么在分权条件下，地方政府难以解决地区间公共产品提供中存在的外溢问题，也无法获得集中供给的规模效益；在集权条件下，中央政府又无法有效满足地区间在公共产品类型和质量上的差异性。[4] 显然，当地区间的偏好是异质且公共产品的外溢性不强时，分权供给是有效的；当地区间的偏好是同质且公共产品的外溢性很强时，中央集中供给则更有效。因此，Oats 得出的分权定理为：分权供给公共产品的最优边界在于满足异质性所带来的边际收益与所产生的外部性边际成本相等之处。Stiglitz 也研究了公共产品的供给效率，认为对于不同的公共产品应采取不同的分权程度，在总公共产品预算给定条件下，对不同的最优公共产品支出采用不同的税收

---

① 徐现祥，李郇，王美今．区域一体化、经济增长与政治晋升［J］．经济学（季刊），2007（4）．

② 张军，王世磊，中国地方官员为什么要改善基础设施？——一个关于官员激励机制的模型［J］．经济学（季刊），2008（2）．

③ 方晓利，周业安．财政分权理论评述［J］．教学与研究，2001（3）．

④ Oates，W. E.．*Fiscal Federalism*［M］．New York：Harcourt Brace Jovanovich，1972．

或补贴。[①] 此外,由于分权将地方政府更多地置于居民的监督之下(Dethier,1999),以及地方政府间的"标尺竞争"改善了信息的不对称性,这些都有利于激励政府部门提高供给公共产品的效率。

这些文献基本上支持分权能够在一定程度上促进公共产品的供给,但自20世纪90年代中期以来,许多学者开始反思Tiebout模型以及该模型对发展中国家的适用性,认为分权并不必然改善公共产品的供给。第一,居民通过自由流动不一定能够形成有效的"用脚投票"机制,即使居民在区域间流动频繁也通常不是由公共服务的差异导致的。第二,在发展中国家,通常缺乏居民对地方政府的监督机制,层级越低的政府越容易被地方利益集团俘获和产生腐败问题,因此地方政府一般难以实现有效率地运行。第三,地方政府在人员素质、技术水平和管理能力上都与中央政府存在明显差距。第四,当地区间的要素禀赋差异巨大,如果完全依靠公共投入难以提高资本回报率,落后地区可能会退出竞争,这样地方政府间围绕公共服务的竞争机制就难以形成。第五,地方政府为居民提供的服务是多维度和多任务的,当激励机制侧重于某一任务时将导致官员的努力向这一任务倾斜,从而造成努力配置的扭曲(Holmstrom & Milgrom,1991),特别是对发展中国家而言,经济增长和政绩工程对于地方官员更为重要,而有关经济增长质量的环境问题更容易被忽视。

主流的财政分权理论对于中国是否适用呢?国内学者对此问题进行了深入分析。乔宝云等的研究指出中国严格的户籍制度使得"用脚投票"机制无法发挥作用,财政分权并未增加以小学义务教育为代表的外部性较强的公共产品的有效供给。[②] 丁菊红建立了一个中央与地方政府的两阶段动态博弈模型,证明了如下结论:在改革开放初期,地方政府会要求加大财政分权,增加对硬公共产品[③]的投入以推动经济增长;随着经济增长,社会出现硬公共产品供给过剩而软公共产品供给不足的问题,此时居民对软公共产品的偏好会不断增强,中央政府则减小分权程度以增加软公共产品的供给;如果地区经济达到一定水平,居民就能够迫使地方政府加大对软公共产品的提供而减少对中央政府的依赖;其前提是在高程度的财政分权条件下,地方政府更偏向提供硬公共产品,不愿提供投入较大却政绩较少的软公共产品。丁菊红还利用动态面板数据模型对其理论进行

① Stiglitz, J. E., Dasgupta, P.. Differential Taxation, Public Goods, and Economic Efficiency[J]. *Review of Economic Studies*, 1971(2):151—174.

② 乔宝云,范剑勇,冯兴元.中国的财政分权与小学义务教育[J].中国社会科学,2005(6).

③ 丁菊红(2008)将投资期有限、收益明显、能较快反映政府政绩的有形公共产品界定为硬性公共产品,如高速公路等基础设施;将投资期长、对短期经济增长作用不明显、政府政绩难以体现的无形公共产品界定为软性公共产品,如医疗、教育、卫生。

了检验,发现财政分权明显促进了硬公共产品的供给而抑制了软公共产品的供给;在经济落后地区,其财政分权会加快,而经济发达地区的财政分权速度则会减缓。傅勇从财政支出结构的角度考察了地方政府的行为,中央政府强调经济增长的政绩考核以及地方政府的分权竞争造成了财政支出偏向基础设施而公共产品提供不足的扭曲,在人口不流动而资本流动的条件下,地方政府为招商引资、竞争税基而减免资本所得税、增加人头税的行为则进一步扭曲了财政支出。[①] 他还利用1994—2004年的面板数据进行的实证分析验证了财政分权造成了地方政府的公共支出"重基础建设而轻人力资本和公共服务"的扭曲;又通过对公共产品供给的结果和质量进行实证分析发现,财政分权显著地降低了基础教育和城市公共服务的供给。[②]

第四节　二氧化碳减排治理模式的构建

在二氧化碳减排治理中,政府对二氧化碳排放的约束力度以及对未完成的减排任务的承担有助于激励企业的减碳行为,公众参与治理也能对企业的减碳行为起到约束作用,但如何克服政府治理中的失灵、企业和公众的搭便车心理呢? 在我国,我们有必要对以政府管制为主导的二氧化碳减排治理模式进行变革,以促进公众减碳集团和企业减碳集团的形成。

一、二氧化碳排放利益集团与减碳利益集团

Allan Schnaiberg 指出:环境问题不是单纯由人口因素或技术因素造成的,人口增长和技术开发不会自主地影响环境状况,更关键的是这些因素背后的社会文化与制度、社会结构与过程、社会动力与机制。[③] 二氧化碳排放所产生的气候变化危机本质上是集体行动转嫁环境成本所造成的,而二氧化碳减排动力不足实质上是集体行动搭便车的过程,因此,气候变化危机的产生及其治理不仅仅是以技术为中心的经济问题,更重要的是与人们的行为模式相联系,具有强烈的社会性。Duncan 提出的"生态复合体"模型阐述了人口通过技术使用和社会组织影响环境的过程,Dunlap 和 Catton 进一步认为社会组织包括了文化系统、社会系统和心理系统[④],我们可以借此引申出二氧化碳排放所

① 傅勇.中国式分权与地方政府行为:探索转变发展模式的制度性框架[M].上海:复旦大学出版社,2010:47—67.

② 傅勇.财政分权、政府治理与非经济性公共物品供给[J].经济研究,2010(8).

③ 洪大用.环境社会学与环境友好型社会建设[J].中国人民大学学报,2007(1).

④ 同上③。

造成的气候变化危机是人口、技术、文化、社会和心理等多种因素通过相互作用的后果，而这一作用的动力来源和运动方向被二氧化碳排放利益集团所控制。

个人或企业二氧化碳减排动力不足反映了集体行动搭便车的心理，但即使个人或企业参与到减碳行动中，也会遇到二氧化碳排放利益集团的阻碍。Allan Schnaiberg 在对资本主义生产体系的分析中指出，资本家在自由市场中为追逐利润尽量以低廉的价格攫取资源，其技术改进只关注于生产效率而不顾及对社会和环境的影响；当企业具有垄断势力后能够对政府的政策进行干预；在资本主义生产体系中，社会民众的消费文化和行为模式被资本家所操控。① 后来，乌恩鲁在 2000 年提出了碳锁定的概念，他认为工业革命以来人类建立的技术体系是以化石能源为基础的，以此构建的政治经济体系与之结成了技术—制度综合体，碳基技术的既得利益者建立有利于自身发展的社会组织和制度，通过政治游说俘获政府管制，使人类社会从思想观念和文化习惯上对其产生内在的惯性依赖，从而形成碳基技术的锁定效应，因此，现存的以化石能源为基础的技术—制度综合体代表着二氧化碳排放利益集团的意志，他们是有意参与二氧化碳减排行动的个人或企业所面临的最大困难，也是低碳技术扩散、低碳文化传播的最大障碍。

要解除对碳基能源和碳基技术的依赖，发动二氧化碳减排的社会性集体行动，就必须先培育二氧化碳减排利益集团。关注生命健康的个人和以低碳技术作为利润来源的企业（发明和应用低碳技术的企业）是减碳利益集团的主要成员，他们可以通过建立社会组织推动低碳化的社会运动，从而通过社会运动来推动有利于碳减排的制度变迁。然而，减碳集团与排放集团是有着利益共容的，即生存环境的可持续性，因此两者间的博弈不是竞争性的利益分割，而是让排放利益集团诱致转化为减排利益集团，共同解除碳锁定。制度变迁方式的选择取决于一个社会的利益集团之间的权利结构和社会的偏好结构。② 就权利结构而言，排放利益集团显然占有主导地位，但如果资源要素价格、环境要素价格、社会公众的偏好以及技术结构能够发生变化，以“碳减排”为核心的要素资源所形成的利益机制是可以逐步构建的，该机制与以“碳基能源”所代表的利益机制的成本与收益比较将决定排放利益集团的行动。此时，减碳利益集团必须联合第三方集团即政府，通过降低减排成本、增加规避排放或寻租成本来改变资源要素价格或环境要素价格结构，让环境产权的价值得以体现，从而对排放利益集团形成

① 洪大用. 环境社会学与环境友好型社会建设[J]. 中国人民大学学报，2007(1).

② 樊纲. 两种改革成本与两种改革方式[J]. 经济研究，1993(1).

减排激励，使以“碳减排”为核心的要素资源所带来的潜在利益机制成为各集团的利益共容机制。

企业的减碳活动或者对低碳技术的研发生产活动能够产生利益的前提是减碳量的产权得以确认和界定并能够通过价格机制产生价值，因此，企业投资者的利益获得以及影响力的发挥有赖于碳排放权市场机制的建立；非政府组织的建立和发展要以消费者为中心，只有当消费者能够被有效组织起来，才能克服集体行动的困境，非政府组织只有以消费者的利益为目标才能实现自身价值的最大化；当政府的利益评价标准从经济利益转向社会利益和公众的政治支持时，政府从二氧化碳减排治理中所获得的利益将会迅速增加，在构建减碳利益机制的过程中，由于政府在提供基础性服务中拥有成本优势和规模效益，其在二氧化碳减排治理中的主导地位将不会动摇，但如何与企业投资者、消费者以及非政府组织形成协作效应，进一步促成企业投资者、消费者以及非政府组织的利益最大化以及在减碳行动中影响力的最大化是政府应该关注的另外一个重要问题。

二、基于政府分权的二氧化碳减排治理

二氧化碳减排治理本质上是要构建以“碳减排”为核心的利益机制，这一机制的构建首先需要减碳利益集团的行动，因此，减碳利益集团的培育以及有利于其发展的制度环境是改变以政府管制为主导的传统治理模式的首要条件。

郑永年分析了我国政府在改革开放中两个维度的分权，即“中央—地方政府”间的分权和“国家—社会”间的分权。“中央—地方政府”间的分权促进了地方政府间为增长而竞争的格局，但导致了地方行政权力对经济的干预，这也是造成了政府管制为主导的二氧化碳减排治理效率低下的主要原因。但“国家—社会”间的分权可以增进个人权利的保护，扩大公众参与公共事务的渠道和促进非政府组织的发展；经济上可以保护私人产权，使政府退出对经济的干预而让位于市场机制。① 减碳利益集团的形成需要社会公众的广泛参与，而“国家—社会”间的分权则为减碳利益集团的培育创造了条件，因此有利于二氧化碳减排治理行动的展开。

（一）“政府—公众”分权下公众参与减碳治理

在“中央—地方”政府分权背景下，中央将二氧化碳减排治理的事权下放到地方，但中央和地方在该问题上的利益结构并不一致，此时，中央政府一方面改

① 郑永年. 中国模式：经验与困局[M]. 杭州：浙江人民出版社，2010：138—141.

变地方政府官员的晋升考核体系，建立以公众对政府服务的满意度为核心的政绩考核体制，使政府官员将其工作重心从干预微观经济活动向为公众提供公共服务转移，切断其与企业间的经济利益链条，转而与公众形成利益共容；另一方面，中央政府强化社会力量，扩大公众参与治理的渠道，这样既可以以较低的成本监督地方政府的执行情况，提高政府的治理力度，又可以协助地方政府提高治理效率，政府在减排治理中构建吸收社会力量的渠道和机制也降低了公众自身参与治理的成本。公众参与减碳管制的治理既有利于公众在消费端形成主动的减碳行为，又有利于增强政府的减排治理动力，公众一方面监督地方政府的治理行为，另一方面监督企业的减碳行为，使得中央政府与公众形成联盟，共同约束地方政府和企业的行为，减少地方官员与企业合谋俘获减排管制的可能，而公众的积极参与在一定程度上也分担了地方政府的治理事务。

二氧化碳减排行动有利于应对气候变化危机，符合环境保护和个人健康的利益，公众应将健康利益意识转化为对个人环境权①的维护，并进一步根据环境正义②的原则，意识到要实现二氧化碳减排利益或者个人健康利益在代内和代际的公平分配，必须依靠自身的普遍参与，以提高参与减排治理所产生的效用和心理收益。公众参与意识的觉醒和付诸行动离不开政府向公众的分权：第一，通过立法赋予环境权利实质性内涵和行使方式，政府通过教育和媒体宣传来强化公众对其权利的认知，开启公众参与减排治理的意识，因为公众的受教育水平直接影响到个人对所拥有的环境权的重视程度，进而影响到参与减碳行动的程度。第二，从放松对公众参与公共事务的管制逐步演化到主动吸纳公众力量参与到对碳排放的行为监督和治理，为公众提供便利的参与渠道。当健康环保所产生的效用在社会偏好结构中占据主导地位时，参与减排会在社会公众中达成共识。

但即使达成减排共识，如何解决社会公众在参与减碳治理中的搭便车问题呢？社会公众采取何种组织形式便成为了关键。奥尔森认为即使不用强制手段或任何集体物品以外的正面诱因，小集团也会给自己提供集体物品，虽然不会达到最优水平的提供量，但还是在行动。③ 小型减碳集团一方面降低了各方达成协议的组织成本，另一方面也降低了测度个人努力程度的成本，以利于减碳激励措施的实施，还有就是集团的人员越少，其个人行动收益所占比重也越高。特别是面对具体的环境破坏事件时，这类组织更容易将直接利益受损者组织起来，其

---

① 具体包括环境知情权、环境参与权和环境监督权。

② 环境正义是指在环境法律、法规、政策的制定、遵守和执行等方面，全体人民，不论其种族、民族、收入、原始国籍和教育程度，应得到公平对待并卓有成效地参与。而其中的公平含义既要求代际公平，也要求代内公平。

③ 〔美〕曼瑟尔·奥尔森. 集体行动的逻辑[M]. 上海：上海三联书店，2008：28—29.

行动带来的利益更容易体现。因此,我们有必要鼓励公众小型减碳集团的建立,这类小集团可以是以地理位置为基础的减碳社区,也可以是基于减碳利益、兴趣与爱好而自愿组成的社会组织。公众减碳组织实质上是以低碳发展为核心的社会关系结构,这一结构的发展又有利于围绕低碳发展的社会资本的形成。社会资本表现为信任、网络和规范,以及通过协调与合作来提高效率(Putnam,1993)。① 公众减碳组织可以增强成员的健康利益意识和环境权意识,形成共同的低碳价值观,建立低碳消费和参与治理的行动规范,在减碳行动中相互信任、信息共享和促进合作,从而进一步化解公众参与的集体行动困境。在参与减碳治理中,低碳消费文化也会逐步形成,随着公众对低碳产品的偏好加大,减碳行动会从消费端逐步传递到生产端,激励企业的减碳行为,使生产的偏好结构逐步向低碳产品转移。因此,政府对公众的放权还体现在积极推动各种政府型或非政府型的减碳组织的建立,并将参与治理的渠道制度化以发挥减碳组织的作用。

(二)"政府—企业"分权下企业参与减碳行动

我国的市场经济体制是由政府引入并维护的,因此地方政府可以通过对企业经济活动的行政干预将自己的利益较深地嵌入到市场经济利益链条中,这为企业寻租、政府抽租以及两者勾结对减碳规制的俘获提供了机会,这与建立一个低碳社会所需的政府职能之间存在严重冲突。因此,追逐地区 GDP 或财政收入的目标会使得地方政府与企业之间形成软化二氧化碳减排约束的合谋,地方政府对企业的行政干预越多,这种合谋产生的可能性就越大,也就越不利于激励企业的二氧化碳减排行为。

政府与企业之间分权的过程主要表现为地方政府从对企业经济活动的行政干预中退出,建立以公众对政府服务的满意度为核心的政绩考核体制,使政府官员将其工作重心转移到为公众提供公共服务上来,切断其与企业间的经济利益链条,转而与公众形成利益共容。当政府维护公众的环境权时,会形成内在的减排治理动力,此时政府强化了对企业的减碳约束,企业通过寻租来规避减碳约束的成本必然会提高。政府减少对企业经济活动的干预有利于市场经济体制的完善和深化,促进公平竞争性市场的构建,特别是在低碳技术市场,政府对本土企业特别是国有企业的保护既不利于其技术创新,也不利于对发达国家企业先进技术的引入;另外,政府还应遏制"碳基能源"技术的垄断性力量,保护低碳新兴技术市场,帮助参与减碳技术创新的中小企业降低研发风险,低碳新兴技术市场

① Putnam, R. D., Leonardi, R., and Nanetti, R. Y.. *Making Democracy Work: Civic Traditions in Modern Italy*[M]. Princeton: Princeton University Press, 1993: 25.

的逐步建立，有利于降低企业的减排成本，促进在企业中形成的二氧化碳减排利益集团。政府与企业之间的分权一方面强化了减碳约束，另一方面推动企业围绕减碳效率的提高展开竞争，引导企业改变以“碳基能源”为基础的生产结构偏好。

（三）“政府—市场”分权下减碳治理工具创新

政府完全依靠行政权力收集企业的减排信息所耗费的成本巨大，且无法调动企业的减排积极性，造成了命令—控制型环境规制工具效率低下的问题。政府的行政权力显然无法代理所有的治理任务，如何最大限度地激励企业减排的积极性才是关键，要解决这一问题，政府的行政权力必须让位于市场的激励机制。第一，只有赋予企业减排量的私有产权性质，且能够清晰界定，减排行动所创造的利益才能从公共领域纳入到私有领域，通过碳排放权交易市场赋予碳减排行动以市场价值，这也进一步激励了生产者采用更为经济成熟的低碳技术且加大对提高减排效率的技术创新投入，从而降低企业的减排成本。第二，政府应一方面放松对能源和资源产品价格的管制，能源资源的使用成本不仅要反映内部成本还应反映其使用造成的外部成本；另一方面推动低碳技术市场的形成，提高低碳技术的流动性和技术市场的竞争性，从而不断提高低碳技术效率和可获得性。第三，围绕碳排放权交易市场，构建包括碳基金、碳保险、碳证券以及一系列创新金融工具为支撑的碳金融体系，金融机构加入到以企业为主体的碳交易体系，一方面可以扩大碳市场容量、加强流动性、使市场信息更加透明，另一方面更加成熟的碳金融市场也可以吸引更多的企业、金融机构以及私人投资者参与其中。市场机制为减排行动提供了获利机会，引导企业从以“碳基能源”为基础的生产结构偏好向以“减碳技术”为核心的生产结构偏好转换。

（四）政府分权下的减碳治理模式

破解二氧化碳减排的集体行动困境的关键是要建立减碳利益集团，通过减碳利益集团治理来替代以政府管制为主导的传统治理模式。而减碳利益集团的培育、发展和行动不仅需要社会公众的参与，同时也需要政府的支持和企业的加入。图 11.2 是对基于政府分权的减碳治理模式中公众、政府和企业逻辑关系的描述，这一减碳治理模式的核心含义是通过减碳利益集团的行动来改变社会对于“碳基能源”依赖的社会偏好。在维护公众环境权的前提下，政府应转变职能目标和命令型的治理方式，政府与公众间的分权为公众组织的减碳行动提供了政治资源以降低公众参与的成本，公众减碳组织参与减碳治理不仅有利于公众在消费端形成主动的减碳行为，而且还可以监督地方政府的治理行为和企业的减碳行为，使得中央政府与公众形成联盟，共同约束地方政府和企业的行为，减少地方官员与企业合谋俘获减排管制的可能，这样一方面强化了政府的治理力度，另一方面也降低了治理成本。政府与企业间的分权通过强化对企业减碳约束来推动低碳技术市场的发展，政府与市场间的分权为市场型治理工具的发明和运用提供了机会，低碳技术市场和市场型治理工具则服务于企业降低减碳成本，为企业减碳提供经济资源。企业减碳行动以及公众的低碳消费行动又进一步维护了公众的环境权并促进了公众减碳组织的发展，从而推动了以“低碳技术”为核心的社会偏好结构逐步形成。

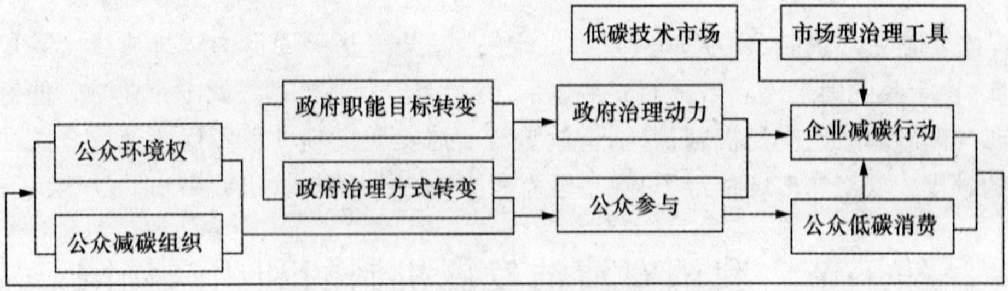

图 11.2　基于政府分权的减碳治理模式

第十二章　清洁发展机制与我国企业承接低碳技术转移[①]

清洁发展机制(CDM)是《京都议定书》框架下基于项目的碳排放权交易机制,由于我国尚未建立自己的交易体系,因此清洁发展机制是我国企业唯一能够参与的碳排放权交易机制,我国企业参与清洁发展机制项目不仅为建立全国性的碳排放权交易市场奠定了基础,也为承接先进的低碳技术转移创造了机会。

第一节　我国对清洁发展机制的利用与局限

一、参与清洁发展机制项目的基本现状

自2005年《京都议定书》正式生效以来,我国就一直是全球最大的清洁发展机制项目供应国。如表12.1所示,截止到2011年4月11日,在联合国清洁发展机制执行理事会获得注册的清洁发展机制项目共有2970个,中国为1308个,占其中的44.04%;全球项目的预计年减排量为4.588亿吨,中国为2.908亿吨,占了63.39%。这些已注册项目每年预计为我国引进约18亿元美元的资金用于节能减排项目建设,带动数十倍的资金投入可再生能源和节能技术的开发,另外,清洁发展机制项目建设和利益驱动吸引了大量的技术人员和市场开发人员投身于节能减排相关行业,促进了我国低碳产业的发展,是减碳利益集团形成的重要组成部分。

表12.1　全球清洁发展机制项目的主要分布(截止到2011年4月)

国家	年减排量占比	注册项目数占比	国家	年减排量占比	注册项目数占比
中国	63.39%	44.04%	马来西亚	1.16%	3.03%
印度	10.99%	21.48%	智利	1.1%	—
巴西	4.82%	6.33%	阿根廷	1.04%	—
韩国	3.75%	1.82%	尼日利亚	1.02%	—
墨西哥	2.14%	4.21%	越南	—	1.89%
印尼	1.39%	2.09%	其他	9.19%	15.12%

资料来源:根据《联合国气候变化框架公约》(UNFCCC)网站提供的数据计算得到。

① 本章主要内容以《研发能力、知识产权保护与CDM中的技术转移——基于我国注册项目的实证分析》为题发表于《经济管理》2011年第5期。

清洁发展机制项目在我国的分布地域十分广泛，截止到2011年2月20日，在联合国清洁发展机制执行理事会获得注册的1 250个项目中，除了西藏没有清洁发展机制项目外，其他地区都参与开发了清洁发展机制项目，如表12.2所示。其中，云南、内蒙古和四川的项目最多，这与云南、四川的水电资源以及内蒙古的风电资源丰富有关。从我国清洁发展机制项目的类型总体分布看（见表12.3），以水电和风电项目为主的新能源和可再生能源是最主要的项目类型，这说明我国的清洁发展机制项目数量虽然庞大但项目类型分布不均匀，很大程度上要依靠各地区的自然资源禀赋。在节能和提高能效的项目类型中，主要包括余热和废气回收利用，以及超临界燃煤发电项目，但尚未有终端能效项目注册成功。甲烷回收利用主要包括煤层气回收利用、沼气利用、垃圾填埋气和垃圾焚烧发电，这类技术的应用在我国取得了较大的进展。HFC-23分解是我国最早注册开发的一类项目，具有减排原理简单、监测容易、减排量大的特点，但由于其减排机理对可持续发展贡献较小、经济效益被夸大等弊端，因此其开发价值会逐渐减小。总的来看，我国的清洁发展机制项目所涉及的类型还较少，主要集中在方法学简单、监测容易的可再生能源发电领域，对拥有巨大减排潜力并对科技进步有较大带动力的节能和提高能效项目的申请量相对较少，减排规模也较小，而对农业、林业等碳指标的开发，以及对先进减碳技术的引进和研发相对滞后。

表12.2　我国清洁发展机制项目的地区分布（截止到2011年2月20日）

地区	项目数	地区	项目数	地区	项目数	地区	项目数
云南	147	河北	42	新疆	34	宁夏	18
内蒙古	137	福建	40	陕西	28	海南	10
四川	113	辽宁	38	浙江	28	青海	10
甘肃	85	吉林	38	重庆	28	北京	7
湖南	72	广东	35	江西	26	上海	6
山东	48	江苏	35	安徽	25	天津	2
湖北	43	广西	35	河南	24	西藏	0
山西	42	贵州	35	黑龙江	19	合计	1 250

资料来源：根据中国清洁发展机制网提供的数据计算得到。

表 12.3 我国清洁发展机制项目的类型分布(截止到 2011 年 2 月 20 日)

类型	项目个数占比	年减排量占比	类型	项目个数占比	年减排量占比
新能源和可再生能源	80.32%	47.54%	HFC-23 分解	0.64%	16%
节能和提高能效	8.4%	10.42%	垃圾焚烧发电	0.24%	0.376%
甲烷回收利用	6.24%	9.9%	造林和再造林	0.24%	0.043%
N_2O 分解消除	1.84%	8.65%	其他	0.72%	0.883%
燃料替代	1.36%	6.19%			

资料来源:根据中国清洁发展机制网提供的数据计算得到。

二、基于清洁发展机制项目与国际碳交易市场的初步连接

碳排放权交易机制能够考虑到不同企业的减碳成本,为减碳成本较低的企业提供出售排放权来获利的机会,激励企业采用并开发更为经济和成熟的减碳技术,然而这一机制的建立和运行并不是无条件的。丹尼尔·科尔就指出,完善的市场机制和精确的点源监测技术是排放权交易机制取得成效的前提条件。[①] 由于我国政府尚未确定减排总量,导致排放权价格、管制范围、碳排放权的分配以及碳排放量监测等基础性问题有待解决,因此全国性的碳排放权交易市场在我国尚未建立,但《京都议定书》所确立的清洁发展机制使得我国的部分企业参与到全球性的减排活动,而参与的过程为国内碳排放权交易机制的建立提供了准备、积累了经验。首先,除了我国可直接参与的清洁发展机制交易体系本身,国际上其他碳排放交易体系[②]如最具影响力的欧盟排放交易体系(EUETS)已较为完善,其市场日渐成熟,清洁发展机制初级市场产生的碳减排信用也可以在欧盟碳排放交易市场上出售,我国参与清洁发展机制项目开发的企业也因此与国际碳排放交易体系建立了初步联系,国外的碳减排利益机制在一定程度上也调动了国内企业的减碳行为。其次,参与清洁发展机制项目有助于提高政府减碳治理决策者和企业人员对气候变化、清洁

① 〔美〕丹尼尔·H.科尔.污染与财产权:环境保护的所有权制度比较研究[M].北京:北京大学出版社,2009:73—78。

② 欧盟排放交易体系(EUETS)、芝加哥气候交易所(CCX)、北美区域性温室气体倡议(RGGI)、澳大利亚新南威尔士州温室气体减排体系(NSWGGAS)、新西兰配额(NZU)等。

技术、排放交易规则的意识和理解,为我国可再生能源和能源效率等相关新技术的开发和扩散创造了有利条件。再次,经批准的清洁发展机制方法学涉及项目减排量的估算、测量、核查和核证,这些可以运用到碳排放权交易机制中对企业减排行为的监测,另外,逐渐发展起来的清洁发展机制咨询机构和指定经营实体也能为企业的减排行动提供服务,降低交易费用。

《京都议定书》设计了两大减排原理,一是"限量—贸易"理论(cap and trade),其基本原理是由管理者设定总的排放额度,并分配给个参与者,参与者根据自己的减排成本对所拥有的排放额度进行处理,可以进行买卖或自己使用。基于配额的交易市场就是以"限量—贸易"理论为基础而设立的,如国际排放贸易机制(IET)、欧盟排放交易体系(EUETS)、澳大利亚新南威尔士州温室气体减排体系(NSWGGAS)、新西兰配额(NZU),以及没有加入《京都议定书》的国家基于自愿设立的芝加哥气候交易所(CCX)和北美区域性温室气体倡议(RGGI),参与者主要是有减排任务的发达国家或自愿减排的企业。二是"基准线—贸易"理论(baseline and trade),基本原理是对具体项目设立碳排放基准线,项目完成后针对基准线实现的减排额度即为可用于交易的碳信用额度。基于项目的交易市场是以"基准线—贸易"理论为基础的,如清洁发展机制和联合履约机制(joint implementation, JI),其中清洁发展机制适用于发达国家与发展中国家合作开展的减排行动,即发达国家通过向发展中国家转让先进的减碳技术或者提供减碳资金,在发展中国家的项目建设中实现减排,并购买由此产生的经核证的碳减排量来达到本国的减排目标量,而联合履约机制则是发达国家之间以项目为基础通过联合履约的方式合作开展减碳行动,减排量为参与方共享。

在目前的国际碳交易市场结构中,配额交易市场占据主导,项目市场处于辅助地位,2009 年,基于配额的市场占排放权交易总量的 84.62%,其交易额占交易总额的 85.45%,这两项指标相对于 2008 年又有显著提高,因此,配额市场具有碳排放权价值发现的基础功能,项目市场的价格基本上随着配额市场价格波动。在配额交易市场,欧盟排放交易体系又是居于主导地位的,其交易成本更低、流动性更高,交易规模也远远大于其他各大交易市场,如表 12.4 所示,2008—2009 年间,其市场份额保持在 80%—90%。目前,欧盟排放体系不但与《京都议定书》的排放交易制度兼容,而且能够与非《京都议定书》机制下的交易制度连接,其交易网络的全球性日益显现。

表 12.4　部分碳交易体系的交易量比较

	2008 年		2009 年	
	交易量（百万吨 CO_2）	交易额（百万美元）	交易量（百万吨 CO_2）	交易额（百万美元）
EUETS	3 093	100 526	6 326	118 474
CCX	69	309	41	50
RGGI	62	198	805	2 179
NSWGGAS	31	183	34	117
CDM	404	6 511	211	2 678
JI	25	367	26	354

资料来源：World Bank：State and Trends of Carbon Market 2010.

国际金融机构通过与我国企业合作开发清洁发展机制项目所获得的减排信用也能够在欧盟排放交易市场上出售，所以，我国参与清洁发展机制项目的企业也与欧盟排放体系形成了连接关系。但是，我国参与的清洁发展机制项目一直以双边开发模式为主，即在项目开发前就有买家与项目业主签订购买排放减排认证（CER）的协议并承担相应的风险，这使得我国企业只是清洁发展机制初级市场的供给者。由于不同类型的清洁发展机制项目所具有的风险属性不同，买卖双方承担的风险不同，造成了初级市场的信息不透明、流动性差，所以 CER 的价格也相对较低。①。一般清洁发展机制初级市场的 CER 价格是欧盟碳配额（EUA）价格的 40% 左右，而二级市场的清洁发展机制价格则是 EUA 价格的 80% 左右。虽然我国的投资机构可以申请清洁发展机制二级市场或欧盟排放交易体系的交易席位，直接参与进行 CER 或 EUA 的合约交易，也可以通过委托碳排放交易所中拥有固定席位的经纪公司进行交易，但我国的投资机构对于交易规则的理解还不成熟、商业和风险意识还比较缺乏、投资经验不足，国内企业对基于碳排放权交易的盈利模式更是缺乏理解和实际应用，因此，我国的金融投资机构和企业直接参与国际碳交易的机会较少②，而更为重要的是，我国没有自己的碳排放交易体系，这些都使得我国没能参与到国际碳排放市场的定价，无法获得公平的 CER 价格。可见，虽然我国企业是清洁发展机制项目的主要参与

① 戚婷婷，鲁炜．核证减排量现货市场与期货市场的价格发现［J］．北京理工大学学报（社会科学版），2009（12）．

② 陈小重，徐琳．清洁发展机制（CDM）对中国低碳经济发展的影响——基于 CDM 效益对等性分析的横向比较［J］．云南财经大学学报，2010（3）．

者,但仅仅只是碳减排信用的供给者和价格接受者,未能完全真正融入世界碳排放交易体系,因此现有的碳排放权利益机制对我国企业减碳行动的吸引力仍然十分有限。

三、基于清洁发展机制项目承接技术转移的现状

碳排放权交易机制的目标是调动企业的减排积极性并以较低的成本实现减排,而碳减排技术却是创造减排量的关键,也就是创造排放权的关键。目前较为成熟和关键的碳减排技术包括能源利用效率提高技术、二氧化碳捕获与封存技术、新能源和可再生能源技术、森林管理和利用、能源末端利用等,这些技术运用于不同类型的清洁发展机制项目中,我国企业通过与发达国家企业的清洁发展机制项目合作承接先进技术转移,一方面可以提高自身的减碳效率,另一方面也为我国低碳技术交易市场的培育奠定了基础。

《京都议定书》指出,发达国家有义务采取一切可行的措施向发展中国家转让温室气体减排技术,虽然技术转移不具有强制性,但在清洁发展机制项目建设中,技术转移被作为评价项目建设质量、减排额外性和减排效率的一项重要指标,与发达国家在清洁发展机制项目建设中的合作是发展中国家获得先进减碳技术转移的重要平台。联合国政府间气候变化专门委员会(IPCC)在《技术转让的方法与技术问题》的报告中对技术转让进行了阐释,认为技术转让"涵盖了不同利益相关者(如政府、私营实体、金融机构、非政府组织和科研教育机构)之间关于减缓和适应气候变化的技术知识、经验和设备的流动",因此,技术转移在广义上由先进技术的学习、理解、运用、推广以及合作开发等过程组成,以及让技术具备适应东道国使用条件的能力的过程,既包括硬件,如生产建设过程中机器设备的转移,也包括软件,如知识、技能和应用方法的转移。

在清洁发展机制项目设计文件中有关于项目建设的技术说明,但由于技术转移含义的广泛性,对技术转移的标准界定尚不存在,因此,只能从项目的技术说明中推测其技术转移的情况。本文将项目设计说明中涉及的先进设备进口或国外技术的应用、与外方企业的技术合作以及为使用新技术对我国企业的人员培训均视作技术转移。本节收集了 2005—2010 年我国企业参与并在 EB 获得注册的部分项目的相关资料,并对其中的技术转移情况进行了整理,归纳于表 12.5。

表 12.5 2005—2010 年部分已注册项目中的技术转移情况

项目类型	项目数量	有技术转移项目数量	技术转移率
风能	282	102	36.17%
能效提高	61	35	57.38%
填埋气体	28	18	64.29%
燃料替代	18	18	100%
煤层气	39	13	33.33%
HFC-23 分解	11	10	90.9%
生物质能	27	9	33.33%
N_2O 分解消除	15	9	60%
水电	478	8	1.67%
造林	3	0	0
总计	962	222	23.08%

资料来源：根据《联合国气候变化框架公约》(UNFCCC)网站提供的项目资料整理得到。

在962个清洁发展机制项目中，有23.08%的存在技术转移，其中燃料替代、HFC-23分解、填埋气体和N_2O分解消除等项目具有较高的技术转移率，然而在我国清洁发展机制项目中占比较高的水电项目所带来的技术转移较少，这与水电技术相对成熟以及我国已具有本地设备生产能力有关。总体来看，清洁发展机制项目合作为先进低碳技术在我国的开发和扩散创造了有利条件，这些转移可能对于先进技术的应用或者本土劳动力参与设备的生产有一定的帮助，但我国企业要获得核心技术知识还存在较大困难。从所收集资料的具体信息来看，有三分之二是技术设备的转移，等同于技术或产品的贸易；有的是通过外资企业的本土化生产得到的；而其余所涉及的知识和能力培训业也只是简单的设备使用、运行维护的培训，没有实现核心和关键技术的运行和维护技能转让，更没有制造技术的转让。与其他发展中国家所参与的清洁发展机制项目相比，截止到2008年的数据显示，我国清洁发展机制项目中承接技术转移的比率低于全球33%的平均水平。

项目活动是否存在技术转移，除了与项目类型有关外，还应该与项目规模、项目融资成本、项目建设地的经济发展水平以及当地政策有关，但作者认为本土企业承接技术转移动力的大小是影响技术转移发生概率的最主要因素，而又是哪些因素决定企业承接技术转移的动力呢？下一节将对此问题做进一步分析。

第二节　本土化战略下企业承接低碳技术转移动力的实证分析

一、有关低碳技术转移的文献回顾

Dechezleprêtre 等利用欧洲专利局(EPO)和经济合作与发展组织(OECD)的世界专利统计数据库(PATSTAT),分析了13种减缓气候变化技术的创新成果量和国际转移情况。[①] 统计表明,1998—2003年,《京都议定书》激发了已签约的发达国家针对减缓气候变化的技术创新活动,创新成果以年均9%的速度增长,而中国、韩国和俄罗斯等新兴市场国家也不容忽视,他们的创新成果占到总量的15%。对于专利技术的转移,75.9%发生在发达国家之间,而发达国家向发展中国家的转移只占总量的17.8%,但自本世纪初开始,发达国家向发展中国家的转移显著增加。

许多文献都强调清洁发展机制项目对东道国可持续发展的影响,技术转移是清洁发展机制项目产生经济可持续发展效应的重要组成(Markandya & Halsnas,2002;Cosbey et al.,2006;Olsen,2007)。Schneider et al.(2008)认为清洁发展机制增加了低碳技术的商业可行性,为项目建设提供技术规格、数据信息和融资渠道,而东道国的投资环境对于吸引清洁发展机制项目和技术转移十分重要。[②] Hansen 指出除了参与清洁发展机制项目的企业,该项目以外的本土企业也会间接地受到技术转移的影响,可以学习和模仿与所属行业有关的先进技术。可见,技术转移对于发展中国家提升减排能力具有重要的意义。[③] Haites 等则对清洁发展机制项目各参与方的内部组织安排进行了初步分类,评价了不同类型的设备和知识转移的性质和差别。[④] Forsyth(2005,2007)从公共部门和私营企业协作的角度分析了应对气候变化中的技术转移,并涉及清洁发展机制项目的管制问题。Aleluia 和 Leitão(2009)则从能力建设、投资运作成本、授权环境、可

---

① Dechezleprêtre, A., Glachant, M., and Hascic, I., et al. Invention and Transfer of Climate Change Mitigation Technologies on a Global Scale: A Study Drawing on Patent Data, Report for French Agency for Development, 2008.

② Schneider, M., Holzer, A. and Hoffmann, V. H.. Understanding the CDM's Contribution to Technology Transfer, *Energy Policy*, 2008(8):2930—2938.

③ Hansen, U. E.. Technology and knowledge transfer from Annex 1 countries to Non-Annex 1 countries under the Kyoto Protocol's Clean Development Mechanism: An empirical case study of CDM projects implemented in Malaysia, CD4CDM Working Paper Series, Working Paper No. 5 2008.

④ Haites, E., Duan, M., and Seres, S.. *Technology Transfer by CDM Projects*, Climate Policy, 2006, Vol. 6, no. 3:327—344.

持续发展四个方面构建了清洁发展机制中技术转移的绩效评估体系。①

对于清洁发展机制项目中技术转移的影响因素，Millock(2002)；Mukherjee和Rübbelke(2006)从理论上梳理了竞争性市场和贸易对于激发清洁发展机制中的技术转移影响。Dechezleprêtre等的经验分析显示，大型项目以及发达国家在东道国的子公司参与的项目更容易包含技术转移；某类清洁发展机制项目建设越多，围绕该类项目的技术转移存在递减的趋势；当本土企业的技术能力较强时，一方面更容易引进新技术，另一方面又具有更多的本土技术替代进口，在能源和化工产业前一种效应更强，而对于农业项目，后一种效应更强。② Seres等(2009)进一步指出，东道国批准清洁发展机制项目的标准以及进口税率也会影响技术转移率。Gaast等通过对项目参与方的问卷调查显示，低碳能源技术转移应与发展中国家的能源服务需求和优先发展战略相适应，对东道国的技术需求评估应考虑当地的技术知识水平、建设成本、历史经验、市场结构、文化特征等因素。③ Dechezleprêtre等利用世界专利统计数据库的研究显示，本土技术知识存量对技术的进口具有正向作用，严格的知识产权保护制度对某些技术转移起到促进作用。④ Wang的研究显示，清洁发展机制项目的收益率、本土技术的替代能力对我国企业承接技术转移产生了重要影响，另外，政府的管制政策以及项目的交易成本也十分重要。⑤

从现有的研究来看，影响技术转移的因素是多方面的，但我们认为作为项目参与和技术承接的主体，东道国企业的技术吸收能力应该是最为关键的因素。然而从已有的研究可知，对于不同的国家和项目类型，这一因素对承接技术转移的作用方向和大小均不相同，对我国企业而言这种因素又起到怎样的作用呢？本节以2009和2010年我国企业参与注册的772个清洁发展机制项目为样本，考察研发能力这个代表企业技术吸收能力的变量对我国企业承接技术转移产生怎样的作用，从而为围绕清洁发展机制项目的制度建设提供政策参考。

---

① João A. and João L.. International Entrepreneurship and Technology Transfer: The CDM's Reality in China, MPRA Working Paper: No. 16150, 2009.

② Dechezleprêtre, A., Glachant, M., and Ménière, Y.. The Clean Development Mechanism and the International Diffusion of Technology: an Empirical Study[J]. *Energy Policy*, 2008(4):1273—1283.

③ van der Gaast, W., Begg, K., and Flamos, A.. Promoting sustainable energy technology transfers to developing countries through the CDM, *Applied Energy*, 2009(2):230—236.

④ Dechezleprêtre, A., Glachant, M., and Ménière, Y., What drives the international transfer of climate change mitigation technologies? Empirical evidence from patent data, Centre for Climate Change Economics and Policy Working Paper: No. 16, 2009.

⑤ Bo Wang. Can CDM bring technology transfer to China? ——An empirical study of technology transfer in China's CDM projects, *Energy Policy*, 2010(5): 2572—2585.

二、本土化战略对技术转移的影响

发达国家对发展中国家技术转移的模式是多种多样的,可以通过正式的合作和交易,例如跨国公司的技术投资或对子公司的垂直转移、技术贸易、设备购买、专利转让、特许权使用费协议、"交钥匙工程"等;也可以是非正式的溢出效应,例如人力资本流动、企业间的竞争、学习模仿或合作开发。多数学者认为由于技术和管理知识的积累性,技术转移的过程不是简单的设备购买,更基本的是复杂的组织学习过程(Levin,1997;Bell,2007)。对于发展中国家的企业而言,承接技术转移更重要的是要激发和增强本土企业的技术能力(Hansen, 2008),实现从技术的外生引入到内在消化吸收的过程,我国政府的政策干预就是要进一步地实现所引入先进技术的本土化。

(一) 先进技术本土化战略

清洁发展机制为发展中国家引入先进的低碳技术提供了机会,我国政府并不支持技术设备的盲目引入,而是强调国外先进设备的本土化,取得生产许可,形成独立的知识产权,最终实现先进技术在国内的扩散。政府在某些技术转移中发挥中介作用,或者通过示范工程引入新技术,待技术成熟掌握后再促进其在国内的扩散,或者通过"捆绑式竞标"促进中外企业合作生产。政府还对本土企业针对关键的可再生能源技术的研发活动给予补贴。在技术进口的政策上,对先进的国内没有替代的设备给予进口税豁免权,以及增值税返还等优惠;对国内有替代但需要进口零部件的设备给予优惠税率待遇;对完整的国内有替代的设备征收完全的关税。在清洁发展机制的项目审批中,国家发改委规定了本地产品或技术的使用比例,例如风电场项目规定本土设备使用率要到达70%以上①,对于某些类型的清洁发展机制项目,我国政府甚至还规定所使用设备应包含自主知识产权,即设备的核心知识产权应由中方企业或中方占股较大的企业掌握。

(二) 不同领域发达国家企业的选择

清洁发展机制的首要目的是帮助发达国家实现其温室气体减排义务,发达国家企业的目的则是以最低的成本获得最多的经核证的减排量,Hansen对马来西亚清洁发展机制项目的案例研究显示技术移出企业在实际项目合作中并没有

① Lewis, J. I.. *A review of the potential international trade implications of key wind power industry policies in China*[EB/OL]. http://www.resource-solutions.org/pub_pdfs/China.wind.policy.and.intl.trade.law.Oct.07.pdf

足够的动力将核心技术传授。① 本土化优先战略虽然助推了本土企业学习国外先进技术的动力，但却进一步削弱了发达国家企业技术移出的动力。图 12.1 概括了在先进技术本土化战略影响下，发达国家企业所面临的选择。

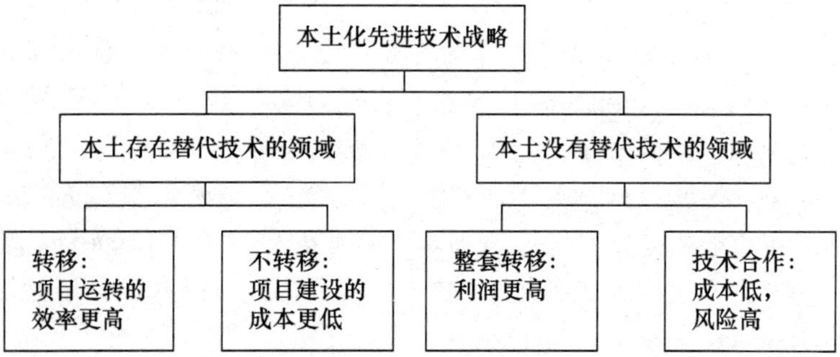

图 12.1　本土化战略下发达国家企业的选择

在本土存在替代技术的领域，本地产品使用率的限定保护了本土企业的市场份额，其在成本上具有竞争优势，此时难以产生技术转移；但发达国家企业可以在本土投资建立子公司或与本土企业合资，实现先进技术产品的本地生产并进入国内市场，此时可以产生技术转移，这虽然在成本上有劣势，但其设备的运转效率却高于本土技术产品。在可替代技术领域，技术转移发生的概率一方面取决于项目参与方的融资能力和项目预期收益，只要融资能力和预期收益能够越过成本门槛，则实现设备转移的可能性更大；另一方面，只有本土企业的研发能力达到与外资企业合作的要求，才能参与到先进技术产品的设计、生产或组装的过程，发生知识转移的概率更大。但是，在可替代技术领域，如果项目建设实行设备包含自主知识产权的规定，将使外资企业彻底失去竞争力，技术转移的发生概率将会更小。

在本土没有替代技术的领域，发达国家企业也存在两种选择：一是先进设备的整套转移，二是与本土企业的技术合作。由于设备整套转移的利润更高，发达国家企业更愿意选择前者；与本土企业合作进行本地生产的成本虽然较低，但对合作方的研发能力要求更高，在政府的本土化战略导向下，发达国家企业也承担着先进技术泄露的风险。此时，是整套的设备转移还是技术合作中的知识转移，则取决于本土企业的研发能力和技术合作动力，以及承接地区的知识产权保护力度。

---

① Hansen, U. E.. Technology and knowledge transfer from Annex 1 countries to Non Annex 1 countries under the Kyoto Protocol's Clean Development Mechanism: An empirical case study of CDM projects implemented in Malaysia, CD4CDM Working Paper Series, working paper No. 5 2008.

（三）理论假设

从以上的分析可见，先进技术本土化战略一定程度上削弱了发达国家企业技术移出的动力，特别是在可替代技术领域，但这是在政策干预下不平等竞争的结果。由于发达国家企业的设备在运转效率上仍处于领先，因此无论是可替代技术领域还是不可替代技术领域，研发能力较强的本土企业为了进一步提高其技术能力依然会选择与发达国家企业的技术合作。研发能力既是本土企业承接技术转移的动力也是实现技术承接的基本条件，特别是在不可替代技术的领域，政府的本土化战略会引导本土企业优先选择与发达国家企业的技术合作，研发能力较高的本土企业不仅承接设备或零部件的转移，也承接包含更多的有关技术知识和原理的转移，且更有可能对原有技术进行优化调整。图 12.2 描述了不同研发能力企业的技术选择。由此提出假设 1：研发能力越强的本土企业越有与发达国家企业进行技术合作、承接技术转移的动力和能力。

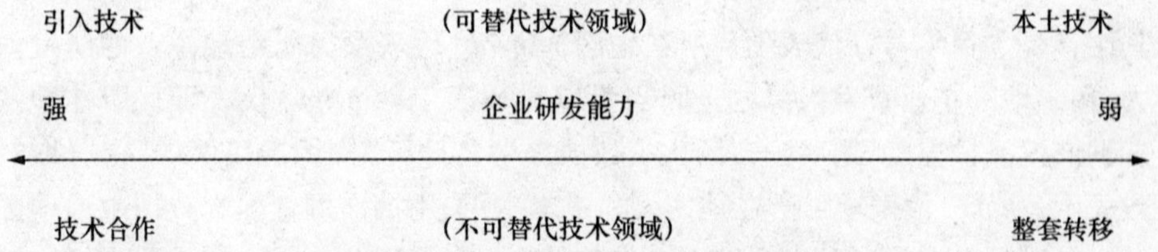

图 12.2　不同研发能力企业的技术选择

在 CDM 项目建设和实施过程中，具有较高人力资本的企业更容易适应先进技术，在培训员工如何使用、监控和维护先进设备方面的成本更低，在技术承接中的学习成本和模仿成本也更低；另外，技术本土化过程还需要产业链上关联企业的支持，区域范围内各关联企业的人力资本水平越高，越能为项目主体企业的研发活动或零部件生产提供技术水平更高的外包服务。因此，区域范围的人力资本水平越高，越有利于本区域内企业承接技术转移。由此提出假设 2：项目所在地人力资本水平越高的地区发生技术转移的可能性更大。

对于某些类型的清洁发展机制项目，我国政府规定所使用设备应包含自主知识产权。在可替代技术领域，知识产权保护较好的地区可能会更加严格执行这一规定，从而进一步降低了技术转移的发生率；但在不可替代技术领域，这一规定将不再适用，知识产权保护较好的地区将减少发达国家企业对先进技术泄露的风险。由此提出假设 3：在可替代技术领域，地区知识产权保护会阻碍技术转移的发生；在不可替代技术领域，知识产权保护将有利于技术转移的发生。

三、实证分析

（一）研究设计

1. 模型设定与变量介绍

为了检验企业承接技术转移动力的影响因素，我们将因变量技术转移 TR_i 设定为二元选择变量，如果在清洁发展机制项目中存在国际技术转移（设备、知识或两者都有），则该变量取1，如果没有任何转移则取0。我们使用Probit模型：

$$p_{i,j} = P(TR_{i,j} = 1/X) = \Phi(X_{i,j}'\beta) \quad (12\text{-}2\text{-}1)$$

其中，X 是由解释变量组成的列向量，β 是系数列向量，Φ 是标准正态积累分布函数。

$$X_{i,j}'\beta = \beta_1 \ln rd_{i,j} + \beta_2 \ln ipr_{i,j} + \beta_3 hum_{i,j} + \beta_4 controls_{ij} + \beta_5 area_{i,j} + \varepsilon_{i,j} \quad (12\text{-}2\text{-}2)$$

其中，i 是项目编号，j 代表项目所在地区。$\ln rd_{i,j}$ 代表项目所在地企业的研发能力，用该地区企业研发人员的全时当量取对数表示。$\ln ipr_{i,j}$ 代表项目所在地的知识产权保护程度，用我国市场化指数报告中各地区“知识产权保护”得分取对数表示。$hum_{i,j}$ 代表项目所在地的人力资本水平，用抽样调查样本数据中该地区受大专以上教育人口数占6岁以上人口总数的比例表示。$controls_{i,j}$ 是一组控制变量。$area_{i,j}$ 是地区虚拟变量，随机扰动项 $\varepsilon_{i,j} \sim N(0,\sigma^2)$。

$controls_{i,j}$ 包括的控制变量有：$\ln fdi_{i,j}$ 代表地区引进外资的程度，该指标一定程度上反映了清洁发展机制项目所在地区的商业环境，包括基础设施建设、法律制度和政府的行政效率，这些对于技术转移也会产生一定影响，另外，有些技术转移来源于跨国公司在东道国的子公司或者与本土企业的合资公司。

$trade_{i,j}$ 代表项目所在地的对外贸易发展水平，用地区进出口总额与地区GDP的比值表示。货物和服务贸易更加自由的环境一方面为技术转移提供了更多机会，另一方面也为本土企业的模仿和逆向工程提供了机会，这些有利于培育本土企业承接技术转移的能力。

$\ln size_{i,j}$ 是指项目规模，用项目所产生的二氧化碳年均减排量取对数表示。清洁发展机制项目的设计、建设和实施包含大量的交易成本，而存在技术转移时交易成本则更多，由于较小的项目所获得的收益较少，因此存在技术转移的可能性也越小。

$\ln similar_{i,j}$ 由项目所在地与该项目同类的项目个数并取对数表示。由于存在学习效应和技术扩散，某类项目在某一地区的不断增加，会导致关于该类项目的同类技术转移逐步减少。

当考虑区域特征时，作者将样本项目所涉及的29个省划归为东、中、西三个区域，在模型中设定东部*aread*和中部*areaz*两个虚拟变量。

2. 数据来源说明

本节的研究样本是2009和2010年间我国企业参与的并在联合国气候变化框架公约(UNFCCC)执行理事会注册的772个清洁发展机制项目，UNFCCC的网站提供了有关这些项目的设计书(PDD)，设计书说明了有关该项目的技术运用、是否存在技术转移、项目年均减排量以及项目类型等信息。另外，联合国环境规划署Risoe中心的清洁发展机制情报来源数据库提供了截止到2010年我国各省区参与的所有清洁发展机制项目类型的数量统计。

有关各地区人口受教育程度以及进出口贸易的数据来源于《中国统计年鉴》；各地区企业的研发投入数据来自《中国科技统计年鉴》，考虑到了指标所产生作用的滞后性，我们取2006—2008年的均值以反映平均水平；樊纲等人公布的我国市场化指数报告中对各地区“知识产权保护”以及“引进外资的程度”进行了打分，我们取这两个指标2007年的数据并取对数处理。

(二) 估计结果分析

对于二元选择模型一般采用极大似然估计法。在模型估计中我们还要考虑影响技术转移发生概率的不可观测的区域特征。另外，在不同的地区各解释变量对技术转移所产生作用各不相同，而在同一地区内不同的项目会因地区特征形成相互联系，我们有必要控制地区内误差的集聚，因此可以采用集群三明治估计法(clustered sandwich estimator)。

表12.6是对Probit模型的估计结果汇总，其中结果(1)考虑了区域特征，但没有控制误差的集聚；结果(2)控制了误差的集聚，但没有考虑区域特征；结果(3)既考虑了区域特征也控制了误差的集聚。从Hosmer-Lemeshow拟合优度值来看，结果(1)和(3)中考虑区域特征的模型拟合优度较好。三个估计结果得到的结论基本一致，我国企业的研发投入与承接技术转移率成正向关系，且在1%的水平上显著，结果与假设1一致，较高研发能力的本土企业具备了参与技术合作的能力，其承接技术转移的动力也更强。以地区受大专以上教育人口数占6岁以上人口总数的比例衡量的人力资本水平与该地区清洁发展机制项目包含技术转移的概率成正向关系，且在10%的水平上显著，区域范围内高水平的人力资本为项目主体企业的研发活动或零部件生产提供技术水平更高的外包服务，而企业自身的人力资本越高其学习先进技术的能力也越强。各地区知识产权保护力度的系数在1%的水平上显著为负，结合我们收集的清洁发展机制项目设计书所反映的信息，只有一氧化二氮分解消除和化石燃料替代两类项目处于不可替代技术领域，且这两类项目的数量在项目总量中只占2.46%，其他项目均有本土技

术替代,因此这一结论也符合假设3,即在可替代技术领域,地区知识产权保护力度越大,对设备的本土知识产权要求越严格,越不利于技术转移的发生。

表12.6　Probit模型的估计结果

β	(1)	(2)	(3)
ln *rd*	0.5293***	0.5476***	0.5293***
	(3.12)	(3.33)	(2.93)
edu	7.4758*	7.0881*	7.4758*
	(1.93)	(1.79)	(1.71)
ln *ipr*	-0.854***	-0.8343***	-0.854***
	(-4.03)	(-4.25)	(-3.67)
ln *fdi*	0.3312***	0.421***	0.3312***
	(2.64)	(3.62)	(2.08)
trade	0.8709	1.4214**	0.8709
	(1.18)	(2.37)	(1.3)
ln *size*	0.4221***	0.423***	0.4221***
	(6.04)	(4.89)	(4.74)
ln *similar*	-0.3556***	-0.3507***	-0.3556***
	(-6.51)	(-4.87)	(-4.92)
cons	-9.8276***	-10.024***	-9.8276***
	(-6.14)	(-6.00)	(-6.00)
area	Yes	No	Yes
Wald值	130.64	119.4	121.37
Pseudo R^2	0.2589	0.2557	0.2589
Hosmer-Lemeshow	9.52	15.22	9.52
	(0.3007)	(0.055)	(0.3007)

注:(1)括号中的数值是z统计量的值,Hosmer-Lemeshow一项括号中的值是检验拟合优度的概率值;(2)***表示1%水平上显著,**表示5%水平上显著,*表示10%水平上显著。

地区引进外资程度与技术转移率也成正向关系,且在1%的水平上显著,发达国家企业在某地区的投资越多,与本土企业的技术合作或合资越多,清洁发展机制项目中越容易引发技术转移。地区对外贸易开放度对企业承接技术转移也产生正面影响,但是在控制区域特征时该影响并不显著。清洁发展机制项目规模与技术转移率成正相关,且在1%的水平上显著,大型项目能够产生规模效应,从而克服由技术转移产生的高额交易成本。最后,由于技术在地区企业间存在溢出效应,随着使用同类技术的项目数量在某一地区的增加,围绕该类项目的技术转移存在逐步减少的趋势。

（三）稳健性检验

由于本节使用的样本来自不同地区和不同项目类型，因此截面数据的异方差性是不可忽视的，我们放松式 12-2-2 中随机扰动项 ε_{ij} 同方差的假定，参照 Harvey(1976)，设 $\sigma_{i,j}^2 = \{\exp(Z_{i,j}'\gamma)\}^2$，异方差 Probit 模型则是在模型 12-2-1 的基础上修改为：

$$p_{i,j} = P(TR_{i,j} = 1/X) = \Phi\left(\frac{X_{i,j}'\beta}{\exp(Z_{i,j}'\gamma)}\right) \qquad (12\text{-}2\text{-}3)$$

其中，$Z_{i,j}'$ 包含变量 $\ln similar_{i,j}$ 和 $\ln fdi_{i,j}$，因为在误差项同方差的 Wald 检验中，这两个变量组成的方差方程拒绝同方差假设的概率最高，且两个变量的估计系数均在 1% 的水平上显著，能够很好地解释误差项（见表 12.7）。

表 12.7　Heteroscedastic Probit 模型估计结果

β	(4)	(5)	(6)
ln *rd*	0.2884***	0.2939***	0.2884***
	(2.84)	(2.98)	(2.99)
edu	3.1993	3.1317	3.1993
	(1.52)	(1.58)	(1.53)
ln *ipr*	−0.4447***	−0.4262***	−0.4447***
	(−3.24)	(−3.37)	(−3.63)
ln *fdi*	0.3385***	0.3767***	0.3385***
	(3.55)	(3.43)	(3.14)
trade	0.2818	0.4322	0.2818
	(0.74)	(1.39)	(0.97)
ln *size*	0.2349***	0.2243***	0.2349***
	(3.47)	(3.1)	(3.08)
ln *similar*	−0.1544***	−0.1451***	−0.1544***
	(−2.78)	(−2.62)	(−2.92)
cons	−5.6502***	−5.5448***	−5.6502***
	(−4.14)	(−4.1)	(−4.64)
area	Yes	No	Yes
γ			
ln *similar*	−0.1249***	−0.138***	−0.1249***
	(−2.15)	(−2.9)	(−2.39)
ln *fdi*	−0.2795***	−0.279***	−0.2795***
	(−2.77)	(−2.13)	(−2.2)
Wald test	10.63***	9.99***	9.62***

注：(1) 括号中的数值是 *z* 统计量的值；(2) *** 表示 1% 水平上显著，** 表示 5% 水平上显著，* 表示 10% 水平上显著。

表 12.7 汇总了对模型(3)的估计结果,其中结果(4)考虑了区域特征,但没有控制误差的集聚;结果(5)控制了误差的集聚,但没有考虑区域特征;结果(6)既考虑了区域特征也控制了误差的集聚。与对模型(1)的估计结果相比,各变量对企业承接技术转移的作用方向没有任何改变,依然支持原有的基本结论。只是在考虑异方差后,人力资本对于承接技术转移的正向作用变得不显著,而且各变量对影响技术转移的作用强度均有所下降。

(四) 边际效应

由于 Probit 模型是非线性的,因此各变量影响技术转移发生概率的边际效应不能直接从估计系数中获得。由异方差 Probit 模型得到的边际效应计算模型为:

$$\frac{\partial P(TR_{i,j} = 1/x_{i,j})}{\partial x_{i,j}} = \phi\left(\frac{X_{i,j}'\beta}{\exp(Z_{i,j}'\gamma)}\right)\beta_k \tag{12-2-4}$$

其中 $\phi(z) = \frac{\partial \Phi(z)}{\partial z}$。我们运用表 12.7 结果(6)的估计系数计算各变量在平均水平上对技术转移发生概率的边际效应,并列出在 1% 水平上显著的五个变量的边际效应值,见图 12.3。

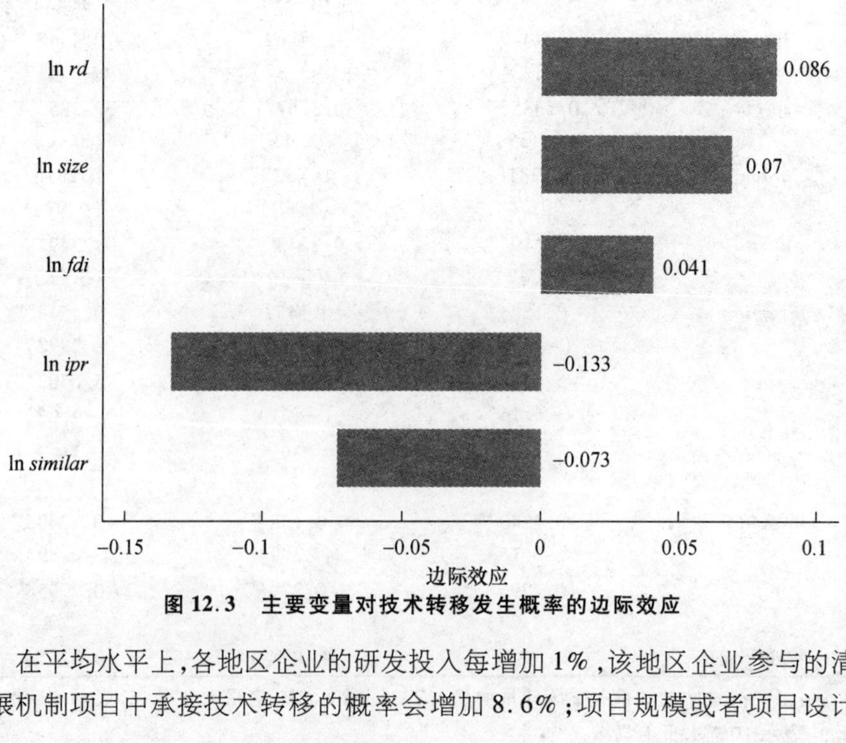

图 12.3　主要变量对技术转移发生概率的边际效应

在平均水平上,各地区企业的研发投入每增加 1%,该地区企业参与的清洁发展机制项目中承接技术转移的概率会增加 8.6%;项目规模或者项目设计年减排量每增加 1%，项目包含技术转移的可能性增加 7%；地区引入外资的程度每提高 1%，地区清洁发展机制项目中技术转移发生概率增加 4.1%；而地区知识产权保护力度以及同类项目技术在同一地区反复运用程度每提高 1%，会分别导致技术转移的发生概率降低 13.3% 和 7.3%。

发达国家企业拥有先进的碳减排技术，清洁发展机制项目为我国企业承接先进的减排技术提供了机会。对于清洁发展机制项目中的技术合作，我国政府推行先进技术引入后的本土化战略，一方面保护了本土技术的市场份额，并激励本土企业对先进技术进行消化吸收和再创新，另一方面却削弱了发达国家企业技术转让的动力，此时，本土企业的承接能力和动力变得十分重要。通过以 2009 年和 2010 年我国企业参与注册的清洁发展机制项目为样本，实证分析了地区企业研发能力、人力资本和知识产权保护水平对于项目合作中技术转移发生概率的影响。结果显示，我国本土企业研发能力的提高对其承接技术转移有着显著的推动作用，然而各地区对知识产权的保护却未能增加发达国家企业的技术转让，地区人力资本水平的提升有利于促进企业承接技术转移，但在统计上其显著性水平不高，地区引入外资的程度越高以及项目设计的年均减排量越大越有利于提高技术转移的发生概率，最后，由于技术在地区企业间存在溢出效应，同类技术项目在同一地区发生重复转移的概率会逐步降低。

2009—2010 年，我国企业参与注册的 772 个清洁发展机制项目设计书中明确标有技术转移的仅占 18.13%，其中仅有两种类型的项目是完全依靠技术转移的，可见本土设备已基本满足大多数清洁发展机制项目的需求，这在很大程度上是政府本土化战略保护的产物。政策干预下的不平等竞争虽然让本土企业进入到大多数节能减排行业，但其技术效率与国外先进技术效率相比仍有差距。本土化比率和自主知识产权的规定减弱了本土企业承接国外先进技术的动力，这也是我国知识产权保护未能促进技术引入的主要原因。被保护下的本土企业缺乏市场竞争激励，一方面，对已有技术进行持续改良创新以提高效率的动力不足；另一方面，对国内仍无替代的碳减排技术则只能完全依靠进口。因此，我国政府应转变对清洁发展机制项目中本土企业的直接保护，退出对本土技术相对成熟的碳减排行业的保护性干预，维护该市场合理有序地竞争。对国内尚处空白的碳减排技术，政府可以作为中介，通过“示范工程”来引入；对国内仍处于学习成长期的碳减排技术企业给予研发补贴。

第三节　企业承接低碳技术转移的其他壁垒

上一节分析了在政府本土化战略的保护下，企业的研发能力对于其承接低碳技术转移动力的形成十分重要，除此之外，我国企业在承接低碳技术转移中还面临一些其他的壁垒。

一、发达国家企业的技术转让动力不足

虽然《京都议定书》指出了发达国家有义务采取一切可行的措施向发展中国家转让温室气体减排技术，但技术转移不具有强制性，所以发达国家作为先进技术的供给方并没有制定鼓励技术转移的相关政策，比如对转让技术的企业给予补偿等，这样发达国家企业不会以优惠条件向我国企业转让低碳技术。即使转让也会收取较高的技术转让费或使用费，使我国企业面临较高的成本门槛，这也使得本土替代技术有了更多的市场。另外，发达国家企业为了保持其先进技术的垄断优势，对其拥有的先进技术过度保护，为技术转让设置重重障碍。例如，有调查显示，在风电项目的进口设备中，外方对设备的核心控制系统设置权限，使中方企业人员无法掌握核心技术的运行和维护；在 N_2O 分解消除项目中，外方在合同中要求 N_2O 的催化剂使用后的残渣必须运回技术输出国，以避免中方企业通过对残渣的分析破解催化剂成分。[①] 发达国家企业在清洁发展机制项目中设置的技术转移障碍，使得我国企业只能使用先进技术，但要实现从技术的外生引入到内在消化吸收还面临诸多困难。

二、我国鼓励企业承接技术转移的制度缺失

我国政府虽然已列出了发展低碳经济所需的技术清单，但与企业真正需要的技术还有一定偏差，特别是对于某一类清洁发展机制项目需要从哪些国家引进、项目中哪一部分的哪些技术最需要引进仍缺乏明晰的技术需求清单。另外，我国政府在审核和批准清洁发展机制项目时没有针对技术转移做任何具体的约束性规定，例如对有关技术转让的优惠政策以及阻碍技术承接的惩罚措施。这使得我国企业在参与清洁发展机制项目时只注重短期利益，仅仅通过出售 CER 所得收益与项目建设成本的对比来作为是否参与清洁发展机制项目的标准，项目建设很大程度上受到融资成本和国际碳排放价格的影响，即使项目存在先进技术设备的引入，企业也只专注于发挥先进技术的使用效率，对其继续进行研究

① 任勇．中国 CDM 与可持续发展[M]．北京：中国环境科学出版社，2010：30．

开发的投入动力相对不足。

三、清洁发展机制规则对于技术转移的支持不足

首先,在清洁发展机制的方法学开发方面,有些先进技术在清洁发展机制项目中的应用需要相应的方法学来作为计算减排量的基本依据。如果相应的方法学不存在,则需要东道国自行进行开发,并且方法学的开发时间长、成本高,但新的方法学一经 EB 批准就会成为公共产品,运用相同技术的清洁发展机制项目可以免费使用新的方法学,这使得新方法学的开发者难以收回投资成本,因此很少有东道国企业为了在项目中使用新技术而独自开发新方法学。另外,现在的清洁发展机制国际规则还没有明确低碳技术拥有者、技术设计者和设备制造方在项目建设中的地位和关系,相互间的利益结构也不清晰,这使得实现三方合作参与项目开发以帮助东道国承接技术转移成为困难。

第十三章　公众参与治理与我国二氧化碳减排行动[①]

我国以 GDP 为核心的晋升考核体系导致了地方官员推动经济增长的热情及对环境治理的忽视,因此很多学者提出建立以低碳 GDP 为核心的政绩考核体系也许能在一定程度上修正地方政府与中央政府关于减碳目标的偏差,然而政绩考核体系的复杂化会减弱考核体系的评价效果,在多重任务下其激励作用也会减弱。一些学者又提出了要建立"自下而上"的考核方式,即通过地方公众对政府减碳治理的评价来考核地方官员,然而对于二氧化碳排放这种隐形的环境破坏行为,公众所获得的信息又有限。因此,要形成对地方政府减碳治理的激励机制不仅是对官员政绩考核体系进行改革的问题。

二氧化碳过度排放导致的温室效应日益严重,使人类不得不面对气候变化危机的挑战,公众的生命健康也随之受到了威胁。近年来,全球各种灾害性的事件使人类更加关注全球变暖问题,然而从关注向行动转化的过程依然受搭便车心理的束缚,要摆脱这一束缚则需要一方面培育公众参与减碳行动的意识,另一方面通过有效的组织形式来推动群众性的减碳运动,为公众构建参与减碳治理的机制和渠道。

第一节　公众的能源消费与公众的环保行动

一、公众能源消费与二氧化碳减排的相关性

1996—2008 年,我国居民年人均能源消费量不断攀升,从 1996 年的 120.5 千克标准煤上升到 2008 年的 240.8 千克标准煤,居民的生活能源消费在直接能源消费量中保持了平均 10.8% 的比例(如图 13.1 所示),而对于居民生活中的间接能源消费,则要计算居民使用的商品在生产过程中或服务在被使用之前发

---

① 本章主要内容以"公众参与治理与中国二氧化碳减排行动——基于省级面板数据的经验分析"为题发表于《中国人口科学》2011 年第 6 期。

生的能源消耗。[①] Wei 等对 1999—2002 年我国城乡居民的直接和间接能源消费及相应的碳排放进行了估算,发现我国 26% 的能源消费总量以及相应的 30% 的碳排放量是由居民的生活和经济活动引起,城市居民的间接能源消费是直接能源消费的 2.44 倍,农村居民的直接能源消费是间接份额的 1.86 倍。[②] 对居民生活中能源的直接消费和间接消费的计算实质上是对产品的"生产—消费"循环体系中能源消耗和碳排放情况的整体描述,即居民消费的"能源消耗足迹"和"碳足迹"的描述。居民对"碳足迹"少的产品和生活方式的选择将会使得消费领域的减碳行动波及生产领域,激励企业一方面加强产品生产过程中的节能减排,另一方面加大对产品使用过程中节能技术的研发投入,居民的生活方式以及日常生活中的消费行为能对整个社会的二氧化碳减排产生很大的影响,因此,有学者认为公众是推进碳减排活动的核心驱动力,没有公众的积极参与,应对气候危机的任务是难以实现的。[③] 如何让公众主动培育低碳生活方式,通过低碳消费推进碳减排活动,并进一步地参与到政府主导的减碳治理行动中呢?作者认为公众是否参与减碳行动还是取决于其行动的"成本—收益"比较。

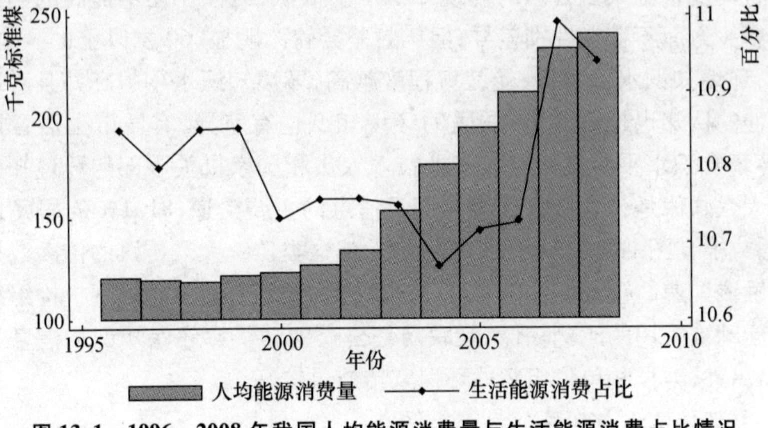

图 13.1 1996—2008 年我国人均能源消费量与生活能源消费占比情况

中国科学院提交研究报告指出,75% 的慢性病与生产和生活过程中产生的废弃物污染有关;世界银行汇编的联合国数据显示,1990—2008 年,中国的经济

① Weber, C. and Perrels, A.. Modeling lifestyle effects on energy demand and related emissions[J]. *Energy Policy*, 2000(8): 549—566.

② Wei, Y.-M., Liu, L.-C., and Fan Y., et al.. The impact of lifestyle on energy use and CO_2 emission: an empirical analysis of China's residents[J]. *Energy Policy*, 2007(2): 247—257.

③ Mulugetta, Y. and Urban, F.. Deliberation on low carbon development[J]. *Energy Policy*, 2010(12):7546—7549.

虽然飞速发展但人均寿命增长率低于大多数发展中国家。[1] 显然,我国的经济增长并未对环境保护和公众的健康利益产生正向作用,因此,公众参与低碳行动的根本动力在于应对气候变化与维护自身健康的目标是一致的,其收益函数主要表现为自身的健康利益。只有让公众参与减碳行动的成本不断降低,才能让公众关注环境问题,不断改变生活方式和消费习惯,不仅自身减少能源消耗,而且监督企业的二氧化碳排放行为以及政府的治理力度。公众的减碳行动是其参与环保行动的一个方面,公众减碳意识的培养依托于环保意识和维护自身健康意识的强化,我们首先来了解下公众参与环保的现状,这可以从侧面反映其参与低碳行动的动力和未来的发展方向。

二、我国公众参与环保行动的现状

综合近年来各类我国公众环境意识调查报告[2]以及环保民间组织的发展状况报告,可以对我国公众参与环保行动的现状有一个宏观了解。

(一)环境知识及其传播渠道

调查均反映出我国公众的环境知识水平很低,但存在逐年提高的趋势。环境知识多少方面不存在性别差异;但年龄差异较为明显,60 岁以上的人群中,年龄越大,环境知识水平越低;受教育程度越高,环境知识水平越高并且对环境问题严重性的认知也越高;城乡居民的环境知识也有差异,有城市生活背景的居民,其环境知识水平更高;学生、专业技术人员和国家机关干部的环境知识水平最高。大众媒体是公众接收环境知识及信息的主要渠道,81.1% 的居民通过电视、广播或报刊图书接收环保知识及信息,但这类传统大众传媒的传播效果因其受众接触该渠道的被动性和随意性,使得传播效果不佳,各类民间机构组织的环保宣传活动被采用的比例较低,互联网是公众主动了解环保知识和信息最主要的渠道,另外,学校和单位组织的环保宣传效果较好。

(二)环保意识与环保行为

公众对环境保护的重要性、必要性、责任感和紧迫感均有着较高的意识,认为环境保护具有较高的价值,反映出环境保护为公众带来的心理收益是很高的,但公众的环境知识和环保行为指数并不高,公众更多地将自己置于环境污染受害者的角度来认识环保问题,而没有主动地作为环境保护的执行者来认识环保问题。例如,2007 年的调查显示,77.4% 的公众认为我国环境问题比较严重或

---

① 巴西、埃及、埃塞俄比亚、印度、印尼以及伊朗的经济增长率均低于中国,但人均寿命增幅却高于中国。

② 具体包括《2006 年全国城市公众环境意识调查报告》《2007 年全国公众环境意识调查报告》《2010 年中国公众环保指数》《2008 中国环保民间组织发展状况报告》。

非常严重,41.8% 的公众认为本地区的环境状况比较严重或非常严重;2010 年的中国公众环保指数显示,73.2% 的公众认为相对于经济发展,环境保护更为重要,86.8% 的公众意识到我国当前环境问题的紧迫性,但调查中所涉及的二分之一的环保行为的采取率都在 30% 以下,表现在更高层次的环保行为就更少了,只有 10% 左右的公众会参加环保公益活动、环保宣传、做环保志愿者、为解决环境污染问题投诉上访等,可见公众还未形成将环保意识转化为环保行动的习惯。

(三) 个人领域与公共领域

公众对公共领域的环保问题关注度较高,但其环保行为主要执行于个人空间,在公共场所和社会参与方面环保行为的执行度相对不足。例如 2010 年的调查显示,对于全球变暖问题,有 46.1% 的公众表示关注,但减碳行动主要付之于节约水电、购买节能电器等简单、低层次的能够容易界定为私人利益的领域,并且减排方式的科技含量不高,公众有意识地学习环保知识或参加公益环保活动等较高层次的行动参与度较低。可见,公众的环保意识和环保行动还是源于个人利益,环境保护的社会责任感尚未建立,只有当环境问题影响到个人利益时才会采取行动,这种行动也只是维护个人利益的行为而不是公共性的环保行动。

(四) 公众对政府环保治理的依赖

2006 年的调查显示,公众已经意识到造成环境问题首先应归因于企业只注重经济效益而忽视环保,其次是公众自身的环保意识差,对于环境未能较好治理的责任则归因于政府管制的不到位。2010 年的数据显示,72.3% 的公众认为政府应承担环境治理的责任,并且只有 39.4% 的公众对政府的环境治理表示满意,但又有 54.6% 的公众对政府的工作表示认可。公众意识到环境问题的产生是一个社会问题,企业是环境问题产生的责任主体,公众与政府的环境冲突被明晰为公众与企业的环境纠纷,公众与政府应共同监督企业的行为,环境治理应由公众、政府和企业共同参与。但由于公众和企业的搭便车心理,更多地将环境治理的任务推给政府,这也就造成了公众对政府的治理效率既不满意,但又不得不以认可的态度依赖于政府治理。

(五) 环境保护民间组织

截止到 2008 年 10 月,我国环保民间组织有 3 539 家(包括港澳台地区),总体数量比 2005 年增加了 771 家。由政府发起成立的环保民间组织 1 309 家,学校环保社团 1 382 家,草根环保民间组织 508 家,国际环保组织驻我国的机构 90 家,其中,草根环保民间组织增加了近 300 家①,是增加最多的。近年来,环保民间组织更加注重提升组织的专业化水平,其工作领域越来越广泛,关注对象越来

① 范俊玉.政治学视阈中的生态环境治理研究——以昆山为个案[D].苏州:苏州大学,2010.

越具体，分工越来越细化；环保民间组织主动搭建各种信息和经验交流平台，更加注重联合行动，实现智力资源、信息资源、资金资源和人力资源的共享；先成长起来的环保组织也开始通过小额资助帮扶后发展的组织。

环保组织汇集了专家、学者和普通公众的意见，为政府重大环保政策的调研论证提供了帮助；民间组织与媒体建立合作关系，对各级政府的环保职责和管制行为起到了监督作用；通过培训、宣传等形式向群众解读公众参与环保的相关法规、引导公众在环保领域依法参与民主决策、民主管理、民主监督，通过各种活动培养公众参与环保的自觉意识和志愿服务精神。各类环保组织积极推动二氧化碳减排活动的开展，59.6%的由政府发起的组织、61.2%的高校环保社团、80%的国际环保组织分支机构以及53.2%的草根环保民间组织都开展了节能减排工作（见表13.1）；11%的环保民间组织参加了民间环境维权工作，其中，21%的草根环保民间组织有不同程度参与，推动了环境公益诉讼。环保民间组织一方面对企业的污染行为起到监督作用，另一方面协助企业开展公益活动，引导企业在原料选择、生产工艺、生产过程以及终端产品等方面符合环保要求，督促企业履行参与环境保护的社会责任。

表13.1 各类环保民间组织参与节能减排活动的比例（%）

活动类型 \ 组织类型	政府发起成立的环保组织	高校环保社团	国际环保组织分支机构	草根环保民间组织
减少能源消耗	40.4	26.9	60.0	36.7
推广节能减排产品	40.43	37.3	20.0	32.8
加强宣传	80.9	91.0	100.0	77.0
研发节能减排环保产品	6.4	4.5	0	8.2
减少污染物质排放	31.9	10.4	40.0	39.3
其他	8.5	6.0	20.0	9.8
尚未行动	8.5	1.5	0	1.6

资料来源：《2008中国环保民间组织发展状况报告》，中华环保联合会。

然而，我国环保民间组织的发展还存在许多问题：第一，基层草根环保民间组织找不到合适的主管单位，一直难以取得合法身份，一些组织不得不转而向工商部门注册，这样不仅增加了环保民间组织的运作成本，也影响了该组织以民间组织的身份从事相关工作，影响其资金筹措、项目合作、人才引进和国际合作。第二，政府部门对推动环保民间组织发展的态度不够积极，在向环保民间组织传递环境信息时不够主动，对环保民间组织的政策支持、资金扶持和作用发挥方面的鼓励政策还十分缺乏。第三，一半以上的组织认为资金不足是制约环保民间组织发展的最大障碍，由于社团登记门槛过高，我国环保民间组织只能在工商部门注册,失去了向社会筹款的资格,而我国社会的公益捐款意识不强,环保民间组织从企业和个人筹款资金的面很窄。第四,由于收入较低、公众认知不足、福利不稳定、工作压力和工作环境差等原因,我国环保民间组织的人才十分缺乏。第五,环保民间组织的自身能力建设仍十分薄弱,许多组织的决策权过于集中,缺乏民主,有的组织缺乏明确的工作目标和定位,工作随意性较大。

可见,环保民间组织作为公众参与环境治理一种组织形式,在我国有了一定的发展基础,但要更好地发挥其应有的社会功能仍面临着许多问题。我国政府对环保民间组织缺乏有力的引导和支持,甚至对这一新兴的社会力量心存疑虑,使得社会公众在参与环境保护或减碳治理行动时面临太多限制,公众缺乏有效的组织不利于降低其参与成本和克服搭便车的心理。如何调动公众参与减碳行动的积极性,并让公众参与治理,带动企业转换生产方式,从而推动整个社会的减排行动才是问题的关键。我们认为一方面是要培育公众的环保意识,另一方面是要完善公众参与环保治理的机制,这来源于政府与公众之间的分权,即授予公众一定的参与减碳治理的权力,然而这一权力的产生要以法律上的相关权利为基础。[①]

第二节 公众参与减碳治理的法律依据

一、实体性环境权和程序性环境权

环境法中的环境权概念可以进一步引申,作为公众参与二氧化碳减排治理的法律依据。联合国人权和环境委员会的原则草案对实体性环境权和程序性环境权进行了详细的说明,其中实体性环境权主要包括:① 免受环境污染、恶化和对人类生命、健康、生存、福利和可持续发展构成威胁的活动的影响;② 保护和维持空气、土壤、水、海洋、植物群和动物群、生物多样性和生态系统所必要的基本的进程和区域;③ 有权获得安全健康的食物、水和工作环境[②];④ 在安全健康生态的环境中的享有充分的住房、土地使用和适当的生活条件;⑤ 适合生态地进入自然和保持自然和自然资源使用的可持续性等。二氧化碳过度排放所导致的气候变化都不利于人类基本健康和安全的维护,因此,这些权利为公众关注气候变化、关注各国二氧化碳排放情况提供了基本依据。

程序性环境权包括:① 所有人都有权获得与环境有关的信息,包括有关影

---

① 权力是政治概念,权利是法律概念;权力以法律上的权利为基础,以实现法律权利为目的,为维护权利为产生,某些法律权利的实现依赖一定的权力的行使,权利优位于权力,权力只是手段和工具。

② 肖兴.环境权入宪研究[D].长沙:中南林业科技大学,2009.

响环境的行为信息和使公众能有效参与环境决策所必需的信息，这些信息应该是及时、清楚、可以理解的，并且对申请了解者不设有经济上的负担；② 所有人都有权持有和表达与环境信息相关的意见和思想；③ 所有人都有权获得环境和人权方面的教育；④ 所有人都有权积极、自由和有意义地参与对环境和发展有影响的计划和决策活动，包括对拟采取行为对环境、发展和人权的后果的预告评价；⑤ 所有人都有权为环境保护和受环境损害影响的个人权利而自由和平等地同他人联合；⑥ 所有人都有权为环境损害和损害的危险寻求司法程序的有效救济和补偿。[①]

由于实体性环境权具有抽象性，难以具体化为私法或公法上的权力，而且解决环境问题完全依靠损害后的救济太被动，因此预防环境问题的产生比损害后的救济更加重要，此时，程序性环境权对公众参与环境事务起到了维护和促进作用，同时也维护了实体性环境权，因此，环境权是实体性与程序性的融合。

二、环境知情权、参与权和请求权

当实体性环境权难以准确界定，而不能依靠司法救济得以实现的情况下[②]，只能通过能够获得司法补救的程序性环境权来促进公众有效参与处理环境问题，以实现实体性环境权的落实。1998 年 6 月 25 日，联合国欧洲经济委员会在奥胡斯起草通过了《公众在环境事务中的知情权、参与决策权和诉诸法律的公约》，简称《奥胡斯公约》。这是将环境权中程序性权利规定得最完善的条约，主要精神包括：① 各国应该采取必要的立法、规章以及适当的执行措施，建立和维持清楚、透明、统一的制度框架，来保证公约所规定的公众知情、参与和获得救济权利的实施；② 各国应保证政府当局向公众提供获得信息、参与和获得救济权利的指南；③ 各国通过推进环境教育来提高公众的环境意识，特别是在如何实现环境知情权、参与决策权、在环境事务中获得救济的权利的意识；④ 各国适当承认和支持环境保护协会、组织和社团；⑤ 各国应保证公民在行使公约所规定的权利时不受刑事惩罚、迫害和折磨。[③] 知情权、参与权与请求权作为程序性环境权的基本内容，是环境权的具体化，是使环境权得到尊重的程序及与程序相关的权利，这些对于公众参与二氧化碳减排治理也是适用的。

环境知情权就是公民有权了解正在规划、进行或者已经完成的与环境有关的活动的实际情况并获得相关资料的权利。《奥胡斯公约》规定：个人或团体组

① 徐显明. 人权研究(第二卷)[M]. 济南：山东人民出版社，2002：397.

② 我国的宪法及有关环境立法都没有明确地对环境权作出规定，在司法实践中也较少出现以环境权作为请求赔偿依据的诉讼案例。

③ 燕娥，陆静. 从《奥胡斯公约》的生效实施中能借鉴到什么[N]. 中国环境报，2002-01-26，第 4 版.

织应能够获得政府掌握的关于环境情况的资料,包括已经或可能对环境产生重大影响的产品和活动的资料,以及有关环境保护事务的资料;有对环境生态状况、决策、工程、项目、产品的知情权;有就具体环境问题向政府询问、得到及时答复的权利;为了保证公众环境知情权的实现,还规定了政府、有关公共机构信息公开的义务。① 环境知情权是对政府环境行政权力的限制,它要求环境行政机关负有披露信息的义务,不履行职责者将承担法律后果,环境知情权在某种意义上也是一种监督权。这些说明了在减碳治理中,公众能够拥有随时了解与二氧化碳排放相关的信息和接受相关教育的权利,以及拥有对政府治理和企业的排放行为进行监督的权利。

环境参与权是公众参与环境立法、环境行政执法和环境决策的权利。《奥胡斯公约》将公众对环境决策的参与分为三个方面:第一,在对环境有影响或者有潜在影响的活动中建立保证公众参与的可靠程序。第二,建立一种制度框架以保证公众参与与环境有关的宏观规划、计划和政策决策的准备。第三,推进公众在适当阶段参与国家环境法律、行政法规的决策及执行过程。环境参与权的确立,一方面为各利益集团提供了利益诉求机制,有利于各方寻求利益共存或利益妥协;另一方面为行政管理民主化建立公众监督机制,防止因行政机关的违法或不当行为造成环境污染和公共利益受损。因此,公众有权建立或参与减碳环保组织,参与到与减碳治理相关的法律法规或政策的制定和执行中,有权表达自己的利益诉求或利益受损情况,并且拥有向政府提出建议的权利。

环境请求权是在公民的环境权益受到损害或者破坏时,诉请补救的权利。既包括对国家环境行政机关的主张权利,又包括向司法机关要求保护的权利,如对行政行为的司法审查、行政复议和国家赔偿的请求权,以及对他人侵犯公民环境权的损害赔偿请求权和停止不法侵害的请求权等。《奥胡斯公约》规定:在环境问题上诉诸司法、获得救济的权利是环境权得以实现的最后的法律保障。环境请求权应当是贯穿于整个环境权实现程序中的权利,除了在一般环境损害问题上获得法律救济的权力外,公众在环境事务上的知情权、决策参与权在受到非法侵害时,也应该可以诉讼并得到法律救济。环境请求权使得环境权成为一项可以通过司法程序进行救济的权利,将环境权落到实处。然而,二氧化碳排放所造成的气候变化危机可能会引发群体性受害事件,并且也难以追溯明确的造成灾难的责任方,因此,受害者只能向政府提出补救和赔偿。

---

① 那力.论公众在环境事务中获得信息、参与决策、诉诸司法的权利[R].2001年武汉大学环境法研究所基地会议,2001.

第三节　公众参与促进二氧化碳减排的实证分析

一、研究设计

（一）计量模型与指标选择

为了验证公众参与政府减排治理机制对于增强企业和个人二氧化碳减排动力的重要性，我们初步设计如下回归模型：

$$c_{it} = \alpha_1 cy_{it} + \alpha_2 reg_{it} * cy_{it} + \beta_1 jycd_{it} + \beta_2 jtgm_{it} + \gamma controls_{it} + \eta_i + \varepsilon_{it} \tag{13-3-1}$$

其中，i 和 t 分别代表第 i 个省份和第 t 年，α_1、α_2、β_1、β_2 和 γ 分别是各变量的系数或系数矩阵，η_i 是未能观测的各省区特质效应，它不随时间而变化，ε_{it} 是随机扰动项。

c 是各省区二氧化碳排放的相关信息，包括单位产值的二氧化碳排放量（$qdCO_2$）和人均二氧化碳排放量（$rjCO_2$），在模型中分别经过取对数处理。在技术进步的驱动下，单位产值的二氧化碳排放量、人均碳排放量和碳排放总量三条倒 U 形曲线的拐点是依次出现的，这三个指标是划分碳排放阶段的重要参照，而不同阶段碳排放的影响因素以及减排的工作重心也是不同的。作为发展中国家，工业化和城市化的推进使得其碳排放总量和人均碳排放量处于持续提升阶段，因此，我国的减排目标首先围绕单位产值的碳排放量，其次是人均碳排放量。

cy 表示公众参与二氧化碳减排行动的程度，由于没有较系统的关于此方面的统计数据，我们使用各地区的环境污染信访情况来表示公众参与环保的程度从而间接反映公众参与减碳行动的程度。xj 表示政府已处理的因环境污染来信封数；sf 表示因环境污染群众上访批数，在模型中均进行取对数处理。

reg 表示政府对污染的管制强度，以此间接反映政府治理二氧化碳排放的力度。对于地方环境管制强度，大多数文献都通过排污费的收入来衡量，但考虑到我国的排污费征收标准低于治污成本，使得缴纳排污费成为某些企业规避治污的方式，因此，排污费缴纳的情况难以判断该地区管制强度的大小；还有学者通过地方性法规的颁布数量来衡量，但法规的执行效果难以表征。本节选择各地区工业企业废水排放达标率来衡量。① 通过交互项 $reg * cy$ 来反映政府对于碳

① 本来选择二氧化硫排放达标率更好，但我们没有找到2001年以前该指标的数据。

减排的治理力度与公众参与减碳治理的联合作用。按照蔡定剑的观点，公民上访只是表明意义上的公众参与，真正意义上的公众参与在于公共机构与公众的互动性①，因此我们用 *reg* * *cy* 表示深层次的公众参与。

jycd 是地区公众的受教育水平，用抽样调查样本数据中各地区受大专以上教育人口数占 6 岁以上人口总数的比例表示。*jtgm* 是家庭规模，用抽样调查样本数据中的各地区平均家庭户规模表示，根据 Golly 等(2009)的研究，家庭成员越多，居民生活中人均能源消费量和碳排放量越少。

controls 包含以下控制变量：用人均 GDP(1978 年不变价)的对数值 ln *perg* 来表示地区经济的发展阶段，加入其二次项$(\ln perg)^2$来检验二氧化碳的环境库兹涅茨曲线规律。能源供应企业和其他工业企业是二氧化碳减排治理的重点对象，我们用工业在经济中的占比 *ind* 来描述地区的产业结构特点，而且这一比重越大，产业结构向低碳化转型的难度越大，该地区也越容易形成以工业为核心的利益集团，增加减碳治理的难度。以上各变量的解释说明归纳于表 13.2。

表 13.2　变量解释说明

$qdCO_2$(单位产值的二氧化碳排放量)	用计算的二氧化碳排放量除以不变价的地区 GDP 值表示。
$rjCO_2$(人均二氧化碳排放量)	用计算的二氧化碳排放量除以地区人口数表示。
ln *xj*(公众参与环保程度)	用政府已处理的因环境污染来信封数取对数表示。
ln *sf*(公众参与环保程度)	用因环境污染群众上访批数取对数表示。
reg(政府对污染的管制强度)	用各地区工业企业废水排放达标率表示。
jycd(公众受教育程度)	用抽样调查样本数据中各地区受大专以上教育人口数占 6 岁以上人口总数的比例表示。
Jtgm(家庭规模)	用抽样调查样本数据中的各地区评价家庭户规模表示。
ln *perg*(地区经济发展水平)	用不变价的地区人均实际 GDP 取对数表示。
ind(地区产业结构)	用地区工业产值占地区 GDP 的比例表示。

(二) 数据来源说明及描述性统计

工业化过程中对化石燃料的燃烧是二氧化碳排放增加的最主要来源，IPCC(2006)详细介绍了估算与化石燃料燃烧相关的二氧化碳排放量的三种方法。我们采用方法一，即根据燃烧的燃料数量、缺省的二氧化碳排放因子和各燃料的平均净发热值来估算某种燃料的二氧化碳排放量②，然后再相加获得排放总量。其他两种方法虽然更为精准，但对数据和技术要求更高，一般的个人研究难以完

① 蔡定剑. 民主是一种现代生活[M]. 北京：社会科学文献出版社，2010：177—184.

② 某种燃料的排放量 = 燃料使用量 * 缺省的排放因子 * 平均净发热值 * 碳氧化因子 * (44/12)

成。缺省的二氧化碳排放因子来源于《IPCC 国家温室气体清单指南(2006)》。各地区能源消费量和各能源平均净发热值来自 1998—2009 年的《中国能源统计年鉴》,由于没有西藏的统计数据,因此本研究中不包含该地区样本。各省能源消费量选取"地区能源平衡表"中各种能源①的终端消费量加上用于火力发电和供热的煤的使用量,相对于大多数研究选择煤、石油和天然气的消费量来计算的方法,这种方法计算的二氧化碳排放量更加全面和准确。各地区有关环境污染信访的数据以及工业企业废水排放达标率来自《中国环境年鉴》(1998—2009),其他指标的相关数据均来自各年份的《中国统计年鉴》。

表 13.3 主要变量的描述性统计

变量	样本数	均值	标准差	最小值	最大值
qdCO_2(单位 GDP 二氧化碳排放量)(万吨/亿元)	360	37.5803	23.05	8.7156	139.6485
rjCO_2(人均二氧化碳排放量)(吨/人)	360	4.1365	2.6335	0.8118	18.435
xj(政府已处理的来信数)(封)	360	12 588	16 331	31	126 603
sf(公众上访批数)(次)	360	2 101	1 796	2	9 896
reg(工业企业废水排放达标率)	360	0.7905	0.1691	0.298	0.999
jydc 受大专以上教育的人口占比	360	0.0572	0.0442	0.0086	0.3013
jtgm(平均家庭规模)(人/户)	360	3.4233	0.385	2.58	4.53
perg(人均实际 GDP)(元)	360	3 838.014	3 402.308	671.7624	24 120.53
ind(产业结构中工业的比例)	360	0.4591	0.0733	0.198	0.615

注:(1) 人均实际 GDP 是运用 1978 年为基期的 GDP 平减指数进行处理。(2)《中国能源统计年鉴》未能提供 2000—2002 年宁夏、2002 年海南的能源平衡表,2000 年宁夏和 2002 年海南的二氧化碳排放量直接通过煤、石油和天然气的消费量计算得出,而对于宁夏 2001 年和 2002 年这三种能源的消费量,我们通过前后年份数据取均值的方法将空缺值补齐。

表 13.3 给出了上述主要变量的统计特征描述,包括观察值个数、均值、标准差、最小值和最大值。在观察人均二氧化碳排放量与公众受教育水平之间的关系时,我们发现根据两变量的散点图拟合的曲线呈倒 U 形,并且单位产值二氧化碳排放量与公众受教育水平之间也存在类似关系,如图 13.2 和图 13.3 所示。因此,我们有必要在模型中加入公众受教育水平的二次项来检验这一规律是否成立。

① 具体包括各种煤、焦炭、焦炉煤气、原油、汽油、煤油、柴油、燃料油、液化石油气、炼厂干气、天然气和其他石油制品。

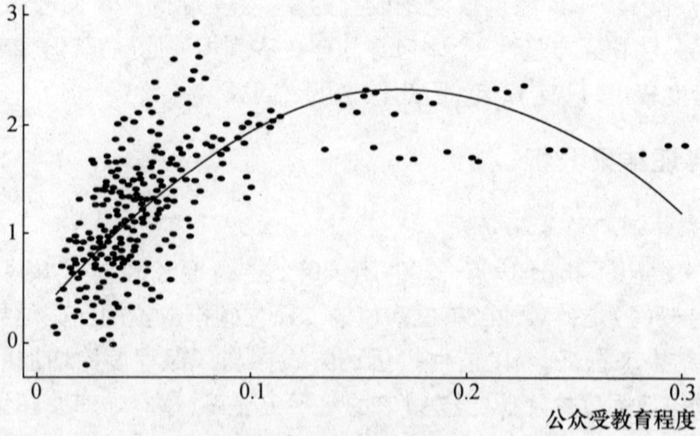

图 13.2　人均二氧化碳排放量与公众受教育水平

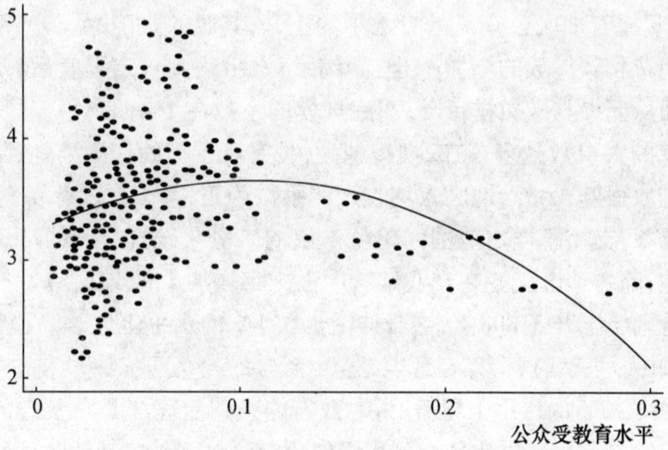

图 13.3　单位产值二氧化碳排放量与公众受教育水平

（三）估计方法说明

考虑到我国各地区在资源禀赋、技术水平、能源结构、环境政策等方面的巨大差异以及围绕产业链的区域间经济关联性，在参数估计时应克服截面间的异方差和相关性。对于面板数据模型，如果随机效应模型成立，在系统方程的框架下运用可行的广义最小二乘估计（FGLS）来解决以上问题，此时用广义最小二乘估计不但是一致估计量，而且是完全有效的。利用 Breusch-Pagan 检验对模型进行初步判断,模型5-1的随机效应是成立的。① 在实际的经济面板数据中,除了个体间的相关性和异方差性,个体自身却存在序列相关的问题,但本节所收集数据的时间跨度较短,只有12年,因此忽略了该问题。

二、实证结果分析

(一)整体回归结果及分析

表13.4给出了我国1997—2008年30个省级地区的全样本回归结果,其中,模型(1)—(4)是针对地区单位产值的二氧化碳排放量的回归结果。从模型(1)的估计结果来看,公众以信件投诉的方式参与环保程度的增加能够促进我国二氧化碳排放强度的降低,且在1%的水平上显著,政府处理的环境污染投诉信件每增加1%,可以促进当地单位产值的二氧化碳排放量降低0.084%;地区公众受教育水平的系数在1%的水平上显著为正,其二次项系数为负,且在10%的水平上显著,基本验证了受教育水平与单位产值的二氧化碳排放量呈倒U形关系,这说明随着地区公众受教育水平的上升,其收入也随之上升,从而带动了个人能源消费和碳排放的增加②,但当受教育水平达到一定程度后,个人环境权意识会加强从而参与碳减排行动;家庭规模的系数在1%的水平上显著为负,说明每户家庭的人口数越多,家庭规模越大,越有利于节约能源消耗,降低居民生活中的碳排放强度;另外,地区人均收入的系数为正,其二次项为负,且均在1%的水平上显著,支持了样本范围内单位产值的二氧化碳排放量的环境库兹涅茨曲线的存在;而各地区工业在产业结构中占比每增加1%,地区单位产值的二氧化碳排放量则会上升3.808%,这一结论也在1%的水平上显著。模型(2)在模型(1)中加入了政府环境治理与公众参与的交互项,该项的估计系数为-0.0172,并在5%的水平上显著,说明政府的减碳治理与公众参与的互动对降低单位产值的二氧化碳排放量起到积极作用,但作用不大,其他各项的系数没有太大的改变,支持了模型(1)的结论。模型(3)将模型(1)中用于表示公众参与环保程度的政府处理信件数更换为公众因环境问题上访的批次,结果显示公众因环境问题上访次数每增加1%,会促进地区单位产值的二氧化碳排放量下降0.086%,且在1%的水平上显著;地区公众受教育水平的系数在1%的水平上显著为正,其二次项系数为负,且在1%的水平上显著,再次验证了受教育水平与单位产值的二氧化碳排放量呈倒U形关系;其他各项系数所反映的结论与模型

---

① 卢现祥,张翼."政府—社会"分权与我国二氧化碳减排治理——基于省级面板数据的经验分析[J].财经科学,2011(6).

② 高收入者可能更多地使用较贵的清洁能源,所以直接能源消费和直接碳排放会减少,但商品和服务需求的增加会导致间接能源消费和间接碳排放的快速增加。

(1)基本一致,说明模型(1)的估计结果是稳健可靠的。在模型(3)中加入交互项得到模型(4)的结果,发现该项系数虽然仍为负,但并不显著,结合模型(2)的结论,说明了政府的环境治理与公众参与的互动作用对于降低单位产值的二氧化碳排放量的效果十分微弱。

模型(5)—(8)是针对人均二氧化碳排放量的回归结果。从模型(5)的估计结果看,公众以信件投诉的方式参与环保程度的增加能够促进我国人均二氧化碳排放量的降低,且在1%的水平上显著,政府处理的环境污染投诉信件每增加1%,可以促进当地人均二氧化碳排放量降低0.072%;地区公众受教育水平的系数在1%的水平上显著为正,其二次项系数为负,且在5%的水平上显著,说明公众受教育水平与人均二氧化碳排放量也呈倒U形关系;家庭规模的系数在1%的水平上显著为负,说明每户家庭的人口数越多,地区人均碳排放量就越少;地区人均收入及其二次项的系数均不显著,说明在样本范围内我国人均二氧化碳排放量的库兹涅茨曲线并不存在;各地区工业在产业结构中占比的增加同样不利于人均二氧化碳排放量的降低,工业占比每增加1%,地区人均二氧化碳排放量会增加3.705%。模型(6)在模型(5)中加入了政府环境治理动力与公众参与的交互项,其估计系数为-0.0058,且在1%的水平上显著,说明政府的减碳治理与公众参与的互动作用对降低人均碳排放量起到了积极作用,但作用也很弱,其他各项的系数没有太大的改变,支持了模型(5)的结论。模型(7)将模型(5)中用于表示公众参与环保程度的政府处理信件数更换为公众因环境问题上访的批次,结果显示公众因环境问题上访次数每增加1%,会促进地区人均二氧化碳排放量下降0.086%,且在1%的水平上显著;地区公众受教育水平的系数在1%的水平上显著为正,其二次项系数为负,且在1%的水平上显著,再次验证了受教育水平与人均二氧化碳排放量呈倒U形关系;其他各项系数所反映的结论与模型(5)基本一致,说明模型(5)的估计结果是稳健可靠的。在模型(7)中加入交互项得到模型(8)的结果,发现该项系数虽然仍为负,但并不显著,结合模型(6)的结论,说明了政府的环境治理与公众参与的互动作用对于降低人均碳排放量的效果十分微弱。

(二)分区域回归结果及分析

将我国1997—2008年30个省级地区的全样本按照东、中、西三大区域划分后分别进行回归,会发现公众参与环境治理对二氧化碳减排影响的地区差异。

表 13.4 整体回归结果

因变量	$\ln qdCO_2$				$\ln rjCO_2$			
模型	(1)	(2)	(3)	(4)	(5)	(6)	(7)	(8)
$\ln xj$	-0.0839^{***}	-0.0654^{***}			-0.0716^{***}	-0.0702^{***}		
	(−11.44)	(−5.56)			(−8.18)	(−8.53)		
$reg * \ln xj$		-0.0172^{**}				-0.0058^{***}		
		(−2.41)				(−4.05)		
$\ln sf$			-0.086^{***}	-0.0855^{***}			-0.0858^{***}	-0.0776^{***}
			(−11.17)	(−9.02)			(−11.49)	(−7.42)
$reg * \ln sf$				−0.0042				−0.0089
				(−0.42)				(−0.98)
$jycd$	15.13^{***}	15.449^{***}	16.16^{***}	15.02^{***}	15.59^{***}	15.84^{***}	16.22^{***}	16.26^{***}
	(7.62)	(7.14)	(12.13)	(6.55)	(6.78)	(7.24)	(11.85)	(11.84)
$(jycd)^2$	-31.19^{*}	-31.25^{*}	-38.19^{***}	−29.71	-41.94^{**}	-40.04^{**}	-41.95^{***}	-41.88^{***}
	(−1.86)	(−1.87)	(−4.74)	(−1.55)	(−2.28)	(−2.26)	(−5.01)	(−4.94)
$jtgm$	-0.1331^{***}	-0.1755^{***}	-0.164^{***}	-0.181^{***}	-0.1932^{***}	-0.1882^{***}	-0.1996^{***}	-0.2186^{***}
	(−3.78)	(−4.7)	(−3.27)	(−3.66)	(−4.87)	(−8.81)	(−3.93)	(−4.26)
$\ln perg$	1.6092^{***}	1.658^{***}	1.6625^{***}	1.7133^{***}	0.0679	0.0441	0.0927	0.1126
	(24.66)	(28.07)	(17.47)	(21.32)	(0.95)	(0.73)	(0.96)	(1.16)
$(\ln perg)^2$	-0.1839^{***}	-0.1891^{***}	-0.1921^{***}	-0.1973^{***}	−0.0069	−0.0059	−0.0111	−0.0127
	(−25.66)	(−32.68)	(−20.81)	(−27.46)	(−0.91)	(−0.88)	(−1.19)	(−1.34)
ind	3.8076^{***}	3.79^{***}	3.7785^{***}	3.8023^{***}	3.7053^{***}	3.9675^{***}	3.7631^{***}	3.7542^{***}
	(26.33)	(25.36)	(−28.01)	(29.96)	(25.46)	(12.91)	(28.37)	(27.49)
Wald 值	77 157.77	69 035.72	160 633.06	148 555.17	8 023.33	7 850.21	43 633.95	39 649.63
观察数	360	360	360	360	360	360	360	360

注：(1) 括号中的数值是 z 统计量的值；(2) *** 表示 1% 水平上显著，** 表示 5% 水平上显著，* 表示 10% 水平上显著。

1. 对东部地区的分析

表 13.5 是以东部地区为样本的回归结果，先看公众参与环保对单位产值的二氧化碳排放量的影响，模型(9)的结果显示，公众以信件投诉的方式参与环保程度的增加能够促进东部地区单位产值的二氧化碳排放量的降低，且在 1% 的水平上显著，政府处理的环境污染投诉信件每增加 1%，可以促进当地单位产值的二氧化碳排放量降低 0.099%；政府环境治理与公众参与的交互项估计系数为正，并在 1% 的水平上显著，说明政府环境治理与公众参与的互动尚未对降低东部地区单位产值的二氧化碳排放量起到促进作用；地区公众受教育水平的系数在 1% 的水平上显著为正，其二次项系数在 1% 的水平上显著为负，验证了东部地区存在受教育水平与单位产值的二氧化碳排放量呈倒 U 形关系；家庭规模的系数在 1% 的水平上显著为负，说明家庭规模越大，地区单位产值的二氧化碳排放量越小；另外，地区人均收入的系数为正，其二次项为负，且均在 1% 的水平上显著，支持了东部地区单位产值的二氧化碳排放量的环境库兹涅茨曲线的存在；而东部地区工业在产业结构中占比每增加 1%，地区单位产值的二氧化碳排放量会上升 3.857%，这一结论也在 1% 的水平上显著。模型(10)是用公众因环境问题上访的批次来表示公众参与环保程度，所得到的结论与模型(9)基本一致。

再看公众参与环保对地区人均二氧化碳排放量的影响，模型(11)的结果显示，政府处理的环境污染投诉信件每增加 1%，可以促进当地人均二氧化碳排放量降低 0.095%；政府环境治理与公众参与的交互项估计系数为正，并在 1% 的水平上显著，说明政府环境治理与公众参与的互动未能降低东部地区人均碳排放量；地区公众受教育水平的系数在 1% 的水平上显著为正，其二次项系数为负，且在 1% 的水平上显著，说明东部地区公众受教育水平与人均二氧化碳排放量也呈倒 U 形关系；家庭规模的系数在 1% 的水平上显著为负，说明家庭规模越大，地区人均碳排放量越少；另外，东部地区人均收入的系数为正，其二次项为负，且均在 1% 的水平上显著，支持了东部地区人均二氧化碳排放量的环境库兹涅茨曲线是存在的；东部地区工业在产业结构中占比的增加同样不利于人均二氧化碳排放量的降低，工业占比每增加 1%，地区人均二氧化碳排放量会增加 4.036%。模型(12)是用公众因环境问题上访的批次来表示公众参与环保程度，所得到的结论与模型(11)基本一致。

表 13.5 对东部地区的回归结果

因变量 模型	ln $qdCO_2$		ln $rjCO_2$	
	(9)	(10)	(11)	(12)
ln *xj*	-0.0995*** (-12.42)		-0.095*** (-11.35)	
reg * ln *xj*	0.0198*** (3.43)		0.0158*** (2.63)	
ln *sf*		-0.0822*** (-10.43)		-0.0735*** (-11.23)
reg * ln *sf*		-0.0021 (-0.26)		-0.0096 (-1.56)
jycd	14.03*** (37.77)	14.88*** (38.61)	13.93*** (36.46)	14.97*** (43.72)
$(jycd)^2$	-25.69*** (-31.34)	-28.19*** (-51.23)	-25.9*** (-29.76)	-28.58*** (-63.26)
jtgm	-0.2383*** (-11.82)	-0.3249*** (-13.74)	-0.253*** (-12.35)	-0.3442*** (-17.57)
ln *perg*	1.7337*** (66.76)	1.9402*** (47.53)	0.2918*** (11.45)	0.5136*** (15.57)
$(\ln perg)^2$	-0.195*** (-69.2)	-0.22*** (-47.35)	-0.0343*** (-11.86)	-0.0617*** (-15.7)
ind	3.8573*** (53.7)	3.7356*** (33.78)	4.0356*** (57.34)	3.9455*** (38.73)
Wald 值	667 232.39	328 836.14	108 468.44	161 431.03
观察数	132	132	132	132

注:同表 13.4。

2. 对中部地区的分析

表 13.6 是以中部地区为样本的回归结果,先看公众参与环保对单位产值的二氧化碳排放量的影响,模型(13)的结果显示,公众以信件投诉的方式参与环保并不能促进中部地区单位产值的二氧化碳排放量的降低;但政府环境治理与公众参与的交互项估计系数为负,并在 1% 的水平上显著,说明政府环境治理与公众参与的互动对降低中部地区单位产值的二氧化碳排放量起到促进作用;地区公众受教育水平的系数在 1% 的水平上显著为正,其二次项系数在 1% 的水平上显著为负,验证了中部地区存在受教育水平与单位产值的二氧化碳排放量呈倒 U 形的关系;家庭规模的系数在 1% 的水平上显著为负,说明家庭规模越大,地区单位产值的二氧化碳排放量越小;另外,地区人均收入的系数为正,其二次

项为负,且均在 1% 的水平上显著,支持了中部地区单位产值的二氧化碳排放量的环境库兹涅茨曲线的存在;而中部地区工业在产业结构中占比每增加 1%,地区单位产值的二氧化碳排放量则会上升 3.17%,这一结论也在 1% 的水平上显著。模型(14)是用公众因环境问题上访的批次来表示公众参与环保程度,所得到的结论与模型(13)基本一致。

表 13.6 对中部地区的回归结果

因变量	ln $qdCO_2$		ln $rjCO_2$	
模型	(13)	(14)	(15)	(16)
ln *xj*	0.0114 (0.84)		0.0167 (1.15)	
reg * ln *xj*	-0.1072*** (-9.5)		-0.1088*** (-9.34)	
ln *sf*		-0.047** (-2.07)		-0.0401* (-1.71)
reg * ln *sf*		-0.1019*** (-5.87)		-0.1029*** (-5.67)
jycd	18.75*** (8.94)	23.54*** (7.52)	20.37*** (9.09)	24.56*** (7.59)
$(jycd)^2$	-72.77*** (-4.29)	-126.84*** (-4.15)	-88.9*** (-4.87)	-136.17*** (-4.34)
jtgm	-0.3676*** (-5.86)	-0.3192*** (-3.62)	-0.3773*** (-5.96)	-0.3232*** (-3.57)
ln *perg*	1.1926*** (8)	1.3367*** (7.71)	-0.4715*** (-3.2)	-0.3422*** (-1.94)
$(\ln perg)^2$	-0.1026*** (-5.05)	-0.1109*** (-5.27)	0.0889*** (4.46)	0.082*** (3.84)
ind	3.17*** (11.13)	2.0485*** (5.63)	3.1856*** (11.16)	2.0843*** (5.62)
Wald 值	63 586.41	236 729.53	19 476.96	34 354.72
观察数	108	108	108	108

注:同表 13.4。

再看公众参与环保对地区人均二氧化碳排放量的影响,模型(15)的结果显示,公众以信件投诉的方式参与环保并不能促进中部地区人均二氧化碳排放量的降低;但政府环境治理与公众参与的交互项估计系数为负,并在 1% 的水平上显著,说明政府环境治理与公众参与的互动对降低中部地区人均碳排放量起到促进作用;地区公众受教育水平的系数在 1% 的水平上显著为正,其二次项系数为负，且在5%的水平上显著，说明中部地区公众受教育水平与人均二氧化碳排放量也呈倒U形关系；家庭规模的系数在1%的水平上显著为负，说明家庭规模越大，地区人均碳排放量越少；另外，中部地区人均收入的系数为负，其二次项为正，且均在1%的水平上显著，说明中部地区人均二氧化碳排放量的环境库兹涅茨曲线尚未体现；中部地区工业在产业结构中占比的增加同样不利于人均二氧化碳排放量的降低，工业占比每增加1%，地区人均二氧化碳排放量会增加3.19%。模型(16)是用公众因环境问题上访的批次来表示公众参与环保程度，所得到的结论与模型(15)基本一致。

3. 对西部地区的分析

表13.7是以西部地区为样本的回归结果，先看公众参与环保对单位产值的二氧化碳排放量的影响，模型(17)的结果显示，公众以信件投诉的方式参与环保程度的增加能够促进西部地区单位产值的二氧化碳排放量的降低，且在1%的水平上显著，政府处理的环境污染投诉信件每增加1%，可以促进当地单位产值的二氧化碳排放量降低0.046%；政府环境治理与公众参与的交互项估计系数为负，但在统计上不显著，说明政府环境治理与公众参与的互动对降低西部地区单位产值的二氧化碳排放量的作用不明显；地区公众受教育水平的系数在1%的水平上显著为正，其二次项系数在1%的水平上显著为负，验证了西部地区存在受教育水平与单位产值的二氧化碳排放量呈倒U形关系；家庭规模的系数在1%的水平上显著为正，在西部地区，家庭规模越大，地区单位产值的二氧化碳排放量反而越高，这说明经济较为落后的地区面临更多的经济增长问题，更关注单位碳排放量基础上生产总值的提升；另外，地区人均收入的系数为正，其二次项为负，且均在1%的水平上显著，支持了西部地区单位产值的二氧化碳排放量的环境库兹涅茨曲线的存在；西部地区工业在产业结构中占比每增加1%，地区单位产值的二氧化碳排放量则会上升3.37%，这一结论也在1%的水平上显著。模型(18)是用公众因环境问题上访的批次来表示公众参与环保程度，所得到的结论与模型(17)基本一致。

再看公众参与环保对地区人均二氧化碳排放量的影响，模型(19)的结果显示，政府处理的环境污染投诉信件每增加1%，可以促进当地人均二氧化碳排放量降低0.047%；政府环境治理与公众参与的交互项估计系数为负，但在统计上不显著，说明政府环境治理与公众参与的互动对降低西部地区人均碳排放量的作用不明显；地区公众受教育水平的系数在1%的水平上显著为正，其二次项系数为负，且在1%的水平上显著，说明西部地区公众受教育水平与人均二氧化碳排放量也呈倒U形关系；家庭规模的系数在1%的水平上显著为正，说明在西部地区，家庭规模越大，地区人均碳排放量反而越高；另外，西部地区人均收入的系数为负，其二次项为正，且均在1%的水平上显著，说明在西部地区人均二氧化碳排放量的环境库兹涅茨曲线还未体现；西部地区工业在产业结构中占比的增加同样不利于人均二氧化碳排放量的降低，工业占比每增加1%，地区人均二氧化碳排放量会增加3.4%。模型(20)是用公众因环境问题上访的批次来表示公众参与环保程度，所得到的结论与模型(19)基本一致。

表13.7　对西部地区的回归结果

因变量	ln $qdCO_2$		ln $rjCO_2$	
模型	(17)	(18)	(19)	(20)
ln *xj*	-0.0456***		-0.0466***	
	(-4.5)		(-4.94)	
reg * ln *xj*	-0.0003		0.0003	
	(-0.22)		(0.22)	
ln *sf*		-0.102***		-0.0989***
		(-9.79)		(-9.59)
reg * ln *sf*		-0.0006		0.0003
		(-0.31)		(0.14)
jycd	29.32***	28.52***	29.69***	28.58***
	(11.47)	(12.93)	(11.86)	(12.77)
$(jycd)^2$	-159.41***	-149.66***	-167.05***	-155.61***
	(-8.21)	(-8.73)	(-8.75)	(-8.84)
jtgm	0.1761***	0.1206***	0.1823***	0.1267***
	(4.66)	(3.05)	(0.48)	(3.44)
ln *perg*	1.412***	1.752***	-0.4538***	-0.1268
	(14.6)	(15.66)	(-4.97)	(-1.21)
$(\ln perg)^2$	-0.1892***	-0.2184***	0.0323***	0.0046
	(-17)	(-16.73)	(3.08)	(0.38)
ind	3.3692***	2.3155***	3.4078***	2.3666***
	(10.66)	(7.85)	(11.53)	(8.33)
Wald值	31 980.38	35 661.98	6 775.36	4 903.93
观察数	120	120	120	120

注：同表13.4。

实证分析的结果显示我国公众以信访的形式参与环保治理对于降低我国单位产值的二氧化碳排放量和人均碳排放量起到了促进作用，但这样一种参与活动还处于政府环境治理行动的外围，公众参与减碳行动的加深有赖于与政府的减碳治理行动形成互动，然而政府与公众参与的联合治理机制还不完善，对于我国的碳减排行动的作用还很有限，只是在分地区检验中，这一机制在中部地区的碳减排中体现得较为明显。另外，我国公众受教育程度单位产值的二氧化碳排放量、人均碳排放量之间均体现了倒U形关系，随着公众受教育水平的上升，其收入也随之上升，在初期可能会导致间接碳排放的增加，但当受教育水平达到一定程度后，个人环境权意识会加强从而参与碳减排行动。在东部和中部地区，居民家庭平均规模的扩大也有利于降低地区单位产值的二氧化碳排放量和人均碳排放量，但在西部却存在相反的规律，可能因为对经济较发达地区，家庭能源消费中的规模效应能够发挥作用，而对于经济较为落后的地区面临更多的经济增长问题，更关注单位碳排放量基础上生产总值的提升。

在二氧化碳减排行动中，实现深层次地公众参与是未来政策制定的一个重要方向。

首先是要培育减碳利益集团，一是地方政府应支持各种非政府的草根低碳环保组织的建立和发展，比如以公众居住地为单位的低碳社区，以产业为单位的企业减碳合作组织，以盈利为目的的低碳环保服务咨询机构，以节俭文化为基础的消费者组织等，地方政府应增强对其政治信任，设立专项资金对这些组织所开展的活动提供必要资助，政府也通过绩效评估机制对低碳组织在减碳行动中的效率进行评估和管理，而企业，特别是大型能耗企业应加入到政府的专项资助，积极配合这些组织开展的公益宣传、科研活动和社会调查等；二是支持以新能源、新技术研发为主的中小企业的发展，为低碳技术的发明和扩散营造生存空间；三是在各地区开展低碳试验区的建设①，总结“政府—企业—公众”在减碳行动中形成互动关系的模式和经验。

其次，让公众参与政府碳减排治理的机制构建，具体包括：一是建立地区和企业对于二氧化碳减排行动相关信息的披露机制；二是通过听证会、民意调查建立公众对企业或项目减排情况的评价和建议机制；三是通过媒体、信访建立公众对政府管制和企业、项目减排情况的监督机制；四是通过论证会、咨询会建立环保部门、专家、公众和企业间减排技术和经验的交流机制；五是建立对公众评价、建议和监督的反馈机制。

再次，保障公众参与碳减排的相关权益，加强围绕低碳社会建设的立法和执法，保障低碳环保组织和社会公众在碳减排行动中的知情权、参与权以及司法救助的权利，完善公众参与低碳立法的听证制度，以及参与听证决议的执行和验收制度。建立和完善减碳公益诉讼制度，鼓励社会团体、草根低碳环保组织以及公众个人参与诉讼，设立减碳公益诉讼费基金以及公益诉讼民间组织来协助公众

---

① 我国已在广东、辽宁、湖北、陕西、云南五省和天津、重庆、深圳、厦门、杭州、南昌、贵阳、保定八市开展低碳省区和低碳市区试点工作。

的诉讼行为。

最后，就是要依靠地方政府、低碳环保组织以及媒体等加强对环境保护、节能减排方面的宣传和教育，普及环保知识，使公众树立环境权和健康权意识，深入了解环保的意义、途径和方式。通过地方法规的形式将环保知识和权利意识编入义务教育的内容，在中小学设置环保课程，支持和利用高校环保社团推动青少年的减碳行动。

第四节　城镇化与居民二氧化碳排放

一、碳排放与城市化过程相交织

人口变化趋势、社会发展阶段和能源结构是在估计二氧化碳排放趋势中应该考虑的三个主要变量。① 在城市化进程当中，这三个变量都扮演着十分重要的角色，并与城市化过程交织在一起。

从社会发展的历史进程看，自18世纪工业革命爆发以来，大规模的化石燃料开始被人类使用，全球碳排放量和城市化水平也在持续增长，并有加快的趋势。再加上城市化过程中城市的聚集经济效应和规模报酬递增效应，乡村人口的不断流入、产品种类的增加和产业规模的扩大、居民消费需求的增加等因素使得城市发展本身存在一个不断循环累积的扩大过程，这也使得城市碳排放量在不断增加。经济合作与发展组织在2010年11月29日的报告中指出，城市作为经济活动的枢纽消耗了绝大部分的世界能源，是全球温室气体排放的主要贡献者。据相关资料显示，城市是全球碳排放的高密度密集区，全球60%～80%与能源消耗有关的二氧化碳是通过城市排放的。虽然城市仅占地球表面积的0.4%左右，但在城市中所进行的人类活动是造成近一百多年来全球二氧化碳等温室气体含量急剧增加的重要原因。同时，由于城市集中了主要的基础设施建设并且拥有高密度的人口，也使得城市更容易受到碳排放增加而造成的气候变化的影响。

我国城镇化必须要高度重视新的碳锁定问题。但是，在我国城镇化过程中如何避免新的碳锁定并没有引起足够的重视。这主要表现在两个方面：一是我们新的城镇化规划还是沿用了传统的模式。迄今数百个各类新区已经制订的"总体发展规划"和"控制性详规"中，绝大部分包括了土地、人口、产业、市政建

① 丁仲礼. 试论应对气候变化中的八大核心问题. CNC—WCRP、CNC-IGBP、CNC-IHDP、CNC-DIVERSITAS联合学术大会交流材料，2008.

设、道路、绿化以及水、电、燃气供应等几十种专项规划，却唯独没有一次能源到终端利用的规划，依旧是沿袭几十年来的传统能源利用模式，政府只管按历史消耗数据外推来规划燃料(煤炭、石油)和电力的供应，除大城市的集中供暖之外，其他终端耗能都由企业和单位、居民自己解决。我们知道，这种分散、低效的能源利用模式和煤炭占70%的一次能源生产正是中国能源利用效率低于世界平均达13个百分点的主要原因。二是现在许多主管能源的政府官员还认为中国的一次能源是“富煤、少气”“天然气靠进口，太贵”，因而仍在继续按传统模式“多烧煤”来实现GDP增长。多年来节能减排的压力充分显示：沿袭以耗煤为主的能源生产模式和传统的高耗能、高污染、高排放的能源利用模式是再也不可能持续下去了。

城镇化为实现工业和建筑物能源利用方式革命提供了很好的历史机遇，即摈弃分散、低效的传统模式，与城镇建设同步规划建设适应中国国情的分布式天然气冷热电联供能源系统(DES/CCHP)，集成工业、商业中心、住宅多种冷、热、电、蒸汽需求用户，实现“高能高用、低能低用，温度对口、梯级利用”，能效达到70%以上；能源站昼开夜停配合电网调峰，使开工时数达到每年4 800小时以上，能耗费用节省30% ~40%；在终端落实按市场经济规律实现天然气替代燃煤的低碳转型目标；在洁净和高效两个因素作用下，使碳排放可比燃煤降低60%以上。迄今已有数十个区域冷热电联供能源系统规划和建设的实例，均可达到上述水平。这说明，在当今中国只有进行分布式天然气冷热电联供能源系统高效替代燃煤分产分供的能源利用方式的革命，城镇化才能得到能源供应的保障，从而健康、稳步地发展。①

二、城镇化对碳排放量的影响

根据目前已有的理论成果，城镇化对二氧化碳排放量的影响主要表现在能源消费、土地利用方式、植被和土壤以及城市代谢这四个方面。

(一) 能源消费增加

城市不仅仅是工业、人口、交通和建筑的集中地，同时也是高能耗和高碳排放的集中地。据相关统计，全球大城市消耗的能源占全球消耗能源总量的3/4，温室气体排放量则占据世界排放总量的4/5。在过去的一百年里，全世界的能源消耗量与之前相比增加了16倍，碳排放量也增加了10倍之多。已有相关研究证明，大部分高碳排放国家的能源消费量与二氧化碳的排放量的增加是显著相关的。城市能源消费导致碳排放的主要途径有：火力发电、工业生产中化石燃

① 华贲. 城镇化是能源革命的主战场[N]. 中国能源报，2013-03-11.

料的使用;交通运输、交通工具带来的碳排放;居民取暖做饭等居家生活中化石燃料的消耗。

根据相关资料显示,近年来,发达国家居民生活的能源消费已超过产业部门,成为碳排放新的主要增长点。在美国,城市家庭碳排放量占国内碳排放总量的 40%,而在中国这一比例不足 20%。但是,随着中国的生产结构从以制造业为主向以服务业为主转变,我国居民的居住、就业、生活、消费方式等方面都发生了深刻变化。首先,城市化使得大批农村居民迁移到城市,他们的能源消费行为也就发生了改变,能源消费量有了显著增加,并以非商业能源消费为主向以商业能源消费为主转变。同时,他们的生活方式也由农村型向城市型过渡发展。随着农民收入的增长,他们对商品的需求也随之增加,增加的生活消费支出更是占据了增加收入中的绝大部分。农民对冰箱、电脑等耐用消费品的消费的增加,必然也会导致更多的电力消费。其次,我国城镇居民生活消费结构有了很大改变。20 世纪 80 年代我国城镇居民经历了第一次消费结构升级,以冰箱、洗衣机、彩电为代表的家用电器成为居民的消费热点。90 年代后期,随着居民收入的增长,消费水平也再次升级,住房、汽车、通信及电子产品等又掀起了一股消费的热潮。这种城乡结构和消费结构的变化对我国能源消费及二氧化碳排放都产生了深远的影响。

(二)土地利用方式变化

在城市迅速扩张的同时,城市土地的覆盖面也经历了重大变化,从而导致碳排放量的增加。一方面,城市的发展和扩张会吸引更多新的产业和服务业,原有产业的规模也将进一步扩大,在这一过程中,产品消费和使用原材料等带来的碳排放就会增加。另一方面,城市的扩张还会导致更多的土地利用方式的转化,例如围湖造田、为了修建房屋将森林草地等转变为城市建筑用地,而建筑用地正是重要的碳排放来源之一。

(三)植被和土壤变化

植被和土壤的作用在于吸收、固定一部分碳从而间接减少二氧化碳的排放量。植被和土壤是天然的碳汇和碳库,在降低大气二氧化碳浓度方面起着重要作用,对于城市系统来说十分重要。但现在许多城市的扩张都是在破坏植被和土壤的基础上进行的,例如对森林、草地、湿地的破坏,这样就大大降低了自然系统对二氧化碳的吸收作用。由于大部分城市的土壤长期被硬化的地面覆盖,导致土壤失去了作用,既不能生长植被,也不能接收雨水下渗,从而改变了土壤碳库和碳通量。

(四)城市代谢的增加

城市代谢是指将取自生态系统的物质、能量、食物等输入城市系统,对其进行转换、利用与处理，将产品和废物从城市系统中输出的过程。随着城市代谢的不断增加，城市二氧化碳排放量也在不断增加，并面临着越来越大的环境资源负担。此外，从人口消费的角度来看，城市家庭的碳排放量比农村家庭的碳排放量要高。食物碳消费量与家庭收入、受教育水平和年龄结构等有着一定的关系。正是由于城市化水平的提高，从而引起了物质代谢的加快和碳排放量的增加。

三、城镇居民二氧化碳排放来源

20世纪下半叶快速的城市化带来了城市的扩张，OECD国家的城市用地增长了一倍，世界上其他一些地区则增加了四倍。据相关资料显示，工业活动对大多数OECD国家城市温室气体排放的影响越来越小，照明、加热和制冷、电子产品的使用和交通运输等能源需求对城市温室气体排放的影响却日趋显著；而亚洲和非洲的非OECD国家使用的能源正在从二氧化碳中性能源（例如生物质和废弃物）向二氧化碳密集型能源转化。[①]

居民生活消费是诱发能源消耗的重要因素之一。一方面，取暖、炊事和照明等活动会造成能源的直接消耗；另一方面，居民的衣、食、住、行等活动行为则会引起能源的间接消耗。随着居民收入的提高和生活方式的改善，居民对能源消费的拉动作用也在不断增强。据统计，城镇居民二氧化碳排放主要来源于住宅、交通方面的能源消耗，例如建筑物的供暖和制冷、家电、照明、办公室设备消耗的能源消耗，城市及周边地区交通使用的能源也会对二氧化碳的排放造成影响。城市密度和空间分布对能源消费的影响十分关键，尤其体现在对交通和建筑部门的能源消费影响上。大多数OECD国家的大城市地区由于郊区化所引起的建筑用地仍在持续扩张。城市发展过程中城市空间密度的增加对减少城市能源消耗和二氧化碳排放有着十分显著的影响，高城市密度与低能源消费在一定程度上正相关。

在居民住宅方面带来的碳排放是指建筑运行使用过程中的能量消耗会带来二氧化碳的排放，这主要包括采暖、照明、通风、动力、空调、炊事燃料、热水供应和家用电器等能耗。我们考虑的主要是住宅建筑方面的能耗所带来的二氧化碳排放。

根据IPCC的报告，在发达国家，建筑大约消耗了40%的能源，其产生的温室气体大约占到发达国家温室气体排放总量的36%。美国能源信息署（EIA）的报告显示建筑大约消耗了全球的30.8%的能源。国外的一项研究显示，通过在新建筑中采用传统的节能技术，可以使新建筑的能源使用量平均下降20%～

① 科学研究动态监测快报（气候变化科学专辑）．中国科学院国家科学图书馆，2011年1月1日第1期（总第67期），第1页。

30%，有些地方甚至超过40%。①

在交通方面，政府间气候变化专门委员会第三工作组（IPCC WGⅢ）（2007）的研究结果表明，2006年世界各国交通运输部门能源消耗产生的碳排放量约占能源消费所产生的碳排放总量的23%。至2020年，世界各国交通运输二氧化碳排放量年均增长率约为2%。在各种交通运输方式中，公共交通单位运输量的能耗和排放水平比私人车辆要低得多（见图13.4）。公共汽车每乘客公里二氧化碳排放量约为轻型汽车的1/3，地铁每乘客公里二氧化碳排放量仅为轻型汽车的1/2左右。公共汽车和轨道交通是在机动化出行方式中消耗能源量最小的。建设部于2005年对中国660多个城市的居民出行结构进行调查后发现，大城市（人口超过50万）居民公交出行的比例约为10%，少数城市达到了20%；在数量众多的中等城市和小城市（人口一般低于50万），这一比例还不足5%。我国大多数城市居民的公交出行比例偏低，这既与城市公共交通基础设施薄弱、公共交通发展滞后相关，也与近年来一些大城市以家庭轿车为主的私家车增长过快有很大的关系。一方面，家庭轿车等机动车数量急剧增加使得二氧化碳排放量迅速增加；另一方面，私人轿车的增加也令城市交通拥堵问题愈加严重，从而导致公交车辆新增的运载能力被下降的运输效率所抵消，城市居民公交出行率进一步降低，减少二氧化碳排放途径的作用在一定程度上受到了抑制。

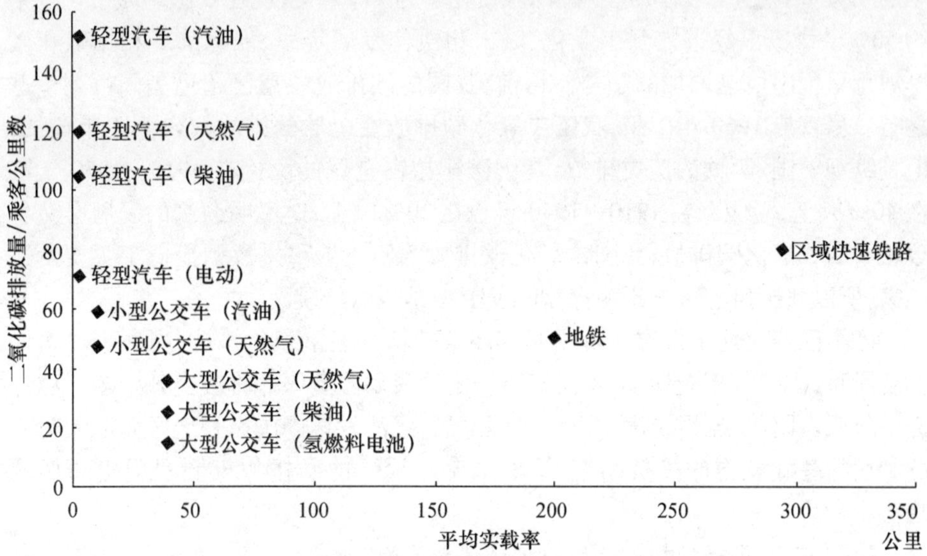

图13.4　交通方式平均实载率与二氧化碳排放的关系

资料来源：政府间气候变化专门委员会第三工作项目组数据，2008年。

① 王凯伟，毛星芝，罗鸽希. 低碳经济发展的研究现状与趋势展望[J]. 经济学动态，2012(9).

在欧美国家,由于大众舆论都转向反对大排量的功能运动车SUV,它们的销量呈现下降甚至滞销状态。2002年,美国的新车销售中SUV所占比例高达18%,到2010年则仅为7%。而中国相反,我国2009年第一季度全国车市销量增长最快的是豪华车,其中高档大排量的宝马进口车同比增长82%以上,SUV同比增长48.8%。空气污染越来越严重,街上跑的SUV却越来越多。① 再从私家车的使用情况来看,日本私家车普及率达80%,但出行并不完全依赖私家车。在东京,私家车一般年行驶3 000~5 000公里,而上海私家车一般年行驶1.8万公里。在我国这个人口众多的国家,必须大力发展公交系统,提高私家车使用成本。

四、我国城镇化与碳排放的关系

(一)快速城镇化的全球二氧化碳排放大国

由于受能源资源禀赋的制约,我国是世界上少有的以煤炭为主的能源消费国之一。自改革开放以来,快速的经济发展和以煤炭为主的能源消费结构特点共同决定了我国二氧化碳排放的特点。中国的城镇化与经济增长相辅相成,经济发展的同时伴随着城镇化进程的加快,经济的迅猛增长也导致了二氧化碳排放量的迅速增加。改革开放以来,我国经济总量已经从3 624亿元上升到2010年的397 983亿元。1978年我国的城市化率为17.92%,现在我国的城市化水平约50%。中国已经进入到工业化、城市化快速发展阶段,能源消耗和二氧化碳排放也呈现出快速增加的趋势。目前,我国的碳排放总量已超过美国位列全球之首。尽管自1960年以来,我国二氧化碳排放在全球碳排放的比例逐年增加,但是纵观美国、西欧的历史排放,美国碳排放占全球的比例在1910—1950年都在40%以上,而西欧在1910—1940年也在20%以上,这说明经济的发展必然导致较多的二氧化碳排放,我国二氧化碳排放的历史累积排放明显低于主要发达国家,所以我国目前仍处于生存型和发展型排放的阶段。

一个国家在处于低收入阶段时伴随着较低的温室气体排放,当处于收入增加阶段时,排放也相应增加,收入达到一定阶段后温室气体排放会开始趋于稳定甚至降低。因此,当经济发展到一定程度后,经济发达的国家和地区会加大对能源利用的基础设施的投资力度,这些国家和地区的碳排放反而呈现出降低的趋势。

(二)二氧化碳的排放与城镇化地区相关联

我国城镇化区域发展不平衡,这主要体现在以下两个方面:第一,东、中、西

① 赵敏.低碳消费方式实现途径探讨[J].经济问题探索,2011(2).

三大地带之间不平衡,城市密度差距大;第二,省际之间不平衡,地区发展长期失衡。我国碳排放量的区域差异与能源消费总量的区域差异大体上相一致,西部地区特别是一些能源大省的碳排放强度远高于中、东部地区,环渤海地区、广东、江苏,以及山西、内蒙古等能源大省,都是我国主要的碳排放地区。据统计,2005年碳排放量前五位的省份为山东、河北、江苏、河南和广东,合计占我国当年碳排放总量的37.2%。[①] 2006年我国碳排放量的整体趋势是东部沿海地区高、中部和西部地区相对较低,呈现出由东部沿海向中、西部地区递减的趋势,内蒙古—河北—辽宁—山东—江苏—浙江一线和珠江三角洲地区是排放量相对较高的地区。也有研究表明,将我国各城市碳排放量趋势同我国城市空间分布格局相对照会发现这些碳排放量高的区域正是我国城市的密集区域。[②]

(三)我国城镇化与碳排放趋势

我国自汉、唐以来的城市化水平长期位于世界前列。近代鸦片战争以后,中国经济衰退,城市化水平走向低谷。1949年新中国成立以来,我国的城市化进程在曲折中前进,前30年发展速度较慢,且波动较大,后20年发展速度较快而且相对平稳。[③]

2008年的《加诺特气候变化报告》(*Garnaut Climate Change Review*)指出,自2000年以来,随着发展中国家经济的快速发展,全球由于化石燃料燃烧产生的二氧化碳以年3%的速度增长,其中有60%～70%的排放增加量来自中国。麦肯锡全球研究所在2008年的一份研究报告中也指出,到2050年,中国会有约10亿人在城市居住,中国将出现二十多座500万人口的巨型城市和两百多座100万人口的大城市。到2020年,相比于2005年而言,我国的二氧化碳排放量将增长60%以上。

在党的十七大上,胡锦涛总书记提出:2020年我国人均GDP要在2000年的水平上翻两番。而中国继续推进城市化的情况在很大程度上决定了这一目标是否能够实现。在哥本哈根世界气候变化大会上,温家宝总理宣布,到2020年时,中国单位国内生产总值的二氧化碳排放量相比于2005年将下降40%～45%。国外一些机构也对我国碳排放量随经济和城市化发展而增长的情况进行了评估,这些研究在反映我国所处的经济发展阶段及其温室气体排放特征的同时,也使我们意识到我国未来发展空间、发展模式方面可能面临的重大挑战。

---

① 刘卫东,陆大道,张雷,等. 我国低碳经济发展框架与科学基础——实现2020年单位GDP碳排放降低40%～45%的路径研究[M]. 北京:商务印书馆,2010(7).

② 曲建升,王琴,陈发虎,等. 我国二氧化碳排放的区域分析[J]. 第四纪研究,2010(3).

③ 贺韶伶. 城市化:一个不可逆转的过程[M]. 北京:中国文史出版社,2005:49.

第五节　基于中国各省份城镇居民二氧化碳排放的实证研究

城市化是引起能源需求增加的主要因素，相对于发达国家而言，我国目前仍旧处于能源的高需求阶段。在城市化不断推进的过程中，居民的消费行为也在不断发生着改变。首先，随着城市化率的提高，新增城市人口对住房的需求导致住房总需求的增长；其次，人口大规模迁入城市后，对交通、医疗等公共设施也都提出了更高要求，而在建设城市基础设施和对基础设施进行运行维护时都需要更多的能源消耗。

随着城市化进程的推进和居民收入水平的不断提高，居民的能源消费结构也会发生转变。当农村人口迁入城市后，随着收入的提高，他们不会再使用煤炭、木材等传统能源，而将更倾向于消费清洁、方便的能源。城市居民的人均能耗量也会随城市化的推进而增加。例如，城市交通的大力发展会导致更多电力和化石燃料的消费。此外，农村人口迁入城市后，居民的收入，特别是更具流动性的现金收入会提高，从而导致居民购买力的增加，而且城市的商品供给更为充足，平均电气化水平也较高，这都会刺激家用电器需求的增加，也进一步意味着人均能耗的增加。

因此，从理论上来分析，居民消费行为的变化会引致居民消耗更多的能源。在直接能源和间接能源的消耗过程中将导致二氧化碳排放量的进一步增长。居民生活消费是诱发能源消耗的重要原因之一。一方面炊事、照明和取暖等需要直接消耗能源产品；另一方面衣、食、住、行等生活消费品的生产和服务需要间接消耗能源产品。随着居民收入的提高和生活方式的改善，尤其城镇居民家庭家用电器、住房和私人交通工具的拥有量的不断上升，这些因素对居民能源消费均具有不断增强的拉动作用。自20世纪90年代以来我国城镇居民的人均收入呈现出增长的趋势，2009年城镇居民的人均收入是1990年的11.4倍。居民收入的增加，很大程度上表现为消费支出的增加和居民消费模式的变化。2009年城镇居民人均消费性支出是1990年的9.6倍，同时，1990年以来，我国城镇居民在食品、衣着方面的消费支出呈现明显的下降趋势，而居住、交通、医疗保健等消费比例呈现明显的上升趋势。1990年城镇居民的恩格尔系数为54.2%，到2009年则下降为36.5%。

一、变量及数据说明

根据前述有关城市居民主要二氧化碳排放来源的分析，结合已有的研究成果(Marilyn A. Brown 和 Elise Logan(2008),Siqi Zheng 等(2009))我们进一步将居民二氧化碳排放来源细分为交通运输、住宅耗电、住宅取暖以及家庭燃料这四个方面。

我们将使用《中国能源统计年鉴(2010)》《中国统计年鉴(2010)》等数据和资料,对这四个方面的能耗进行估算,从而得出居民二氧化碳的排放量。[①]

(一)交通运输

城市交通是我国能源消耗的重要领域。2009 年,我国交通运输部门能源消费总量约为 23 691 万吨标准煤,约占全社会能耗的 7.73%。2000—2009 年,我国交通运输部门能耗年均增长率为 8.6%,与全社会总能耗年均增长率水平接近。虽然目前我国交通运输部门二氧化碳排放量所占比重较其他国家尚低,但排放基数大,增长速度较快。根据亚洲开发银行(ADB)和英国国际发展部(DFID)2006 年的预测,若延续目前的经济、技术和能源政策,那么至 2020 年中国交通运输部门的二氧化碳排放量预计每年将增加 6% ~9%,远高于世界平均增速。

本节研究的主要是居民二氧化碳排放,因此,本类能耗主要包括私家车、出租车、公交汽车和地铁能耗。由于当前我国的私家车拥有水平还处于相对较低的阶段,因此测算公共交通造成的碳排放量便显得十分重要。

大部分省(市、自治区)的私家车年耗油量可以直接从年鉴中查到[②],而公共交通部分的出租车和公交汽车的能耗均不能从相关资料中直接得到。本节假定每辆出租车的百公里耗油量为 8 升(93#汽油),平均一年行驶 10 万公里;公共汽车的营运率为 90%,每辆公交汽车的百公里耗油量为 25 升(93#汽油),平均一年行驶 5.5 万公里。这样估算出每辆出租车和公交汽车的年耗油量后,乘以年末车辆数,便可得到总耗油量。

在本节涉及的 30 个行政区划中,北京市、天津市、上海市、重庆市、辽宁省大连市、吉林省长春市、江苏省南京市、湖北省武汉市、广东省广州市及深圳市拥有地铁线路,因此在计算地铁类能耗时,只需考虑上述 10 个地区。由于目前的统计年鉴上没有关于地铁耗电量的统计数据,因此在计算时作者只能参照地方政府提供的相关数据。交通运输类能耗构成及数据来源如表 13.8 所示。

① 二氧化碳排放量=排放系数*排放源活动强度,排放源活动强度指燃料使用量,即能耗值。

② 对于少部分无法查阅数据的省市本节将采取估算的方法:假定每辆私家车的百公里耗油量为 5 升(93#汽油),平均一年行驶 2 万公里。

表 13.8　我国城镇居民交通运输能耗构成

项目名称	数据来源
① 私家车	《中国能源统计年鉴》各省市地区实物平衡表中的生活消费——城镇汽油 《中国统计年鉴》运输和邮电中的私人汽车拥有量——载客汽车(小型、微型)
② 出租车	《中国统计年鉴》城市概况中的各地区城市公共交通情况——出租汽车
③ 公交汽车	《中国统计年鉴》城市概况中的各地区城市公共交通情况——公共汽车
④ 地铁	根据各地方政府提供的相关数据进行估算
总能耗	①+②+③+④

(二) 住宅耗电

本类能耗包括照明、家电、空调等城镇居民生活能耗,主要能耗形式为电力。Glaeser 和 Kahn(2010)的研究发现,美国家庭的电力消耗量与天气的炎热程度密切相关,这很有可能是因为在夏天居民对空调的使用比较频繁。在我国,城镇住宅耗电的构成主要为生活用电,其构成及数据来源如表 13.9 所示。

表 13.9　我国城镇居民住宅用电能耗构成

项目名称	数据来源
① 城镇居民生活用电	《中国能源统计年鉴》各省市地区实物平衡表中的生活消费——城镇电力
总能耗	①

(三) 住宅取暖

由于我国南北地区跨越严寒、寒冷、夏热冬冷、温和以及夏热冬暖等多个气候带,参考相关研究①,本节将我国住宅取暖能耗依其特点分为两类:北方地区城镇住宅采暖能耗和长江流域城镇住宅采暖能耗,其构成及数据来源如表 13.10 所示。

1. 北方地区城镇住宅采暖能耗

本类能耗指采取集中供热方式的省份(市、自治区)的城镇住宅采暖能耗,这些地区包括北京市、天津市、河北省、山西省、内蒙古自治区、辽宁省、吉林省、黑龙江省、山东省、河南省、陕西省、甘肃省、青海省、宁夏回族自治区和新疆维吾尔自治区。上述地区冬季较长,气温较低,城镇有 70% 左右的建筑面积实行集

① 俞允凯. 中国城镇建筑能耗现状、趋势与节能对策建议[D]. 西安:长安大学,2009.

中采暖，在每年的11月至第二年的3月将会享受政府的补贴，由集中供暖系统为居民提供暖气。

2. 长江流域城镇住宅采暖能耗

此类能耗的建筑所在地区包括上海市、安徽省、浙江省、江苏省、江西省、湖北省、湖南省、四川省、重庆市和福建省。冬季时，这些地区短期内会出现0℃左右的低温，但日均温度低于0℃的很少，在一年之中日均温度低于10℃的天数一般不会超过百天。因此这些地区不采用集中采暖的方式，一般都采用局部采暖。

表13.10　我国城镇居民住宅采暖能耗构成

项目名称	数据来源
① 城镇居住建筑煤耗	《中国能源统计年鉴》各省市地区实物平衡表中的生活消费——城镇煤耗
② 供热煤耗	《中国能源统计年鉴》各省市地区实物平衡表中的供热煤耗
总能耗	①+②

（四）家庭燃料

本类能耗主要包括炊事、生活热水等方面的能耗，主要耗能形式为煤炭、液化石油气、天然气等，且南北方有所差异。煤炭的价格相对便宜，但它带来的碳排放程度比其他能源更为密集，且燃烧煤炭后的副产品，例如二氧化硫和粉尘等会给周围的空气带来污染。液化石油气和天然气相对来说则更为清洁。家庭燃料能耗的构成及数据来源如表13.11所示。

表13.11　我国城镇居民家庭燃料能耗构成

项目名称	来源
① 城镇居住建筑的天然气	《中国能源统计年鉴》各省市地区实物平衡表中的生活消费——城镇天然气
② 炊事煤耗	《中国能源统计年鉴》各省市地区实物平衡表中的生活消费——城镇液化石油气
总能耗	①+②

（五）各项能耗二氧化碳排放系数的计算

进一步地，要得出上述居民能耗所产生的二氧化碳排放量，就必须计算出各项能耗的二氧化碳排放系数。根据IPCC(2006)提供的原始系数和《中国能源统计年鉴(2010)》中提供的我国各类能源的平均低位发热量，可分别计算出我国原煤、汽油(93#)、液化石油气和天然气的二氧化碳排放系数。[①]

① 排放系数=原始排放系数*我国热值*碳氧化因子，其中碳氧化因子的取值为1。

居民用电导致的二氧化碳主要来源于火力发电厂燃烧煤炭，煤炭在所有燃料中的碳排放强度最大。考虑到大多数发电厂的能源消耗虽然主要为煤炭，但同时也存在着许多利用其他形式能源来发电的方式，例如水能、风能和太阳能等，燃煤发电厂要比使用天然气或其他可再生能源的发电厂的二氧化碳排放转换系数大。我国各省份由于所处地理位置不同，可使用的自然资源也存在较大差异，因此各省火力发电量占总发电量的比重不尽相同，电力二氧化碳转化系数应该是存在差异的。所以在计算居民用电的二氧化碳排放系数时，应该根据各省份地区的不同情况分别处理。经过计算得出各项能源的二氧化碳排放系数如表 13.12 所示。

表 13.12　各类能源二氧化碳排放系数

能源种类	汽油 (γ_0)	电力 (γ_1)	原煤 (γ_2)	天然气 (γ_3)	液化石油气 (γ_4)
二氧化碳排放系数 (kg CO_2/kg)	2.987	$1.98\alpha_i$①	1.980	2.188	3.168

因此，我国各省份居民二氧化碳排放量的计算式可表达为：

$$E = \sum_{m=1}^{4} \gamma_{0,1} * T_m + \gamma_1 * EL + \sum_{n=1}^{2} \gamma_2 * H_n + \sum_{i=1}^{2} \gamma_{3,4} * DF_i \qquad (13\text{-}5\text{-}1)$$

等式左边的 E 表示二氧化碳排放量。等式右边第一项的 T 表示城镇居民的一系列交通运输活动能耗（如表 13.8 所示），γ_0 则表示汽油的二氧化碳排放系数（拥有地铁的省市则对应电力二氧化碳排放系数 γ_1）。等式右边第二项的 EL 表示城镇居民的生活电力消耗（如表 13.9 所示），γ_1 为相对应的电力二氧化碳排放系数。等式右边的第三项 H 表示居民取暖能耗（如表 13.10 所示），γ_2 表示原煤二氧化碳排放系数。等式右边的最后一项 DF 表示家庭燃料能耗（如表 13.11 所示），γ_3、γ_4 则分别表示天然气、液化石油气的二氧化碳排放系数。

二、我国城镇居民生活能耗与二氧化碳排放分析

（一）我国城镇居民生活能耗分析

根据前面有关我国城镇居民的诸项能耗分析，可以计算出我国城镇居民的年能耗总量。表 13.13 列出了 2000 年和 2009 年我国城镇居民的各项能源消耗量。2000 年我国能源消费总量为 139 445 万吨标煤，城镇居民能源消费总量为 13 783 万吨标煤，占总能耗的 9.9%；2009 年我国能源消费总量为 292 028 万吨

① 表示某省份火电占电力生产总量的百分比，即电力二氧化碳排放系数 = 煤炭二氧化碳排放系数 * 火电占电力生产总量比重。

标煤，城镇居民能源消费总量为28 119万吨标煤，占总能耗的9.6%。

相比2000年，2009年我国城镇居民主要生活能耗总量增长了一倍。其中交通运输能耗增长了107%，居民住宅采暖能耗增加了85%，居民家庭燃料能耗增加了108%，居民生活用电能耗增长得最快，从2000年的1 066.16亿千瓦时增加到2009年的2 832亿千瓦时，增幅达到130%。

总体来看，在统计的四大项能耗中，住宅采暖能耗和生活用电能耗占据了总能耗的76%（见图13.5）。与2000年相比，2009年生活用电能耗在总能耗中的比重增加了4%，住宅采暖能耗的比重下降了4%，家庭燃料和交通运输能耗比重则基本上没有太大变化。分类来看，在交通运输能耗这一项中，私家车能耗增长的幅度最大，比2000年增加了6倍之多，在2000年，私家车能耗占当年居民交通运输能耗的比重为12%，但到了2009年，这一比例增加到42%。地铁能耗的增幅位列其次，其比重从1%增加到2.7%。出租车和公交汽车的比例分别下降了26%和5%。可见虽然交通运输能耗占能耗总量的比重持平，但其各分项所占比例的变化较大，私家车能耗的增加对交通运输能耗量的增加起到了主要作用，这与我国居民消费结构正处于升级阶段、对私用汽车的需求日益增加有一定的关系。在家庭燃料能耗中，天然气的消耗量增加了3倍，所占比重由2000年的28%增加到了2009年的55%，液化石油气所占比重则从72%下降到了45%，这说明在我国居民家庭燃料的使用中，更为清洁和方便的天然气已经开始受到居民的青睐并逐渐普及开来。

表13.13　我国城镇居民生活能耗

能耗种类	2000年	2009年	2000—2009年增长率(%)
居民交通运输能耗	1 190.35*	2 468.10*	107
私家车（万吨）	99.92	703.9	604
	147.02*	1 035.72*	
出租车（万吨）	478.9	563.5	18
	704.65*	829.13*	
公交汽车（万吨）	220.98	364	65
	325.15*	535.59*	
地铁（亿千万时）	3.45	19.9	400
	13.52*	67.66*	
居民生活用电能耗（亿千瓦时）	1 066.16	2 832	130
	4 179.35*	9 628.80*	
居民住宅采暖能耗（万吨）	8 875	16 390.1	85
	6 339.41*	11 707.45*	

（续表）

能耗种类	2000 年	2009 年	2000—2009 年增长率（%）
居民家庭燃料能耗	2 074.11*	4 314.99*	108
天然气（亿立方米）	44.11 586.66*	177.07 2 355.03*	301
液化石油气（万吨）	867.67 1 487.45*	1 143.3 1 959.96*	32
能耗总量（合计）	13 783.22*	28 119.34*	104

注：为了便于比较，表中各项能耗均转化为标准煤（万吨），并用“*”标明。

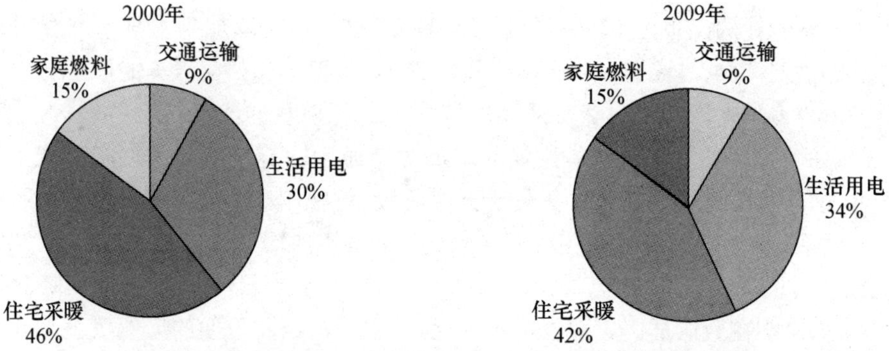

图 13.5　2000 年、2009 年城镇居民各项能耗占总能耗比例示意图

（二）我国城镇居民二氧化碳排放分析

根据表 13.13 中的数据，可以测算出我国城镇居民的年二氧化碳排放量，结果见表 13.14。各类能耗二氧化碳排放量占总二氧化碳排放量的比例如图 13.6 所示。

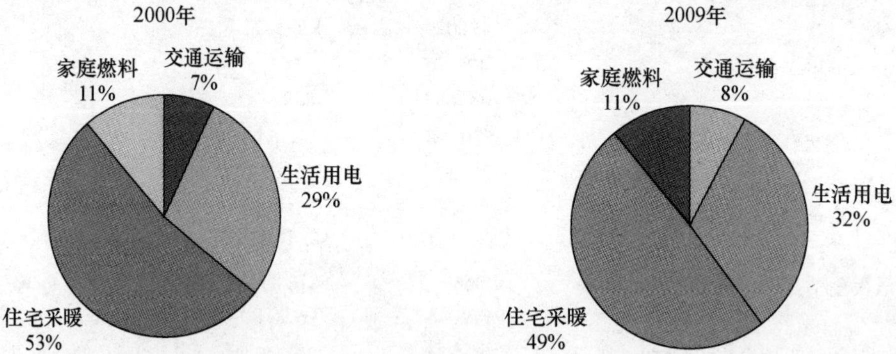

图 13.6　2000 年、2009 年城镇居民各项能耗二氧化碳排放量占总排放量比例示意图

表 13.14　我国城镇居民二氧化碳排放量　　（单位：万吨）

二氧化碳排放种类	2000 年	2009 年	2000—2009 年增长率（%）
居民交通运输 CO_2 排放量	2 423.41	5 047.22	108
私家车	298.46	2 102.55	604
出租车	1 430.47	1 683.17	18
公交汽车	660.07	1 087.27	65
地铁	34.41	174.23	406
居民生活用电 CO_2 排放量	9 519.53	21 433.28	125
居民住宅采暖 CO_2 排放量	17 572.50	32 452.40	85
居民家庭燃料 CO_2 排放量	3 713.91	7 496.27	102
天然气	965.13	3 874.29	301
液化石油气	2 748.78	3 621.97	32
CO_2 排放总量（合计）	33 229.34	66 429.16	100

总体上，我国城镇居民二氧化碳排放总量从 2000 年的 33 229.34 万吨增加到 2009 年的 66 429.16 万吨，增长率为 100%。具体地，在交通运输造成的二氧化碳排放量这一类别中，与能源消耗相对应，私家车二氧化碳排放量的增加是此类能耗二氧化碳排放量增加的主要原因，地铁能耗的二氧化碳排放总量较少，在此类能耗的二氧化碳排放量中所占比例也偏小，但增长的速度较快。由于 2000—2009 年家庭燃料能耗中液化石油气所占比例的减少以及天然气比例的增加，由液化石油气造成的二氧化碳排放量占家庭燃料二氧化碳排放量的比例从 2000 年的 74% 减少到 2009 年的 48%，天然气的比例则从 26% 增加到 52%。

特别地，与 2000 年相比，2009 年居民生活用电的二氧化碳排放量比其他三项的二氧化碳排放量要增长得快，从 2000 年的 9 519.53 万吨增加到 2009 年的 21 433.28 万吨，增长率高达 125%，其占总排放量的比例也从 11% 升为 14%。由于我国住宅采暖、住宅用电的能源消耗主要是化石燃料中碳排放强度最大的煤炭，两者的能耗比例又占据总能耗的 70% ~80%，因此，2009 年这两类能耗造成的二氧化碳排放量占到我国城镇居民二氧化碳排放总量的 80% 以上。同 OECD 国家相比，在他们采用的发电燃料中，更为清洁的天然气占据燃料总量的 20%，而我国由于受到资源禀赋的制约，不适合用天然气来进行大规模地发电，所以上述两项能耗的二氧化碳排放量占据了如此高的比例。

（三）我国城镇居民人均生活能耗及人均二氧化碳排放分析

2000 年我国城镇人口为 45 906 万人，到 2009 年增加到 62 186 万人，增长率为 35%。我国的城市化率也从 2000 年的 36% 增加到 2009 年的 47%。表 13.15

列出了2000年及2009年我国城镇居民人均能耗和人均二氧化碳排放量。从表13.15中可以看出,我国城镇居民年人均能耗从300千克标准煤/人增加到452千克标准煤/人,增速为51%,增幅高出城镇人口增长率16个百分点,这表明我国城镇居民主要生活能耗的增长幅度呈较快的上升趋势。在列出的四大类能耗中,人均居民生活用电能耗增幅最大,从2000年的232千瓦时/人增加到2009年的455千瓦时/人,增幅达到96%。在交通运输类中,私家车的人均能耗增幅最大,人均耗油量从2000年的3升/人增长到2009年的16升/人,而出租车的人均耗油量则下降了13%,这在一定程度上证明随着生活水平的提高,越来越多的居民选择购买私家车,从而减少了采用出租车出行的方式。2000年地铁的人均耗电量仅为0.75千瓦时/人,还不到1度,到了2009年就已经增长到3.2千瓦时/人。这与我国地铁的迅猛发展有关,在2000年我国拥有地铁的城市只有四个,分别是:北京、天津、上海和深圳,到了2009年,我国已经有十个城市拥有地铁,运营线路网长度达到近1 000公里。

表13.15　我国城镇居民人均生活能耗及人均二氧化碳排放量

种类	人均能耗			人均二氧化碳排放量（千克二氧化碳/人）		
	2000年	2009年	2000—2009年变化率(%)	2000年	2009年	2000—2009年变化率(%)
居民交通运输	25.93千克标准煤/人	39.69千克标准煤/人	53	52.79	81.16	54
私家车	3.00升汽油/人	15.61升汽油/人	420	6.50	33.81	420
出租车	14.39升汽油/人	12.50升汽油/人	-13	31.16	27.07	-13
公交汽车	6.64升汽油/人	8.07升汽油/人	22	14.38	17.48	22
地铁	0.75千瓦时/人	3.20千瓦时/人	326	0.75	2.80	274
居民生活用电能耗	232.25千瓦时/人	455.41千瓦时/人	96	207.37	344.66	66
居民住宅采暖能耗	138.10千克标准煤/人	188.27千克标准煤/人	36	382.79	521.86	36
居民家庭燃料能耗	45.18千克标准煤/人	69.39千克标准煤/人	54	80.90	120.55	49

（续表）

种类	人均能耗			人均二氧化碳排放量（千克二氧化碳/人）		
	2000 年	2009 年	2000—2009 年变化率(%)	2000 年	2009 年	2000—2009 年变化率(%)
天然气	9.61 立方米/人	28.47 立方米/人	196	21.02	62.30	196
液化石油气	18.9 千克/人	18.39 千克/人	-3	59.88	58.24	-3
总量	300.25 千克标准煤/人	452.18 千克标准煤/人	51	723.86	1 068.23	48

我国城镇居民主要生活能耗的人均二氧化碳排放量从 2000 年的 724 千克二氧化碳/人增加到 2009 年的 1 068 千克二氧化碳/人，增幅为 48%，高出城镇人口增长率 13 个百分点。造成人均二氧化碳排放量增加的主要原因是居民生活用电能耗及采暖能耗的增长，而这主要是在城市化过程中城镇居民消费规模的扩大、城镇人口的增加以及居民消费结构的升级造成的。

三、我国各省份城镇居民二氧化碳排放分析

本节在前述框架基础上就 2009 年我国各省份城镇居民的二氧化碳排放情况进行研究和分析。①

（一）我国各省份城镇居民二氧化碳排放现状

根据表 13.13，同样可以计算出 2009 年我国各省城镇居民主要生活能耗及相应二氧化碳排放量。从图 13.7 中可以看出，我国碳排放量的区域差异与能源消费总量的区域差异大体上相一致。2009 年我国城镇居民二氧化碳排放量前五位的省份分别是山东、江苏、辽宁、浙江和广东，合计占当年全部 30 个省（市、自治区）城镇居民二氧化碳排放总量的 39%。如图 13.8 所示，城镇居民二氧化碳排放量整体呈现出从东部沿海向中、西部地区递减的趋势。辽宁—山东—江苏—浙江一带是当年城镇居民二氧化碳排放量最高的地区（6 000 万吨以上），北方地区的黑龙江—内蒙古和沿海地区的广东省的排放量相对较低（4 000 ~ 6 000 万吨），北京和上海等东部地区的排放量位列第三区间（2 000 ~ 4 000 万吨），湖北—湖南等中部地区以及青海—四川—贵州—云南等西部地区的排放量处于最低的区间内（0 ~ 2 000 万吨）。

① 由于数据缺乏的原因，西藏自治区和港澳台地区不在本节研究范围内。

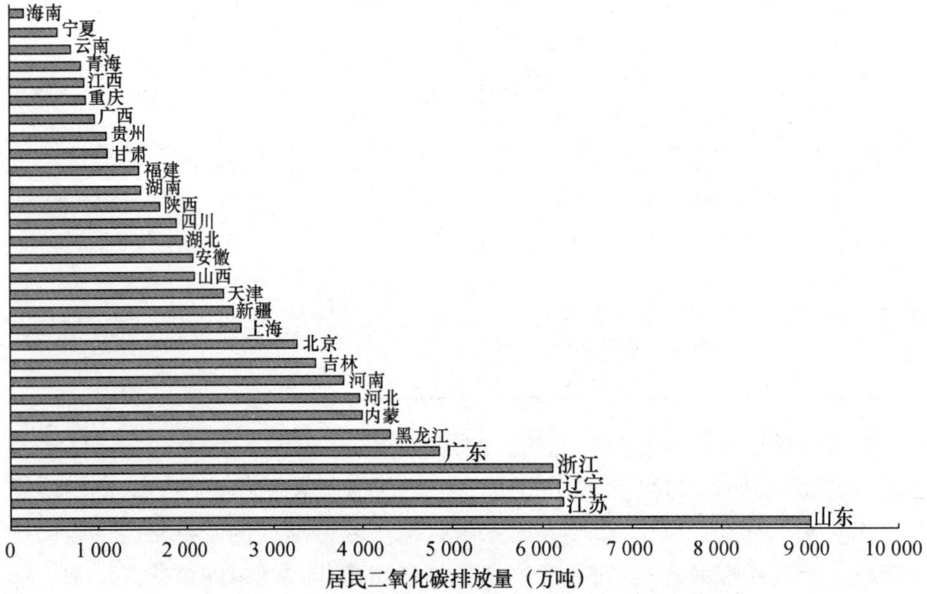

图 13.7　2009 年我国各省城镇居民二氧化碳排放量

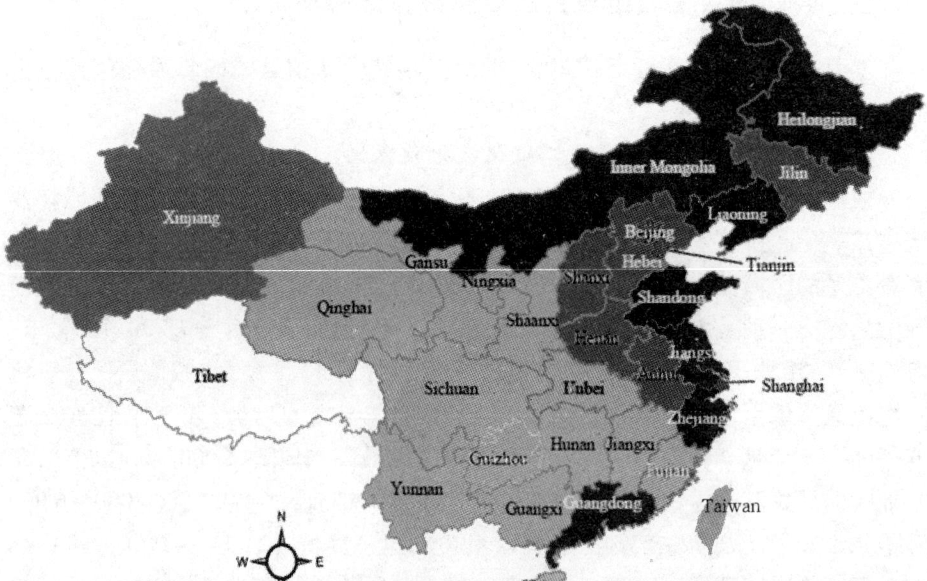

图 13.8　我国各省城镇居民二氧化碳排放分布(此处省略南海诸岛)

（二）我国各省城镇居民二氧化碳排放强度及人均二氧化碳排放分析

二氧化碳排放强度是指单位国内生产总值的二氧化碳排放量，即与 GDP 相对应的二氧化碳排放率。该指标主要是用来衡量一国经济与碳排放之间的关系，如果一国在经济增长的同时，二氧化碳排放强度呈下降趋势，那么就说明该国正处于低碳发展模式的阶段之中。类似地，本节利用各省 2009 年的 GDP 值计算出了相应的二氧化碳排放强度，用来衡量一省经济同居民二氧化碳排放量之间的关系。表 13.16 的第二列和第五列给出了 2009 年我国各省城镇居民二氧化碳排放强度。结果表明，西部地区，尤其是一些能源大省的二氧化碳排放强度远高于中、东部地区。

表 13.16　2009 年我国各省（市、自治区）城镇居民人均 CO_2 排放量及 CO_2 排放强度

省份	CO_2 排放强度（克 CO_2/元）	人均 CO_2 排放量（千克 CO_2/人）	省份	CO_2 排放强度（克 CO_2/元）	人均 CO_2 排放量（千克 CO_2/人）
北京	26.92	2 193.03	河南	19.42	1 057.40
天津	32.33	2 538.69	湖北	15.14	745.91
河北	22.92	1 305.95	湖南	11.34	535.07
山西	28.34	1 323.06	广东	12.28	793.36
内蒙	40.90	3 081.13	广西	12.41	505.72
辽宁	40.69	2 374.40	海南	9.97	388.79
吉林	47.53	2 367.83	重庆	13.47	596.40
黑龙江	49.99	2 022.08	四川	13.33	595.23
上海	17.48	1 545.72	贵州	28.31	976.02
江苏	18.08	1 450.88	云南	11.21	444.97
浙江	26.58	2 037.76	陕西	20.57	1 024.30
安徽	20.61	803.70	甘肃	32.79	1 291.55
福建	12.00	787.56	青海	75.17	3 488.57
江西	11.15	446.05	宁夏	40.15	1 886.83
山东	26.56	1 967.52	新疆	59.29	2 948.64

2009 年，我国各省城镇居民人均二氧化碳排放量最高的是青海省，最低的是海南省。图 13.9 将这 30 个省份的数值与全国城镇居民的平均水平放在同一坐标系中进行了比较，青海、内蒙古、新疆等 16 个省市城镇居民人均二氧化碳排放量均高于全国平均水平，河南、陕西、贵州等 14 个省市的排放水平则低于全国平均水平。从图 13.10 中可以看出，排放量高于全国平均水平的省份基本上都位于我国秦岭—淮河一线以北的北方及东部沿海地区，低于全国平均水平的省份大都位于我国秦岭—淮河一线以南的中南部地区。根据前文得出的研究结果，居民二氧化碳排放量的主要来源是生活用电和住宅采暖能耗，而我国秦岭—淮河以北的省份

的居民在冬季都享有集中供暖，其采暖能耗大大高于那些没有采取集中供暖的省份，这是造成居民人均二氧化碳排放量的分布出现这一现象的主要原因之一。

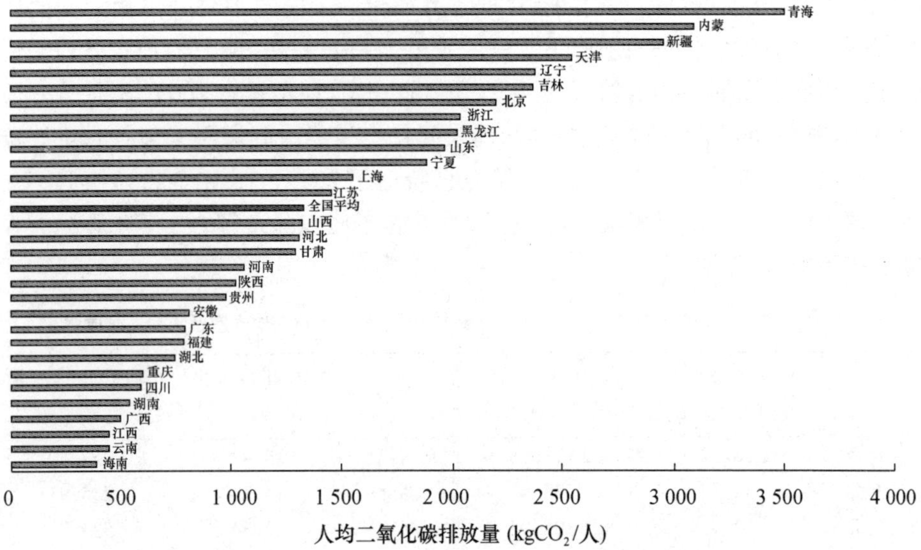

图 13.9　2009 年我国各省城镇居民人均二氧化碳排放量

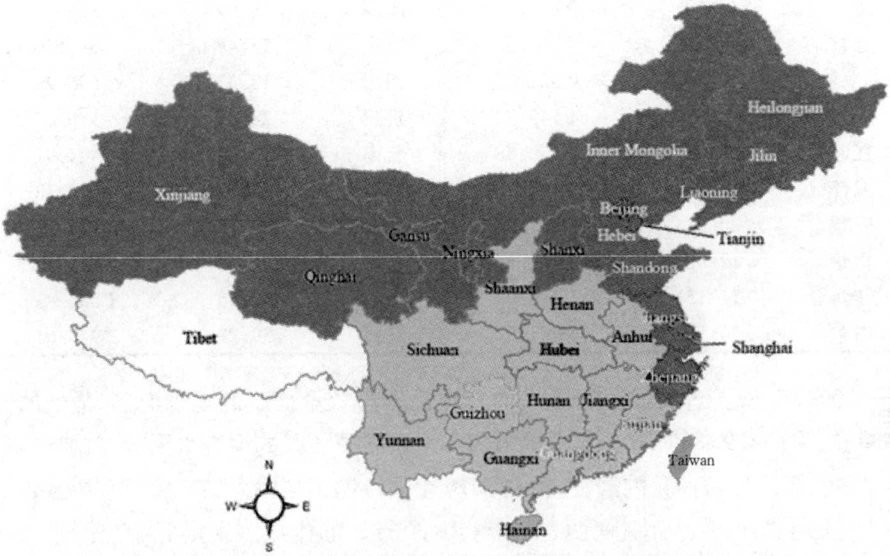

图 13.10　我国各省城镇居民人均二氧化碳排放分布(此处省略南海诸岛)

目前，中国有着十分重要的几项区域政策分别支持着西部地区、东北和北京—天津—环渤海地区的经济发展：1999 年启动的西部大开发战略给予我国西部地区基础设施建设的大力支持；振兴东北老工业基地的政策侧重于开发辽宁、吉林、黑龙江三省经济衰落的城市；针对北京—天津—环渤海地区的区域政策主要目的在于让这些地区的经济水平赶超长江—珠江流域以南的省份。2008 年举办的第二十九届夏季奥林匹克运动会给北京带来了大量的公共基础设施建设，北京的环境水平也因此得到了极大提高，作为中国首都的北京将会继续吸引更多的物质资本和人力资本的投入。

与全国城镇居民的人均二氧化碳排放量相比，东三省地区城镇居民的平均二氧化碳排放量要高出 70%，北京—天津—环渤海地区要高出约 40%，而西部地区则比平均水平低 17%。这在一定程度上表明，我国区域政策在扶持东北、北京等地区经济发展的同时，也增加了这些地区整体的二氧化碳排放水平。①

四、基于我国各省城镇居民二氧化碳排放的回归分析

为了进一步探究影响居民二氧化碳排放水平的因素，本节将建立一个多元回归的分析框架对 2009 年全国 30 个省(市、自治区)居民各项能耗产生的人均二氧化碳排放进行研究。模型中将纳入五个自变量，对各自变量的定义如下：

(1) 各省人均国内生产总值，用来描述各省经济状况。

(2) 各省城镇人口数。

(3) 各省城市人口密度，用来描述城市人口的密集程度，等于城市人口除以城区面积。

(4) 各省一月平均温度②，用来描述冬天的天气状况。

(5) 各省七月平均温度，用来描述夏天的天气状况。

本节建立的回归方程如下：

$$E_p = \beta_0 + \beta_1 \ln GDPP + \beta_2 \ln POP + \beta_3 POP\_DEN + \beta_4 JAN\_TEMP + \beta_5 JULY\_TEMP \qquad (13\text{-}5\text{-}2)$$

其中，E_p 为城镇居民人均二氧化碳排放量，*GDPP* 表示人均 GDP，方程(13-5-2)中取 *GDPP* 的自然对数 ln *GDPP*，*POP* 表示城镇人口数，方程(13-5-2)中也取了 *POP* 的自然对数 ln *POP*，*POP_DEN* 表示城镇人口密度，*JAN_TEMP* 表示一月平均温度，*JULY_TEMP* 表示七月平均温度。

---

① 目前我国各类能源的分布主要为：北方地区拥有全国 90% 的石油储备量和 80% 的煤炭储备，占我国可再生能源中所占比例最大的水力发电(约占总发电量的 17%)有 2/3 位于我国西南地区，风能主要集中于我国北方的一些省份以及东南部沿海地区。如果我国各地区的城市化进程更加依赖于对各区域自有能源的利用，那么这些区域政策所带来的二氧化碳排放的隐性成本将会增加得更多，各地区之间的二氧化碳排放量也将会有很大差异。

② 月平均气温是将全月各日的平均气温相加，除以该月的天数而得。

表13.17和表13.18列出了本节估算的2009年我国各省城镇居民各项能耗产生的人均二氧化碳排放量与上述各项自变量之间的回归结果。总体来看，上述五个自变量对我国30个省城镇居民人均二氧化碳排放量的解释程度达到了84.4%。具体地，2009年我国城镇居民二氧化碳排放量与人均GDP、城镇人口规模及七月平均气温正相关，而与城市人口密度、一月平均气温呈负相关关系。这意味着在经济比较发达和人口规模大的地区，城镇居民的人均二氧化碳排放水平要高一些。本章估算出的数据已经表明，在我国经济较为发达的东部沿海地区和北方的一些能源大省，居民人均二氧化碳排放量要比全国居民的人均二氧化碳排放量高出一半左右；而在一些人口稀疏、城市人口密度小的省份，其人均二氧化碳排放量更高，例如我国的青海省，其2009年居民人均二氧化碳排放量高达3 488.57千克/人，位居全国之首。

另外，当冬季平均气温每升高1℃时，城镇居民的人均二氧化碳排放量会下降56.2 kg；当夏季平均气温每升高1℃时，城镇居民的人均二氧化碳排放量会增加75.7 kg，这在很大程度上是因为当冬季温度升高时，居民采暖所消费掉的能耗会降低，因而这一部分的二氧化碳排放量会减少，同样地当夏季温度升高时，居民可能会更加频繁地使用空调、电扇等家用电器，从而消耗掉更多的电力，造成二氧化碳排放量的增加。

表13.17　各省城镇居民人均二氧化碳排放回归结果(2009)

	私家车	出租车	公交汽车	地铁
ln *GDPP*	0.1197	-0.0224	-0.0101	0.0277
	(4.6392***)	(-3.5084***)	(-5.5394***)	(2.3348**)
ln *POP*	-0.0151	0.0167	0.0033	0.0035
	(-0.9518)	(4.2504***)	(2.9556***)	(0.4237)
POP_DEN	0.0091	-0.0003	-0.0006	-0.0016
	(0.9130)	(-0.1347)	(-0.8232)	(-0.1696)
JAN_TEMP				
JULY_TEMP				
constant	-1.0572	-0.0699	-0.0636	-0.2538
	(-3.9689***)	(-1.0616)	(-3.3678***)	(-1.7416*)
obs	30	30	30	9①
R^2	0.4642	0.5109	0.5751	0.6145

注：表中的被解释变量为城镇居民人均二氧化碳排放量(吨/人)。标中括号里的数为t统计量。上标***、**和*分别表示估计系数在1%、5%和10%水平上显著。

① 因为全国仅有9个省(市)拥有地铁，故这一列观测数据的个数为9。

表 13.18 各省城镇居民人均二氧化碳排放回归结果(2009)(续)

	生活用电	住宅采暖	液化石油气	天然气	总量
ln *GDPP*	0.4061	0.2508	−0.0029	0.0361	0.8504
	(2.1608**)	(1.3509)	(−0.1848)	(1.2995)	(4.6800***)
ln *POP*	0.2161	0.1392	0.0243	0.0421	0.2258
	(1.8842*)	(1.0397)	(2.5015**)	(2.4587**)	(2.0365*)
POP_DEN	0.0206	−0.0737	−0.0048	0.0053	−0.03986
	(0.3187)	(−1.0403)	(−0.8072)	(0.4901)	(−0.6378)
JAN_TEMP	0.0178	−0.0776			−0.0562
	(1.3430)	(−6.3406***)			(−4.3872***)
JULY_TEMP	0.0876				0.0757
	(2.3128**)				(2.0675**)
constant	−4.1251	−2.5496	−0.0905	−0.0108	−3.3848
	(−4.0731***)	(−1.3371)	(−0.5643)	(−0.0376)	(−2.0453*)
obs	30	29①	29②	30	30
R^2	0.4124	0.6853	0.2213	0.1996	0.8440

注:表中的被解释变量为城镇居民人均二氧化碳排放量(吨/人)。标中括号里的数为 *t* 统计量。上标 *** 、** 和 * 分别表示估计系数在 1%、5% 和 10% 水平上显著。

在居民交通运输引起的二氧化碳排放分析中(见表 13.17),在出租车、公共汽车使用的能源消耗方面,城镇人口规模与二氧化碳排放正相关,这是因为随着城市人口规模的扩大,居民对公共交通的需求会随之增大,而对私家车的依赖则越来越少。然而人口密度与出租车、公交汽车使用的二氧化碳排放负相关,当城市人口密度每增加一个单位(1 千人/平方公里),在出租车使用方面,城市居民人均二氧化碳排放会减少 0.3 kg,公共汽车能耗引起的人均二氧化碳排放则会减少 0.6 kg,这意味着在城市人口密度增加时,居民平均出行距离也相应地缩短了,城市公共交通也会更加具有效率,例如在美国,当城市发展朝着更为紧凑的模式发展时,就会带来碳排放量的降低。③ 各省人均 GDP 与出租车、公交汽车使用造成的二氧化碳排放负相关,与私家车、地铁使用造成的二氧化碳排放正相关,这表明在经济更为发达的省份,私家车和地铁

① 在本节研究的 30 个省份中,海南省没有取暖煤耗,故这一列观测数据个数为 29。

② 在本节研究的 30 个省份中,四川省没有液化石油气能耗,故这一列观测数据个数为 29。

③ Siqi Zheng et al.. The Greenness of China: Householе Carbon Dioxide Emissions and Urban Development, NBER Working Paper 15621, 2009, p.21.

方面会产生更多的碳排放量，但在使用出租车和公交汽车方面的碳排放量会少一些。

居民生活用电产生的二氧化碳排放（见表 13.18 第二列）与人均 GDP、人口规模、城市人口密度以及平均气温均呈正相关关系。在经济状况好、城镇人口规模大和城市人口密度大的省份，城镇居民拥有更多的家用电器，对照明的要求也更高一些，因此由居民生活用电产生的人均二氧化碳排放要更多。当夏季平均气温增加时，由于拥有的空调数量更多，相应的二氧化碳排放量也会增加得更多。居民住宅采暖产生的二氧化碳排放（见表 13.18 第三列）与人均 GDP、人口规模正相关，与城市人口密度及冬季平均气温负相关。在居民家庭燃料产生的二氧化碳排放方面（见表 13.18 第四、五列），人均 GDP 与因使用液化石油气造成的二氧化碳排放负相关，而与因使用天然气引起的二氧化碳排放呈正相关关系。这进一步说明随着经济的增长，尽管天然气的价格更加昂贵，但城镇居民会选择消耗更多的天然气，而对液化石油气的消费会减少，也有学者通过计算我国液化石油气的收入弹性证明液化石油气的使用会随着收入的增加而减少。[①]

本章通过对 2009 年中国各省城镇居民生活能耗和相应二氧化碳排放量测算以及对相关影响因素的研究，考察了城市发展对我国各省二氧化碳排放的影响。结果表明，同 2000 年相比，2009 年我国城镇居民能耗及二氧化碳排放量增速较快，生活用电和住宅取暖是二氧化碳排放的主要来源。对我国不同省份的研究结果表明，各省城镇居民二氧化碳排放存在较大的差异，北方省份的人均二氧化碳排放明显高于南方省份，而东部沿海各省的人均二氧化碳排放又高于中部、西部省份。

进一步地，本章通过对城镇居民二氧化碳排放的回归分析发现，人均 GDP、人口规模、人口密度、气温和城市化发展模式等因素对二氧化碳排放均有影响。城市结构紧凑、公共交通方便、夏季凉爽、冬季温暖的省份的经济增长会带来居民二氧化碳排放量的降低；城市结构稀疏、依赖汽车、夏季炎热、冬季寒冷、主要使用煤发电的省份的经济增长则会带来居民二氧化碳排放总量的增加。

我国正处于城镇化水平提高之际，可以把我国城镇分为原有和新建两大部分：一是原有城镇部分如何通过制度、政策及老城区的改造来降低二氧化碳的排

① Siqi Zheng et al.. The Greenness of China: Householе Carbon Dioxide Emissions and Urban Development, NBER Working Paper 15621, 2009, p. 13.

放,从而解除碳锁定;二是新建城镇部分的建设如何通过智能城市的设计和城市规划,防止新城镇建设中出现新的碳锁定。美国的居住形态也正在发生变化。人们开始向城市和近郊集结,远郊衰落,通勤的公交使用率增加,所有这些表明,发达国家在保留汽车文明的基础上,从生产和消费,包括人们的观念都在发生变化。我国城镇化建设中要避免走欧美国家的老路,要通过制度、政策等手段真正地把低碳生产和低碳生活纳入到我国的城镇化建设之中。

参考文献

一、专著

[1] 哈维·S.罗森.财政学[M].北京:中国人民大学出版社,2009.

[2] 巴蒂·巴尔塔吉.面板数据的计量经济分析[M].北京:机械工业出版社,2010.

[3] 巴里·菲尔德,玛莎·菲尔德.环境经济学[M].北京:中国财政经济出版社,2006.

[4] 戴维·杜鲁门.政治过程[M].天津:天津人民出版社,2006.

[5] 〔美〕保罗·R.伯特尼,〔美〕罗伯特·N.史蒂文斯.环境保护的公共政策(第2版)[M].上海:上海三联书店、上海人民出版社,2004.

[6] 庇古.福利经济学[M].北京:华夏出版社,2007.

[7] 丹尼尔·H.科尔.污染与财产权:环境保护的所有权制度比较研究[M].北京:北京大学出版社,2009.

[8] 蔡定剑.民主是一种现代生活[M].北京:社会科学文献出版社,2010.

[9] 丹尼尔·史普博.管制与市场[M].上海:上海三联书店,1999.

[10] 道格拉斯·诺思.西方世界的兴起[M].北京:华夏出版社,2009.

[11] 道格拉斯·诺思.制度、制度变迁与经济绩效[M].上海:上海三联书店、上海人民出版社,1994.

[12] 埃莉诺·奥斯特罗姆.制度与环境[M].北京:中信出版社,2009.

[13] 丁菊红.中国转型中的财政分权与公共品供给激励[M].北京:经济科学出版社,2010.

[14] 傅勇.中国式分权与地方政府行为:探索转变发展模式的制度性框架[M].上海:复旦大学出版社,2010.

[15] 韩德培.环境保护法教程[M].北京:法律出版社,2007.

[16] 科斯,阿尔钦,诺思,等.财产权利与制度变迁——产权学派与新制度学派译文集[M].上海:上海三联书店,2005.

[17] 库拉.环境经济思想史[M].上海:上海人民出版社,2007.

[18] 蓝虹.环境产权经济学[M].北京:中国人民大学出版社,2005.

[19] 李艳芳.公众参与环境影响评价制度研究[M].北京:中国人民大学出版社,2004.

[20] 卢现祥,朱巧玲.新制度经济学[M].北京:北京大学出版社,2007.

[21] 卢现祥.西方新制度经济学[M].北京:中国发展出版社,2003.

[22] 卢现祥.新制度经济学[M].武汉:武汉大学出版社,2005.

[23] 罗伯特·达尔.美国的民主[M].波士顿赫夫顿密夫林公司,1981.

[24] 罗金生. 利益集团与制度变迁:渐进转轨中的中小商业银行[M]. 北京:中国金融出版社,2003.

[25] 迈克尔·波特. 竞争论[M]. 北京:中信出版社,2009.

[26] 迈克尔·麦金尼斯. 多中心体制与地方公共经济[M]. 上海:上海三联书店,2000.

[27] 曼瑟尔·奥尔森. 集体行动的逻辑[M]. 上海:上海三联书店,2008.

[28] 莫神星. 节能减排机制法律政策研究[M]. 北京:中国时代经济出版社,2008.

[29] 任勇. 中国 CDM 与可持续发展[M]. 北京:中国环境科学出版社,2010.

[30] 盛斌. 中国对外贸易政策的政治经济分析[M]. 上海:上海人民出版社,2002.

[31] 思拉恩·埃格特森. 经济行为与制度[M]. 北京:商务印书馆,2007.

[32] 〔瑞典〕托马斯·思德纳. 环境与自然资源管理的政策工具[M]. 上海:上海三联书店,2005.

[33] 王曼怡,朱超. 国际金融新论[M]. 北京:中国金融出版社,2009.

[34] 吴健. 排污权交易——环境容量管理制度创新[M]. 北京:中国人民大学出版社,2005.

[35] 肖建华. 生态环境政策工具的治道变革[M]. 北京:知识产权出版社,2010.

[36] 席涛. 美国管制:从命令—控制到成本—收益分析[M]. 北京:中国社会科学出版社,2006.

[37] 熊焰. 低碳经济之路:重新定义世界和我们的生活[M]. 北京:中国经济出版社,2010.

[38] 徐显明. 人权研究(第二卷)[M]. 济南:山东人民出版社,2002.

[39] 杨小凯,张永生. 新兴古典经济学与超边际分析[M]. 北京:社会科学文献出版社,2003.

[40] 张嫚. 环境规制约束下的企业行为[M]. 北京:经济科学出版社,2006.

[41] 张晏. 分权体制下的财政政策和经济增长[M]. 上海:上海人民出版社,2005.

[42] 赵细康. 环境保护与产业国际竞争力[M]. 北京:中国社会科学出版社,2003.

[43] 郑永年. 中国模式:经验与困局[M]. 杭州:浙江人民出版社,2010.

[44] 埃莉诺·奥斯特罗姆. 公共事务的治理之道——集体行动制度的演进[M]. 上海:上海三联书店,2000.

[45] 钱水苗,巩固. 论环境行政合同[J]. 法学评论,2004(5).

[46] 2050 中国能源和碳排放课题研究组. 2050 中国能源和碳排放报告[M]. 北京:科学出版社,2009.

[47] 莱斯特·R. 布朗. 生态经济革命:拯救地球和经济的五大步骤[M]. 台湾:扬智文化事业股份有限公司,1999.

[48] 联合国开发计划署. 2009/10 中国人类发展报告:迈向低碳经济和社会的可持续未来[M]. 北京:中国对外翻译出版公司,2010.

[49] 〔美〕威廉·诺德豪斯. 均衡问题:全球变暖的政策选择[M]. 北京:社会科学文献出版社,2011.

[50]〔德〕魏伯乐,〔澳〕查理·哈格罗夫斯.五倍级[M].上海:格致出版社,2010.

[51]〔英〕尼古拉斯·斯特恩.地球安全愿景:治理气候变化,创造繁荣进步新时代[M].北京:社会科学文献出版社,2011.

[52]〔英〕安东尼·吉登斯.气候变化的政治[M].北京:社会科学文献出版社,2009.

[53] 曹荣湘.全球大变暖:气候经济、政治与伦理[M].北京:社会科学文献出版社,2010.

[54]〔英〕迈克尔·S.诺思科特.气候伦理[M].北京:社会科学文献出版社,2010.

[55]〔美〕莱斯特·R.布朗.生态经济——有利于地球的经济构想[M].北京:东方出版社,2002.

[56]〔美〕约翰·贝拉米·福斯特.生态危机与资本主义[M].上海:上海译文出版社,2006.

[57]〔美〕埃里克·波斯纳,戴维·韦斯巴赫.气候变化的正义[M].北京:社会科学文献出版社,2011.

[58] 世界银行.2002年世界发展报告:建立市场体制[M].北京:中国财政经济出版社,2002.

[59]〔美〕斯蒂文·G.米德玛.科斯经济学:法与经济学和新制度经济学[M].上海:上海三联书店,2007.

[60]〔瑞典〕托马斯·思德纳.环境与自然资源管理的政策工具[M].上海:上海三联书店,2005.

[61]〔美〕爱德华·B.巴比尔.低碳革命:全球绿色新政[M].上海:上海财经大学出版社,2011.

[62]〔美〕道格拉斯·诺思.理解经济变迁过程[M].北京:中国人民大学出版社,2008.

[63]〔日〕青木昌彦.比较制度分析[M].上海:上海远东出版社,2002.

[64] 奈杰尔·劳森.呼唤理性:全球变暖的冷思考[M].北京:社会科学文献出版社,2011.

[65] 世界银行.2010年世界发展报告:发展与气候变化[M].北京:清华大学出版社,2010.

[66]〔加〕彼得·特扎基安.破解能源饥渴症[M].北京:石油工业出版社, 2010.

[67] 薛进军.中国低碳经济发展报告(2011)[M].北京:社会科学文献出版社,2011.

[68]〔美〕伯顿·里克特.拨开迷雾[M].北京:石油工业出版社,2011.

[69]〔美〕道格拉斯·诺思.经济史中的结构与变迁[M].上海:上海三联书店,1991.

[70]〔美〕詹姆斯·艾尔特等.竞争与合作——与诺贝尔经济学家谈经济学和政治学[M].北京:北京大学出版社,2011.

[71]〔英〕卡萝塔·佩蕾丝.技术革命与金融资本:泡沫与黄金时代的动力学[M].北京:中国人民大学出版社,2007.

[72]〔德〕柯武刚,史漫飞.制度经济学——经济秩序与公共政策[M].北京:商务印书馆,2000.

[73]〔美〕保罗·霍根,艾默里·洛文斯,L.亨特·洛文斯.自然资本论——关于下一次工业革命[M].上海:上海科学普及出版社,2000.

[74]〔澳〕大卫·希尔曼,〔澳〕约瑟夫·韦恩·史密斯.气候变化的挑战与民主的失灵[M].北京:社会科学文献出版社,2009.

[75]〔德〕弗里德希·亨特布尔格,〔德〕弗雷德·路克斯,〔德〕邦尔库斯·史蒂文.生态经济政策:在生态专制和环境灾难之间[M].大连:东北财经大学出版社,2005.

[76]〔美〕赫尔曼·E.戴利,〔美〕肯尼思·N.汤森.珍惜地球——经济学、生态学、伦理学[M].北京:商务印书馆,2001.

[77]〔美〕本杰明·M.弗里德曼.经济增长的道德意义[M].北京:中国人民大学出版社,2008.

[78] 罗伯特·赖克.超级资本主义:商业、民主和每一个人生活的转变[M].北京:当代中国出版社,2010.

[79] 薛进军.低碳经济学[M].北京:社会科学文献出版社,2011.

[80]〔美〕迈克尔·麦金尼斯.多中心体制与地方公共经济[M].上海:上海三联书店,2000.

二、论文

[1] 包群,阳佳余.金融发展影响了中国工业制成品出口的比较优势吗?[J].世界经济,2008(3).

[2] 卜国琴.排污权交易市场机制设计的实验研究[J].中国工业经济,2010(3).

[3] 蔡昉.人口转变、人口红利与刘易斯转折点[J].经济研究,2010(4).

[4] 蔡昉,都阳.经济发展方式转变与节能减排内在动力[J].经济研究,2008(6).

[5] 曹利军,王华东.市场经济体制下的企业环境行为及调控[J].环境导报,1995(4).

[6] 陈德湖.排污权交易理论及其研究综述[J].外国经济与管理,2004(5).

[7] 陈佳瑛,彭希哲,朱勤.家庭模式对碳排放影响的宏观实证分析[J].中国人口科学,2009(5).

[8] 陈立敏.国际竞争力就等于出口竞争力吗[J].世界经济研究,2010(12).

[9] 陈邵峰,刘扬,邹秀萍等.二氧化碳排放演变驱动力的理论与实证研究[J].科学管理研究,2010(2).

[10] 陈诗一.能源消耗、二氧化碳排放与中国工业的可持续发展[J].经济研究,2009(4).

[11] 陈诗一.节能减排与中国工业的双赢发展:2009—2049[J].经济研究,2010(3).

[12] 陈小重,徐琳.清洁发展机制(CDM)对中国低碳经济发展的影响——基于CDM效益对等性分析的横向比较[J].云南财经大学学报,2010(3).

[13] 陈勇,李小平.中国工业行业的面板数据构造与资本深化评估[J].数量经济技术经济研究,2006(10).

[14] 丁焕峰,李佩仪.区域污染与区域经济增长——中国1998—2007年面板数据分析[J].经济与管理研究,2010(6).

[15] 丁辉侠,冯宗宪.投资来源国的特定因素对中国FDI的影响[J].国际贸易问题,2006(12).

[16] 董战峰,王金南,葛察忠,等.环境自愿协议机制建设中的激励政策创新[J].中国人口·资源与环境,2010(6).

[17] 杜婷婷,毛锋,罗锐.中国经济增长与CO_2排放演化探析[J].中国人口、资源与环境,2007(2).

[18] 方晓利,周业安.财政分权理论评述[J].教学与研究,2001(3).

[19] 傅朝阳.中国出口商品比较优势的实证分析[J].世界经济研究,2005(3).

[20] 陈育俭.利益相关者、企业社会责任与企业可持续发展[J].莆田学院学报,2010(6).

[21] 陈昭,刘巍,茹纯子.中国经济增长与环境污染的关系——基于分省的面板协整模型分析[J].当代财经,2008(11).

[22] 陈政.中小企业节能减排关全局[J].中国经济导报,2010(7).

[23] 崔秀敏.企业节能减排激励机制研究[J].生态经济,2010(8).

[24] 崔亚飞,刘小川.中国地方政府间环境污染治理策略的博弈分析——基于政府社会福利目标的视角[J].理论与改革,2009(6).

[25] 崔亚飞,刘小川.中国省级税收竞争与环境污染——基于1998—2006年面板数据的分析[J].财经研究,2010(4).

[26] 代谦,李唐.比较优势与落后国家的二元技术进步[J].经济研究,2009(3).

[27] 党玉婷.中国对外贸易对环境污染影响的实证研究——全球视角下投入产出技术矩阵的环境赤字测算[J].财经研究,2010(2).

[28] 高彤,杨姝影.国际生态补偿政策对中国的借鉴意义[J].环境保护,2006(10).

[29] 耿强,杨蔚.中国工业污染的区域差异及其影响因素——基于省级面板数据的GMM实证分析[J].中国地质大学学报(社会科学版),2010(5).

[30] 耿强,孙成浩,傅坦.环境管制程度对FDI区位选择影响的实证分析[J].南方经济,2010(6).

[31] 顾国达,牛晓婧,张钱江.技术壁垒对国际贸易影响的实证分析——以中日茶叶贸易为例[J].国际贸易问题,2007(6).

[32] 郭朝先.我国环境管制发展的新趋势[J].经济研究参考,2007(27).

[33] 国务院发展研究中心课题组.全球温室气体减排:理论框架和解决方案[J].经济研究,2009(3).

[34] 韩勇.如何应对低碳经济对交通运输业的影响[J].现代商业,2010(12).

[35] 韩玉军,陆旸.经济增长与环境的关系——基于对CO_2环境库兹涅茨曲线的实证研究[J].经济理论与经济管理,2009(3).

[36] 何建武,李善同.二氧化碳减排与区域经济发展[J].管理评论,2010(6).

[37] 何平均.国外促进低碳经济发展的税收政策及启示[J].经济与管理,2010(11).

[38] 洪大用.环境社会学与环境友好型社会建设[J].中国人民大学学报,2007(1).

[39] 侯伟丽.严格的环境管制会损害竞争力吗?——基于经济学文献的分析[J].中国

地质大学学报(社会科学版),2008(5).

[40] 傅京燕.环境规制对贸易模式的影响及其政策协调[D].广州:暨南大学,2006.

[41] 国务院.节能减排综合性工作方案,2007.

[42] 胡建兵,顾新一.政府环境规制下的企业行为研究[J].商业研究,2006(19).

[43] 胡小武,吴聪萍.过程低碳化:低碳经济之路的创新战略[J].科技与经济,2011(3).

[44] 胡玉莹.中国能源消耗、二氧化碳排放与经济可持续增长[J].当代财经,2010(2).

[45] 湖南省社会科学院课题组.湖南工业节能减排报告——来自3市38个企业的调查[J].企业家天地,2008(3).

[46] 黄德春,刘志彪.环境规制与企业自主创新——基于波特假设的企业竞争优势构建[J].中国工业经济,2006(3).

[47] 计金标.荷兰、美国、瑞典的生态税收[J].中国税务,1997(3).

[48] 江珂.环境规制对中国技术创新能力影响及区域差异分析——基于中国1995—2007年省际面板数据分析[J].中国科技论坛,2009(10).

[49] 江珂.中国环境规制对外商直接投资的影响研究[D].武汉:华中科技大学,2010.

[50] 江书程.中国石油增加投入推进化工节能减排[J].中国石油报,2007(6).

[51] 姜启亮,吴勇.从发达国家经验看中国低碳经济实现路径[J].宏观经济,2010(12).

[52] 解垩.环境规制与中国工业生产率增长[J].产业经济研究,2008(1).

[53] 黎宇华,陈鹏.企业节能减排税收政策的现状分析及相关建议[J].企业纵横,2010(11).

[54] 李斌.发展低碳经济中的政府角色定位[J].辽宁行政学院学报,2010(12).

[55] 李钢,马岩,姚磊磊.中国工业环境管制强度与提升路线——基于中国工业环境保护成本与效益的实证研究[J].中国工业经济,2010(3).

[56] 李猛.财政分权与环境污染——对环境库兹涅茨假设的修正[J].经济评论,2009(5).

[57] 李猛.中国环境破坏事件频发的成因与对策——基于区域间环境竞争的视角[J].财贸经济,2009(9).

[58] 李强,聂锐.环境规制与中国大中型企业工业生产率[J].中国地质大学学报,2010(7).

[59] 李若凝.环境保护投资与工业污染控制关系研究[J].河南农业大学学报,2002(2).

[60] 李胜文,李新春,杨学儒.中国的环境效率与环境管制——基于1986—2007年省级水平的估算[J].财经研究,2010(2).

[61] 李玮.倒逼机制:企业节能减排中的政府角色探析[J].理论学刊,2011(3).

[62] 李小平,卢现祥.国际贸易、污染产业转移和中国工业 CO_2 排放[J].经济研究,2010(1).

[63] 李小平,朱钟棣.国际贸易、R&D溢出和生产率增长[J].经济研究,2006(2).

[64] 李雁争.工信部回应淘汰落后产能名单被注水:正制订考核办法[J].上海证券报,2010(9).

[65] 李永友,沈坤荣.我国污染控制政策的减排效果——基于省际工业污染数据的实证分析[J].管理世界,2008(7).

[66] 李郁芳,李项峰.地方政府环境规制的外部性分析——基于公共选择视角[J].财贸经济,2007(3).

[67] 李昭华,蒋冰冰.欧盟玩具业环境规制对我国玩具出口的绿色壁垒效应——基于我国四类玩具出口欧盟十国的面板数据分析:1990—2006[J].经济学(季刊),2009(4).

[68] 李挚萍.20世纪政府环境管制的三个演进时代[J].学术研究,2005(6).

[69] 连玉君,苏治,丁志国.现金—现金流敏感性能检验融资约束假说吗?[J].统计研究,2008(10).

[70] 梁冬寒,袭著燕,李刚.环境规制与出口绩效相互影响效应分析——基于重污染制造业的考察[J].统计与决策,2009(7).

[71] 廖红,朱坦.德国环境政策的实施手段研究[J].上海环境科学,2002(12).

[72] 廖振宇.企业节能减排意愿影响因素分析——基于江西工业企业节能减排意愿调查[J].商场现代化,2010(10).

[73] 林伯强,姚昕,刘希颖.节能和碳排放约束下的中国能源结构战略调整[J].中国社会科学,2010 (1).

[74] 林伯强,蒋竺均.中国二氧化碳的环境库兹涅茨曲线预测及影响因素分析[J].管理世界,2009(4).

[75] 林伯强,刘希颖.中国城市化阶段的碳排放:影响因素和减排策略[J].经济研究,2010(8).

[76] 林毅夫,张鹏飞.适宜技术、技术选择和发展中国家的经济增长[J].经济学(季刊),2006(3).

[77] 林毅夫,李永军.比较优势、竞争优势和发展中国家经济发展[J].管理世界,2003(7).

[78] 刘峰,陈永红,尹希果.环保投资规模与结构优化研究[J].重庆大学学报(社会科学版),2000(4).

[79] 刘倩,王遥.全球碳金融服务体系的发展与我国的对策[J].经济纵横,2010.

[80] 刘小川,汪曾涛.二氧化碳减排政策比较以及我国的优化选择[J].上海财经大学学报,2008(8).

[81] 刘小玄.中国工业企业的所有制结构对效率差异的影响[J].经济研究,2000(2).

[82] 刘颖宇.我国环境保护经济手段的应用绩效研究[D].青岛:中国海洋大学,2007.

[83] 刘志彪,张杰.全球代工体系下发展中国家俘获型网络形成、突破与对策[J].中国工业经济,2007(5).

[84] 刘志忠,陈果.环境管制与外商直接投资区位分布——基于城市面板数据的实证研究[J].国际贸易问题.2009(3).

[85] 柳克勋.关于钢铁企业发展低碳经济的思考[J].再生资源与循环经济,2010;3(4).

[86] 龙凤,葛察忠,高树婷.用自愿协议制度促进工业环境管理[J].环境保护,2010(20).

[87] 龙智慧.五大电企节能减排调查[J].中国能源报,2010(2).

[88] 陆旸. 环境规制影响了污染密集型商品的贸易比较优势吗[J]. 经济研究,2009(4).

[89] 陆雍森,马仲文,蔡不忒等. 乡镇企业环境污染治理技术对策[J]. 环境科学丛刊,1989(4).

[90] 罗勇. 环境保护经济手段的国际比较研究[J]. 经济社会体制比较,2001(4).

[91] 马小明,赵月炜. 环境管制政策的局限性与变革——自愿性环境政策的兴起[J]. 中国人口·资源与环境,2005(6).

[92] 毛显强,杨岚. 瑞典环境税——政策效果及其对中国的启示[J]. 环境保护,2006(1).

[93] 孟庆峰,李真,盛昭瀚,等. 企业环境行为影响因素研究现状及发展趋势[J]. 中国人口·资源与环境,2010:20(9).

[94] 孟庆堂,鞠美庭,李智. 环境信息公开作为有效环境管理模式的探讨[J]. 上海环境科学,2004(4).

[95] 穆红莉,李新娥. 我国工业环境制度的变迁及其绩效分析[J]. 经济问题,2009(9).

[96] 潘镇. 制度距离与外商直接投资[J]. 财贸经济,2006(6).

[97] 裴长洪等. 转变外贸发展方式的经验与理论分析[J]. 中国社会科学,2011(1).

[98] 彭水军,刘安平. 中国对外贸易的环境影响效应:基于环境投入——产出模型的经验研究[J]. 世界经济,2010(5).

[99] 皮建才. 中国式分权下的环境保护与经济发展[J]. 财经问题研究,2010(6).

[100] 戚婷婷,鲁炜. 核证减排量现货市场与期货市场的价格发现[J]. 北京理工大学学报(社会科学版),2009(12).

[101] 乔宝云,范剑勇,冯兴元. 中国的财政分权与小学义务教育[J]. 中国社会科学,2005(6).

[102] 乔明哲,刘福成. 基于性质与功能的我国国有企业社会责任研究[J]. 华东经济管理,2010(3).

[103] 曲玥. 中国工业产业利润差异及其决定因素[J]. 山西财经大学学报,2008(12).

[104] 全玉莲,孙玉龙,石碧清,等. 环保投资对工业废水污染控制的影响研究[J]. 安徽农业科学,2009(19).

[105] 沈利生,唐志. 对外贸易对我国污染排放的影响[J]. 管理世界,2008(6).

[106] 盛丹,李坤望,王永进. 劳动力流动会影响我国地区出口比较优势吗?[J]. 世界经济研究,2010(9).

[107] 宋德勇,卢忠宝. 我国发展低碳经济的政策工具创新[J]. 华中科技大学学报(社会科学版),2009(3).

[108] 孙建民,叶飞. 企业节能减排创新与核心竞争力提高[J]. 山东财政学院学报(双月刊),2008(3).

[109] 孙小羽,臧新. 中国出口贸易的能耗效应和环境效应的实证分析——基于混合单位投入产出模型[J]. 数量经济技术经济研究,2009(4).

[110] 田东文,叶科艺. 安全标准与农产品贸易:中国与主要贸易伙伴的实证研究[J]. 国际贸易问题,2007(9).

[111] 涂正革.环境、资源与工业增长的协调性[J].经济研究,2008(2).

[112] 汪雪宗,胡雪琴,王红茹等.2010—2020减排对中国经济影响几何[J].中国经济周刊,2009(49).

[113] 王兵,吴延瑞,颜鹏飞.环境管制与全要素生产率增长:APEC的实证研究[J].经济研究,2008(5).

[114] 王传宝,刘林奇.我国环境管制出口效应的实证研究[J].国际贸易问题,2009(6).

[115] 王芳芳,郝前进.地方政府吸引FDI的环境政策分析[J].中国人口·资源与环境,2010(6).

[116] 王锋,吴丽华,杨超.中国经济发展中碳排放增长的驱动因素研究[J].经济研究,2010(2).

[117] 王华.污染控制的信息手段及其在中国的应用[J].中国环境科学,2000(3).

[118] 王军.理解污染避难所假说[J].世界经济研究,2008(1).

[119] 王军.气候变化经济学的文献综述[J].世界经济,2008(8).

[120] 王琍红.从新制度经济学看排污许可证交易[J].中国海洋大学学报(社会科学版),2006(5).

[121] 王群伟,周鹏,周德群.我国二氧化碳排放绩效的动态变化、区域差异及影响因素[J].中国工业经济,2010(1).

[122] 王姝.国际贸易,FDI与污染转移[D].上海:复旦大学,2008.

[123] 王绥生.乡镇企业环境污染的现状浅析[J].新疆环境保护,1987(2).

[124] 王遥,刘倩.碳金融市场:全球形势、发展前景及国际战略[J].国际金融研究,2010.

[125] 王增涛.碳税征收的国际比较与经验借鉴[J].理论探索,2009(4).

[126] 王智辉.船舶节能减排应从设计抓起[J].中国船舶报,2008(7).

[127] 魏涛远,格罗姆斯洛德.征收碳税对中国经济与温室气体排放的影响[J].世界经济与政治,2002(8).

[128] 吴健,马中.美国排污权交易政策的演进及其对中国的启示[J].环境保护,2004(8).

[129] 吴俊,林冬冬.国际碳金融业务发展新趋向及其启示[J].商业研究,2010(2).

[130] 吴滢.企业节能减排中的公众参与制定研究[D].西安:长安大学,2010.

[131] 吴玉鸣.外商直接投资对环境规制的影响[J].国际贸易问题,2006(4).

[132] 肖宏.企业自愿环境规制及其激励机制[J].世界经济情况,2008(5).

[133] 谢来辉.碳锁定、"解锁"与低碳经济之路[J].开放导报,2009(5).

[134] 谢琨.企业环境绩效与经济绩效关系实证研究[J].中国环境科学学会学术年会论文集,2010.

[135] 熊鹏.环境保护与经济发展——评波特假说与传统新古典经济学之争[J].当代经济管理,2005(5).

[136] 熊鹰,徐翔.政府环境监管与企业污染治理的博弈分析及对策研究[J].云南社会科学,2007(4).

[137] 徐国泉,刘则渊,姜照华.中国碳排放的因素分解模型及实证分析:1995—2004[J].中国人口·资源与环境,2006(6).

[138] 徐慧.中国进出口贸易的环境成本转移——基于投入产出模型的分析[J].世界经济研究,2010(1).

[139] 徐林,林硕.节能大户却也是排污大户[J].南方日报,2007 年 6 月.

[140] 徐现祥,李郇,王美今.区域一体化、经济增长与政治晋升[J].经济学(季刊),2007(4).

[141] 许广月,宋德勇.我国出口贸易、经济增长与碳排放关系的实证研究[J].国际贸易问题,2010(1).

[142] 许士春.环境规制与企业竞争力[J].国际贸易问题,2007(5).

[143] 杨波,肖苏原等.我国金融机构参与碳金融的思考[J].国际金融研究,2010.

[144] 杨代友.企业的环境成本及其对企业竞争力的影响[J].南方经济,2005(9).

[145] 杨海生,贾佳,周永章,等.贸易、外商直接投资、经济增长与环境污染[J].中国人口·资源与环境,2005(3).

[146] 杨涛.环境规制对 FDI 影响的实证分析[J].世界经济研究,2003(5).

[147] 杨洋,刘和东.企业节能减排影响因素的经济学分析[J].工业技术经济,2010:29(9).

[148] 姚洋等.中国工业企业技术效率分析[J].经济研究,2001(10).

[149] 尹应凯,崔茂中.国际碳金融体系构建中的"中国方案"研究[J].国际金融研究,2010.

[150] 应瑞瑶,周力.外商直接投资、工业污染与环境规制——基于中国数据的计量经济学分析[J].财贸经济,2006 (1).

[151] 于峰,齐建国.开放经济下环境污染的分解分析——基于 1990—2003 年间我国各省市的面板数据[J].统计研究,2007(1).

[152] 于江涛.环境污染损失估价的索洛方程方法[J].中国人口·资源与环境,1998(1).

[153] 余瑞祥,朱清.企业环境行为研究的现在与未来[J].工业技术经济,2009(8).

[154] 曾刚,万志宏.国际碳金融市场:现状、问题与前景[J].国际金融研究,2009.

[155] 曾贤刚.环境规制、外商直接投资与"污染避难所"假说[J].经济理论与经济管理,2010(11).

[156] 张炳,毕军,袁增伟,等.企业环境行为:环境政策研究的微观视角[J].中国人口·资源与环境,2007(3).

[157] 张成,陆旸,郭路,等.环境规制强度和生产技术进步[J].经济研究,2011(2).

[158] 张成等.环境规制影响了中国工业的生产率吗[J].经济理论与经济管理,2010(3).

[159] 张红凤,周峰,杨慧,等.环境保护与经济发展双赢的规制绩效实证分析[J].经济研究,2009(3).

[160] 张建红.投资国特征及其对华投资强度的研究[J].世界经济,2004(1).

[161] 张杰,黄泰岩,芦哲.中国企业利润来源与差异的决定机制研究[J].中国工业经

济,2011(1).

[162] 张军,王世磊.中国地方官员为什么要改善基础设施?——一个关于官员激励机制的模型[J].经济学(季刊),2008(2).

[163] 张军.需求、规模效应与中国国有工业的亏损模式:一个产业组织的分析[J].经济研究,1998(8).

[164] 张军.中国国有部门的利润率变动模式:1978—1997[J].经济研究,2001(3).

[165] 张军等.结构改革与中国工业增长[J].经济研究,2009(7).

[166] 张嫚.环境规制与企业行为间的关联机制研究[J].财经问题研究,2005(4).

[167] 张明喜.我国开征碳税 CEG 模拟与碳税法条文设计[J].财贸经济,2010(3).

[168] 张其仔,郭朝先,孙天法.中国工业污染防治的制度性缺陷及其纠正[J].中国工业经济,2006(8).

[169] 张其仔,郭朝先.制度挤出与环境保护政策设计——兼评《节能减排综合性工作方案》的有效性[J].中国工业经济,2007(7).

[170] 张琦弦,徐兵,田萍,等.我国中小型企业节能减排情况现状分析[J].化工进展,2009(28)增刊.

[171] 张小蒂,钱雪亚.近年来中国经济增长与环境变化的实证分析[J].数量经济技术经济研究,2002(11).

[172] 张学刚.外部性理论与环境管制工具的演变与发展[J].改革与战略,2009(4).

[173] 张友国.中国贸易增长的能源环境代价[J].数量经济技术经济研究,2009(1).

[174] 张友国.经济发展方式变化对中国碳排放强度的影响[J].经济研究,2010(4).

[175] 张中祥.排放权贸易市场的经济影响——基于 12 个国家和地区边际减排成本全球模型分析[J].数量经济技术经济研究,2003(9).

[176] 章贵军,付志刚,李妙萍.外商直接投资与环境污染的实证分析——基于福建 2000—2008 年面板数据[J].山西师大学报(社会科学版)研究生论文专刊,2010(37).

[177] 赵宝菊.论"环境友好型企业"的历史演进[J].科学学与科学技术管理,2007(12).

[178] 赵红.环境规制对中国产业技术创新的影响[J].经济管理,2007(21).

[179] 赵红.环境规制对企业技术创新影响的实证研究——以中国 30 个省份大中型工业企业为例[J].软科学,2008(6).

[180] 周海蓉.国外学者关于环境管制与技术创新关系的研究综述[J].经济纵横,2007(2).

[181] 周黎安,李宏彬,陈烨.相对绩效考核:中国地方官员晋升机制的一项经验研究[J].经济学报,2005(1).

[182] 周黎安.中国地方官员的晋升锦标赛模式研究[J].经济研究,2007(7).

[183] 周权雄.政府干预、共同代理与企业污染减排激励——基于二氧化硫排放量省际面板数据的实证检验[J].南开经济研究,2009(4).

[184] 周群艳,周德群.企业环境管理行为的动机分析[J].重庆环境科学,2000:22(1).

[185] 朱平芳,李磊.两种技术引进方式的直接效应研究——上海市大中型工业企业的

微观实证[J].经济研究,2006(3).

[186] 朱平芳,徐大丰.中国城市人力资本的估算[J].经济研究,2007(9).

[187] 朱平芳等.中国城市人力资本的估算[J].经济研究,2007(9).

[188] 朱启贵.中国出口贸易中的 CO_2 排放问题研究[J].中国工业经济,2010(1).

[189] 朱勤,彭希哲,陆志明,等.中国能源消费碳排放变化的因素分解及实证分析[J].资源科学,2009(12).

[190] 朱永彬,刘晓,王铮.碳税政策的减排效果及其对我国经济的影响分析[J].中国软科学,2010(4).

[191] 竹德操,马仲文.试论防治乡镇企业环境污染的战略思想[J].中国环境管理,1986(5).

[192] 庄贵阳.中国发展低碳经济的困难与障碍分析[J].江西社会科学,2009(7).

[193] 庄贵阳.中国经济低碳发展的途径与潜力分析[J].国际技术经济研究,2005(3).

[194] 阿迪等七成企业被评社会责任差[J].京华时报,2011 年 11 月.

三、外文

[1] Ahmad N., Wyckoff A.. Carbon Dioxide Emissions Embodied in International Trade of Goods, 2003.

[2] Alan M. Rugman, Alain Verbeke. Corporate Strategy and International Environmental Policy[J]. *Journal of International Business Studies*, 1998.

[3] Albert M. Mcgartl, Wallace E.. Marketable Permits for the Prevention of Environmental Deterioration[J]. *Journal of Environmental Economics and Management*, 1985.

[4] Alexandre Kossoy, Philippe Ambrosi. State and Trends of the Carbon Market, 2010.

[5] Altman, Morris. When Green Isn't Mean: Economic Theory and the Heuristics of the Impact of Environmental Regulations on Competitiveness and Opportunity Cost[J]. *Journal of Ecologic Economics*, 2001.

[6] Altman. Taxes[J]. *Journal of Environmental Economics and Management*, 1978.

[7] Andrew Schmitz, William G. Boggess, Ken Tefertiller. Regulations: Evidence from the Florida Dairy Industry[J]. *American Journal of Agricultural Economics*, 1995.

[8] Andrews, R.. Environmental Regulation and Business Self-regulation Policy, 1988.

[9] Ang J. B.. CO_2 Emissions, Research and Technology Transfer in China[J]. *Ecological Economics*, 2009.

[10] Ang W., Choi K.. Decomposition of Aggregate Energy and Gas Emission Intensities for Industry: A Refined Divisia Index Method[J]. *Energy Journal*, 1997.

[11] Anger, N., Oberndorfer, U.. Firm Performance and Employment in the EU Emission Trading Scheme: An Empirical Assessment for Germany[J]. *Energy Policy*, 2008.

[12] Annandale, D., Morrison-Saunders, A., Bouma, G.. The Impact of Voluntary Environmental Protection Instruments on Company Environmental Performance, Business Strategy and

the Environment, 2004.

[13] Antweiler, W., Copeland, B. R., Taylor, M. S.. Is Free Trade Good for the Environment? [J]. *American Economic Review*, 2001.

[14] Ashton, J., Wang, X.. Equity and Climate: In Principle and Practice, Pew Centre on Global, 2003.

[15] Auffhammer, M., Carson, R. T.. Forecasting the Path of China's CO_2 Emissions Using Province-Level Information[J]. *Journal of Environmental Economics and Management*, 2003.

[16] Baicker, K.. The Spillover Effects of State Spending[J]. *Journal of Public Economics*, 2005.

[17] Balassa, B.. Trade Liberalization and Revealed Comparative Advantage[J]. *Manchester School of Economics and Social Studies*, 1965.

[18] Barro, R. J., J. W. Lee. International Data on Educational Attainment: Updates and Implications, CID Working Paper, 2000.

[19] Bernheim, D., Whinston, M.. Common Agency[J]. *Econometrica*, 1986.

[20] Besley T., Case A.. Incumbent Behavior: Vote-Seeking, Tax-Setting, and Yardstick Competition[J]. *American Economic Review*, 1995.

[21] Blundell, Richard, Bond, Stephen. Initial Conditions and Moment Restrictions in Dynamic Panel Data Models[J]. *Journal of Econometrics*, 1988.

[22] Bo Wang. Can CDM Bring Technology Transfer to China? ——An Empirical Study of Technology Transfer in China's CDM Projects[J]. *Energy Policy*, 2010.

[23] Bonifant B, Ratcliffe I. Competitive Implications of Environmental Regulations in the Pulp and Paper Industry. Washington, DC: Management Institute for the Environment and Business, 1994.

[24] Brander, J., Spencer, B.. Export Subsidies and International Market Share Rivalry [J]. *Journal of International Economics*, 1985.

[25] Bruce Mizrach. Integration of the Global Emissions Trading Markets, 2009.

[26] Bruce Paton. Voluntary Environmental Initiatives and Sustainable Industry[J]. *Business Strategy and the Environment*, 2000.

[27] Bruvoll, A., Larsen, B.. Greenhouse Gas Emissions in Norway: Do Carbon Taxes Work? [J]. *Energy Policy*, 2004.

[28] Burch S.. In Pursuit of Resilient, Low Carbon Communities: An Examination of Barriers to Action in three Canadian Cities[J]. *Energy Policy*, 2010.

[29] Busse, M.. Trade, Environmental Regulations and the World Trade Organization: New Empirical Evidence[J]. *Journal of World Trade*, 2004.

[30] Cameron Hepburn. International Carbon Finance and the Clean Development Mechanism, 2009.

[31] Carmen, E., Carrión-Flores, Robert Innes. Environmental Innovation and Environmental

Policy: An Empirical Test of Bi-Directional Effects, Working paper, 2006.

[32] Cerin, P.. Bringing Economic Opportunity into Line with Environmental Influence: A Discussion on the Coase Theorem and the Porter and Vander Linde Hypothesis[J]. *Ecological Economics*, 2006.

[33] Cesaroni F., R. Arduini. Environmental Technology in the European Chemical Industry, LEM Working Paper Series, 2001.

[34] Chad Nehrt. Maintainability of First Mover Advantages When Environmental Regulations Differ between Countries[J]. *The Academy of Management Review*, 1998.

[35] Christer Ljungwall, Martin Linde. Environmental Policy and the Location of Foreign Direct Investment in China, Peking University Working Paper, 2005.

[36] Christina Seeberg-Elverfeldt. Carbon Finance Possibilities for Agriculture, Forestry and other Land Use Projects in a Small Holder Context, 2010.

[37] Claver E., Lpez M. D., Molina J. F.. Environmental Management and Firm Performance: A Case Study[J]. *Journal of Environmental Management*, 2007.

[38] Coase, R.. The Problem of Social Cost[J]. *Journal of Law and Economics*, 1960.

[39] Cole, Robert J. R. Elliott. Do Environmental Regulations Influence Trade Patterns? Testing Old and New Trade Theories[J]. *The World Economy*, 2003.

[40] Cole. Why the Grass is Not Always Greener: the Competing Effects of Environmental Regulations and Factor Intensities on US Specialization[J]. *Ecological Economics*, 2005.

[41] Cole, M. A.. Industrial Activity and the Environment in China: An Industry-level Analysis[J]. *China Economic Review*, 2008.

[42] Cole, M. A.. The Pollution Haven Hypothesis and the Environmental Kuznets Curve: Examining the Linkages[J]. *Ecological Economics*, 2004.

[43] Copeland, B. R., Taylor, M. S.. Trade, Growth and the Environment[J]. *Journal of Economic Literature*, 2004.

[44] Cordeiro J., Joseph Sarkis. Environmental Proactivism and Firm Performance: Evidence from Security Analyst Earnings Forecasts, Business Strategy and the Environment, 1997.

[45] Alan M. Rugman, Alain Verbeke. Corporate Strategies and Environmental Regulations: An Organizing Framework[J]. *Strategic Management Journal*, 1988.

[46] Frank M. Gollop, Mark J. Roberts. Cost-Minimizing Regulation of Sulfur Emissions: Regional Gains in Electric Power[J]. *The Review of Economics and Statistics*, 1985.

[47] Cumberl and Efficiency and Equity in Interregional Environmental Management[J]. *Review of Regional Studies*, 1981.

[48] Dalton, M., Brian, C., O'Neil, Prskawetz A.. Population Aging and Future Carbon Emissions in the United States[J]. *Energy Economics*, 2008.

[49] Dasgupta, S., A. Mody, S. Roy and D. Wheeler. Environmental Regulation and Development: A Cross-Country Empirical Analysis, Policy Research Department, Working Paper,

1995.

[50] Dasgupta, S., Mody, A., Roy, S. Wheeler, D.. Environmental Regulation and Development: a Cross-Country Empirical Analysis, World Bank, Policy Research Department, Working Paper, 1995.

[51] Davidson W. H.. The Location of Foreign Direct Investment Activity: Country Characteristics and Experience Effects[J]. *Journal of International Business Studies*, 1980.

[52] Dean T. J, Brown R. L.. Pollution Regulation as a Barrier to New Form Entry: Initial Evidence and Implications for Future Research[J]. *Academy of Management Journal*, 1995.

[53] Dean, J. M.. Trade and The Environment: a Survey of the Literature. International Trade and The Environment, World Bank Discussion Paper, 1992.

[54] Dean, J. M.. International Trade and Environment, Ashgate Publishers, 2001.

[55] Dean, J. M., Fung, K. C., and Z., Wang. Measuring the Vertical Specialization in Chinese Trade, International Trade Commission, Office of Economics Working Paper, 2007.

[56] Dean, J. M. Are Foreign Investors Attracted to Weak Environmental Regulations? Evaluating the Evidence from China? [J]. *Journal of Development Economics*, 2009.

[57] Dean. Trade and Environment: A Survey of the Literature, World Bank Discussion Paper, 1992.

[58] Dechezleprêtre, A., Glachant, M., Ménière, Y.. The Clean Development Mechanism and the International Diffusion of Technology: An Empirical Study[J]. *Energy Policy*, 2008.

[59] Demailly, D., Quirion, P.. European Emission Trading Scheme and Competitiveness: A Case Study on the Iron and Steel Industry[J]. *Energy Economics*, 2008.

[60] Derek K. Kellenberg. An Empirical Investigation of the Pollution Haven Effect with Strategic Environment and Trade Policy[J]. *Journal of International Economics*, 2009.

[61] Dietrich Earnhart, Lubomir Lizal. Direct and Indirect Effects of Ownership on Firm-Level Environmental Performance[J]. *Eastern European Economics*, 2007.

[62] Dietrich Earnhart. Factors Shaping Corporate Environmental Performance: Regulatory Pressure, Community Pressure, and Financial Status, 2004.

[63] Dixit, A., Grossman, M. and Helpman, E.. Common Agency and Coordination: General Theory and Application to Government Policy Making[J]. *The Journal of Political Economy*, 1997.

[64] Dixit, A.. Incentive and Organizations in the Public Sector[J]. *The Journal of Human Resource*, 2002.

[65] Dorothy Thornton, Neil A. Gunningham, Robert A. Kagan. Deterrence and Corporate Environmental Behavior, the US EPA Corporate Environmental Behavior Research Workshop, 2004.

[66] Duoglas E. T., Robert G.. Country-of-origin Determinants of Foreign Direct Investment in an Emerging Market: The Case of Mexico[J]. *Journal of International Management*, 2001.

[67] Duro, J., Padilla, E.. International Inequalities in Per Capita CO_2 Emissions: A Decomposition Methodology by Kaya Factor[J]. *Energy Economics*, 2006.

[68] Ebi, L., Semenza, C.. Community-based Adaptation to the Health Impacts of Climate Change[J]. *American Journal of Prevent Medicine*, 2008.

[69] Ebru Alpay, Steven Buccola, Joe Kerkvliet. Productivity Growth and Environmental Regulation in Mexican and U. S. Food Manufacturing[J]. *American Journal of Agricultural Economics*, 2002.

[70] Ederington, J., A. Levinson and J. Minier. Footloose and Pollution-Free[J]. *Review of Economics and Statistics*, 2003.

[71] Eli Berman, Linda T. M. Bui. Environmental Regulation and Productivity: Evidence from Oil Refiners[J]. *The Review of Economics and Statistics*, 2001.

[72] Eliste, P., P. G. Fredriksson. Does Trade Liberalisation Cause a Race to the Bottom in Environmental Policies? A Spatial Econometric Analysis, In L. Anselin and R. Florax[J]. *New Advances in Spatial Econometrics*, 2001.

[73] Environmental Taxes in the Netherlands, https://www.cfe-eutax.org/taxation.

[74] Erin Gray. Private Landowner Participation in the Carbon Market: Opportunities in North Carolina, 2008.

[75] F. J. Arcelus, P. Arocena. Productivity Differences across OECD Countries in the Presence of Environmental Constraints[J]. *The Journal of the Operational Research Society*, 2005.

[76] Fischer K, Johan S.. Environmental Strategies for Industry, Island Press, 1993.

[77] Floros, N., Vlachou, A.. Energy Demand and Energy Related CO_2 Emissions in Greek Manufacturing: Assessing the Impact of a Carbon Tax[J]. *Energy Economics*, 2005.

[78] Frank M. Gollop, Mark J. Roberts. Cost-Minimizing Regulation of Sulfur Emissions: Regional Gains in Electric Power[J]. *The Review of Economics and Statistics*, 1985.

[79] Gaast, W., Begg, K., Flamos, A.. Promoting Sustainable Energy Technology Transfers to Developing Countries through the CDM, Applied Policy, 2009.

[80] Gabriel Eweje. Environmental Costs and Responsibilities Resulting from Oil Exploitation in Developing Countries: The Case of the Niger Delta of Nigeria[J]. *Journal of Business Ethics*, 2006.

[81] Gao T. Ethnic Chinese Networks and International Investment: Evidence from Inward FDI in China[J]. *Journal of Asian Economics*, 2003.

[82] Geourge A. Steiner, John F. Steiner. Business, Government, and Society, 1977.

[83] Wilson, G. K.. Interest Groups In the Unites States[M]. New York: Clarendon Press, 1981.

[84] Grosse R., Trevino L.. Foreign Direct Investment in the United States: An Analysis by Country of Origin[J]. *Journal of International Business Studies*, 1996.

[85] Grossman, M., Krueger, B.. Environmental Impacts of a North American Free Trade

Agreement, NBER Working Paper, No.3914,1991.

[86] Harry M. Trebing. Public Utility Regulation: A Case Study in the Debate over Effectiveness of Economic Regulation[J]. *Journal of Economic Issues*, 1984.

[87] Hart, S. L., Ahuja, G.. Does It Pay to Be Green? An Empirical Examination of the Relationship between Emission Reduction and Firm Performance, Business Strategy and the Environment, 1996.

[88] Hartman Raymond S.. Self-Selection Bias in the Evaluation of Voluntary Energy Conservation Programs[J]. *The Review of Economics and Statistics*, 1988.

[89] Hausman, J.. Specification Tests in Economics[J]. *Econometrica*, 1978.

[90] Heiskanen E., Johnson M., Robinson S.. Low-carbon Communities as A Context for Individual Behavioral Change[J]. *Energy Policy*, 2010.

[91] Holmstrom, B., Milgrom, P.. Multitask Principal-Agent Analyses: Incentive Contracts, Asset Ownership and Job Design[J]. *Journal of Law, Economies, & Organization*, 1991.

[92] Hua Wang, David Wheeler. Equilibrium Pollution and Economic Development in China [J]. *Environment and Development Economics*, 2003.

[93] Hussey D. M., Eagan P. D.. Using Structural Equation Modeling to Test Environmental Performance in Small and Medium-sized Manufacturers: Can SEM Help SMEs [J]. *Journal of Cleaner Production*, 2007.

[94] CO_2 Emissions from Fuel Combustion, http://www.iea.org/Textbase/about/copyright.asp.

[95] Jaffe, A., Palmer, K.. Environmental Regulation and Innovation: A Panel Data Study [J]. *The Review of Economics and Statistics*, 1997.

[96] Jean-Pierre Florensl, Caroline Foucherl. Pollution Monitoring: Optimal Design of lnspection—An Economic Analysis of the Use of Satellite Information to Deter Oil Pollution[J]. *Journal of Environmental Economics and Management*, 1999.

[97] Jiahua Pan, Jonathan Phillips, Ying Chen. China's Balance of Emissions Embodied in Trade: Approaches to Measurement and Allocating International Responsibility[J]. *Oxford Review of Economic Policy*, 2008.

[98] John A. L., Catherine Y. C., The Effect of Environmental Regulations on Foreign Direct Investment[J]. *Journal of Environment Economics and Management*, 2000.

[99] John W. Maxwell, Thomas P. Lyon. An Institutional Analysis of US Voluntary Environmental Agreements in Environmental Contracts: Comparative Approaches to Regulatory Innovation in Europe and the United States, Kluwer Law International, Dordrecht, 2001.

[100] Judge. W., Q. Jr. and T. J. Douglas. Performance Implications of Incorporating Natural Environmental Issues Into the Strategic Planning Process—An Empirical Assessment[J]. *Journal of Management Studies*, 1998.

[101] Judith M. D., Hua Wang. Are Foreign Investors Attracted to Weak Environmental Reg-

ulations? Evaluating the Evidence from China, World Bank Working Paper, 2005.

[102] Julio Sanchez-Choliz. CO_2 Emissions Embodied in International Trade: Evidence for Spain[J]. *Energy Policy*, 2004.

[103] Junjie Wu, Bruce A. Babcock. The Relative Efficiency of Voluntary vs Mandatory Environmental Regulations[J]. *Journal of Environmental Economics and Management*, 1999.

[104] Kakali M.. Impact of Liberalized Trade on Energy Use and Environment in India[J]. *Journal of Environmental Economics and Management*, 2004.

[105] Kathleen Segerson, Thomas J. Miceli. Voluntary Environmental Agreements: Good or Bad News for Environmental Protection? [J]. *Journal of Environmental Economics and Management*, 1998.

[106] Keller, W., Levinson, A.. Pollution Abatement Costs and Foreign Direct Investment Inflows to the U.S. States[J]. *Review of Economics and Statistics*, 2002.

[107] Khanna, M.. Non-mandatory Approaches to Environmental Protection[J]. *Journal of Economic Surveys*, 2001.

[108] King, A., M. Lenox. Industry Self-regulation without Sanctions: The Chemical Industry Responsible Care Program[J]. *Academy of Management Journal*, 2000.

[109] Klassan. M. Laughlin. The Impact of Environmental Management on Firm Performance [J]. *Management Science*, 1996.

[110] Koopman, R., Z., Wang and S.J.. How Much of Chinese Exports is Really Made in China? Assessing Domestic Value-added with Processing Trade is Pervasive, NBER Working Paper, 2008.

[111] Kristel Buysse, Alain Verbeke. Proactive Environmental Strategies: A Stakeholder Management Perspective[J]. *Strategic Management Journal*, 2003.

[112] Lall S.. *The New Multinationals: The Spread of Third World Enterprises*[M]. New York: John Wiley, 1983.

[113] Lanjouw J. O., Mody A.. Innovation and the International Diffusion of Environmentally Responsive Technology[J]. *Research Policy*, 1996.

[114] Lee, F., Lin, J., Lewis, C.. Analysis of the Impacts of Combining Carbon Taxation and Emission Trading on Different Industry Sectors[J]. *Energy Policy*, 2008.

[115] Levinson, A., S. Taylor. Unmasking the Pollution Haven Effect, NBER Working Paper Series, 2004.

[116] Linder S. B.. *An Essay on Trade and Transformation*[M]. New York: John Wiley, 1961.

[117] List, J. A., Co, C. Y.. The Effects of Environmental Regulations on Foreign Direct Investment[J]. *Journal of Environmental Economics and Management*, 2000.

[118] List, J. A., McHone, W. W., Millimet, D. L.. Effects of Environmental Regulation on Foreign and Domestic Plant Births: Is There a Home Field Advantage? [J]. *Journal of Urban*

Economics, 2004.

[119] Liu L., Fan Y., Wu G., Using LMDI Method to Analyze the Change of China's Industrial CO_2 Emissions from Final Fuel Use: An Empirical Analysis[J]. *Energy Policy*, 2007.

[120] Low, P., Yeats, A.. Do "Dirty'" Industries Migrate? In International Trade and the Environment. World Bank Discussion Papers, 1992.

[121] Lucas, R. E. B., D. Wheeler and H. Hettige. Economic Development, Environmental Regulation and the International Migration of Toxic Industrial Pollution: 1960—88. International Trade and the Environment, World Bank Discussion Paper, 1992.

[122] Machado, G., Schaeffer, R., Worrell, E.. Energy and Carbon Embodied in the International Trade of Brazil: An Input-Output Approach[J]. *Ecological Economics*, 2001.

[123] Magali A. Delmas, Michael W. Toffel. Institutional Pressure and Environmental Management Practices: An Empirical Analysis, 2004.

[124] Magat W. A.. Pollution Control and Technological Advance: A Dynamics Model of the Firm[J]. *Journal of Environmental Economics and Management*, 1978.

[125] Malm, Eric. An Actions-Based Estimate of the Free Rider Fraction in Electric Utility DSM Programs[J]. *Energy*, 1996.

[126] Mani, M., D. Wheeler. In Search of Pollution Havens? Dirty Industry in the World Economy, 1960—1995[J]. *Journal of Environment and Development*, 1998.

[127] Maria Mansanet-Bataller, Angel Pardo. What You Should Know About Carbon Market [J]. *Energies*. 2008.

[128] Mark T. Imperial, Tomas Koontz. Evolution of Collaborative Organizations For Watershed Governance: Structural Properties, Life-cycles, and Factors Contributing to the Longevity of Watershed Partnerships Paper presented at the 29th Annual Association for Public Policy Analysis and Management (APPAM) Research Conference, 2007.

[129] Martnez-Vazquez, J., McNab, R.. Fiscal Decentralization and Economic Growth[J]. *World Development*, 2003.

[130] Mary M. Brown, Jeffrey L. Brudney. Achieving Advanced Electronic Government Services: Opposing Environmental Constraints [J]. *Public Performance & Management Review*, 2004.

[131] Matthew A. C., Robert J. R. Elliott. FDI and the Capital Intensity of "Dirty" Sector: A Missing Piece of the Pollution Haven Puzzle[J]. *Review of Development Economics*, 2005.

[132] Michael A. Berry, Dennis A. Rondinelli. Proactive Corporate Environmental Management: A New Industrial Revolution[J]. *The Academy of Management Executive*, 1998.

[133] Michael E. Porter, Claas vander Linde. Toward a New Conception of the Environment-Competitiveness Relationship[J]. *The Journal of Economic Perspectives*, 1995.

[134] Michaely, M.. *Concentration in International Trade*[M]. North Holland, Amsterdam, 1962.

[135] Middlemiss L., Parrish B.. Building capacity for low-carbon communities: The role of grassroots initiatives[J]. *Energy Policy*, 2010.

[136] Min-Dong Paul Lee. Does Ownership Form Matter for Corporate Social Responsibility? A Longitudinal Comparison of Environmental Performance between Public, Private, and Joint-venture Firms[J]. *Business and Society Review*, 2009.

[137] Mohr, R.. Technical Change, External Economies and the Porter Hypothesis[J]. *Journal of Environmental Economics and Management*, 2002.

[138] Moloney S., Horne R., Fien J.. Transitioning to Low Carbon Communities from Behavior Change to Systemic Change: Lessons from Australia[J]. *Energy Policy*, 2010.

[139] Mongelli, I., Tassielli, G., Notarnicola, B.. Global Warning Agreement, International Trade and Energy/Carbon Embodiments: An Input-Output Approach to the Italian Case[J]. *Energy Policy*, 2006.

[140] Mukhopadhyay K., Forssell O.. An Empirical Investigation of Air Pollution from Fossil Fuel Combustion and Its Impact on Health in India during 1973—1974 to 1996—1997[J]. *Ecological Economics*, 2005.

[141] Mulugetta, Y., Urban, F.. Deliberation on Low Carbon Development[J]. *Energy Policy*, 2010.

[142] Murat Isik. Environmental Regulation and the Spatial Structure of the U.S. Dairy Sector[J]. *American Journal of Agricultural Economics*, 2004.

[143] Murty, M., Kumar S.. Win-Win Opportunities and Environmental Regulation: Testing of Porter Hypothesis for Indian Manufacturing Industries[J]. *Journal of Environmental Management*, 2003.

[144] Nakano M.. Can Environmental Regulation Improve Technology and Efficiency: An Empirical Analysis Using the Malmquist Productivity Index, 2003.

[145] Neumayer, E.. *Greening Trade and Investment: Environmental Protection Without Protectionism*[M]. London: Earthscan, 2001.

[146] Oates, Wallace E.. *Fiscal Federalism*[M]. New York: Harcourt Brace Jovanovic, 1972.

[147] Oberndorfer, U., E. U.. Emission Allowances and the Stock Market: Evidence from the Electricity Industry[J]. *Ecological Economics*, 2009.

[148] OECD STI Working Papers, 2003.

[149] Parag Y., Darby S.. Consumer-supplier-government Triangular Relations: Rethinking the UK Policy for Carbon Emissions Reduction from the UK Residential Sector[J]. *Energy Policy*, 2009.

[150] Per G. Fredriksson, Jim R., Wollscheid. Democratic Institutions versus Autocratic Regimes: The Case of Environmental Policy[J]. *Public Choice*, 2007.

[151] Peters M., Fudge S., Sinclair P.. Mobilizing Community Action towards A Low-car-

bon Future: Opportunities and Challenges for Local Government in the UK[J]. *Energy Policy*, 2010.

[152] Peters, G., Hertwich, G.. Energy and Pollution Embodied in Trade: The Norwegian Case, Global Environmental Change, 2005.

[153] Ping, X. J.. Vertical Specialization, Intra-industry Trade and Sino-U. S. Trade Relationship, China Center for Economic Research, Peking University Working Paper, No. C2005005.

[154] Porter, M. E., Linde, C.. Toward a New Conception of the Environment Competitiveness Relationship[J]. *Journal of Economic Perspectives*, 1995.

[155] Porter, M.. America's Green Strategy[J]. *Scientific American*, 1991.

[156] Porter M., Linde C.. Toward a New Conception of the Environment-Competitiveness Relationship[J]. *Journal of Economic Perspectives*, 1995.

[157] Porter, M. E.. Towords a Dynamic Theory of Strategy[J]. *Strategic Management Journal*, 1991.

[158] Porter, M. E., Derinde, C.. Towards a New Conception of the Environment Competitiveness Relationship[J]. *Journal of Economies Perspectives*, 1995.

[159] Potoski, M.. Clean Air Federalism: Do States Race to the Bottom? [J]. *Public Administration Review*, 2001.

[160] Protection When Technological Innovation is Endogenous[J]. *Journal of Environmental Economics and Management*, 2003.

[161] Puliafito, S., Puliafito, J., Grand, M.. Modeling Population Dynamics and Economic Growth as Competing Species: An Application to CO_2 Global Emissions[J]. *Ecological Economics*, 2008.

[162] Putnam, R., Leonard, I. R. and Nanett, I. R.. *Making Democracy Work: Civic Tradition in Modern Italy*[M]. Princeton: Princeton University Press, 1993.

[163] Qian Yingyi., Barry R. Weingast. Federalism As a Commitment to Preserving Market Incentives[J]. *Journal of Economic Perspectives*, 1997.

[164] Quiroga, Miguel & Sterner, Thomas & Persson, Martin. Have Countries with Lax Environmental Regulations a Comparative Advantage in Polluting Industries? Working Papers in Economics 412, Göteborg University, Department of Economics, 2009.

[165] Raymond J. G. M., Abay Mulatu, Cees Withagen. Environmental Regulation and Competitiveness, Tinbergen Institute Discussion Papers with number 2001-039/3.

[166] Richard Blundell, Steve Bond. GMM Estimation with Persistent Panel Data: an Application to Production Functions, Paper Presented at the Eighth International Conference on Panel Data Göteborg University, 1998.

[167] Riliang Qu. Effects of Government Regulations, Market Orientation and Ownership Structure on Corporate Social Responsibility in China: An Empirical Study[J]. *International Journal of Management*, 2000.

[168] Robert J., Brulle. *Agency, Democracy and Nature: The U. S. Environmental Movement from a Critical Theory Perspective*[M]. The MIT Press, 2000.

[169] Robison, H. D.. Industrial Pollution Abatement: The Impact on Balance of Trade[J]. *Canadian Journal of Economics*, 1988.

[170] Russo, M., Fouts, P.. A Resource-based Perspective on Corporate Environmental Performance and Profitability[J]. *Academy of Management Journal*, 1997.

[171] Satish Joshi, Ranjani Krishnan, Lester Lave. Estimating the Hidden Costs of Environmental Regulation[J]. *The Accounting Review*, 2001.

[172] Schneider, M., Holzer, A., Hoffmann, V.. Understanding the CDM's Contribution to Technology Transfer[J]. *Energy Policy*, 2008.

[173] Scott E. Atkinson, T. H. Tietenberg. Approaches for Reaching Ambient Standards in Non-Attainment Areas: Financial Burden and Efficiency Considerations[J]. *Land Economics*, 1984.

[174] Scott Lee Johnson, David M. Pekelney. Economic Assessment of the Regional Clean Air Incentives Market: A New Emissions Trading Program for Los Angeles[J]. *Land Economics*, 1996.

[175] Seyfang G.. Community Action for Sustainable Housing: Building a Low-carbon Future [J]. *Energy Policy*, 2010.

[176] Shimada, K., Tanaka, Y., Gomi, K.. Developing a Long-term Local Society Design Methodology Towards a Low-carbon Economy: An Application to Shiga Prefecture in Japan[J]. *Energy Policy*, 2007.

[177] Shui, B., Harriss, R.. The Role of CO_2 Embodiment in US-China Trade[J]. *Energy Policy*, 2006.

[178] Siet Meijer, Richard Damania.. Carbon Finance and the Forest Sector in Northeast India, 2006.

[179] Sonia Ben Kheder, Natalia Zugravu. The Pollution Haven Hypothesis: A Geographic Economy Model in a Comparative Study, Working Papers, 2008.

[180] Stern N.. *The Economics of Climate Change: The Stern Review*[M]. Cambridge, UK: Cambridge University Press, 2006.

[181] Steven, C.. The Structure of a Contract and the Theory of a Non-Exclusive Resource [J]. *Journal of Law and Economics*, 1970.

[182] Stiglitz, J. Dasguputa, P.. Differential Taxation, Public Goods and Economic Efficiency[J]. *Review of Economic Study*, 1971.

[183] Suh, S., Huppes, G., Udo de Haes, H.. Environmental Impacts of Domestic and Imported Commodities in US Economy, Proceedings of the 14th International Conference on Input-Output Techniques, Universite' du Que'bec a' Montre' al, 2002.

[184] Tallman S. B.. Home Country Political Risk and Foreign Direct Investment in the Unit-

ed States[J]. *Journal of International Business Studies*, 1988.

[185] Tao Song, Tingguo Zheng, Lianjun Tong. An Empirical Test of the Environmental Kuznets Curve in China: A Panel Cointegration Approach[J]. *China Economic Review*, 2008.

[186] Teece D.. Technology Transfer by Multinational Firms: The Resource Cost of Transferring Technological Know-how[J]. *Economic Journal*, 1977.

[187] Telle and Larsson. Do Environmental Regulations Hamper Productivity Growth? How Accounting for Improvements for Firms' Environmental Performance can Change the Conclusion, Statistics Norway, Research Department, 2004.

[188] Thomas H., Tietenberg. Transferable Discharge Permits and the Control of Stationary Source Air Pollution: A Survey and Synthesis[J]. *Land Economics*, 1980.

[189] Thomas J. Dean, Robert L. Brown. Pollution Regulation as a Barrier to New Firm Entry: Initial Evidence and Implications for Future Research[J]. *Academy of Management Journal*, 1995.

[190] Tiebout, C.. A Pure Theory of Local Expenditure[J]. *Journal of Political Economy*, 1956.

[191] Tobey, J.. The Effects of Domestic Environmental Policies on Patterns of World Trade: An Empirical Test, Kyklos, 1990.

[192] Toshi H. Arimura, Akira Hibiki, Hajime Katayama.. Is a Voluntary Approach an Effective Environmental Policy Instrument? A Case for Environmental Management Systems[J]. *Journal of Environmental Economics and Management*, 2008.

[193] UK Energy White Paper: Our Energy Future-creating a Low Carbon Economy, 2003.

[194] Unruh C., Gregory. Escaping Carbon Lock-in[J]. *Energy Policy*, 2002.

[195] Unruh C., G. Understanding Carbon Lock-in[J]. *Energy Policy*, 2000.

[196] Van Beers, C., van den Bergh, J.. An Empirical Multi-Country Analysis of the Impact of Environmental Regulations on Foreign Trade Flows, Kyklos, 1997.

[197] Van Beers, C., van den Bergh, J.. The Impact of Environmental Policy on Foreign Trade: Tobey Revisited with a Bilateral Trade Flow, The Tinbergen Institute Discussion Paper, 2000.

[198] Wallace E. Oates, Paul R. Portney, Albert M. McGartland. The Net Benefits of Incentive-Based Regulation: A Case Study of Environmental Standard Setting[J]. *The American Economic Review*, 1989.

[199] Walter I., Ugelow J. L.. Environmental Policies in Developing Countries, Ambio, 1979.

[200] Wang, T., Watson, J.. Who Owns China's Carbon Emissions? Tyndall Centre Briefing Note, 2007.

[201] Wayne B. Gray, Ronald J. Shadbegian. When and Why do Plants Comply? Paper Mills in the 1980s, workshop on Corporate Environmental Behavior and the Effectiveness of Govern-

ment Intervention, 2004.

[202] Weber C., Perrels, A.. Modeling Lifestyle Effects on Energy Demand and Related Emissions[J]. *Energy Policy*, 2000.

[203] Wei, Y. M., Liu, L. C., Fan, Y.. The Impact of Lifestyle on Energy Use and CO_2 Emission: An Empirical Analysis of China's Residents[J]. *Energy Policy*, 2007.

[204] Windmeijier, F.. A Finite Sample Correction for the Variance of Liner Two-Step GMM Estimatiors[J]. *Journal of Econometrics*, 2005.

[205] Winter, S., P. May. Motivation for Compliance with Environmental Regulations[J]. *Journal of Policy Analysis and Management*, 2001.

[206] Wissema, W., Dellink R.. AGE Analysis of the Impact of A Carbon Energy Tax On the Irish Economy[J]. *Ecological Economics*, 2007.

[207] Xing Y., Kolstad C.. Do Lax Environmental Regulations Attract Foreign Investment? [J]. *Environmental and Resource Economics*, 2002.

[208] Xu X. P.. International Trade and Environmental Policy: How Effective Is Eco-dumping? [J]. *Economic Modelling*, 2000.

[209] Xu, X., L. Song. Regional Cooperation and the Environment: Do "Dirty" Industries Migrate? *Weltwirtschaftliches Archiv*, 2000.

[210] Zhang Xing-Ping, Cheng Xiao-Mei. Energy Consumption, Carbon Emissions and Economic Growth in China[J]. *Ecological Economics*, 2009.

[211] Zhu, Q. H., Sarkis, J.. Relationships Between Operational Practices and Performance among Early Adopters of Green Supply Chain Management Practices in Chinese Manufacturing Enterprises[J]. *Journal of Operations Management*, 2004.

[212] Tandberg. Corporate Environmental Behavior and The Impact on Brand Values, 2007.